삼차원 한자학

三維漢字學

이운부(李運富) 저

하영삼·김화영 역

도서출판

삼차원 한자학

三維漢字學

이운부(李運富) 저

하영삼·김화영 역

한국한자연구소
번역 총서 02

삼차원 한자학(三維漢字學)

저자 이운부(李運富)
역자 하영삼(河永三)·김화영(金和英)
표지 디자인 김소연
초판 1쇄 발행 2018년 1월 19일
펴낸곳 **도서출판 3**
등록 2013년 7월 4일(제2013-000010호)
주소 부산시 수영구 광남로 192-1(민락동)
전화 070-7737-6738, 051-663-4266
전자우편 3publication@gmail.com 홈페이지 www.hanja.asia

배포처 ㈜ **호밀밭**
등록 2008년 11월 12일(제338-2008-6호)
전화 070-8692-9561 팩스 0505-510-4675
전자우편 homilbooks@naver.com 홈페이지 www.homilbooks.com

ISBN: 979-11-87746-22-5
이 도서의 국립중앙도서관 출판예정도서목록(CIP)은 서지정보유통지원시스템 홈페이지(http://seoji.nl.go.kr)와 국가자료공동목록시스템(http://www.nl.go.kr/kolisnet)에서 이용하실 수 있습니다.(CIP제어번호: CIP2018002080)

한국어판 서문

필자의 『한자학신론(漢字學新論)』은 이미 2012년 북경사범대학출판사에서 출판되어 중국학계의 주목을 받은 바 있다. 필자는 2016년 6월 한국 경성대학교에서 개최된 "제4회 세계한자학회(WACCS) 국제학술대회"에 참가하여 이 책을 몇몇 국외 학자에게 증정한 바 있다. 이후 한국한자연구소의 하영삼(河永三) 소장과 베트남 한자쯔놈연구원의 완원강(阮俊強) 원장께서 이 책을 각기 한국어와 베트남어로 번역하여 소개함으로써, 이에 담긴 문자학 이론 및 학술 사상을 한국과 베트남 독자들에게 소개하겠다고 알려왔다. 또 상해교통대학의 왕평(王平) 교수도 이 책을 독일 학계에 적극적으로 소개하겠다고 했다. 번역 작업은 원래부터 매우 고생스런 일이다. 번역해 주신 교수님들께 보내 주신 애정과 수고에 감사드린다.

이 책이 주목을 받을 수 있었던 것은 필자가 제시한 '한자학의 세 가지 평면 이론[三平面理論]' 때문이었을 것이라 생각한다. 소위 '세 가지 평면 이론'이란 형체(形體), 구조[結構], 기능[職用]의 세 가지 차원에서 한자학의 속성을 관찰하고, 각각 형체적 평면, 구조적 평면, 기능적 평면의 인지 체계를 기술함으로써 한자의 형체학(形體學), 한자의 구조학[結構學], 한자의 기능학[職用學]의 새로운 삼위일체형 한자학 체계를 건립한다는 것이다.

이러한 체계는 일부 내용을 훈고학(訓詁學)과 음운학(音韻學)에 편입

해야만 했던 전통한자학의 번잡함을 극복하고, 형체에만 주목하여 내용에 결핍을 가져온 현대한자학의 부족함을 보완할 수 있었다. 또 서로 다른 성질의 문제를 서로 다른 평면에다 놓고 논의함으로써 해석력을 크게 높였고, 수많은 불분명한 이론적 논쟁을 피하게 할 수도 있었다. 특히 한자의 기능[職用]이라는 연구 영역의 개척은 한자학의 본질적 내용을 보완하였을 뿐 아니라 한자학의 응용적 가치를 진정으로 체현해 내었다. 한자의 영혼은 바로 '쓰임[用]'에 있기 때문이다.

'한자학의 세 가지 평면 이론'은 『한자학신론』에서 초보적으로 제시되지만 사실 충분하게 논술하지는 못했었다. 이후 필자는 「'한자학의 세 가지 평면 이론'에 대한 상세한 논의」(『북경사범대학학보』 2016.3)라는 논문을 통해 비로소 완비될 수 있었다. 이번 번역 출판을 계기로 필자는 '한자의 세 가지 평면 이론'을 보완할 수 있었으며, 외국 독자들이 이해하기 어려운 부분은 일부 삭제할 수도 있었다. 이를 통해 책의 이름도 『삼차원 한자학』이라고 고쳐 이러한 특색을 부각시켰다. 이 때문에 이번 한국어판의 내용은 원래의 중국어판과 일부 다른 부분도 있다.

필자는 북경사범대학에 재직하는 동시에 정주(鄭州)대학에 '한자문명연구센터'를 설립했다. '한자문명연구센터'가 정식으로 출범하던 날(2016년 9월 26일), 한국의 경성(慶星)대학교 한국한자연구소(韓國漢字研究所)와 우호 협력기관으로 교류협정을 체결한 바 있다. 이 『삼차원 한자학』은 필자가 중국어로 저술한 것을 한국한자연구소의 하영삼(河永三) 소장과 김화영(金和英) 교수가 친히 한국어로 번역하였다. 이 책의 번역 출판은 우리 개인 간의 우의의 결정체이기도 하지만, 정주대학 '한자문명연구센터'와 경성대학 '한국한자연구소' 간의 우호 합작의 성과이기도 하다. 이 책의 출판이 한중 문화 교류와 발전에 큰 기여를 하길 기원한다.

이운부(李運富)
2017년 12월 16일

목차

제1장
한자의 속성

제1절 한자의 정의

일반적으로 문자는 입말[口語] 즉 유성언어를 기록하는 서사부호체계로 알려져 있다. 그래서 "한자는 한어(漢語)를 기록하는 서사부호체계이며, 고대 한자는 고대 한어를 기록하던 서사부호체계"라고 설명하기도 한다. 물론 이러한 생각이 전적으로 서구에서 온 것만은 아니며, 고대 중국에도 이러한 주장이 있었다. 예컨대 송나라 때의 대동(戴侗, 1200~1285)은 『육서고(六書故)·육서통석(六書通釋)』에서 이렇게 말했다.

> 무릇 글자[文]라는 것은 소리[聲]에서 생겨나는 것이다. 소리가 있고 난 다음에 형체를 부여하여 글자[文]를 만든다. 의미[義]도 소리[聲]와 함께 갖추어져, 글자[文]에서 생겨난 것이 아니다.(夫文, 生於聲者也. 有聲而後形之以文, 義與聲俱立, 非生於文也.)

> 무릇 글자[文]라는 것은 소리[聲]의 모습[象]이다. 소리[聲]는 기(氣)의 울림[鳴]이다. 어떤 기(氣)가 있으면 어떤 소리[聲]가 생기게 되고, 어떤 소리[聲]가 있으면 어떤 글자[文]가 있게 된다. ……글자[文]가 없으면 그 소리[聲]를 드러낼 방법이 없다.(夫文, 聲之象也; 聲, 氣之鳴也. 有其氣則有其聲, 有其聲則有其文. ……非文, 則無以著其聲.)[1]

무릇 육서(六書)라는 것은 모두 사람의 소리[人聲]를 형상한 것에 지나지 않는다.(凡六書, 皆以形人聲而已矣.)[2]

청나라 때의 진례(陳澧, 1810~1882)도 『동숙독서기(東塾讀書記)』에서 유사한 주장을 한 바 있다.

천하 만물의 형상을 눈으로 보게 된 즉 마음에 뜻이 생기고, 뜻을 표현하려고 한 즉 입에서는 소리가 나오게 된다. 뜻은 사물에서 형상되어 만들어지는 것이며, 소리는 뜻에서 형상되어 멀리 전달되는 것이다. 소리는 지역이 다르면 전해질 수 없으며, 시간이 다르면 남을 수도 없다. 그리하여 그것을 형체로 남기게 된 즉 문자(文字)가 된다. 그래서 문자는 뜻과 소리의 흔적이 된다.(蓋天下事物之眾, 人日見之, 則心有意; 意欲達之, 則口有聲. 意者, 象乎事物而宣之者也; 聲者, 象乎意而宣之者也. 聲不能傳於異地, 留於異時, 於是乎書之爲文字. 文字者, 所以爲意與聲之跡也.)[3]

그러나 이러한 견해는 사실 한자가 한어(漢語)와 상응하는 한 가지 측면만 고려하였을 뿐, 한자가 한어와 상응하지 않는 다른 측면은 고려하지 않았다.

먼저, 음성언어의 기록은 문헌을 근거로 삼을 수밖에 없는데, 문헌 출현 이전의 한자가 반드시 한어와 엄격하게 대응했다고 할 수는 없다. 한자의 기원 단계에서, 한자는 주로 '공통의 언어'를 가지지 못했던 인간과 신, 부락과 부락 간의 소통과 정보 전달에 사용되었기에, 그 목적이 어떤 말을 기록하는데 있었던 것은 결코 아니다.[4] 이후 점차 한자와 한

---

1) 「현대표점부호사용규범」에 따라 생략부호로 앞뒤로는 다른 표점을 가하지 않았다. 그러나 학술논저의 인용문도 많은데, 생략도 많고, 다른 표점 부호도 더하지 않는다면 어떤 경우에는 이해에 영향을 끼칠 수도 있다. 그래서 이 책에서는 『辭源』의 예를 따라 인용문 속의 생략부호의 앞뒤에다 원문의 의미를 참작해서 적당히 표점 부호를 더해 두었음을 특별히 밝힌다.

2) [宋]戴侗, 『六書故』의 부록 『六書通釋』(溫州文獻叢書, 上海: 上海社會科學院出版社, 2006).

3) 陳澧, 『陳澧集』(上海: 上海古籍出版社, 2008), 224쪽.

어는 긴밀해졌고, 한어를 기록하기 시작했다. 그러나 초기 단계의 한자가 기록했던 한어는 완전하지도 않았다. 소위 '완전하지 않았다'는 것은 두 가지 단계의 의미를 지닌다. 하나는 한어의 '음향 형상'을 정확하게 표현할 수 없었다는 것이다. 심지어 음성언어를 기록하지 않고서, 글자의 형체만으로 단어의 '의미'나 '개념'을 직접 표현할 수 있었다는 점이다. 다른 하나는 완전한 구나 문장을 기록한 것이 아닌 개별 글자와 개별 글자가 합쳐져 말의 초점이나 의미 장(場)을 반영한 어휘 집합이었다는 점이다. 그래서 한자는 결코 시작 단계부터 한어를 기록했던 것은 아니다. 이러한 점은 왕봉양(王鳳陽)도 비교적 분명하게 인식하고 있었다. 그는 이렇게 말한바 있다.

> 유사 이래로 존재했던 문자치고 말을 기록하지 않은 것은 없다. 그래서 말과 문자 간의 기록과 피 기록의 관계, 주체와 보조의 관계를 분명하게 인식해야 한다. 이는 문자의 수많은 본질을 밝혀줄 것임이 분명하고, 문자 발전의 수많은 기본 규칙을 이해하는데도 도움이 될 것이다. ……그러나 문자와 말은 결국 서로 다른 범주에 속하며, 말이라는 관점의 관찰로 문자라는 관점의 관찰을 대신할 수는 없다. 그것은 말에 대한 단순한 관찰이 문자 자체의 수많은 문제를 설명해 줄 수 없기 때문이다. 그렇게 하지 않으면 말과 결합하기 이전의 선사시대 문자를 해석할 방법이 없으며, 문자 발전의 수많은 독특한 과정도 해석할 방법이 없고, 또 문자 부호 자체의 변화 규칙도 해석할 방법이 없다.
> (有史以來的文字沒有不是語言紀錄的. 分淸語言和文字之間的記錄和被記錄關系, 主體和輔助的關系, 無疑這會揭露文字的許多本質屬性, 有助於了解文字發展的許多基本規律. ……但是, 文字和語言究竟不同範疇, 我們不能用從語言角度的觀察代替從文字角度的觀察. 因爲單純從語言角度觀察無法說明文字本身的許多問題. 如此無法解釋和語言結合前的史前文字, 無法解釋許多文字發展中的獨特的道路, 無法解釋文字符號本身的變化規律.)[5]

이상의 언급에서 그는 '문자가 말을 기록한다는 것'을 '역사시기 이

---

4) 蘇新春 主編, 『漢字文化引論』(南寧: 廣西教育出版社, 1996), 17~22쪽 참조.
5) 王鳳陽, 『漢字學』(長春: 吉林文史出版社, 1989), 19쪽.

후의 문자'에 한정했고, '선사시대의 문자'가 반드시 말을 기록했던 것도 아니라고 여겼음을 알 수 있다. 사실, 한자와 한어가 고도로 통일된 오늘날도 말을 기록하지 않은 '글자부호[字符]'가 가끔 출현한다. 예컨대 인터넷 언어에 쓰이는 '엔(円 yuán)'은 순전히 자형으로 의미를 표현한 것이지, 구어에서 이에 상응하는 어떤 '단어'를 찾을 수가 없다.6)

다음으로, 서양의 표음문자와 대비하여 볼 때, 한자는 한어를 기록한다하더라도 서구처럼 말(언어)에 편중되어 있지는 않다. 조념명(曹念明)의 연구에 의하면7), 서구에서 문자를 말을 기록하는 부호로 본 것은 2천여 년 전 고대 그리스의 아리스토텔레스(Aristoteles, B.C. 384~B.C. 322)의 주장으로부터 시작하며8), 20세기에 이르러 현대 언어학의 창시자인 소쉬르(Ferdinand De Saussure, 1857~1913)가 『일반 언어학 강의』에서 한 걸음 더 나아가 이를 발전적으로 설명한 것이라고 한다. 그러나 사실, 아리스토텔레스의 이러한 논단의 근거는 (다른 언어에서 기원한) 차용형의 그리스 문자9)와 그리스의 구어를 중시했던 당시의 문화적 배경에서 탄생했기에, 차용이 아닌 자국 기원의 다른 문자에는 적용되지 않는다. 소쉬르가 문자의 성질(말을 기록하는 부호성과 말과 결합할 때의 임의성)을 정의할 때에도 그리스 문자와 라틴 문자를 비롯해 라틴 문자에서 파생한 유럽의 다른 각종 문자를 대상으로 하였다. 이러한 문자들의 공통점은 차용형이라는 데, 또 다른 언어에서 기원했다는 데, 그리고 알파벳 형식이라는데 있다. 소쉬르는 이렇게 말했다. "말 속에는 음향 형상

---

6) (역주) '円, yuán'은 '圓, yuán'과 같아 원래는 일본의 화폐단위인 '엔'을 뜻했다. 그러나 '円'이 컴퓨터의 마우스를 닮았다 하여 '마우스'를 뜻하게 되었고, '인터넷 구매'라는 뜻으로 자주 쓰여 円族yuánzú(인터넷 구매 족) 같은 단어가 생겨났다.

7) 蘇新春 主編, 『漢字文化引論』(南寧: 廣西教育出版社, 1996), 1~16쪽 참조.

8) 아리스토텔레스의 「工具論」, 「範疇篇」, 「解釋篇」 등의 논저를 참조하라. 비교적 완전한 설명은 다음과 같다. "구어는 심령의 경험적 부호이다. 그러나 문자는 구어의 부호이다." 蘇新春 主編, 『漢字文化引論』(南寧: 廣西教育出版社, 1996), 5쪽에서 인용.

9) 그리스 문자는 페니키아 문자를 빌려와 개조하여 만든 음절문자이다. 페니키아 문자는 또 수메르의 쐐기 문자와 고대 이집트 상형 문자를 결합하여 만든 문자이다.

만이 있을 뿐이다. 우리는 그것을 고정된 시각형상으로 바꿀 수 있다.……문자 속에서도 그에 상응하는 숫자의 부호로써 그것을 환기시킬 수 있다.……말은 음향 형상을 쌓아 놓은 것일 뿐 아니라, 문자는 이러한 형상을 포착할 수 있는 형식이기도 하다." 그래서 "문자는 말을 표현하고", "말과 문자는 두 가지의 서로 다른 부호체계인데, 후자의 유일한 존재 이유는 전자를 표현하는데 있다."10) "문자는 말을 기록하는 부호"라는 그의 이러한 논단은 원래 말을 기록하는 '음향 형상'을 두고 한 것일 뿐이며, 문자의 형체와 말의 음향 형상 간의 결합은 '임의적'인 부호이며, '비유사성'의 상징일 뿐이다.

　이러한 논술은 임의성이 강한 '표음문자'에는 적합하지만, 한자와 같은 유사성을 지닌 '표의문자'에는 완전하게 적용할 수 있는 것이 아니다. 그래서 소쉬르는 다음과 같은 점을 명확하게 지적한 바 있다. "우리의 연구는 표음체계에 한정된다. 특히 오늘날 사용되는 그리스 문자를 원시형태로 하는 체계에 한정된다."11) 그는 한자를 자신의 '문자의 정의'에서 분명하게 배제했다. 그것은 한자가 다음과 같은 속성을 가지기 때문이었다. "한자는 표의체계에 속한다. 그래서 하나의 단어는 하나의 부호로 표기된다. 그러나 이러한 부호는 그것을 구성하는 음성과는 도리어 무관하다. 이러한 부호는 단어 전체와 관계를 맺는다. 그래서 그것이 표현해 내는 관념과도 간접적인 관계를 맺는다." "중국인에게 표의문자와 입으로 말해지는 단어는 모두 관념적인 부호이다. 그들에게서 문자는 바로 제2언어이다. 담화 과정에서 입으로 말해지는 두 가지 단어의 독음이 같을 경우, 그들은 서사되는 글자의 도움을 받아 그들 간의 의미를 설명한다.……한어의 각종 방언에서 표현되는 동일한 개념을 나타내는 단어도 모두 동일한 서사부호로 표기될 수 있다."12)

　유성언어에 의존하지 않고 '표의'에 중점이 놓인 한자의 이러한 구조

---

10)　索緒爾, 『普通語言學敎程』(高名凱譯, 岑麒祥・葉蜚聲校注)(北京: 商務印書館, 1982), 37, 47쪽.

11)　索緒爾, 『普通語言學敎程』(高名凱譯, 岑麒祥・葉蜚聲校注)(北京: 商務印書館, 1982), 50쪽.

12)　索緒爾, 『普通語言學敎程』(高名凱譯, 岑麒祥・葉蜚聲校注)(北京: 商務印書館, 1982), 50쪽.

체계가 비로소 가장 전형적인 문자체계라 할 수 있다. 그곳이 설사 서구라 하더라도, 그들이 유성언어체계에서 부족함을 발견했을 때 그들이 세울 수 있는 진정한 문자 체계는 여전히 한자를 기본적인 사고 모델로 삼게 될 것이다. 예컨대, 데카르트(René Descartes, 1595~1650)는 이렇게 말했었다. "알파벳의 조화롭지 못한 조합은 책을 읽을 때 언제나 귀를 거슬리게 한다.……우리말에서 듣기 좋은 말이라 하더라도 독인 사람들에는 조잡하고 저속하게 들려 참을 수 없게 만들 수도 있다." 그리고 "말이 서로 다른 민족에게 운용될 때 여러분들도 이러한 불편을 피할 수가 없다." 그래서 그는 이런 것을 집필하고 싶어 했다. "모든 언어를 언급한 대사전을 출판한다면, 그리고 각각의 단어에 대해 음절만 대응하는 것이 아니라 의미에도 대응하는 부호를 확정해 낼 수만 있다면, 예컨대, 동일한 하나의 부호를 사용해 각각 다른 단어인 'aimer', 'amare', 'φιλεῖν'(이 모두 '사랑'을 뜻한다)를 모두 표현해 낼 수 있다면, 이러한 사전이 있고 문법을 이해할 수 있는 사람이 있어서 이러한 문자부호를 찾기만 한다면 자기 자신의 언어로 번역하고 해독하는 일은 전혀 문제 없이 해결할 수 있게 될 것이다." 한자는 바로 이처럼 "음절에 대응하는 부호가 아니라 의미에 대응하는 부호이다."13)

한자의 이러한 특수성에 대해, 당란(唐蘭, 1901~1979)은 소쉬르와 기본적으로 일치하는 견해를 보였다. 그는 이렇게 말했다. "(한어) 문자는 자신의 형체를 사용해 사람들의 사유 활동과 인식 활동을 표현해 왔다. 사람들이 하나의 문자를 필사할 때 그 목적은 그것의 생각을 그려내고자 한 것에 있었지 그것의 음성을 표기하기 위한 것만은 아니었다. 사람들이 문자를 볼 때에도 그것이 내포한 내용을 보지, 그것을 언어로서 보는 것만은 아니다. 단지 그것을 소리 내어 읽을 때만 비로소 문자가 언어로 전환될 뿐이다."14) 설사 "그것을 소리 내어 읽을 때"라 하더라도 서로 다른 한자가 한 가지의 같은 독음으로 읽힐 수 있고, 동일한 한자

---

13) 이상의 인용은 龔鵬程, 「華文的特色與價值」(http://www.fgu.edu.tw/~wclrc/drafts/Taiwan/gong/gong-02.htm, 2006-02-12)을 참고 했다.
14) 唐蘭, 「論馬克思主義理論與中國文字改革基本問題」, 『中國語文』第1期(1956).

라 하더라도 각종 방언이나 다른 말에서 서로 다른 독음으로 읽힐 수
있다. 이렇게 볼 때, 한자의 '독음 기록' 기능은 상당히 낮다 할 것이며,
한자의 한어 기록은 주로 '단어'에 대한 기록이고 '의미'에 대한 기록이
다. 그래서 한자는 '구어'에 의존하지 않고서도 존재할 수가 있다. 요종
이(饒宗頤, 1917~)도 말했던 것처럼, 중국문자는 말을 따라가는 것이 아
니라 말의 속박에서 벗어난 존재이며, 심지어 말을 통제할 수 있는 문
자체계이다.15) 이는 서양의 표음문자가 순전히 구어라는 말을 기록하기
위한 것임과는 다른 점이다.

그래서 '무릇 문자란 소리의 형상이다(夫文, 聲之象也)'라거나, '한자
는 한어를 기록하는 부호이다'라는 식으로 단순하게 정의할 수 없으며,
한자의 실제 상황에 근거해 '한자'의 내재적 함의와 외연에 대해 정의를
내려야만 할 것이다. 성숙한 이후의 한자, 특히 현대 한자에 대해서, 한
자가 언어의 단어와 어소와 음절을 기록할 수 있다고는 하지만, 한어의
'음향 형상'을 정확하게 번역하여 체현해 내는 것은 아니다. 게다가 기원
단계의 한자라고 한다면, 한자는 한어의 '음향 형상'을 정확하게 표현해
낼 수도 없을뿐더러 한어의 문장을 완전하게 기록해 낼 수도 없었다.
심지어 한어를 기록하지 않고서 직접적으로 형체를 구성함으로써 사물
과 개념을 표현할 수도 있다. 그래서 한자는 한어를 배경으로 할 뿐이
지, 한어(구어)를 필요조건으로 하는 것은 아니다. 한자가 한어를 기록할
때에도 결코 한어의 구어음을 충실하게 기록하는 것도 아니며, 한자와
한어 간의 대응은 종합적이고 유연하며 이미지 형식에 의한다. 물론 한
자가 형체 구조로 관념과 의미를 직접적으로 표현한다 하지만, 한자가
한어를 기록한다는 것을 배제하지는 않으며, 단지 한자와 한어 간에 엄
격하고 전체적인 음성의 대응관계가 없을 뿐이라는 말이다. 한자는 결
코 한어 때문에 생겨난 것도, 한어 때문에 존재하는 것도 아니다. 왕봉
양(王鳳陽)이 말했던 것처럼 "문자가 비록 말과 관계가 밀접하기는 하지
만, 문자가 말의 파생물은 아니다. 문자의 발생은 말과 무관하며,……사
회에 의존하는 사회현상이다." "문자는 다른 곳으로 전달되지 못하고 시

---

15) 饒宗頤, 「漢字圖形化持續使用之謎」, 『符號·初文與字母－漢字樹』(下篇)(上
　　海, 上海書店出版社, 2000), 183쪽 참조.

간적으로 남겨지지 못하는 한계성을 보완하기 위해 발명된 도구이다. 문자가 말에서 연장된 것은 화살이 어깨에서 연장된 것과 같으며, 망원경이 눈에서 연장된 것과 같은 개념이다.……문자의 역사로도 문자가 말과 끊임없이 긴밀하게 가까워졌음을 증명해 준다." "말은 음성으로 정보를 전달하며, 문자는 서사 행위를 통해 정보를 보존하고 전달한다. 이둘은 서로 다른 근원을 가지며, 다른 두 길을 달리는 자동차라 할 수 있다."16) 이렇게 볼 때, 한자는 결코 한어의 번역판이 아니며, 결코 한어의 부속 형식도 아니다. 그래서 한어의 기록이 결코 한자를 존재하게 하는 유일한 이유도 아니다.

이상을 종합해 볼 때, 대략 다음과 같이 한자를 정의할 수 있다. 즉 한자는 한족이 창제한 것으로17), 시간과 공간적 한계를 받지 않고 일정한 이미지 정보(사물과 관념)를 기록할 수 있으며18), 한어(단어, 어소, 음절)도 기록할 수 있는 평면적 시각부호이다.

제2절 한자의 실체

1. 한자의 삼차원적 속성

일반적으로 부호로서의 한자는 '형체[形], 독음[音, 즉 음성], 의미[義]'의 세 가지 요소를 갖추고 있다. 청나라 때의 단옥재(段玉裁, 1735~1815)는 『설문해자(說文解字)』의 체재에 대해 주석하면서 이렇게 말했다. "무릇 문자에는 의미와 형체와 독음이 들어 있는데,……(표제자인) 전서체에

---

16) 王鳳陽, 『漢字學』(長春: 吉林文史出版社, 1989), 22, 28, 29쪽.
17) 여기서 말하는 '漢族'은 넓은 의미의 '한족'으로, 역사적으로 융합된 여러 다른 민족을 포함한다.
18) 그림이나 교통표지 같은 부호도 일정한 이미지 정보를 나타낼 수 있다. 그러나 그것들은 환경과 공간의 제약을 받는다. 그래서 그것들은 문자가 아니다.

대해 먼저 그 뜻을 밝히고,……그 다음에 그 형체를 풀이했으며,……그 다음에 그 독음을 풀이했는데,……이 세 가지가 합쳐져 하나의 완전한 전서 표제자가 된다(凡文字有義, 有形, 有音, ……凡篆一字, 先訓其義, ……次釋其形, ……次釋其音, ……合三者以完一篆).'19) "게다가 "옛날의 자형과 오늘날의 자형도 있고, 옛날의 독음과 오늘날의 독음도 있고, 옛날의 의미와 오늘날의 의미도 있다(有古形有今形, 有古音有今音, 有古義有今義)." 라고 했다. 그래서 한자를 연구할 때에는 '이 세 가지를 서로 종합하거나' '이 여섯 가지를 서로 종합해야 한다.'20) 이는 전통적으로 공인된 한자 연구의 법칙일 뿐 아니라 심지어 한자를 해독하는 검증 표준이 되었다.

그래서 오옥장(吳玉章, 1878~1966)도 "개별 한자를 인식하려면 반드시 그것의 자형과 독음과 의미의 세 가지 요소를 함께 알아야 하며, 이 세 가지 중 하나라도 빠지면 이 글자를 해독했다고 할 수가 없다."라고 했다.21) 그러나 일부 학자들은 이와 다른 견해를 보이기도 하였는데, 양동한(梁東漢, 1920~2006) 같은 학자는 "과거의 일반 문자 학자들은 형체와 독음과 의미를 '문자의 삼 요소'로 보고서 어떤 글자라도 이 세 가지 요소를 다 갖추어야만 하며, 그렇지 않으면 문자가 아니라고 한다. 그러나 이러한 '삼 요소론'은 과학적이지 못하다. 그것이 어떤 조건 하에서는 성립할 수도 있지만, 한 개의 글자가 한 개의 음절을 대표할 때에는 이러한 학설은 발 디딜 곳이 없게 되고 만다."22)

그래서 한자의 '형체와 독음과 의미라는 삼 요소'설은 언어와 문자를 분리하여 생각하지 않았던 이전 사회의 학술사상의 부산물이다. 고대 문자학(형체), 음운학(音韻學), 훈고학(訓詁學)과 같이 세 가지가 정립하는 학술적 국면이 오늘날까지 계속 사용되어, 개별 한자의 분석과 교육이라는 실천 과정에서 중요한 기능을 발휘하고 있으며, 버릴 수 없는 실

---

19) 段玉裁, 『說文解字注·一部』의 '元'字 주석(上海: 上海古籍出版社, 1981).
20) 段玉裁, 『廣雅疏證·序』, 王念孫의 『廣雅疏證』(南京: 江蘇古籍出版社, 1984)에 보인다.
21) 吳玉章, 「新文字與新文化運動」, 『文字改革文集』(北京: 中國人民大學出版社, 1978), 39쪽.
22) 梁東漢, 『漢字的結構及其流變』(上海: 上海教育出版社, 1959), 3쪽.

용적 가치도 갖고 있다. 그러나 '형체와 독음과 의미라는 삼 요소'설이 이론적으로 갖는 결함도 분명하게 드러난다.

먼저, '형체와 독음과 의미'의 세 가지가 결코 동일 체계의 동일 단계에 속하는 것이 아니다. '형체'는 한자의 본체이지만, '독음'과 '의미'는 말의 체계에 속한다. 그래서 한자가 한어를 기록할 때에는 '독음과 의미'가 결합체(단어나 형태소)를 이루어 '형체' 위에 더해지는 것이다. 그래서 '형체'는 '독음과 의미'와 상대되는 개념이라 하겠으며, '형체와 독음과 의미'의 세 가지가 정립하거나 병렬되는 개념은 아니다.

다음으로, '형체'가 짊어지고 있는 언어 단위는 '독음과 의미'의 결합체가 아니어서, 어떤 자형은 '독음'만 있고 '의미'는 없는 경우도 있고(예컨대 '嘚 fēi'), 어떤 자형은 '의미'만 있고 '독음'이 없거나 '독음'이 '의미'와 무관한 것도 있다(예컨대 '円 yuán'이 컴퓨터용 '마우스'를 지칭할 때, '夭 tiān'이 '개자식'이라는 의미로 쓰일 때가 그렇다[23]). 이렇게 볼 때 '독음'과 '의미'는 모든 한자가 반드시 갖추어야 할 요소가 아니다.

셋째, '형체와 독음과 의미'의 '형체'가 무엇을 지칭하는지 분명하지가 않다. 어떨 때에는 외형을 지칭하기도, 어떨 때에는 구조를 지칭하기도, 어떨 때에는 글자체를 지칭하기도, 어떨 때에는 특정 문자재료를 지칭하기 때문이다.

넷째, 현대의 '문자학'은 이미 독립된 '독음'과 '의미'적 요소를 포함하지 않는데도, 개별 한자의 교육과 해설에서는 도리어 이들을 '형체와 독음과 의미'의 세 가지 요소로 분리해 내는데, 그 결과 개별 한자의 분석과 학술체계 간의 비대응을 초래했다. 이러한 네 가지 결함 때문에 '형체와 독음과 의미 삼 요소'설로는 과학적인 한자학 체계를 건립할 수가 없다.

한자의 본체라는 속성은 언어적 측면의 독음과 의미를 포함해서는 안 되며, 형체·구조·기능[職用]이라는 세 가지 차원에서 분석하고 고찰되어야만 할 것이다. 다시 말해, 한자의 본체는 '형체, 구조, 쓰임'이라는

---

23) (역주) 夭은 tiān으로 읽는데, 天과 같은 글자였다. 그러나 현대의 인터넷 언어에서는 이를 상하 두 글자로 읽어 '王八'로 해석하는데, '王八wángbā'는 '개자식' 정도에 해당하는 심한 욕이다.

이 세 가지 측면의 속성을 말하며, 이를 필자는 '한자의 삼차원적 속성'이라 부르고자 한다. '형체'는 한자가 성립하는 전제 조건이며, 시각적으로 느끼는 직접적 인상으로, 개개의 한자가 어떤 경우에라도 갖추어야 하는 외부적 형태이다.

소위 '구조'는 한자의 '구성 의도[構意]'를 지칭하는데[24], 그것은 객관 사물(추상개념)과 언어의 독음과 의미에 대한 인식에서 직접 기원하는 것으로, 한자의 내부구조에서 실현되는 구성 형태[構形]의 근거가 된다. '구성 의도'는 한자가 처음 창제되던 당시에는 보편성을 가졌지만, 한자의 형체가 변화한 이후로는 다시 분석해야할 필요가 생겼다.

소위 '쓰임[用]'은 한자의 기능[職能]을 지칭하는데, 한자는 단지 언어의 독음과 의미라는 정보만 기록할 수도 있고, '형체[形]'와 '구조[構]'의 결합으로 객관사물이나 어떤 약정된 내용(예컨대 처음 시작 단계의 '도형식의 글자'나 '로고형의 글자', 이후의 '方言字'나 '訓讀字' 등)을 직접적으로 나타낼 수도 있으며, 음성 단위와 독음과 의미의 결합체를 포함한 언어의 표현 단위를 기록할 수도 있다.

자형의 '구성 의도'와 언어의 독음과 의미 간의 연계가 결코 일치하는 것이 아니며, 어떤 경우에는 의미를 드러내거나(象形字와 會意字), 어떤 경우에는 독음을 드러내거나(假借字와 譯音字), 어떤 경우에는 독음과 의미를 다 드러내기도 한다(形聲字와 兼聲字). '형체[形]'는 한자의 서사(書寫)에 속하며, '구조[構]'는 한자의 구조에 속하며, '쓰임[用]'은 한자의 기능에 속한다. 전통적으로 말하는 '독음과 의미'는 '쓰임[用]'의 단계에 속하는데, 그것이 드러나는 정도의 강약은 시간과 쓰임에 따라 달라진다. 한자의 '쓰임'은 언어의 기록에 한정되지 않는다. 그러나 시간과 공간적 한계를 분명히 극복하였는데, 이것이 예술회화와 전문 표지와 구별지어주는 중요한 특징이다.[25]

---

24) 이는 『說文解字』에서 말한 '厥意可得而說也', '某形與某形同意' 등의 '意'이며, 黃侃이나 陸宗達 두 분이 지칭했던 '筆意'이며, 王寧이 지칭했던 '構意'이다. 그러나 그들은 이러한 '意'를 한자의 중요한 요소의 하나로 보지는 않았다.

25) 예술적 회화는 실물 환경의 제약을 받으며, 전문 표지는 이러한 사용 환경의 제약을 받는다.

2. '자(字)'의 여러 가지 의미

'한자'를 하나의 부호로 간주하여 기술하게 되면, 그것은 막연하고, 추상적이며, 모호한 개념으로 변하게 된다. 그러나 우리가 한자에 대해 논의할 때는 종종 한자의 어떤 한 가지 요소나 속성에 대해 언급하게 되는 것이 사실이다. 이 때 말하는 '자(字)'가 가리키는 것은 매우 구체적이어서, '형체[形]'를 말하거나, 혹은 '구조[構]'를 말하거나, 혹은 '쓰임[用]'을 지칭한다. 이런 의미에서, 한자의 '자(字)'는 도대체 무엇을 가리키는지, 구체적 정황에 대해 구체적으로 분석하고자 한다.

(1) 외부의 형태, 즉 글자의 형태[字形]를 지칭한다.

예컨대, '루(泪)'와 '루(泪)', '타(朵)'와 '타(朶)'는 구조가 같고, 독음과 의미도 같지만, 서로 다른 글자이다. 여기서 말하는 서로 다르다는 것은 두 '글자[字]'의 외형을 두고 하는 말이다. 즉 글자의 외형으로 볼 때, '루(泪)'는 '루(泪)'와 다르고(앞의 서체는 華文行楷體26)이고, 뒤의 서체는 隸書體27)이다), '타(朵)'도 '타(朶)'와 다르다(윗부분의 필획이 다르다). 다시 말해, '예서라는 글자체는 전서체에서부터 변화해 온 것이다'라거나, '이 글자는 예쁘지 않다'거나, '저 대련(對聯)에 쓰인 글자는 정말 아름답다'거나, '계공(啟功)의 글씨는 정말 돈이 된다'거나, '이 글자는 저 글자보다 점 하나가 많다' 등에서와 같이 '자(字)'는 모두 글자의 '외형'을 가리킨

---

26) (역주) 華文行楷體는 중국의 華文印刷新技術有限公司(SinoType)에서 제작한 **中文字型范例 1234567890**처럼의 TrueType 컴퓨터 서체를 말하는데, 서예가 任政이 서체 모사를 담당했다. 처음에는 簡體 한어판 Microsoft Office에 탑재되어 배포되었으며, 미감이 뛰어나 중국 대륙의 각 영역에서 사용되고 있다.

27) (역주) 華文隸書體는 또한 중국의 華文印刷新技術有限公司(SinoType)에서 제작한 **华文隶书**처럼의 TrueType 컴퓨터 서체를 말하는데, 한나라 때의 예서에 기반을 두고 있다.

다.

(2) 내부의 구성 의도[構意], 즉 글자의 구조를 가리킨다.

예컨대, '루(泪)'와 '루(淚)'는 모두 예서체로, 독음과 의미가 같다. 그 럼에도 이들은 서로 다른 글자들이다. 여기서 말하는 다르다는 것은 두 '글자[字]'의 내부구조를 두고 하는 말이다. 즉 내부 구조로 볼 때, 전자 는 '수(氵)'와 '목(目)'이라는 두 개의 의미 성분으로 구성되었지만, 후자 는 의미부인 '수(氵)'와 소리부인 '루(戾)'라는 두 성분으로 구성되었다. 다시 말해 '독체(獨體)인 문(文)이 서로 합치면 **자(字)**가 된다'거나, '이 '쟁(爭)'자는 분석하기가 어렵다'거나, '어(魚)'자는 옛날에는 상형자였지만, 지금은 대호자(代號字: 부호화된 글자)로 변했다' 등에서와 같이 '자(字)' 는 글자의 구조를 두고 하는 말이다.

(3) 기록의 기능[職能], 즉 글자의 쓰임[字用]을 지칭한다.

예컨대, '루(泪)'와 '루(淚)'는 글자체도 다르고 구조도 다르지만, 같은 글자이다. 여기서 말하는 '같다는 것'은 두 '글자[字]'가 언어를 기록했다 는 기능을 두고 한 것, 즉 언어의 기록이라는 기능으로부터 본 관점이 다. '루(泪)'와 '루(淚)' 두 글자 모두 '눈물'과 '누액(淚液)'을 지칭하지만, 이들이 기록한 것은 한어의 동일한 단음절어이다. 그래서 한자(漢字)라 고 할 때의 '자(字)'는 문자 기록의 단음절어를 지칭하는 것 이외에도 문 자 기록의 다음절어를 지칭하기도 한다. 예컨대 "창업자의 자전에서 '害 怕 hàipà'라는 이 **단어**를 찾을 수 없다"(TV 대사)거나, "한 가지 **단어** 밖 에다: 복종하지 않음.(只有一個字: 不服)"(소품 『拳王擂臺賽』의 대사)이나, "한 **단어**로 형용할 수 있다: '경심동백'.(可以用一個字來形容: 驚心動魄)" (중앙텔레비전 『正大綜藝』의 사회자 멘트)[28] 등이 그렇다.

---

28) 뒤의 두 가지 예는 徐通鏘의 「'字'和漢語的句法結構」, 『世界漢語教學』 第 2期(1994) 참조.

또 이러한 것들은 문자 기록의 음절 단위를 지칭하기도 한다. 예컨대 "그가 말을 하자 하나씩 하나씩 밖으로 뛰어 나갔다.(他說起話來一個字一個字地往外蹦)"거나, "이 글은 8천 자나 된다.(這篇文章有8000字)" 등이 그렇다.

또 어떤 것들은 문자가 기록한 소리를 지칭하기도 한다. 예컨대, "발음이 정확하다(咬字很准)"거나 "발음이 정확하고 말이 부드럽다(字正腔圓)"와 같은 경우이다. 심지어 문자가 기록한 단위의 조합을 지칭하기도 하는데, "글이 조리가 서고 매끄럽다(文從字順)"거나 "글이 물 흐르듯 유창하다(文字流暢)" 등이 그러한 경우이다.

'한자'는 속성의 차이 외에도 서로 다른 단위, 즉 '개체한자', '기초한자', '체계한자' 등과 같이 몇 가지 개념을 지칭하는 대상의 차이에 따라 서로 다른 단위로 나눌 수도 있다. '개체한자'는 어떤 글자의 종류를 말하는데[字種][29], 여기에는 정체(正體) 및 변체(變體)가 포함되며, 이들은 일정한 형체와 구조와 쓰임을 모두 갖추고 있다. '기초한자'는 중요한 기능을 가지는 몇 가지 개체한자나 일련의 한자를 말하는데, 이들은 서로 연계되어 있거나 일정한 의미를 한데 모은 의미적 분류로, 다른 한자들의 기초가 된다. '체계한자'는 완전한 기능을 가진 한자체계를 말하는데, 이는 개체로 성원을 이루기도 하고, 집합적으로 부류가 되기도 한다. 더욱 중요한 것은 조합 능력을 갖추어 질서 있게 사상을 표현하고 한어를 완전하게 기록하는 기능을 갖추고 있다는 점이다.

3. 한자 연구의 '세 가지 평면'

한자가 형체, 구조, 기능[職用]이라는 세 가지 측면의 실체적 속성을 갖고 있다면, 한자 연구도 이 세 가지 차원에서 연구해 한자의 서로 다른 속성에 대해 한자의 형체체계, 구조체계, 기능체계를 서술해야만 한다. 그리고 이렇게 하면 한자 연구의 '세 가지 학술적 평면'이 자연스레

---

29) '字種'은 보통 기능 차이를 가진 서로 다른 글자를 말하는데, '泪'와 '淚'는 형체구성 기능상의 차이를 가지며, '后'와 '後'는 표현 기능상의 차이를 가져, 모두 서로 다른 字種에 속한다.

형성되고, 이로부터 다음과 같은 '한자 형체학', '한자 구조학', '한자 기능학'의 세 가지 분과가 생긴다.

(1) 한자 형체학: 형체 속성으로부터 착수하여 형체적 평면의 '글자'에 대한 연구인데, 주로 자양(字樣)의 서사규율과 변이 규칙을 연구한다. 이에는 주로 서사단위, 서사방법, 서사스타일, 글자체유형, 자형변체 등이 포함된다. 이는 한자 양태학을 형성할 수 있는데, 달리 한자 형체학이라 부를 수 있으며, 자양학(字樣學) 혹은 자형학(字形學)이라 줄여 부를 수 있을 것이다.

(2) 한자 구조학: 구조 속성으로부터 착안하여, 구조적 평면의 '글자'에 대한 연구인데, 주로 한자의 구형 근거와 구형 규율을 연구한다. 이에는 주로 구성 형태의 단위, 구성 성분의 유형, 구성 형태의 근거, 조합 모델을 비롯해 각종 구성 형태 속성의 변화 등이 포함된다. 이 영역을 한자 구형학(構形學) 혹은 한자 구조학이라 할 수 있으며, 줄여서 자구학(字構學)이라 부를 수 있다.

(3) 한자 기능학: 기능[職用]의 속성으로부터 출발하여 기능적 측면의 '글자'를 연구하는 것인데, 주로 어떻게 한자를 사용해 한어를 기록할 것인가의 문제를 연구한다. 이에는 기록(단위, 기록방식, 사용속성, 글자와 어휘 간의 대응 관계, 동일 기능 글자들 간의 관계 등)이 포함되는데, 이를 한자 직용학(職用學)이라 할 수 있으며, 줄여서 자용학(字用學)이라 부를 수 있다.[30]

한자 형체학, 한자 구조학, 한자 기능학이라는 이 세 가지의 학술체계는 병렬적인 것이 아니며 동일한 입체물의 서로 다른 측면으로, 어떤 내용은 서로 연계되어 있으며 서로 교차하기도 한다. 그러나 교차라는 것은 재료의 귀속을 두고 한 것이지 이론 체계를 두고 한 말은 아니다. 이론적으로 이 세 가지 평면은 분립되어야만 하며, 구체적 문제는 반드시 그와 상응하는 측면에 갖다 놓고서 논의해야 할 것이다. 그리하여 이루어진 연구대상의 통일과 재료의 다차원적 연계는 이들이 삼차원적으로 하나로 통일되게 하고, 분립되었으되 분리되지 않도록 만든다.

---

30) 李運富, 「漢字語用學論綱」, 『勵耘學刊』(語言卷) 第1期(2005) 참조.

제3절 한자의 성질

　‘한자의 성질’이라는 말은 두 가지 함의를 가진다. 하나는 비(非)문자에 대한 언급으로 모든 문자의 공통성을 말한 것이고, 다른 하나는 비(非)한자에 대한 언급으로 한자의 개성을 드러낸 부분을 말한 것이다. 여기서 논의하고자 하는 ‘한자의 성질’은 후자인 한자의 개성이라는 범위에 한정되며, 게다가 ‘유사문자(有史文字)’(즉 문헌문자)에만 한정된다. 언어를 기록하지 않은 기원 단계의 문자는 그것이 문자로 성립할 수 있는지 그 자체가 논쟁사항이므로 논의에서 잠시 제외해 둔다.

1. 한자의 성질에 관한 논쟁

　한자의 개성에 대한 문제는 문자유형학과 비교문자학이 발전함에 따라 최근 1백여 년간 학계에서 논쟁이 끊이지 않았던 뜨거운 화제였다. 예컨대, ‘표의문자’, ‘상형문자’, ‘의음(意音)문자’, ‘표음문자’, ‘주음(注音)문자’, ‘음절문자’, ‘어소(형태소, 즉 詞素)문자’, ‘표사(表詞)문자’, ‘표사(表詞)음절문자’, ‘어소(형태소) 음절문자(즉 음절형태소문자)’, ‘의부(意符) 음부(音符)문자—의부(意符) 음부(音符) 기호문자’, ‘표사(表詞)문자—어소(형태소)문자’, ‘도화(圖畫)문자—표음(表音, 즉 假借)문자—형음(形音)문자’, ‘자부(字符)+어사(語詞)와 음절(音節)+의음(意音) 문자’ 등등은 모두 국내외 전문가들이 한자의 성질에 대해 제시했던 용어들인데, 서로 다른 관점에서 논의한 술어들이다. 물론 동일한 명칭에 대해서도 함의가 다양하다. 예컨대, ‘표의문자’를 어떤 학자는 한자의 자부(字符)가 단어[詞]나 어소(형태소)의 의미를 표현할 수 있는 것이라고 하고, 어떤 학자들은 한자의 자형이 사물이나 개념의 의미를 직접적으로 표현할 수 있다고 하며, 또 어떤 학자들은 한자의 형체구조가 기록한 어소의 의미와 내재적 관련을 갖는 것이라고 하며, 어떤 학자는 한자가 동음(同音)의 어소를 구별할 수 있다는 측면에서 한자를 표의문자라 보기도 한다. 한자의 성질 문제에 대한 이러한 여러 가지 다양한 관점은 종종 한 단어에 집착하여 서로 양보하지 않기도 하는 바람에 따를 바를 정하지 못하게 하고 있다.[31)

사실, 한자의 성질에 대한 갖가지 서술은 어떤 경우에는 표현만 달라 대동소이할 뿐이지만, 어떤 경우에는 내용도 다르고 가리키는 바도 다르다. 그러나 이들이 결코 모순된다고 할 수만은 없다. 그것은 그러한 논술들이 서로 다른 시각에서, 또 서로 다른 시대적 환경에서 각기 한자의 부분적 속성을 반영한 것이기에, 단순하게 이것이 옳고 저것이 틀렸다고는 할 수 없기 때문이다. 그러나 이렇게 모두가 옳다고 하는 것도 논란이 될 수 있는 나머지 부분조차도 전혀 고려하지 않은 태도라 한자의 성질을 정확하게 인식하고 전면적으로 파악하는데 전혀 도움이 되지 않는다. 게다가 그 중 어떤 표현들은 타당하지도 않고 엄밀하지도 않은 문제들이 실제 존재하고 있다.

예컨대, 한자의 단어구별[別詞] 기능에 근거해 한자의 성질을 표의문자라고 정의하는 것은 겉보기엔 일리가 있어 보인다 하더라도 사실 그것은 한자의 성질과는 무관한 문제이다. 왜냐하면 한자가 동음어[同音詞]를 구별하는 것은 글자[字]와 글자 간의 부분적 관계를 체현한 것이지, 보편적 속성은 아니기 때문이다. 그래서 단어구별[別詞] 기능에 근거하자면 한자도 의미로 동음어를 구별할 뿐이다. 한어에 존재하는 대량의 동의어나 동류어[同類詞]는 독음의 차이에 의해 구분되며(같은 의미부를 가진 형성자는 바로 소리부에 의해 의미를 구분한다), 다음자(多音字)도 독음의 차이에 의해 의미를 구분하며, 동형자(同形字)도 때로는 독음에 의해 구분된다. 다른 한편으로, 한자가 결코 한어 속의 모든 동음어를 구분할 수 있는 것은 아니다.

예컨대, '花朶 huāduǒ(꽃잎)'의 '花 huā'와 '花費 huāfei(경비)'의 '花 huā', 접속사로 쓰인 '以 yǐ'나 개사(介詞)로 쓰인 '以 yǐ' 등이 그렇다. 이들은 독음 상으로는 같지만 의미는 달라, 서로 다른 단어에 속하지만 형태상으로는 구별이 없다. 더구나 한자에는 독음도 같고 의미도 같지만 형체

---

31) 李運富·張素鳳, 「漢字性質綜論」, 『北京師範大學學報』 第1期(2006) 참조.

만 다른 이체자(異體字)도 대량으로 존재하는데, 이들은 한자의 표의 구별 기능만으로는 해석이 불가능하다. 이렇게 볼 때, 한자의 형체와 어휘의 독음과 의미 간의 관계는 복잡하다 하겠으며, 동음이사(同音異詞)이면서 이형(異形)인 글자들은 그들 중의 일부에 한정되며, 표의(表意)가 단어구별[別詞] 기능을 갖고 있지만, 표음(表音)도 때로는 단어구별 기능을 갖고 있기 때문에, 동음어의 용자(用字)차이를 한자의 '구별(區別)'적 성질로 추상화할 수 없으며, 동음어의 의미 차이로 한자의 '표의(表意)'적 성질을 증명할 수도 없다.

그래서 우리는 한자의 성질이라는 문제에서 다음과 같은 세 가지 인식에서 우선적으로 의견의 일치를 보아야만 할 것이다.

첫째, 한자의 성질은 구성 전체에 대한 지칭이지, 부분적 자료를 대상으로 한 말이 아니다. 앞서 말한 갖가지 서로 다른 견해들의 경우, 어떤 것들은 한자의 부분적 자료에 대해 한 말이다. 대상이 다르면 인식도 자연스레 달라지기 마련이다.

예컨대, 어떤 사람들이 한자를 '상형문자'라고 했는데, 이는 '서주(西周)' 이전 시대의 문자를 두고 한 말이다. 또 어떤 사람들은 한자가 '표의문자'(형체 구조적 시각에서)라고 했는데 이는 대체로 '초기'나 '소전(小篆)' 이전 시기에 한정되는 말이다. 또 어떤 사람들은 '갑골문자 체계'나 '대부분의 고문자'에 근거해 한자의 성격을 '표음문자'(가차자에 근거하여)라 하기도 했고, 또 어떤 사람들은 고대한자는 '표사문자(表詞文字)'이며, 현대한자는 '어소문자(형태소문자)'라고 하기도 한다.

소위 '두 단계 설'과 '세 단계 설' 등은 한자의 성질이 단계에 따라 달라진다고 여긴다. 서로 다른 시기와 특정한 재료를 가지고 한자의 각각의 특징을 논의하는 것은 가능하다. 그러나 서로 다른 특징으로 성질의 차이를 서술하는 것이 설명하고자 하는 대상에 한정되는 것도 과학적이라 하겠다. 그러나 사람들은 종종 부분적 재료로 특징을 귀납하여 이를 전체 한자의 성질로 간주하며, 일반적으로 한자의 성질이 무엇 무엇이라고 할 때, 더는 구체적 재료에 근거하지 않곤 하는데, 이 때문에 오해와 논쟁도 대상이 불분명한 상황 하에서 흐리멍덩하게 생겨나기도 한다. 이러한 아무런 가치 없는 논쟁을 불식시키기 위해서는 구체적 재료를 분석할 때 사용가능한 모든 자료를 사용한 상태에서 이야기해야 할 것이다. 그래서 일반적으로 한자의 성질을 서술할 때에는 '한자'를 전체적인 것으로 보고 논의하는 것이 가장 좋다 생각되며, 소위 '성질'이라는 것이 고금의 모든 한자를 포괄하려면 이렇게 해야만 모두가 (논쟁 없이) 함께 논의할 수 있게 될 것이다.

사실, '한자'의 성질이라는 분제는 개괄하여 서술할 수 있는 내용이다. 왜냐하면 총체적으로 말해서, 고금한자의 속성은 수량의 차일일 뿐 유형의 차이는 존재하지 않기 때문이다. 체계를 갖춘 최초의 문자인 갑골문자는 오늘날까지 약 4천 년에 가까운 발전의 역사를 갖고 있는데, 이 기간 동안 전체 자부(字符)든 아니면 전체 글자의 체계[字系]든 모두 여러 차례의 변화가 있었다. 그러나 이러한 변화는 한자의 어떤 속성의 양적 변화만 초래했을 뿐, 한자의 근본적 속성에는 질적 차이가 없었다. 그래서 우리는 고금 한자의 성질을 통일된 개괄성의 서술이 가능하다고 생각하며, 이렇게 하는 것이 내부 구별 때의 지칭을 겨냥하지 않도록 한다.

예컨대 고대한자가 표사(表詞)문자이며, 현대한자는 형태소 문자라고 하지만, 사실은 고대의 어휘가 현대의 형태소로 변한 것은 언어적 문제이며, 글자를 가지고서 그것을 기록하는 음의(音義)체계에는 변화가 일어나지 않았다. 하물며 단어[詞]와 형태소는 같은 시기에 공존할 수도 있으며 상호 전화(轉化)도 가능하며, 고대의 단음절어도 단어를 이루는 형태소로 보지 말라는 법도 없으며, 현대의 1음절 어휘도 하나의 어휘를 기록할 수 있으며, 게다가 고금한자는 모두 어휘나 형태소 단위의 음절을 기록할 수 있다.

다시 말해, 어떤 시기를 막론하고 한자가 기록할 수 있는 언어 단위의 유형은 같았다. 이에는 단어[詞], 형태소, 음절의 세 가지 성분이 포함되는데, 단지 각종 성분을 기록하는 비율이 시대에 따라 달랐을 뿐이다 (고대에는 어휘를 기록할 기회가 더 많았고, 현대에는 형태소나 순수한 음절을 기록할 기회가 많았다). 또 앞서 말했던 것처럼 전기가 의부음절 문자이고, 후기가 의부음부(意符音符) 기호문자라고 했지만, 사실은 전기에도 기호가 있을 수 있다(근거 기능을 가진 표기를 구분하기 위한 것,

필자는 근거 기능이 없는 형체를 '대체부호[代號]'라 불렀는데, 이에 대해서는 뒤의 '구성성분의 기능'에 관한 절을 참조하라).

예컨대 갑골문에서는 '∧'으로 '입(入)'을, 'ㅣ'으로 '십(十)'을 표시하기도 했고, 전국(戰國)문자에는 음의(音義) 기능이 없는 수많은 변이성분과 부가성분이 존재하며, 심지어 이미 간화부호인 '='로 대별하는 성분을 자각적으로 사용하기도 했다. 이러한 것들은 모두 불분명한 음의(音義) 기능의 대체부호[代號]이다. 단지 한자가 예변(隸變) 이후, 특히 현대한자에서는 대체부호[代號]가 더욱 많아졌을 뿐이다. 그래서 총체적으로 말하자면, 한자의 성질은 개괄할 수도, 통일할 수도 있다.

둘째, 한자의 성질은 단순한 방면의 문제일까 아니면 여러 방면의 문제일까? 앞서 말한 한자 성질에 대한 갖가지 견해들은 주로 관찰하는 시각의 차이에서 기인한 것들이다. 입장이 다르면 한자의 속성에 대한 인식도 달라질 수 있는데, 이는 매우 정상적인 일이다. 문제는 어떤 학자들이 자신의 입장에서 본 시각만이 한자의 '성질'이며, 다른 사람들의 입장에서 본 시각은 한자의 '성질'이 아니라는데 있다. 그리하여 논쟁을 피할 수 없게 되었다.

예컨대, 구석규(裘錫圭)는 『문자학개요(文字學槪要)』에서 "어소-음절(형태소-음절)문자와 음부 의부(意符音符)문자 혹은 의부음부기호(意符音符記號)문자는 서로 다른 각도에서 한자에 부여한 두 가지 명칭이며, 이러한 두 가지 명칭은 공존이 가능하다."라고 했다.[32] 그러나 같은 책의 또 다른 곳에서 "한자의 성질을 논의할 때, 문자를 언어의 부호라는 성질로 보지 않고, 이를 문자 그 자체가 사용하는 자부(字符)의 성질과 명확하게 구분해 내지 않는다면 논리상의 혼란을 초래하게 될 것이다."라고 했다. 나아가 한자의 성질은 "문자가 사용하는 이러한 부호의 성질에 의해 결정되는 것이며", "각종 문자체계의 자부(字符)의 특징에 근거해야만 비로소 그들이 서로 다른 유형임을 구분해 낼 수 있다"는 것을 강조했다.[33]

이러한 논술은 다소 모순적인 듯 보이지만, 사실 구석규는 동일한

---

32) 裘錫圭, 『文字學槪要』(北京: 商務印書館, 1988), 18쪽.
33) 裘錫圭, 『文字學槪要』(北京: 商務印書館, 1988), 10~11쪽.

사물에 대한 각각의 관점을 서로 다른 사물의 각각의 성질로 간주하면서, '자부(字符)'의 성질만이 '한자'의 성질임을 인정한 것이다. 구석규가 말한 '자부(字符)'는 바로 문자를 구성하는 부호인데, 달리 구건(構件; 구성성분)이라고도 부른다. 구성성분[構件]의 특징은 당연히 한자의 속성을 반영한다. 그런데 왜 '언어의 부호의 성질이 되는 문자'는 한자의 속성이 아니란 말인가? 왜 "각종 문자 체계에 따른 자부(字符)의 특징만이, 그들을 각각의 유형"으로 나눌 수 있단 말인가? 아무리 보아도 이해가 가지 않는다. 사실 '자부(字符)의 특징'에 근거한 분석은 일반적으로 전문가들이 애호하는 대상이다. 하지만 일반적인 문자 사용자라면 그들은 문자의 외형과 언어의 부호로서의 문자의 기록 기능이 제일 먼저 이해하는 부분일 것이며, 그들은 주로 문자의 외형과 기능에 근거해 서로 다른 유형의 문자를 구분할 것이다. 그래서 '문자'의 다른 측면은 고려하지 않고 단지 '자부(字符)의 특징'만으로 문자 성질의 차이를 구분하는 것은 편파적이라 하겠다.

마찬가지로, 다른 어떤 측면만 강조하는 것도 편파적이다. 예컨대, 반균(潘鈞)은 문자 성질을 규정하는 유일한 표준은 문자가 기록하는 언어단위의 차이이며, '어소문자'가 한자의 유일한 본질적 속성이고, 다른 속성은 모두 비본질적이어서, '어소문자'라는 이 본질적 속성에 의해 결정된다고 주장했다.[34] 무엇이 '본질적 속성'인가? 구별적 성질을 지닌 특징, 어떤 사물을 다른 사물과 구별해 줄 수 있는 속성, 바로 그것이 본질적 속성이다. 그렇다면, 한자가 다른 문자와 구별되는 속성이 단지 기록단위의 차이란 말인가? '어소(형태소)'가 한자에만 있는 유일한 것이란 말인가? 이는 그렇지 않음이 분명하다. 그렇지 않다면 구석규(裘錫圭)도 분명히 동의하지 않을 것이다. 왜냐하면 '자부(字符)의 특징'도 구성성분 [構件]의 기능이 비로소 한자 성질의 구별적 특징을 결정하는 것이라 생각할 것이기 때문이다. 이렇듯 각자의 주장만 가진다면 서로 싸우지 않는 것이 이상한 법이다.

또 정진봉(鄭振峰)은 이렇게 주장했다. "한자의 기능에 근거하고, 한

---

34) 潘鈞, 『現代漢字問題研究』(昆明: 雲南大學出版社, 2004), 3~43쪽 참조.

자가 기록한 언어단위에 근거해 한자의 성질을 규정하는 것은 정확할 리가 없으며, 한자의 일반적 특징을 전반적으로 개괄해서 한자와 다른 문자 체계와의 본질적 구별을 찾아내야 하며", "언어를 기록하는 문자의 방식, 즉 형체구성[構形] 원칙에 근거해, 전체 문자의 형체구성 체계로부터 변화 규칙의 각도에서 문자의 성질을 판단해야만 한다."[35]

그러나 사옥영(司玉英)은 또 정진봉의 관점에 결사적으로 반대하여 "문자의 성질은 문자 체계 속의 개별 부호와 언어단위의 대응관계에 의해 결정된다. 표음문자의 개별 부호에 대응하는 언어단위는 음소나 음절이며, 표의문자의 개별 부호에 대응하는 언어단위는 어휘(詞)나 형태소(형태소)이다. 이는 문자 창제 당시의 사람들이 언어에 대한 분절 방식에 의해 결정된 것이다."라고 주장했다.[36]

이러한 의견 차이는 앞서 들었던 구석규(裘錫圭)와 반균(潘鈞) 두 사람의 서로 다른 관점과 궤를 같이 한다. 모두 다각도의 겸용성을 간단히 부정해 버리고 단일 각도의 배타성만 인정한 것들이다.

사실, 동일사물에 대해 서로 다른 각도에서 분석할 수 있지만, 서로 다른 각도에서 인식한 결과는 결코 일치하지 않을 가능성이 크다. 소위 '보는 각도에 따라 산의 모습이 다르듯 사물의 본질을 제대로 파악하지 못했다(橫看成嶺側成峰, 遠近高低各不同)'하겠다. 어떤 각도에서의 관찰은 종종 사물의 어떤 성질의 일부만 나타내 줄 뿐, 사물이 갖는 성질의 전모를 반영하기는 쉽지 않다. 예컨대, 연령이나 성별, 신체, 얼굴, 종족 등과 같은 서로 다른 시각에서 한 개인의 어떤 속성을 나타낼 수 있지만, 개별적 측면의 속성이 한 개인의 전모를 나타낼 수 없으며, 그 사람과 다른 사람을 구별해 내기도 어렵다. 단지 각각의 서로 다른 각도의 서로 다른 속성을 종합해야만, 비로소 한 개인에 대해 전면적이고 객관적으로 인식할 수 있으며, 비로소 진정으로 이 개인을 구분해 낼 수 있다. 그래서 사물에 대한 더욱 정확한 묘사와 구분하기 위해서 우리는

---

35) 鄭振峰, 「二十世紀關於漢字性質問題的研究」, 『河北師範大學學報』 第3期 (2002).

36) 司玉英, 「也談表意文字與詞文字, 語素文字的關系－兼與鄭振峰先生商榷」, 『北華大學學報』 第2期(2005).

어떤 단일 사물의 성질을 확정할 때 몇 가지 관점을 선택할 필요가 있다. 한자의 성질도 여러 가지 측면에서 고찰해야만 한다. 각 방면의 고찰 결과를 종합해서 한자성질에 대한 '정확하고, 전면적인' 인식을 얻어낼 수 있다면, 각자의 견해만 고집하는 그런 다툼을 피할 수 있을 것이다.

그렇다면, 어떤 각도에서 한자의 성질을 살펴야 할 것인가? 주유광(周有光)은 부위상(符位相), 어단상(語段相), 표달상(表達相)의 세 가지 측면에서 살펴야 한다고 하면서, 한자의 성질을 '자부(字符)＋어사(語詞)와 음절(音節)＋의음(意音)'이 결합된 문자로 보았다.[37] 그가 말하는 '부위상(符位相)'은 문자의 외형를, '어단상(語段相)'은 문자의 기록단위를, '표달상(表達相)'은 대체로 구성성분[構件]의 구조적 기능을 말한다. 이 세 가지 시각을 선택한 것은 상당히 과학적이다. 그러나 그가 말한 술어들이 지나치게 생경하며, '자부(字符)'나 '의음(意音)'과 같은 이러한 명칭도 해석 차이가 너무 많은 것이며, 게다가 한자형체의 표현 기능을 '의음(意音)'(즉 意符와 音符)으로 귀납한 것도 전면적이지 못하며, 몇몇 구체적인 표현도 다시 생각해 볼 필요가 있다.

양윤규(楊潤陸)는 다음과 같이 생각했다. 언어를 기록한 방법으로 보면 한자는 의음(意音)문자에 속하며, 언어 기록 단위의 크기로 보면 고대한자는 표사(表詞)문자에 속하지만 현대한자는 어소(형태소)문자나 어소음절(형태소음절)문자에 속하며, 언어를 기록한 문자의 자부(字符)로 볼 때 한자는 의부(意符) 음부(音符) 기호문자에 속한다.[38] 소위 '문자의 자부(字符)'는 구석규(裘錫圭)의 견해와 마찬가지로, 한자의 구성성분을 말한다. 그래서 뒤의 두 가지는 주유광(周有光)의 뒤의 두 가지와 대체로 일치한다.

그러나 첫 번째 부분인 '언어를 기록한 방법으로 볼 때'의 '기록 방법'은 무엇을 말한 것인지 알 수 없다. 그래서 이로부터 제시된 '한자가 의음(意音)문자'에 속한다는 '의음(意音)'은 주유광의 '의음(意音)'과 다른데, 이는 한자가 말을 기록할 때 어떤 경우는 의미를 나타내고[表意] 어

---

37) 周有光, 『比較文字學初探』(北京: 語文出版社, 1998), 32~34쪽 참조.
38) 楊潤陸, 『現代漢字學通論』(北京, 長城出版社, 2000), 3~8쪽 참조.

떤 경우는 독음을 나타내며[表音] 또 어떤 경우는 의미와 독음을 겸한다는 의미로 말한 것으로 보인다. 그러나 이는 위의 두 번째 부분인 표사(表詞)(즉 형태소음절)가 가리키는 바와 교차되고 중복되며, 세 번째 항목의 '의부(意符)'와 '음부(音符)'와도 쉽게 혼동할 수 있어, 이해하거나 파악하기가 쉽지 않다. 두 번째, 양윤규는 한자의 성질에 대해 총체적인 귀납을 내린 적도 없어 뭐라고 지적하기도 뭐하다. 우리들 생각에는, 한자는 글자의 형체[字形; 외부적 형태], 글자의 구조[字構; 내부적 구조], 글자의 쓰임[字用; 기록적 기능]의 세 가지 요소를 갖추었으며, 이들은 서로 다른 측면에서 한자의 속성을 반영해 주며, 공통으로 한자의 성질을 규정한다고 생각한다. 그래서 우리는 분명하게 이 세 가지 측면으로부터 고찰해야만 하며, 이로부터 한자의 성질을 귀납하고 서술해야만 한다고 생각한다.

셋째, 한자의 성질이 고립적인 것인지, 아니면 다른 문자와 비교해서 드러난 상대적인 것인지의 문제이다. 사물의 성질은 객관적인 것이다. 그러나 성질에 대한 인식과 서술은 상대적인 참조 체계[39]가 있기 마련이다. 문자부호의 성질은 비 문자부호와 참조해서 해야만 하며, 시간적 공간적 한계와 언어 기록과 언어 표현의 음의(音義)(즉 의미)를 뛰어넘어야 하는데, 이것이 모든 문자부호가 비 문자부호(예컨대 예술 회화, 도형 표지 등)와 구별되는 공동적 성질이다. 한자의 성질을 논의한다는 것은, 응당 한자의 개성을 두고 한 말이다. 그래서 이는 다른 문자부호와 비교가 필요하며, 비교를 통해서만 비로소 한자의 구별적 특징을 드러낼 수 있으며, 한자가 진정으로 속한 성질(동일 유형의 문자를 포함하여)을 귀납해낼 수 있다.

앞서 들었던 갖가지 견해들 중, 어떤 이는 한자의 표현 기능의 각도에서부터 한자가 한어의 단어의미[詞義]나 형태소를 표현하였기 때문에 '표의문자'에 속한다고 보기도 한다. 또 어떤 이는 개별 한자가 모두 고정된 독음을 갖고 있으며, 한어의 어음을 표현했기 때문에 '표음문자'에 속한다고도 한다. 한자가 확실히 '표의'와 '표음' 기능을 갖고 있기 때문

---

39) (역주) 물체의 위치나 그 운동의 묘사를 확정짓기 위해 기준으로 선정된 또 다른 물체나 혹은 물체의 체계.

에 이러한 언술이 틀렸다고 할 수는 없다.

그러나 언어를 기록하는 부호체계로서, 세계에 존재하는 그 어떤 문자가 그것이 기록하는 언어의 형태소의 의미와 어음을 표현하지 않는 경우가 있는가? 언어의 의미를 표현하지 못한다면 그 문자가 뭐 하러 존재할 것인가? 언어의 독음을 표현하지 못한다면 어떻게 읽을 수가 있겠는가? 그래서 언어 기록을 통해서 언어의 '독음'과 '의미'를 표현하는 것은 모든 문자가 갖는 공통적 속성이다. 이러한 각도에서 한자의 성질을 '표의문자'나 '표음문자'로 규정하는 것은 한자의 개성과 특징을 파악하지 못한 것이라 하겠으며, 세계상의 다른 문자 체계와 구별되는 것도 실제적 의미가 없다.

비교를 통한 차이는 사물의 성질을 확정하는 전제가 된다. 한자의 성질도 다른 어종의 문자와 서로 비교해야만 한다. 이는 다음의 두 가지에 주의를 필요로 한다. 하나는 비교대상, 즉 어느 것과 비교하느냐의 문제이고, 다른 하나는 비교의 각도, 즉 무엇을 비교하느냐의 문제이다. 비교의 결과가 나타내주는 차이가 바로 각자의 특징이며, 특징을 갖춘 속성이 바로 서로를 구별해 주는 성질이다. 한자가 갖춘 형체, 구조, 기능이라는 세 가지 요소는 사실 모든 문자가 갖춘 세 가지 요소이기도 하다. 그러나 요소가 성질과 같은 것은 아니다. 요소들 간의 차이가 비로소 성질을 드러내 줄 수 있다. 그래서 우리는 서로 다른 문자들 간의 이 세 가지 요소의 차이 비교를 통해 각자의 성질을 귀납하게 될 것이다.

2. 한자 성질의 세 가지 측면

이상의 세 가지 인식에 근거해, 여기서는 영어를 비교대상으로 삼아, 한자 삼요소의 속성을 분석하고, 이로부터 한자의 성질을 귀납하고 서술하고자 한다.

가장 먼저 지적하고 싶은 것은, 문자(즉 有史文字)는 언어 기록의 부호라는 이 기본적 정의로부터 출발하며, 영어의 개별 글자는 개별 단어와 완전하게 대응하며, 영어는 어휘 단위로 나누어 필사하기 때문에, 유일하게 분석 가능한 자연 형체 단위는 서면상의 단어에만 한정되며, 그래서 한 개의 단어가 한 개의 '글자[字]'였다는 점이다. 혹자는 영어의 문자는 알파벳이고, 그래서 영어는 간단한 반면 한자는 복잡하다고 하는데, 사실 이는 옳지 않은 말이다. 왜냐하면 영어의 알파벳은 결코 영어를 기록할 수 없기 때문이다. 말의 최소 자유 단위는 의미를 가진 음절이나 음소이며, 형태소이지만, 알파벳은 의미를 갖추지 않았으며, 그것 자체만으로는 정확한 독음도 나타낼 수 없다. 게다가 영어의 음소나 음절은 필연적 관계도 없다. 그렇지 않다면 어떻게 국제음성기호를 사용해 발음을 적는단 말인가? 이렇게 볼 때, 알파벳은 직접적으로 말을 기록하는 것이 아니다. 그래서 문자도 아니다(한어의 병음 알파벳과 주음 알파벳도 문자가 아니다). 영어 알파벳은 실제 한자의 필획에 해당하며, 필사 단위이지 형체 구성단위는 아니다. 우리가 한자를 가져와 영어와 비교할 때, 영어의 '글자[字]'(詞符)와 비교하지, 영어의 '알파벳'과 비교하는 것은 아니다.

(1) 외형적 속성

한자의 외형적 속성은 평면의 네모꼴로 구현된다. 상형적 의미가 상당히 농후한 초기 한자든, 예변(隷變: 소전체로부터 예서로의 큰 변화)을 거쳐 해서화한 이후의 후기 한자든, 모두 네모꼴의 비선형적인 모습이다. 서사 형식상으로, 상주(商周)시기의 갑골문(甲骨文)과 금문(金文)의 경우, 일부 글자들이 아직 충분히 규범화되진 않았지만, 개별 글자의 외부 형태나 윤곽은 이미 네모꼴이라는 특징을 드러내고 있다. 개별 글자가 대체적으로 하나의 네모꼴에 들어갈 수 있도록 하고자 합체자를 구성할 때 구성성분들이 종종 다른 배치 방식을 채택하기도 했다.

예컨대, 좌우결합, 상하결합, 내외결합 등등이 그렇다. 예서(隷書)와 해서(楷書)에서는 매우 균형 잡힌 네모꼴 형식이 등장하여, 일부 구성성분은 위치의 차이에 따라 다른 형식으로 필사되었는데, '심(心)''수(手)''수(水)''화(火)''의(衣)''지(示)' 등이 글자의 구성성분이 될 때 위치에 따라 필사법이 달라졌다. 그 목적은 바로 전체 글자를 하나의 네모꼴 속에 넣기 위한데 있었다. 결론적으로 말해, 한자의 외부형태는 병합하여 글자를 만든 후 하나의 네모꼴 형식 속에 넣어야 한다는 원칙을 갖고 있었다. 그래서 보통 '네모꼴 글자'라는 말로 한자의 외형적 특징을 개괄하곤 한다.

일반적으로 한자 성질에 대해 논의할 때는 이러한 특징은 언급하지 않는다. 그러나 사실 이 특징이 사람들로 하여금 가장 쉽게 느끼게 만드는 한자의 구별적 특징이며, 이는 영어 등과 같은 유형의 문자 체계와 분명히 다른 특징이며, 선형문자에서는 상하나 내외 등의 위치의 변화도 없으며, 네모꼴 속에 들어가야 하는 규약도 없다. 그래서 '평면의 네모꼴 형'은 한자가 가진 구별적 특징의 본질적 속성의 하나이다. 선형문자의 알파벳과 구성성분의 조합은 하나의 선상에 놓여 있어(예컨대 'workshop'), 쓰기가 쉽다. 그러나 점용 공간이 크고, 종이의 낭비도 심하며, 정보도 분산되어 있고, 구별정도가 낮아, 쉽게 식별해 낼 수도 없다. 한자의 필획과 구성성분은 이차원적 평면의 네모꼴 속에 배열되어 있기 때문에, 개별 글자간의 공간이 동일하고, 가지런하며, 종이의 낭비도 적고, 정보도 집중되어 있으며, 구별도도 높으며, 쉽게 식별할 수 있어, 창의적인 배치와 변이적 서사에 편리하며, 이 때문에 예술과 심미적 가치를 갖추고 있다.

(2) 구조적 속성

문자의 형체를 구성하는 단위는 구성성분[構件]이다. 어떤 문자 체계든 해당 단어를 구성하는 구성성분이 있다. 영어의 구성단위도 구성성분[構件]인데, 영어 단어의 구조도 이렇게 분석할 수 있다. 예를 보자.

work=w+or+k (일하다)
workshop=work(w+or+k)+shop(sh+o+p) (작업장, 공장)

여기서 개별 단어인 'work'는 'w+or+k'처럼 세 개의 직접적인 구성성분으로 구성되었는데, 모두 순수한 표음 성분이다. 그러나 'workshop'

은 'work'+'shop'처럼 두 개의 구성성분으로 나눌 수 있는데, 이들 구성성분은 표의 성분이다(전자는 '일하다', 후자는 '장소'를 나타낸다). 그러나 동시에 표음성분이기도 하다. 왜냐하면 이에는 'w+or+k'+'sh+o+p'처럼 6개의 독음을 나타내는 간접 구성성분이 포함되었기 때문이다. 이렇게 볼 때, 영어 단어의 구성성분은 주로 표음 기능을 하며, 어떤 경우에는 표의 기능도 겸하고 있음을 알 수 있다.

이와 상대적으로, 한자는 표의 기능의 구성성분 위주로 되었다. 그러나 구체적인 상황은 매우 복잡하다. 한자 구성성분의 기능은 다음의 세 가지로 귀납할 수 있다. 즉 표의(表意)기능과 시음(示音)기능과 대체부호[代號]기능이 그것이다. 그 중, 표의성 구성성분에는 형상표의(象形表意), 상징표의(象徵表意), 의부표의(義符表意), 사어표의(詞語表意), 표시표의(標示表意) 등의 세부 항목을 포함하며, 독음표시[示音] 구성성분도 어떤 경우에는 의미를 표시하기도 한다.

이러한 세 가지 기능을 가진 구성성분의 경우, 그 내원으로 말하자면, 먼저 표의 구성성분이 있었고, 그 다음에 독음표시 구성성분이 있었으며, 독음표시 구성성분은 모두 동음(同音)의 표의자로 충당되는데, 모두 독음이 같아 빌려 쓴 부호이다. 그러나 글자 구성 능력으로 말하자면, 표의 구성성분은 독음표시 구성성분과 결합하여 합성자를 만들 수도 있고 자신들끼리 합쳐져 합성자를 만들 수도 있지만, 독음표시 구성성분은 일반적으로 표의 구성성분과 합쳐서 합성자를 만들 뿐 자신들끼리 합쳐져 합성자를 만드는 경우는 매우 드물다. 게다가 대체부호[代號] 구성성분은 이성적 규정에 속하는 것은 사실 매우 적어, 대부분이 표의나 독음표시 구성성분이 잘못 변해 원래의 기능을 잃고 만들어진 것이다.

이렇게 볼 때, 이 세 가지 기능이 한자구조에서 갖는 지위는 균형적이지 못하다. 대체적으로 말해서, 표의가 한자 형체 구성의 주체이며, 동시에 독음표시 구성성분과 대체부호[代號] 구성성분도 겸한다고 할 수 있다. 그러나 만약 표의가 주체적이라 해서 한자를 '표의문자'라고 한다면 이는 전면적이지 못하며, 한자 형체 구성에 대량으로 존재하는 독음표시 구성성분과 대체부호[代號] 구성성분을 살필 방법이 없게 된다. 그렇다고 한자를 '상형문자'라고 하게 되면, 이는 더더욱 대표성을 잃고 마는데, 상형 구성성분이 전체 한자체계에서 소수를 차지할뿐더러 이를 표의 구성성분에다 넣을 수 있기 때문이다.

그리고 혹자는 한자를 '의음(意音)문자'나 '주음(注音)문자'라고도 하는데, 이는 한자의 대부분이 '형성자'라는데 근거했다. 그러나 형성자가 한자 구성의 주체이기는 하나, 한자 구성의 전부는 결코 아니며, 게다가 한자 형체와 한어의 음의(音義)의 변화를 따라 진정한 형성구조도 갈수록 줄어들고 있다. 그래서 한자를 '의음(意音)문자'나 '주음(注音)문자'라 부르는 것도 다시 생각해 보아야 할 문제이다.

그리고 고금(古今)문자를 구조적으로 몇 가지 단계로 나누어, 각기 '의부음부(意符音符)문자', '의부음부기호(意符音符記號)문자'나 '도화(圖畫)문자', '표음(表音)문자', '형음(形音)문자' 등으로 부르기도 하는데, 사실 이들은 단지 주가 되는 재료에 근거한 명칭일 뿐 한자 구성의 전체적 성질을 대변하지는 못하며, 각 단계의 간에도 확연한 유형적 구분이 없다. 그리고 '한자'의 성질이라는 표현도 너무 총괄적인 개념이어서 좀 더 전면적일 필요가 있다.

문자의 구조 모델로 말하자면, 영어의 구성성분은 모두가 음소를 나타낼 수 있으며, 그래서 통일된 형식상의 구조 모델, 즉 음소 병합식(어휘의 모든 음소를 발음순서에 따라 구성성분으로 병사하는 선형식 개별 부호)이다. 구성성분이 의미를 겸하는 경우도 대부분 부가식(표의 구성성분에다 표의 성분을 더하거나, 표의 구성성분에다 음절 성분을 더하는 형식)이며, 게다가 종종 병음현상에 의해 뒤덮여 가리고 말기에(표의 인 동시에 표음적이기 때문이다), 사람들은 영어 구성성분의 병음기능에만 주목하여 영어를 병음문자라 부른다.

한자의 구성성분의 기능은 여러 가지가 공존하면서도 표의를 위주로 하며, 구성성분의 조합 형식도 훨씬 더 복잡하다. 전통적인 '육서(六書)'에서 이미 언급됐던 상형(象形), 지사(指事), 회의(會意), 형성(形聲) 등의 구조 형식은 사실 고금(古今)한자의 전체적인 모습으로 볼 때 이 여섯 가지에 한정되는 것은 아니다(6~7장의 '한자구조'에서 상세히 설명함). 구조가 복잡하다는 것은 때로는 서사에 불리하기도 하다. 그러나 말을 기록하는 것과 열독과 이해라는 측면에서는 결코 나쁜 것만은 아니다. 적어도 부호의 구별도와 시공의 초월성에서 우월성을 가지며, 문화적 내포에서도 더 풍부하다.

(3) 기능적 속성

원시한어의 형태소나 어휘항목[詞項]은 모두 단음절로 되었으며, 이와 상응하여 한자도 단음절로 되었다. 그래서 단음절로 된 하나의 한자가 마침 단음절로 된 하나의 음의(音義) 결합체—즉 형태소를 기록하게 되었다. 이후 음절이 늘어나고 음역 외래어가 생겨나면서, 한어에도 다음절 형태소가 생겨나게 되었다.40)

그러나 한자는 여전히 단음절 문자였으며, 다음절어나 형태소를 완전하게 기록하기 위해서는 몇 개의 한자를 동시에 사용해야만 했다. 이때 각각의 한자가 기록한 것은 단지 하나의 음절이지 형태소가 아니다. 그래서 전체적으로 보자면, 한자는 한어의 음절대응에만 한정되지, 한어 어휘나 형태소에 일일이 대응하지는 못한다.41)

그래서 개괄적으로 말하자면, 한자의 기능은 바로 한어의 음절을 기록하는데 있으며, 이에는 의미를 가진 음절(즉 형태소)과 의미를 갖지 못하는 음절(즉 비형태소)이 포함된다. 만약 단지 음절을 기록하는 문자

---

40) 漢語의 多音節語素의 내원에 대해서는 여러 가지 학설이 있다. 자세한 것은 李運富, 「古漢語詞彙學研究中的幾個問題」, 『湖湘論壇』 第3期(1989) 참조.

41) 앞에서 漢字는 '의미에 대응하지 음절에 대응하는 부호가 아니다'라고 했는데, 그것은 한자의 형체구성의 본래글자와 본래사용을 두고 한 말이다. '의미에 대응한다'라는 말은 한자의 구조형체가 언제나 어떤 의미를 갖고 있다는 의미이며, '음절에 대응하지 않는다'라는 것은 개별 字符의 구체적인 음가가 확정적이지 못하는 뜻인데, 이는 한자의 전체적인 기능을 두고 한 말이다. '한자가 단지 한어의 음절에만 대응한다'라는 것은, 모든 한자가 하나의 음절단위(음가는 불확정)를 대표한다는 말이다. 또 '한어의 어휘나 형태소와 일일이 대응할 방법이 없다'라는 말은 구체적인 의미나 의항이 확정되지 않는다는 말이다. 그래서 두 곳에서 서술된 내용이 결코 모순되지 않는다. 물론 앞에서의 서술을 '음가에 대응하지 않는다.'로 바꾸면 더 좋을 것이다.

라고 한다면, 이는 의미를 가진 음절(형태소)을 기록한다는 이러한 주요 기능을 덮어 가리는 것이 되고, 이로부터 한자가 기록한 음절이 모두 의미와 무관하다는 오해를 낳게 된다. 그래서 이러한 오해를 낳지 않게 하고자, 서술과정에서 '형태소'라는 개념을 드러내 '음절과 형태소를 기록하는 문자'라고 하고자 한다.

이러한 시각에서 보자면, 앞서 소개한 '표사(表詞)문자', '표사(表詞)·음절문자', '형태소(詞素)문자', '음절문자', '형태소 음절 혹은 음절 형태소 문자' 등의 견해 중, '표사(表詞)문자', '형태소(詞素)문자', '표사(表詞)·음절문자'는 모두 한자가 갖는 전체 기능을 대표하지 못하며, '음절문자'라는 설도 개괄성이 가장 강하기는 하지만 형태소를 기록하는 한자의 주요 기능을 드러내지 못한다.

그래서 상대적으로 말해서, 그래도 '음절형태소 문자'나 '형태소음절 문자'가 한자의 실제 정황에 그래도 부합한다. '음절과 형태소의 기록'이 한자의 본질적 속성의 하나이고, 그것이 다른 문자와 다른 속성이기 때문이다.

영어를 가지고 말하자면, 하나의 영어 스펠링이 하나의 단어를 기록하지만, 하나의 단어가 하나의 음절과 같은 개념은 아니며, 하나의 형태소와 같은 개념도 아니다. 그래서 영어는 진정한 '표사(表詞)문자'이다.[42] 바로 이러한 이유 때문에, 영어는 '사전(詞典)'만 있지 '자전(字典)'은 없는데, 실제로는 사전(詞典)이 바로 중국의 자전(字典)에 해당한다. 그리고 한어에서 자전(字典)을 만들 때와 사전(詞典)을 만들 때의 어근은 전혀 다른 문제이다.

통상 영어를 '병음문자'나 '음소문자'라고 부르는데, 이는 구조적 논거라는 각도에서는 가능하다. 그러나 영어의 알파벳을 문자로 간주하고서, 영어의 '글자[字]'를 영어의 '음소'와 대응시킨다는 것은 잘못된 일이다. 왜냐하면 영어의 '알파벳'은 '문자'와는 다른 개념이기 때문이다.[43]

---

42) 高名凱·石安石, 『語言學槪論』(北京: 中華書局, 1987), 186~189쪽 참조.
43) 司玉英은 이렇게 생각했다. 표음문자의 '字母'는 표의문자의 '字'와 대등한 문자단위인데, 그 이유는 '이것이 일반 문자학에서 문자유형을 확정하는 기초이자 전제가 되기 때문이다'. 필자는 일반 문자학에서 일부 가설의 기초와 전제가 있긴 하지만 이를 근거로 삼을 수는 없으며, 일반문자학에

문자의 단위는 말을 기록할 때 자연스레 분할되는 단위인데, 영어의 알파벳은 어휘 속에서 연속으로 기록되는 것이지 자연스레 분할되는 단위가 아니며, 독립된 알파벳의 경우 고정된 독음도 없고, 고정된 의미도 없다. 그런데 어떻게 이를 문자라고 할 수 있는가? 영어가 '선형적 문자'라고도 하지만, 여기서 말하는 '선형적'이라는 것도 'book'처럼 단어를 기록하는 '개별 글자'의 외형적인 것을 말하지, 그 속의 어떤 하나의 알파벳인 'b'나 'o'나 'k'를 말하는 것은 아니다.

영어에서 음소를 드러내 주는 것은 '구성성분[構件]'(예컨대 'oo[ɯ]')이지 '문자'도 아니요 '알파벳'도 아니다. 영어의 알파벳은 영어의 음소와 결코 일대일로 대응하는 관계가 아니다. 그렇지 않다면 국제음성기호로 독음을 표기할 필요가 없을 것이다. '알파벳'은 서사하는 '문자'의 단위일 뿐이며, 한자의 '필획'에 해당한다. 그래서 이를 '한자' 자체와 동일시 할 수는 없다.

이렇게 볼 때, 영어의 '글자[字]'나 '단어[詞]'는 통일적이며, 각각의 글자는 반드시 어떤 단어를 기록한다. 이에 반해 한어의 '글자[字]'나 '단어[詞]'는 불일치하여, 하나의 글자가 이 단어를 기록할 수도 있고 다른 것이나 다른 단어를 기록할 수도 있으며, 또 단어가 아닌 것도 기록할 수도 있다.

예컨대, 단어를 이루지 못하는 형태소나 형태소의 자격도 갖추지 못하는 음절을 기록하기도 한다. 그러나 하나의 한자는 반드시 어떤 음절을 기록한다. 그래서 기록이라는 기능으로 볼 때, 영어가 '단어[詞]문자'이고, 한자가 도리어 '음절문자'여야 한다.

그래서 한자가 '음절문자'라는 우리의 주장은 주로 한자가 공통으로 가진 기능에 근거한 것이지, 한자의 유일한 기능을 가리키는 것은 아니다. 만약 한자를 단지 음절을 기록한다고만 말한다면, 동음어를 근본적

서 '字母'와 '字'가 대등한 단위인지로부터 출발해서 문자의 유형을 삼지도 않는다고 생각한다. 그런데도 司玉英은 이렇게 구분된 문자유형을 가져와서 '字母'와 '字'가 대등한 단위라고 한 것은 순환논증에 해당한다. 司玉英, 「關於'字母'和'字'－文字學理論中一個值得關注的基本問題」, 『語言』(第1卷) (北京: 首都師範大學出版社, 2000), 「也談表意文字與詞文字, 語素文字的關係－兼與鄭振峰先生商榷」, 『北華大學學報』第2期(2005) 참조.

으로 구별할 방법이 없다. 또 한어의 음절이 자부(字符)를 만든다고만 한다면, 몇 백 개의 한자만 있으면 족할 일이지, 뭐 하러 수 만개의 한자가 필요하겠는가! 그래서 모든 한자가 음절을 기록할 수는 있지만, 한자의 주요한 목적은 한어의 음의결합체─즉 단음절형태소(단음절어를 포함한)를 기록하는 것이며, 이러한 점은 한자의 성질을 논의할 때 반드시 명확하게 서술되어야 할 부분이다. 그래서 우리는 한자를 단순히 '음절문자'라 부르지 않고, '음절형태소문자'라 부른다.

바로 영어에서 개별 알파벳이 기록하는 것은 영어의 개별 단어이고, 글자와 단어가 완전하게 대응하기 때문에, 글자를 배우는 것과 말을 배우는 것이 동시에 진행된다. 그래서 영어가 비교적 쉽게 배울 수 있다고 느껴지는 것이다.

그러나 한자가 기록하는 것은 한어의 형태소나 음절이며, 여기에다 한자의 겸용과 차용 등이 존재해, 글자가 단어와 완전하게 대응하는 것이 아니다. 현대한어도 이렇고, 고대한어에도 글자와 단어가 대응하지 않는 경우도 있다.

예컨대 '불률(不律)을 필(筆)이라 부른다'고 했는데, '불률(不律)'은 바로 두 개의 글자로 하나의 단어를 기록한 것이다. 또 '과인이라는 말은 나라님에 대해서 하는 말이다(寡人之於國也)'라는 말에서의 '과인(寡人)'도 한 개의 글자로 하나의 단어를 기록한 것이다. 또 '신(信)'자 하나로 성실하다는 의미의 단어를 기록하기도 하고, 정보라는 단어를 기록할 수도 있으며, 또 더 파생된 의미를 기록하는데 빌려 쓸 수도 있다. 한어에서 글자와 단어의 복잡한 대응관계가 한어에서 자전(字典)도 만들어야 하고 사전(詞典)도 만들어야 하게 했는데, 이것이 바로 한자가 쉽게 장악하기 어렵고, 영어보다 번잡하다고 여기게 하는 근본적인 원인일 것이다.44)

---

44) 方以智는 『通雅』에서 이렇게 말했다. "문자의 나뉨은 통용하느냐 빌려오느냐에 달려있을 따름이다. 글자가 각각 하나의 일을 대표하고, 각각 하나의 뜻을 갖고 있다면, 이는 서양 언어에서 한 가지 일을 여러 음으로 합치고 독음에 근거해 글자를 이르는 것과는 매우 차이가 나는데, 중복되지도 않고 공유하지도 않으니 훨씬 더 우수하지 않은가?(字之紛也, 即緣通與借耳. 若事屬一字, 字各一義, 如遠西因事乃合音, 因音而成字, 不重不共, 不

이상의 세 가지 측면의 분석을 종합해 볼 때, 한자성질에 대한 필자의 견해는 다음과 같이 개괄할 수 있을 것이다.

　　한자는 표의 성분 및 독음표시 성분과 대체부호[代號] 성분을 조합한 글자로 한어의 음절과 형태소를 기록하는 평면적 네모꼴 부호체계이다. 이와 대비하여, 영어문자의 성질은 다음과 같다 할 수 있다. 즉 영어는 표음 기능이나 표음과 표의 기능을 동시에 가진 성분을 병합한 개별 글자로 영어의 단어를 기록하는 선형적 부호체계이다. 우리가 습관적으로 부르고 있는 '표의문자'나 '표음문자'라는 이러한 단순한 분류와 서술은 편의를 위한 것이므로, 우리는 외형적 측면에서 한자를 '네모꼴 문자'라고 불러, 영어 등의 '선형문자'와 구별하고, 구조적 측면에서 한자를 '표의 구조 위주의 문자'라고 불러, 영어 등의 '표음 구조 위주의 문자'와 구별하였으며, 기록의 기능이라는 측면에서 한자를 '음절형태소문자'라고 하여, 영어 등의 '표사(表詞)문자'와 구별하였다.

尤愈乎.)" 마침 한어와 영어의 차이를 설명해주고 있다.

제2장
한자의 기원

　학계에서는 지금까지도 한자의 기원에 관한 갖가지 논쟁이 끊이지 않고 있다. 그들은 중국 고대문헌에 등장하는 갖가지 전설에 대한 계승이나 비판, 또는 지하에서 출토된 상고시대의 암각화와 각종 기물의 부호에 대한 여러 가지 추측, 혹은 세계 각지의 다른 문자의 발생과 발전에 관한 여러 가지 이론의 수입 등에 관해서 각자 필요한 부분을 채택하여 서로를 공격하였다. 그 결과 역사가 장구한 이 문제에 대해 지금까지도 결론이 나지 않게 되었다.

　필자의 생각에, 논쟁이 끊이지 않는 주된 이유는 자료의 결핍 때문이 아니라 '한자의 기원'이라는 그 자체에 대해 명확하게 일치된 정의가 없고, 용어상에서도 혼란이 생겨, 대상을 잘못 찾거나 부분으로 전체를 해석하기도 하고, 이것만 보다가 저것을 놓치는 등 연구 상의 병폐가 존재해 왔기 때문이라 생각한다. 그래서 '한자의 기원'이라는 구체적 지칭을 분명하게 인식하고, 통일된 원칙과 방법을 견지하면서 다방면의 다각도에서 문제를 논의한다면 '한자기원'이라는 비교적 이성적인 종합적 인식에 이르고, 논쟁이 필요 없는 여러 문제들을 제거할 수 있을 것이다. 이 장에서는 이러한 문제에 대한 필자의 관점을 제시하게 될 것이다.

제1절 '한자 기원'의 함의

한자의 기원에 관한 문제를 정확하게 인식하기 위해서는 먼저 '기원'에 관한 정의가 내려져야만 할 것이다. 그렇지 않으면 각자가 말하는 '기원'의 의미가 달라지고, 그렇게 되면 하나의 의견으로 통일할 수 없게 됨은 당연하다. 이것이 바로 한자의 기원 문제에서 논쟁이 끊이지 않는 주요한 원인이다.

무엇이 '근원[源]'인가? '근원[源]'은 원래 '물의 근원[水源]'을 말하는데, 한자로는 '천(泉)', '원(原, 原)', '천(灥)' 등으로 적는다. 『설문해자·천(泉)부수』에서 "천(氺, 泉)은 물의 근원을 말한다(水原也). 물이 흘러나와 내를 이루는 모습을 그렸다(象水流出成川形)."라고 했다. 또 「천(灥)부수」에서 "천(灥)은 물의 본줄기를 말한다(水本也).[1] 샘(灥)이 언덕[厂] 아래로 나오는 모습을 그렸다. 원(原, 原)은 전서체에서 천(泉)으로 구성되었다."라고 했다. 서현(徐鉉)의 주석에서는 "오늘날에는 달리 원(源)으로 적는다."라고 했고, 단옥재(段玉裁)의 주석에서는 또 이렇게 말했다. "소전체로는 원(原, 原)으로 적기에, 천(灥)은 고문(古文)과 주문(籀文)임을 알 수 있다. 그런데 후세 사람들이 원(原)을 높고 평평한 곳을 일컫는 원(邍)으로 쓰게 되었고, 그러자 따로 원(源)자를 만들어 근원이라는 뜻의 원(原)으로 쓰게 되었다. 잘못된 것이 오랫동안 쌓여 옳은 것으로 변해 버렸다." 또 『예기·월령(月令)』의 '백원(百源)'을 인용하여 이렇게 주석했다. "많은 물줄기가 처음 시작되어 나오는 곳을 백원(百源)이라 한다. 단음절로 말할 때에는 원(原)이라 하지만, 이음절로 말할 때에는 원천(原泉)이라 한다. 『맹자』에서 '물이 철철 흘러 나오는구나(原泉混混)'라고 한 것이 이에 해당한다.

그러나 갑골문에서 '원(原)'과 '천(泉)'은 같은 글자였다. 모두 '⿰⿱ '⿰⿱ ' 등의 모양으로 썼다. 완전한 구조에는 동굴과 물의 흐름과 물이

---

1) 大徐本 『說文解字』에서는 이를 "灥, 水泉本也"라고 했는데, 여기서는 段玉裁의 주석본을 따랐다.

흘러나오는 기점을 표시하는 세 가지 구조가 다 포함되었는데, 구성 의도는 산의 동굴이나 땅속의 구멍에서 흘러나오거나 용솟음쳐 흐르는 물을 그렸다.

이러한 자형과 허신(許愼)의 해설을 종합적으로 분석해 볼 때, '원(源)'의 구성 의도는 사실 다음의 네 가지를 포함한다. 첫째는 물이 흘러나오는 곳(물이 나오는 '동굴')을 말하는데, 필자는 이것을 '발원치[源處]'라 부르고자 한다. 둘째는 물이라는 실체가 출현하는 방식('흘러나오는 것')을 말하는데, 필자는 이것을 '발원방식[源式]'이라 부르고자 한다. 셋째는 흘러나오는 물이라는 실체의 기점(동굴 속에 그려진 짧은 가로획인 'ー')을 말하는데, 필자는 이를 '발원지[發源]'라 부르고자 한다. 넷째는 기점 이후의 물의 흐름('내를 이룸')을 말하는데, 필자는 이를 '원류(源流)'라 부르고자 한다.

'발원처[源處]'와 '발원방식[源式]'은 '물의 흐름[水流]'의 내원 문제를 설명하지, 물의 흐름의 본체에 속하는 것은 아니다. 무릇 내원과 상관되어 있으면서 사물의 본체의 문제에 속하지 않으면 '시작[源出]'이라 부를 수 있고, '발원처[源處]'와 '발원방식[源式]' 외에도 '발원체[源體]'(사물형체의 내원)와 '발원요소[源素]'(사물형체의 구성자료) 등의 구체적인 내용이 포함된다. '물의 흐름[水流]'이라는 내원으로 말하자면, 동굴이나 샘에서 나와서 형성될 수도 있고, 땅 속으로부터 솟아나와 형성될 수도 있으며, 빙하나 얼음이 녹아서 형성될 수도 있으며, 안개 등이 응집하여 형성될 수도 있다. 그것들의 '발원처[源處]'는 동굴이나 샘, 지면, 계곡 등이 될 수 있고, 그것들의 '발원체[源體]'는 땅속의 물이나 빙하, 얼음, 안개 등이 될 것이며, 그것의 '발원방식[源式]'은 녹음이나 응집, 솟아오름 등이 될 것이며, 그것의 '발원요소[源素]'는 모두 수소와 산소이다. '발원처[源處]'와 '발원체[源體]'는 눈으로 볼 수 있으나, '발원방식[源式]'은 추상적인 것이며, '발원요소[源素]'는 숨어 드러나지 않는다. 발원방식[源式]과 발원요소[源素]는 때로는 분리해야만 발견할 수 있기도 하다. 이러한 것들이 모두 '시작[源出]'에 속한다.

'발원'은 '물의 흐름[水流]' 그 자체의 시작 단계로, 사물의 본체에 속한다. 물의 흐름[水流] 그 자체는 '발원'으로부터 시작되며, 발전을 거쳐서 비로소 '주류'와 '본류'를 형성하게 된다. 그래서 필자는 발원한 이후 발전과정에 놓인 물의 흐름[水流]을 '원류(源流)'라 부른다. 어떤 현실적인 물 흐름의 전체를 두고 말하자면, '발원'과 '원류(源流)'의 관계는 단순한 것도, 동등한 것도 아니다. 통상 여러 가지 다양한 원류가 있고, '발원'에도 '주원(主源)'과 '지원(支源)'의 구분이 있다. '원류(源流)'에도 '주류'와 '지류'의 구분이 있다.

예컨대 '장강(長江)'을 두고 설명하자면, 상류 단계에서는 대체로 '주원류'와 '남쪽 원류'와 '북쪽 원류' 등 세 가지 '발원'이 합쳐져 '본류'를 이루었고2), 중류 단계에 이르러서는 수많은 다른 지류가 흘러들게 되고3), 또 적잖은 지류를 만들게 된다. '지원(支源)'은 주류의 '발원'에서 이미 멀어져 '발원'이라 볼 수 없게 된다. 그러나 다음 '본류'의 '발원'이 된다. 이렇게 볼 때, '원(源)'과 '류(流)'의 관계는 서로 뒤섞인 복잡한 관계라 하겠다. 그래서 어떤 물 흐름의 '기원'을 갖고 말하자면, 이 물의 흐름[水流]'이 어떻게 발생했는지, 이 '본류'가 어떻게 형성되었는지를 설명하려면, 반드시 여러 측면에서 그것의 '원(源)'을 설명해야 할 것이다. 적어도 '시작[源出]'과 '발원'과 '원류(源流)'라는 이 세 가지는 구분해야만 한다.4)

---

2) 長江의 발원은 南源, 北源, 正源의 셋으로 나뉜다. 正源은 沱沱河 수계를 중심으로 하여, 唐古拉 산맥의 주봉인 그라단동(各拉丹冬, Geladandong) 봉의 서남 측의 쟝구디루(姜古迪如, Jiang Gudiru) 빙하곡에서 발원하며, 南源은 當曲과 牧曲 수계를 위주로 하며, 北源은 楚瑪爾河 수계를 위주로 한다.

3) 통계에 의하면, 長江은 총 700여 개의 지류가 있다. 비교적 큰 지류는 대부분 장강의 중류 지대인 '一盆二湖' 지구, 즉 사천분지와 洞庭湖, 鄱陽湖에 집중되어 있다. 사천 분지에서는 강의 左岸으로 雅礱江, 岷江, 沱江, 嘉陵江 등이 유입되고, 右岸으로는 烏江이 유입된다. 洞庭湖 일대의 지류로는 清江, 澧水, 沅江, 資水, 湘江 등이 右岸으로 유입된다. 長江의 가장 큰 지류인 漢江은 左岸으로 흘러든다. 鄱陽湖 수계에는 修水, 贛江, 撫河, 信江, 饒河 등이 포함되는데, 주로 長江의 右岸으로 흘러든다. 長江 하류의 주류 지류로는 青戈江과 黃浦江 등이 있으나, 길이나 수량 등은 중류의 지류보다 짧고 적다.

4) 王元鹿은 『普通文字學槪論』(貴州人民出版社, 1996)의 제6장 제3절 '早期漢字的源頭'에서 이렇게 말했다. "우리가 사용하는 '源頭'라는 이 술어는 거의 '開端(시작)'의 의미에 가깝다. 앞에서 말한 '淵源'이라는 의미와는 다르다. '淵源'은 문자 이전의 것을 말하고, '源頭'는 문자 발생 초기 단계의 것

‘수원(水源)’은 의미가 파생되어 다른 사물의 근원을 지칭하기도 하며, 시작[源出]과 발원과 원류(源流)라는 각기 다른 내용을 두고 말하기도 한다. 예컨대, 인위적 사물이라고 한다면, 그 ‘시작[源出]’ 부분은 ‘창시자[源創者]’(어떤 사물을 창시한 사람)를 포함할 것이다. 예를 들어, ‘사람과 인류의 기원’의 경우, 인체가 부모로부터 창조되었기에 부모는 ‘창시자[源創者]’에 속한다. 그리고 인체는 어머니의 음(陰)에서부터 나왔기에, 이는 ‘발원처[源處]’에 속한다. 그런가 하면, 사람의 인체는 10개월의 회임기간을 거쳐서 나오기 때문에 이는 ‘발원방식[源式]’에 속한다. 또 인체는 세포와 유전자 조직 등으로 구성되기에 이들은 ‘발원요소[源素]’에 속한다. 그런가 하면, 인류가 원숭이 등 어떤 물체로부터 변해왔다면, 이는 ‘발원체[源體]’에 속한다. 또 원시인류(혹은 영아기)처럼 인류의 초기 상태(혹은 개인생명의 초기)를 두고 말한다면, 이는 ‘발원’에 속한다. 그러나 북경(北京) 원인(猿人), 산정(山頂) 동인(洞人), 문명인(혹은 아이, 어린이, 소년, 성년) 등등과 같이 원시인류로부터 문명인류로의 발전과정(혹은 아이로부터 성인으로 성장하는 과정)을 두고 말한다면 이는 ‘원류(源流)’에 속한다.

이렇게 볼 때, 소위 ‘기원’에 관한 의미는 매우 풍부하고 계층도 다양하며, 각도도 다르고, 가리키는 바도 다르다. 게다가 서로 다른 사물도 같은 데서 근원할 수 있고, 같은 사물이라도 여러 가지의 근원을 가질 수 있다. 설사 각종 사물의 성질이 다르다 할지라도, 소위 ‘발원처[源處]’, ‘발원체[源體]’, ‘발원방식[源式]’, ‘발원요소[源素]’ 등이 가리키는 실제적 함의도 다를 수 있다.

그러나 여러 가지 각도와 여러 가지 측면에서 ‘기원’ 문제를 논의하는 방법은 서로 같아야만 한다고 생각한다. 그래서 ‘한자기원’의 ‘기원’도 단순한 의미가 될 수 없고, 실제로는 ‘창시자’(누가 창조했느냐), ‘발원처[源處]’(발원지나 원래 운반체), ‘발원요소[源素]’(어떤 원소로 이루어졌느냐), ‘발원방식[源式]’(어떤 방식으로 창조되었는가), ‘발원체[源體]’(형체의

을 말한다.”(121쪽) 여기서 그는 ‘기원’ 문제를 ‘淵源’과 ‘源頭’의 두 가지로 나누어 말했는데, 필자의 생각과 같다. 그러나 王元鹿은 이 두 가지의 구체적인 내용에 대해서는 더 이상 분석하지 않았다.

내원), '발원'(최초의 한자), '원류(源流)'(한자기능체계 형성의 과정) 등으로 나누어 질 수 있다. '한자기원' 문제를 논의할 때, 정말로 모든 '근원[源]'에 대해서 논의해야 하는지, 아니면 어떤 구체적인 '근원[源]'에 대해서 논의해야 할지를 먼저 명확하게 해야만 한다.

한자의 기원 문제를 명확하게 하려면, 우선 '한자'에 대해 명확하게 정의해야 한다. 앞 장에서 논의했듯, 소위 '한자'가 내포하는 의미와 지칭하는 것도 복잡다단하다. 어떤 때에는 외부형태를 두고 말하기도 하며, 어떤 때에는 내부구조를 두고 말하기도 하며, 또 어떤 때에는 부호의 기능을 두고 말하기도 한다. 그래서 약정된 정보를 나타내는 부호를 가리키기도 하고, 말을 기록하는 부호를 지칭하기도 하며, 자형이라는 개체를 가리키기도 하며, 또 기초적 집합체를 가리키기도 하며, 또 체계 전체를 가리키기도 한다.

그렇다면 '한자의 기원'을 논의할 때, 이 '한자'는 도대체 또 '무엇'을 지칭하는가? 한자 '부호'의 기원을 말하는가, 아니면 한자 '요소'의 기원을 말하는가? '개체' 한자의 기원을 말하는가, '기초' 한자의 기원을 말하는가, 아니면 '체계' 한자의 기원을 말하는가? 만약 각기 말하는 '한자'의 함의가 다르다면, 이 또한 함께 가기는 어려울 것이다.

'한자'와 '기원'이라는 각각의 함의를 분명하게 한 다음, '한자기원'의 구체적 내용이 비로소 명확해질 수 있다. 한자 기원 문제에 대한 논의는 다음의 세 가지 측면에서 시작하게 될 것이다.

하나는 체계 한자의 '발원'을 찾아 거슬러 올라가는 것인데, 이는 한자에 대한 인정, 한자 출현의 시기, 초기 한자의 면모 등과 관련한 내용을 포함한다. 둘째는 발원 한자의 '시작[源出]'을 분석하는 것인데, 이에는 한자의 '창시[源創]', '발원처[源處]', '발원요소[源素]', '발원체[源體]', '발원방식[源式]' 등의 내용이 포함된다. 셋째는 기초한자의 '원류(源流)'를 탐색하는 것인데, 이에는 한자의 '지원(支源)', 한자체계의 '표준', 발원으로부터 체계로의 '과정' 등의 내용이 포함된다. 개체한자로 말하자면, 이 외에도 '근원의 형체[源形]', '근원의 구조[源構]', '근원의 사용[源用]' 등이 있지만, 이 장에서는 논의하지는 않는다.

제2절 한자의 '발원지[發源]'

가장 먼저 확정해야 할 것이 한자체계의 '발원지', 다시 말해 '최초의 한자'이다. 역사가 유구한 집합사물로 말하자면, '발원'은 종종 하나의 '점(點)'이 아니라, 하나의 상당히 긴 '단계'이다. 그래서 한자의 발원은 '기점'을 말하는 것이 아니라 '시작 단계'를 가리킨다. 그래서 '최초의 한자'는 개체를 두고 하는 말이 아니라 기초한자를 두고 하는 말이며, 실제 함의는 '최초의 일련의 한자' 혹은 '초기의 어떤 한자'를 말한다. 여기에는 다음의 두 가지 문제에 대한 대답이 필요하다. 첫째, 최초에 창제하고자 했던 한자는 어떤 것들이었을까? 둘째, 이러한 한자는 언제 처음으로 출현했던 것일까?

1. 최초의 '한자'는 언제 출현했는가?

이러한 문제에 대답하기 위해서는 반드시 현실적인 자료를 근거로 삼아야만 한다. 왜냐하면, '최초'나 '초기'라고 말하는 것은 상대적인 것이며, 새로운 자료가 발견되면 그 시대도 끊임없이 '앞당겨지기' 때문이다. 관련 고고자료로 볼 때, 은상(殷商) 후기 때의 갑골문은 당연히 최초의 한자는 아니다. 그것은 갑골문은 이미 매우 성숙된 문자이기 때문이다. 은상 이전만 하더라도 현재 수십 개의 문화유적이 발견되었고, 그중에는 먼 상고시대 때의 수많은 각종 형체 부호가 존재하는데5), 갑골문보다 훨씬 앞서는 이러한 형체부호들은 한자일까? 이 문제는 '한자'라고 인정하는 표준과 관련되어 있다.

일반적으로 말해서, '한자는 한어(漢語)를 기록하는 시각[書面] 부호'로 알려져 있다. 그래서 한어를 기록해야만 비로소 한자라 할 수 있다.

---

5) 王薀智, 「遠古陶器符號摹記」, 『書法報』(1994), 「遠古符號綜類摹萃」, 『中原文物』第6期(2003) 참조.

그렇다면 어떻게 해야만 '한어'를 '기록했다'라고 할 수 있을까?

여숙상(呂淑湘)은 반드시 어음(語音)을 기록해야만 그렇다고 여겼다. 그는 이렇게 말했다. "문자는 반드시 언어를 통해서만 비로소 의미를 표현 전달할 수 있다. 하나의 형체는 반드시 일정한 어음과 관련을 맺으며, 읽을 수 있어야만 비로소 문자가 된다. 만약 하나의 형체가 어떤 어음과의 연계를 통하지 않고 해당 의미를 직접 표현 전달한다면 이것은 그림이지 문자가 아니다."[6] 왕녕생(汪寧生)도 이렇게 말했다. "독음을 표현하는 상형문자라야 비로소 최초의 문자라 할 수 있으며, 그 이전에 출현한 어떠한 부호 혹은 도형도 모두 원시 기사의 범주에 속하는 부분이다."[7] 그렇다면 어떤 형체가 어음을 기록했는지의 여부를 어떻게 알 수 있는가? 구석규(裘錫圭)는 "구나 문장을 이루는 단어'를 기록해야만 비로소 말을 기록했다고 할 수 있으며, 그래야만 고정된 독음과 의미가 존재하며, 그래야만 문자라고 할 수 있다." 이러한 표준에 근거하면, 갑골문 이전의 그러한 각종 형체부호를 문자로 보기는 어렵게 된다. 왜냐하면 그것들이 '읽을 수 있는 것'인지를 확인하기가 어렵고, 어떤 것들이 '구나 문장을 이루는 단어'인지를 알기 어렵기 때문이다. 그래서 구석규는 출토된 그러한 상고시대 때의 부호를 한자의 발원으로 보는데 동의하지 않았다.[8]

'구나 문장을 이루는 단어'를 기록하는 것이 문헌의 발원이며, 이는 한자가 체계를 형성한 이후에 실현 가능한 부분이긴 하지만, 이에 근거해 발원한자의 판단 표준을 삼을 수는 없다고 생각한다. 상식적으로 추론해 볼 때, 최초로 만들어진 일련의 한자들은 완전한 구나 문장에 따라 창조될 수는 없었으며, 분명 표현하고자 하는 중요한 개념 혹은 정보 초점을 대상으로 하였을 것이다. 마치 어린 아이가 글자를 익힐 때 하나하나씩 습득해 나가는데, 이 때 습득하는 글자들은 대부분 의미적으로 비슷한 연계 관계를 가지는 것들이지, 처음부터 문장을 만들 수

---

6) 呂叔湘, 「談語言和文字」, 『文字改革』 第1期(1964).
7) 汪寧生, 「從原始記事到文字發明」, 『考古學報』 第1期(1981).
8) 裘錫圭, 「漢字形成問題的初步探索」, 『中國語文』 第3期(1978), 「漢字的起源和演變」, 『中國古代文化史』(第四章)(北京: 北京大學出版社, 1989) 참조.

있는 것은 아닌 것처럼 말이다. "세계 각지에서 그간 창조되어 왔던 수많은 원시문자들, 그 원시문자들이 모두 어순에 따라 말을 기록하는 것은 아니다. 어떤 것들은 분산된 몇 개의 부호들에 지나지 않기도 하고, 어떤 것들은 부호 단위로 나눌 수 없는 그림으로 되어 있기도 하며, 어떤 것들은 간단한 개념을 그렸을 뿐 연결되는 문장은 아니다. 또 어떤 경우에는 개념을 나타내는 실사(實詞)만 있고 문법 기능을 나타내는 허사(虛詞)는 없이 읽는 사람이 적당하게 보충해야 하는 것도 있다."[9]

마찬가지로, 한자의 발생도 하나하나씩 만들어졌으며, 게다가 한 시기에 한 사람에 의해 만들어진 것도 아니다. 그래서 처음부터 어떤 구나 문장 속에서의 단어로서 글자가 만들어진 것은 아니다. '구나 문장을 이루는' 한어를 기록하려면 허사(虛詞)와 추상적 의미를 표현하는 실사(實詞)(예컨대 동사와 형용사 등)가 있어야 하는데, 시작부터 이러한 단어를 표현하는 글자를 만든다는 것은 매우 어려운 문제일뿐더러 그럴 필요도 없다.

왜냐하면 생각을 교류할 때 이러한 단어들은 종종 정보의 초점이 아니어서 사람들이 먼저 주목해야 하는 대상이 아니기 때문이다. 비교적 합리적인 논리로 본다면, 사람들은 언어 속에서 가장 중요한 몇몇 단어를 위해 글자를 만들 것이며, 이러한 글자는 비록 '구나 문장을 이루는' 글자로 말을 기록하지는 않지만 실제 교제 속에서 사람들이 가장 관심을 가지는 몇몇 개념과 의미를 나타낸다.

그래서 문자발생 초기의 상태에서는 분명 기초적이고, 집합적이지, 체계적이고, 조합적인 것은 아니었다. 다시 말해 말을 기록할 시작점에서의 문자는 반점(punctate)처럼 되었고, 유별적(類別的)이지, 선형이나 완전한 형식의 것이 아니다. 그래서 말의 어떤 의미 단위(기본 단어의 미)나 교류에 필요한 어떤 정보(기본개념)에 근거해 글자를 만들며, 이렇게 해서 최초로 만들어진 글자가 바로 한자체계의 '발원 글자[字]'들이다. '발원한자'들은 아직 말을 완전하게 기록하지는 못하기 때문에 그것들이 음성을 기록했는지, 그 글자의 독음을 어떻게 읽어야 할지는 알 수가

---

9) 周有光, 『世界字母簡史』(上海: 上海教育出版社, 1990), 3~4쪽 참조.

없다.

만약 이러한 점 때문에 한자의 자격을 부정하고, '음성을 기록하지 못하면 무조건 문자의 지위를 인정하지 않고, 이로써 문자의 역사를 단절시켜 버린다면'[10], 이는 사물발생의 초기 단계의 실제상황에 맞아떨어지지 않는다.[11] 게다가 그것이 음성을 기록하였다는 것을 증명할 수도 없으며, 그것은 독자 여러분들도 마찬가지일 것이다. 이러한 '음성(語音)'이라는 표준은 실제 언어 환경을 상실한 발원한자에 있어서는 사실 별 효과가 없다. '과학적 분류로 보아도, 문자와 비 문자를 구분하는 유일한 표준은 그것이 사회성의 기록이라는 교제 기능을 갖추고 있느냐의 여부, 나아가 유성언어와의 결합 정도 및 결합 경로에 있는데, 이는 단지 선사 시대의 문자와 역사 시대의 문자의 영역이고, 각종 체계적인 문자의 영역일 뿐, 문자냐 아니면 문자가 아니냐의 영역은 아니다.'[12]

앞의 제1장에서 기술한 한자의 정의에 근거하면, 어떤 부호가 일정한 평면형체와 의미를 채택한 구조를 갖추기만 하면, 실물과 장면에 근거한 약정된 의미와 정보를 갖지 않는다 하더라도 한자로 간주할 수 있다.

혹자는 이대수(李大遂)의 말처럼, "최초의 서사부호는 비록 양이 적고 고립적이었겠지만, 다음과 같은 세 가지만 갖추면 문자의 성질을 갖추었고, 또 문자라고 부를 수 있다. 첫째, 사물을 표지하는 기능을 갖는다. 둘째, 동일부호가 반복적으로 사용된다. 셋째, 이후의 문자와 근원적 관계를 갖는다. 이러한 서사부호가 일단 출현하기만 하면 해당 문자는 이미 기원했다고 할 수 있다."[13]

그래서 각지에서 출토된 갑골(甲骨), 도기(陶器), 옥석(玉石), 죽목(竹木) 등의 재료에 새겨진 부호들은 앞서 말한 이러한 조건에 완전히 부합하기 때문에 한자로 보아야 마땅하다. 만약 이러하다면 현재까지 발

---

10) 王鳳陽, 『漢字學』(長春: 吉林文史出版社, 1989), 32쪽.
11) 納西族의 종교지도자들이 사용하는 '東巴文'은 비록 간단한 조합을 이루었지만 유성언어의 독음과 대응시킬 방법이 없다.
12) 王鳳陽, 『漢字學』(長春: 吉林文史出版社, 1989).
13) 李大遂, 『簡明實用漢字學』(北京: 北京大學出版社, 2003), 18쪽.

견된 한자의 발원은 지금으로부터 8천 년 전쯤의 가호(賈湖)문화, 대지만(大地灣)문화, 대맥지(大麥地)문화 등까지 거슬러 올라갈 수 있다.[14]

예컨대, 영하(寧夏)의 대맥지(大麥地) 암각화에서 발견된 수많은 추상부호에 대해, 서북(西北) 제2민족대학 암각화연구소의 연구원인 이상석(李祥石)은 이렇게 말했다.

> 내가 오랜 기간 동안 암각화 연구에 종사해 왔지만 대맥지 암각화처럼 이렇게 다양한 추상적 방법으로 완전한 의미를 표현한 부호는 존재한 적이 없다. 지금까지 1천5백 개의 이러한 부호가 발견되었는데 이는 대단한 양이다. 대맥지 부근의 하란산(賀蘭山)은 황하로부터 1킬로미터 정도 떨어져 있는데, 여기에서 황하문명이 탄생했다. 현재까지 확인된 암각화의 내용으로 볼 때, 여기에는 유목 문화적 요소도 있고 농업 문명의 요소도 있다. 이렇게 특수한 지리적 위치에서 인류 지혜의 불꽃이 발생했으며, 일종의 문자 부호가 발생했다는 것은 가능한 일이다.

그는 대맥지 암각화 구역 내의 도형부호에 수많은 상형 부호와 추상 부호들이 이미 오래된 문자의 요건을 갖추고 있다고 여겼다. 그 중요한 근거는 다음과 같다. "이러한 상형부호는 중국 원시문자의 기본적인 상형 형태를 갖추고 있어, 같은 시기의 도기 부호와 이후의 갑골문에서 그와 비슷한 형상을 찾을 수 있다. 또 두 개 이상의 상형부호로 조합된 복합체는 이미 상형자, 회의자, 지사자 등의 문자 구성요소를 갖추고 있다. 더욱 관건적인 것은 이러한 상형부호가 대맥지의 암각화에서 절대 우연히 그리고 고립되어 존재하는 것이 아니라 성상(星狀)형 분포를 보인다는 점이다.

---

14) 新華社 기자 桂娟의 「揭開漢字起源之謎」(『人民日報海外版』, 2005-07-14)와 「賈湖契刻符號揭開中國漢字起源之謎」(漯河網 2005-08-27), 朱琚元, 「賈湖刻符與中華彝族萬年文明史」('中原訪古'之'尋古探幽' 홈페이지, 2005-08-26), 「大地灣文化－中華文明之源」(甘肅'美遊網'), 「秦安大地灣遺址」('中國零公里' 網站), 陳曉鴻・劉剛, 「大麥地岩畫推前人類文字史」(金羊網『羊城晚報』, 2005-11-23), 楊敏・束錫紅, 「大麥地岩畫圖畫文字新解」, 『西北民族學院學報』第2期(2006) 등을 참조.

대맥지 암각화의 고문자 내원은 중화민족의 선조와 관련이 있는데, 전설속의 삼황오제와 관련이 있거나, 심지어는 더 이른 선조일 수도 있다. 그래서 대맥지 암각화는 문화와 원시문자의 보물창고라 하겠으며, 여기서 고대의 오래된 문자의 기원을 찾을 수 있다." 그는 구체적으로 다음의 두 가지 암각화를 분석했다.

그림_2.1 대맥지(大麥地) 암각화 부호

　　첫 번째 그림은 '천상(天象)'이라 이름 붙여졌는데, 4개의 부호로 구성되었으며, 인간이 천상에 도움을 구하는 모습을 그렸다. 윗부분은 나선형로 된 특수한 모습의 천체의 원형인데, 갑골문에서의 '운(云, 雲의 원래 글자)'과 매우 유사하다. 이는 소용돌이 모양의 태풍이나 회오리바람을 상징하거나 짙은 먹구름이 대지를 덮은 모습이라 할 수 있는데, 이러한 기이한 천체 현상이 사람들에게 공포를 가져다주었을 것이다. 그래서 그 아래쪽은 한 사람이 두 손을 들고 놀라 땅에 꿇어 앉아 하늘을 보고 예를 표하는 모습이다. 펄쩍 뛰는 모습이다. 갑골문에서 '인(人)' 자를 '두 팔을 벌리고 선 정면 모습을 그린' 대(大)'로 썼고, '무(舞)'도 한 사람이 두 팔을 높이 들고 어떤 장식물을 들고서 춤을 추는 모습을 그렸다. 오른쪽 아래 부분은 작은 개 한 마리가 머리를 들고 하늘을 보면서 짖는 모습을 그렸다.

　　나머지 형상은 마치 한 사람이 땅에 앉아 머리를 두 손 사이에 놓고 두려움에 떨며 기도를 하는 모습으로 보인다. 4개의 간단한 추상적 부호, 게다가 일정한 상형의미를 가진 부호를 조합하여 하나의 완전한 의미를 나타내고 있는데, 한자에서 자주 말하는 회의(會意)에 의한 글자

창제 방법을 닮았다. 두 번째 그림은 '전원(田園)'이라 이름 붙여졌는데, 이 그림의 오른쪽 윗부분은 한 마리 양(羊)이고, 왼쪽 윗부분은 사람의 머리이며, 그 아래 중간은 S자로 된 부호이고, 그 아래는 가로획으로 된 부호이다. 이 몇 개의 부호가 서로 조합하여, 조용하고 평안한 전원생활의 광경을 그려냈다.

　상해고적줄판사의 고문자 선문가인 유경운(劉景雲)도 대맥지의 그림 부호가 형태나 표의 기능적 측면에서 볼 때, 갑골문보다 더 원시적인 그림문자로 보인다고 했다. 그는 대맥지의 그림부호에서 이외에도 둥근 머리에 긴 몸통을 한 '뱀[蛇]'을 그린 여러 가지 부호가 존재하는데, 갑골문에서의 '타(它, 蛇의 원래 글자)'나 '충(蟲)'자와 비슷하다고 했다.15)

　만약 이러한 암각화의 형체가 이후 한자와 거리가 제법 멀다고 한다면, 대맥지 암각화와 동시대에 해당하는 하남성 무양현(舞陽縣) 가호(賈湖)유적지에서 출토된 각획 부호는 정말 갑골문과 별 다른 차이가 없다. 가호에서 출토된 14점의 거북딱지(龜甲), 골기(骨器), 석기(石器), 도기(陶器) 등에서 16개의 부호가 발견되었다. 다음은 그 중의 일부이다.16)

그림_2.2 무양(舞陽)현 가호(賈湖) 배리강(裴李崗) 문화의 각획 부호

　이러한 부호가 문자적 성질을 갖추었다는 점은 분명히 인정할 수 있다. 왜냐하면 이러한 각획 부호가 은허(殷墟) 갑골문을 비롯해 현행문자의 형체구조와 놀랄만할 정도로 닮아 있기 때문이다. 그래서 하남성 고

15) 위에서 인용한 李祥石과 劉景雲의 관점은 陳曉鴻·劉剛, 「大麥地岩畫推前人類文字史」(金羊網 『羊城晚報』, 2005-11-23)에도 보인다.
16) 王蘊智, 「遠古符號綜類摩萃」, 『中原文物』 第6期(2003).

고연구소에서 이러한 부호를 들고서 북경을 방문했을 때, 저명 고문자학자인 중국사회과학원 역사연구소의 호후선(胡厚宣)을 대표로 하는 학자들의 의견은 가호(賈湖) 고고발견에서 얻은 각획 부호는 바로 문자이며, 이러한 문자는 4천 년 후의 은허 갑골문과 일맥상통하는 관계를 가졌다는 것이었다. 그들은 그 자리에서 몇몇 각획 부호에 대해 해독을 하기도 했다. 그러나 구석규(裘錫圭)를 대표로 하는 일련의 학자들은 이러한 부호의 독음과 의미가 불명확하고, 게다가 앞뒤로 연결되는 문장도 없기 때문에 문자로 보기는 어렵다고 했다.

이들 자료를 북경으로 가져갔지만 확정적인 결론을 얻지 못하자, 하남성 고고연구소의 장거중(張居中)과 학본성(郝本性)은 독립적으로 연구를 시작했으며, 1989년 초보적인 성과를 발표하게 되었다. 그들에 의하면, "이러한 거북딱지와 부장품 속에 포함된 골기(骨器)나 석기(石器) 상에 발견된 각획 부호는 원시 문자적 성질을 갖춘 것으로 보인다."라고 했다. 이러한 관점은 학계의 호응을 얻었으며, 재미 역사학자인 당건(唐建)은 "이러한 자료는 상나라 갑골문의 역사적 시원(발원)을 찾는데 믿을만한 증거를 제공한다."라고 했다. 그리고 "그것들은 현재까지 발견된 중국 최초의 갑골 각획 부호이며, 중국에서 가장 이른 시기의 최초의 문자 혹은 문자 이전의 형식이다."라고 했다. 홍콩 중문(中文)대학의 학술 권위자인 요종이(饒宗頤)도 2000년의 글에서, 각각의 부호에 대해 일일이 고증을 하였으며, "가호 유적의 각획 부호는 한자의 내원 문제에서 결정적이며, 참신한 자료를 제공해 주고 있다."라고 했다.17) 이후 정주(鄭州)대학의 왕온지(王蘊智)는 한 걸음 더 나아가 가호의 각획 부호가 필세(筆勢)나 필획의 조합 등의 측면에서 은허 갑골문과 계승 관계에 있다고 했다. 그래서 한자 체계가 정식으로 형성된 곳은 중원(中原) 지역이라고 해야만 할 것이다.18)

이와 시대가 비슷한 감숙성 진안(秦安)의 대지만(大地灣) 유적지도

---

17) 이상의 기술 내용은 孫展, 「河南發現世上最古老的文字?」(『新聞周刊』, 2003-06-02) 참조.

18) 新華社 기자 桂娟의 보도, 「賈湖契刻符號揭開中國漢字起源之謎」('漯河網', http://www.luohe.com.cn/old/html/xwzx/lhtpxw/08270856928.htm, 2005-08-27.) 참조.

중국 고고학에서 6가지의 '최고 기록'을 보유하여 '황토고원의 문화기적'
이라 불린다. 그 중 하나가 바로 대지만 제1기 유적에서 출토된 토기에
새겨진 10여 종의 채색 그림으로 된 부호인데(제2기에서도 새겨진 토기
부호가 출현했지만 제2기는 시기가 조금 늦다), 예를 들어 ↑, *, ×, +,
// 등을 비롯한 물결무늬[波紋] 등이 그렇다. 어떤 것들은 물결무늬를
닮은 것도 있고, 어떤 것들은 자라나는 식물을 닮은 것도 있다. 그리고
직선과 곡선이 서로 교차된 모양도 있다. 그림과 문자 중간에 놓인 이
러한 붉은 색의 부호들은 연대 상으로 반파(半坡) 유적의 각획 부호보다
1천년 이상 앞서며, 또 앙소(仰韶) 시대에서 점차 종류가 늘어나는 각획
부호와도 매우 밀접한 관계가 있다. 심지어 이러한 각화부호는 반파 자
료와 완전히 일치하여, 이들이 중국의 문자기원에 중요한 자료의 실마
리를 제공함은 분명한 사실이다. 비록 이러한 부호의 의미를 아직 알
수는 없지만 어떤 학자들은 "대지만에서 출토된 채색 부호와 각획 부호
가 원시문자발생의 맹아기 때의 문자이며, 중국고대문자의 연원"으로 보
고 있다.[19)

　　이보다 시대가 약간 늦은 안휘성 방부(蚌埠) 쌍돈(雙墩) 문화유적지
(지금으로부터 약 7300년 전)에서는 더 많은 각획 부호가 발견되었는데,
약 600여 개에 이른다. 이러한 각획 부호 중 어떤 것들은 상당히 간략화
하였고 추상적이다. 예컨대 '물고기(魚)'를 나타내는 부호를 '◇'로 적어,
이미 그림의 단계를 벗어났다. 그 중에는 단독으로 된 갑골문 등과 같
은 후세 문자들과 유사한 부호도 있고(예컨대 사슴[鹿], 그물[网=網], 언
덕[阜], 구릉[丘] 등의 의미를 표시한 부호가 甲骨文과 비슷하다), 또 조
합된 부호도 적잖게 출현한다(예컨대 물고기 모양의 부호와 작살 모양
의 부호가 조합되어 물고기를 작살로 찌르다는 뜻의 '剌'를 나타내는 부
호는 갑골문과 금문에서의 '剌'자의 필사법과 대체로 닮았다). 게다가 같
은 모양의 각획 부호가 쌍돈(雙墩) 유적지의 서로 다른 지점에서 반복적
으로 출현하는데, 이러한 각획 부호가 일정한 의미표현과 사건기록의
기능을 가졌음을 보여준다.

---

19)　趙敍強, 「從大地灣出土的符號看中國文字發展的淵源」('北京師範大學出版
　　社論壇·語文敎育' 홈페이지, 2007-11-12) 참조.

그래서 이들은 문자의 형체[形], 의미[意], 기능[用]의 세 가지 요소를 갖추었다 할 수 있고, 그래서 기원단계의 한자에 처해 있었다고 해야 할 것이다. 이 유적지의 각획 부호들은 내용이 풍부할 뿐 아니라 함의 도 명확하며, 멧돼지 사냥, 물고기 포획, 그물로 새 잡기, 누에치기, 식물 재배 등과 관련된 각획 부호의 내용들은 마치 하나의 '이어지는 그림책' 처럼 생생하다. 그래서 안휘성 문물고고연구소의 감서항(闞緒杭)은 이렇 게 말했다.

이렇게 수량도 많고, 내용과 의미도 풍부하며, 구조도 복잡한 각획 부호는 국 내외 문화 유적을 통틀어서도 매우 드문 예에 속할 뿐 아니라 이러한 부호의 대부분은 기물의 바닥 부위에 위치하고, 내용도 상당히 광범위하다. 해[日]와 달[月], 산(山)과 내[川], 동물과 식물, 가옥 등 실물을 그린 것도 있고, 수렵이 나 어렵, 그물을 이용한 새 포획, 작물 심기, 양잠, 베 짜기, 가축 사육 등 생산 과 생활과 관련된 것도 있는데, 반영된 내용이 생산, 생활, 종교, 예술 등 광범 위하게 연관되어 있다. 이러한 부호는 구조적으로 단일형체, 복합형체, 조합형 체 등으로 나눌 수 있는데, 특히 적잖은 부호들이 반복해서 출현하며, 사용 빈 도도 제법 높아, 기사 기록이라는 명확한 성질과 일정한 표의 기능 및 해석 가 능성을 갖추고 있다.

또 "쌍돈(雙墩)의 각획 부호는 서안 반파(西安半坡), 자귀(秭歸) 류임 계(柳林溪), 청해(靑海) 류만(柳灣) 및 산동성의 대문구(大汶口), 절강성의 양저(良渚) 등 다른 신석기시대 유적지의 각획 부호와 비교해 볼 때, 자 신만의 분명한 특징을 갖고 있다. 이러한 각획 부호는 정원(定遠)의 후 가채(侯家寨) 유적지에서도 발견되는데, 이는 이들이 일정한 지역 범위 내의 씨족 군락 간에 특정한 함의를 전달하는 부호로 쓰였음을 보여준 다."[20]

---

20) 이상의 기술은 錢穎·王素英, 「專家認爲: 雙墩刻符或是漢字源頭之一 - '蚌 埠雙墩遺址發掘報告'學術座談會昨舉行」(『安徽商報』, 2008-04-16)에 보인다.

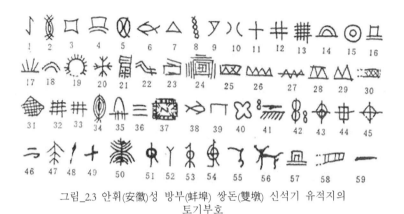

그림_2.3 안휘(安徽)성 방부(蚌埠) 쌍돈(雙墩) 신석기 유적지의
토기부호

2. 초기 기초한자에는 어떤 글자들이 있었나?

　그렇다면, 최초의 '기초한자'는 어떤 것이었을까? 서호(徐灝)는 『설문
해자주전(說文解字注箋)』에서 "글자를 처음 만들 당시 숫자가 먼저 있었
고, 그 다음에 문자가 있었다.(造文之初, 先有數而後有文.)"라고 했는데,
수를 기록하는 숫자가 원시단계의 중국문자라는 설명이다. 우성오(于省
吾)는 「1에서 10까지의 숫자에 대한 해석[釋一至十之紀數字]」이라는 글
에서 이렇게 말했다. "인류의 진화는 결승(結繩)으로 사건을 기록하던
데서 숫자로 사건을 기록하던 것으로 발전했는데, 지금도 남쪽 이민족
지역에서는 상고시대 때의 결승 제도가 잔존해 있다. 그런 즉 처음 문
자가 생겨났을 시기, 숫자를 기록하는 글자로부터 시작되었다는 것이고,
그렇다면 숫자를 기록하는 글자는 초기 단계의 글자들 중에서도 더욱
원시적인 글자라 할 수 있다."[21]
　갈영회(葛英會)도 여러 차례에 걸쳐 인류가 가장 먼저 만들어내야
했던 글자는 '숫자'와 '사물의 이름에 관한 글자[名物字]'였음을 강조했는

---

21) 于省吾, 『雙劍誃殷騈枝三編』(北京: 中華書局, 2009), 305쪽 참조.

대22), 원시인류의 교류에서 가장 중요한 것이 실물과 수량이었기 때문이다.

필자는 우성오과 갈영회의 견해에 매우 동의한다. 이와 동시에 표지성 기능을 가진 씨족 집단을 대표하는 글자, 행위주체와 실물소유권의 표지자도 가장 먼저 고려해야만 할 부분이다. 주체(소유자)표지, 실물, 수량 등, 이러한 기본 개념들을 기록하는 것은 원시인류의 상호교류나 인간과 신의 교류에서 가장 먼저 갖추어야 할 요소였던바, 이러한 개념을 위한 글자 창제 또한 가장 쉽게 실현될 수 있었을 것이다. 각획과 묘사 기술만 있으면, 그리고 실물을 관찰하고 자연이 남긴 선형에 대한 묘사 능력만 있으면, '해당 사물을 그대로 그려낼 수 있으며(畫成其物)', 유사성이나 상징성을 갖춘 부호를 만들 수 있다.

한자라는 것이 한 시기에 한 사람에 의해 한 곳에서 만들어진 것이 아니기에, 처음으로 만들어진 글자가 어떤 글자인지는 알기는 어렵다. 그러나 최초로 만들어진 글자그룹이나 어떤 글자가 만들어졌을지는 추측이 가능하다. 숫자, 명물자, 표지자 등이 가장 먼저 만들어져야만 했을 것인데, 이는 그 대체적인 경향을 말한 것일 뿐, 다른 글자들이 만들어지지 않아야 했다거나 만들 수 없었다는 것을 의미하지는 않는다. 실제로 초기한자에는 소량의 성질, 동작, 방위, 시간 등과 관련된 글자들도 있었을 것이다.

발원단계의 역사는 상당히 길었다. 발원단계에 속하는 출토 문자자료는 앞서 말한 필자의 추론과 기본적으로 맞아떨어진다. 상고시대의 각획 부호는 비록 함의가 분명하진 않지만, 문자조건에 부합하지 않는 그림, 도안(圖案), 도리(圖理)23) 및 도표(圖標)24) 등을 제외하고, 문자라고

---

22) 葛英會, 「'數本杪쥡'疏證」, 『古漢字與華夏文明』(上海: 上海古籍出版社, 2010); 「數字, 名物字是中國文字的源頭」, 『古代文明研究通訊』第12期(2000).

23) (역주) 그림의 형식으로 그 의미를 해석하는 것을 말한다. 唐 張彦遠의 『歷代名畫記·敍畫之源流』에서 "顏光祿은 圖載의 의미에 세 가지가 있는데, 하나는 圖理로 卦象이 그것이고, 둘째는 圖識인데 字學이 그것이고, 셋째는 圖形인데 繪畫가 그것이라고 했다."

24) (역주) 남녀 화장실 표시나 각종 교통 표지판처럼, 대신 지칭하는 의미를 가진 圖形 부호로, 고도의 축약된 형식으로, 빠른 정보 전달과 기억에 편한 특징을 가진 부호를 말한다.

볼 수 있는 부호는 대체로 다음과 같은 세 가지가 있다.

첫 번째는 간단한 선조(線條)인데, 대체로 이후의 숫자에 해당하는 것들이다. 두 번째는 구상적인 도형인데, 대체로 어떤 사물에 대응하여, 해당 사물 자체의 개념이나 성질과 상태(자연경물)를 나타내는 것에 해당하며, 사물과 상관된 어떤 주체(부락이나 족군)를 나타낼 수도 있다. 세 번째는 추상적인 기하무늬인데, 대체로 어떤 상징이나 표지작용을 일으킨다.

그러나 '팔괘(八卦)' 같은 그런 상징부호나 교통표지 같은 그런 전용 부호와는 다르다. 예컨대, 가호(賈湖) 유적지에서 출토된 16개의 부호의 경우, 연구 결과에 의하면, "이러한 부호는 세 가지로 나뉜다. 하나는 형상으로 볼 때 여러 필획으로 구성된 조합구조를 많이 가진 것으로, 이를 새겼던 사람의 일정한 의도를 담았다 하겠는데, 원시문자의 성질을 담보하고 있다. 다른 하나는 도장과 같은 것으로, 소유권이나 그런 표기를 나타내기 위해 찍은 도장의 성격을 지닌 것들이다. 나머지 하나는 가로획 하나에 세로획 하나, 혹은 두 개의 세로획으로 새긴 흔적들로, 의도적 행위임이 분명하며, 숫자를 기록한 성격이 강하다."[25] 이는 바로 필자가 귀납한 세 가지의 기초자와 맞아떨어진다. 다시 다음을 보자.

그림_2.4 마가요(馬家窯) 문화유적의 토기부호

이는 지금으로부터 약 4천여 년 전, 황하 상류의 감숙성 서부와 청해성 동부 등지에 분포했던 마가요(馬家窯) 문화유적의 채색토기에 새겨

---

25) 桂娟, 「賈湖契刻符號揭開中國漢字起源之謎」('漯河網' 2005-08-27).

진 부호들이다. 그 중에서도 14, 15, 16, 17, 18, 4, 51, 5, 19, 10, 1 등은 이후의 갑골문에서의 숫자 '일(一)'에서 '십(十)'까지와 대체로 상응하고, 8, 9, 20, 21, 22, 23, 26, 27, 28, 29, 30, 31, 43, 44, 60, 66, 70 등은 대체로 어떤 개별 물체의 형체를 그린 것으로 보이며, 49, 52, 53, 55, 57, 62, 68, 86, 87 등의 도안은 대체로 어떤 사물의 상징이나 표지로 보인다. 물론 초기단계의 한자가 마찬가지의 표의 기능을 가진 다른 각종 부호와 분명하게 구별되는 것은 아니어서, 구체적인 자료를 해독할 때 의견이 갈리는 것은 피할 수 없는 문제이다.

제3절 한자의 '시작[源出]'

이어지는 문제는 '발원'단계에 놓인 수량, 명물, 표지 등 중요개념을 표시하는 기초한자가 어떻게 발생했는가 하는 점이다. 이는 구체적인 '시작[源出]'의 분석을 요한다. 시작[源出]에는 창시자[源創者], 발원처[源處], 발원요소[源素], 발원체[源體], 발원방식[源式] 등의 내용이 포함된다.

1. 한자의 '원 창작자'

인류는 도구와 각획 선조를 사용하여 입체적 실체를 평면으로 바꿀 능력을 갖고 있었고, 이로부터 문자를 창조할 능력을 갖추게 되었다. 한자는 '중국인들이 창조한 것'이기에, '중국인'들이 한자의 '원 창작자'가 됨은 당연하다. 고대전설에서 한자는 '창힐(蒼頡)'이 만들었다고도 하고26), 또 '저송(沮誦)'이나 '복희(伏羲)'가 만들었다고도 하는데27), 이것이

---

26) 『呂氏春秋·君守』에 "창힐이 문자를 만들었다(蒼頡作書)"라는 기록이 있다. 또 『韓非子·五蠹』에도 "창힐이 문자를 만들었는데, 원을 둥글게 그려 厶(= 私)라 하고, 厶에 배치되는 것을 公이라 했다.(蒼頡之作書也, 自環者謂之私, 背私謂之公.)"라고 했다. 또 『淮南子·本經訓』에서는 "창힐이 문자를 만들자,

바로 '창시자'에 대한 인식의 반영이다. 한자 전체가 물론 어떤 한 사람에 의해 만들어질 수는 없다.

초기 단계의 상황으로 말하자면 서로 다른 부락과 서로 다른 지역에서 각기 산발적으로 만들어졌을 것이다. 그래서 송나라 때의 대동(戴侗)은 『육서고(六書故)·육서통석(六書通釋)』에서 이렇게 말했다.

> 육서라고 해서 반드시 성인이 만들어야 할 이유는 없다. 오방의 백성들은 말이 다르고 명칭이 달라 문자언어가 통하지 않았다. 성인이라는 자가 만들었는데, 신과 소경에게 명하여, 명칭과 소리에 관해 도움 받았고, 역사기록관에게 명하여 그 문자를 통일했다. 번거롭고 잘못된 것을 자세히 살펴 돌아가야 할 곳을 총괄했을 뿐이다.[28]

하늘에서는 곡식이 비 오듯 내렸고 귀신은 밤을 새워 울었다.(蒼頡作書而天雨粟, 鬼夜哭.)"라고 했다. 緯書 『春秋元命苞』에서는 蒼頡을 두고 이렇게 말했다. "얼굴은 용처럼 생겨 커다랗고, 눈은 네 개나 되어 영롱하게 빛났고, 예지와 덕으로 넘쳐났으며, 나면서부터 글씨를 쓸 줄 알았다. 그리하여 하늘과 땅의 변화 이치를 끝까지 궁구하여, 머리를 들어 하늘의 별이 둥글고 굽은 기세를 살피고, 몸을 숙여 거북 무늬와 새의 깃털과 산과 내가 가리키는 바를 살펴, 문자를 창제하게 되었다. 그러자 하늘에서는 곡식이 비 오듯 내렸고 귀신은 밤을 새워 울었고, 용은 물속으로 숨어들었다.(龍顔侈侈, 四目靈光, 實有睿德, 生而能書. 於是窮天地之變, 仰觀奎星圓曲之勢, 俯察龜文鳥羽山川指掌, 而創文字. 天爲雨粟, 鬼爲夜哭, 龍乃潛藏.)"라고 했다.

27) 『廣韻』 '魚韻'의 '沮'字에서 『世本』을 인용하여 이렇게 말했다. "저송과 창힐이 글자를 만들었는데, 모두 황제 때의 사관이었다.(沮誦, 蒼頡作書. 並黃帝時史官.)" 孔安國의 『尚書大傳·敍』에서는 이렇게 말했다. "옛날 복희씨가 천하의 왕 노릇을 할 때, 처음으로 팔괘를 만들었고, 서계를 창제했으며, 이로써 결승을 대체하여 세상을 다스렸으며, 이렇게 해서 문헌이 생겨나게 되었다.(古者伏羲氏之王天下也, 始畫八卦, 造書契, 以代結繩之政, 由是文籍生焉.)" 또 『三皇紀』에서는 이렇게 말했다. "복희의 덕이 천지와 화합하자, 이에 상응하여 하늘은 조수의 문장을 내려주었고, 땅은 하락의 도서를 내주었다. 머리를 들어 우주의 형상을 살피고, 머리를 숙여 땅의 법칙을 관찰했으며, 가운데로는 만물의 적절함을 관찰했다. 그리하여 서계를 만들게 되었고, 이로써 결승의 다스림을 대체했다.(伏羲德合上下, 天應以鳥獸文章, 地應以河圖洛書. 仰則觀象於天, 俯則觀法於地, 中則觀萬物之宜, 始作書契, 以代結繩之政.)"

28) "六書不必聖人作也. 五方之民, 言語不同, 名稱不一. 文字不通. 聖人者作, 命神瞽焉, 協其名聲; 命史氏焉, 同其文字. 釐其煩慝, 總其要歸而已矣."

그러나 이러한 전설이 전혀 가치가 없는 것은 아니다. 전설 속에는 한자 '기원'에 관한 몇몇 정보가 들어있기 때문이다. 중국민족이 문명시대로 들어설 때의 대표 인물인 복희(伏羲)가 문자를 창제했다고 하는 것은, 복희 시대, 다시 말해 지금으로부터 약 8천여 년 전쯤, 개체 한자와 부분적인 기초한자가 발생했음을 의미한다. 이러한 정보는 이미 '가호(賈湖) 문화'와 '대지만(大地灣) 문화'와 '대맥지(大麥地) 문화'에서 증명된 바 있다.

창힐(蒼頡)과 저송(沮誦)은 황제(黃帝)의 역사기록관으로 알려져 있는데[29], 그들이 한자의 창시자가 될 수는 없겠지만, 한자를 모으고 정리했던 사람일 수는 있다. 정리한 사람이라면 문자와 밀접한 관계에 있는 무사(巫史)였을 것이다.[30] 『순자·폐해(解蔽)』에서 말했던 것처럼 "글자를 좋아했던 사람은 많다. 창힐이 홀로 그것을 후세에 전했는데, 그가 통일한 사람이다.(好書者眾矣, 而蒼頡獨傳者, 壹也.)" 여기서 '일(壹)'은 '통일하다', '전일하다'는 뜻이다. 그래서 창힐이 한자를 정리하고 규범화했다고 하겠으며, 그래서 사람들이 한자 창제의 공을 그에게 돌렸던 것이다.

이는 한자가 체계를 형성하여, 역사 기록관들에 의해 언어를 완전하게 정리하고 문헌을 형성하게 된 것이 지금으로부터 5천 년 전쯤의 황제 시대 때라는 것을 알려주고 있다. 이러한 정보는 요녕성 소하연(小河沿) 문화에서 출현한 5개의 연속된 부호와 산동성 정공촌(丁公村)의 용산(龍山) 문화의 가지런히 배열된 토기문자에서 증명되고 있다.[31]

중국인들이 한자를 창제할 수 있었던 것은, 각획 선조와 입체적인 실체를 평면으로 바꾸는 능력 이외에도 더욱 중요한 것은 사물을 관찰하고 사물을 구별하며 사물을 표지화 하는 능력이다. 구어의 시간적 공

---

29) 『初學記·卷21·史傳 第2』에서 인용한 漢魏 때의 宋衷의 『世本』注를 참조. 원문은 다음과 같다. "황제의 시대 때 처음으로 사관을 세웠는데, 창힐과 저송 등이 그 직책을 수행했다.(黃帝之世始立史官, 蒼頡, 沮誦居其職.)"

30) 王寧 主編, 『漢字學槪要』(北京: 北京師範大學出版社, 2001), 20쪽.

31) 遼寧省博物館, 昭烏達盟文物工作站, 敖漢旗文化館, 「遼寧敖漢旗小河沿三種原始文化的發現」, 『文物』 第12期(1977); 王蘊智, 「遠古符號綜類摩萃」, 『中原文物』 第6期(2003) 참조.

간적 한계를 메꾸기 위해 선사시대 사람들은 수량을 계산하고 기록하고자 결승(結繩)을 사용하여 해당 정보를 약속으로 정하고, 갖가지 실물 부호로 시행해 보았던 것이다.

이후 "새와 짐승의 발자국을 보고서 그 무늬가 달라 구별 가능함을 알게 되었는데(見鳥獸蹄迒之跡, 知分理之可相別異也)"[32], 자연계의 무늬와 남겨진 흔적이 사람들을 계발시켰던 것이다. 선형으로 된 도형은 사물을 대표하고 구분하며, 실체표지는 평면 부호로 전환될 수 있다. "그리하여 하늘과 땅의 변화 이치를 끝까지 궁구하여, 머리를 들어 하늘의 별이 둥글고 굽은 기세를 살피고, 몸을 숙여 거북 무늬와 새의 깃털과 산과 내가 가리키는 바를 살펴, 문자를 창제하게 되었다.(於是窮天地之變, 仰觀奎星圓曲之勢, 俯察龜文鳥羽山川指掌, 而創文字.)"[33] 그래서 실체의 부호와 자연의 흔적의 기능이 선사시대 사람들로 하여금 한자를 창조하게 한 원동력이 되었다.

2. 한자의 '발원요소[源素]'와 '발원처[源處]'

인류가 간단한 도구를 사용하게 되면서부터 손이나 발, 막대기, 토석 등을 사용해 의도적으로 선을 그리고 속을 채운 실체로 만들게 되었다. 의도적으로 선을 그리고 속을 채운 이러한 실체는 고정된 형태와 실제의 내용이 없기 때문에, 한자의 구체적인 '형체'와 '의미'와 '쓰임'과는 관련이 없다. 그래서 한자 요소의 진정한 내원이 아니다.

혹자는 한자가 선에서 기원한다고 여기는데[34], 이런 식의 애매한 주

---

32) [漢]許慎, 『說文解字·敍』(北京: 中華書局, 1963).
33) 佚名, 『春秋元命苞』(上海: 上海鴻文書局, 清光緒二十一年(1895) 石印本).
34) 예컨대, 서예가 張紹孔은 이렇게 생각했다. "중국 최초의 한자는 선에서 기원했다. 선에는 두 가지가 있다. 하나는 선형 부호라 불리는 것이고, 다른 하나는 선형 문자라 불리는 것이다. 많은 서적들에서 중국의 한자는 그림에서 기원했다고 주장한다. 그렇다면 그림은 어디서부터 왔는가? 그것은 선으로부터 나왔다. 선으로부터 그림에 이르는 역사 과정을 보면, 일류가 처음부터 그림을 그릴 줄을 알았던 것이 아니라, 가장 간단한 선을 그리는 것으로부터 점차 간단한 그림을 그리게 되었을 것인데, 이는 중국의 각지에서 출토된 수많

장은 정확한 것이 아니다. 그러나 선을 그리고 속을 채운 실체가 인류의 한자 창제에서 선결 기능을 한 것은 사실이다. 왜냐하면 선을 그리고 속을 채운 실체는 비록 한자 요소의 내원은 아니지만, 한자의 실체를 구성하여 한자의 시각형상이 드러나게 하는 발원요소[源素]이기 때문이다. 발원요소는 상품이 형성될 수 있도록 해주는 원소이다. 그러나 발원요소가 상품의 구조, 발원요소의 외형 등과 동일한 것은 아니며, 기능도 상품의 외형과 기능과 동일한 것은 아니다.

예컨대, 목재는 탁자의 발원요소이지만, 목재가 탁자의 외형과 구조와 기능과는 무관한 것과 같은 이치이다. 사람들은 바로 선을 그리고 속을 채운 실체를 발원요소로 삼아 한자를 창제했던 것이다. 만약 한자의 구조에 착안하다면, 발원요소는 구성요소라 할 수 있다. 그러나 구성요소의 물질 원소도 사실은 선을 그리고 속을 채운 실체이다.

현재까지 발견된 자료로 볼 때, 가호(賈湖), 대지만(大地灣), 대맥지(大麥地) 문화유적지 등의 부호가 문자적 성질을 가졌다고 인정한다면, 한자의 '발원처[源處]'는 황하 유역이다. 예컨대, 대맥지 문화유적지는 영하 자치구 위녕(衛寧)의 북산(北山)에 자리하고 있는데, 이곳의 서쪽으로는 끝없이 펼쳐지는 덩거리(騰格里) 사막이고, 동쪽으로는 준봉들이 즐비한 하란산(賀蘭山)과 마주하여, 쉴 새 없이 분탕질 치며 흐르는 황하와 밤낮으로 짝을 이루고 있다. 그곳은 궁벽한 변경 지역이라 교통도 불편하였던 탓에 이곳의 암각화가 기본적으로 원시상태를 유지할 수 있었다. 대지만과 가호 유적지도 황하 유역에 자리하고 있다.

한자의 근원적 담체(擔體)가 바로 황하 유역의 암석, 갑골, 도기, 석기 등이다. 그것들로부터 한자가 직접적인 출처를 감지할 수 있다. 최초의 한자도 죽간(竹簡)에다 새길 수도 있었을 것이지만, 이러한 담체는 쉽게 썩기에 오늘날 이미 찾아볼 수가 없고 그래서 근거로 사용할 수가 없다.

은 토기와 토기 조각으로부터 알 수 있다."(인터넷 자료는 「寅卯部分'中國漢字書體書法源流圖'之二」에 보인다). 또 다른 서예가 秋子는 그의 『上古書法要略』에서 "창조된 한자의 원형 그 자체가 원시적인 선형을 이루고 있다."라고 했다.(인터넷 자료 「'中國漢字書體書法源流圖'之子醜部分簡介」에서 재인용)

3. 한자의 '발원체[源體]'

한자는 형체[形], 구조 의미[構意], 기능[功能]의 세 가지 요소를 갖추고 있다. 그 중에서도 '기능'은 한자의 창조 목적이며, 한자를 사용하여 사람의 사상과 언어를 전달할 때 실현이 된다. 그래서 한자의 기원문제에 속하지는 않는다. 여기서 논의하고자 하는 것은 한자의 '형체'와 '구조 의미'가 어디서부터 왔는가 하는 문제이다. '구조 의미'는 형체에 부속된 것이다. 그래서 실제적으로는 주로 '형체'의 내원에 관한 문제가 주된 논점이며, 한자의 '발원체[源體]' 문제이기도 하다. 이에 대해서 현재 여러 가지 서로 다른 의견이 존재하고 있다.

그 중 영향력이 가장 큰 것은 "한자가 그림에서 기원했다"는 학설이다. 여기서 말하는 '한자'는 주로 한자의 '형체'를 두고 하는 말이다. 18세기, 서양학자인 윌리엄 월버턴(William Warburton, 1698~1779)이 『모세의 신성한 사명(摩西的神聖使命)』이라는 책에서 '그림이면서 문자'라는 용어를 사용하여 인류문자의 기원을 설명했다. 중국에서는 심겸사(沈兼士)가 1922년 「국어 문제의 역사적 연구(國語問題之歷史的研究)」라는 글을 발표하면서, "문자가 발명되기 전, 일종의 조잡한 그림으로 사물의 상태, 행동과 수량의 관념을 표현했는데, 이들을 문자그림이라 부른다."라고 했다.[35]

1927년 심겸사(沈兼士)는 「고대 기물의 명문으로부터 육서 이전의 문자그림을 추론함(從古器款識上推導六書以前之文字畫)」이라는 글에서 이러한 관점을 진일보하게 발전시켰다. "육서 문자시기 이전에 한 단계가 더 있었다고 해야만 하는데, 이를 잠정적으로 '문자그림시기'라 불러 두는데, 이는 육서 한자의 근원이 된다. 오늘날 확인 가능한 '문자그림'으로는 청동기 연구자들이 말하는 은상(殷商) 시기 청동기에 있는 '도형들'이 이에 해당한다."[36]

---

35) 沈兼士, 『沈兼士學術論文集』(北京: 中華書局, 1986), 21~22쪽.
36) 위의 주와 같음.

그 후 이효정(李孝定)의 『중국문자의 시원과 변천(中國文字的原始與演變)』, 당란(唐蘭)의 『중국문자학(中國文字學)』, 구석규(裘錫圭)의 『문자학 개요(文字學槪要)』 등에서도 이러한 관점을 기술했다. 이로부터 '그림(혹은 문자그림)——문자'라는 이러한 문자기원의 공인된 모델이 성립하게 되었다. 이러한 모델에 따르면, 한자의 '발원체[源體]'는 자연히 '그림'이 된다.

필자는 '문자'발생 이전에 하나의 '그림' 단계가 존재했다고 믿는다. 혹자는 '문자'가 '그림'으로부터 변화하여 온 것이라는 이러한 주장은 성립할 수 없다고 하는데, 이는 '그림'을 어떻게 정의하느냐에 달려 있다. 만약 여기서의 '그림'의 정의를 예술성을 가진 회화나 도형으로 본다면, 다시 말해 현대적 의미의 '그림'으로 본다면, 그것은 성립하기가 어려울 것이다.

지금까지 발견된 가장 이른 시기에 해당하는 영하 자치구의 '대맥지 문화', 하남성의 '가호 문화', 감숙성의 '대지만 문화' 등은 지금으로부터 8천 년 전쯤에 해당하는데, 그 중 사물에 대한 형상성이 매우 강해 이후의 '그림'에 해당하는 부호도 있고, 추상적인 것으로 이후의 '문자'에 해당하는 부호도 있다. 그래서 그림과 글자가 공존하여, 그 선후를 분별하기가 어렵다. 통상 문자가 그림에서 왔다는 증거로 삼는 대문구(大汶口) 문화 유적의 토기에 새겨진 몇몇 상형부호도 앙소(仰韶) 문화 토기의 추상부호보다 이르지는 않다. 중국 내에서 발견된 몇몇 원시암각화의 연대도 대부분 '대맥지'나 '가호' 등에서의 '문자'와 비슷한 부호 이후의 시기에 해당한다.

그래서 현재까지 필자는 중국내의 고고학적 사실에 근거해 '그림(문자그림)——문자'라는 이러한 한자기원의 순서를 확정할 수가 없다. 국외의 경우 일부 암각화는 1만 년 전까지 거슬러 올라가, 먼저 그림이 있고, 그 다음에 문자가 존재했던 것처럼 보인다. 설사 고고학 발견에서 '그림'이 '문자'보다 더 이르다고 해도, 이것이 '문자'가 반드시 '그림'에서 근원했다는 것을 증명해주지는 않는다.

예컨대, '형'이 '동생'보다 먼저 태어났고, '큰아버지'가 '조카'보다 먼저 났지만, '형'과 '큰 아버지'가 '동생'과 '조카'의 발원체이기는 하나 내원인 것은 결코 아니다. 만약 선조가 복잡하고 풍부하며, 물체의 형상성이 강한 것이 바로 그림이고, 문자는 일정정도 간략하다고 여기지만 그것도 꼭 그런 것은 아니다. 왜냐하면 문자와 그림의 근본적인 차이점은 양식에 있는 것이 아니라 목적과 기능에 있기 때문이다. 어느 정도까지 구상적이어야 그림인지, 또 어느 정도까지 추상적이어야 문자인지, 이에 대한 객관적인 표준이나 분명한 경계선은 결코 존재하지 않으며, 단지 대체적인 모습으로 판단할 뿐이다. 실제로 초기의 상형문자는 그림과 같은 모습이었을 가능성이 매우 크다. 그래서 초기의 상물성이 강한 도형을 그림으로 보는 것은 당연할 것이고, 심지어 갑골문이나 금문의 상형성이 다소 강한 문자도 '문자그림'으로 볼 수 있다. 이로부터 '한자'가 '그림'에서부터 왔다는 견해는 충분히 회의해볼 만하다.

논리상으로 볼 때, 인류가 가장 먼저 학습했던 것은 제멋대로 선을 그리고 속을 채운 것을 새겨 그렸을 것이고, 그런 다음 선을 그리고 속을 채운 이러한 실체로 실물을 모방했을 것이며, 그로부터 모방 대상을 대표할 수 있는 '그림을 통한 표현[圖載]'을 구성하게 되었을 것이다. 여기서 말하는 '그림을 통한 표현'은 문자 성질을 갖춘 '상형'부호일 수도 있고, 예술적 성질을 갖춘 '그림' 작품일 수도 있다. 이러한 원시 '그림을 통한 표현'은 '문자'의 작용도 일으킬 수 있고, '그림'의 기능을 일으킬 수도 있기에, 문자와 그림이 한 데 합쳐진 융합적인 것으로 볼 수도 있어, 문자의 발원이기도 하면서 그림의 발원의 시원적 형태이기도 하다.

그리고 이러한 문자와 그림이 한데 섞인 시원적 형태의 '발원체'는 바로 객관사물의 형상이다. 마치 서아시아의 설형(楔形)문자가 그림에서 기원하지 않고 직접 토기에 눌러 찍은 삼차원의 형태로부터 왔듯[37], 초기 '한자'의 구조 형태도 객관사물에서 직접 왔으며, '그림'의 단계를 거치지 않았을 것이다. 실제로 '한자'와 '그림'이 동원관계인 것은 분명하다. 다시 말해 한자와 그림의 구분은 후대의 일이고, 최초의 시기에서는 구분할 수가 없었다. 그들은 모두 객관적인 물상에 대한 묘사였다. 이후 문자부호로서의 사용이 갈수록 추상화 되고, 회화예술 감상은 갈수록

---

37) 拱玉書, 「楔形文字起源新論」, 『世界歷史』 第4期(1997) 참조.

핍진해지면서, 비로소 각자의 길을 걷게 되었다.38)

이렇게 볼 때, 글자와 그림은 형제관계이지39), 부자관계는 아니다. 만약 근원을 거슬러 올라가면, 그들의 내원은 모두가 객관사물의 형상, 즉 모두가 관찰한 사물형상을 선으로 그리고 속을 채워 평면형상(즉 '그림을 통한 표현')으로 전환한 것이지, 하나의 평면형상(그림)을 다른 평면형상(문자)으로 변화시킨 것은 아니다.

『세본(世本)·작편(作篇)』에서 "사황이 그림을 만들었고, 창힐이 글자를 만들었다.(史皇作圖, 倉頡作書.)"라고 했다. 그림을 만들었다는 것은 당연히 사물형상에 근거했을 것이다. 사실, 글자를 만드는 것 또한 사물형상에서 직접 가져왔을 것이다. 그래서 『삼황기(三皇紀)』에서 "복희씨의 덕이 천지와 화합하자, 이에 상응하여 하늘은 조수의 문장을 내려주었고, 땅은 하락의 도서를 내주었다. 머리를 들어 우주의 형상을 살피고, 머리를 숙여 땅의 법칙을 관찰했으며, 가운데로는 만물의 적절함을 관찰했다. 그리하여 서계를 만들게 되었고, 이로써 결승의 다스림을 대체했다."40) 『설문해자·서(敍)』에서도 "황제의 사관이었던 창힐이 조수의 발자국의 흔적을 보고서 무늬가 서로 구분될 수 있음을 알게 되었고, 이에 근거하여 처음으로 서계를 만들게 되었다."41)라고 했던 것이다.

이에 대해 송나라 때의 조고칙(趙古則)은 『육서본의강령(六書本義綱領)·육서총론(六書總論)』에서 더욱 명확하게 지적했다.

문자[六書]가 만들어지지 않았을 때, 문자의 형체가 천지에 흩어져 있었다. 그

---

38) 周有光은 이렇게 말했다. "문자는 그림에서 기원했다. 원시 그림은 두 가지 방향으로 발전했는데, 하나는 그림 예술이 되었고, 다른 하나는 문자 기술이 되었다." 『世界文字發展史』(上海, 上海教育出版社, 1997), 4쪽. 여기서 말한 '起源'은 '源頭'를 가리키며, 소위 '圖畫'는 '原始圖畫'를, 다시 말해 우리가 말하는 문자와 그림을 하나로 합친 '原始圖形'을 말한다. 그래서 그것은 이후 문자의 기원이 되었으며, 그림의 기원도 되었다.

39) 呂思勉은 "그림(圖畫)이 형이고, 文字가 동생이라 할 수 있다"라고 했다. 『文字學四種·中國文字變遷考』(上海: 上海教育出版社, 1985), 74쪽.

40) 伏義德合上下, 天應以鳥獸文章, 地應以河圖洛書. 仰則觀象於天, 俯則觀法於地, 中則觀萬物之宜, 始作書契, 以代結繩之政.

41) 黃帝之史倉頡, 見鳥獸蹄迒之跡, 知分理之可相別異也, 初造書契.

러다 문자가 만들어지자 천지의 쓰임이 문자에서 갖추어지게 되었다. 위대하도다! 성인의 글자 창제여! 천지의 쓰임이 된 것이여! 해와 달과 뭇 별들의 걸린 모습, 구름과 회오리바람과 바람과 비 등의 형태, 산의 고개와 내의 흐름, 만물의 나뉘고 섞임, 이 모두가 천지자연의 것이 아닌 게 없다. 옛날 태호씨는 나는 용을 이용했지만, 머리를 들어 우주의 형상을 살피고, 머리를 숙여 땅의 법칙을 관찰했으며, 주위로 조수초목과 사람들의 적절함을 관찰했으며, 그 형체를 본떠 그 흔적을 그려냈을 뿐이다. 이 때문에 문자의 첫 번째가 상형인데, 모든 글자의 근본이다.42)

오늘날의 요효수(姚孝遂)도 『허신과 설문해자(許愼與說文解字)』에서 아예 이렇게 말했다. "모든 고대 문자의 기본형체는 모두 객관사물의 도상이고, 이를 언어를 기록하는 부호로 삼는다."43) 이렇게 볼 때, 한자는 그림과 마찬가지로, 초기의 '문(文)'은 모두가 객관사물의 형상에 근거하여 구조를 만들었는데, 소위 '가까이로는 신체에서 가져오고, 멀리는 물상에서 가져왔다.(近取諸身, 遠取諸物)'라는 것이 바로 그 말이다.

고대인들의 눈에 '회화'와 '문자'는 평행의 관계였다. 그래서 그들은 근원[源]과 흐름[流]의 관계가 아니었다. 그러나 또 다른 하나의 공동의 근원을 갖고 있었다.

당나라 때의 장언원(張彦遠)은 『역대명화기(歷代名畫記)』 제1권에서 '그림의 원류에 대해 논하면서' 글과 그림의 동원 문제에 대해 비교적 일찍이 논의한 적이 있다. 그에 의하면, 글자를 창제할 당시, 서화는 동체여서 나누어지지 않았다. 서화의 구분은 목적의 차이에서 왔다. 문자의 기능은 의미 전달에 있고, 회화의 기능은 모습을 보이는데 있다. 주관(周官)에서 공경대부의 자제들을 육서로 이끌었다(教國子以六書)라고 했는데, 그 중의 상형은 바로 그림이다. 이로써 글과 그림이 명칭은 다

---

42) 六書未作, 六書之體散在天地; 六書既作, 天地之用具於六書. 大哉, 聖人之作書也! 其得天地之用乎! 觀夫日月列星之懸象, 雲回風雨之變態, 山川之流峙, 萬物之紛錯, 莫非天地自然之書. 自昔大暤飛龍之利, 不過仰觀天文, 俯察地理, 旁及鳥獸草木人物之宜, 效其形, 畫其跡而已. 故六書初一曰象形, 文字之本也.

43) 姚孝遂, 『許愼與『說文解字』』(北京: 中華書局, 1983), 24쪽.

르나 실체는 같은 것임을 알 수 있다.44)

장언원(張彦遠)은 또 안광록(顔光祿)의 말을 인용하여 이렇게 말했다. "도상(그림을 통한 표현)의 의미에는 세 가지가 있다. 하나는 도리(圖理) 인데, 괘상(卦象)이 대표적이다. 둘째는 도식(圖識)인데, 문자(文字)가 대표적이다. 셋째는 도형(圖形)인데, 회화(繪畫)가 대표적이다." 여기에서 말한 회화와 괘상이 문자와 나란히 나열되어 있는데, 다른 이름으로서 '그림을 통한 표현'에 속하지만, 객관사물에서 함께 근원했다.

송나라 때의 정초(鄭樵)는 더욱 명확하게 '글자와 그림이 한 데서 나왔다(書畫同源)'는 관점을 기술했다. 그의 『육서략(六書略)·상형 제1(象形 第一)』에서 이렇게 말했다.

> 글자[書]와 그림[畫]은 같은 데서 나왔다. 그림은 형체[形]를 취했지만 글자[書] 는 이미지[象]를 취했으며, 그림은 많은 것을 취했지만 글자는 적은 것을 취했 다. 무릇 상형(象形)이라는 것은 모두 그림으로 그릴 수 있는 것들이다. 그릴 수 없는 것은 글자도 없다. 그러나 글자는 궁하면 변화할 수 있는 법이다. 이 때문에 그림은 많은 것을 취했지만 항상 적다고 생각해야 하고, 글자는 적은 것을 취했지만 항상 많다고 생각되는 것이다. 육서라는 것도 모두 상형이 변화 한 것이다.45)

명나라 때의 조환광(趙宦光)은 『설문장전(說文長箋)·권수(卷首)하·자모 원(子母原)』에서도 유사한 언급을 하였다. "옛날에는 마음과 눈을 함께 사용했다. 그래서 글자와 그림이 분화하지 않았다. 중고시대에 들면서 이들이 둘로 나누어지기 시작했다. 즉 하도낙서(河圖洛書)는 글자[文]로 그림[圖]이 된 것이고, 각종 청동기 명문[尊雷鍾鼎]들은 그림[圖]으로 글

---

44) 원문은 이렇게 되어 있다. "按字學之部, 其體有六: 一古文, 二奇書, 三篆 書, 四佐書, 五繆篆, 六鳥書. 在幡信上書端像鳥頭者, 則畫之流也……又周 官教國子以六書, 其三曰象形, 則畫之意也. 是故知書畫異名而同體也." 張 彦遠, 『歷代名畫記』(秦仲文, 黃苗子點校, 北京: 人民美術出版社, 1963).

45) "書與畫同出, 畫取形, 書取象, 畫取多, 書取少. 凡象形者, 皆可畫也, 不可 畫則無其書矣. 然書窮能變, 故畫雖取多而得算常少, 書雖取少而得算常多. 六書也者, 皆象形之變也."

자[文]가 된 것들이다. 글자[文]가 불어나 글[書]이 되고, 그림[圖]이 자라나 그림[畫]이 되었다. 서(書)는 추상적인 일[事]을 말하고, 도(圖)는 구체적인 형상[形]을 말한다. 추상적인 일[事]과 구체적인 형상[形]이 흘러가면서, 마음과 눈이 분리되게 되었다."[46]

서화(書畫) 동원설은 문자가 그림에서 기원했다는 학설과는 다르다. 서화(書畫)가 한데서 나왔다는 것은 '서(書)'와 '화(畫)'가 평행적이라는 것이고, 그들은 모두 자연물상에 대한 묘사이지만, 목적과 기능에서 차이가 있을 뿐이다.

문자가 그림에서 기원하였다는 것은 먼저 그림이 있었고, 그 다음에 문자가 있었던 것을 의미한다. 그게 아니라면 그림으로부터 문자그림을 거친 다음에 문자가 발생했다는 것을 의미한다. 그러나 실제로 그림과 문자는 각기 자신만의 특징과 용도를 갖고 있다. 그들은 서로 영향을 주면서 함께 발전할 뿐 어떤 일방으로부터 어떤 일방으로 변할 수 있는 것은 아니다.

그래서 하단(何丹)은 이렇게 말했다. "일반 언어학의 원리로부터 출발한다면, 단순한 '그림'은 '문자'의 기본성립 조건을 만족시킬 방법이 없기 때문에 영원히 '문자'로 '변할' 수 없다. 게다가 지금까지 존재하는 모든 자료로도 '그림이면서 문자이다'라는 이론을 지지할 수 없다. 그래서 월버턴(William Warburton)이 제기한 '그림이면서 문자'라는 가설은 일종의 잘못된 문자기원 이론이다."[47]

물론 '한자가 그림에서 기원했다'고 할 때의 '그림'을 한자의 한 단계로 보고, 한자의 발원, 즉 최초의 기초한자가 '그림글자'이고, '그림글자'가 한 걸음 더 나아가 추상화되고 이것이 '상형자'(물론 그림글자와 상형자를 구분하지 않을 수도 있다)가 되었다고 한다면, 이는 성립 가능하다.[48] 또 혹자는 '그림'을 동사로 이해하여, 허신(許慎)의 소위 '그 물상을

---

46) "上古心目並用, 故書畫未分. 中古始判爲二: 河圖洛書, 以文成圖; 尊雷鍾鼎, 以圖成文. 文滋而書, 圖蔓爲畫; 書猶事也, 圖猶形也. 事形之說流, 而心目分矣."

47) 何丹, 「論'圖畫文字說'的原始版」, 『浙江大學學報』 第5期(2004); 『圖畫文字說與人類文字的起源－關於人類文字起源模式重構的研究』(北京: 中國社會科學出版社, 2003).

그려낸다(畫成其物)'라고 했을 때의 '그림[畫]'으로 이해하여, 한자는 실물 형체의 묘사를 통해 발생했다고 한다면 이는 성립 가능하다.[49] 그러나 '문자가 그림에서 기원했다'는 이론을 견지하는 학자들의 기본적 의미는 결코 이런 뜻이 아니라, '그림'을 회화작품이라 보았던 것이다. 필자가 동의하지 않는 점은 바로 이러한 부분이다.

안광록(顔光祿)의 견해에 따르면, 객관사물에서 기원한 '그림을 통한 표현'에는 세 가지의 의미가 있는데, 문자의 '도식(圖識)'이라는 뜻 외에도, '도리(圖理; 그림을 통한 이해)'와 '도형(圖形)'이라는 의미가 있다. '도형(圖形)'은 바로 통상적으로 말하는 물체를 모방한 예술성의 '그림'을 말하며, 이에는 '도안(圖案)'도 포함된다. '도리(圖理)'는 사물을 상징하는 표지성의 '도보(圖譜)'를 말하는데, 여기에는 '도표(圖標)'도 포함된다.

고대 중국에서 문자가 '도형(圖形)'('그림', '도안)에서 기원했다고 명확하게 주장한 이는 없었던 것 같다.[50] 그러나 한자가 '도리(圖理)'('도보',

---

48) 王鳳陽은 이렇게 생각했다. "圖畫文字는 문자의 기점이 되며, 언어를 기록한 문자의 모체가 되는데, 이는 세계 각종 문자의 공통된 기원이다." "우리는 문자의 역사에서 結繩이나 刻契 같은 기억 보조성의 기호들을 배척하고, 圖畫文字를 문자의 대가족에 편입시키기를, 또 이 가족의 시조로 삼기를 주장한다." 『漢字學』(長春: 吉林文史出版社, 1989), 59, 62쪽 참조. 이러한 관점은 圖畫文字를 한자의 '기원[源頭]'으로 보는 것이지, 한자가 그림[圖畫]으로부터 변해왔다는 주장은 아니다.

49) 周有光은 이렇게 생각했다. "문자가 圖畫에서 기원했다는 설은 비교적 믿을 만하다. 原始圖畫는 점점 발달하여 圖畫藝術과 文字技術로 분화하였다. 이것이 바로 '象形起源說'이다. 세계 각지에서 발견된 원시문자는 이러한 가설을 증명해 주고 있다." 『比較文字學初探』(北京: 語文出版社, 1998), 8쪽 참조. 여기서 '圖畫'를 '象形'과 동일시하였는데, 실제로는 구조방법에 주안점을 둔 견해이다. 그래서 이러한 원시적인 '圖畫' 방식은 '圖畫藝術'로 발전할 수 있으며, 발전하여 '文字技術'이 될 수도 있다.

50) 李孝定은 『中國文字的原始與演變』에서 이렇게 생각했다. "문자가 圖畫에서 기원했다는 것은 근대 언어문자 학자들이 공인하는 사실이다. 중국의 오래된 전설에도, 이러한 견해가 담겨 있다." 그는 河圖洛書 및 『世本』의 圖와 書를 함께 들면서 "이러한 기록은 문자가 圖畫에서 기원했다고 분명하게 말한 것은 아니지만, 이들을 함께 열거하였던 것은 아무 의미가 없는 것도 아니다.……圖와 書를 함께 열거하였다는 것은 사실 문자가 圖畫에서 기원하였다는 것을 암시하는 것이다."라고 했다 '함께 들었다'라는 말로 '기원'을 증명하였는데, 사실은 선입견이 많았다는 혐의가 있다. 『漢字的起源與演變論叢』(臺

'도표'에서 기원했다고는 주장한 적이 있다. '한자가 팔괘(八卦)에서 기원했다'라는 설이 이의 대표이다. 송나라 때의 주희(朱熹)는 『주역본의(周易本義)·도목(圖目)』에서 이렇게 말했다. "우역도(右易圖)에는 9가지가 있는데, 천지자연의 역(易)도 있고, 복희의 역(易)도 있고, 문왕과 주공의 역(易)도 있고, 공자의 역(易)도 있다. 복희씨 이전에는 문자가 없이 그림만 있었는데, 깊이 있게 감상하기에 가장 적합했다. 이는 주역의 본래 모습이 정미하였음을 보여준다."[51]

여기서 말한 '그림'은 『주역』의 팔괘 그림을 말하지, 예술 회화적 의미의 그림을 말하는 것이 아니다. 『주역·계사(繫辭)』를 비롯해 『설문해자·서(敘)』 등에서는 모두 복희(伏羲)가 팔괘를 만들었다고 했다. 게다가 '서계(書契)'(문자) 이전에 있었던 일종의 의사를 표현하는 의식적인 부호로 보았다. 송나라 이후, 사람들은 팔괘의 '괘 그림'을 문자의 형체와 대

北: 聯經出版事業公司, 1986), 97, 98쪽 참조.

또 『世本』에서 圖와 書를 함께 열거하였던 것에 대해서는 송나라 때 이미 오해가 있었던 것 같다. 韓拙은 『山水純全集·序』에서 이렇게 말했다. "무릇 그림이라는 것은 복희씨가 괘상을 그린 뒤로부터 시작되었으며, 이로써 천지의 덕과 통하고, 이로써 만물의 정서를 부류 짓게 되었다. 황제 때에 이르러, 사황과 창힐 등이 태어났다. 사황은 물고기나 거북이나 새 등의 모습을 형상했고, 창힐은 이를 문자로 만들었는데, 계속 전해지면서 조금씩 바뀌었고, 그리하여 그림과 서적이 생겨나게 되었다. 글자는 그림에서 근원했고, 그림은 글자보다 앞선다.……글자와 그림이 같은 몸통이지만 아직 분화하지 않았을 때였기에, 글자[文]를 보고 그 일을 서술할 수 있었지만 그 형상을 싣지는 못하였다. 글[書]이 있었으나 그 형체를 나타낼 수 없었고, 그림[畵]이 있었으나 그 말을 나타낼 수 없었다. 형체를 보존하는 것은 그림만한 게 없고, 말을 싣는 데는 글만한 게 없다. 글과 그림은 이름이 다를 뿐 사실은 같은 것이다.(夫畵者, 肇自伏羲氏畵卦象之後, 以通天地之德, 以類萬物之情. 嗣於黃帝時, 有史皇·蒼頡生焉. 史皇狀魚龍龜鳥之形, 蒼頡因而爲字, 相繼相更, 而圖畵典籍萌矣. 書本畵也, 畵先而書次之. 傳曰: "畵者成敎化, 助人倫, 窮神變, 測幽微, 與六籍同功, 四時並運. 發於天然, 非由述作. 書畵同體而未分, 故知文能敍其事, 不能載其狀. 有書無以見其形, 有畵不能見其言. 存形莫善於畵, 載言莫善於書, 書畵異名, 而一揆也.)" 이 글에서 서술의 모순을 보이는 것은 응당 화가들의 추측에 의한 것이지, 옛날 사람들과의 상식적인 견해와는 맞지 않는다고 해야만 할 것이다.

51) "右易之圖九. 有天地自然之易, 有伏羲之易, 有文王, 周公之易, 有孔子之易. 自伏羲以上, 皆無文字, 只有圖畵, 最宜深玩, 可見做易本原精微之意."

비하여 견강부회하기 시작하면서, 팔괘(어떤 사람은 64괘까지 확장하기도 했다)를 문자의 직접적인 기원으로 보았다.

예컨대, 송나라 때의 양성재(楊誠齋)는 『역전(易傳)』에서 "괘라는 것은 해당 개념의 이름이다. 그림은 괘가 아니며, 바로 복희씨가 만든 글자이다.(卦者, 其名. 畫者, 非卦, 乃伏羲初制之字.)"라고 했다. 또 정초(鄭樵)는 『통지(通志)·육서략(六書略)·제오(第五)』에서 이렇게 말했다.

> "가까이서 가져온 것도 있는데, 천(天, 天)은 ☰(건괘)에서 가져왔고, 지(地, 地, 혹은 坤)는 ☷(곤괘)에서 가져왔고, 수(水, 水)는 ☵(감괘)에서 가져왔고, 화(火, 火)는 ☲(리괘)에서 가져왔다. ……또 먼데서 가져온 것도 있는데, 산(山)은 ☶(간괘)에서 가져왔고, 뢰(雷)는 ☳(진괘)에서 가져왔고, 풍(風)은 ☴(손괘)에서 가져왔고, 택(澤)은 ☱(태괘)에서 가져왔다."(「인문성상도(因文成象圖)」절)[52]

동시에 또 이렇게 해설했다.

> "문자는 세로로 쓰기는 편하지만 가로로 쓰기는 불편한 법이다. 감(坎), 리(離), 곤(坤), 형(衡)괘가 그렇다. 이를 글자로 만들려면 반드시 세로로 바꾸어야 한다. 그래서 ☵은 세로로 세운 다음에야 수(水)가 되고, ☲은 세로로 세운 다음에야 화(火)가 되고, ☷은 세로로 세운 다음에야 천(地)이 될 수 있다."(「세로가 편함을 논함[論便從]」절).

팔괘 도보(圖譜)는 단지 상징 작용만 일으킬 뿐이다. 그 음효와 양효로 구성된 괘의 '형상(形)'은 그것이 상징하는 사물과 내재적 관련이 없으며, 한자의 '형체'와도 무관하다. 게다가 지금 볼 수 있는 비교적 이른 시기의 '괘상'은 숫자로 구성되어 있다. 이들은 갑골문, 금문, 포산(包山)

---

52) '有近取: 取天(天)於☰(乾體). 取地(地, 亦爲坤字)於☷(坤體). 取水(水)於☵(坎體). 取火(火)於☲(離體). ……有遠取: 取山於☶(艮體). 取雷於☳(震體). 取風於☴(巽體). 取澤於☱(兌體).

초나라 죽간 등에서도 실례를 찾아볼 수 있는데[53], 소위 음효와 양효로 구성된 '팔괘'는 응당 이러한 '숫자 괘'를 더욱 추상화하고 귀납한 결과일 것이다(자연수를 기수와 우수의 두 가지로 개괄하여 음과 양을 상징화했다).[54] 숫자로 조합된 '괘상'은 단연히 문자(적어도 숫자)가 발생한 이후의 것이다. 그래서 『한서·율력지(律曆志)』에서 "복희씨가 팔괘를 그린 이후로 숫자가 생겨났다"라고 했다. 이렇게 볼 때, 실제 상황은 '팔괘'가 한자(숫자)에서 기원한 것이지, 한자(숫자를 포함하여)가 '팔괘'에서 기원한 것은 아니다.

그렇다면 숫자에서 기원한 '팔괘'는 그 자체가 한자가 아닐까? 그것도 아니다. 왜냐하면 팔괘는 점복이라는 특수한 상황에서만 사용되었고, 점대라는 실물과 점복이라는 실제 행위와 연계될 때 비로소 의미를 가지기 때문이다.

그래서 '팔괘'는 점괘를 상징하는 '도리(圖理)(도보, 도표)'이지, 교제 기능을 가진 '도식(圖識)(문자)'이 아니다. 설사 팔괘의 구성과 기능을 보지 않고 팔괘의 형체만 본다하더라도 그것이 한자의 내원이 된다는 것을 증명하기는 어렵다. 왜냐하면 실제로 팔괘의 괘형은 '하늘[天]'과 '땅[地]' 등과 같은 한자의 형체와 전혀 관련이 없기 때문이다.

또 다른 논자들은 소전체를 가져와 음양효의 괘형과 비교하기도 하지만, '가까이서 가져온 것(近取)'은 '반드시 세로로 써야' 하고, '멀리서 가져온 것(遠取)'은 더더욱 기이한데, 무엇 하러 소전체보다 더 이른 자

---

53) 『甲骨文編』, 『金文編』, 『包山楚簡·字表』 등을 참조하라. 또 張政烺, 「試釋周初青銅器銘文中之易卦」, 『考古學報』 第4期(1980)를 참조. 張政烺은 이렇게 생각했다. "1979년 강소성 海安 青墩 유적지의 발굴에서, 骨角의 끝부분과 鹿角의 가지 부분에서 易卦처럼 보이는 8개의 새긴 문자, 즉 '三五三三六四'(艮하, 乾상, 遁괘), '六二三五三一'(兌하, 震상, 歸妹괘) 등과 같은 것이 출토되었다. 거기에서 사용된 숫자는 2, 3, 4였다. 이는 앞에서 든 32개의 고고 자료에서는 없는 것들로, 이는 이들의 원시성을 보여 준다. 이는 長江 하류의 신석기 시대 문화가 그 절대 연도가 어떻든 상관없이 易卦의 발전사에서 응당 초기 형식에 속함을 보여 주었고, 이에 근거해 易卦 기원지점에 관한 문제를 깊이 있게 논의할 수 있었다."

54) 樓宇烈은 八卦 중의 陽爻는 숫자 '一'에서 변해왔으며, 陰爻는 숫자 '八'(六)에서 변해 왔다고 하여, 이와 다른 견해를 보여 주었다. 상세한 것은 「易卦爻象原始」, 『北京大學學報』 第1期(1986) 참조.

형과 음양효보다 더 이른 숫자 괘를 비교한단 말인가? 예컨대 소전체에서 '수(水)'는 '감(坎)'괘의 효(爻)의 모습과 유일하게 비슷한 것이라 할 수 있는데, 이것도 갑골문에서는 '수(∬)'나 '수(∰)' 등으로 써, '감(坎)'괘의 형체와는 전혀 다르다. 다른 글자와 괘의 관계는 더 이상 말할 필요도 없을 것이다. 그래서 '팔괘의 괘 그림은 결코 문자의 내원 자료가 될 수 없으며'[55], 음양괘의 형체를 소전체의 자형과 비교하고 내원을 찾는 방법은 견강부회라 할 수 있으며, 믿을 수 없다.

이외에도 소위 '하도(河圖)'와 '낙서(洛書)'라는 것이 있는데, 전설의 함의가 다르기 때문에 한자의 기원과의 관계도 다르다. 만약 황하의 말[河馬]의 무늬와 낙수의 거북[洛龜]의 무늬를 한자 선형의 내원이라고 한다면, 그것은 자연물상의 일종이어서 원리상으로는 받아들일 수 있다.

또 황하와 낙수에서 나왔다는 것은 한자의 발원지에 대한 일종의 암시로 볼 수도 있다. 그러나 일반적으로 이렇게 보지는 않으며, 대체로 '하도'를 '팔괘'나 '도보'의 내원으로, '낙서'를 『홍범』 '구주(九疇)'의 내원으로 보고 있다. 예컨대 한나라 때의 반고(班固)는 『한서·오행지(五行志)』에서 이렇게 말하고 있다. "유흠은 이렇게 생각했다. 복희씨가 하늘의 뜻을 계승해서 왕이 되었는데, 하도를 받고서, 이를 그림으로 그렸는데, 그것이 팔괘이다.……우 임금은 황하의 물길을 다스렸는데, 낙서를 받고서, 이를 따라 배치했는데, 이것이 구주(九疇)이다."[56]

송나라 때의 정초(鄭樵)도 『통지(通志)·총서(總序)』에서 이렇게 말했다. "황하에서 그림이 나왔는데, 모두 자연의 모습이었고, 도보학(圖譜學)은 이로부터 시작되었다. 낙하에서 책이 나왔는데, 모두 자연의 글자였고, 이로부터 서적의 학문이 시작되었다. 그림은 경전이 되었고, 글자는 위서(緯書)가 되었다. 하나는 경전이 되고 하나는 위서가 되어, 서로 얽히고 섞이면서 문(文)이 되었다. 옛날의 학자들은 왼쪽에 그림을 오른쪽에 글을 두었으니, 하나라도 버려서는 아니 된다."[57]

---

55) 唐蘭, 『中國文字學』(上海: 上海古籍出版社, 1979), 57쪽.
56) "劉歆以爲伏羲氏繼天而王, 受河圖, 則而圖之, 八卦是也. ……禹治洪水, 賜洛書, 法而陳之, 九疇是也."
57) "河出圖, 有自然之象, 圖譜之學由此而興; 洛出書, 有自然之文, 書籍之學

앞에서도 말했듯이, '팔괘'는 '한자'와 무관하며, 설사 '하도'가 '팔괘'의 내원이라 해도, '하도'가 '한자'의 근원임을 증명해주지는 못한다. '구주(九疇)'와 '서적(書籍)'은 문헌에 속하지만, 문헌이 문자인 것은 아니며, '낙서(洛書)'가 설사 한자 문헌의 근원이라 할지라도 이것이 한자의 근원이 되지는 못한다. 후대에서 '하도(河圖)'와 '낙서(洛書)'가 점[點]과 동그라미[圈]와 선(線)이 조합하여 숫자와 대응관계를 가지는 철학적 내용을 가진 도보(圖譜)로 보기도 하지만, 이 역시 '팔괘'와 마찬가지로 특수한 숫자적 상징만을 가질 뿐, 한자의 기원과는 더더욱 관계가 없다.

결론적으로 말해서, '회화'류의 '도형'이나 '팔괘'와 '하도'와 '낙서'류의 '도리(圖理)' 등은 '도식(圖識)' 즉 '문자'와 마찬가지로 모두가 자연사물을 '그림을 통해 표현'한 결과이다. 이들 모두 필사와 묘사하여 만들어진 평면으로, 그 자체가 이미 고급적인 표의형식이지만, 단지 응용의 범위와 조건이 다를 뿐이다. 그래서 이러한 '도형'(그림), '도리(圖理)'(팔괘, 하도, 낙서) 등은 '한자'(圖識)와 관계가 있으면서도 차이를 보이는 동류라 할 수 있지만, 한자의 발원체[源體]로 볼 수는 없다.

왜냐하면 '발원체[源體]'는 필연적으로 성질이 다른 또 다른 사물이며, 한자의 발원체[源體]는 필연적으로 필사하고 그린 평면적인 것이기 때문이다. '그림', '팔괘', '하도', '낙서' 같은 것들이 선으로 그리고 속을 채운 평면적 실체로부터 형성되었을진대, 그것들은 흐름[流]에 해당하지 근원[源]은 아니다. 그것들은 문자와 형제관계이고, 어떤 것들은 심지어 거꾸로 된 부자관계(예컨대 문자가 아비이고 팔괘가 자식이다)이기도 하다. 그래서 그들은 각자 독립적인 것이며, 장기간 공존해 온 서로 다른 문화형식이다.

한자 '형체'의 내원이 사물의 형상이라고 한다면, 이 '객관사물'은 자연사물도 포함하고, 인간행위에 의한 사물도 포함된다. 자연사물은 인체, 동물, 식물, 무생물 및 볼 수 있는 다른 자연 환경 등과 같은 것들이고, 인간행위에 의한 사물은 도구, 기물, 건축, 의식 등과 같은 것을 일컫는

由此而出. 圖成經, 書成緯, 一經一緯, 錯綜而成文. 古之學者左圖右書, 不可偏廢." 원문에는 '有'자 앞에 '天地'라는 2자가 있으나 후인들이 잘 통하지 않는다고 하여 인용할 때 종종 삭제하였다.

다. 그 중 대부분의 사물은 명물자와 표지자가 형체와 의미를 취하는 근원이 되며, 비교적 쉽게 이해된다.

그리고 도구류에는 숫자의 기록, 사건 기록의 기능을 가진 산가지[籌策]와 결승(結繩; 새끼 매듭)과 결주(結珠; 구슬 매듭) 등 실물형상 등이 있는데, 이 역시 한자 형체와 의미의 내원이 되지만 약간의 설명이 필요하다. 산가지 하나하나, 결승 한 가닥 한 가닥, 산가지를 조합하고 결승을 짜고, 조개를 꿰어 묶는 등의 형식으로 형성된 실물형상을 그대로 그려내면, 서사된 선과 그림이 형성되어 원래 실물과 약정된 의미를 표현하게 되며, 그렇게 되면 수많은 문자의 초기 형태가 형성된다.

예컨대 '산가지[籌策]'는 원래 어디서나 쉽게 구할 수 있는 대나 나무의 가느다란 가지나 풀의 줄기를 사용했다. 중국 숫자에서 일(一)부터 팔(八)까지는 모두가 직선으로 구성되었는데, 일(一)부터 사(四)까지는 직선의 누적이고, 오(五)부터 팔(八)까지는 직선의 교차인데, 모두가 숫자를 기록하거나 숫자를 계산한 산가지의 형상으로부터 만들어진 것이다.[58]

다음으로, '결승(結繩)'설에 대해 살펴보자. 『주역·계사(繫辭)』와 『설문해자·서(敘)』에는 모두 상고시대에 일찍이 '결승으로 다스렸는데(結繩爲治)', 후대의 성인이 '이를 서계(즉 문자)로 바꾸었다(易之以書契)'라고 기록되어 있다. 그래서 어떤 사람은 한자가 결승에서 기원했다고 믿고 있다. 그러나 '결승'과 '서계'(문자)의 관계는 다음과 같은 두 가지 측면에서 이해할 수 있다고 생각한다.

하나는 '치사(治事)'에 관한 것, 다시 말해 기억을 도와 관리를 편리하게 하였다는 기능에 관한 부분이다. 정현(鄭玄)은 『주역』의 주(注)에서 "결승은 끈을 묶어서 사용하는데, 그 일이 크면 크게 묶고, 일이 작으면 작게 묶었다.(結繩爲約, 事大, 大結其繩; 事小, 小結其繩.)"라고 했다. 공영달(孔穎達)은 『주역정의(周易正義)』에서 『우정구가역(虞鄭九家易)』을 인용하여 이렇게 말했다. "옛날에는 문자가 없었다. 약속이나 서약을 해야 할 일이 있을 때에는, 일이 크면 많이 묶고 일이 작으면 적게 묶어, 매듭의 숫자에 따라 사물의 많고 적음을 헤아렸다. 서로 각자 그것을 갖

---

58) 葛英會, 「'數本抄㝵'疏證」, 『古漢字與華夏文明』(上海: 上海古籍出版社, 2010).

고 있다가 징표로 삼았으니, 서로를 다스리기에 충분했을 것이다."[59]

이는 결승이 일찍이 문자와 유사한 기능을 했다는 것이며, 이러한 결승 기사 현상은 후대 뿐 아니라 심지어 오늘날의 일부 낙후 민족이나 부락에서 여전히 존재하기 때문에 옛사람들이 '결승으로 다스렸다'는 주장은 허망한 말이 아니다. 그러나 결승은 실물의 제약을 받고, 부호 형태 간의 부분이 크지 않아, 언어 단위와 직접 대응이 불가하다. 그래서 복잡한 생각 등을 표현할 때에는 문자만큼 편리하지가 않다. 이 때문에 후대의 성인이 '서계'를 발명하여 그것을 대신했던 것이다. 그러나 기능의 대체가 형체와 의미의 연원이 된다는 것과 동일한 의미는 아니다. 예컨대 오늘날의 컴퓨터가 옛날의 주판이 가졌던 기능을 대체한 것이지만, 그 형체와 원리 사이에 연원관계가 존재하지 않는 것과 마찬가지이다.

다른 한 가지는, 결승으로 만들어진 실물 선조를 서사 각획의 부호 선조로 전화하여 이로부터 '서계'가 발생했다는 부분이다. 유사배(劉師培)는 『중국문학교과서(中國文學敎科書)』의 '자형 기원론'이라는 절에서 "자형은 복희씨의 괘 그림에서 나왔지만, 점차 신농씨의 결승에서 갖추어지게 되었다."라고 했다. "자형이 괘 그림에서 나왔다"라고 한 것은 잘못된 부분이다. 그러나 결승의 형상을 그려냈다는 것은 가능한 일이다. 예컨대 일부 학자가 이미 지적했던 것처럼, 상주 때의 금문에 보이는 '✚(十)', '∪(二十)', '⊎(三十)', '⊎⊎(四十)' 등은 "바로 매듭이 지어진 한 가닥, 혹은 여러 가닥의 줄이다"고 한 것이나, 또 고대의 '매(賣)'나 '잉(媵)' 등과 같은 글자들의 형체가 결승과 관련 있고, 그 의미도 교역이나 여자를 시집보낼 때의 혼수품의 수량 등과 관련되어 있다고 한다.[60]

사실, 숫자에서 일(一)부터 십(十)까지는 아마도 결승에서 이미지를 가져왔을 수도 있어, 반드시 산가지에서 왔다고만 한정할 수는 없다. 결승은 수량을 표시하는 외에도 각종 다양한 도형을 만들어 낼 수 있어 (이후의 '중국식 매듭[中國結]'처럼), 표현해 내는 함의도 비교적 구체적

---

59) "古者無文字, 其有約誓之事, 事大大結其繩, 事小小結其繩, 結之多少, 隨物眾寡; 各執以相考, 亦足以相治也."

60) 汪寧生, 「從原始記事到文字發明」, 『考古學報』 第1期(1981) 참조.

이고 제법 풍부하여, 문자 형체 구성의 이미지 채택에 일정하고도 직접적이며 커다란 영향을 주었을 것이다. 그래서 필자는 출토된 그런 몇몇 기하형의 상고시대 부호는 대부분 결승 실물부호의 전사이거나 모방일 것이라 생각한다.

　'계각(契刻)'의 경우, 일반적으로 이를 한자의 기원으로 본다. 그러나 필자는 '계각'의 함의에 근거하여 구별해서 사용해야만 한다고 생각한다. '계각'은 칼이나 단단한 기물로 대나 나무에 새기는 행위를 말하는데, 이는 평면적인 선을 생성하는 일종의 수단으로, 문자도 이렇게 할 수 있고, 그림도 이렇게 할 수 있으며, 모든 평면부호는 모두 이렇게 할 수 있다. 수단은 사물발생의 과정이지, 사물 그 자체의 내원은 아니다. 그래서 이런 의미에서는 계각이 한자의 '발원체[源體]'와는 무관하다. 마치 붓으로 쓰는 행위가 한자의 '발원체'와 무관한 것과 마찬가지인 것처럼 말이다.

　'계각'은 대나 나무에 새긴 것을 지칭할 수도 있고, 토기 등과 같은 장치에다 새긴 부호나 문서를 지칭할 수도 있다. 문서는 이미 문자의 조합이니, 당연히 더 이상 문자의 근원[源]은 아니다61). 그렇다면 부호는 어떠한가? 모든 부호는 계각에 의해 발생한 작품일 수 있다. 만약 이러한 작품이 이미 약정의 의미를 갖고 있다면, 그것 자체가 바로 문자적 성질을 지닌 것이 되어, 한자의 (부분적) '발원'으로 볼 수 있다.62) 그러

---

61) 『周禮·天官·小宰』에서 이렇게 말했다. "凡小事皆有聯, 以官府之八成經邦治.……六曰聽取予, 以書契." 鄭玄의 주석에서도 이렇게 말했다. "書契, 謂出予受入之凡要, 凡簿書之最目, 獄訟之要辭, 皆曰契. 『春秋傳』曰'王叔氏不能擧其契.'" 소위 '왕숙씨가 그 계를 들 수 없었다(王叔氏不能擧其契)'라는 말은 『左傳·襄公 10년』에 보인다. 즉 "王叔陳生與伯輿爭政.……晉侯使士匄平王室, 王叔與伯輿訟焉. 王叔之宰與伯輿之大夫瑕禽坐獄於王庭, 士匄聽之.……範宣子曰: '天子所右, 寡君亦右之. 所左, 亦左之.' 使王叔氏與伯輿合要, 王叔氏不能擧其契." 만약 '聽取予, 以書契'의 '書契'가 글자를 새긴 계약서를 말한다고 한다면, '왕숙씨가 그 계를 들 수 없었다(王叔氏不能擧其契)'라고 할 때의 '契'는 盟書와 같은 문서를 말한다고 할 수밖에 없으며, 이는 숫자를 새긴 계약서와는 무관하다.
62) 예컨대, 『魏書·帝紀·敍』에서 "문자로 하지 않으면 나무에 새기거나 매듭을 지어 계약을 삼았을 따름이다(不爲文字, 刻木紀契而已)."라고 했고, 또 『隋書·突厥傳』에서 "문자가 없어서 나무에 칼로 새겨 계약서로 삼았다(無

나 한자 이외의 '발원체[源體]'로 볼 수는 없다.

　예컨대, 상고시대 토기에 새겨진 부호들은 분명히 초기의 한자(발원) 이지만, 한자의 발원체는 아니다. 또 1950년대 초기, 중앙(中央) 위문단 (慰問團)에서는 리수족[傈僳族]의 정보전달 목각 작품을 전해 받은 바 있 다. 그것의 윗부분에는 4개의 부호가 새겨졌는데, 대략적인 의미는 "당 신네가 파견해 온 세 명이 대표와 둥근 달이 떴을 때 만났으며, 토산품 세 포대를 보내니, 상중하 세 분의 지도자들께 나누어 드리세요."라는 것이었다.[63] 이러한 부호는 평면적인 '형체[形]'와 구조적인 '의미[意]'를 갖고 있으며, 약정된 '의미'[義](用)를 전달할 수 있어, 엄격하게 언어와 대응하진 않는다 하더라도 이미 한자의 요소를 갖추고 있어, 원시 상태 의 한자로 볼 수 있다.

　'계각'은 이외에도 다른 특수한 의미를 갖고 있는데, 그것은 '치계약 (齒契約: 서계를 새긴 계약)'이라 불린다. 이것도 보통 한자의 내원으로 간주된다. 송나라 대동(戴侗)의 『육서고(六書故)·육서통석(六書通釋)』에서, 인류는 문자발생 전에 결승을 사용해 기록했으며, 결승 다음에는 사회 가 발전함에 따라, "다스리는 일도 더욱 번잡해졌고 그에 따라 교묘함도 더욱 생겨났다. 그래서 대나 나무에 새기는 것을 지식이 있는 사람이라 여기게 되었다. 오늘날 남방 이민족들의 경우 글자를 모르는 자가 많은 데, 간혹 이런 방법을 사용한다. 소위 '계'라는 것이다. '계'는 다양한 변 화를 꾀할 수가 없다. 그래서 물상의 형체와 사물의 상태에 근거해 획 으로 새겨 사물의 이름에 맞추었다. 이는 간독과 도필로 행했는데 소위 '서'라는 것이 그것이다."[64]라고 했다.

　여기서 말한 '계(契)'를 대나 나무에 새긴 선형 부호를 말한다면, 이

文字, 刻木爲契)."라고 했는데, 이러한 '契'가 숫자를 새겨 넣은 계약서가 아니라면, 분명히 내용이 든 부호로 실제로는 문자였을 것이다. 소위 '문자 가 없다(無文字)'라고 할 때의 '문자'는 유성언어를 기록하는 문자를 지칭 하는 것으로, 독음을 기록하지 않는 약정속성의 문자와는 다른 개념이다.

63) 汪寧生, 「從原始記事到文字發明」, 『考古學報』 第1期(1981).

64) "治益繁, 巧益生, 故有刻竹木以爲識者. 今蠻夷與俚俗不識文字者, 猶或用 之, 所謂契也. 契不足以盡變, 於是象物之形, 指事之狀而刻劃之, 以配事物 之名, 而簡牘刀筆興焉, 所謂書也."

는 앞서 말한 '계각' 부호와 차이가 없고, 뒤에서 말한 '서(書)'와 함께 모두 문자적 성질의 것에 속하여 서로 구별하기 힘들다. 기왕에 '서(書)'가 아니라 '계(契)'라고 지칭했다면, 이는 대나 나무의 가장자리에 홈을 파서 숫자를 기록한 일종의 실물 '계약'일 것이며65), '서(書)'는 상형이나 지

---

65) 톱니처럼 새긴 계약에 대한 고대 문헌의 기록은 여럿 보인다. 劉熙의 『釋名·釋書契』에서는 "계(契)는 새기다는 뜻이다. 그 숫자를 새겨 넣음을 말한다(刻也, 刻識其數也.)"라고 했는데, 여기서 말한 '刻'은 나무나 대나무 판자의 가장자리에 톱니처럼 새겨 넣어 숫자를 기록하는 것을 말한다. 또 『墨子·備城門』에서 "성을 지키는 방법은 다음과 같다. 반드시 성안의 나무를 세워서, 10명이라야 들 수 있는 나무는 10개를 새기고, 5명이라야 들 수 있는 나무는 5개를 새긴다. 경중에 따라 새긴 숫자가 사람의 숫자이다.(守城之法: 必數城中之木, 十人之所擧爲十挈(契), 五人之所擧爲五挈(契). 凡輕重以挈(契)爲人數.)" 孫詒讓은 『墨子閒詁』에서 이렇게 해설했다. "十挈(契)나 五挈(契)는 숫자를 기록하기 위하여 새겨 넣은 톱니의 숫자를 말한다." 숫자를 위해 새겨 넣은 톱니는 종종 증거가 되어, 계약의 기능을 하기도 한다. 통상 나무나 대나무 판자를 두 쪽으로 나누고, 두 쪽의 가장자리에다 동일한 모양의 홈을 새겨 넣고, 홈의 숫자를 가지고서 재물의 양을 표시한다. 쌍방이 각자 하나씩을 가졌다가 필요할 때 서로 검증한다. 『易林』에서 말한 "符는 왼쪽을 잡고 契는 오른쪽을 잡아, 서로 이빨처럼 맞아떨어져야 한다.(符左契右, 相與合齒.)"라는 말은 이를 두고 한 말이다. 『老子』는 "그러므로 성인은 증표 왼쪽을 잡고서 사람에게 채근하지 않는다.(是以聖人執左契而不責於人.)"라고 했다. 『禮記·曲禮』에서도 "곡식을 헌상하는 자는 증표의 오른쪽을 잡는다(獻粟者執右契.)"라고 했는데, '契'는 언제나 오른쪽과 왼쪽 두 쪽이었음을 알 수 있다. 『管子·輕重篇』에서는 "그대 대부들 중에서 五穀과 菽粟이 있는 자는, 함부로 매매를 해서는 안 된다. 관부에서 정한 공식 가격으로 수매할 것이며, 그와 함께 계약서의 눈금을 정한다.(子大夫有五穀菽粟者, 勿敢左右, 請以平賈取之子, 與之定其券契之齒.)"라고 했다. 또 『墨子·公孟篇』에서는 "墨子가 말했다……오늘날 사람들은 孔子가 詩書에 박식했고, 禮樂에도 밝았으며, 萬物에 해박했다. 그리하여 천자가 될 수도 있었다고도 하는데, 이는 사람들의 나이에 따라 그에 맞는 부를 가져다 줄 수 있기 때문이다.(子墨子曰: ……今子曰孔子博於詩書, 察於禮樂, 詳於萬物, 而曰可以爲天子, 是數人之齒, 而以爲富.)"라고 했다. 또 『列子·說符篇』에서도 이렇게 말했다. "어떤 宋나라 사람이 길을 가다 다른 사람이 흘린 契를 주웠는데, 돌아가 감추어 두고서는 몰래 그 눈금을 세어 보았다. 그러고는 이웃사람들에게 '내가 곧 부자가 될 것이다'라고 했다.(宋人有遊於道得人遺契者, 歸而藏之, 密數其齒, 告鄰人曰: '吾富可待矣')" 후대의 민속지에도 이러한 기록이 보인다. 예컨대, 諸匡鼎의 『瑤壯傳』에서 "나무에 홈을 새겨 눈금을 만들어, 다른 사람들과 교역

사 등과 같은 의미 구성 부호문자일 것이다.

'계(契)'를 '결승'과 '서(書)' 중간에 놓인 발전단계로 본다면, 이는 『주역·계사(繫辭)』(하)에서 말한 '옛날에는 결승으로 다스렸으나 이후의 성인께서 이를 서계로 바꾸었다.(上古結繩而治, 後世聖人易之以書契)'라고 했던 이 말에서 나온 오해일 가능성이 크다. 이러한 오해는 한나라 때의 정현(鄭玄)에서부터 시작되었다. 『수역』에서 말한 '서계로 바꾸었다(易之以書契)'라는 말은 본디 문자가 결승을 대체했다는 말이었다.

'서계(書契)'라는 말은 복합어로, 서사와 각획이라는 두 가지 방식으로 '문자'를 대신한 지칭이다. 그러나 정현(鄭玄)은 도리어 다음과 같이 주석했다. "서계는 나무에 쓰는 것을 말하고, 그 측면에다 칼로 새겨 증거로 삼는데, 쌍방이 하나씩을 가졌다가 이후 서로 맞추어 본다.(書契, 書之於木, 刻其側爲契, 各執其一. 後以相考合.)" 그런 즉 '서(書)'는 나무에 써진 문자를 말하고, '계(契)'는 나무 모서리에 홈을 내어 새긴 것을 말한다. 그러나 정현은 여전히 '서계(書契)'를 하나의 실체, 즉 문자와 홈을 새긴 계약으로 보고 있다.[66]

대동(戴侗)에게 이르러서는 아예 '서계(書契)'를 두 가지 실체, 즉 하나는 그림을 새긴 '서(書)'의 간독(簡牘)과 다른 하나는 홈을 새긴 '계약

을 하는데, 이를 打木格이라 한다.(刻木爲齒, 與人交易, 謂之打木格.)"라 했다. 또 方亨咸의 『苗俗紀聞』에서는 이렇게 말했다. "세속에서 문서 없이 교역하는 것을 보통 '貸交易'이라 하는데, 나무에 눈금을 새겨서 신표로 삼는데, 여태껏 이를 속인 사람이 없었다. 나무는 常木인데, 눈금을 하나 새기기도 하고 혹은 여럿 새기기도 하는데, 눈금의 多寡와 遠近이 다르며, 이를 둘로 나누고 각자 하나씩을 가진다. 계약된 기간이 되면 이들을 부정처럼 합쳐 맞추어 본다.(俗無文契, 凡稱貸交易, 刻木爲信, 未嘗有渝者. 木即常木, 或一刻, 或數刻, 以多寡遠近不同分爲二. 各執一. 如約時合之, 若符節也.)"

66) 비록 『周易』의 '書契'가 글자를 새긴 계약서를 말하는 것은 아니지만 '書契'라는 글자를 새긴 계약서가 고대 문헌에 의하면 확실히 존재했다. 예컨대, 『周禮·地官·質人』에서 "시장의 문건을 사고 팔 수 있는 서계(掌稽市之書契)"라고 했는데, 여기서 말한 '書契'는 글자도 있고 톱니처럼 홈도 새긴 契約을 말한다. 그래서 鄭玄도 "書契는 시장의 물건을 사고 팔 수 있는 문서를 말한다. 그 문서의 모습을 보면, 양쪽 면[劑]에는 글을 쓰고, 모서리 측면에는 눈금을 새겼다(書契, 取予市物之券也. 其券之象, 書兩劑, 刻其側.)"라고 주석을 달았는데, 옳은 풀이이다.

(契約)'의 둘로 나누었다. 그리하여 '결승' 이후에 '계(契)'를 사용했으며, '계(契)' 이후에 다시 '서(書)'를 사용했으며, '계약(契約)'을 홈을 파 새겼기 때문에 문자인 '서(書)'의 기원이 되었다고 했다. 그러나 '결승'의 가능은 계약에 한정되지 않지만, '계약'의 기능은 하나이다. 그런데 어떻게 이로써 결승을 대체한단 말인가? 대나 나무의 모서리에다 홈을 파는 것은 매우 단순하고, 기껏해야 개별 글자의 형상 이미지일 텐데, 어떻게 한자 형체와 의미의 주요한 내원이 될 수 있단 말인가? '서계(書契)'를 이렇게 이해한다면 『주역』의 원의에 부합하지 않는 것은 분명하다.

그래서 왕봉양(王鳳陽)은 이렇게 말했다. "결승, 계각······그리고 그림문자는 기록을 위해 진행했던 두 가지의 평행적인 탐색이었다.······그것들이 사용된 수단 간에는 계승과 발전의 관계가 존재하지 않는다.······바로 이 때문에, 우리는 일부 문자 학자들이 문자와 결승과 계각을 결혼시키는 것에 반대한다."[67]

그러나 이러한 주장은 먼저, 결승과 계각$_1$(齒約)은 실물부호이며, 계각$_2$(선형 작품)과 그림문자는 서사된 평면부호로, 그들은 성질상으로 다른 존재이다. 둘째, 결승을 문자의 '발원'으로 보는 것은 분명히 옳지 않다. 그러나 결승이 문자와 전혀 관계가 없는 것도 아니어서, 그것은 한자의 형체와 의미 채택의 '발원체[源體]'의 하나이다. 셋째, 계각$_3$(각획 행위)을 하나의 수단으로 본다면 그 결과는 아마도 그림일 것이며, 아마도 문자일 것이며, 아마도 문헌일 것이어서, 한자의 '발원체[源體]'가 될 수는 없다. 그러나 이로써 한자의 어떤 '발원'(예컨대 상고시대의 토기부호를 '계각'이라 부른다)이라 할 수는 있을 것이다. 그래서 왕봉양이 '결승'과 '각계(刻契)'를 같이 대우하여 "문자와 결승과 계각을 서로 결혼시키는 것"에 대해 일괄적으로 반대한 것은 다소 엄밀함을 잃었다고 할 수 있다.

이상을 종합하자면, 기원단계 기초한자의 '발원체'는 한자와 유사한 다른 평면 도형이나 부호가 아니라, 객관사물의 형상(형상과 동태적 형상의 조합을 포함)이다. 다시 말해, 한자 발원에 처한 '문(文)'은 모두 객

---

67) 王鳳陽, 『漢字學』(長春: 吉林文史出版社, 1989), 61쪽.

관사물에서 이미지를 가져온 상형자(그림문자 포함)이다. 즉 명물자(名物字)는 물체나 흔적의 모습을 형상하고, 숫자(數字)는 수량을 기록하는 실물부호의 형체를 형상하고, 표지자(標志字)는 실물표지나 토템 실물의 형체를 형상한다. 초기발생의 다른 글자들도 대부분 객관사물의 형상에 대한 모방이었다. 이후의 한자도 원래의 한자를 기초 구조로 삼았는데, 그것은 이미 발전과정의 원류의 문제이지, 기원의 범위에 속하는 것은 아니다.

4. 한자의 '발원방식[源式]'

그렇다면, 중국인들은 어떻게 객관사물의 '발원체[源體]'를 한자의 '본체(本體)'로 전화시켰던 것일까? 아니라면 한자를 창조할 때 가장 먼저 사용했던 방식이나 방법은 무엇이었을까? 이것이 바로 한자의 '발원방식[源式]' 문제이다.

『설문해자·서(敍)』에서 이렇게 말했다. "창힐이 처음 문자를 만들었을 때, 대체로 부류에 의거하여 형상을 본떴는데, 그래서 '문(文)'이라 불렀다. 이후 형체와 독음이 서로 더해지게 되었는데, 이를 '자(字)'라고 부른다. '문'은 물체의 근본적인 이미지라는 뜻이고, '자'는 자손이 불어나듯 늘어난다는 뜻이다."[68]

허신(許慎)의 관점에 의하면, 한자의 구조방식은 두 가지에 지나지 않으며, 두 단계로 나뉠 수 있다. '그 뒤'의 '형체와 독음이 서로 더해진(形聲相益)' 단계는 '원류(源流)' 과정에 속하는데, 여기서는 잠시 논의를 미루어 놓는다. 가장 '처음'의 기원단계에서는, 물상의 이름을 표시하든, 아니면 수량과 이름을 위해 창조한 '문(文)'이든, 모두 '부류에 의거하여 형체를 본뜨는(依類象形)' 방식, 즉 선조와 실물 형식을 통해 직접 '해당 사물을 그려냈는데(畫成其物)', 때로는 간략하게 잘라내기도, 또 조합하기도 하여, 객관적인 대상의 감지 가능한 형체를 생동적으로 표현했으

---

68) "倉頡之初作書, 蓋依類象形, 故謂之文. 其後形聲相益, 即謂之字. 文者, 物象之本; 字者, 言孶乳而浸多也."

며, 이로부터 실제 함의를 가진 이미지 형 한자를 만들어냈다.

'상형'의 방법을 사용해 한자를 창조한 것은 '묘사'의 방법을 사용해 그림을 창작해 낸 것과 사실은 같은 것으로, 모두가 '그 물상을 그림으로 그려낸 것(畫成其物)'(잘라서 조합한 것도 포함함)에 해당한다. 그래서 '그림으로 그려낸[畫成]' 결과는 아마도 '글자[書]'가 될 수도 있고, '그림[畫]'이 될 수도 있는데, 형식적으로는 종종 구분이 어렵고, 이럴 때에는 통칭하여 '그림을 통한 표현'이라고 할 수 있다.

그러나 이론적으로 그들은 구분할 수 있다. 즉 "그림은 형체를 가져온 것이고, 글자는 이미지를 가져온 것이다. 그림은 많은 것을 가져왔고, 글자는 적은 것을 가져왔다. 무릇 상형이라는 것은 모두가 그림으로 그릴 수 있는 것이다. 그림으로 그릴 수 없으면 글자도 존재할 수 없다. 그러나 궁하면 변할 수 있는 법, 그래서 그림이 많이 가져온 것이나 항상 적다고 생각하고, 글자는 적게 가져온 것이나 항상 많다고 생각하는 것이다."[69]

그래서 '상형자'는 문자 그림에 가깝다. 그러나 그것은 그림은 아니다. 왜냐하면 '형상[象]'이 어떤 이미지를 가져왔고, 형체도 그대로 그릴 수 있는 것도 아니기 때문이다. 일(日)의 경우, 눈으로 태양[日]을 볼 때, 보이는 것은 둥근 모양의 붉은 빛 뿐이다. 그러나 일(日)자는 중간에 한 획이 들어 있다. 이 획은 붉은 동그라미 속이 가득 찼음을 표시한다.

그래서 『설문해자』에서도 "일(日)은 실(實)과 같아 가득 차다는 뜻이다."라고 했다. 월(月)에는 중간에 두 획이 들었는데, 이는 가득 차서 둥근 달이 아니라 이지러진 달을 그린 것이다. 어떤 연유로 가득 찬 둥근 달을 그리지 않고 이지러진 달을 그렸던 것일까? 『설문해자』에서는 이렇게 말했다. "월(月)은 결(缺)과 같아서 이지러지다는 뜻이다." 여기서 말한 실(實)과 결(缺)은 바로 두 가지의 관념으로, 해와 달에 대한 사람들의 체험이다. 가득 찬 해를 볼 때 힘이 느껴지고, 이지러진 달을 볼 때 변화를 느낀다. 그래서 상형이라는 것은 그 형체를 그대로 그린 것

---

69) "畫取形, 書取象, 畫取多, 書取少. 凡象形者, 皆可畫也, 不可畫則無其書矣. 然書窮能變, 故畫雖取多而得算常少, 書雖取少而得算常多." [宋]鄭樵, 『六書略·象形第一』.

이 아니라 그 의미를 그린 것이다.[70]

이렇게 볼 때 '상형'의 조자 방법은 '정신적 유사함[神似]'에 중점이 놓였지 '형식적 유사함[形似]'에 중점이 있는 것은 아니며, 그 목적은 의미를 표현하는데 있지 사물을 재현하는데 있는 것이 아니다. 그래서 '상형' 부호가 상형한 형체는 선택을 통한 것이고, 특징과 윤곽이라는 성질을 갖춘 것이다. 표현하고자 한 의미도 정련을 통한 것으로, 개념과 유별이라는 성질을 갖고 있다. 다시 말해, '상형' 방식에 의해 만들어진 '문(文)'은 일종의 장면의 제한이 없는 부호로, 그것은 어떤 추상적 의미를 대표하며, 정보 전달을 주요 목적으로 한다.

그래서 이는 문자의 범주에 속한다. 그러나 '그림'은 일종의 도상으로, 그것은 특정한 실물과 배경에 한정되며, 단지 구체적 사물의 재현에 불과하며, 사실적 감상을 주요 목적으로 하고 있다. 그래서 예술적 범주에 속한다.

그래서 왕봉양(王鳳陽)도 이렇게 말했다. "그림문자와 그림의 차이는 그림이 사물을 그려내는 것을 목적으로 하는 반면, ……그림문자는 사물을 묘사 수단으로 하여 기억을 전달하는 것을 목적으로 한다."[71] 여기서 말한 '그림문자'는 넓은 의미의 '상형'문자에 속한다. 그림은 당연히 일을 기록하고 의미를 전달할 수도 있고, 또 '기억 전달을 보조할' 수도 있는 것이다. 그러나 그림 속의 한 마리 호랑이는 단지 구체적으로 존재하는 호랑이에 지나지 않는다(쪼그리고 앉았거나 누웠거나 뛰어오르는 호랑이). 그 형태는 사실적일수록 더 좋다. 그러나 문자부호로서의 호랑이는 그 그림이 추상적이어서, 그것이 어떤 호랑이를 대표한다 해도, 어떤 호랑이를 그대로 닮은 것도 아니다. 그래서 허신(許慎)도 최초의 글자는 '부류에 의거해서 모습을 본뜬다(依類象形)'라고 했는데, 상형이 근거한 것은 사물의 '부류[類]'이지, 특정한 개체의 '사물' 그 자체는 아니다.

진몽가(陳夢家)는 1943년 쓴 『중국문자학』에서 문자와 그림의 차이에 대해 상당히 체계적으로 논술했는데, 이를 인용하여 참고하고자 한다.

---

70) 龔鵬程, 「華文的特色與價值」(http://www.fgu.edu.tw/~wclrc/drafts/Taiwan/gong/gong-02.htm).

71) 王鳳陽, 『漢字學』(長春: 吉林文史出版社, 1989), 57쪽.

글자[書]와 그림[畵]은 방법과 도구가 비슷할 뿐(완전히 같은 것도 아니다), 그들의 동기와 작용과 목적은 전혀 다르다. 고대 기물에다 말 한 마리를 그렸다고 하자. 최초의 목적이 미관을 위한 것이었다고 한다면, 이 말은 그림이지 문자가 아니다. 만약 그림을 그린 사람 자신이 '마(馬)'족(族)에 속했다면 기물 상에 자신의 족명(族名)을 그려 식별용으로 사용하였을 것이고, 다른 사람들이 이 기물의 소유자가 '마(馬)'족의 것임을 알게 하는데 쓰였을 것이다. 이때의 '말[馬]'은 바로 문자이다. 왜냐하면 그것이 문자의 기능을 갖추었기 때문이다. 그래서 글자[書]와 그림[畵]은 다음과 같은 차이를 가진다.

첫째, 그림은 그림을 그린 사람이 눈에 보이는 물체의 형상을 그려낸 것인데, 그 동기는 순수한 예술적인 것에 있고, 그 목적은 자신의 감상을 만족시키거나 아니면 다른 사람과 함께 감상하는데 있었을 것이다. 이에 반해 글자는 글자를 쓴 사람이 자신이 본 물체의 형상을 도구로 삼아, 어떤 시점의 마음속의 사상이나 감정을 기록한 것이고, 그 목적은 이후 잊어버리는 것을 막고자 한 것이거나 다른 사람이 자신의 생각을 알아보게 하기 위함일 것이다. 둘째, 글자를 쓴 사람의 목적이 의미를 전달하는데 있었기 때문에 사용한 '문자'는 물체의 '상형'이지 물체의 '도상'은 아니며, 그것이 상형했던 것은 물체의 대략적인 공통된 형상이었다. 예컨대, 대부분의 개[犬]는 몸체가 가늘고 길며 꼬리는 위로 치켜든 모습을 했으며, 돼지[豕]는 살지고 짧은 몸통에 꼬리는 아래로 처졌다. 그래서 갑골문에서 '견(犬)'(𤝇 𤟰)과 '시(豕)'(𤘽 𤘿)를 각각 이렇게 그려 사람들로 하여금 분별하도록 하였던 것이다. 문자는 물체의 대략적인 공통된 형상으로, 개별적인 구체성을 그린 그림과는 다르다. 그림이라면 각각의 개나 돼지마다 그리는 방법이 모두 다를 수밖에 없다. 셋째, 문자는 어떤 한 민족이 사상 감정을 표현하는 공통적 매개로, 공통으로 사용하는 서사와 인식의 부호이다. 그래서 구조는 간략해야만 하고 비교적 일치되어야만 하며, 각 개별 글자가 하나의 개별 단위가 되어야만 한다. 그러나 그림은 이러한 구속을 받지 않는다. 넷째, 문자는 반드시 언어와 밀접하게 결합해야만 하며, 문자의 독음은 말과 일치해야 하며, 문법은 화법과 병행되어야만 한다. 그러나 그림은 말과 무관하다.72)

---

72) 陳夢家, 『中國文字學』(北京: 中華書局, 2006), 254~255쪽.

이상에서 네 번째가 문헌문자에 한정하여 부합하는 것을 제외하면 나머지 세 가지는 기본적으로 찬동할 만하다.

결론적으로, '상형'의 창조 방식은 한자의 '발원방식[源式]'이며, 동시에 최초의 방식이다. 상형의 결과는 비록 그림과 같은 형식이지만, 상형문자는 목적으로나 기능 및 가치 지향석으로 그림과는 본질적인 차이가 있으며, 이후의 발전 방향도 다르다. 그래서 절대 하나로 합하여 논의해서는 안 된다. 또 어떤 상형자가 그림과 같은 형체라고 해서 문자가 그림에서 근원했다고 해서는 더더욱 안 된다.

'상형'은 동일한 '발원체[源體]'에 대한 형체의 선택도 다를 수 있다. 예컨대, 같은 '거북[龜]'의 형상이라도, 어떤 것은 정면에서 본 것일 수도, 어떤 것은 측면에서 본 모습일 수도, 어떤 경우는 내려다 본 모습일 수도, 어떤 것은 완전한 모습일 수도, 어떤 경우는 생략된 모습일 수도 있지만, 그 기능은 모두 같다. 이미 형성된 형체도 변화 가능하다. 소위 '서체도 궁하면 변하기 마련이다(書窮能變)'라는 말은 형상 선택의 변화를 말하기도 하고, 의미 표현의 변화를 말하기도 하며, 또 이미 형성된 형체의 변화를 말하기도 한다. 그래서 청나라 말의 손이양(孫詒讓)은 이렇게 말한 적이 있다.

> 대체로 문자는 도상에서 시작되었다.[73] 그 최초의 형식은 오늘날 전해지는 바빌론이나 이집트 석각문자와 같아, 해당 물상을 완전히 회화처럼 그림으로 그렸을 것인데, 이것이 원시 상형자이다. 그러나 그 기이한 모습들은 서사하기에 불편했고 또 하나하나 모두 같도록 그릴 수도 없는 법이다. 그래서 생략하고 간단하게 그리거나, 혹은 형식을 고쳐서 정신만 남겨 간단한 윤곽만 남기거나, 혹은 번잡한 것을 없애고 간단하게 하여 대의만 그려내거나, 혹은 일부만 들어서 전체를 나타내되 규격화하기도 했는데, 이것이 생변(省變) 상형자이다. (이외에도 간단한 원시 상형자가 이후 형체가 더해져 복잡해진 경우도 있지만, 많

---

73) 여기서 말하는 '圖象'은 실제로는 '원시 상형자'를 지칭한다. 그래서 소위 '本於圖象'이라는 말은 한자가 圖象字(원시 상형자)를 '源頭'로 삼음을 말하는 것이지, '圖象'이 한자의 '源體'라는 말은 아니다.

지는 않다.) 마지막으로 이들을 정형화함으로써 전서체가 만들어졌는데, 이 이후로는 문자가 그림과 완전히 달라졌다.[74]

이렇게 볼 때, 동일한 상형자의 형체라도 정면과 측면이 있고, 전체적인 것과 생략된 모습이 있고, 복잡한 것과 간단한 형식이 있으며, 형체 선택의 차이와 변형의 결과로 상형 이체자(異體字)가 발생했음을 알 수 있다.

'상형'이 형상한 물체는 개별 물체에 한정될 필요는 없다. '의미' 표현의 필요에 따라 언급된 사물의 '발원체[源體]'는 연결될 수도 있고(예컨대 '厬'), 중첩될 수도 있으며(예컨대 '垚'), 돌출시킬 수도 있으며(예컨대 '朶'), 조합할 수도 있다(예컨대 '舌'). 허신(許愼)이 『설문해자·서(敍)』에서 '부류에 따라 상형한(依類象形)' 것을 '문(文)'이라 하고, '형체와 독음이 서로 더해진(形聲相益)' 것을 '자(字)'라고 불렀는데, 이는 조자방식의 차이에 따른 구분이지 형체 구조의 유형을 지칭한 것은 아니라고 생각한다. 조자방식은 형체를 그려내는 방식이며, 구조 유형은 구성성분의 기능적 관계에 관한 것으로, 이 둘의 시각은 서로 다르다.

독체(獨體)와 합체(合體)는 구조의 문제에 속하지만, '부류에 따라 상형한(依類象形)' 것과 '형체와 독음이 서로 더해진(形聲相益)' 것은 조자의 문제에 속해, 이들 간에는 엄밀한 대응관계가 존재하지 않는다. 그래서 전통적으로 말해지는 '독체자가 문(文)이고, 합체자가 자(字)'라는 견해는 다시 논의해 볼 필요가 있다. 왜냐하면 사실상 '부류에 따라 상형한(依類象形)' '문(文)'은 모두가 '독체(獨體)'에 한정되는 것도 아니기 때문이다.

'상형'이 표현하는 의미도 구체적 물상에 한정되는 것도 아니다. 송나라 때의 정초(鄭樵)는 이렇게 말했다.

---

74) "蓋書契權輿本於圖象, 其初制必如今所傳巴比倫, 埃及古石刻文, 畫成其物, 全如繪畫, 此原始象形字也. 其所奇詭, 不便書寫, 又不能斠若畫一. 於是省易之, 或改文就質, 微具匡郭, 或刪繁成簡, 軯寫大意, 或擧偏賅全, 略規一體, 此省變象形字也. (亦有原始象形字簡而後增益之者, 然不多見.) 最後整齊之, 以就篆引之體, 而後文字之與繪畫其界乃截然別異." [淸]孫詒讓, 『名原·象形文字第三』.

"상형의 종류에는 10가지가 있는데, 천물(天物)의 상형, 산천(山川)의 상형, 정읍(井邑)의 상형, 초목(草木)의 상형, 인물(人物)의 상형, 조수(鳥獸)의 상형, 충어(蟲魚)의 상형, 귀물(鬼物)의 상형, 기용(器用)의 상형, 복식(服飾)의 상형 등이 그것인데, 이들은 상형(象形)이다. 상형에서 확대된 부류도 있는데, 모양의 상형[象貌], 숫자의 상형[象數], 방위의 상형[象位], 기운의 상형[象氣], 소리의 상형[象聲], 귀속의 상형[象屬] 등이 그것인데, 이들은 육상(六象)이며, 상형(象形)과 함께 생겨났으며, 상형(象形)으로 통칭할 수 있다."75)

정초(鄭樵)가 말한 '기운의 상형[象氣]'(어기 표현), '소리의 상형[象聲]'(의성의 표현), '귀속의 상형[象屬]'(간지 등의 귀속 표시) 등은 이후에 생겨난 것이므로 여기서는 잠시 논의를 보류해 둔다. 나머지 '모양의 상형[象貌]'은 상형의 방법으로 사물의 성질이나 동태를 나타내는 글자를 만든 것을 말하는데, 형용사('大(🕴)' 등), 동사('走(🕴)' 등)를 말한다. 또 '숫자의 상형[象數]'은 상형의 방법으로 수량 표시 글자를 만들어 낸 것을 말하는데, 숫자('十(✦)' 등)를 말한다. '방위의 상형[象位]'은 상형의 방법으로 방위 표시 글자를 만들어 낸 것을 말하는데, 방위사('又(🕱)' 등)가 이에 속한다.

필자는 여기에다 '시간의 상형[象時]', 즉 상형의 방법으로 시간 표시어를 만들어 낸 것, 즉 시간사('단(🕴)' 등)를 추가하고자 한다. 이러한 의미는 실제 교제에서 매우 중요한 것들이기에, 초기 단계에서 이들 글자가 만들어졌을 것이다. 이들의 의미는 다소 추상적이지만, 최초에 그것들이 사용했던 방법은 여전히 모두 '상형'이었다. 이렇게 볼 때 '상형'은 한자를 창제할 때 가장 먼저 사용했던 방식이며, 나머지 다른 구체적 구조방법들은 모두가 '상형'의 기초위에서 발전해 온 것이다. 그래서 정초(鄭樵)도 "육서라는 것은 모두가 상형의 변이체들이다.(六書也者, 皆象

---

75) "象形之別有十種: 有天物之形, 有山川之形, 有井邑之形, 有草木之形, 有人物之形, 有鳥獸之形, 有蟲魚之形, 有鬼物之形, 有器用之形, 有服飾之形, 是象形也. 推象形之類, 則有象貌, 象數, 象位, 象氣, 象聲, 象屬, 是六象也, 與象形並生, 而統以象形." [宋]鄭樵, 『六書略·六書序』.

形之變也.)"라고 했던 것이다.76)

　상형의 '발원체[源體]' 때문에, 상형 '부호'와 부호의 '의미'가 모두 구상적인 것과 추상적인 것의 차이를 갖게 되었고, 그래서 혹자는 한자의 창조방식에 '상형'과 '지사(指事)'의 두 가지 '근원[源]'이 있다고 여겼으며, 이로부터 한자 기원의 '이원론'을 제시하기도 했다. 예컨대, 당란(唐蘭)은 이렇게 말했다. "최초의 문자는 서계(書契)이다. 글자[書]는 그림으로부터 온 것이고, 계각[契]은 기호로부터 온 것이다. 그러나 오로지 기호만 있거나 그림만 있어서는, 둘 다 아직 문자가 아니다. 문자의 발생은 통일된 말이 있고 나서부터이다."77) "글자[書]는 그림으로부터 온 것이다"라는 말은 '상형' 방법을 말한 것이고, "계각[契]은 기호로부터 온 것이다"라는 말은 '지사' 방법을 말한 것이다. 필자는 앞에서 '서계'는 두 가지 서사 방식으로 모든 문자를 대신 지칭한 것이고, 그래서 계각을 문자 발전의 두 단계 혹은 두 가지 문자로 보는 것은 모두 잘못된 견해라 밝힌 것이 있다. 그래서 '글자[書]'와 '계각[契]'의 차이로 한자에 두 가지의 다른 내원이 있었다고 주장하는 것도 성립하기 어렵다고 본다.

　곽말약(郭沫若)의 '이원론'은 더욱 명확하게 설명하고 있다. "중국문자의 기원은 응당 지사와 상형의 두 가지 체계에 귀속시켜야 할 것이며, 지사체계가 상형체계의 앞에 놓여야만 할 것이다."78) 사실 '지사'는 형체 부호의 기능을 두고 한 말이며, 초기의 기초한자는 '물상의 형체를 본뜬 것'(여기서의 '상형'도 기능을 두고 한 말이다)도 있고, '사물의 개념을 지칭한 것'도 있다. 그러나 어떻게 '사물의 개념을 지칭'할 것인가? 형체 구성의 방법을 갖고 말하자면, '상형'(여기서의 '상형'은 '그 물상을 그대로 그려냈다(畫成其物)'고 할 때의 창조 방식을 말한다)의 수단을 통해 '지사'의 목적을 달성한다고 할 것이다. 만약 초기 한자의 구성성분이나 자부(字符)가 '상형'과 '지사'의 두 가지 기능을 가진다고 해도 이는 가능한 일이다. 창조방식이나 구조방법을 실현한다면, '지사'는 '상형'과 병렬되기는 어려울 것이며, 보조적 기능이 주된 기능일 것이다. 사람들은 종

---

76) [宋]鄭樵, 『六書略·象形第一』.
77) 唐蘭, 『中國文字學』(上海: 上海古籍出版社, 1979), 63쪽.
78) 郭沫若, 「古代文字之辯證的發展」, 『考古學報』 第1期(1972).

종 '결승', '계각', '토기부호' 등을 '지사'법의 예증으로 들곤 하지만, 사실은 잘못된 일이다. 결승은 실물 부호가 아니고, 계각은 서사수단이며, 토기부호는 각획으로 완성된 작품으로, 이들은 모두 구조 창조 방식이 아닌데다, 모두가 '지사'인 것도 아니다.

그래서 필자는 왕봉양(王鳳陽)의 입장, 즉 "우리는 한자기원의 일원론, 즉 한자도 포함된 분자가 모두 그림에서부터 기원했다"79)라는 견해에 동의한다. 여기서 말한 "한자가 그림에서 기원했다"라는 말의 의미는 사실 한자가 그림문자를 발원으로 삼으며, 후기의 한자는 모두 그림문자로부터 발전해왔다는 말이다. 그림문자는 그림과 다른 개념으로, 그것은 넓은 의미의 상형문자에 속하는데, 혹자는 이 '그림'을 '그 물상을 그대로 그려내다(畫成其物)'의 동사 의미로 사용하기도 하는데, 그렇게 되면 '상형'도 마찬가지의 것이 된다. 그래서 '상형' 방식은 한자를 창조한 가장 원시적인 방식이다.

추상적인 '지사'부호는 비록 '상형'의 방법으로 창조되었지만, '상형'에 의한 조자가 모든 '지사'의 요구를 해결할 수 있는 것은 아니었다. 왜냐하면 일부 '일[事]'은 확실히 '형상할' '형체'가 존재하지 않기 때문이다. 한자를 창조하면서 형상할 방법이 없는 '일[事]'을 만나 '그려 내야할[指]' 일이 생긴다면, 어떤 방법을 사용해야 할 것인가? 형상할 형체가 존재하지 않는다면, 인위적으로 몇몇 표지나 표기를 규정할 수밖에 없는데, 이러한 방법을 '정표(定標)'라 부를 수 있다. 인위적으로 규정한 표지나 표기는 '발원체[源體]'가 존재하지 않고, 단지 인류가 마음대로 획을 새긴 선과 실체적 덩어리('源素')를 이용할 수밖에 없다.

어떤 사물을 독립적으로 표시할 수 있는 것을 '표지'라 부를 수 있고, 어떤 사물에 더러 붙어 어떤 의도를 부각시키는 것을 '표기'라 부를 수 있다. '정표(定標)'의 방법은 보조적인 것으로, 종종 상형부호의 기초 위에서 표지나 표기를 더하게 된다. 예컨대, '인(刃)'에 더해진 점이나, '본(本)'의 아래쪽에 더해진 가로획, '중(中)'의 가운데 더해진 동그라미 등은 모두가 인위적으로 규정된 표기이며, 이들은 반드시 상형 구성성

---

79) 王鳳陽, 『漢字學』(長春: 吉林文史出版社, 1989).

분인 '도(刀)'와 '목(木)'과 '곤(丨)'(깃대)에 부가되어야만 기능을 발휘할 수 있다. 순전히 표지와 표기로 구성된 한자는 매우 드물다.

예컨대, '일(一)'은 수량의 하나를 표시하는 하나의 표지일 수 있지만, 여전히 결승이나 산가지로부터 온 상형 의미를 갖고 있다. 또 'ㄷ(囗)'이나 'O'은 네모나 둥근 모습을 대표하는 표지이지만, 이들 형체는 실제 네모나 원형의 물체를 추상적으로 형상한 것이다. '상(上, ⌒⌒)'이나 '하(下, ⌒⌒)'의 기능도 방위를 표시하는 것이지만, 이들은 '참조물'로 삼는 하나의 표지(긴 획)와 지시성의 표기(짧은 획)가 합성한 것으로, 그 중의 참조물도 어떤 표면을 가진 실체를 대표한다.

이렇게 볼 때 표기는 독립적으로 글자를 구성할 수 없으며, 표지라도 대부분 상형의 맛을 갖고 있어, 상징성 부호에 속함을 알 수 있다. 상고시대의 토기에 새겨진 선형 부호는 그 복잡성에 관계없이, 상형부호에 부가된 표기를 제외하면, 대부분이 어떤 실물이나 실물부호의 상징성 표지인데, 상징성 표지는 좀 느슨하게 본다면 상형에 귀속시켜도 안 될 것은 없다. 그래서 '정표(定標)'법의 운용은 통상 '상형'법과 결합해서 진행된다. 설사 순수하게 '정표'법에 의해 만들어진 글자라 하더라도, '상형'법의 광범위한 운용과 사람들이 추상부호가 어떤 의미를 대표하고 구분할 수 있다는 이치를 알게 된 이후에 일어난 일이다. '상형'에 부가된 '정표(定標)'든, 아니면 독립 가능한 '정표'든, 이러한 형체 구성 방법의 운용은 극히 드물다. 그래서 설사 '정표'를 한자구조 방식의 한 가지 '근원[源]'으로 본다하더라도, '상형' 글자 구성법과 구별하기는 근본적으로 어렵다.

결론적으로, '정표(定標)'법은 한자형체(특히 구성성분)를 발생시키는 한 가지 방법이지만, 독립된 주요한 방법은 아니다. 그래서 필자는 이를 '부류에 의거해 형체를 본뜬(依類象形)' 조자 단계의 부가적인 것의 하나로 본다. 그래서 한자 창조의 근원 형식은 단지 '상형'이라고만 지칭하며 여기에다 '정표(定標)'를 포함하고자 한다.

제4절 한자의 '원류'

한자발생의 '발원'으로부터 한자체계 형성의 '주류'에 이르기까지, 이러한 과정 전체를 한자의 '원류'라 부르기로 한다.

먼저, 물줄기의 다양한 근원과 흐름을 통해 필자는 한자 구성원의 발생과 발전이 다원적이며, 한자 형성의 주된 흐름 과정에서 수많은 다른 민족의 문자부호를 융합하였다고 생각한다. 예컨대, 혹자는 가호(賈湖) 문화유적지에서 발견된 부호가 이족문자[彝文]이거나 그와 관련되어 있다고 생각하기도 하며[80], 쌍돈(雙墩) 문화유적지의 문자부호는 회이족(淮夷族)이 창조한 것이라고 여기기도 하며[81], 나머지 몇몇 상고시대의 부호들도 다른 민족에서 나왔을 것이다. 그러나 이러한 부호의 최초 창조자가 어느 민족에 속하든, 이러한 부호가 이후의 한자체계와 관련 있기만 한다면, 그것들은 한자의 주된 흐름에 흡수 융합되어, 한자발전 원류의 한 지류를 형성한다 하겠다.

다음으로, 문자 성숙에 얼마나 긴 과정이 있었느냐의 문제이다. 중국 문자의 기원은 은허(殷墟)의 갑골문 이전으로 거슬러 올라가야만 한다. 이러한 점은 이미 끊임없이 발견된 고고 발굴 자료에 의해 증명되었으며, 국내외 학계의 공인을 받았다. 그러나 8천여 년 전의 대맥지(大麥地) 문화, 대지만(大地灣) 문화, 가호(賈湖) 문화 등이 이미 한자의 발원이라고 한다면, 발원으로부터 성숙한 갑골문까지 무려 4천여 년의 세월이 걸린 것인데, 이는 쉽게 받아들이기 어렵다.

이러한 문제에 대해서, 필자는 다음의 세 가지 측면에서 이해하고자 한다. 첫째, 만약 유성언어를 완전하게 기록할 수 있는 것을 문자성숙의 표준으로 삼는다면, 문자의 성숙기는 은상(殷商)의 갑골문보다 더 늦지

---

80) 朱琚元,「賈湖刻符與中華彝族萬年文明史」('中原訪古'之'尋古探幽' 홈페이지, 2005-08-26) 참조.
81) 王昌燧·趙曉軍,「雙墩刻畫符號: 中國文字的起源?」(『光明日報』, 2003-07-16) 참조.

는 않는다. 『상서(尙書)』 등의 문헌 기록에 의하면, "은나라를 바꾸고 하나라의 명을 뒤집었는데, 전(典)과 책(冊)이 있었다.(殷革夏命, 有典有冊.)"라고 했으며, 하(夏) 왕조의 세계(世系)가 분명하여, 당시에 문헌 기록이 분명 있을 것이다. 그래서 적어도 하나라(기원전 약 2070년) 때의 문자는 이미 성숙한 것이 된다. 단지 고고학적으로 아직 당시의 실물문헌이 발견되지 않았을 뿐이다. 이렇게 되면, 성숙기의 한자와 발원단계 한자의 거리는 약 1천 년 정도 단축되어, 실제 발전과정은 3천여 년이 된다.

둘째, 이 3천여 년 중에는 일부 중간 단계의 상황을 찾을 수 있어서, 결코 발원한 한자가 한 걸음에 성숙한 한자로 도약한 게 아니다. 한자가 '상형'으로부터 시작되어, 점차 '형성'으로 발전한 것은 천천히 유성언어와 결합한 결과였다. 이러한 과정에서 한자는 먼저 한어의 '의미(意)'(개념, 정보)를 표현했고, 그 다음으로 한어의 어휘나 구를 표현했으며, 마지막으로 한어의 음절 단위를 표현했다.

고고 발굴자료에 의하면, 대맥지(大麥地) 문화, 쌍돈(雙墩) 문화유적지에서 이미 '연속 그림책[連環畫]' 형식의 부호가 출현하며, 양저(良渚) 문화의 여러 글자 토기문자와 용산(龍山) 문화의 정공(丁公) 토기문자, 용규장(龍虯莊)의 토기문자 등은 이미 구나 문장을 이룬 문자들인데(제3장의 그림_3-25, 그림_3-30, 그림_3-31, 그림_3-32 참조), 이런 과정을 거쳐 하상(夏商)의 문헌과 전책(典冊)으로 발전하였다는 것은 분명 합리적인 과도기적 연결고리를 형성한다.

셋째, 이러한 선사 시기의 '몇 마디 말'이 갑자기 하상 때의 '문헌과 전책(典冊)'으로 발전했다는 사실을 받아들이기 어렵다면, 연꽃 밭의 연잎을 생각해 보라. 만약 연잎이 매일 배의 속도로 성장을 계속하며, 발아에서부터 연못의 절반 정도를 뒤덮을 때까지의 시간이 60일 걸린다고 가정한다면, 나머지 연꽃 밭을 채우는 데는 하루밖에 걸리지 않는다. 어떤 새로운 상품의 출시도 구상과 설계와 연구제작과 시험 등의 기나긴 과정을 거친다. 그러나 일단 과학 기술적 한계를 극복하기만 하면 대량생산에 돌입하여 신속한 속도록 출시하게 된다. 한자의 발전원리도 이와 비슷할 수밖에 없다. 번식, 누적, 시험, 조정 단계는 그 속도가 느리지만, 각종 조건이 구비된 이후에는 매우 짧은 시간 내에 맹렬하게 발전하여 성숙한다.

한자가 신속하고 맹렬하게 발전하여 성숙하도록 하는 주요조건은 바로 '형성(形聲)'이라는 조자원칙의 확립이었다. 발원단계의 한자는 양이 그다지 많지 않고, 종류도 한정되어 있어, 인류 교제 과정의 몇몇 중요한 개념과 어떤 중요 어휘들만 기록할 수 있었지, 아직 유성언어를 완전하게 기록할 수 없었다. 설사 간단한 조합이 가능하다 하더라도 문장 속의 말과 완전히 대응하기는 어려웠다.

유성언어를 완전하게 기록하기 위해서, 또 생각을 더욱 풍부하고 정교하게 표현하기 위해서 고대인들은 객관사물에 근거한 '상형' 조자의 기초 위에서, 옛날 자형의 기능을 개조하고 확대하는 동시에 객관사물의 한계를 벗어나 유성언어와 직접 결합하여 새로운 글자를 만들어야만 했다. 그렇게 해야만 유성언어를 진정으로 완전하게 기록하고, 문헌을 생성할 수 있었다. 이렇게 되어야만 비로소 기원단계를 마무리하고 정식으로 체계적인 한자의 주류단계에 진입했다고 할 수 있다.

한자체계의 성립은 기록 기능을 완전하게 갖추었음을 그 표지로 삼으며, 기록 기능의 완전한 구비는 조자방법의 완비를 조건으로 한다. 한자 발원 단계의 산발적인 기록으로부터, 한자 주류 단계의 체계적인 기록에 이르기까지, 이러한 한자 발전의 '원류(源流)' 과정은 바로 허신(許愼)의 말처럼 "창힐이 처음 문자를 만들었을 때, 대체로 부류에 의거하여 형상을 본떴는데, 그래서 '문(文)'이라 불렀다. 이후 형체와 독음이 서로 더해지게 되었는데, 이를 '자(字)'라고 부른다. '문'은 물체의 근본적인 이미지라는 뜻이고, '자'는 자손이 불어나듯 늘어난다는 뜻이다."

만약 '상형'방식으로 구성해 낸 '문(文)'을 한자의 '발원'으로 본다면, '형성' 원칙에 의해 구성해 낸 '자(字)'는 바로 한자의 '원류'이며, '대와 비단(竹帛)'에다 말을 기록한 '책[書]'이 비로소 한자의 '주류'가 된다. 구조 방법상으로, '형성' 원칙의 확립은 한자의 글자 수를 '점차 불어나게 하는' 관건이었다. 소위 '형체와 독음이 서로 더해지게 되었다(形聲相益)'는 것은 '유성언어의 소리를 형상해서 문(文)에다 더한 것'을 말하는 것이다. 즉 상형방법의 기초 위에서 다시 '형성'이라는 방법으로 문자를 대량 증가시켰던 것이다. '형성' 조자법은 '형(形)+성(聲)'의 구조 분석 유형과는 다른 개념이며, 유성언어의 독음과 의미에 근거해 새로 만들어진 형체를 가리킨다.

남송 때의 대동(戴侗)은 "무릇 육서는 모두 사람의 소리를 본뜬 것에 지나지 않는다.(凡六書, 皆以形人聲而已矣.)"(『六書故·六書通釋』)라고 했다. '형성'은 바로 '사람의 소리를 본뜬 것(形人聲)'이며, 이는 '사람의 소리를 형체로 전화시킨 것이며', 다시 말해 '유성언어를 문자로 표현한 것이다'. '부류에 의거해 형상을 본뜨는(依類象形)' 단계에서 만들어진 '문(文)'은 '물체의 근본적인 이미지(物象之本)'이며, '문(文)'의 형체는 객관적 물상에서 근원하며, 그 목적도 객관사물을 직접 반영한다. 그래서 물상의 한계가 존재한다. 그러나 '형체와 독음이 서로 더해지는(形聲相益)' 단계에 들면, 조자방식에서 객관사물의 '형체'라는 한계를 극복하고, 말의 '소리(聲)'('音'과 '義'를 포함함, 왜냐하면 '의미와 독음의 구비는 文에서 생기는 것이 아니기 때문에'[82])에 직접 근거하여 글자를 만들어 내게 되었는데, 이렇게 함으로써 방법적으로 한자가 한어에 적응하고 궁극적으로는 한어를 완전하게 기록하는 가능성을 갖게 되었다.

구체적으로 말해서, '형성'방법의 실현과정은 분명 다음과 같았을 것이다. 먼저 원래 있던 사물의 형상을 본뜨던(象物之形) '문(文)'과 말의 '소리[聲]'를 결합하여, '문(文)'이 '사물 이미지의 근본(物象之本)'을 반영하는 동시에 고유한 특정의 '소리[聲]'(音義)를 반영하도록 한다. 나아가서 '문(文)'에 고정된 '소리[聲]'(音義)가 서로 분리되어 '독음[音](示音)'과 '의미[義](表義)' 두 가지 자유형 구성성분을 구성하게 한다. 그런 다음에 차형(借形)법을 선택하는 방법도 더 이상 물상에 대한 묘사가 아니라 '문(文)'의 형체를 빌려오거나 조합하거나 개조하는 방식이다.

유성언어[聲]로부터 출발한 이러한 글자 구성 방법은 추상적 언어나 심지어 허사(虛詞) 관련 자부(字符)까지도 묘사가 더 이상 어렵지 않게 되며, 이렇게 됨으로써 한자는 진정으로 유성언어를 기록하는 단계에 진입하게 된다. '정표(定標)'법은 '상형'에 의한 조자를 보조할 수 있으며, '형성'법이 있게 되면서 '형성'에 의한 조자를 보조할 수 있게 되었으며,

---

82) [宋]戴侗, 『六書故』의 부록 「六書通釋」(溫州文獻叢書)(上海: 上海社會科學院出版社, 2006).

주로 자형을 구별하는 기능(의미에 표지를 더하거나, 독음에 표지를 더한)을 일으키게 되었다.

'형성' 단계는 이미 존재하는 문자의 독음과 의미를 이용하여 대량의 새로운 자부(字符)를 만들어낼 수 있을 뿐만 아니라, 동시에 한자의 가차(假借) 사용에도 가능 환경을 제공했다. 왜냐하면 기존에 있던 자형은 고정된 녹음에 근거하지만, 새로운 단어를 대변할 새로운 글사가 만들어지기 전이거나 당분간 새로운 글자를 만들 필요가 없다고 생각되었을 때, 기존의 동음자(혹은 독음이 같은 글자)를 이용해 '가차'하여 기록할 수 있기 때문이다. 이러한 글자 이용 방법은 새로운 형체를 발생시키지는 않지만, 원래 있던 자형의 기록 기능을 확대시켰으며, 문자 체계 형성의 초기 단계에서 어휘에 비해 글자가 적었던 모순을 대대적으로 완화시켰다. 이는 한자 기능 체계에서 빠져서는 안 될 하나의 조치라 하겠으며, 한자체계 형성의 관건적인 연결고리였다. 만약 어떤 독음을 가진 기존의 형체를 빌려와 유성언어 속의 어떤 동음어의 음부(音符)로 사용함으로써 글자-어휘 간의 고정된 대응관계를 형성할 수 있다면, 실제상으로는 원래는 기록 부호가 없던 일부 의향에 대해서도 고정된 자부(字符)를 갖추게 되는 것이며, 그렇다면 이러한 글자 활용 현상을 새로운 형체를 발생시키지는 않지만 새로운 글자형태소[字位]를 만들어 내는 조자방법으로 본다하더라도 안 될 것이 없다.

그래서 상형법(象形法)과 형성법(形聲法)은 한자를 구성하는 두 가지 기본 방법이라 하겠으며, 여기에다 보조적 성격의 정표법(定標法)을 더하게 되면서 한자의 구성은 불가능한 게 없어졌다. 상형법과 형성법은 한자발전의 두 가지 단계를 대표하는데, 상형단계의 '문(文)'은 유성언어와 그다지 엄밀하게 대응하지 못하였다. 그러나 형성단계에 들면서, '문(文)'과 '자(字)'가 비로소 유성언어와 진정으로 결합하기 시작했는데, 이때 어떤 사람이 여러 곳에 산재해 있던 '문(文)'과 '자(字)'를 정리하고, 문자의 용법에 대해서도 규범화 한다면, 한자는 매우 빠른 속도로 체계를 형성하게 된다. 여기에 더해진 '가차'방법의 사용으로 한자체계의 기능도 매우 빠른 속도로 완성되어 갔다. 그리하여 한자는 유성언어를 완벽하게 기록할 수 있게 되었으며, 이로부터 '책(冊)'이 있고 전(典)이 있

는' 문헌의 시대가 시작되었다. '창힐(倉頡)'은 '문자를 처음 만든' 사람이
아니라, 문자를 정리하고 규범화하여 '대와 비단에 쓴(竹帛之書)(문헌)'
것을 만든 사람일 가능성이 크다. 이렇게 볼 때, 한자는 세계의 다른 문
자들과 마찬가지로 무에서 유로, 개별에서 집체로, 고립에서 연계로, 취
합에서 조합으로, 발원에서 주류로 향했으며, 구성 방법과 사용 기능에
서도 점차 완벽해졌으며, 이렇게 함으로써 비로소 유성언어를 완벽하게
기록하는 문자로, 문헌을 만들어 낼 수 있는 부호체계로 발전했다.

　　구석규(裘錫圭)는 한자의 기원 문제를 논의하면서 다음처럼 말했다.
"'한자는 언제 발생했는가?' '한자는 언제부터 기원했는가?'라는 이러한
문제를 엄격히 말하자면, 이런 식의 문제 제기 자체는 그다지 합당하지
않다." "한자의 기원에 관해서는 다음처럼 문제를 제기해야만 할 것이
다. 즉 한자라는 이 문자체계의 형성과정은 언제부터 시작되었으며, 언
제 마무리되었는가? 한자는 어떤 방식으로 최초의 원시 문자로부터 점
차 유성언어를 완전하게 기록하는 문자체계로 발전했는가?"[83] 이 때문
에 그는 많은 시간과 정력을 들여 문자라는 것이 어떻게 해서 비로소
'구나 문장을 이룬' 말을 기록하게 되었으며, 어떻게 해서 비로소 완벽하
게 유성언어를 기록하게 되었는가에 대해 연구하였으며, 그 결과 유성
언어를 기록하기 위해서는 가차자의 참여가 필수적이며, 그래서 "가차자
의 출현이 문자 형성과정이 정식으로 시작되었다는 표지이다."라고 생각
했던 것이다.[84]

　　그러나 필자는 이렇게 생각한다. 한자기원이라는 것은 기초 자부(字
符)의 내원을 두고 이야기 할 수도 있으며, 한자 기능 체계 형성의 과정
을 두고 말할 수도 있다. 설사 '한자라는 이 문자체계의 형성과정'을 두
고 논의한다 하더라도 이는 그것의 '발원'으로부터 이야기해야만 옳다.
그러나 구석규가 말한 '문자체계의 형성과정'은 도리어 '결과'를 두고 한
논의일 뿐, '한자는 어떤 방식으로 최초의 원시 문자로부터 점차 유성언
어를 완전하게 기록하는 문자체계로 발전했는가?'라는 문제에 대해서는
애초부터 논의하지 않았다. 그래서 그는 '가차자'를 이러한 과정이 '정식

---

83) 裘錫圭, 『文字學槪要』(北京: 商務印書館, 1988), 22쪽.
84) 裘錫圭, 『文字學槪要』(北京: 商務印書館, 1988), 2~8쪽.

으로 시작하는' '표지'로 보았는데, 그것은 '구나 문장을 이룬' 유성언어의 기록은 가차자를 떠날 수가 없다고 보았기 때문이었다.

'문자기능체계'의 표현형식은 '문헌'이며, '문헌'은 '문자'로 유성언어를 기록한 결과이기에, 반드시 먼저 문자가 있고, 그런 다음 비로소 '문헌'이 있다. '가차자'도 반드시 다른 피 가차자가 있어야만, 가차라는 것도 성립할 수 있다.

그렇다면, 최초의 문자, 혹은 문헌을 기록할 때 제공되는 빌려온 그러한 글자들은 또 어떻게 발생한 것인가? 언제 발생한 것인가? 이 또한 '한자기원'의 문제이며, 반드시 대답해야 할 가장 중요한 문제이다.

구석규는 '이런 식으로 문제를 제기하는 것은 그다지 합당하지 않다'라고 했는데, 이는 '기초한자의 기원'에 대한 논의를 회피한 것이다. 이는 구석규가 부정했던 상고시대의 그러한 각획 부호가 문자라는 것과 관련되어 있다. 왜냐하면 그는 한자의 발원에 대해 확정하지 않았고, 그래서 자연히 한자가 처음부터 시작되는 정황에 대해 기술할 방법이 없었으며, 그리하여 문자체계의 형성과정부터 직접적으로 기술할 수밖에 없었기 때문이다. 문자 기능체계의 형성과정은 '원류' 문제에 속하며, 가차자의 사용과 문헌의 발생은 이미 한자발전의 제2단계에 속하며, 이미 '주된 흐름'과 맞물려있다. 기초한자의 '발원'을 확정하기 어려운 상황 하에서 단지 기능 체계의 형성만 논의하고, 어떻게 '구나 문장을 이룬' 유성언어를 기록하게 되었는가만 주목한다면, 이는 조심스런 태도라 할 수는 있겠지만, 그것은 한자의 '발원'과 '시작[源出]'을 제대로 설명할 수 없기 때문에 전체의 '한자기원'에 관한 이론은 아니라 하겠다.

제3장
한자의 자료

한자 자료는 여러 관점에서 분류할 수 있는데, 한자의 형식에 따라 '텍스트 문자자료'와 '자서(字書) 문자자료'로 나눌 수 있다. 전자는 한자를 사용하는 상태를 말하며, 후자는 한자가 기록된 상태를 말한다. 문자자료를 획득한 경로에 따라 '대대로 전해오는 문자자료'와 '출토 문자자료'로 나눌 수 있다. 전자는 사람들이 익히 알고 있는 것이며 후자는 우연히 발견한 것이다.

또 한자의 서사공구와 방법에 따라 '각획(刻劃) 문자자료(칼이나 단단한 기구를 사용)', '서사(書寫) 문자자료(부드러운 붓이나 억센 붓을 사용)', '주조 문자자료(거푸집이나 도장을 사용)', '인쇄 문자자료(조판이나 활자모형을 사용)'로 나눌 수 있다. 한자의 생성 혹은 사용시대에 따라, '고대 문자자료', '현대 문자자료' 등으로 나눌 수 있다. 문자의 서사 스타일에 따라 '소전(小篆) 문자자료', '예서(隸書) 문자자료', '해서(楷書) 문자자료' 등으로 나눌 수 있다.

그러나 어떠한 문자자료라 할지라도, 반드시 어떤 저장매체(평면적인 서사부호가 아닌 자형물체는 제외)에 근거해야 한다. 그래서 문자자료의 귀납은 저장매체에 따라 구분하는 것이 더욱 편리하다. 각각의 문자 저장매체는 사용방법이 다른 서사공구에 적합하며, 시대별 한자의 생성, 발전, 변화의 흔적을 반영하고 있다. 이것이 한자를 연구하는데, 첫 번째 자료에 해당된다.

제1절 옥석 문자

옥석(玉石) 문자는 돌이나 옥에 글을 쓰거나 새긴 문자를 말한다. 이러한 문자자료는 형식과 내용이 매우 풍부하여 하나의 기준으로 분류하여 개괄하기가 쉽지 않다. 다음에서는 문자자료 내용의 성질과 기능을 일반적인 관습과 서술의 편리에 의거해서 귀납하고 소개하였다.

1. 기능이 불분명한 문자성 부호

인류의 서사부호의 최초의 저장매체는 당연히 돌이다. 돌은 어디에나 있기 때문에 편리하게 활용할 수 있다. 현재 발견된 원시 단계의 자부(字符)는 자연암석에 새긴 것들이 많다. 예를 들어, 앞장에서 거론한 8천여 년 전의 대맥지(大麥地) 문화의 암벽화에서는 문자와 유사한 것들이 많이 있어, 문자기원의 부호로 간주되고 있다.

보도에 따르면, 대맥지의 면적은 15㎢이며, 남북방향으로 난 11개의 골짜기가 동서로 놓여 있다. 기이하고 다양한 암벽화들이 마치 천연화랑과도 같이 이 산마루와 산골짜기의 암벽에 새겨져 있다. 암벽화의 규모는 거대하고, 그 수량도 사람을 놀라게 할 정도이며 내용도 매우 풍부하다. 여기에 남겨진 선사 시대의 암벽화들이 책에 수록된 것만도 이미 2,137점이 되며, 그 개체형상도 8,453개나 있다. 1㎢ 당 평균적으로 568개 이상의 그림들이 존재하는데, 이는 세계에서 인정하는 암벽화 '주요 분포지역'의 기준을 20배나 초과한 양이다. 암벽화 밀집구역에서는 그림을 그릴 수 있는 암벽들을 거의 모두 이용하여, 암벽의 크기에 따라 암벽화들을 디자인하고 새겼다. 좀 작은 암벽에는 '수렵과 목축', '전쟁과 무용', '소와 양과 호랑이와 이리', '해와 달과 별', '천지신령', '손과 발, 발굽자국', '남자와 여자의 생식기', '그림부호' 등과 같은 단순한 동물들이 새겨져 있고, 넓은 암벽에는 다소 복잡한 그림들이 새겨져 있다.

짜 맞춘 수많은 암벽화에는 대략 1천5백 개의 문자 같기도 그림 같기도 한 부호들이 존재한다(그림_3.1). 이러한 원시부호의 정확한 기능은 아직 분명하게 밝혀지지 않았지만, 이미 어떤 의미나 정보를 갖춘 시공의 제약을 벗어나 반복적으로 사용할 수 있던 부호임은 틀림없다. 이러한 부호는 문자의 속성에 부합되기에 문자의 초기형식으로 간주할 수 있다.[1]

그림_3.1 대맥지 암벽화의 문자성 부호

그 밖에 암벽화, 벽화, 마애 등과 같은 천연암석을 저장매체로 삼은 고대인들의 작품들에도 수많은 문자자료가 존재한다. 문자학을 연구하려면, 특히 문자의 기원에 관해 연구하려면 이러한 자료들을 충분히 이용해야 한다.

마찬가지로 문자의 기원단계에 속하는 하남성 가호(賈湖) 유적지에서 발견된 석기(石器) 한 점에는 수직으로 차례로 나열된 4개의 부호가 새겨져 있다. 이족문자[彝文]와 비슷하다고 하는데, 한자가 여러 가지에서 기원했음을 알 수 있다.

이후 일부 원시문화 유적지에서도 옥벽(玉璧) 같은 옥기에 문자부호가 새겨진 것이 발견되기도 하지만, 그 수는 극히 적다. 예를 들면, 양저(良渚) 문화의 대형 고분(餘杭縣 良渚鎮 安溪鄕)에서 출토된, 옥으로 만든 예기(禮器)에 문자와 유사한 부호(그림_3.2)와 이리두(二里頭) 문화의 옥 2조각에 새겨진 6개의 부호(그림_3.3)가 발견되었다.

---

1) 상술한 내용은 陳曉鴻·劉剛의 「寧夏大麥地巖畫可能推前人類文字史萬年」(『羊城晚報』, 2005-11-25); 楊敏·束錫紅의 「大麥地巖畵圖畵文字新解」, 『西北民族學院學報』 第2期(2006) 참조.

  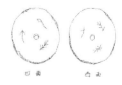

그림_3.2 안계(安溪)의 옥기(玉器)에 새겨진
문자성 부호

그림_3.3 이리두(二里頭)의
옥[玉璧]에 새겨진 문자성 부호

2. 도장과 봉니(封泥) 문자

도장[璽印]문자의 기원은 원시사회의 토기에 새겨진 문양으로까지 거슬러 올라갈 수 있다. 그러나 현재 보는 실물 도장은 전국시대의 것이 최초이다. 그 이후의 시대에는 모두 도장이 존재하는데, 고대의 도장은 대대로 전해 내려오는 것으로, 여러 고분이나 유적지에서 드문드문 발견되었다. 고대의 도장은 대부분 옥으로 만들어졌으며, 그림_3.4나 그림_3.5와 같이, 내용에 따라 보통 관용 도장[官印], 개인용 도장[私印], 성어가 새겨진 도장[成語印] 등으로 나뉜다.

그림_3.4 관용 도장, 개인용 도장 그림_3.5 성어가 새겨진 도장

봉니(封泥)는 먼저 콜로이드 점토로 간독문서나 공물의 포장을 봉한 다음에, 밀봉한 점토의 위에 도장을 찍어 만들어진 문자를 말한다. 이것

은 동주(東周)시기부터 시작하여 진(秦)나라와 한(漢)나라에서 성행하였고, 남북조시기에 끝이 났다. 봉니문자와 도장문자는 그 저장매체가 각각 다르지만, 성질은 실제 같으므로 하나의 범주에 귀속시킬 수 있다.

이전에 발견된 봉니는 대부분이 한(漢)나라의 것인데, 가장 많이 출토되었다 해도 5백 점을 넘지 않았다. 그 중에서 진(秦)나라의 봉니는 전부 합해도 10점이 되지 않았는데, 1995년 여름, 심서싱 서안(西安)의 북쪽 외곽의 상가항촌(相家巷村)에서 2천여 점이 넘는 진(秦)나라 봉니가 대량으로 발견되었다. 이곳은 일찍이 진(秦)나라의 군왕이 국정을 처리하던 곳이었으며, 이 봉니는 진나라 왕(영정과 그 2세를 포함)이 감천궁(甘泉宮)에서 공문(당시에는 모두 간독이었다)을 읽고 지시할 때 사용했던 유물들이다. 도장의 내용은 대부분 중앙과 지방의 관직 명칭이었으나, 궁전의 동물원과 식물원 및 거기에 해당되는 관직명칭도 몇몇 있었다. 종류는 360여 가지나 된다. 예를 들어, 그림_3.6과 그림_3.7이 그렇다.

그림_3.6 진나라 봉니:
어사대부(禦史大夫)

그림_3.7 진나라 봉니:
요동수인(療東守印)

3. 맹서와 저주 문자

맹서(盟誓)문자는 달리 맹서(盟書) 혹은 재서(載書)라고도 부르는데, 고대인들이 중요한 사건을 거행하기 위해 집회를 거행하면서 공약을 만들어 하늘에 맹세하던 말을 뜻한다. 『주례·추관(秋官)』에 "사맹(司盟)이라는 관직은 맹재(盟載)의 법을 주관한다.(司盟, 掌盟載之法.)"라는 구절이 있는데, 정현(鄭玄)은 이를 "맹세하는 자는 그 말을 책(策)에 기록한다. 희생을 죽여 피를 받아내고는, 희생을 땅에 묻으면서, 그 위에 맹세의 말을 적은 책도 같이 묻는데, 이를 재서(載書)라고 부른다.(盟者書其辭於策, 殺牲取血, 坎其牲, 加書於上而埋之, 謂之載書.)"라고 주석하였다. 이를 통해, 맹서도 목간이나 죽간[簡策]에 쓸 수 있었다는 것을 알 수 있다. 현재 출토된 옥석의 맹서(盟書) 및 저주문은 주로 세 종류가 있다.

(1) 「후마맹서」

「후마맹서(侯馬盟書)」는 1965년 12월에 산서성 후마시(侯馬市) 진촌(秦村)의 유적지에서 5천여 편이 출토되었다. 그림_3.8과 같이 옥이나 돌도 있고, 위 끝은 뾰족하고 아래는 네모난 모양[圭形], 둥근 모양[圓形]도 있으며, 또 단검 같은 모양[匕首形]과 불규칙적인 모양도 있었다. 그 중에서 문자가 분명하여 해독할 수 있는 것은 6백여 편으로, '맹종[宗盟]'[2], '위질(委質)'[3], '납실(納室)'[4] 등과 같은 내용이며, 시기는 춘추(春秋)시대 말기의 것들이다.

---

2) (역주) "같은 성과 같은 종족이 일치단결하여 관계를 맺는다." 이는 진양(晉陽) 조(趙)씨의 종주를 받들어 종족 내부 간의 단결을 기하여 반대세력에 대해 대항할 것을 서약한 내용을 말한다.(하영삼, 『한자의 세계』(서울: 신아사, 2013), 294쪽)

3) (역주) "적군의 진영에 몸을 의지한다." 이는 적의 진영에서 뛰쳐나온 사람들이 맹주에게 서약한 것으로, 옛 진영과 결별함과 함께 새로운 맹주에게 헌신할 것을 맹세한 내용으로 되어 있다.(하영삼, 『한자의 세계』(서울: 신아사, 2013), 294쪽)

4) (역주) "다른 사람의 토지재산을 합병하는 것을 반대한다." 이는 맹약에 참여한 사람들이 자신은 절대로 납실(다른 사람의 재산과 노예를 침탈하지 않겠다는 뜻)하지 않을 것을 맹세하고, 종족이나 형제간에도 이러한 행위를 방지할 것이며 만약 이러한 자가 있을 때는 제재를 받겠다고 언명한 내용이다.(하영삼, 『한자의 세계』(서울: 신아사, 2013), 294쪽)

그림_3.8 후마맹서(侯馬盟書)의 모양(위 끝은 뾰족하고 아래는 네모난
모양[圭形], 단검 같은 모양[匕首形], 둥근 모양[圓形], 불규칙적인
모양[不規則形])

(2) 「온현맹서」

1979~1982년에 하남성 온현(溫縣) 무덕진(武德鎭)에서 출토된 1만여
편의 「온현맹서(溫縣盟書)」는 대부분이 위 끝이 뾰족하고 아래는 네모난
모양[圭形]의 돌 조각이다. 지금까지 발표된 자료로 봤을 때, 이들의 내
용은 단일하며, 「후마맹서」의 맹종[宗盟]류와 상당히 비슷하다.

(3) 「저초문(詛楚文)」

맹세는 자신에게 하는 말이고, 저주는 다른 사람에게 하는 말이다.
가장 유명한 저주문으로는 전국(戰國)시대 진(秦)나라의 「저초문(詛楚文:
초나라를 저주하는 글)」을 꼽을 수 있다. 곽말약(郭沫若)의 고증에 따르
면, 그해 초(楚)나라의 회왕(懷王)이 육국(六國)의 병사를 이끌고 진(秦)나
라를 공격하였다. 그러자 진(秦)나라의 혜왕(惠王)은 무당과 박수들에게
무함(巫咸), 대심궐추(大沈厥湫), 아타(亞駝, 달리 滹沱라고도 함)라는 신
에게 초(楚)나라의 군대에 재앙을 내려달라고 빌게 했다.5)

---

5) 郭沫若, 「詛楚文考釋」, 『郭沫若全集·考古篇·第九卷』(北京: 科學出版社, 19
82), 295~313쪽 참조.

송(宋)나라 금석학자(金石學者)들의 기록에 따르면, 대체로 비슷한 내용의 3개의 석각문(石刻文)이 전해진다. 첫 번째를 「무함문(巫咸文)」이라고 부르는데, 북송(北宋)시대 가우(嘉祐)연간에 봉상(鳳翔)[6]의 개원사(開元寺) 땅 속에서 출토되었다가, 송(宋)나라 휘종(徽宗) 때, 어부(御府)에 보관되었다. 두 번째를 「대심궐추문(大沈厥湫文)」이라고 부르는데, 북송(北宋)시대 치평(治平)연간에 농민이 발견하였다고 한다. 감숙성 조나추(朝那湫)에서 출토되었으며, 이후에 채정(蔡挺)이 남경(南京)으로 가지고 왔다고 한다. 세 번째를 「아타문(亞駝文)」이라고 부르는데, 그 당시 낙양(洛陽)에 살던 유침(劉忱)이라는 사람이 소장하고 있었다고 한다. 이 3개의 저주문이 기록된 원래의 돌은 이미 망실되었으며, 현재는 후대에 모각한 탁본만이 남아 있다.

4. 공덕 칭송문

군왕의 어떤 행위나 사건 혹은 공덕을 시로 써 큰 돌에 새겼는데[7], 돌이 쉽게 얻을 수 있는 것일 뿐만 아니라 많은 글자를 새길 수 있으며, 또한 사람들이 쉽게 낭독할 수 있고, 오랫동안 보존할 수 있었기 때문이다. 그러므로 춘추(春秋)시대 이후로 석각문은 청동기를 대신해서, 쉽게 볼 수 있는 공을 찬송하고 덕을 칭송하는 형식이 되었다.

(1) 「석고문」

「석고문(石鼓文)」은 춘추(春秋)시대 말기 진(秦)나라 작품이다. 당(唐)나라 초기 천흥현(天興縣)[8]에서 10개의 돌이 발견되었다. 돌의 모습이 위는 둥글고 아래는 평평하다 하여, 석고(石鼓)라고 불렀다. 사실 이 돌의 형체는 규칙적이지 않고 크기도 제각각이다. 고고유형학의 분류기준

---

6) 지금의 섬서성 鳳翔縣이다.
7) 碑碣, 摩崖, 刻石 등을 포함한다.
8) 지금의 섬서성 鳳翔縣이다.

에 따르면, 이러한 석각(石刻)은 '둥근 돌[碣]'에 속하는데, 이는 고정된 형상이 없는 원시 석각을 말한다. 각각의 '둥근 돌[碣]'에는 그림_3.9와 같이 진(秦)나라 왕의 사냥을 주제로 한 고시(古詩) 한 수가 새겨져 있어, '엽갈(獵碣)'이라고도 부른다. 보존되어 내려오는 석고의 실물은 심하게 파손되었기 때문에, 빠진 글자도 많아 겨우 272자만이 남아있으며, 송대(宋代)와 원대(元代)의 여러 탁본이 전해져 내려오고 있다. 곽말약은 『석고문 연구(石鼓文研究)』의 영인본에 송(宋)나라 탁본의 사진을 3가지 소개하였는데, 이는 현재 볼 수 있는 가장 완벽한 석고문 자료이다.

(2) 석경문(石磬文)

섬서성 봉황현(鳳凰縣) 남지휘촌(南指揮村) 진공(秦公) 제1호 묘에는 그림_3.10과 같이 명문(銘文)이 새겨진 석경(石磬)이 여러 점 출토되었다. 이 석경들은 일부가 손상되었지만, 복원을 통해 명문(銘文) 26점 총 206자를 얻을 수 있었다. 이는 진(秦)나라 경공(景公) 4년에 친정을 하면서, 조상신과 천신에게 제사를 지낼 때 사용하였던 것이다. 그 중에 "백악함주, 윤악공황(百樂咸奏, 允樂孔煌: 온갖 음악이 연주되고, 진실한 음악이 크게 빛나리라)" 등의 시구에서는 여러 가지 악기로 연주하는 성대한 장면을 묘사하였고, 조상의 공덕을 노래로 칭송함으로서 복을 기원하였다.

(3) 각석(刻石)

『사기·진시황본기(秦始皇本紀)』에 따르면, 진시황 28년(기원전 219년)에 진시황이 동쪽으로 순시를 나갔는데, 역산(嶧山)[9]에 올라 「역산각석(嶧山刻石)」을 세웠다. 이후에 또 태산(泰山)에 올라 「태산각석(泰山刻石)」을 세웠고, 낭아(琅琊)[10]에 가서 「낭아대각석(琅琊臺刻石)」을 세웠다. 또

---

9) 지금의 산동성 鄒縣의 동남쪽에 위치한다.
10) 지금의 산동성 膠南縣에 위치한다.

지부(芝罘), 동관(東觀), 갈석(碣石), 회계(會稽) 등에도 모두 각석을 세웠다. 이 각석에다 진시황의 천하통일을 칭송한 장편의 운문을 실었으며, 진(秦)나라 승상인 이사(李斯)가 쓴 글씨가 전해져 내려온다. 이후에 진(秦)나라의 두 번째 황제가 모든 각석에다가 제기(題記)를 덧붙였다. 이 각석의 원석은 대부분이 훼손되고 없어졌고, 지금

그림_3.9 석고문

그림_3.10 석경문

은 「태산각석」에서 진(秦)나라 두 번째 황제의 제기 10자 및 「낭아대각석」의 일부 조각만이 겨우 남아, 중국역사박물관 등에 소장되어 있다. 그 밖에 회계산(會稽山)과 「역산각석」의 탁본(拓本)이 존재한다.

진(秦)나라 「역산각석」(그림_3.11)의 원석은 북주(北周)의 무제(武帝)가 사람을 파견하여 무너뜨렸고, 이후에 또 들불에 타버렸다. 송(宋)나라 태종(太宗) 조광의(趙光義) 순화(淳化) 4년(서기993년)에 정문보(鄭文寶)가 원석의 탁본에 근거하여 다시 번각하여 비를 세웠는데, 비석의 뒷면[碑陰]에 정문보의 제기가 실려 있다. 현재 서안(西安)의 비림(碑林)박물관 제5실 서쪽 측면에 진열되어 있는 이 돌은 높이가 218cm, 너비가 84cm이다.

그림_3.11 이사의
소전(小篆)——진(秦)나
라「역산각석」

5. 경서의 표준문자

인쇄술이 없던 고대사회에서 경서는 전부 필사를 통해서만 전해졌기 때문에, 문자가 달라지기 쉬웠다. 경서의 문자에 기준을 정하고 규칙을 만든 것은 한(漢)나라부터였다. 기준이 되는 경서를 석판에 새긴 것을 석경(石經)이라 부른다. 이후에 불교에서도 불경의 실전을 막기 위해, 석판에 불경을 새겨 써서 보존을 편하게 하였다. 그 이후에도 자전의 규범적 성질을 띠는 책이 있다면 석판에 새겨 책으로 만들기도 했다.

(1) 한나라와 위나라 석경의 잔편

하남성 낙양시(洛陽市) 언사현(偃師縣) 태학촌(太學村) 일대는 여러 해 동안 고고발굴과 조사를 거쳐, 학자들이 동한(東漢)과 위진(魏晉)시대에 태학이 있던 유적지로 확정하였다. 1920년대 이후로, 이곳에서는 계속해서 한(漢)나라와 위(魏)나라 석경의 잔해가 출토되었다. 이러한 잔해

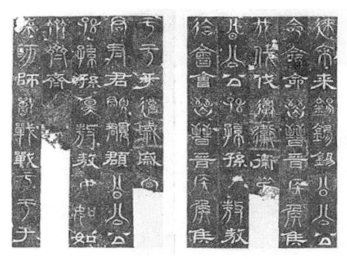

그림_3.12 위(魏)나라 삼체석경

는 중국의 큰 박물관에 각각 따로 보존되고 있으나, 일부는 해외로 유출되었다.

동한(東漢)의 영제(靈帝) 희평(熹平) 연간(172~178년)에 유가의 경전을 처음으로 비석에 판각하였는데, 이를 『희평석경(熹平石經)』이라고 부른다. 모두 46개의 비석에 『노시(魯詩)』, 『상서(尚書)』, 『주역(周易)』, 『의례(儀禮)』, 『춘추(春秋)』, 『공양전(公羊傳)』, 『논어(論語)』 등 7종의 경서를 예서(隸書)로 써서 새겼다.

위(魏)나라 문제(文帝) 정시(正始) 2년(241년)에 석경에 다시 판각한 것은 『정시석경(正始石經)』이라 부른다. 『정시석경』은 '고문(古文)', '소전(小篆)', '예서(隸書)'라는 3가지 서체로 썼기 때문에 『삼체석경(三體石經)』이라고도 부른다(그림_3.12). 이는 『상서』와 『춘추』 2종의 경서만을 새겨 적었는데, 대략 28개의 비석이 사용되었다.

『삼체석경』의 고문과 소전의 서법은 고문자를 고증하고 해석하며 연구하는데 중요한 자료로 활용된다. 『고문사성운(古文四聲韻)』이나 『한간(汗簡)』 등과 같은 후세의 자서에서 모두 이의 형체를 수록하였다. 시대가 비슷하여, 그 안에 새겨진 많은 형체들은 『설문해자』에 수록된 고문과 소전의 형체와도 비슷하거나 같으므로, 서로 대조해볼 수도 있다. 또한 일부 형체는 『설문해자』와 다른 고문자서에도 나타나지 않기 때문에 더욱 가치를 지닌다.

(2) 당나라 석경

『석대효경(石臺孝經)』은 당(唐)나라 천보(天寶) 4년(745년)에 새긴 것으로, 현종(玄宗)인 이융기(李隆基)가 친히 서문을 쓰고 주해를 달았는데, 직접 예서로 쓴 것이다. 이 비는 높이 590cm로, 4장의 세석(細石)을 합쳐서 만들었다. 비석의 위에 방액(方額)을 더하고, 방액에다 상서로운 동물이나 뭉게구름을 부조하였다. 방액의 위에 돌을 덮었는데, 이 덮개의 주변에는 아름다운 새털구름을 새겼고, 꼭대기는 산 모양을 하고 있다. 비석의 아래에는 3층으로 된 돌계단이 있으므로, 이를 『석대효경』이라 불렀다.

『개성석경(開成石經)』은 당(唐)나라 문종(文宗) 태화(太和) 4년(830년)에 국자감(國子監)인 정담(鄭覃)의 건의를 받아들여, 애거회(艾居晦)와 진진(陳珍) 등이 해서(楷書)로 나누어 써서, 개성(開成) 2년(837년)까지 7년간 새긴 석경을 말한다. 이중에는 『주역』, 『상서』, 『시경』, 『주례』, 『예의(禮儀)』, 『예기』, 『춘추좌씨전』, 『춘추곡량전』, 『이아(爾雅)』 및 『공양춘추(公羊春秋)』, 『효경』, 『논어』 등 12종의 경서가 포함되어 있으며[11], 『오경문자(五經文字)』와 『구경자양(九經字樣)』도 있다. 114개 비석의 양면(228면)에 글을 새겨 넣었으며, 글자는 8단으로 배열되어 총 650,252자를 새겼다. 완성되고 나서 당(唐)나라의 수도 장안성(長安城)의 국자감 안에 세워, 당시 지식인들이 반드시 읽어야 할 필독서이자 경서를 읽는 사람들에게는 베껴 적고 대조 확인하는 기준이 되었다. 이것은 중국고대에 경서를 새긴 것 중에서 보존이 가장 완벽하여, 돌로 만든 대형 서고와 같다. 이는 인쇄술이 발명되기 이전, 중국문화의 보존과 전파에 중요한

---

11) 淸나라 때 『孟子』의 17面 3만여 자를 보각하여 석경 『十三經』이라 불렀으며, 서안의 비림박물관 첫 번째 전시실에 보관되어 있다.

역할을 했다.12)

(3) 방산(房山) 운거사(雲居寺)의 불경 석경

북경의 방산(房山)에 있는 운거사(雲居寺) 옆에 석경산(石經山)이 있다. 이 산의 중턱에는 경전이 보관된 9개의 동굴이 있는데, 위아래 2층으로 나누어져 있다. 아래층이 첫 번째 동굴, 두 번째 동굴이 되며, 위층이 세 번째, 네 번째, 다섯 번째, 여섯 번째, 일곱 번째, 여덟 번째, 아홉번째 동굴이 된다. 그 중에서 다섯 번째 동굴을 뇌음동(雷音洞)이라고도부르며, 화엄당(華嚴堂)이라고도 부르는데 자연적으로 형성된 동굴로, 출입이 가능하다. 그러나 나머지 여덟 개의 동굴은, 동굴 입구가 돌문으로막혀있기 때문에 들어갈 수가 없다. 어떤 동굴의 벽에는 직접 경문을새긴 것도 있으나 대부분의 경문은 석비의 판에 새겨서 동굴에 보관하였다. 하지만 자연적인 풍화와 인위적인 파괴로 인해, 일부 경문은 심각하게 훼손되었다. 현재 석경산의 석경(石經)은 모두 운거사로 옮겨 전부를 살펴볼 수 있게 되었는데, 모두 7벌을 탁본하여, 1벌마다 3만장의 탁본이 존재한다.

수(隋)나라 때부터 석경산에서 경전을 새기기 시작했다. 서기 574년,북주(北周)의 무제(武帝)는 불교와 도교를 없애고, 경전과 불상을 전부훼손시키고 승려와 도사들은 환속하라고 명령하였다. 수(隋)나라가 천하를 통일한 이후에는, 북주(北周) 무제(武帝)의 명령을 되돌리고 대대적으로 불교를 부흥시켰다. 당시의 고승인 정완(靜琬)은 이때를 이용해서 석경을 새기기 시작했다. 당(唐)나라 고종(高宗) 영휘(永徽) 연간에 이부상서(吏部尚書)인 당림(唐臨)은 『명보기(冥報記)』에 "유주(幽州)의 승려 석

---

12) 중국의 역사에서 대규모로 유가의 경전을 판각한 조치는 7차례 있었다. 즉, 東漢의 『熹平石經』, 魏의 『正始石經』, 唐의 『開成石經』 및 後蜀의 『廣政石經』, 北宋의 『真平石經』, 南宋의 『紹興石經』, 清의 『乾隆石經』이 그것이다. 자연과 전쟁으로 훼손되어, 이 7개의 석경들은 清의 『乾隆石經』이 판각시기가 늦기 때문에 북경의 국자감 옛터에 온전하게 보존되어 있는 것 외에, 唐의 『開成石經』만이 온전하게 서안의 비림에 세워져 있다.

지완(釋智苑)(즉 靜琬)은 도를 열심히 닦아 학식을 갖추었는데, 수(隋)나라 대업(大業) 연간에 발심하여 석경을 만들어 보관함으로서 멸법에 대비하였다. 이윽고 유주의 북산(北山)에다 바위를 뚫어 석실(石室)을 만들었다. 그리하여 4면의 벽을 갈아서 경서를 썼으며, 또 네모난 돌을 골라 달리 바꿔 갈아 쓰면서 모든 석실에 보관하였다. 각각의 석실이 가득 차게 되면, 돌로 문을 막고 쇠로 단단히 잠갔다."13)라고 했다. 이는 이후에 당(唐), 요(遼), 금(金), 원(元), 명(明)을 거쳐 전해져 내려와 천년을 이어왔다. 이는 중국 고대의 조각예술의 위대한 보물이며, 불교석경 중에서 그 규모가 가장 크고, 역사가 가장 오래되었으며, 가장 완벽하게 보존된 유물이다.

(4) 송나라 때의 전서 목록 『편방자원비(偏旁字源碑)』

이 비석에 동한(東漢) 때의 허신이 쓴 『설문해자』의 부수가 새겨져 있기 때문에, 후세 사람들은 이를 '편방(偏旁)'이라 불렀다. 전서체로 모두 540자가 새겨져 있으며, 각각의 전서체 아래에는 해서체로 주음(注音)을 달았다. 비석에 새겨진 전서체는 질박하면서도 고풍스럽고, 장중하고 꾸밈이 없기에 매우 드문 서예작품이라 할 수 있으며, 자형의 표준이 되는 견본이기도 하다. 이 비석에 글씨를 쓴 몽영(夢英)은 북송(北宋) 초기의 승려로, 전서에 뛰어나 당대에 이름을 떨쳤다. 서안의 비림(碑林)에는 그가 쓴 『전서천자문(篆書千字文)』이 소장되어 있다.

6. 묘지(墓志)와 묘비 문자

사람이 죽으면, 죽은 이의 평생 사적을 영원히 기념하기 위해 돌에다 새기곤 했다. 무덤 밖에 세우는 것을 묘비(墓碑)라고 부르고, 무덤 안

---

13) "幽州沙門釋智苑(即靜琬), 精煉有學識, 隋大業中, 發心造石經藏之, 以備滅法. 既而於幽州北山, 鑿岩爲石室, 即磨四壁而寫經, 又取方石別更磨寫, 藏諸室內. 每滿一室, 即以石塞門, 用鐵錮之."

에 묻는 것을 묘지(墓志)라고 부른다. 또한 묘갈(墓碣), 묘표(墓表), 묘당(墓幢), 묘궐(墓闕), 묘지명(墓志銘), 분단각석(墳壇刻石), 묘각석(墓刻石) 등으로 불리기도 하는데, 이것들은 모두 무덤의 석각과 관련된 문자들이다. 이러한 문자는 한(漢)나라부터 시작하여 대대로 전해내려 와 그 수량도 매우 많다. 예를 들어, 서한(西漢)의 「축기경분단각석(祝其卿墳壇刻石)」, 「상곡부경분단각석(上穀府卿墳壇刻石)」, 「곽거병묘각석(霍去病墓刻石)」, 「노북폐석제자(魯北陛石題字)」, 동한(東漢)의 「을영비(乙瑛碑)」, 「사신전후비(史晨前後碑)」, 「조전비(曹全碑)」, 「공묘비(孔廟碑)」, 「한인명(韓仁銘)」, 「양회표(楊淮表)」, 「장천비(張遷碑)」, 「선우황비(鮮于璜碑)」, 「형방비(衡方碑)」, 「노준비(魯峻碑)」, 「하승비(夏承碑)」 등이 있다.

「조전비(曹全碑)」(그림_3.13)는 「합양령조전비(郃陽令曹全碑)」가 원래의 이름으로, 동한(東漢)의 중평(中平) 2년(185년)에 새겨졌다. 명(明)나라 만력(萬歷) 초기에 합양현(郃陽縣)14) 췌리촌(萃里村)에서 출토되었는데, 높이 273cm, 너비 95cm인 이 비석은 네모난 형태로, 세로로 세워져 있다. 전체가 20행이고 매 행마다 45자가 새겨져 있다. 비문(碑文)에는 동한(東漢) 말기에 조전(曹全)이 황건적의 난을 진압한 사건을 기록했으며, 섬서성 합양현(郃陽縣)의 곽가(郭家) 봉기 등의 상황에 대해서도 기록해 놓아, 동한(東漢) 말기 농민봉기 투쟁사를 연구하는데 중요한 사료로 활용된다. 이 비석은 그 형체가 온전하고, 예서(隸書)로 써져 있다. 문자가 선명하고 구조가 자연스러우며, 서체는 우아하고 아름답다. 형태는 여러 자태를 뽐내며 서법은 깔끔하게 정리되어 있다. 필력은 질박하고 무게가 있어 한(漢)나라 예서의 성숙미와 풍격을 충분히 나타내고 있다. 이는 실제로 한(漢)나라의 비석 및 예서의 대표적인 작품으로, 현재 중국의 한(漢)나라 비석 중에서 보존이 온전하고, 글자체도 분명한 몇 안 되는 작품 중의 하나에 속한다.

---

14) 지금의 섬서성 合陽이다.

그림_3.13 「조전비」   그림_3.14 「장천비」

　동한(東漢)이후, 묘지(墓志)를 비석에 새기는 풍습이 대대로 성행하였기 때문에, 정확히 그 수량을 헤아리기가 어려울 정도로 많다. 이러한 비각(碑刻)은 대대로 답습되고 점점 발전하여 비교하기에도 편리하므로, 한자의 변화발전, 특히 형체의 변화발전을 연구하는데 중요한 자료가 된다. 예를 들어 그림_3.15와 그림_3.16은 당송(唐宋)시기 묘지의 자양(字樣)이다.

그림_3.15 당나라 때의　　　　그림_3.16 송나라 때의 묘지(墓誌)
묘지덮개[墓誌蓋]

7. 기행문을 기록한 문자

어떤 문화의 유입, 어떤 건축의 건설과정, 여러 차례의 유람 등 큰 사건들은 시(詩), 문장[文], 부(賦), 술(述), 찬(贊), 송(頌), 기(記), 전(傳)으로 써서 돌에다 새겨 후세에 전했다. 그리하여 사건을 기록한 류[記事類]의 석각문자가 형성되었다. 예를 들어, 「대진경교유행중국비(大秦景教流行中國碑)」는 기독교가 중국으로 전해진 상황을 기록한 비석이다. '대진(大秦)'은 당(唐)나라 때 동로마를 부르던 호칭이고, '경교(景教)'는 기독교의 한 유파를 말한다. 「동주성교서비(同州聖教序碑)」는 현장(玄奘)이 불경을 번역한 것을 두고 당(唐)나라 태종(太宗)인 이세민(李世民)이 쓴 서문과 태자였던 이치(李治)가 그의 아버지의 서문을 위해 쓴 문장이 들어 있다. 글을 쓴 사람은 당(唐)나라 초기에 해서(楷書)의 4대 서예가인 저수량(褚遂良)[15]이다.

---

15) (역주) 褚遂良(596-659): 자가 登善이고, 杭州 錢塘 사람이다. 唐나라의 정치가이자 서예가이다. 박학다식하고, 文史에 정통하였다. 唐나라에 귀순한 이후에, 諫議大夫와 中書令에 임명되어 조정의 대권을 장악하였다. 貞觀 23년(649)에 長孫無忌와 함께 太宗의 조서를 받아 조정을 보좌하고, 尙書右

안진경(顏真卿)이 쓴 「대당서경천복사다보불탑감응비(大唐西京千福寺多寶佛塔感應碑)」의 비문에는 당(唐)나라 승려 초금(楚金) 선사가 다보답(多寶塔)을 건설하는 과정이 기술되어 있다. 「안씨가묘비(顏氏家廟碑)」의 비문에는 안씨 가족의 가계와 업적이 서술되어 있다. 그 중에 "공자 문하에 72명의 제자가 있었는데, 안씨가 8명이나 된다.(孔門達者七十二人, 顏氏有八.)"라는 구설이 있는데, 안씨 가족의 흥성과 누렸던 부귀영화를 알 수 있다. 또 청(清)나라 때의 조맹부(趙孟頫)의 「유천관산시비(遊天冠山詩碑)」, 동기창(董其昌)의 「말릉려사송회계장생시비(秣陵旅舍送會稽章生詩碑)」 임칙서(林則徐)의 「유화산시비(遊華山詩碑)」 등도 모두 이러한 종류에 속한다.

8. 법첩(法帖) 문자

법첩(法帖)문자는 서예 대가의 필적을 돌에 새겨, 서법을 모방해서 공부하도록 한 것을 말한다. 서안(西安) 비림(碑林)의 제7전시실에 진열되어 있는 '법첩의 시조'라고 불리는 『순화각첩(淳化閣帖)』이 유명하다. 『순화각첩』은 원래 송(宋)나라 태종(太宗)인 조광윤(趙匡胤) 순화(淳化) 3년(992년)에 한림시강학사(翰林侍講學士)인 왕저(王著)에게 명하여, 궁중에 소장된 역대 제왕, 군신 및 서예 대가들이 손수 쓴 글이나 그림을 대추나무판에 모각하여 궁궐에 보존하게 하였다. 탁본을 반포하여 중서성(中書省)과 추비원(樞秘院)의 관리 및 공이 있는 대신에게 하사하였기 때문에, 일반사회에는 널리 퍼지지 않았다.

『순화각첩』은 전체 10권으로 구성되어 있다. 제1권에서 5권까지는 한(漢), 위(魏), 양진(兩晉), 남북조(南北朝), 수당(隋唐)의 제왕과 군신의

仆射에 오르고 河南郡公에 봉해졌다. 武則天이 황제로 등극하는 것을 끝까지 반대했기 때문에, 潭州 都督으로 좌천되었다. 무측천이 정권을 장악하고 나서, 桂州 도독으로 옮기게 되었으며, 다시 愛州 刺史로 좌천되었다. 저수량은 처음에 서예를 虞世南에게 배웠으며, 이후에 王羲之의 서법을 취했다. 歐陽詢, 虞世南, 薛稷과 함께 '初唐四大家'라고 불린다. 「孟法師碑」, 「雁塔聖教序」 등이 전해진다.

법첩으로 구성되어 있는데, 그 중에는 안진경(顏眞卿), 류공권(柳公權), 구양수(歐陽脩), 저수량(褚遂良) 등 대가의 작품들이 대거 들어 있다. 제6권에서 10권까지는 주로 왕희지(王羲之)와 왕희지 부자의 글과 그림으로 구성되어 있다. 그러나 원래의 법첩이 다 새겨지고 난 뒤에 불에 소멸되었으므로, 북송(北宋)시기부터 명청(明淸)시기까지, 관청과 개인이 다시 새긴 각본(刻本)이 매우 많다. 이는 중국 고대 서예의 명성과 업적을 베껴서 널리 퍼뜨리는 데 일조를 하였다. 명(明)나라 태조(太祖)인 주원장(朱元璋)은 그의 아들 주영(朱瑛)에게 원본 탁본을 하사하였다. 명(明)나라 만력(萬歷) 43년(1615년)에 주영의 자손인 헌왕(憲王) 주신요(朱紳堯)는 사람에게 이 탁본으로 돌에 새겨 난주(蘭州)의 숙왕부(肅王府)에 보존하도록 명령하였다. 이에 사람들은 이를 '난주본(蘭州本)'이나 '숙부본(肅府本)'이라고 불렀다. 서안의 비림에 있는 『순화각첩』은 청(淸)나라 순치(順治) 3년(1646년)에 섬서성의 금석가였던 비갑주(費甲鑄)가 '난주본'을 다시 새긴 것이다. 모두 145개의 돌로 이루어져 있으며, 양면에 글을 새겼다. 『순화각첩』은 현재 여러 판본이 존재하나, 서안 각석이 가장 온전한 모양을 하고 있다.

9. 일상생활 문자

옥석문자(玉石文字)에는 또 제명(題名), 제자(題字), 새압(璽押), 제방(題榜), 경계비[界碑], 지권(地券), 율령(律令), 칙고(敕誥), 패방(牌坊), 격언(格言), 생활지식(生活知識) 등과 같은 여러 가지가 존재한다. 예를 들어, 「청관잠각석(淸官箴刻石)」은 달리 「거관잠언(居官箴言)」이라고도 부르는데, 청(淸)나라 도광(道光) 4년(1824년)에 새겼다. 관잠(官箴)의 전체 문장은 다음과 같다.

관리들은 나의 엄숙함을 두려워하지 않고 나의 청렴함을 두려워하며, 백성들은 나의 능력에 복종하지 않고 나의 공정함에 복종한다. 공정함은 백성이 감히 태만할 수 없고, 청렴함은 관리들이 감히 속일 수 없다. 공정함에서 분명함이 나오고, 청렴함에서 위엄이 나온다.(吏不畏吾嚴而畏吾廉, 民不服吾能而服吾公.

公則民不敢慢, 廉則吏不敢欺. 公生明, 廉生威.)

관잠의 저자는 명대(明代)의 연복(年富)이며, 산동성 순무(巡撫)[16]로서, 청렴하며 위엄이 있었다. 이러한 잠어(箴語)는 명대(明代) 홍치(弘治) 14년(1510년)에 돌에 판각한 것이 최초인데, 청대(清代) 시광(始廣) 연간에 널리 퍼져, 산동(山東), 절강(浙江) 등지까지 모각한 깃들이 있다. 서안의 비림에는 모양과 구조가 특이한 비석이 하나 있는데, 머리도 없고 받침도 없이 사각기둥형 모양으로, 4면에 문자가 써져 있으며, 각각의 구절이 모두 명언이기에 「격언비(格言碑)」라고 부른다. 이 「격언비」에는 "입신할 때는 품행을 바로 하고, 집에 있을 때는 근검절약을 하고, 사람을 대할 때는 겸손하여야 하며, 세상살이를 할 때는 참고 양보해야 한다.(立身以行檢爲主, 居家以勤儉爲主, 處人以謙下爲主, 涉世以忍讓爲主.)"라는 구절이 새겨져 있다.

그리고 또 중요한 것이 바로 「행기옥명(行氣玉銘)」(그림_3.17)이다. 이는 가운데가 비어 있는 12면체의 옥기로, 끝부분은 뚫려 있지 않고, 왼쪽에 구멍이 하나 나 있다. 대체로 옥지팡이[玉杖]의 머리장식으로 사용되었을 것으로 추정한다. 현재 천진시 문물관리처(文物管理處)에 소장되어 있다. 글자는 12면에 세로로 새겨져 있으며, 모두 12행 45자로 구성되어 있다.[17] 글자체는 네모반듯하고 정연되어 있으며, 전국(戰國)시대의 한국 청동기인 「표강종(驫羌鍾)」 명문의 스타일과 상당히 비슷하여, 주나라 후기 삼진(三晉) 지역에서 나왔을 것으로 추정된다.

옥명(玉銘)은 행기(行氣)의 방법과 원리에 대해 기록하였다. '행기'는 고대에서 말하는 '도인(導引)'이고, 현대에서 말하는 '기공(氣功)'을 뜻한다. 숨을 내쉬면서 묵은 기운은 내뿜고 숨을 들이면서 새로운 기운을 받아들이는 도인법으로, 신체를 건강하게 만드는 방법을 말한다. 그 시대는 마왕퇴(馬王堆) 한묘(漢墓) 백서(帛書) 「도인도(導引圖)」보다 빨라,

---

16) (역주) 巡撫: 明代에 조정에서 지방에 파견하여 민정·군정을 순시하던 대신

17) 그 중에 중복글자가 9개이고, 8곳에서 중복글자가 보이며, 한 곳은 새긴 것이 누락되었다.

현재까지 행기 원리와 방법에 관련된 최초의 고대 문자자료이다.

그림_3.17 「행기옥명」 및 탁본

제2절 갑골문

갑골문(甲骨文)은 거북의 딱지나 동물의 뼈에 날카로운 도구로 새기거나 붓으로 쓴 문자를 말한다. 문자가 새겨진 거북의 딱지는 배딱지가 대부분이고, 등딱지는 적으며, 동물의 뼈에는 소의 어깨뼈가 대부분이나, 양, 사슴, 돼지, 말의 어깨뼈도 있으며, 소의 목말뼈[距骨], 위팔뼈, 머리뼈, 사슴의 머리뼈, 심지어 사람의 머리뼈도 있다.

갑골문은 칼로 새겨 넣었다 해서 '계문(契文)'이나 '각사(刻辭)'라고도 부른다. 그러나 붓이나 기타 공구로 쓴 것도 극히 드물지만 있다.

현재 발견된 최초의 문자의 성질을 지닌 갑골부호는 하남성 무양(舞陽) 가호(賈湖) 배리강(裴李崗) 문화유적지에서 출토되었다. 그 중 4편의

갑골에 4개의 문자부호가 새겨져 있었다.(그림_3.18):

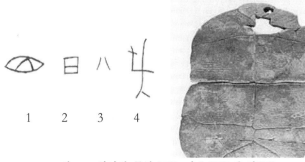

그림_3.18 하남성 무양(舞陽) 가호(賈湖)의 갑골문

위의 그림_1, 2, 3번 자형은 거북의 배딱지에 새겨졌고, 4번 자형은 거북의 등딱지에 새겨졌다.[18] 이러한 문자부호는 지금으로부터 8천여 년 전에 단독으로 나타났기 때문에, 그 환경에 대한 이해가 부족하여 음과 뜻은 아직 밝혀지지 않았다.

이후에 다른 시기의 문화유적지에서 발견된 갑골문 자료는 많다. 예를 보자.

1956년, 섬서성 서주의 중심지 풍호(豐鎬) 유적지의 장가파(張家坡)에서 글자가 있는 갑골이 발견되었다. 그 중에 소의 어깨뼈로 만든 복골(卜骨)이 있으나 대부분 훼손되어 현재는 어깨뼈에서 자루부분만 남아있으며, 그 위에는 문자와 유사한 부호가 새겨져 있었다. 또한 동물의 팔다리뼈로 만든 것도 있는데, 둥근 구멍이 두 개 나 있고, 뼈의 표면에서 구멍과 같은 부위에 글씨의 선이 매우 가는 문자와 비슷한 부호가 새겨져 있었다.

1975년, 북경 창평현(昌平縣)의 백부(白浮) 서주(西周) 무덤에서 갑골이 한 무더기 출토되었는데, 그 중에 어떤 것은 문자가 새겨져 있었다.

1996년, 산동성 환대사가(桓臺史家) 유적지를 조사하고 발굴을 하는

---

18) 칼라 도판은 河南省文物考古硏究所編, 『舞陽賈湖』(北京: 科學出版社, 1999), 984쪽에 보인다.

중에 글자가 새겨진 악석(嶽石) 문화층의 복골(卜骨)이 출토되었다(그림_3.19). 지금으로부터 3천5백~3천7백 년 전의 것으로, 안양(安陽)의 은허(殷墟)에서 출토된 상(商)나라 말기의 갑골문보다도 거의 3백 년이 앞선다.

그림_3.19 환대사가 유적지에서 출토된 악석 문화의 갑골문 탁본

2004년, 산동성 창락현(昌樂縣)에서 약 4천5백 년 전의 동물 뼈 1백여 개가 대거 출토되었다. 이 갑골의 위에는 6백여 개의 부호가 새겨져 있었다(그림_3.20). 어떤 것은 뼈의 단면에, 어떤 것은 뼈의 구멍 안에, 어떤 것은 뼈의 관절 위에 새겨져 있었다. 그 중에는 태양과 비슷한 부호가 5~6개 있고, 삼각형의 부호가 4~5개 있으며, 작은 새의 형상을 한 부호가 4~5개 있었다. 이 부호들은 그 수량이 많은 편이고, 구조와 배치도 일정한 규율을 따르고 있다. 어떤 것은 중복해서 사용되고 있는데, 심지어 연속적으로 배열되는 현상도 있기에 문자의 성질을 갖추고 있으나 현재까지 해독되지 않고 있다.

그림_3.20 산동성 창락현에서 출토된 뼈에 새겨진 그림부호

이상의 갑골부호는 아직 정확하게 해독이 안 되어 있기 때문에, 문자로 간주할지에 대해서는 의론이 분분하다. 완전한 문장으로 기록되어 있으며, 글자양도 비교적 많으면서 기본적인 해독이 가능한 갑골문 자료는 아래와 같다.

1. 안양의 은허(殷墟) 갑골문

이는 하남성 안양(安陽)의 소둔촌(小屯村) 부근에서 출토된 갑골문을 말한다. 이곳이 상(商)나라 도읍의 폐허였기 때문에, 여기에서 출토된 갑골문을 '은허갑골문(殷墟甲骨文)'이라고 부른다. 또한 은허갑골문의 내용이 주로 제왕의 행위에 대한 이로움과 해로움, 질병의 치유여부 및 관련 사람들의 길흉, 날씨와 수확의 좋고 나쁨을 점치는 것이었기 때문에 '복사(卜辭)'나 '정복문자(貞卜文字)'라고도 부른다. 그러나 실제로는 점복에 국한되지 않고, 공물로 바치는 갑골과 그 보존, 국가 간의 왕래와 전쟁, 제사의 계보[祀譜] 및 간지표 등을 기록한 각사(刻辭)도 있다. 그러므로 이러한 별칭으로 부르는 것은 정확한 게 아니다.

1880년 쯤, 한 농부가 하남성 안양 소둔촌 북쪽 부근에서 땅을 갈아 엎으면서 갑골들을 발견하게 되었다. 어떤 갑골은 희미하여 당시 사람들이 인식할 수 없는 부호가 새겨져 있었고, 어떤 것은 붉은 색으로 칠해져 있었다. 1899년, 산동성 유현(濰縣)에서 범유경(范維卿)이라는 골동품상이 이 갑골들을 구매하게 된다. 그는 글자가 있는 이 갑골들이 상당한 가치가 있을 것이라고 보고, 12편의 갑골을 가지고 북경으로 가서 골동품 소장가이자 금석문(金石文)에 정통한 왕의영(王懿榮)에게 보여주었다. 왕의영은 크게 기뻐하면서 후한 금액을 쳐주며 이 갑골들을 구매하고는, 범유경에게 계속 사들이게 하였다. 이때부터 갑골문의 구매·소장·정리·간행 및 과학적인 발굴을 전반적으로 연구하는 갑골학의 역사가 시작되었다. 곽말약이 주관하여 편찬하고, 호후선(胡厚宣)이 편집한 『갑골문합집(甲骨文合集)』(中華書局, 1978~1982)에는 1899년 이후로 80년간 안양의 은허에서 출토된 갑골문 41,956편(그림_3.21과 같이)이 수록되어 있다.

　1973년에는 안양 소둔촌의 남쪽 땅에서 또 새로운 갑골이 발굴되어, 중국사회과학원 고고학연구소의 종소림(鍾少林) 등 5명이『소둔남지갑골(小屯南地甲骨)』(中華書局, 1980~1983)을 편찬하였다. 이 책에는 1973년 과학적인 발굴을 통해, 글자가 있는 갑골 4,589편 및 1975~1977년 소둔 일대에서 채집한 갑골 23편을 합한 갑골 4,612편이 수록되어 있다.

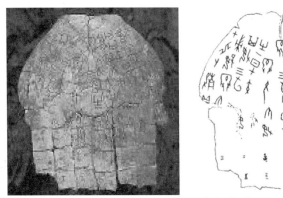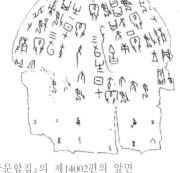

그림_3.21 은허갑골문, 『갑골문합집』의 제14002편의 앞면

　1991년 고고학자들은 또 안양(安陽)의 화원장(花園莊) 동쪽 땅에서 갑골 한 무더기를 발견했다. 이는 은허갑골문(殷墟甲骨文)에서 세 번째로 중요한 발견에 해당된다. 출토된 복갑(卜甲) 1,558편 중 각사(刻辭)가 새겨져 있는 것이 574편(배딱지 557편, 등딱지 17편)이다. 또한 복골(卜骨) 25편 중 각사가 있는 것이 5편이므로, 각사 갑골은 모두 579편이 된다.

2. 대신장(大辛莊)의 상나라 갑골문

　산동성 제남(濟南)의 대신장(大辛莊)은 상(商)나라 문화가 대부분 포함된 고대의 유적지로, 중국 내에서 제일 먼저 발견되고 연구 역사가 가장 오래된 상나라 유적지의 하나이다. 1935년에 발견되고 나서, 발굴과 고증을 여러 차례 거친 뒤에 연대가 확정되었는데, 2003년 봄에 발굴할 때 상나라 갑골문이 발견되었다. 이는 상나라의 도읍지였던 은허 이외에 원생지층(原生地層)에서 처음으로 갑골복사를 발견한 것으로, 갑골학사에서 한 획을 긋는 중대한 고고학적 발견이라고 불린다. 이들을 짜맞추기 하여 완성한 가장 큰 거북 배딱지에는 그 곳의 통치자가 점을 치며 '어제(禦祭)', '온제(溫祭)', '도(徒)' 등에 대해 물어본 내용이 기록되어 있었다. 이를 통해, 우리들은 무정(武丁) 시기에 은허 이외의 상나라 지방귀족들의 제사와 일상생활의 문자에 대한 정보를 처음으로 알게 되었다.

3. 이리강(二里崗)의 상나라 갑골문

1953년 4월, 정주(鄭州) 이리강(二里崗) 상나라 문화유적지에서 "'우' 제사에 숫양을 제물로 드리며 물어봅니다. 풍년이 들까요? 10월이었다. (又屮羴乙貞从受十月)"라는 10개의 글자가 새겨진 소의 갈빗대가 출토되었다. 같은 해 9월, 이곳에서 '우(屮)'자가 새겨졌고, 불로 지진 조(鑿)의 흔적이 있는 거북딱지가 또 발견되었다.

4. 섬서성 주원(周原) 갑골문

주원갑골(周原甲骨)은 서주(西周) 초기(문왕시기를 포함)의 유물로서, 섬서성의 기산(岐山)과 부풍(扶風)이라는 두 현 사이에서 주로 출토되었다. 이곳은 이전에 주원이라 불리었으며, 서주 왕조의 발상지였다.

1977~1979년, 섬서성 기산현(岐山縣) 봉추촌(鳳雛村) 유적지에 있는 두 개의 땅굴에서 갑골 1만7천 편이 출토되었는데, 그 중에 글자가 있는 것이 289편이다. 섬서성 부풍현(扶風縣) 황퇴향(黃堆鄕) 제가촌(齊家村)의 북쪽 일대에도 서주 갑골이 다수 출토되었는데, 그 중에 글자가 있는 거북딱지 1편과 복골(卜骨) 5편이 있다. 2002~2003년, 제가촌 유적지에서

주원 갑골이 다시 발견되었다. 발견된 복골 22편 중, 글자가 있는 6편에는 서주시기 주원지역에 거주하면서 왕실과 통혼한 다른 성을 가진 귀족들이 질병을 점친 내용이 기록되어 있다.

통계에 따르면, 청(淸)나라 말에서 지금까지 글자가 있는 갑골 7만여 편이 발견되었다. 글자 수는 4천여 자로 계산되며, 식별할 수 있는 문자도 이미 1천여 자나 된다.

제3절 토기 와당 문자

토기 와당[陶瓦] 문자는 토기와 와당 등 흙으로 만든 기물에 그렸거나 새겨 넣은 부호나 문자를 말한다.

1. 토기부호[19]

토기부호[陶符]는 주로 상고시대의 원시사회 말기와 역사시기 초기에 토기에 새겨 넣었거나 채색으로 그린 부호를 말한다. 20세기 이후로, 고고학 작업이 들판에까지 확대되면서 끊임없이 발견되었다. 아래는 문화유적지의 측정연대의 순서에 따라 간략하게 설명하였다.

(1) 쌍돈(雙墩) 문화 유적지의 토기부호

안휘성 방부시(蚌埠市)의 쌍돈(雙墩) 문화 유적지는 7천여 년 전쯤에 생겨나, 가호(賈湖)의 각부(刻符)보다는 1천여 년이 늦고, 앙소(仰韶) 문화

---

19) 王蘊智, 「遠古陶器符號摩記」, 『書法報』第1, 3, 5, 7, 9, 11, 13, 15, 17, 19, 21, 23, 25, 27, 29期(1994) 참조. 본 절의 토기부호와 그림은 전부 이 글에서 발췌하였다.

유적보다는 약간 빠르거나 같은 시대이다. 여기에서 607개의 토기, 석기, 뼈, 조개에 그림이 새겨진 부호가 출토되었다. 이는 지금까지 세계에서 발굴된 동시대의 다른 유적지와 비교할 수 없을 정도로 많은 수량이다. 이 부호들은 대부분 질그릇[陶碗], 흙 사발[陶缽]의 바깥쪽 아래 및 나팔 모양의 높은 두루마리 발[圈足]에 그림이 새겨져 있는데, 일반적으로 하나의 그릇에 하나의 부호가 새겨져 있었다. 어떤 것은 물고기, 돼지, 사슴, 새 등 동물과 일부 식물의 형상이고, 어떤 것은 단순한 선이나 선의 조합으로 구성되었다(약 60종 146가지). 이 조형에 사용되는 소재도 광범위한데, 선, 네모, 동그라미를 같이 사용하여 변화도 다채로우며, 일부는 여러 모양을 조합한 복잡한 것도 있었다. 이는 당시의 그물 짜기와 물고기 잡이 및 수렵생활을 반영하였다(제2장 그림_2.3을 참고).

어떤 사람은 쌍돈 각획부호가 회화(淮河) 중류에 거주하는 회이족(淮夷族)이 최초로 만든 자부(字符)라고 여기고 있다. 그래서 한족(漢族)은 화하족(華夏族) 뿐만 아니라, 쌍돈 문화를 창조한 회이족 및 당시 화하족에게 이민족[夷族]이라고 불리는 민족을 포함하고 있으며, 한자의 발전과정에서 이민족 등 소수민족이 창조한 일부 부호를 흡수하였다고 설명하였다.[20]

(2) 앙소(仰韶) 문화 유적지의 토기부호

앙소(仰韶) 문화 유적지는 지금으로부터 6천여 년 전에 생겨났다. 1960년대부터 발굴되기 시작하여, 동일한 문화유형의 유적지가 여러 곳 있다. 그 중, 서안의 반파촌(半坡村)에서 부호가 새겨진 토기조각이 133개, 부호 27종이 출토되었다. 강채(姜寨)에서 토기조각이 129개, 부호가 38종 출토되었다. 감숙성의 진안현(秦安縣) 대지만(大地灣) 앙소 문화층에서는 토기조각이 10여 개, 부호가 10종 출토되었다. 섬서성 보계시(寶雞市) 북수령(北首嶺)에서는 검은 색으로 채색된 부호가 3종 출토되었다.

---

20) 王昌燧·趙曉軍, 「雙墩刻畫符號: 中國文字的起源?」(『光明日報』, 2003-7-16)참조.

이러한 부호는 대부분 사발 모양 용기의 구연(口沿: 아가리의 테두리)에 만들어진 검은 색의 넓은 띠무늬에다 뾰족한 모양의 도구로 새겨 넣었으며, 하나의 용기에 하나의 부호가 새겨져 있다. 어떤 부호들은 중복해서 나타나기도 하는데, 같거나 비슷한 부호를 요약하면 대략 60종의 부호가 있다(그림_3.22 좌). 하남성 여주시(汝州市) 홍산묘(洪山廟)에서도 앙소 문화에 속하는 토기부호들이 발견되었다(그림_3.22 우).

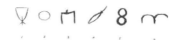

그림_3.22 앙소 문화의 토기부호

(3) 대계(大溪) 문화의 토기부호

호북성 의창시(宜昌市) 양가만(楊家灣) 유적지는 대략 기원전 4천~3천4백 년 전의 신석기 시대 중기의 대계(大溪) 문화에 속한다. 1981년에 이 유적지에서 출토된 토기의 바깥 바닥부분에 50여종의 부호가 발견되었다(그림_3.23의 1~41). 이전에는 호북성 청수탄(淸水灘) 유적지에서도 토기부호가 몇 종류 발견되었다.

그 중에서 시대가 빠른 것이 대계 문화(그림_3.23의 42, 46)에 속하고, 시대가 늦은 것이 굴가령(屈家嶺) 문화에 속하는데(그림_3.23의 43, 44, 45), 굴가령 문화의 대표 연대는 기원전 2천8백~2천6백 년 정도이다.

그림_3.23 대계 문화(굴가령 문화를 포함)의 토기부호

(4) 숭택(崧澤) 문화의 토기부호

1960년대 초기와 1970년대 중기에, 상해의 청포구(青浦區) 숭택촌(崧澤村)에서 출토된 기원전 3910~3230년의 토기로 된 정(鼎), 두(豆), 호(壺) 등의 어깨나 목이나 다리에 그림을 새긴 부호 8종류가 발견되었다(그림_3.24). 이 부호들의 조형을 장강(長江) 중류의 대계 문화에서 사선과 직선을 많이 사용한 것과 비교해 봤을 때, 곡필(曲筆)과 대칭의 원칙을 많이 활용하여, 선이 자유롭고 조화로워 짜임새가 중후하고 체계적이다.

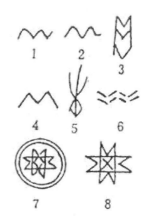

그림_3.24 숭택 문화의 토기부호

(5) 양저(良渚) 문화의 토기부호

1930년~1970년대에 숭택 문화보다 늦은 절강성 항현(杭縣) 양저 문화 유적지, 상해 마교진(馬橋鎭) 양저 문화 유적지, 강소성 오현(吳縣) 징호(澄湖) 고정군(古井群) 유적지 및 상해 정림(亭林) 유적지에서 출토된 양

저 문화에 속하는 각종 토기에서 각획(刻劃) 부호가 20여종 발견되었다 (그림_3.25). 이 부호들이 순서대로 연이어 새겨진 예가 여러 번 나타나는 것을 보면, 그 기능이 문헌적인 성격을 띠고 있다는 것에 주의할 필요가 있다. 예컨대, 마교(馬橋)의 토기 잔[陶杯]의 아랫부분에 있는 두 개의 부호(그림_3.25의 14, 15)와 징호(澄湖)의 귀 달린 호리병[貫耳壺]에 있는 4개의 부호(그림_3.25의 18~21)를 들 수 있는데, 그 중에서 18번 부호의 모습이 숭택 문화의 8번과 비슷하다. 선사시대의 토기부호들이 순서대로 연속해서 새겨진 모습은 앞에서 언급한 정공촌(丁公村)의 토기 문자 이외에, 양저(良渚) 문화가 가장 전형적이며 예도 가장 많다. 비슷한 상황으로는 1980년대 항주(杭州)의 남호(南湖)에서 발견된 흑도 장군[黑陶罐]이 있는데, 어깨부터 윗배[上腹]까지의 위치에서, 시계바늘 방향으로 연속해서 8개의 부호가 새겨져 있다[21]. 1936년, 양저(良渚)에서 발견된 흑도 제기 소반[黑陶豆盤]의 테두리에도 8개의 도안모양의 부호가 새겨져 있다[22]. 그 외에 미국의 수집가가 40년대에 항주에서 구입한 토기로 만든 진한 회색의 귀 달린 호리병[灰黑陶貫耳壺]의 두루마리 발[圈足] 내벽에도 5개의 부호가 가로로 한 줄로 새겨져 있다(그림_3.25의 23~27)[23].

그림_3.25 양저 문화의 토기부호

21) 餘杭縣文管會 편, 「餘杭縣出土的良渚文化和馬橋文化的陶器刻劃符號」, 『東南文化』 第5期(1991), 184쪽의 그림_5.

22) 何天行, 『杭縣渚鎮之石器與黑陶』(上海: 吳越史地研究會出版, 1937), 6쪽, 8쪽 참조.

23) 李學勤, 「海外訪古續記(一)」, 『文物天地』 第2期(1993) 참조. 饒宗頤는 이 토기부호에 있는 부호를 9개 풀이하였다. 「哈佛大學所藏良渚黑陶上的符號試釋」, 『浙江學刊』 第6期(1990).

(6) 대문구(大汶口) 문화의 토기부호

1960년대부터 대문구(大汶口) 문화의 말기에 속하는 산동성 거현(莒縣) 능양하(陵陽河), 대주촌(大朱村), 제성(諸城)의 전채(前寨) 등의 유적지에서 출토된 회도대구준(灰陶大口尊) 및 그 잔편에서 17사례 8종류의 그림부호들이 발견되었다. 이후에 산동성 영양현(寧陽縣) 보두촌(堡頭村)에서 출토된 회도배호(灰陶背壺)에서 채색그림부호가 발견되었다. 이 부호들(그림_3.26)은 4천5백 년 정도 전의 것으로, 상형성이 강하다고는 하나 기능과 작용이 다른 추상적인 부호들과 같이 위치가 기본적으로 고정되어 있으며, 일반적으로 하나의 기물에 하나의 부호가 존재한다. 반복적으로 사용하는 횟수도 더욱 많아졌고, 언급하는 지역의 범위도 더 넓어졌다는 점이 두드러진다. 예를 들어, 1, 2의 두 형체는 사방 백리 안의 능양하(陵陽河), 대주촌(大朱村), 전채(前寨) 등 서로 다른 유적지에서 연달아 6번 나타난다.

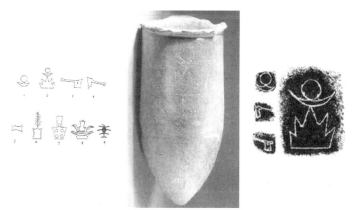

그림_3.26 대문구 문화의 토기부호

(7) 서초산(西樵山) 문화의 토기부호

서초산(西樵山) 문화는 남방에 있는 백월족(百越族)의 '선월문화(先越文化)'에 속하며, 광동성 및 홍콩과 마카오 연해의 섬에 분포하고 있다. 1970년대 중·후기에 광동성의 불산시(佛山市) 하탕촌(河宕村) 및 고요시(高要市) 모강촌(茅崗村)이라는 두 곳에서 신석기 시대 말기의 토기 부호 80여 개가 발견되었다. 이 부호들은 약 4500년 전의 것으로, 원시적인 형상을 하고 있으며, 엉성하고 거칠게 그림을 새겼다. 붓으로 직선으로 꺾어서 그린 것이 대부분(그림_3.27의 1~10)이나, 고요시 모강촌의 부호(그림_3.27의 11)와 같이 곡선을 이루는 것도 있다.

그림_3.27 서초산 문화의 토기부호

(8) 도사(陶寺)와 마가요(馬家窯) 문화의 토기부호

산서성 양분현(襄汾縣)의 도사(陶寺) 유적지는 탄소14 동위원소의 연대측정을 거쳐, 지금으로부터 4000~4600년 전의 것으로 알려져 있는데, 이는 중국고대의 전설 속의 요(堯)·순(舜)·우(禹)의 시기와 거의 같다. 도사 말기의 구덩이에서 물을 퍼 올리기 위해 만든 편호(扁壺)가 출토되었는데[24], 출토 당시 이미 부서져 있었으나(그림_3.28), 편호의 볼록한 면의 한쪽에 붉은 색으로 '문(文)'자가 써져 있고, 다른 편평한 면에는 붉은색

---

24) 李健民, 「論陶寺遺址出土的朱書"文"字扁壺及相關問題」, 『中國書法』 第10期(2000).

으로 쓴 문자[朱書文字] 부호가 여러 개 나타나 있다. 또 편호의 부서진 조각의 가에 붉은 색으로 된 '가로획[一]'이 둘려져 있는데, 이는 부서지고 난 뒤에 그려진 것이다. 이 편호의 붉은 색으로 쓴 문자[朱書文字]에는 붓끝이 있어, 붓과 같은 공구로 써진 것으로 보인다.

하노(何駑)는 「도사 유적지에서 출토된 편호의 '문자' 연구(陶寺遺址扁壺'文字'新探)」[25]를 저술하면서, 편호의 뒷면에 있던 원래 두 개의 부호로 간주되었던 주서(그림_3.28의 왼쪽)를 하나의 글자로 보고, 이 자부(字符)는 상·중·하 세부분으로 나누어진다고 여겼다. 윗부분에는 모서리가 있는 '마름모[◇]' 즉 '토(土)'자가 써져 있고, 가운데 부분에는 '가로획[一]'이 그어져 있고, 아랫부분에는 '절(卩)'자가 써져 있어, 이 셋을 합치면 고대의 '요(堯)'자가 된다. 즉, 중국 고대 전설 속의 요임금[帝堯]의 명칭인 것이다. 갈영회(葛英會)는 「요임금 이름의 해석을 통해 문명의 탐원을 추진하자(破譯帝堯名號, 推進文明探源)」라는 글에서 하노의 의견에 동의하고는 보충해서 논증하였다.

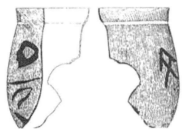

그림_3.28 도사(陶寺) 문화의 토기부호

마가요(馬家窯) 문화 유적지는 지금으로부터 약 4천 년 전의 것으로, 1930~1970년대에 지속적으로 발굴되었다. 이는 청해성 동부에 있는 유만(柳灣)의 마창(馬廠) 유적지와 감숙성의 반산(半山) 유적지 두 곳에서 주로 볼 수 있다. 바싹 말린 토기의 하복부에 안료로 그림이 그려져 있고, 토기마다 부호가 하나씩 있다. 어떤 부호들은 반복해서 나타나, 모두

25) 『中國文物報』, 2003-11-28.

140여 종(제2장의 그림_2.4를 참고)의 부호들이 보인다. 이 부호들은 토기 제작자 혹은 씨족을 나타내는 기능을 하고 있다.

도사(陶寺) 문화와 마가요(馬家窯) 문화는 중국에서 붓을 제작해서 사용한 역사가 매우 오래되었다는 것을 나타내고 있다.

(9) 용산(龍山) 문화의 토기부호

용산(龍山) 문화 유적지는 1920년대부터 지속적으로 발굴하여, 관련된 지역이 매우 광범위하다. 산동성 역성(歷城)의 용산진(龍山鎭) 성자애(城子崖)26) 유적지, 청도(靑島)의 백사(白沙) 조촌(趙村)(채집), 하남성 및 섬서성 등 용산(龍山) 문화에 속하는 유적지에서 20종에 가까운(그림_3.29) 토기의 훼손된 조각에 새겨진 부호를 각각 볼 수 있다. 이 부호들은 원시사회 말기에 속하는 것으로, 문헌에 기록된 우하(虞夏)시기에 가깝다. 앙소 문화의 부호와 그 형태가 일맥상통하지만 더 발전된 양상을 하고 있다. 예를 들어, 하남성 등봉시(登封市)의 왕성강(王城崗) 유적지에서 출토된 흑도 그릇[黑陶器]의 파편 바닥의 외부에 새겨진 부호(그림_3.29의 5)는 갑골문에서 '공(共)'자의 형체 및 그것을 쓰는 방법과 직접적인 연관이 있을 수 있다.

그림_3.29 용산 문화의 토기부호

1992년 산동성 추평현(鄒平縣) 정공촌(丁公村)의 한 구덩이에서 용산 문화 말기에 해당되는 광을 낸 회도 동이[灰陶盆]가 출토되었다. 이 동

---

26) (역주) 중국 黃河 하류 지역의 신석기 시대 龍山 문화 유적지를 말한다. 산동성 章丘市 龍山鎭 東武原河의 동쪽 연안에 위치해 있다.

이의 밑바닥에 해당하는 잔편에는 11개(혹은 12개)의 부호가 새겨져 있었다(그림_3.30). 이 부호들은 훼손된 조각을 배치해서 쓴 것처럼 보인다. 기물을 표시하는 기능이 아닌, 문헌을 쓰는 성질을 띠고 있기 때문에 '도서(陶書)'라고 부른다. 이 부호들의 절대연대가 지금으로부터 약 4천1백~4천2백 년 전이라는 것은, 하(夏)나라 이전, 가장 늦어도 하나라 초기에 이미 한자문명시대에 들어섰다는 것을 설명하고 있다.

1993년 4월에서 1996년 4월까지, 남경박물원(南京博物院)의 고고연구소(考古研究所)는 장강(長江)과 회강(淮江) 사이에 있는 고우(高郵) 용규장(龍虯莊) 유적지27)를 4차례 지속적으로 발굴하였다. 처음 발굴할 때, 강가에서 광을 낸 진흙재질의 흑도 동이[黑陶盆]의 테두리 파편을 채집하였다. 윗부분에는 문자와 유사한 8개의 그림을 새긴 부호(그림_3.31)가 두 줄로 새겨져 있었다. 왼쪽 줄의 4개의 부호는 갑골문과 비슷하고, 오른쪽 줄의 4개의 부호는 동물의 그림과 비슷하다. 새긴 글은 붓으로 매우 가늘게 그렸는데, 그 기법이 상당히 숙련되어 있으며, 전체 글은 완벽한 의미를 가지고 있다. 이는 산동성 추평현 정공촌 유적지에서 용산문화 말기에 속하는, 글을 새긴 토기 조각을 발견한 이후로 매우 중요한 고고학적 발견이다. 이렇게 토기문자[陶文]가 갑골문 연대보다 천년이나 앞서기에, '갑골문의 기원일 가능성이 매우 높다'28). 이와 같이 풍부하고 뛰어난 그림과 글자가 새겨진 토기 조각이 중국에서 처음으로 발견된 것이었다. 남경박물관의 장민(張敏) 연구원은 용규장(龍虯莊) 유적지를 '왕유방(王油坊)29) 유형의 용산 문화'로 규정하고, 이 연대가 '기

---

27) (역주) 高郵 龍虯莊 유적지: 현재 중국의 중점문물보호지로 지정되어 있다. 이 유적지는 지금으로부터 7000에서 5000년 전의 것으로, 강소성의 高郵市 龍虯鎭에 위치해 있다. 이는 장강과 회강의 동부 최대의 신석기 시대 초기 유적지로서, 문화유적과 출토 문화문물이 한꺼번에 가장 많이 발견된 곳이기도 하다. 1993년 龍虯莊 유적지의 발견은 중국에서 고고발굴지의 10대 신발견지의 하나로 평가되었으며, 2011년 강소성에 위치한 대형 유적지로 평가받고 있다.

28) 胡玉梅, 「江蘇考古最新發現: 高郵陶文早過甲骨文1000年」(『揚子晚報』, 2003-10-24) 참조.

29) (역주) 王油坊 고대 문화 유적지: 永城市 王油村 동북쪽 400미터인 곳에 있다. 중국 사회과학원의 洛陽考古研究所가 1977년에 두 차례 발굴하여,

원전 2천2백 년보다 빠르지 않는' 바로 요(堯) 임금 시대의 유물이라고 고증하였다.

이렇게 도서(陶書)의 성질을 띠는 두 부호를 일부 학자들은 한자의 체계에 속하지 않는, 소수민족의 문자나 기타 성질의 부호일 가능성이 있다고 여겨 한자와 관련이 없다고 생각하고 있다. 그러나 한자의 여러 기원설을 고려한다면, 이 자료들도 한자발전의 긴 역사에서 마땅히 주목해야 할 부분이다.

그림_3.30 산동성 추평현(鄒平縣)   그림_3.31 강소성(江蘇省)
정공촌(丁公村)의 도서(陶書)   고우룡규장(高郵龍虯莊)의 도서(陶書)

(10) 소하연(小河沿) 문화의 토기 각부(刻符)

1977년, 요녕성 소오달맹(昭烏達盟)의 석붕산(石棚山) 소하연(小河沿) 문화30)의 씨족묘지에서 출토된 토기에서, 모두 12종의 부호(그림_3.32)가

건물의 토대 11곳, 구덩이 25개, 무덤 14곳에서 대량의 용산 문화 말기에 속하는 陶石, 骨蚌, 角器가 출토되었다. 이러한 발굴은 인류의 조상이 4천 여 년 이전에 이 토지에서 생활하였으며, 농업, 어렵, 수공업이 비교적 발달해 있었다는 것을 나타내주고 있다. 이것들은 모두 중국의 원시문화와 하나라 문화를 연구하는데 중요한 자료가 된다. 현재 중국의 중점문물보호지로 지정되어 있다.

30) (역주) 소하연 문화: 敖漢旗 小河沿鄉 白斯朗營村 子南臺 유적지로 명명

발견되었다. 그 중에 사복관(斜腹罐)의 한켠에는 원형에 끝이 뾰족한 모양의 집이 새겨져 있고, 집 앞에 격자형의 밭이 그려졌다. 또 다른 한 켠에는 호선형으로 나란히 새겨진 5개의 부호(1-5)가 새겨져 있다. 이들은 양저(良渚) 문화의 그림을 새기는 습관과 비슷하다. 이 부호들의 형상은 독특하고 구조는 복잡하며, 복잡함과 단순함의 변화가 풍부하다. 어떤 부호(11, 12)는 반복해서 나타나고 있고, 또 어떤 부호는 마가요(馬家窯) 문화의 부호나 심지어 갑골문(甲骨文)과 그 형체가 비슷하거나 같기 때문에, 비교적 선진적인 단계에 있다는 것을 알 수 있다.

그림_3.32 요녕성 소하연의 토기부호

(11) 이리두(二里頭) 문화의 토기 각부(刻符)

황하 중류의 용산 문화를 계승한 이리두(二里頭) 문화는 이미 화하 문명사에 속하며, 하나라 문화와 상나라 문화의 표지가 된다. 1960년대 초, 하남성 언사(偃師) 이리두 말기 유적지에서 24종의 토기 각화부호(그림_3.33의 1~24)가 발견되었다. 1970년대 중·후기에 이리두 문화에 속하

된 곳이다. 그것은 紅山 문화보다는 늦고, 夏家店 문화보다는 빠르다. 시대는 기원전 3000년 정도의 中原廟底溝 2기 문화와 대체로 같다. 이 문화에 속하는 유적지로는 林西의 鍋撐子山, 敖漢旗 石羊의 石虎山 墓地, 喀喇沁旗 樓子店의 西山, 赤峰市의 三座店, 遼寧의 朝陽廟前地 등이 있다. 소하연 문화는 홍산 문화를 단순하게 계승한 것이 아니다. 홍산 문화와 연관도 있고 차이점도 있다. 소하연 문화는 발굴을 한 南臺地 외에 또 翁牛特旗의 石棚山墓地가 있다.

는 섬서성 상현(商縣)의 자형(紫荊) 제3층 유적지에서 4종의 부호(그림 _3.33의 25, 26이며, 다른 하나는 8과 같고, 하나는 분명하지 않다)가 또 발견되었다. 이후에 도장부호[戳記符號]를 포함한 다른 부호들이 발견되었다. 이 부호들은 각각 독립적인 형태를 이루고 있어 문자 같은 느낌이 들며, 상나라 갑골문과 많이 비슷하거나 같다.

그림_3.33 이리두 문화의 토기부호

(12) 정주(鄭州) 상나라 유적지의 토기 각부(刻符)

1952~1955년, 정주(鄭州)의 이리강(二里崗) 유적지에서 43개, 20여 종의 부호(그림_3.34의 1~22)가 발견되었으며, 남관외(南關外) 유적지에서 토기 각부(刻符) 9종(그림_3.34의 23~31)이 발견되었다. 또 정주의 상성(商城)에서 출토된 토기의 훼손된 조각에서, 눈 모양의 부호(그림_3.34의 31)가 발견되었다. 이러한 부호는 대부분 대구준(大口尊)의 주둥이 가장자리의 안쪽에 새겨져 있었으며, 하나의 토기에 하나의 부호가 있었다. 상나라 중기에서도 빠른 시기에 속하며, 은허 문자보다도 이르다.

그림_3.34 정주 상나라 유적지의 토기부호

(13) 고성(藁城) 대서촌(臺西村) 유적지의 토기부호

1974년과 1979년, 하북성 고성현(藁城縣) 대서촌(臺西村)의 상나라 유적지에서 발견된 토기의 훼손된 조각 77점에 모두 26종의 부호가 새겨져 있었다(그림_3.35). 대서촌 유적지는 초기와 말기, 두 시기로 나뉜다. 초기는 정주의 이리강 상층(上層) 문화와 같고, 말기는 안양의 은허 1기 문화와 같다. 은허보다 시기가 앞선, 하북성 경계 안에서 발견된 토기부호로는 자현(磁縣)의 하칠원(下七垣)[31]의 세 번째 문화층(상나라 초기) 2점, 두 번째 문화층(상나라 중기) 8점 및 형대(邢臺)의 조연장(曹演莊)(상나라 중기) 2점이 있다. 이 부호들은 이미 매우 반듯한 모양을 하고 있고, 갑골문·금문과 비슷하거나 같은 점이 많으므로, 대조하여 지금의 글자로 옮길 수도 있다.

그림_3.35 하북성 고성현 대서촌의 토기부호

(14) 강서성 오성(吳城) 유적지의 토기부호

1970년대 초, 강서성의 오성(吳城) 유적지를 4차례 발굴하여, 총 141

---

31) (역주) 下七垣 유적지: 하북성 磁縣 時營村의 서남쪽에 위치해 있다. 유적지의 문화적 내포가 굉장히 풍부하여, 일부 戰國시대 무덤을 제외하고 모두 선상(先商) 유물이 존재하고 있다. 현재 하북성 중점문물보호지로 지정되어 있다. 先商文化는 상나라 湯이 夏를 멸하기 이전에 商族이나 商族이 주체가 되어 창조한 고고학 문화를 말한다. 수많은 유적지를 발굴하여 출토한 문물을 분석해 보면, 전체 商族의 활동중심지는 石家莊 滹沱河 유역을 경계로 남쪽으로 펼쳐져 있으며, 아울러 邯鄲의 漳河 유역이 핵심지가 된다.

개의 부호가 있는 토기 102점이 출토되었다. 그 중에서 오성 1기 문화(商代의 중기에 해당한다)에 속하는 것은 25점의 토기이며, 여기에 49개의 부호가 존재한다. 2기 문화에 속하는 것은 59점의 토기이며, 73개의 부호가 존재한다. 3기 문화에 속하는 것은 18점의 토기이며, 19개의 부호가 존재한다(2기와 3기는 안양의 은허시기와 같다). 중복된 것을 빼면 그림_3.36과 같이 정리할 수 있다. 이 부호 중에서 어떤 것은 다른 문화 유적지에서 나타나며, 어떤 것은 은허의 갑골문과 형태가 동일하다. 또한 다음과 같은 2가지 특징은 주의할 필요가 있다. 첫째, 연속으로 써진 부호가 많다는 점이다. 예를 들어, 회도발(灰陶鉢) 2점의 밑바닥 부분에서, 한 점은 7개의 부호(1~7)가 세로로 2줄 연속으로 써져 있고, 다른 한 점도 4개의 부호(32~35)가 2줄로 연속으로 써져 있다. 또 8~12까지 모두 5개의 부호가 나란히 써져 있으며, 13~24까지 12개의 부호가 세로로 연속으로 써져 있다. 어떤 것은 붓으로 연속으로 새겨놓았는데, 정공촌의 도서(陶書)와 유사하여 독특한 특징을 가지고 있다. 둘째, 이중에서 3개의 부호는 눌러 찍은 것[壓印](56에 2번 출현 및 57)에 속한다는 점이다. 동주(東周)시기에 이르러 토기에 도장을 찍은 것이 점차 많아지게 되는데, 이것이 전각(篆刻) 도장의 효시가 된다.

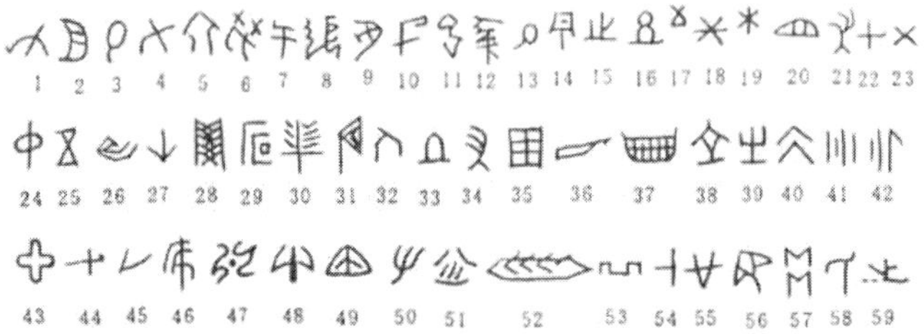

그림_3.36 강서성 오성의 토기부호

2. 토기문자

토기문자[陶文]는 토기에 새겨진 명확하게 해독이 가능한 문자를 말한다. 현존하는 전국(戰國)시대 토기문자의 내용에 따라, 아래와 같이 몇 종류로 나눌 수 있다.

① 개인의 이름이 새겨진 토기문자[私名陶文]:
  '왕양(王洋)'이나 '도공오(匋攻午)' 등과 같이 토기에 제조자의 이름을 새긴 것을 말한다. 그 밖에 대량의 한 글사로 된 토기문자[單字陶文]가 있는데, 이러한 토기문자는 도공의 이름을 가리키는 것이다.
② 관청의 이름이 새겨진 토기문자[官方陶文]:
  이는 '양성창기(陽城倉器)'와 같이 토기를 사용한 관청의 이름이 새겨져 있다.
③ 날짜나 관직이 새겨진 토기문자[記事陶文]:
  이 토기문자는 개인의 이름과 관청의 이름 앞에 날짜나 관직의 이름을 기록한 것을 말한다.

3. 와서(瓦書)

와서(瓦書)는 먼저 고운 흙을 빚어 질그릇을 만들고 나서, 질그릇이 조금 마르고 난 뒤를 기다렸다가 다시 칼로 글자를 새겨 만든 것이다.

현재 볼 수 있는 동주(東周)시대의 와서(瓦書) 문자는 「진봉종읍와서(秦封宗邑瓦書)」(그림_3.37)가 대표적이다. 1948년에 출토된 「진봉종읍와서」는 길이 24cm, 너비 6.5cm, 두께 0.5~1cm인 토기에 새겨져 있다. 현재 섬서사범대학(陝西師範大學) 도서관에 소장되어 있다. 와서는 앞뒤 두 면에 120자의 글자가 9줄로 새겨져 있다(합문을 포함). 명문(銘文)에는 진(秦)나라 혜왕(惠王) 4년, 진(秦)나라의 우서장(右庶長)[32]이었던 촉(歜)의

---

32) (역주) 상앙의 變法이전에, 秦나라에는 大庶長, 右庶長, 左庶長, 駟車庶長이라는 4개의 서장이 존재했다. 4개의 서장은 작위이면서 관직이었다. 대서장은 국왕을 보조하므로 초기의 승상과 대체로 같다. 우서장은 왕족인 대신이 정치를 이끄는 것이고, 좌서장은 왕족이 아닌 대신이 정치를 이끄는 것을 말한다. 사차서장은 왕족의 사무를 전담하여 맡는 사람을 말한다. 4개의 서장에서 왕족이 아닌 대신이 담당하는 좌서장을 제외하고는 나머지는 전부 왕족이 관직을 담당하였다. 상앙의 변법 이후에, 秦나라의 관직

봉읍을 하사한 경위가 기록되어 있다. 와서의 문자는 분명하고 완벽해서 전국(戰國)시대 중기의 봉읍(封邑)제도를 이해하는데 없어서는 안 될 진귀한 실물자료이다. 진(秦)나라의 전각으로 써져 있고, 상앙방승(商鞅方升)33) 및 진권(秦權)34)의 조판(詔版)문자 스타일과 비슷하다. 글을 해석하면 다음과 같다.

4년, 주(周)나라 천자께서 경대부 진(辰)을 시켜 문왕과 무왕의 제사 지낸 고기를 보내왔다. 11월 신유(辛酉)일에 대량조(大良造)와 서장(庶長)을 겸직한 유(遊)가 명을 받아 말했다. "두(杜) 땅을 취해 풍구(酆邱)로부터 흥수(滴水)에 이르기까지 우서장(右庶長)인 촉(歜)의 종읍(宗邑)으로 삼도록 하라." 이를 기와에다 새겨서, 사어(司御) 불경(不更) 골(顝)로 하여금 그것을 봉하는 일을 담당하도록 하였다. 그리고 이

그림_3.37 「진봉종읍와서(秦封宗邑瓦書)」

렇게 말했다. "자자손손 종읍(宗邑)으로 삼도록 하라." 4년 11월 계유(癸酉)일에 그 땅을 하사하였다. 상곽(桑崞)의 봉토 동쪽으로부터 북쪽으로는 상언(桑隁)의 봉토에 이르기까지였는데, [이상은 앞면] 1리 20집(輯)이었다. 토지담당

제도는 中原變革을 모방하여, 승상이 전체 행정업무를 총괄하게 되었다. 각각의 서장은 무공 작위로 바뀌게 되면서 더 이상 실질적인 권력은 존재하지 않게 되었다.

33) (역주) 상앙방승: 전국시대 중기의 청동기로, 높이 2.32cm, 전체길이 18.7cm, 용적 202.15ml이다. 이는 현재 상해박물관에서 소장하고 있다. 이것은 전국시대 秦나라의 표준 계량기로, 지극히 중요한 사료적 가치를 지닌다.

34) (역주) 1973년, 礫山에서 출토된 秦나라의 鐵權은 진시황이 도량형을 통일할 때, 일관되게 주조한 衡具로 중국에서 오로지 두 점만이 있는, 희소 가치가 있는 문물이다.

관(大田)은 좌오동(佐敖童) '미(未)', 기록한 자는 '초(初)', 복관(卜官)은 칩사(蟄史)가 담당했다. 이들 셋이 이 일의 진행에 참여하였다. 사어(司禦)는 심(心)이 이러한 내용을 와편에 기록하여 땅에 묻고 봉해 둔다. [이상은 뒷면]35)

---

35) (역주) 이 瓦書는 秦 惠文王 4年(기원전 334)에 작성되었다. 『史記·周本紀』와 『史記·秦本紀』에 모두 이 해에 "천자께서 문왕과 무왕의 제사지낸 고기를 하사하셨다.(天子賜文武胙.)"라는 기록이 있는데, 당시 주나라 천자는 周 顯王이었을 것이다. 그가 사람을 보내 文王과 武王의 제사지낸 고기를 秦에 하사하였다는 것은 당시 秦의 세력이 강성했음을 보여준다. 大良造는 秦의 관직에서 16등에 해당하며, 지위가 매우 높았으며, 대체로 이후의 相邦 정도에 해당하였다. 秦 孝公 때 商鞅이 이 관직을 맡은 적이 있다. 庶長이라는 이름은 매우 일찍 등장하여 孝公 이전부터 나오며, 庶長의 권력은 대단하여 어떤 때에는 國君을 폐위하기까지 했다. 瓦書에서 大良造와 庶長을 함께 언급하였는데, 이는 「商鞅鐓」에도 보인다. 아마도 이때의 大良造는 官名이고 庶長은 爵名이었을 것인데, 遊가 이 관직을 맡고 있었다. 그래서 君命을 출납하여 宗邑을 봉토하는 일을 선포하였던 것이다. 宗邑을 하사받은 庶長의 이름은 歜인데, 陳直의 연구에 의하면 그는 바로 秦 昭王 때의 魏冉을 相으로 삼았던 客卿 壽燭을 말한다고 한다. 宗邑은 杜縣에 있었는데, 杜縣은 지금의 西安 南杜城村 부근이다. 酆邱는 西周의 도성이었던 酆京의 옛 땅이다. 滈水는 長安의 8대 수맥 중의 하나이다. 그러나 지금은 물길이 바뀌어, 오늘날의 滈水와 완전히 들어맞지는 않는다. 惠文王은 酆邱와 滈水 사이의 땅을 右庶長에게 하사하여 宗廟를 짓도록 하고 대대로 세습하게 하였던 것이다. 분봉 의식을 구체적으로 집행했던 사람은 司禦였던 不更歜이다. 司禦는 官職名이고, 不更은 秦나라 관작의 제4급에 해당한다. 그렇게 볼 때, 歜의 지위는 높지 않았으며, 아마도 중앙 관부의 하급 관리로 토지 관리를 담당하였을 것이다. 그래서 그가 宗邑의 하사에 관한 토지의 경계 획정을 담당하였던 것이다. 桑과 桑匽은 모두 宗邑의 남북 경계에 있던 작은 지명이다. '封'은 봉지를 하사하다는 뜻인데, 옛날에는 봉지의 경계에다 臺를 만들어 영역을 표시했다. 봉지 사이에는 埒 즉 낮은 담을 쌓아 이어지게 하였고 그 위에다 나무를 심었다. 이번에 하사한 봉지는 1리 20輯이었는데, 輯의 의미는 불분명하다. 아마도 里說보다 작은 하위 단위였을 것이다. 혹자는 輯을 聚로 읽고 뜻은 樹落으로 보아야 한다고도 한다. "大田佐敖童……司禦心"은 宗邑의 봉분에 대한 증인들이다. 大田은 농사를 관리하는 관리이고, 敖童은 그의 字이며 未는 이름이다. 吏는 관직명으로, 문서를 관리하던 낮은 관리이며, 初는 그의 이름이다. 卜도 관직이름이고 蟄史는 사람 이름이다. '羈手'는 달리 '寄手'로도 읽는데, 손을 빌리다(假手)는 뜻으로, 이상의 세 사람의 손을 빌려 땅을 하사하는 일에 참여하게 하였음을 말한다. 志는 識로 읽어 기록하다(記)는 뜻이다. "志是霾封"는 이상의 경과를 瓦書에다 기록하여 封土의 아래에다 묻었다는 뜻이다.("陝西省文物大全>秦封宗邑瓦書銘文>秦封宗邑瓦

四年, 周天子使禦夫=(大夫)辰來致文武之酢(胙). 冬十壹(一)月辛酉, 大良造庶長
遊出命曰: '取杜在鄭邱到漷水. 以爲右庶長歜宗邑.' 乃爲瓦書, 卑(俾)司禦不更
(頵)封之. 曰: '子子孫孫以爲宗邑.' (殷)以四年冬十壹(一)月癸酉封之. 自桑崞之
封以東, 北到桑匽之 [以上爲正面文]
封. 一裏卅(二十)輯. 大田佐敖童曰未, 史曰初. 卜□(蟄), 史□(羈)手, 司禦心, 志
是霾(埋)封. [以上爲背面文]

제4절 금속 문자

금속 문자(金屬文字)는 금속 위에 주조해서 새긴 문자를 말하며, 간
단히 금문(金文)이라고 부른다. 고고학에서는 일찍이 상나라 초기에 청
동기 명문(부호)이 만들어졌으며, 상나라 말기에 청동기가 더욱 많아졌
고, 간단한 명문이 새겨져 있는 청동기가 많다는 것을 발견하였다. 현재
말하는 '금문'은 서주시대 청동기에 있는 문자를 특별히 지칭한다. 또한
금속병기, 금속화폐, 금속부절, 금속계량기 및 그 밖의 여러 기물에 새겨
진 문자도 포함될 수 있다. 금속문자는 모두 주조해서 새긴 것이므로
명문(銘文)이라고 부르기도 한다.

1. 청동기 문자

『설문해자·서(敍)』의 기록에 따르면, 한(漢)나라 때 이미 '청동기[鼎彝]'
가 출토되었으며, 송대(宋代)에 이르러 청동기 명문을 모은 전문 서적이
있었다. 청대(淸代) 이후로 발굴 및 수집된 청동기 명문은 매우 많다.
청동기의 종류는 굉장히 많은데, 대체로 취사도구36), 식기37), 물을

書銘文"에서 인용)
36) 주로 鼎, 鬲, 甗이 있다.
37) 주로 簋, 盨, 簠, 敦, 豆가 있다.

담는 기물38), 술을 담는 기물39), 악기40), 거마기(車馬器)41)로 나눌 수 있다.

상나라 때의 청동기에 명문을 새긴 것은 일반적으로 무정(武丁) 시기보다 빠르지 않다. 각 명문의 글자 수도 매우 적어 대다수가 2~3글자밖에 되지 않는다. 이 글자들은 회화성이 매우 강하여, 어떤 학자는 '씨족표지 문자[族徽文字]'라고 여겼으며, 또 어떤 학자는 그림의 의미를 지닌 문자라고 여겼다.

은(殷)나라 말기가 되면, 일부 청동기에 비교적 긴 명문이 등장하게 된다. 대부분 기물을 만들게 된 유래와 목적을 내용으로 하였다. 기물을 만드는 자는 종종 왕실에 공이 있어 상을 받았기 때문에, 특별히 기물을 만들어 기념하고자 한 것이다.

서주시대의 청동기 명문은 그 내용이 다채롭고 풍부하다. 수많은 명문은 그 당시 귀족들이 주나라의 왕에게 받은 가르침과 책명(冊命) 등을 기록한 장편의 저작물이다. 서주의 명문은 장중하고 우아하며, 초기·중기·말기가 그림_3.38, 그림_3.39, 그림_3.40과 같이 전부 특색을 가지고 있다.

춘추시대가 되면서, 장편의 명문은 점점 감소하게 된다. 명문의 내용도 대다수 기물을 만든 사람의 이름과 제작한 유래만을 쓰는 등 간략해지고, 문자의 서체도 산만하고 불규칙적이다.

전국(戰國) 시기에 금문의 용도와 성질은 크게 변하였다. 즉, 기념하기 위한 용도에서 간단하게 기록하기 위한 용도로 바뀐 것이다. 기물에 주조해서 새긴 명문은 대부분이 '물륵공명(物勒工名: 물건을 만들면 장인의 이름을 새김)'으로, 바로 만든 장인의 이름과 그를 감독한 관리의 이름을 기물에 기록한 것이다. 글자체는 춘추(春秋) 시기와 비교하여, 더욱 엉성해졌다. 이전의 금문은 주조해서 만든 것이 대부분이었다면 이

---

38) 주로 盤, 匜, 盂, 鋬, 鑒이 있다.
39) 주로 爵, 觚, 角, 斝, 觶 등 술을 마시기 위한 기물과 尊, 卣, 方彝, 瓶, 罍, 壺 등 술을 저장하기 위한 기물이 있다.
40) 주로 鐃, 鐘, 鎛, 鉦, 錞于, 鐔, 鼓가 있다.
41) 주로 軎, 當盧가 있다.

때는 새긴 것이 주류를 차지하였다.

그림_3.38 서주 초기의
「조자정(俎子鼎)」

그림_3.39 서주 중기의
「혜갑반(兮甲盤)」

그림_3.40 서주 말기의 「원년사태궤(元年師兌簋)」

2. 병기(兵器) 문자

병기 명문(兵器銘文)은 금속병기에 주조해서 새긴 문자를 말한다. 전국시대 금문에서 병기의 명문이 가장 발달할 수 있었던 건, 각국에서 무력을 숭상한 분위기와 관련이 있다. 명문이 새겨진 병기의 수량이 상당히 많았다 해도, 글자 수는 일반적으로 매우 적었다. 「오왕부차모(吳王夫差矛)」(그림_3.41), 「고밀조차과(高密造車戈)」, 「언왕직과(鄾王職戈)」, 「길일검(吉日劍)」, 「증후을극(曾侯乙戟)」 등에서 주조한 명문은 그래도 반듯한 편이나, 「칠년상방피(七年相邦鈹)」, 「우관부과(右貫府戈)」, 「진왕극(陳旺戟)」, 「팔년여불위과(八年呂不韋戈)」 등에 새긴 명문은 상당히 엉성하다.

자주 볼 수 있는 '과(戈)', '극(戟)', '검(劍)', '모(矛)', '피(鈹)'의 명문 이외에, '월(鉞)', '족(鏃)', '시괄(矢括)', '과대(戈鐓)', '거말(距末)', '노아(弩牙)', '노기(弩機)' 등과 같이 그 밖의 병기에도 명문이 존재한다.

한 가지 주의할 사항은 초(楚)나라 계열 병기의 명문에 춘추시대의 중·후기이후부터 '조서(鳥書)'가 성행하기 시작했다는 점이다. 왕족과 귀족의 기물이 대부분으로, 번잡하고 까다로운 '조서'는 「월왕구천검(越王句踐劍)」(그림_3.42), 「현무과(玄繆戈)」, 「염장과(詹璋戈)」 등처럼, 정교한 무기 위에 써서 더욱 기품 있어 보이게 하였다.

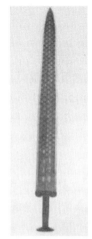

그림_3.41 오왕부차모 　　　　　　　　그림_3.42 월왕구천검

3. 화폐 문자

　　화폐(貨幣) 문자는 금속화폐에 주조해서 새긴 문자를 말한다. 동주(東周)시대에 금속화폐가 대량으로 나타나기 시작하였다. 지금 볼 수 있는 선진(先秦)시대 화폐에서 전국시대의 것이 제일 많다. 화폐의 모양에 따라, 금속화폐는 그림_3.43과 같이 대개 '포폐(布幣)', '도폐(刀幣)', '환폐(圜幣)', '패폐(貝幣)', '금폐(金幣)', '과폐(戈幣)' 6종으로 나눌 수 있다.

그림_3.43 여러 가지 모양의 화폐

'포폐(布幣)'의 모습은 농업기구에서 그 모양을 따왔는데, 그 모양이 삽과 같다고 해서 '산폐(鏟幣)'라고도 부른다. '포폐'는 한(韓)나라, 조(趙)나라, 위(魏)나라와 같이 삼진(三晉) 지역에서 주로 통용되었다. '포폐'의 부위는 머리, 어깨, 다리, 사타구니 4부분으로 나눌 수 있다. 각 부위의 형상에 따라, '포폐'를 '방족포(方足布)', '첨족포(尖足布)', '원족포(圓足布)', '연미족포(燕尾足布)', '연포(連布)', '공수포(空首布)' 등으로 나눌 수 있다.

'도폐(刀幣)'는 모양이 칼과 같다고 해서 붙여진 이름이다. '도폐'의 모양에 따라, '예봉도(銳鋒刀)', '첨수도(尖首刀)', '절도(折刀)', '직도(直刀)', '대도(大刀)' 등 5종류로 나눌 수 있다.

'환형폐(圜形幣)'는 그 모양의 차이에 따라 '환형폐(環形幣)'와 '벽형폐(璧形幣)'의 두 가지로 나눌 수 있다. 또 중간에 난 구멍의 모양에 따라, 서주폐(西周幣)와 같이 '둥근 구멍의 원형폐[圓孔圜形幣]'와 '애륙도폐(賹六刀幣)'와 같이 '네모난 구멍의 원형폐[方孔圜形幣]'로 나눌 수 있다.

'패폐(貝幣)'는 이전에 '의비전(蟻鼻錢)'이나 '귀검전(鬼臉錢)'으로 불렀다. 실제 이 화폐는 조개의 모양을 본떠서 만들었기 때문에, 이후에는 '동패(同貝)'라고 불렀다. 이 화폐는 초(楚)나라에서 많이 유행하였다.

'금폐(金幣)'도 초(楚)나라 화폐이다. 이 화폐는 황금을 주조해서 만든 빵 모양[餅狀]이나 판 모양[版狀]의 화폐이므로, '금병(金餅)', '금판(金版)'이라고도 불렀다. 이 화폐에는 '영칭(郢爯)', '진칭(陳爯)' 등의 명문이 새겨져 있다.

'과폐(戈幣)'는 병기의 일종인 창을 본 뜬 화폐이다. 이는 근래 들어서야 발견된 고대의 화폐로, 학자들은 이것들이 월(越)나라의 금속주조 화폐라고 고증하고 있다.

화폐에 새겨진 문자는 일반적으로 적은 편인데, 대부분이 화폐의 명칭, 중량이나 화폐의 값을 적은 것이다.

4. 부절(符節) 문자

부절(符節)은 봉건시대의 군왕이 만들어 수여하는, 신뢰를 나타내는 증표이다. 「진국신처호부(秦國新郪虎符)」(그림_3.44), 「두호부(杜虎符)」, 「진조양릉호부(秦朝陽陵虎符)」(그림_3.45) 등은 전해져 내려오는 것이고, 「악군계거절(鄂君啟車節)」(그림_3.46), 「악군계주절(鄂君啟舟節)」 등은 출토된 것으로, 모두 금속에 명문이 새겨져 있다.

그림_3.44 「진국신처호부(秦國新郪虎符)」

그림_3.45 「진조양릉호부(秦朝陽陵虎符)」

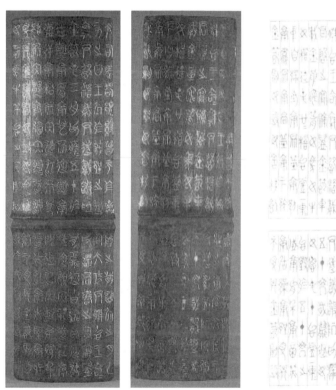

그림_3.46 「악군계거절(鄂君啟車節)」

금문의 종류는 특히 구체적인 기물일 경우, 복잡하고 다양하며, 시대도 제각각이므로 여기에서는 장황하게 늘어놓지 않겠다. 자세한 내용은 『은상금문집성(殷周金文集成)』42)을 참조하길 바란다.

제5절 간독 문자

간독(簡牘) 문자는 '죽간(竹簡)'이나 '목독(木牘)'에 쓴 문자를 말한다. 대나무에 쓴 것을 '간(簡)'이라 부르고, 나무에 쓴 것을 '독(牘)'이라고 부른다. 혹자는 작은 대나무와 나무를 '간(簡)'이라 부르고, 큰 대나무와 나무를 '독(牘)'이라 부르기도 한다. '간독'의 자료는 고대사회의 도처에서 얻을 수 있는 것들이며, 가공하는 것도 그렇게 어렵지 않았기에, 초기 문자의 주된 저장매체가 되었다. 그러나 이러한 저장매체는 쉽게 썩기 때문에 오랫동안 보존할 수 없었다.

고서(古書)에는 일찍이 한(漢)나라 때, 사람들이 죽간(竹簡)에 쓴 전국시대의 '고문(古文)'을 발견했다고 기록되어 있다. 이것이 바로 '공자벽중서(孔子壁中書)'로, 고문의 경서인 『논어』 등 다수가 발견되어 한(漢)나라 때 '고문경학파(古文經學派)'가 형성하게 되었다. 위진(魏晉)시기에 사람들은 또 다시 '급총죽서(汲塚竹書)'라고 부르는 선진(先秦)시기의 서적들을 발견하였다. 이 중에는 『주서(周書)』, 『죽서기년(竹書紀年)』, 『목천자전(穆天子傳)』 등의 문헌이 있었다. 그러나 이렇게 출토된 죽서(竹書)의 실제 사물과 자형의 원래 모습들은 보존될 수가 없었다. 다행히도 20세기에 들어서면서, 빠르게는 전국시대의 중기, 늦게는 삼국(三國)시대에 이르기까지 간독에 붓으로 쓴 대량의 문자자료들이 또 출토되어, 초기 문헌의 원시적인 모습을 알 수 있게 되었다. 아래에는 지역과 시대에 따라 주요 간독의 문자자료를 나열하였다.

---

42) 中國社會科學院考古研究所, 『殷周金文集成』(수정증보본)(中華書局, 2007).

1. 초(楚)나라 간독

(1) 호남장사초간(湖南長沙楚簡): 호남성 장사시 출토 초(楚)나라 죽간

① 1951년 호남성 장사시(長沙市) 오리패(五里牌) 406호의 전국시대 초(楚)나라의 무덤에서 약 95자가 새겨진 견책(遣策)[43]을 내용으로 하는 죽간 37매가 출토되었다.
② 1953년 호남성 장사시 앙천호(仰天湖)에 있는 전국시대 무덤에서 약 280자가 새겨진 견책을 내용으로 하는 죽간 43매가 출토되었다.
③ 1954년 호남성 장사시 양가만(楊家灣) 6호의 전국시대 무덤에서 문자가 불분명하지만 약 37자가 새겨진 죽간 72매가 출토되었다.

(2) 호남임례초간(湖南臨澧楚簡): 호남성 임례현 출토 초(楚)나라 죽간

1980년 호남성 임례현(臨澧縣) 구리(九里) 1호의 전국시대 초(楚)나라 무덤에서 견책을 내용으로 하는 죽간 1백 매가 출토되었다.

(3) 호남상덕초간(湖南常德楚簡): 호남성 상덕시 출토 초(楚)나라 죽간

1983년 호남성 상덕시(常德市) 덕산석양파(德山夕陽坡) 2호의 초(楚)나라 무덤에서 54자가 새겨진 죽간 2매가 출토되었다.

(4) 호남자리초간(湖南慈利楚簡): 호남성 자리현 출토 초(楚)나라 죽간

1987년 호남성 자리현(慈利縣) 석판촌(石板村) 36호의 전국시대 초(楚)나라 무덤에서 약 2천 자가 새겨진 죽간 4,557편이 출토되었다. 『국

---

43) (역주) 무덤 속에 수장한 기물을 기록한 장부를 말한다.

어·오어(吳語)』, 『일주서(逸周書)·대무(大武)』, 『관자(管子)』의 실전된 글과 『영무자(寧武子)』 등의 내용을 포함하고 있다.

(5) 호북강릉초간(湖北江陵楚簡): 호북성 강릉현 출토 초(楚)나라 죽간

① 망산 1호묘 초간(望山1號墓楚簡): 망산(望山) 제1호 무덤의 초(楚)나라 죽간. 1965년 12월에 호북성 강릉현(江陵縣) 망산 제1호의 전국시대 무덤에서 '환자를 위해 신에게 제사를 지내거나 점복을 행한 기록'을 내용으로 하는 약 1천 자가 새겨진 죽간 24매가 출토되었다.

② 망산 2호묘 초간(望山2號墓楚簡): 망산 제2호 무덤의 초(楚)나라 죽간. 1966년 1월에 호북성 강릉현 망산 제2호의 전국시대 무덤에서 견책을 내용으로 하는 약 9백 자가 새겨진 죽간 67매가 출토되었다.

③ 등점초간(藤店楚簡): 등점(藤店)의 초(楚)나라 죽간. 1973년에 호북성 강릉현 등점 1호의 전국시대 무덤에서 견책을 내용으로 하는 47자가 새겨진 죽간 24매가 출토되었다.

④ 천성관초간(天星觀楚簡): 천성관(天星觀)의 초(楚)나라 죽간. 1978년에 호북성 강릉현 천성관 1호 전국시대 무덤에서 점과 제사 및 견책을 내용으로 하는 약 4천5백 자가 새겨진 죽간 2백 매가 출토되었다.

⑤ 구점초간(九店楚簡): 구점(九店)의 초(楚)나라 죽간. 1981년에 호북성 강릉현 구점 전와창(磚瓦廠)의 전국시대 무덤에서『일서(日書)』, 견책 등을 내용으로 하는 죽간 205매가 출토되었다.

⑥ 진가저초간(秦家咀楚簡): 진가저(秦家咀)의 초(楚)나라 죽간. 1986년에 호북성 강릉현 진가저의 전국시대 초나라 무덤에서 점과 제사 및 견책을 내용으로 하는 죽간 41매가 출토되었다.

⑦ 계공산초간(雞公山楚簡): 계공산(雞公山)의 초(楚)나라 죽간. 1991년에 호북성 강릉현 계공산 48호의 무덤에서 견책을 내용으로 하는 죽간 1벌이 출토되었다.

⑧ 마산죽첨(馬山竹簽): 마산(馬山)의 죽첨(竹簽). 1982년에 호북성 강릉현 마산 1호의 무덤에서 8자가 새겨진 죽첨 1매가 출토되었다.

⑨ 우대산죽관(雨臺山竹管): 우대산(雨臺山)의 죽관(竹管). 1986년 호북성 강릉현 우대산에서 38자가 새겨진 죽관 4매가 출토되었다.

(6) 호북형문초간(湖北荊門楚簡): 호북성 형문시 출토 초(楚)나라 죽간

① 포산초간(包山楚簡): 포산(包山)의 초(楚)나라 죽간. 1987년에 호북성 형문시
　(荊門市) 포산 2호의 초나라 무덤에서 문서(文書), 점, 제사 및 견책을 내용으
　로 하는 전부 12,626자가 새겨진 죽간 278매, 죽독 1매가 출토되었다.
② 곽점초간(郭店楚簡): 곽점(郭店)의 초(楚)나라 죽간. 1993년에 호북성 형문시
　곽점의 전국시대 초나라 무덤에서 약 1만6천 자가 새겨진 죽간 726매가 출
　토되었다. 그림_3.47와 같이 『노자(老子)』 등 다수의 문헌들을 포함하고 있
　어, 그 내용이 풍부하다.

그림_3.47 호북성의 형문시 곽점에서 출토된 초나라 죽간 『노자(老子)』

(7) 상박초간(上博楚簡): 상해박물관 소장 초(楚)나라 죽간

1993년 말, 홍콩의 문물시장에서 전국시대 초나라 죽간이 대거 발견되어, 1994년에 상해박물관에서 사들여 보관하게 되었다. 호북성 강릉현(江陵縣) 일대에서 나왔다고 추측되며, 모두 1천2백여 매에 약 3만5천여자가 써져 있다. 『시설(詩說)』 등 다수의 문헌이 포함되어 있어, 내용도 풍부하다. 홍콩중문대학(香港中文大學)의 문물관(文物館)에서 사들인 전국시대 초나라 죽간 10매도 문자와 내용으로 판단하건대 상해박물관의 초나라 죽간과 동일한 곳에서 나왔다고 보인다.

(8) 증후을묘죽간(曾侯乙墓竹簡): 증후을묘 출토 죽간

1978년에 호북성 수주시(隨州市) 뇌고돈(擂鼓墩)의 증후을묘(曾侯乙墓)에서 죽간 240여 매가 출토되었다.

(9) 하남신양초간(河南信陽楚簡): 하남성 신양시 출토 초(楚)나라 죽간

1957년에 하남성 신양시(信陽市) 장대관(長臺關) 1호의 전국시대 무덤에서 죽간 229매가 출토되었다. 출토된 한 부분은 서적(書籍)으로서, 이학근(李學勤)은 『묵자(墨子)』의 산실된 부분이라고 여겼다. 주공(周公)(서주의 군주)과 신도적(申徒狄)의 대화가 기록되어 있다. 이 무덤은 전국시대 중기의 앞부분에 해당된다. 출토된 다른 한 부분은 견책을 내용으로 하는 것이다.

(10) 하남신채초간(河南新蔡楚簡): 하남성 신채현 출토 초(楚)나라 죽간

1994년에 하남성 신채현(新蔡縣) 갈릉촌(葛陵村)의 평야군성(平夜君成)(초나라의 上卿)무덤에서 점과 제사 및 견책을 내용으로 하는 죽간 1천5백여 매가 출토되었다.

(11) 청화대학전국초간(淸華大學戰國楚簡): 청화대학 소장 전국시대 초(楚)나라 죽간

2008년 청화대학은 홍콩에서 60편 이상의 고대문헌들을 포함한 전국시대 죽간을 1천7백~1천8백 개를 사들였다. 그 중에는 『상서(尚書)』 여러 편과 『상서』와 유사한 문헌들이 포함되어 있다.

2. 진(秦)나라 간독

(1) 수호지진간(睡虎地秦簡): 수호지 출토 진(秦)나라 죽간

1975년에 호북성 운몽현(雲夢縣) 수호지(睡虎地) 11호의 진나라 무덤에서 죽간 1,155매와 훼손된 파편 80매가 출토되었다. 여기에는 「편년기(編年記)」, 「어서(語書)」, 「위리지도(爲吏之道)」, 「일서(日書)」(갑종과 을종), 「진률18종(秦律十八種)」, 「효율(效律)」, 「진률잡초(秦律雜抄)」, 「법률답문(法律答問)」, 「봉진식(封診式)」 등의 내용이 포함되어 있다. 같은 곳의 4호 진나라 무덤에서 또 목독(木牘)으로 된 가서[家信](대략 기원전 223년)가 발견되었다.

(2) 방마탄진간(放馬灘秦簡): 방마탄 출토 진(秦)나라 죽간

1986년 6월에 감숙성 천수시(天水市) 방마탄(放馬灘) 진나라 제1호 무덤에서 「일서(日書)」 갑을 2종과 「묘주기(墓主記)」의 내용이 포함된 죽간 460매가 출토되었다.

(3) 사천청천진독(四川靑川秦牘): 사천성 청천현 출토 진(秦)나라 목독

1979~1980년에 사천성 청천현(靑川縣) 학가평(郝家坪) 제50호 무덤에서 진나라의 목독 2점이 발견되었다. 한 점은 길이 46cm, 너비 3.5cm, 두께 0.5cm로, 얼룩덜룩한 모양이라 글자의 존재유무가 불분명하다. 다른 한 점은 길이 46cm, 너비 2.5cm, 두께 0.4cm로, 앞면과 뒷면에 모두 먹으로 150여 자의 문자가 써져 있다. 앞면은 진나라 무왕(武王) 2년(기원전 309년)에 반포된, 승상 감무(甘茂) 등이 수정한 「위전률(爲田律)」이고, 뒷면은 이 법률과 관련된 내용이 적혀 있다. 목독에 써진 문자는 진나라가 통일하기 전, 경작제도가 변한 역사적 사실 및 경작지를 가꾸는 구체적인 규정들을 기록하고 있어, 고대의 토지제도 및 사회경제를 연구하는데 중요한 의미를 지닌다.

그밖에도 호북성 운몽현(雲夢縣) 용강(龍崗)의 진나라 간독(죽간 약 150매와 목독 1매), 강릉현(江陵縣) 옥산(獄山)의 진나라 목독(2매), 강릉현 양가산(楊家山)의 진나라 죽간(75매), 강릉현 왕가대(王家臺)의 진나라 간독(죽간 8백여 매 및 목독 1매), 사시(沙市) 주가대(周家臺)의 진나라 간독(죽간 389매 및 목독 1매), 호남성 용산현(龍山縣) 리야(里耶)의 진나라 죽간(3만7천여 매), 악록서원(嶽麓書院)의 진나라 죽간(2174매) 및 북경대학(北京大學)의 진(秦)나라 간독(죽간 760매, 목간 21매, 목독 6매, 죽독 4매, 木觚 1매) 등이 있다.

3. 한(漢)나라 간독

(1) 부양한간(阜陽漢簡): 부양 출토 한(漢)나라 죽간

1977년 안휘성 부양시(阜陽市) 쌍고퇴(雙古堆) 1호의 서한(西漢)의 초기 무덤에서 죽간과 목독 수천 매가 출토되었다. 『창힐편(倉頡篇)』 죽간 120여 매, 『시경(詩經)』 죽간 170여 매, 6백매에 가까운 『주역(周易)』 죽간, 『작무원정(作務員程)』 죽간 170여 매, 『만물(萬物)』 죽간 130여 매, 『여씨춘추(呂氏春秋)』 죽간 40여 매, 『장자(莊子)』 죽간 약 20매 등 10여 종의 서적이 포함되어 있다.

하북성 정현(定縣) 팔각랑(八角廊)에서 출토된 서한(西漢) 말기 죽간의 『유가자언(儒家者言)』과 상응하는 목독에 대해서, 이학근(李學勤)은 『공자가어(孔子家語)』의 고본(古本)이라고 여겼다. 『상구(相狗)』, 『행기(行氣)』, 『예기(禮記)』 및 사(辭)와 부(賦) 등을 내용으로 하는 죽간 파편 100여 매도 출토되었다. 사와 부에서는 『이소(離騷)』의 훼손된 글 4자, 『섭강(涉江)』의 훼손된 글 5자가 있다.

(2) 은작산한간(銀雀山漢簡): 은작산 출토 한(漢)나라 죽간

1972년에 산동성 임기시(臨沂市) 은작산(銀雀山) 제1호의 서한(西漢) 무덤에서 죽간 4,942매가 출토되었고, 제2호의 서한 무덤에서 죽간 32매가 출토되었다. 『손자병법(孫子兵法)』, 『위료자(尉繚子)』, 『육도(六韜)』, 『안자(晏子)』, 『손빈병법(孫臏兵法)』, 『수법수령(守法守令)』, 『지전(地典)』, 『당륵(唐勒)』, 『조씨음양(曹氏陰陽)』 등의 문헌이 포함되어 있으며, 정론(政論)과 병론(兵論)의 문장 및 『상구(相狗)』, 『작장(作醬)』류와 같은 잡서(雜書)도 포함되어 있다.

(3) 마왕퇴한간(馬王堆漢簡): 마왕퇴 출토 한(漢)나라 죽간

1972년 호남성 장사시(長沙市) 마왕퇴(馬王堆) 제1호 한나라 무덤에서 그림_3.48과 같이 몇 백 매의 죽간이 출토되었다. 간책(簡冊)에 써진 문자와 서체는 고문자(古文字)에서 금문자(今文字)로 변하는 한자의 변천과정 및 서예의 변천사를 연구하는데 매우 중요한 자료가 된다. 여기에서 출토된 견책의 서체는 서한시대 초기 예서에 속하는데, 붓으로 그린 자형은 전서(篆書)의 이미지가 매우 강하게 느껴지며, 글자체의 구조도 전서와 같은 직사각형 위주의 스타일로 구성되어 있다. 그러나 붓질이 허

술하여, 둥글게 돌리는 전서 필법이 점차 사각으로 꺾는 예서 필법으로
바뀌는 과도기임을 나타내주고 있다.

그림_3.48 마왕퇴 죽간

(4) 무위한간(武威漢簡): 무위시 출토 한(漢)나라 죽간

감숙성 무위시(武威市)의 한나라 무덤에서 『의례(儀禮)』 죽간(그림
_3.49), 왕장조령(王杖詔令) 죽간과 의약(醫藥) 간독(그림_3.50) 등 간독 무
더기가 연달아 출토되었다.

『의례』 죽간은 1959년에 무위시 마취자(磨嘴子) 제6호의 한나라 무덤
에서 출토되었다. 『의례』죽간은 다음과 같은 세 종류로 나눌 수 있다.
첫째, 갑(甲)본 목간 398매로, 「사상견(士相見)」, 「복전(服傳)」, 「특생(特牲)
」, 「소뢰(少牢)」, 「유사(有司)」, 「연례(燕禮)」, 「태사(泰射)」와 같은 7편이
포함되어 있으며, 길이가 55.5~56cm이고, 너비가 0.75cm이다. 둘째, 을

(乙)본 목간 37매로,「복전」1편만 포함되어 있으며, 각 길이가 50.05cm이고, 너비가 0.5cm이다. 셋째, 병(丙)본 죽간 34매로,「상복(喪服)」1편만이 포함되어 있으며, 각 길이가 56.5cm이고, 너비가 0.9cm이다. 『의례』죽간은 필사를 한 연대가 서한(西漢) 말기에서 한나라 성제(成帝) 하평(河平) 연간까지로, 매우 성숙한 예서체를 보여주고 있다. 여러 사람의 손을 거쳐 필사를 했지만 서체는 가지런하고 통일되어 있으며, 규범적이다.

1959년에 무위시 마취자 제18호 한나라 무덤에서 길이가 23.2~23.3cm이고, 너비가 대략 1cm인「왕장조령(王杖詔令)」죽간 10매가 출토되었다. 죽간에는 동한의 영평(永平) 15년(72년)에 유백(幼伯)이 왕장(王杖)을 받은 일을 기록하고 있으며, 서한의 본시(本始) 2년(기원전 72년)과 건시(建始) 2년(기원전 31년)에 있었던 천자의 명령이 기록되어 있다. 출토할 때, 죽간의 순서가 이미 엉망이었으므로, 10매의 배열순서에도 논쟁이 생길 수밖에 없었다. 1981년 무위의 문물관리위원회는 왕장조령 죽간 26매를 또 수집하게 되었다. 이 역시 마취자의 한나라 무덤에서 출토된 것이며, 각 길이가 23.2~23.7cm이고, 너비가 0.9~1.1cm이라고 한다. 뒷면에는 가운데 '15번째[第十五]'만 빠지고 나머지는 오늘날 볼 수 있는 '첫번째[第一]'에서 '27번째[第卄七]'처럼 편호가 적혀 있어, 죽간의 순서가 분명했다. 나이든 홀아비·과부·장애인에 대한 우대를 내용으로 하고 있기 때문에, 한나라의 노인 부양제도를 연구하는데 중요한 자료가 되고 있다.

의약(醫藥) 간독은 1972년 무위시 한탄파(旱灘坡)의 한나라 무덤에서 목간(木簡) 78매가 출토되었다. 각 길이가 23~23.4cm이며, 한 종류는 너비가 0.5cm가 되고, 다른 한 종류는 너비가 1cm가 된다. 목독(木牘)은 14매가 출토되었으며, 각 길이가 22.7~23.9cm이고, 두께가 0.2~0.6cm이다. 이들 간독은 임상의학, 약물학, 침구학 등을 내용으로 하고 있다. 임상의학 분야에서는 질병의 증상에 대한 묘사와 병명, 병의 원인, 병의 경과와 원리 및 치료처방을 기록하였다. 약물학 분야에서는 100여종의 식물과 광물약(礦物藥)을 열거하고, 이 약물의 제작, 약의 형태, 투여 방법 등에 대해 상세히 기록하였다. 침구학 분야에서는 삼리(三里), 폐수(肺輸), 천수(泉水) 등 혈과 침을 놓는 방법, 금기사항 등을 기록하였다. 의약 목독은 동한 초기에 써져, 대부분 글자가 거칠며, 장초(章草)에 해당된다.

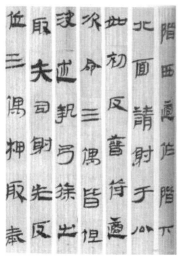 

그림_3.49 무위시에서 출토된 의례   그림_3.50 무위시에서 출토된 의약
목간   목독

(5) 거연한간(居延漢簡): 거연 출토 한(漢)나라 죽간

1930년, 1972-1976년, 1986년에 감숙성 북부의 옛 '거연(居延)' 지역을 여러 차례 발굴하는 과정에서 수 만매의 간독이 출토되었다. 옛 거연 지역은 군대의 주둔지를 경작한 땅이므로, 간독의 내용도 정치, 군사, 일상생활 등 여러 분야를 다루고 있다. 이는 일상에서의 실용적인 문서로, 내키는 대로 자유롭게 썼다. 그림_3.51처럼 서체는 기본적으로 예서의 장초(章草)에 해당된다.

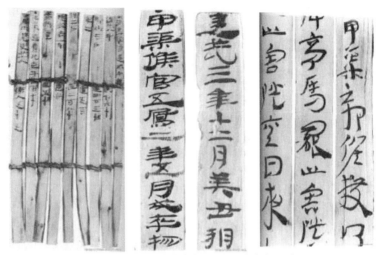

그림_3.51 거연 지역에서 출토된 한나라 죽간

(6) 돈황한간(敦煌漢簡): 돈황 출토 한(漢)나라 죽간

감숙성의 서쪽에 있는 소륵강[疏勒河] 유역의 한나라 장성의 관문인 돈황(燉煌) 유적지에서 1900년대 초부터 1990년대까지 모두 2만5천 매나 되는 한나라 죽간이 출토되었다. 한나라 돈황군(敦煌郡)의 범위 내에서 발견된 시간이 최초이며, 수량이 가장 많기 때문에 「돈황한간(敦煌漢簡)」이라고 부른다.

「돈황한간」에서 기록된 가장 이른 연대는 서한의 무제(武帝) 천한(天漢) 3년(기원전 98년)이며, 가장 늦은 연대는 동한의 순제(順帝) 영화(永和) 2년(137년)이다. 이는 한나라 돈황과 주천(酒泉) 두 개의 군(郡)에 주둔한 군대와 관련된 내용이 많다. 예를 들어, 관청의 서류, 지명 수배령, 소송 문서, 수졸의 명부, 급식장부[廩食簿], 호위병기장부[守禦兵器簿] 및 변방에 거주하는 관리들의 사적인 서신, 거래하고 빌린 차용증서가 있으며, 또 유가의 서적인 『역(易)』, 『역목(力牧)』 등 고대에 유실된 서적을 쓴 죽간의 훼손된 파편들이 있다. 이는 감숙성 하서(河西) 소륵강 유역의 한나라 군대주둔지의 상황과 당시의 정치, 경제, 군사, 중서(中西) 교류, 사회사 등을 연구하는데 소중한 자료가 되며, 또한 한자의 역사를 연구하는데 중요한 자료가 된다.

(7) 장사고정한간(長沙古井漢簡): 장사시 옛 우물 출토 한(漢)나라 죽간

2003년, 호남성 장사시(長沙市) 5·1광장(五一廣場) 부근에 있는 주마루(走馬樓)의 공사현장의 옛 우물에서 서한시대의 간독이 한 무더기 출토되었다. 2004년에 또 동한시대의 간독이 대거 출토되었는데, 그 중에 글자가 있는 죽간이 206매였다. 이는 동한의 영제(靈帝) 시기에 있던 장사군(長沙郡) 임상현(臨湘縣)의 관청과 개인의 문서이다. 2010년 6월에 1만 매에 이르는 동한시기 간독이 또 다시 출토되었다.

4. 삼국(三國)시대 죽간

1996년, 고고발굴자들이 장사시 주마루(走馬樓)에서 우물 50여 개를 발굴하였다. 그 중, 자루모양의 둥근 우물 안에서 죽간(竹簡), 목간(木簡), 목독(木牘), 봉검(封檢), 첨패(籤牌) 등을 포함한 삼국시대 오(吳)나라의 연대를 기록한 간독이 출토되었다. 오나라 죽간의 전체 수량이 얼마인지는 정리가 전부 안 되어 있기 때문에 여러 견해가 존재하고 있다.

송소화(宋少華)는 오나라 죽간을 발굴한 최대 공신으로, 17만 매가 있는 것으로 추측하였다. 그런데 왕력공(汪力工)은 이들을 구체적으로 보관하면서, 봉검 8매, 첨패 68매, 목독 165매, 작은 목간 60매, 큰 목간 2,548매, 죽간 136,729매로 통계내었다. 이것들을 전부 더하면 14만 매에 가깝다. 주마루의 오나라 죽간의 내용은 주로 사법문서, 황부민적(黃簿民籍), 명함, 세금납부 및 창고 출입 장부 등의 종류가 포함된 그 지방의 문서들이다. 간독의 글자체는 예서, 해서, 행서의 사이에 해당되며, 또 우아하고 아름다운 초서(草書)도 일부 있어, 중국 서예의 역사에서 중요한 지위를 차지한다.

제6절 비단 칠기 문자

1. 비단 문자

비단[縑帛] 문자는 직물에 써진 문자를 말하며, 백서(帛書)라고도 부른다. 천과 비단이 언제부터 시작되었는지는 모르지만, 『묵자(墨子)』에 '대나무와 비단에 글을 썼다(書於竹帛)'는 기록이 있는 것으로 보아, 늦어도 춘추시대에 이미 백서를 사용한 것으로 보인다.

(1) 장사자탄고백서(長沙子彈庫帛書): 장사시 자탄고 출토 백서(帛書)(전국시대 초나라)

현재 볼 수 있는 최초의 실물백서는 장사시(長沙市)의 자탄고(子彈庫)에서 출토된 초나라 백서이다. 1942년에 도굴꾼이 장사시의 자탄고 덧널무덤에서 백서를 도굴했다. 이후 호남(湖南)의 채계양(蔡季襄)의 손에 넘어갔다가 뉴욕의 메트로폴리탄 박물관에 팔렸다. 비교적 완전한 모양의 백서는 현재 볼 수 있는 전국시대 백서(그림_3.52)가 유일하다.

장사시의 자탄고 백서는 갑(甲), 을(乙), 병(丙)편 세 개의 부분으로 구성되어 있으며, 모두 960자 정도가 기록되어 있다.

갑(甲)편은 주로 해와 달, 4개의 계절로 구성된 신화를 이야기하고 있다. 이 전설들은 을(乙)편에서 서술하고 있는 신비한 사상의 배경으로 보인다. 여기에서 이야기하는 신화적 인물로는 복희(伏羲)와 여와(女媧), 그들이 낳은 네 명의 자식 및 염제(炎帝), 축융(祝融), 공공(共工) 등이 있다. 을(乙)편은 기후현상의 변화를 기술하여 하늘을 공경하고 때에 순종하는 관념을 강조하였다. 병(丙)편은 시집과 장가의 여부, 군사지휘, 건물착공 등과 같이 매달의 금기사항을 상세히 기록하였다.

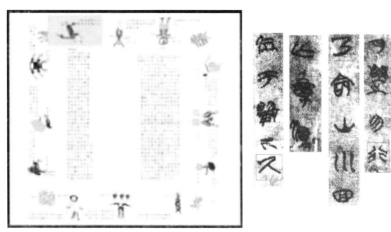

그림_3.52 복원된 초나라 백서 및 일부 자양(字樣)

장사시의 자탄고에는 이처럼 비교적 완벽한 형상의 백서 외에도 불완전한 형상의 백서들도 있다. 적어도 4종류가 있다고 하는데, 이령(李零)의 「'장사자탄고 전국시대 초나라 백서 연구'의 보완 증거('長沙子彈庫戰國楚帛書研究'補證)」44) 및 「초나라 백서의 재인식(楚帛書的再認識)」45) 등에 상세히 나와 있다. 그밖에, 1957년 장사시의 좌가당(左家塘)에서 붉은 색 도장이 찍힌 묵서금백(墨書錦帛)이 출토되었는데, 위에 '여오씨(女五氏)'라는 세 글자가 써져 있었다.

(2) 장사마왕퇴백서(長沙馬王堆帛書)(서한): 장사시 마왕퇴 출토 백서

1973년 호남성 장사시 마왕퇴(馬王堆)의 한나라 무덤 3호에서 대거 출토된 백서(帛書)는 옻칠을 한 나무상자 안에 넣어져 있었다. 이는 비단 전체에 글자가 새겨진 것과 반만 글자가 새겨진 것이 있으며, 글자체도 전서(篆書)와 예서(隸書)로 나누어진다. 전서는 한나라 고조(高祖) 11년(기원전 196년) 쯤에 필사된 것이고, 예서는 대략 한나라 문제(文帝)

---

44) 李零, 『古文字硏究』 第20輯(北京: 中華書局, 2000), 154～178쪽.
45) 李零, 『中國文化』 第10期(北京: 三聯書店, 1994).

의 초기에 필사된 것이다. 모두 12만여 자가 써져 있으나, 그림_3.53과 같이 훼손된 상태가 심각하다.

『한서·예문지(藝文志)』의 분류에 따라, 육예류(六藝類)46)로는 『주역(周易)』, 『상복도(喪服圖)』, 『춘추사어(春秋事語)』, 『전국종횡가서(戰國縱橫家書)』가 있고, 제자류(諸子類)로는 『노자(老子)』(갑본)(실전된 글 3편 첨부), 『구주도(九主圖)』, 『황제서(皇帝書)』, 『노자(老子)』(을본)가 있다. 그 중에서 『노자』(갑, 을본)는 현존하는 가장 오래된 판본이다. 병서류(兵書類)로는 『형덕(刑德)』갑, 을, 병 3종이 있고, 음양오행류[數術類]로는 「전서 음양오행(篆書陰陽五行)」, 「예서 음양오행(隸書陰陽五行)」, 「오성점(五星占)」, 「천문기상잡점(天文氣象雜占)」, 「출행점(出行占)」, 「목인점(木人占)」, 「부록(符籙)」, 「신도(神圖)」, 「축성도(築城圖)」, 「원침도(園寢圖)」, 「상마경(相馬經)」이 있다. 이중에서 「오성점」은 현존하는 중국 최초의 천문서적이다. 방술류(方術類)로는 「52병방(五十二病方)」(실전된 글 4편 첨부), 「태산도(胎產圖)」, 「양생도(養生圖)」, 「잡료방(雜療方)」, 「도인도(導引圖)」(실전된 글 2편 첨부)가 있는데, 이중에서 「52병방」은 중국에서 발견된 가장 오래된 의서이다. 그밖에 또 「장사국 남부지형도(長沙國南部地形圖)」, 「주군도(駐軍圖)」, 「성읍도(城邑圖)」 등과 같은 지도가 있다.

백서의 내용은 전국시기에서 서한 초기까지의 정치, 군사, 사상, 문화, 과학 등 여러 분야를 설명하고 있어 중요한 학술적 가치를 가지며, 고서를 교감하는 근거가 된다. 마왕퇴 백서는 한 사람이 한 시기에 서술한 것이 아니므로, 스타일도 각기 다르다. 어떤 것은 우아하고 함축적이며 글자체도 이미 성숙된 한(漢)나라 예서와 가깝다. 또 어떤 것은 수

---

46) (역주) 六藝는 보통 2가지를 지칭한다. 첫째, 禮·樂·射·御·書·數 등 6종류의 기능을 의미한다. 중국 서주 귀족들의 교육체계는 기원전 1046년 주왕조에서부터 시작되었다. 주나라 왕은 학생들에게 禮·樂·射·御·書·數 등 6가지의 기본적인 기능을 가르칠 것을 요구하였다. 이 글자는 『周禮·保氏』에 "養國子以道, 乃教之六藝: 一曰五禮, 二曰六樂, 三曰五射, 四曰五御, 五曰六書, 六曰九數."라는 구절에서 나왔다. 이것이 바로 '通五經貫六藝'의 '六藝'이다. 둘째, 六經(『詩經』, 『西經』, 『禮記』, 『易經』, 『春秋』, 『樂記』)을 의미한다. 춘추시기에 공자가 사학을 열어 육예를 가르쳤는데, 이때의 육예는 『詩經』, 『西經』, 『禮記』, 『易經』, 『春秋』, 『樂記』와 같은 유학의 경전을 말한다. 육예는 현재 첫 번째인 6종류의 기능을 많이 지칭한다.

수하면서 원숙하였으며, 글자체는 전서의 의미가 농후하여 행간이 비교적 선명하다. 글자는 큰 것도 있고 작은 것도 있으며, 똑바로 쓴 것도 있고 기울게 쓴 것도 있어, 대범하고 자유로운 기풍이 느껴진다.

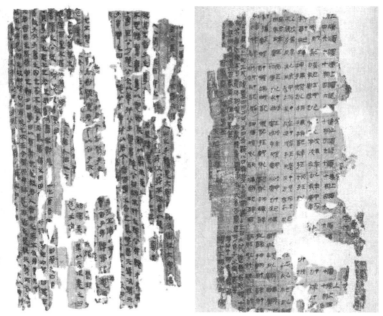

그림_3.53 마왕퇴 백서의 훼손된 조각

2. 칠기 문자

칠기(漆器) 문자는 기물에 칠로 쓴 문자를 말한다. 칠기는 주로 태골(胎骨)과 칠피(漆皮)라는 두 부분으로 구성되어 있는데, 이 두 부분의 위에 무늬와 장식을 더하였다.

칠기는 일상에서 사용하는 기물인 기(幾), 안(案), 반(盤), 염(奩), 합(盒), 치(卮), 이배(耳杯)(羽觴이라고 부르기도 한다), 병기인 갑옷[甲], 방패[盾], 칼과 칼집[劍鞘], 창[戈, 矛]의 손잡이, 상례와 장례에 두는 영상

(笭床)47)과 관[棺木] 등 그 종류가 매우 풍부하다. 태골에서 가장 많은 것이 목태(木胎)와 협저태(夾紵胎)이고, 그 다음이 죽멸태(竹篾胎), 피혁태(皮革胎), 금속태(金屬胎)가 많고, 도태(陶胎)가 가장 적다.

전국시대의 칠기는 그 수량이 매우 많지만, 문자가 있는 칠기는 많지 않다. 비교적 중요한 칠기의 명문으로는 「이십팔수칠의상(二十八宿漆衣箱)」(그림_3.54), 「익사의상(弋射衣箱)」, 「이십구년칠준(二十九年漆樽)」, 「자금지의칠상(紫錦之衣漆箱)」 등이 있다.

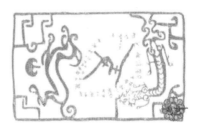

그림_3.54 증후을묘에서 출토된 「이십팔수칠의상(二十八宿漆衣箱)」의 그림과 글

제7절 종이 문자

『후한서(後漢書)』의 「채륜본전(蔡倫本傳)」에 "예부터 서계는 죽간에서 많이 보이는데, 비단을 사용한 것을 종이라고 불렀다. 비단은 비싸고 죽간은 무거워서 사람들이 사용하기가 불편했다. 채륜(蔡倫)이 뜻을 세워, 나무껍질, 삼베, 낡은 천, 어망을 사용하여 종이로 삼았다. 원흥(元興) 원년(105년)에 그것을 황제께 올리니, 황제가 그 기능을 훌륭하다하였다. 이때부터 이것을 따를 것이 없었으므로, 천하 사람들이 모두 '채후지(蔡侯紙)'라고 불렀다."48)라는 구절이 있다.

---

47) (역주) 관 안에서 시체를 받치는 목판

이를 통해 고대에 종이[紙]를 뜻하는 의미에 중요한 변화가 발생했다는 것을 알 수 있다. 우리들이 지금 말하는 종이는 식물섬유로 구성된 종이이지만, 동한 이전의 문헌에서 말하는 종이는 일반적으로 풀솜으로 만든 종이를 가리킨다. 그래서 『후한서』에서 "비단을 사용한 것을 종이라고 불렀다."라고 말했던 것이다.

이 점은 동한 허신의 『설문해자』에서 확인할 수 있다. 허신은 '지(紙)'자의 본래 의미가 "(섬유질을 분해한 뒤) 솜처럼 된 찌꺼기를 네모난 발에 붙인 것을 말한다.(絮一苫也.)"라고 해석하면서, 종이가 제일 처음에는 풀솜과 관련이 있다고 설명하였다. 1세기인 서한 시기에 삼베종이[麻紙]가 나타났으며, 2세기인 동한의 화제(和帝)시기에 채륜이 제지방법을 개선시키고 제지원료를 확대시켜 대량생산함으로써 한자의 필기체제에 일대 혁신을 가져왔다. 종이 문자는 대체로 필사본과 인쇄본이라는 두 종류로 나눌 수 있다.

1. 필사본

동한에서 위진(魏晉)시기까지, 사람들은 '비단은 귀하고 종이는 천하다(素貴紙賤).'는 전통적인 사고방식 때문에 종이로 글을 쓰는 것을 불경하다고 여겼다. 그러나 종이의 가격이 저렴하고 품질이 좋았기 때문에 저절로 널리 퍼지게 되었다. 그래서 위진 시대 이후로 종이는 점차 죽간을 대신해서 사용되었으며, 비단을 부속품의 지위로까지 밀어내게 되었다. 또한 높은 벼슬의 가문에서도 종이로 글을 썼다.

서진(西晉)시기에 좌사(左思)가 10년을 구상하여 쓴 「삼도부(三都賦)」에는 "그래서 부유하고 권세가 있는 가문에서 경쟁하듯 썼으므로 낙양에서는 종이가 귀하게 되었다.(於是豪貴之家, 競相傳寫, 洛陽爲之紙貴.)"라는 구절이 있다. 또 진수(陳壽)가 『삼국지(三國志)』를 완성한 다음, 진

---

48) "自古書契多編以竹簡, 其用縑帛者謂之爲紙. 縑貴而簡重, 並不便於人. 倫乃造意, 用樹膚, 麻頭及敝布, 魚網以爲紙. 元興元年(105年)奏上之, 帝善其能, 自是莫不從用焉, 故天下咸稱'蔡侯紙'."

(晉)나라 혜제(惠帝)도 "하남(河南)의 윤화담(尹華澹)에게 명령을 내려 낙양(洛陽) 수령이었던 장홍(張泓)에게 관리로 하여금 종이와 붓을 갖추어 진수의 문하로 들어가 『삼국지』를 베껴 써 오게 하였다." 1924년, 신강(新疆) 선선현(鄯善縣)에서 진(晉)나라 사람이 쓴 『삼국지』의 훼손된 글이 출토되었는데, 이후에 영국인이 국외로 가져갔다. 1965년, 신강 투루판[吐魯番]의 불탑(佛塔) 유적지에서 진(晉)나라 사람이 쓴 『삼국지』의 훼손된 글이 또 발견되었다. 「손권전(孫權傳)」에 관한 내용으로, 40줄에 500 여자가 남아 있었다. 고증에 따르면, 이 두 필사본은 서진(西晉)시기에 진수가 『삼국지』를 출판하고 얼마 지나지 않아 필사한 것으로, 3~4세기의 것이다. 이는 현재 중국에서 볼 수 있는 종이로 만든 최초의 서적이다.

남북조(南北朝)에서 수당(隋唐)시기까지 종이사본이 더욱 성행하였다. 1900년 감숙성 돈황의 막고굴(莫高窟)에서 5~11세기 초기의 필사본이 수만 권 발견되었다. 이들 필사본에서 우수한 작품들은 영국인 스타인과 프랑스인 폴 펠리오[49]가 이미 해외로 가져갔기 때문에, 중국에는 훼손된 8천여의 글만 남게 되었다. 1969년, 신강 투루판의 당(唐)나라 무덤에서 중종(中宗) 경룡(景龍) 4년(710년)에 필사한 『논어정씨주(論語鄭氏注)』의 앞부분 5편이 발견되었다. 상권의 제자(題字)에 따르면, 12살의 복천수(卜天壽)라는 학동(學童)이 필사한 것이다. 변경에 거주하는 어린 아이들은 모두 종이에 책을 필사할 수 있었다. 이를 통해 당나라 때에 필사한 책이 성행한 상황을 알 수 있다. 이후에 필사본이 유독 성행하였다. 당나라 때에 조판인쇄술이 발명되고 나서, 종이는 서적을 필사하고 인쇄할 수 있는 유일한 자료가 되었고 지금까지 사용되고 있다.

---

49) (역주) 폴 펠리오(Paul Pelliot, 1878~1945): 세계적으로 유명한 프랑스인 漢學家이자 탐험가이다. 파리대학에서 영어를 전공하였고, 이후에 프랑스 漢學 센터에서 漢語를 공부하였다. 계속해서 국립동양언어학교(Ecole Nationale des Langues Orientale Vivantes)에 입학하여 동양 각국의 언어사를 전공하였다. 일찍이 프랑스 漢學家인 에두아르 샤반(Édouard Chavannes)을 스승으로 모시고 공부하였으며, 중국학 연구에 주력하였다. 1908년 중국의 돈황 석굴을 탐험하여 대량의 돈황 문물을 구매하였다. 이는 현재 프랑스 국가도서관박물관에 소장되어 있다. 펠리오는 유럽과 미국에서 인정하는 중국학 지도자로서, 미국과 일본 및 중국에까지 영향력을 미쳤다.

아래에서 종이재질에 필사한 규모가 엄청난 두 가지 문자자료에 대해서만 소개하고자 한다.

(1) 돈황문서(敦煌文書)

종이가 생기고 나서, 특수한 상황 외에 일반적인 상황에서 사용하는 문자도 모두 종이에 썼으며, 서적(書籍) 문자도 종이에다 필사하여 전해졌다. 그러나 종이는 쓰기도 쉽지만, 손상되기도 쉬웠다. 현존하는 비교적 이른 시기의 종이재질에 쓴 문자는 1900년에 돈황 막고굴의 장경동(藏經洞)에서 발견된 필사본을 손에 꼽는다.

돈황은 중국의 감숙성 서쪽에 위치하여, 역사적으로 실크로드의 핵심지역으로, 중국과 서양의 문화가 모여 있는 곳이다. 인도의 불교가 제일 처음 여기에서 중국의 내륙으로 전해졌다. 366년부터 막고굴이 건립되기 시작하여 1227년 서하(西夏)가 멸망하기까지, 돈황은 줄곧 불교 신도들이 참배하는 성지였다. 대대로 지방장관들은 모두 돈황에다 사찰을 짓고, 문물을 보관하였다. 돈황의 문헌들이 새롭게 세상에 나온 뒤에는 프랑스 파리, 영국 런던, 북경 세 곳에 각각 소장되었다. 종합적으로 돈황의 문헌들은 대체로 아래의 7부분으로 나눌 수 있다.

> ① 불교경전. 돈황의 불경은 비교적 완벽하여, 번역한 경문이 대체로 모두 갖추어져 있을 뿐만 아니라, 또 불경의 뒷면에 산스크리트어, 팔리어[50] 등 불경의 원문이 써져 있다. 아울러 대부분 필사한 사람의 성명과 경전을 필사한 시대적 배경이 되는 자료가 있다. 돈황에 소장된 불경들은 대체로 위진(魏晉)시기에 시작하여 오대(五代)의 말기에 끝이 나, 580년 정도의 시간을 거쳤다. 중요한 불경으로는 『유마힐경(維摩詰經)』, 『대반열반경(大般涅槃經)

---

50) (역주) 팔리어(Pali language): 고대 인도의 언어로서, 부처시대에 마가다국 일대의 군중의 언어였다. 부처가 이 언어로 설법을 하여, 제자들도 이 언어로 부처의 가르침을 외웠다고 한다. 팔리어는 일찌감치 통용되지 않았지만, 불경을 통해서 계속 보존되어왔다. 인도유럽어계에 속하며, 인도 중기의 아리아어 중에서 초기 지방언어(Prakrit)의 하나이다.

』,『묘법연화경(妙法蓮華經)』,『대방광불화엄경(大方廣佛華嚴經)』,『금강반야경(金剛般若經)』,『대지도론(大智度論)』,『금광명경(金光明經)』,『십지논의소(十地論義疏)』,『대집경(大集經)』 등이 있다.

② 도가경전. 돈황은 불교를 기반으로 하지만, 도교의 문헌도 있다. 그 중에서 두루마리 책자[卷子]로 된『도덕경(道德經)』이 매우 많은데, 글자 수에도 약간씩 차이가 나서 제일 많은 것이 5,300자이고, 그 다음이 5,100자가 좀 넘고, 가장 적은 것이 4,999자이다.『장자(莊子)』의 두루마리 책자는 매우 적다. 1권만 발견된『남화경(南華經)』은 그 보존상태가 상당히 심각했다.

③ 유가경전. 유가경전은 돈황의 두루마리 책자를 구성하는 중요한 부분으로, 불교경전과 마찬가지로 그 내용이 매우 풍부하다.『상서(尚書)』,『시경(詩經)』,『논어(論語)』는 돈황에 있는 유가경전의 핵심적인 저서들이다.『춘추좌씨전(春秋左氏傳)』도 돈황의 두루마리 책자에서 차지하는 분량이 매우 많다. 또한『주역(周易)』,『예기(禮記)』 등도 있지만, 분량이 매우 많은 것은 아니다.

④ 문학작품. 크게 세 종류를 포함하고 있다. 첫째가 곡자사(曲子詞)[51]이고, 둘째가 변문(變文)이며, 셋째가 일반적인 문학이론과 문학작품이다. 예를 들어,『운요집곡자사(雲謠集曲子詞)』,『문심조룡(文心雕龍)』,『옥대신영(玉臺新詠)』,『세설신어(世說新語)』,『삼자경(三字經)』,『백가성(百家姓)』 등이 있다.

⑤ 언어문자 서적. 이 영역의 내용도 매우 광범위하지만, 어떤 것은 훼손된 서적만이 남아있기도 하였다. 예를 들어 당(唐)나라 이전의『이아(爾雅)』,『옥편(玉篇)』,『설문해자』,『자림(字林)』 등 자전, 당나라의 민간에서 유행한『천자문(千字文)』,『자보쇄금(字寶碎金)』,『속용자요(俗用字要)』,『잡변자서(雜辨字書)』 등 통속적인 문자로 써진 서적, 현응(玄應)의『일체경음의(一切經音義)』, 혜림(慧琳)의『일체경음의(一切經音義)』, 왕숙(王肅)의『상서음의(尚書音義)』 등 독음과 의미에 관해 쓴 글, 당나라 사람이 사용한『절운(切韻)』계열의 운서, 서하문(西夏文)[52], 소그드 어(Sogdian language)[53] 등 현재 이미 유

---

51) (역주) 曲子詞: 詞의 초기 명칭 중의 하나이다. 隋·唐에서 五代시기까지, 曲子라고 부르는 중국민간에서 널리 퍼진 곡조가 있었다. 이 곡조에 詞를 써서 노래로 부를 수 있었는데, 이렇게 써진 가사를 曲子詞라고 불렀다.

52) (역주) 西夏文: 또 河西字, 番文, 唐古特文이라고도 부른다. 이는 西夏의 黨項族의 언어를 기록한 문자이다. 표의체계로서, 시노·티베트어계의 羌語에 속한다. 서하 사람의 언어는 이미 실전되었지만, 현대의 羌語·木雅

실된 고대의 수많은 부족들의 언어자료들이 있다.

⑥ 역사지리 서적. 이 두루마리 책자의 권수는 많지 않지만 매우 중요한 내용이 담겨있다. 예를 들어, 『사기(史記)』, 『한서(漢書)』의 두루마리 책자는 현재의 판본과 그 차이가 매우 크다. 이 외에도 『당대직관표(唐代職官表)』, 『관령품(官令品)』, 『춘추후어(春秋後語)』 등이 있다. 지리에 관한 저서로는 『사주도독부도경(沙州都督府圖經)』(돈황 長宮府의 문서), 『사주지(沙洲志)』가 있다. 명문세가와 인물에 관한 대표적인 저서로는 『돈황명인명승막정찬(敦煌名人名僧邈貞贊)』이 있는데, 이는 당나라 이전의 돈황 지역에서 출생한 위인들을 하나하나 열거하였다. 또 수많은 고승들의 가르침을 전하는 『돈황고승전(敦煌高僧傳)』이 있다. 그밖에 서역에 위치한 여러 나라들의 자료 등이 있다.

⑦ 과학기술 서적. 대체로 의학과 일력(日曆) 두 종류가 존재한다. 이는 사람들이 거의 매일 사용해야 하는 것이므로, 돈황의 두루마리 책자에서 비교적 중요한 지위를 차지한다. 예를 들어 『본초(本草)』, 『식료본초(食療本草)』, 『현감맥경(玄感脈經)』, 「구주력(具注曆)」, 「칠요력(七曜曆)」 등이 있다.

돈황의 장경동에서 출토된 문헌은 거의 중국 고대의 역사와 문화의 각 분야를 포함하고 있어, 백과사전과 같은 문헌이라고 말할 수 있다. 이렇게 손으로 쓴 문헌들은 필사 시기가 명확하기 때문에 문자학에서 글자의 형태, 구조, 운용의 변화를 연구하는데 다양한 실제자료를 제공해주고 있다.

(2) 『사고전서(四庫全書)』

『사고전서』는 청(淸)나라 건륭(乾隆) 연간에 국가가 주관해서 편집한 총서이다. 문진각(文津閣) 소장본에 따르면, 이 책은 모두 3,503종의 고대

語와 매우 밀접한 관계에 있다.

53) (역주) 소그드어(Sogdian language, 窣利語): 고대의 소그드 사람(지금이 중앙아시아 아무다리야 강과 시르다리야 강 사이에 거주한 민족)이 사용한 표음문자. 일부 사람은 종교문헌을 적는데 이 언어를 사용하였는데, 그 중에 불경이 특히 많다.

서적이 79,337권 수록되어 있다. 수록된 서적은 초당(初唐)시기에 공식적으로 소장한 서적을 경사자집(經史子集)이라는 4개의 서고로 나누는 방법에 따라 분류하였고, 기본적으로 고대의 모든 도서를 망라하고 있으므로 '사고전서'라고 부른다.

『사고전서』의 편찬과정은 도서수집, 도서정리, 저본필사[54], 교정이라는 4가지 단계로 나뉜다.

건륭 46년(1781년) 12월에 첫 번째 『사고전서』가 마침내 필사를 다 마치고 나서 장식을 더해 바쳐졌다. 이어서 또 3년에 가까운 시간을 들여 두 번째, 세 번째, 네 번째가 필사되고, 각각 문연각(文淵閣), 문소각(文溯閣), 문원각(文源閣), 문진각(文津閣)에서 소장하게 되는데, 이를 북사각(北四閣)이라고 부른다. 건륭 47년(1782년) 7월에서 52년(1787년)까지 또 3부를 필사하여 각각 문종각(文宗閣), 문휘각(文彙閣), 문란각(文瀾閣)에서 소장하게 되는데, 이를 남산각(南三閣)이라고 부른다. 각각의 『사고전서』는 36,300책, 6,752함으로 제본되었다. 또한 문연각에 소장된 책의 머리말에는 '문연각보(文淵閣寶)', 책의 말미에도 '건륭어람지보(乾隆禦覽之寶)'라고 붉은 색 글자가 써진 네모난 도장이 찍혀있듯, 이들 서적에는 모두 국새가 날인되어 있다.

『사고전서』의 내용은 4부(部) 44류(類) 66속(屬)을 포괄할 정도로 매우 풍부하다. 예를 들어, 경부(經部)는 역류(易類), 서류(書類), 시류(詩類), 예류(禮類), 춘추류(春秋類), 효경류(孝經類), 오경총의류(五經總義類), 사서류(四書類), 악류(樂類), 소학류(小學類) 등 10개의 부류로 나누어져 있다. 그 중에서 예류(禮類)는 또 주례(周禮), 의례(儀禮), 예기(禮記), 삼례총의(三禮總義), 통례(通禮), 잡례서(雜禮書)라는 6속(屬)으로 다시 나뉜다. 소학류(小學類)도 훈고(訓詁), 자서(字書), 운서(韻書)의 3속(屬)으로 나뉜다.

『사고전서』가 완성되고 나서 이미 200여년이 흘렀다. 7부에서 문원각본(文源閣本), 문종각본(文宗閣本), 문휘각본(文彙閣本)은 완전히 사라져

---

54) (역주) 필사를 하는 사람들은 처음에는 추천을 받아 왔으나, 이후에는 모집을 해서 실력을 확인하는 것으로 바뀌었으며, 마지막에는 시험지의 필적에 따라 향시에 낙제한 생도에서 선택하였다. 그리하여 총 3,826명이 필사를 하는 작업에 선발되었다.

서, 문연각본(文淵閣本), 문진각본(文津閣本), 문소각본(文溯閣本), 문란각본(文瀾閣本)만이 남아 지금까지 전해지고 있다. 현재 문연각본은 대만에서 소장하고 있으며, 문진각본은 북경도서관에서 소장하고 있고, 문소각본은 감숙성 도서관에서 소장하고 있다. 문란각본은 전쟁을 겪으면서 많이 훼손되었으나, 이후에 필사를 더해 기본적으로 그 모습을 다 갖추어, 지금은 절강성 도서관에서 소장하고 있다.

『사고전서』는 편찬과정에서 내용을 빼버리고 칼로 도려내어 고치는 등 잘못이 있다고 하나, 전체적인 평가를 하자면 공로가 실수보다 많다고 해야 할 것이다. 첫째, 그것은 고대의 서적을 대량으로 보존하고 있으니, 이는 고대 문화에 대한 총화인 것이다. 둘째, 고대 서적을 정리하는 방법, 특히 유실된 작품들의 수집, 교감, 목록학, 총서를 한데 모으는 분야에서 후세 사람들에게 시사하는 바가 크다. 아울러 손으로 필사를 하는 작업에 있어서 대량의 고대 자형과 용자(用字) 현상을 보존하고 있기에, 문자학 연구에서 절대로 홀대할 수 없는 중요한 자료이다.

2. 인쇄본

종이에다 문자를 써서 서적을 널리 보급하는 일에는 큰 진전이 있었으나, 문자를 써서 사용하는 것에는 사람마다 차이가 있고 또 틀리기도 쉬워서 혼란을 줄 수 있었다. 게다가 한 번에 1부만을 필사할 수 있었기 때문에 시간 대비 그 효율은 많이 떨어졌다. 그래서 사람들은 문자의 저장매체를 개선시킨 후, 문자를 나타내는 방식도 바꾸고자 하였다. 당대(唐代)에 이르러, 대략 7~8세기 때 조판인쇄술이 발명되었다. 책판을 새기고 나면, 한 번에 책을 백부, 천부를 인쇄할 수 있게 되었다. 이로 인해 서적의 전파속도가 엄청나게 빨라졌으며, 조판 면이 고정됨으로써 서적의 내용도 잘 틀리지 않게 되었다. 그러나 문자에 있어서, 각각의 조판은 개인이 한 번 쓰는 것과 같았기 때문에 그 조판들의 개체 자부(字符)는 여전히 같지 않았으므로, 필사와 별반 차이점이 없었다. 그러다 송대(宋代)의 경력(慶歷) 연간(1040년대)에 필승(畢昇)이 교니활자를 처음으로 만들고, 원대(元代)의 대덕(大德) 연간(1290년대)에 왕정(王楨)이 목활자와 회전글자판55)을 발명하여, 개체 자부(字符)를 쓰는 모양이 고정되었다. 그래서 똑같은 글자도 반복해서 사용할 수 있게 되었고, 문자규칙도 많아지게 되었다.

당대(唐代)에 판각 인쇄한 책들은 모두 시민 계층들이 즐기는 통속물56)과 불교경전이었다. 오대(五代)때가 되어서야 조정에서 서적을 인쇄하는 사업이 시작되었다. 현존하는 최초의 조판인쇄물은 1966년 한국의 경주(慶州)에 있는 불국사(佛國寺)의 석가탑(釋迦塔)에서 발견된 「무구정광대다라니경(無垢淨光大陀羅尼經)」으로, 대략 705년에 조판되었다. 또 돈황에서 발견되었으나 영국에 유출된 두루마리 책자인 『금강경(金剛經)』은 당나라 함통(咸通) 9년(868년)에 인쇄되었다.

중국에서 볼 수 있는 조판인쇄물에서 당대(唐代)에 속하는 것으로는 1944년 사천성 성도시(成都市)의 당나라 무덤에서 발견된 「다라니경주(陀羅尼經咒)」가 있을 뿐이며, 오대각본(五代刻本)도 북경도서관에 소장되어 있는 950년에 인쇄된 「문수사리보살상(文殊師利菩薩像)」(그림_3.55)만 있을 뿐이다. 송각본(宋刻本)에는 훼손된 서적과 페이지들이 대부분을 차지하여, 온전한 것이 많지 않다. 중국서점에서 12권으로 구성된 『초사집주(楚辭集注)』(關蔚煌 舊藏本)를 찾아내었고, 또 『중간허씨설문해자오음운보(重刊許氏說文解字五音韻譜)』(于蓮客 舊藏本)도 12권으로 구성되어 있다. 원각본(元刻本)에도 훼손된 서적과 페이지들이 많은데, 온전한 것은 대부분 지정(至正) 이후에 나타난다. 조판인쇄본이 많아진 명청(明淸)시대에는 스스로 새기거나 두 번 새긴 서적 말고, 송원(宋元)시기의 옛 판본을 번각한 것이 많았다. 번각본(翻刻本)은 원래의 판본을 그대로 모방하여 글자체의 스타일이 원판과 비슷하므로 주의해서 분별해야 한다.

---

55) (역주) 회전글자판: 중국에서의 명칭은 轉輪排字架로, 元나라의 農學家인 王禎이 발명한 것이다. 회전글자판은 가벼운 재질의 나무로 만든 원탁모양의 큰 판과 회전축으로 구성되어 있다. 둥근 판의 직경은 대략 7척이며, 회전축의 높이는 3척이다. 둥근 판은 목활자를 저장한 것으로, 자유롭게 돌릴 수 있다.

56) 예를 들어, 시가, 일력, 꿈풀이, 음양잡기, 자서, 운서 등이 있다.

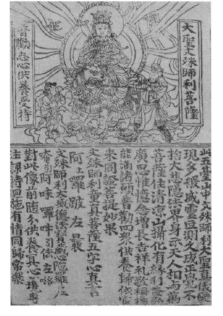

그림_3.55
국가도서관에서
소장하고 있는
오대(五代)시기의
인쇄본
『문수사리보살상』

　　송나라의 필승과 원나라 왕정의 목활자인쇄본은 문헌의 기록에만 보
일 뿐, 실물은 전해지지 않는다. 현재 볼 수 있는 활자로 인쇄한 최초의
책은 명대(明代)의 홍치(弘治) 연간에 강소성 무석(無錫)의 화수[57]회통관
(華燧會通館)에서 구리활자로 인쇄한 『구경운람(九經韻覽)』, 『용재수필(容
齋隨筆)』 등이다. 청대(淸代)에 구리활자로 조판하여 인쇄한 서적은 옹정
(雍正) 연간의 『고금도서집성(古今圖書集成)』으로, 그 분량이 만권으로
가장 많다. 건륭 연간에 또 목활자로 대형의 『취진판총서(聚珍版叢書)』
를 지속적으로 인쇄했다. 도광(道光) 연간에는 소주(蘇州)에 사는 이요(李
瑤)와 안휘(安徽)에 사는 적금생(翟金生)이 교니활자로 인쇄를 할 수 있
는지를 확인하기 위해, 각자 교니활자를 만들고, 일부 서적들을 인쇄하
여 심괄(沈括)의 『몽계필담(夢溪筆談)』에 기록된 내용을 증명하였다.[58]

---

57) (역주) 華燧(1439-1513): 字가 文輝이고, 號가 會通이다. 明代의 江蘇省 無
　　錫 사람으로, 藏書家, 刻書家, 구리활자 인쇄가이다.
58) 魏隱儒, 『古籍版本鑒賞』(北京: 燕山出版社, 1997), 106쪽.

활자 인쇄는 이체자를 달리 쓰는 일을 줄여, 표준이 되는 한자의 모습을 향상시켰다.

현대의 종이 문자에는 필사본과 인쇄본이 존재한다. 일반적으로 일상생활에서 사용하는 문자는 손으로 쓰고, 정식 문서는 인쇄를 한다. 그러나 인쇄하는 글자의 모양은 원래의 새기는 판과 활자에서 컴퓨터의 폰트로 진화하였다. 컴퓨터의 폰트크기는 자유자재로 변할 수 있지만, 조판인쇄의 기본 원리는 활자의 조판인쇄와 같고 문자를 중복할 수 있는 효과도 같다.

제4장
한자의 정리

한자자료는 활용할 때의 자연적인 상태를 드러낸 것으로, 한자를 체계적으로 연구하려면, 제일 먼저 한자자료를 과학적으로 정리해야 한다.

한자자료는 '문물 정리', '텍스트 정리', '문자정리'라는 세 부분으로 나누어 정리할 수 있다. '문자정리'가 필자의 목표인데, 어떤 때는 앞의 두 부분을 정리하고 언급해야지만 문자정리를 할 수도 있고, 많은 경우, 이 세 부분의 정리를 같이 하여, 정리한 성과도 종종 종합적인 성격을 띠기도 한다. 그러나 학문의 이치를 구체적으로 드러내기 위해, 여기서는 문물·텍스트·문자의 정리에 관한 연구를 각각 나누어서 소개하고자 한다.

제1절 한자자료의 문물정리

문물정리는 일반적으로 출토(출토되고 나서 사회에 흩어진 것을 다시 수집하거나 구매한 것도 포함)된 문자자료를 말한다. 어떤 문자자료들을 발견하고 나서, 제일 먼저 문자자료의 실물에 대한 소제, 등록, 보호를 해야 하고, 아울러 문화적인 성격의 1차적인 판단과 논증을 해야 한다. 예를 들어, 실물의 진위여부, 복원과 보수, 실물을 가진 보유자, 제작자(필사 혹은 조판), 그 유래, 보존환경, 시대적 배경, 지역, 효용 혹은 기본적인 내용, 실물과 같이 출토된 문물과 상관관계, 실물의 기타 문화적 속성 등이 있다. 이것이 바로 문자자료의 문물층면에서의 정리이다. 문물정리는 진품을 보존하는 것이 원칙이고, 살펴보고 연구해서 검증하는데 그 목적이 있다. 문물정리에 필요한 전문적인 기술과 지식은 일반적으로 문물의 고고학 담당자가 맡는다. 혹은 문자를 고증하고 해석할 수 있으며, 문물의 고고학적 연구의 소양을 두루 갖춘 학자가 맡기도 한다. 문물정리의 성과는 실물원본을 소장하고 진열하는 것 외에, 문자를 작업하는 사람은 문자자료의 사진, 탁본이나 모사본을 주로 이용한다.

사서(史書)에는 중국의 한나라 때에 고문자자료가 출토되었다고 기록되어 있다. 『설문해자·서(敍)』에 "고문(古文)이라고 부르며, 공자(孔子)의 벽에서 나온 책을 말한다. ……벽에서 나온 책은 노(魯)나라의 공왕(恭王)이 공자의 집을 허물면서, 『예기(禮記)』, 『상서(尚書)』, 『춘추(春秋)』, 『논어(論語)』, 『효경(孝經)』 등을 발견한 것을 말한다. 또 북평후(北平侯)인 장창(張蒼)이 『춘추좌씨전(春秋左氏傳)』을 헌상하고, 군국(郡國)은 또 종종 산천(山川)에서 청동기[鼎彝]를 찾았는데, 그 명문이 바로 이전 시대의 고문(古文)인 것이다."[1]라는 구절이 있다.

진(晉)나라 때에도 중요한 문자자료가 한번 출토되었다. 서진(西晉)의 태강(太康) 2년(281년)이나 태강(太康) 원년(280년)에 급현(汲縣)[2] 사람이 현지의 옛 무덤을 도굴하면서 죽간에 새겨진 대량의 고서를 발견하였다. 『진서(晉書)·무제기(武帝紀)』에 "급군(汲郡) 사람이 위(魏)나라 양왕(襄王)의 무덤을 도굴하고, 소전의 옛 글자가 10여만 자가 넘게 새겨진 죽간을 발견하였다.(汲郡人不准掘魏襄王塚, 得竹簡小篆古字十餘萬言.)"라는 구절이 있고, 『진서(晉書)·속석전(束晳傳)』에 "처음 무덤을 발굴한 자는 (무덤을 밝게 하려고) 죽간에 불을 붙여 보물을 차지했다. 정부가 그것을 수

---

1) (역주) 『說文解字·敍』一曰古文, 孔子壁中書也. ……壁中書者, 魯恭王壞孔子宅, 而得『禮記』『尚書』『春秋』『論語』『孝經』, 又北平侯張蒼獻『春秋左氏傳』, 郡國亦往往於山川得鼎彝, 其銘即前代之古文.
2) 지금의 하남성 衛輝市의 서남쪽에 위치해 있다.

급하러 갔을 때 죽간은 대부분 재가 되어 있었고, 목간은 잘라져 있어, 원래의 형상대로 복원시킬 수 없었다.(初發塚者燒策照取寶物, 及官收之, 多爐簡斷劄, 不複全次.)"라는 구절이 있다. 도굴꾼들은 죽간이 얼마나 귀한지 몰랐기 때문에, 무덤에서 죽간을 모아 불을 질러 밝히는데 사용하였다. 후에 어떤 사람이 무덤이 도굴된 것을 발견하고 관청에 보고했다. 관청은 무덤 안에서 산발적으로 딸어저 있는 죽편(竹片)들을 모아, 큰 수레 여러 대에 실었지만, 회수한 책을 조심스럽게 다루지 않아 대부분 훼손이 심각했다. 이 죽간들을 급현(汲縣)에서 수도인 낙양(洛陽)으로 옮기고 나서, 진(晉)나라 무제(武帝)는 중서감(中書監)인 순욱(荀勖)[3]과 중서령(中書令)인 화교(和嶠)[4]에게 책임지고 정리하라고 명하였다. 이 죽간들의 길이는 고대의 자[古尺]로 재었을 때 2자 4치[5]이며, 각각의 죽간에는 먹으로 40자가 새겨져 있다고 기록되어 있다. 죽간문자의 서체는 당시에 소전(小篆), 과두문자(蝌蚪文字), 고문(古文)이라고 하여, 그 부르는 표현이 각기 달랐으나, 비교적 표준에 맞는 전국문자였다.

이러한 고대의 문자자료는 대부분 간책(簡策)[6]이거나 청동기이다. 길이[尺寸]와 먹색(墨色) 등으로 단순하게 기록한 것 외에, 문물의 성질을 띠는 관련 자료에 대해 정리한 성과는 없었다. 다시 말해, 시대적 조건의 한계로 인해 당시의 출토문자자료에 대한 문물정리는 상당히 뛰어나다거나 과학적이지 못했다. 그래서 이 문자자료들의 실물원본(원래의 자양을 포함)은 이미 불명확해져서, 현재 볼 수 있는 것은 관련 텍스트와 일부 '고문'용자(用字) 상황에 대한 설명뿐이다. 문자자료의 문물적 속성에 대해 관심을 가져, 연구하고 정리하기 시작한 것은 송대(宋代)부터이다.

---

3) (역주) 荀勖(?-289년): 字는 公曾으로, 潁川의 潁陰 사람이다. 지금의 하남성 許昌市를 말한다. 三國시기에서 西晉시기까지의 음율학자, 문학가, 장서가이자 西晉의 개국공신이었다.
4) (역주) 和嶠(?-292년): 字는 長興로, 汝南의 西平 사람이다. 지금의 하남성 西平을 말한다. 魏나라 후기부터 西晉 초기까지의 대신이었다.
5) (역주) 80cm에 해당된다.
6) (역주) 고대에 죽간을 연결시켜 만든 책을 말한다.

1. 송대의 한자문물 정리

송대에 금석문자(金石文字)의 출토와 수집이 점차 많아지면서, 학자들은 금석문자자료를 소장하고 그 문물적 속성에 관한 연구를 중시하기 시작했다. 현대처럼 문물을 보호하는 조치는 없었지만, 원본도형을 모사하고 원래의 자양(字樣)을 탁본하는 정도의 성과는 있었다.

그림_4.1 탁본하는 과정 재현도

비교적 일찍 청동기의 문물적 속성에 대해 연구한 사람은 북송시대의 유창(劉敞)[7]이다. 그가 장안(長安)에서 관직을 맡고 있었을 때, 당시의 장안은 수당(隋唐)이래 골동품 상인들의 집결지였다. 이 때문에 그는 그가 본 고대 기물을 감별하고 고증할 수 있는 조건을 갖추고 있었고, 『선진고기기(先秦古器記)』라는 책까지 썼다. 유창과 동시대를 살았던 또 다른 유명한 학자인 구양수(歐陽修)도 여기에 심취하여 매우 많은 고대

---

7) (역주) 劉敞(1019-1068): 北宋시대의 사학자, 경학자, 산문가이다. 字는 原父로서 原甫라고도 쓴다. 慶曆 6년에 아우인 劉攽과 함께 진사에 급제하였다. 유창은 박학다식하여, 구양수도 그를 두고 "六經의 고금전기에서 天文, 地理, 卜醫, 數術, 浮圖, 노자와 장자의 말에 통달하지 않은 바가 없다. 그는 문장이 특히 날카롭고 풍부하다."라고 했다. 아우인 劉攽과 함께 北宋二劉라고 불렸으며, 저서로는 『公是集』이 있다.

기물을 소장하였고, 『선진고기기』를 기반으로 하여 『집고록(集古錄)』을 편집하였다.

이 두 학자의 영향과 선도로 인해, 송대의 이름난 수많은 사대부들도 고대 기물을 연구하는 작업에 잇달아 투입되었다. 송나라 신종(神宗) 원풍(元豐) 연간에, 이공린(李公麟)8)이라는 학자는 고대 기물을 기록하면서 기물의 도상과 함께 설명노 곁들인 『고고노(考古圖)』라는 책을 펴냈다. 이후 송나라 철종(哲宗) 원우(元佑) 연간에, 경조(京兆) 사람인 여대림(呂大臨)은 이공린의 『고고도』를 기반으로 동명의 『고고도』 10권을 썼다. 이 책은 기물을 기록하고, 기물의 형상, 명문을 모사하였을 뿐만 아니라, 또 기물의 크기, 중량, 용량, 출토지 및 소장하고 있는 사람에 대해 각각 기록하였다. 송나라 휘종(徽宗)이 즉위하고 나서, 왕보(王黼)에게 명령하여 궁정에서 소장하고 있는 고대의 기물에 근거하여 『선화박고도(宣和博古圖)』를 편찬하게 했다. 여대림의 『고고도』와 왕보의 『선화박고도』는 송대의 청동기를 연구하는 중요한 저서로서, 그 편찬방법은 후대 금석학도록(金石學圖錄)과 같은 서적들의 모범이 되었다. 황실과 귀족들이 제창하고 문인과 선비들이 노력하였기 때문에, 명문이 있는 청동기의 문물적 속성에 관한 연구는 전문적인 학술분야가 되었으며, 이는 송대에 이미 금석학의 기초가 형성되었음을 보여준다.

---

8) (역주) 李公麟(1049-1106): 北宋의 유명한 화가이다. 字는 伯時이고, 號는 龍眠居士이다. 옛 것을 좋아하고 널리 배워, 시를 잘 썼으며, 고대의 기물을 감별하는데 뛰어났다.

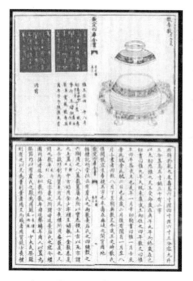
그림_4.2 『고고도』서판(사고전서본)

그림_4.3 『박고도』에 기록된
『수령방이(戌鈴方彛)』기물의 형태

그와 동시에 송대에는 관지(款識)류 저서가 나타났다. 이러한 저서는 명문9)의 연구에만 치중하였다. 즉 기물에 새겨져 있는 고대문자의 형체를 모사하거나 탁본하여 연구하고 정리하였는데, 보통 도상은 기록하지 않았다. 대표적인 저서로는 주로 설상공(薛尙功)의 『역대종정이기관지법첩(歷代鍾鼎彝器款識法帖)』 20권 및 왕구(王俅)의 『소당집고록(嘯堂集古錄)』 2권이 있다.

---

9) 陰文을 款이라 부르고, 陽文을 識라 부른다.

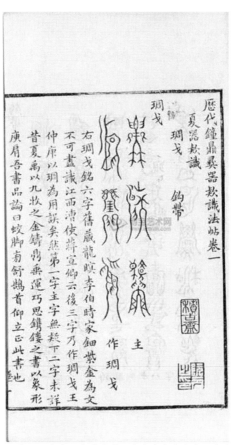

그림_4.4 설상공의 『역대종정이기관지법첩』 서영

　　송나라 사람들이 관심을 가진 고문자자료에는 청동기 이외에도 석각과 도장이 있다. 예를 들어, 조명성(趙明誠)의 『금석록(金石錄)』은 고대의 금문과 석각을 연구한 종합적인 저서이다. 이 저서는 전체 30권이며, 소장된 금석탁본은 삼대(三代)시대부터 수당오대(隋唐五代)시기까지 모두 2,000종이 수록되었다. 1권에서 10권까지는 청동기 명문과 비석에 새겨진 글자나 그림을 탁본한 목록인데, 시대순서에 따라 배열되어 있다. 11권부터 30권까지는 논증을 한 부분인데, 저자가 일부 종(鍾), 정(鼎), 이기(彝器)에 새겨진 명문의 관지(款識)와 비석에 새겨진 명문에 대해 쓴 제사(題詞)와 발문(跋文)으로, 모두 502편이 있다. 북송시대, 양극일(楊克一)의 『집고인격(集古印格)』은 도장에 관한 것만을 기록한 서적으로, 고대의 도장계보에 선구적인 저서에 속한다. 또한 석고문(石鼓文) 탁본도 송대부터 전해진다.

송대의 학자들은 금석문자(金石文字) 자료, 특히 청동기 연구의 시작을 열었다. 청(淸)나라 말기에 중국학의 대가인 왕국유(王國維)는 "(송나라 사람들은) 기물의 형상 및 구조와 스타일을 모사하여, 그 이름과 기물을 확인하여 정정하는 것으로, 힘써 노력하니 얻는 바가 많았다. 출토지나 기물을 소장한 사람에 대해서도 아는 것이 있다면 기록하였기에, 후세의 기록자들은 모범으로 삼아야 할 것이다. 문자를 고증하고 해석하는 일에, 송나라 사람들이 견강부회한 면이 있다고 할지라도, 민국시기의 완원(阮元)과 오대징(吳大澂)도 그 범주를 벗어나지 못했다. 그러니 만약 견강부회한 것을 진실로 비웃은 사람들이 있었을지라도, 민국시기의 많은 학자들도 이를 벗어나지 못했다."[10]라고 평가하였다.

송나라 사람들은 적극적이고 진지한 태도로 출토된 청동기 자료를 대거 수집하고 기록하였다. 이것이 바로 이후에 파괴되어 다시 존재할 수 없는 청동기를 기록한 진귀한 자료가 되었다. 송대에 청동기를 연구한 저서들, 특히 도록류(圖錄類) 저서들은 기물의 형상 및 구조와 스타일을 상세하게 묘사하였으며, 또 기물의 크기, 무게, 출토지점 및 소장자 등도 기록하는 등 상당히 과학적인 방법을 사용하였다. 이러한 방식으로 보존된 데이터는 완벽한 편이므로 데이터의 연구 가치를 제고시켰다. 송대의 청동기 연구저서들은 청동기 명명에도 매우 큰 공헌을 하였다. 작(爵), 고(觚), 치(觶), 가(斝) 등과 같은 청동기 기물의 명칭들은 송나라 사람들이 명명한 것으로 입증되었으며, 『박고도』에서 말하는 도철문(饕

---

10) 王國維의 『宋代金文著錄表』(1914)는 이후에 『王國維集』 第四冊(北京: 中國社會科學出版社, 2008)에 수록되었다.
(역주) (宋人)摹寫形制, 考訂名物, 用力頗巨, 所得亦多. 乃至出土之地, 藏器之家, 苟有所知, 無不畢記, 後世著錄家當奉爲准則. 至於考釋文字, 宋人亦有鑿空之功, 國朝阮, 吳諸家不能出其範圍; 若其穿鑿紕繆, 誠若有可議者, 然亦國朝諸老之所不能免也.

饕紋), 반리문(蟠螭紋) 등과 같이, 송나라 사람들이 정한 청동기의 도안에 대한 명칭도 일부는 지금까지 사용되고 있다.

2. 청대 및 민국 시기의 한자문물 정리

(1) 원명(元明)의 쇠퇴기를 거쳐 다시 부흥한 청대(淸代)의 청동기 연구

용원(容媛)의 『금석서목록(金石書目錄)』의 통계에 따르면, 현존하는 금석학(金石學) 저서 중에서, 북송에서 청대의 건륭시기 이전까지 근 700년 동안 송나라 사람의 저서 22종이 포함된 67종의 저서만이 보인다. 그런데 건륭 연간 이후 200년 동안 금석학 저서는 906종이나 있다. 이러한 데이터를 통해, 청대의 건륭, 가경(嘉慶)연간 이후의 금석학 발전상황을 알 수 있다.

청대의 청동기 관련 저서에서 『서청고감(西淸古鑒)』이 가장 대표적이다. 이는 건륭 14년(1749년) 청나라 고종(高宗)이 양시정(梁詩正) 등의 사람에게 명하여 『선화박고도』의 체제를 본뜨게 하고, 조정(朝廷)과 내무부(內務府)에 소장된 청동기[11]를 기록해서 만든 책이다. 건륭시기에 천자의 명령으로 『서청고감』이라고 명명하게 되었으며, 전체 14권으로 이루어져 있다. 이외에도 건륭연간에 천자의 명령으로 저술한 청동기 저서로는 『영수감고(寧壽鑒古)』 16권, 『서청속감갑편(西淸續鑒甲編)』 20권(부록1권), 『서청속감을편(西淸續鑒乙編)』 20권이 있다. 이상의 4종의 저서들은 '건륭사감(乾隆四鑒)'이라 불리는 것으로, 청나라 궁실에서 소장한 청동기 약 3천 점을 수록하였다.

---

11) 대다수가 원명시기와 청나라 초기에 출토된 것이다.

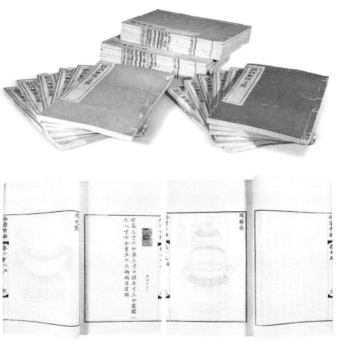

그림_4.5 『서청고감』(동판인쇄)

　'건륭사감' 외에, 다음에 열거하는 서적들도 문물의 정리와 연구에
치중을 하였다. 즉, 도록류(圖錄類)로는 오운(吳雲)의 『양뢰헌이기도석(兩
罍軒彝器圖釋)』 12권, 오대징(吳大澂)의 『항헌소견소장길금록(恒軒所見所
藏吉金錄)』 2책, 단방(端方)의 『도재길금록(陶齋吉金錄)』 8권, 『속록(續錄)
』 2권 등이 있고, 관지류(款識類)로는 전점(錢坫)의 『십육장악당고기관지
고(十六長樂堂古器款識考)』 4권, 완원(阮元)의 『적고재종정이기관지(積古
齋鍾鼎彝器款識)』 10권이 있다. 또한 소장품 목록류(目錄類)로는 진개기
(陳介祺)의 『보재장고목(簠齋藏古目)』 3책 등이 있고, 감상과 진위판별류
로는 진개기의 『보재척독(簠齋尺牘)』 12책 등이 있다.

청나라 사람들의 청동기 연구는 이전연구를 계승하고 발전시키는 작용을 한다. 그들은 송나라 사람들이 청동기를 기록한 그 적극적인 정신을 계승하고 발전시켰을 뿐만 아니라, 그림을 그리고 모사하는 부분에서 송나라 사람들보다 더 개선되었다. 심지어 전체의 모습을 탁본하는 방법도 터득하여 청동기 연구에 진귀한 자료를 제공하였다.

민국시기의 금문 관련 저서들은 더욱 정교해졌으며, 그 출처도 더욱 풍부해졌다. 예를 들어, 우성오(于省吾)의 『쌍검치길금도록(雙劍誃吉金圖錄)』, 『쌍검치고기물도록(雙劍誃古器物圖錄)』, 나진옥(羅振玉)의 『삼대길금문존(三代吉金文存)』, 추안(鄒安)의 『쌍옥새재금석도록(雙玉璽齋金石圖錄)』, 관백익(關百益)의 『신정고기도록(新鄭古器圖錄)』, 곽말약(郭沫若)의 『양주금문사대계도록(兩周金文辭大系圖錄)』, 용경(容庚)의 『해외길금도록(海外吉金圖錄)』, 서내창(徐乃昌)의 『안휘통지금석고물고고(安徽通志金石古物考稿)』 등이 있다.

(2) 한자연구에 새로운 과제를 안겨준 갑골 자료의 발견

청나라 말과 민국 시기에서 가장 칭찬받을 일은 바로 갑골문 자료를 발견하고 공개한 것이다. 청말 시기 국자감(國子監)의 좨주(祭酒) 겸 의화단(義和團) 단련대신(團練大臣)이었던 왕의영(王懿榮, 1845~1900)이 처음으로 갑골문을 발견하였다. 그는 1899년 골동품상에게 1천5백여 편의 갑골을 모으고 구매하였으나, 정리하고 연구할 새도 없이 두 번째 8국연합군이 북경에 침범하자 스스로 목숨을 끊었다.

왕의영이 우물에 투신하여 자살하고 나서, 그의 아들인 왕한보(王翰甫)가 오랜 빚을 청산하기 위해, 부친이 소장한 귀갑을 전부 부친의 친구였던 유악(劉鶚, 1857~1909)에게 팔았다. 이후 유악이 또 계속해서 갑골을 찾아나서 총 5천여 편을 수집하게 되었다. 1차적인 정리를 끝내고 1903년 9월에 탁본위주의 『철운장귀(鐵雲藏龜)』를 출판하여, 개인이 소장한 갑골을 처음으로 세상에 공개하였다.

나진옥(羅振玉, 1866~1940)은 유악과 인척관계로서, 유악이 죽고 나서 그가 증정한 탁본을 골라서, 원서에서 기재하지 않은 것을 『철운장귀지여(鐵雲藏龜之餘)』영인본으로 편찬하였다. 아울러, 나진옥 스스로 수집한 3만여 편의 갑골도 계속 정리하였고, 그 중에 일부 탁본을 골라 『은허서계(殷墟書契)(전편)』 8권, 『은허서계(후편)』 2권, 『속편』 6권 등의 서적을 출판하였다. 특히 나진옥이 일본의 사진기술을 사용하여 『은허서계청화(殷墟書契菁華)』, 『은허고기물도록(殷墟古器物圖錄)』이라는 실물사진 서적 2권을 출판한 것은 주시할 만한 일이다. 수록된 사진의 수량(은허서계 68장, 은허고기 4장)이 많지 않지만, 한자자료문물을 그대로 재현하는 효과를 크게 향상시켰다. 이 시기에 사진으로 갑골문 자료를 발표한 것으로는 미국의 백서화(白瑞華)가 편집한 『은허갑골상편(殷墟甲骨像片)』(1935), 진몽가(陳夢家)의 『갑골섭영(甲骨攝影)』(1942)이 있다.

한평생 천진(天津)에서만 살았던 왕양(王襄, 1876~1956)도 갑골을 수집하고 정리하였다. 1925년에 출판한 『보실은계징문(簠室殷契徵文)』은 그가 소장한 5천여 편의 갑골에서 우수한 것을 골라 발표한 책이다.

골품품상이 갑골문을 판매하고 나서 그 명성이 널리 퍼지게 되었다. 이로 인해 민간에서 서로 다투어 무덤을 도굴하기 시작했고, 도굴한 갑골은 대부분 개인의 손에 넘어갔으나 일부는 해외로 유출되었다. 문물이 더 이상 파괴되고 유실되는 것을 막기 위해, 중앙연구원(中央研究院)은 민국 17년(1928년)에 역사언어연구소를 창설하고, 은허 유적지를 조직적이고 과학적으로 발굴하였다. 1928년부터 1937년까지, 동작빈(董作賓), 이청(李清) 등의 학자들이 안양을 15차례나 지속적으로 발굴하면서 갑골 24,918편을 얻었다. 동작빈은 9차례까지 발굴한 갑골 6,513편을 선별하여 『은허문자갑편(殷墟文字甲編)』으로 편집하였고, 13차례에서 15차례까지 발굴한 갑골 18,405편을 선별해서 또 『은허문자을편(殷墟文字乙編)』상, 중, 하 3권으로 편집하였다.

이와 동시에 하남성박물관의 하일장(何日章) 등도 1929년 10월과 1930년 2월 두 번에 걸쳐 안양의 은허를 발굴하여 글자가 있는 갑골 3,656편을 얻었다. 이후에 관백익(關百益)이 탁본을 선별하여 『은허문자존진(殷虛文字存眞)』을 펴냈고, 또 손해파(孫海波)도 선별하여 『갑골문록(甲骨文錄)』을 편집하였다.

(3) 전반적으로 진행된 기타 문자자료에 대한 기록과 정리

이 시기에 언급된 고문자자료는 더욱 풍부해졌다. 금문과 갑골 이외에도 기타 고문자자료에 대해 기록·모사·탁본·소개하는 일이 전반적으로 펼쳐졌다. 그 주요 성과로서 청대 왕석계(王錫棨)의 『천화휘고(泉貨彙考)』 12권, 유악(劉鶚)의 『철운장봉니(鐵雲藏封泥)』 1권 및 『철운장도(鐵雲藏陶)』, 정돈(程敦)의 『진한와당문자(秦漢瓦當文字)』 1권과 그 속편 1권, 하징(何澄)의 『사고재쌍구한비전액(思古齋雙勾漢碑篆額)』 3권, 고홍재(高鴻裁)의 『상도실전와문자군(上陶室磚瓦文字攟)』 5권, 민국시기 유절(劉節)의 『석고기도(石鼓器圖)』, 마형(馬衡)의 『봉니존진(封泥存真)』, 오웅(吳熊)의 『봉니휘편(封泥彙編)』, 정복보(丁福保)의 『역대고전도설(歷代古錢圖說)』, 나진옥(羅振玉)의 『유사추간(流沙墜簡)』(제1책은 그림), 나복이(羅福頤)의 『고새문자징(古璽文字徵)』, 『한인문자징(漢印文字徵)』 등이 있다.

3. 현대의 한자 문물정리

신 중국이 성립되고 나서, 고고발굴사업은 비약적으로 발전하게 되어 지하에서 새로운 문자자료를 출토하고 수집하는 일이 점점 많아졌다. 각종 서적과 고고 발굴 보고가 계속해서 출현하여 그 수를 헤아리기 어려울 정도였다. 고대문자 자료에 대한 현대의 정리에는 이전 시기와는 다른 분명한 시대적 특징을 지니는데, 이는 아래에 서술된 바와 같다.

(1) 이전에 나타났던 문자자료를 감정하고 가공하여, 문물의 원형을 가능한 한 복원시켰다.

고문자자료는 자연적인 손상, 민간으로의 유실, 도굴, 과학적인 발굴 이후의 운반 등 여러 가지 원인으로 인해, 기록을 할 때, 어떤 것은 출처가 불명확하거나, 출토원형을 잘못 실었거나, 조각난 파편이 되었거나, 위작에 속하기도 했다. 문물의 원래 모습을 복원시키고 문자자료의 신뢰도를 높이기 위해서는 이전의 문자자료에 대한 감정과 가공하는 작업이 필요하다. 예를 들어, 증의공(曾毅公)의 『갑골철합편(甲骨綴合編)』(1950)은 『철운장귀(鐵雲藏龜)』, 『은허서계전편(殷墟書契前編)』, 『은허문자갑편(殷墟文字甲編)』 등 갑골을 기록한 32종의 책의 조각을 모아 396판으로 꿰맞추었다. 각각의 꿰맞춘 판의 아래에는 병합한 판들의 출처를 주석으로 상세히 밝혀 놓았으며, 원래의 서명, 권, 쪽, 순위를 명시하였고 그림까지 첨부하였다.

또한 곽약우(郭若愚), 증의공(曾毅公), 이학근(李學勤) 세 사람은 『은허문자갑편(殷墟文字甲編)』과 『은허문자을편(乙編)』에 근거하여, 잇달아 482판을 꿰맞추고는, 그렇게 정리한 성과를 『은허문자철합(殷墟文字綴合)』(1955)으로 출판하였다. 이후에 엄일평(嚴一萍)은 갑골을 짜 맞춘 성과를 새롭게 고찰하고, 체계적으로 정리하여 『갑골철합신편(甲骨綴合新編)』(1975) 10권을 출판하였다. 1권에서 9권까지는 갑골판을 684개를 꿰맞추었으며, 매 판마다 탁본과 모사본이 있고 갑골판의 원래 출처와 꿰맞춘 사람을 분명하게 명시해놓았다. 10권은 잘못된 것을 정정한 것으로, 이전의 여러 학자들이 잘못 꿰맞춘 부분을 수록하였다. 이와 동시에 가짜를 분별하고 중복된 내용의 제거 등도 정리 작업의 중요한 내용이다. 엄일평은 『철운장귀신편(鐵雲藏龜新編)』(1975)의 자서에서 "첫째 탁본을 골라 바꾸고, 둘째 연대별로 분류를 하고, 셋째 꿰맞추며, 넷째 뒷면을 보충하고, 다섯째 중복된 것을 제거하며, 여섯째 가짜를 분별한다."[12]라고 했다. 이 책은 이전의 문자자료에 대해 가공하고 정리를 한 대표적인 저서라고 간주할 수 있다.

(2) 이미 나온 문자의 원시자료를 종합적으로 정리하여 가능한 한 모든 것을 망라하도록 하였다.

고문자자료는 계속해서 수집되고 발굴되면서, 각종 기록이 때와 지

---

12) (역주) 一曰選換拓本, 二曰斷代分類, 三曰綴合, 四曰補背, 五曰去複, 六曰辨僞.

역, 사람에 따라 달라졌고, 이로 인해 중복, 누락, 오류를 피하기 힘들었다. 그러나 현대로 들어서면서 어떤 시기, 어떤 지역, 어떤 종류의 문자자료인지에 대해 전반적으로 정리를 하게 되었으며, 갈수록 더욱 정교하고 완벽해졌다. 아래에 대표적인 저서들을 나열해 보았다.

『갑골문합집(甲骨文合集)』은 곽말약이 주관하고, 호후선(胡厚宣)이 편집장을 맡았으며, 중국사회과학원의 역사연구소가 편집하였다. 중화서국(中華書局)이 1979년 10월부터 1983년 1월까지 13책을 영인하여 출판하였다. 1책에서 12책까지는 탁본이며, 13책은 모사본이다. 갑골문이 발견되고 나서 80년 동안, 출토된 갑골은 1만여 편이며, 기록된 서적도 70여 종에 이른다.『합집(合集)』은 이전 사람들이 가짜를 구별하고 정리한 성과를 기초로, 이미 기록되어 있거나 기록되어 있지 않은 갑골을 과학적으로 정리하였다. 모두 1천6백여 판을 꿰맞추고, 중복된 내용 1만4천여 편을 교정하였다. 구절의 연구 가치에 근거해서, 갑골 41,956편의 탁본과 모사본을 뽑아서 출판했다. 가능한 한 분명하고 완벽한 형태의 현재 중국에 소장되어 있는 탁본을 사용하여, 갑골연구에 전반적이고 과학적인 정확한 자료를 제공하였다.

『상주갑골문합집(商周甲骨文合集)』은 엄일평이 편집하고, 타이베이(臺北)의 예문인서관(藝文印書館)이 1984년 8월에 16책을 출판하였다. 1책에서 13책까지는 『재갑골문합집(才甲骨文合集)』으로, 엄일평이 짜 맞췄으나 『합집(合集)』에 수록되지 않은 것을 보충해서 넣었다. 14책, 15책 및 16책의 앞부분은 소둔(小屯)의 남쪽 땅에서 출토한 갑골문의 탁본이고, 16책의 뒷부분은 소둔 갑골에서 빠뜨린 부분의 탁본과 주원(周原)갑골의 모사본이다. 이는 현재 상주(商周)시대 갑골문의 원시자료를 가장 온전하게 수록한 서적이다.

『상주금문집성(商周金文集成)』은 구덕수(邱德修)가 편집하고, 타이베이의 오남도서출판사(五南圖書出版公司)가 1983년에 10책을 출판했다. 1책에서 9책까지가 본문이고, 10책은 색인부분이다. 기물의 번호, 명칭, 서지상황 등에 대해서 주석을 해 놓았다. 이 책은 1982년 이전에 출토된 것과 역대 상주시대의 청동기 명문에 관한 자료를 수집하여 기록하였다. 탁본, 영인본, 모사본이 전부 8,974편 존재하며, 청동기의 모양과 구조에 따라 56종류로 나누었다. 기물의 명문을 위주로 기록하였으며, 일부 기물의 형태와 도안을 첨부하기도 하였다.

『은주금문집성(殷周金文集成)』은 중국사회과학원의 고고연구소(考古研究所)가 편집하고, 중화서국이 1984년부터 1994년까지 계속해서 출판한 18책이다. 2007년 10월 수정하고 증보하여 8책으로 새롭게 출판하였다. 이 책은 크게 ① 명문집(銘文集), ② 도상집(圖像集), ③ 해석과 색인이라는 세 가지로 나뉜다. 앞의 두 부분은 문물의 정리에 해당되는데, 현존하는 은주(殷周) 금문을 과학적으로 편집하고 정리하여, 역대 명문과 새로 출토된 명문의 탁본을 12,000건에 가깝게 기록하였다.

『은주금문집성(殷周金文集成)』의 초판본이 출판되고 나서, 중국 각지에서 계속해서 출토되는 자료와 중국과 해외에서 새로 발견된 은주(殷周) 금문에 관한 자료가 또 1,300여건이나 된다. 2005년, 중화서국은 이들 자료를 수집·정리한 『최근 출토 은주금문집록[近出殷周金文集錄]』(총4책)을 출판하였다. 이 책에는 영국의 크리스티(Christie's)와 소더비(Sotheby's)라는 세계 2대 경매회사의 2백여 년간의 자료 중에서 『은주금문집성(殷周金文集成)』에 나타나지 않은 은주(殷周) 금문 자료가 200여건이 포함되어 있으며, 『은주금문집성(殷周金文集成)』의 체제와 편집을 본떠 제작하였다. 이 책의 출판으로 인해 지금까지 수집된 은주(殷周) 금문의 원시자료를 더욱 완벽하게 전시하게 되었고, 금문의 문물적 속성을 보존할 수 있게 되었다.

『중국역대화폐대계(中國歷代貨幣大系)』는 마비해(馬飛海)가 주관하고, 상해인민출판사(上海人民出版社)가 1988년 4월부터 시작하여 계속해서 출판한 총 12책이다. 화폐는 고고학에서 시대를 구분할 때, 믿을 수 있는 근거 중의 하나이다. 중국에서 전해내려 오거나 출토된 대량의 화폐들은 귀중한 문물이자 문자자료이다. 그렇기에 천여 년 동안 화폐학자들과 역사고고학자들도 저서들을 많이 남겼다. 『중국역대화폐대계(中國歷代貨幣大系)』는 이렇게 풍부한 문물자료와 연구 성과들을 착실하게 정리하고 연구하여, 각 시대의 역사적 배경과 연결시키려고 노력하였다. 또한 역대 화폐의 제도, 체제, 화폐의 재료, 형상과 구조의 변화 및 화폐의 분포, 유통의 규칙 등에 대해 분석하였다. 이 책은 역사의 발전순서에 따라 선진(先秦), 진(秦)·한(漢)·삼국(三國)·양진(兩晉)·남북조(南北朝), 수(隋)·당(唐)·오대(五代)·십국(十國), 송(宋)·요(遼)·서하(西夏)·금(金), 원(元)·명(明), 청(淸), 중화민국(中華民國) 등으로 나누어지며, 모두 12권으로 구성되어 있다. 각 권의 내용은 세 부분을 포함하고 있다. 첫째, 총론 부분으로, 이 시기의 화폐에 대해 전체적으로 서술하였다. 둘째, 도록 부분으로, 이 시기의 각종 화폐의 탁본(혹은 사진)을 수록하고 있다. 셋째, 자료 부분으로, 이 시기 화폐의 연구 자료를 수록하고 있다.

『고새휘편(古璽彙編)』은 고궁박물원(故宮博物院)이 편집하고, 나복이(羅福頤)가 주관하여, 문물출판사(文物出版社)에서 1981년 12월에 출판하였다. 도장과 옥새의 계보 60종을 수집하여 5,708개의 도장을 얻었다. 이들은 관인[官璽], 성과 이름이 적힌 개인 도장[姓名私璽], 복성이 적힌 개인 도장[複姓私璽], 성어새(成語璽), 단자새(單字璽)와 같이 총 5종으로 나누어지며, 각각의 도장에는 번호, 출처, 해석이 주석되어 있다.

『고도문휘편(古陶文彙編)』은 고명(高明)이 편집·저술하고, 중화서국에서 1990년에 출판하였다. 이 책은 각종 고도문(古陶文)의 탁본 2,622장을 수집하여, 이전의 도문(陶文) 탁본집과 신 중국 성립이후 새로 나온 도문들, 거의 대부분을 여기에 모아 놓았다. 책의 앞부분은 상나라와 서주(西周)의 도문으로 구성되어 있는데, 이는 전국시대 도문의 기원이 된다. 주된 내용은 전국시대 도문의 탁본으로, 나누어 기록되어 있다. 산동대문구도문(山東大汶口陶文)의 가치에 관해서는 더 나은 연구를 기대하고 있기에, 『고도문휘편』의 뒤에 부록으로 두었다. 이는 자료가 풍부하고 그 체제가 훌륭하여 이전 학자들을 뛰어넘는 부분이 있다.

『중국간독집성(中國簡牘集成)』은 중국의 간독 집성 편집위원회와 감숙성 오량 고적 정리 연구센터[甘肅五涼古籍整理研究中心] 등이 편찬을 하고, 돈황문예출판사(敦煌文藝出版社)가 2001년에 출판하였다. 이 책은 도문의 형식으로 근대의 백년 사이에 중국에서 발굴하고 발표한 간독 26만여 매를 망라하였다.

『북경도서관장중국역대석각탁본휘편(北京圖書館藏中國歷代石刻拓本彙編)』: 북경도서관의 금석팀[金石組]이 편찬하고, 중주고적출판사(中州古籍出版社)가 1989~1991년에 총 100책을 출판하였다. 달리 색인 1책이 더 있다. 전국(戰國), 진한(秦漢), 삼국(三國), 진(晉), 십육국(十六國), 남조(南朝), 북조(北朝), 수(隋)(高昌과 鄭을 첨부), 당(唐)(燕과 南詔를 첨부), 오대(五代), 십국(十國)(大理를 첨부), 북송(北宋), 남송(南宋), 요(遼)(西遼와 齊를 첨부), 금(金), 서하(西夏), 원(元), 명(明), 청(淸), 태평천국(太平天國), 중화민국(中華民國)(偽滿洲國을 첨부) 등 역대 왕조의 순서에 따라 책을 나누었다. 각 시대의 석각탁본 15,687종의 자료를 한데모아 편집하였는데, 자료가 완전히 갖추어져 질서정연하게 정리되어 있다.

『방산석경(房山石經)』은 최근 몇 년간의 통계에 따르면, 방산(房山)의 석경산(石經山)에 있는 경전을 새긴 1.4만여 개의 비석은 불교전적의 중요한 문헌이면서, 언어문자연구의 귀중한 자원이기도 하다. 중국불교협회는 1956년부터 방산석경에 대한 전반적인 조사를 하기 시작했다. 산의 9개의 석동(石洞)에 있는 경판(經版) 전체를 탁본했을 뿐만 아니라, 구덩이에 묻힌 요(遼)나라·금(金)나라의 경판(經版)까지 발굴하게 되어, 유사이래로 규모가 제일 크고 가장 체계적인 조사가 되었다. 이후에 중국불교협회는 방산석경을 정리하고 연구했으며, 화하출판사(華夏出版社)와 합작하여 30권(목차 1책, 색인 1책이 포함됨)인 『방산석경』 탁본을 1999년 8월에 조판 인쇄하였다.

(3) 문물보호 기술과 자료정리 수준의 향상

새로운 시대 이후로 출토된 문자자료는 대부분이 각지의 고고문물부서의 전문가들이 과학적으로 발굴하여 얻은 성과들로, 특히 무덤과 유적지에서 출토된 문자자료는 모두 정식으로 『고고보고(考古報告)』에 발표하였다. 예를 들어, 『증후을묘(曾侯乙墓)』(문물출판사, 1989), 『강릉구점동주묘(江陵九店東周墓)』(과학출판사, 1995)는 모두 무덤에서 발굴한 자료를 발표한 것이다. 그 중에는 이 무덤에서 출토된 죽간과 기물에 있는 문자자료가 포함되어 있다. 이 책들은 출토된 상황과 동반되어 나온 각종의 문물을 상세하게 기술하였으며, 박물관에서 일정한 온도와 습도 및 빛을 받을 수 있는 조건을 갖추고 있어 문자의 실물들이 대부분 과학적으로 보존되고 있는데다가, 일부 부패하고 마르기 쉬운 실물들은 약액으로 보호하고 있기 때문에, 그 문자자료의 온전한 상태와 원시적인 모습을 충분히 유지시킬 수 있다. 이것이 문자자료를 과학적으로 정리하는 전제조건이다.

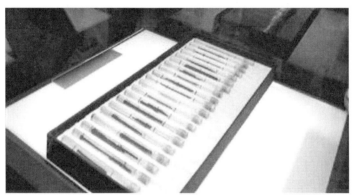

그림_4.6 약액을 가득 채운 밀폐된 관에 보존되어 있는
『손자병법(孫子兵法)』죽간의 일부

일반적으로 실물은 감상 및 검증하는 데만 사용되지, 문자 연구에 이용할 수 있는 직접적인 자료가 아니다. 문자자료의 문물정리에는 실물자료를 평면적인 자료로 전환해야 하며, 실물의 내용과 조금도 어긋남이 없어야 한다. 이전에는 과학기술의 한계로 인해, 사람들은 모사와 탁본만으로 최대한 문자자료의 원형을 구현할 수밖에 없었기에, 실제모습을 확보하기가 상당히 어려웠다. 그러나 현대과학의 촬영기술은 이 문제를 한 번에 해결하였다. 새로 출토된 문자자료는 거의 모두 사진이 있으며, 특수기술로 촬영한 사진은 원본보다 더욱 선명하다. 예를 들어, 장사시의 자탄고에서 전국시대 초나라 백서가 출토된 후, 얼마 지나지 않아 원본이 해외로 유출되었다. 비록 중국에 모사본이 있다 해도, 비단의 하얀색 재질은 자연적으로 황갈색으로 바뀌게 되고, 본래의 검은색 글자는 점차 갈색에 가깝게 엷어져서 자형을 분명하게 인식하기가 쉽지 않게 되어, 모사본이 원본과 크게 차이가 났었다. 이후에 전정색 사진[13]

으로 촬영하여도 원본이 본래부터 불명확했기 때문에, 촬영한 결과도 원본과 마찬가지였다. 1966년에 미국 뉴욕의 메트로폴리탄 박물관에서는 적외선 기술로 백서를 촬영하는데 성공하여, 백사(帛絲)에 은근히 내포된 묵의 흔적을 분명하게 나타내어 문자의 선명도를 크게 향상시켰다. 이 박물관은 초나라 백서의 원래 크기를 적외선 사진으로 12배 확대시키고 나서, 홍콩의 요종이(饒宗頤)에게 기증하였다. 이는 콩처럼 작던 글자들을 모두 주먹처럼 커지게 만들어, 백서의 자형을 고증하고 훼손된 글자와 그림들을 교정하는데 많은 도움을 주었다. 이러한 자료에 근거하여 요종이는 백서의 원래 모양대로 새롭게 모사하고는 백서에 써진 전체 문장을 상세히 설명하였다. 그리하여 식별해낼 수 있는 글자가 원래보다 1백여 개가 더 많아졌다. 뒤이어, 증헌통(曾憲通), 이령(李零) 등의 학자들도 적외선으로 촬영한 사진에 따라 초나라 백서를 연구하여 이전에 없던 성과들을 도출해내었다.

문자자료를 저장하고 유통하는 기술도 시대에 따라 발전하여, 현대적 특징들을 나타내고 있다. 예를 들어, 돈황 문서는 그 내용이 풍부하고 종이나 간독으로 된 서적의 수가 굉장히 많다. 원본은 말할 것도 없고, 사진들을 가지고 있는 것도 공간을 많이 차지하고 많은 에너지가 소요된다. 그런데 1950년대에 영국은 돈황 문서를 마이크로필름으로 만들어, 저장이 훨씬 쉬워졌다. 1957년, 런던에서는 스타인이 보유한 6천여 건의 돈황 사본 마이크로필름을 공개적으로 판매하였는데, 요종이는 개인 신분으로 한 세트를 구매하였다. 그 후에 프랑스, 러시아 및 중국에서 보유하고 있던 돈황 문서들을 계속해서 마이크로필름에 담았으며, 마이크로 리더기를 개발하여 특색 있는 돈황학 도서관을 이루게 되었다. 현재 북경의 중국사회과학원과 항주(杭州)의 절강대학(浙江大學) 고적연구소(古籍研究所) 등에서는 돈황의 마이크로필름을 전부 보유하고 있다.

디스크, 전자카드, 인터넷의 형식으로 문자의 원시자료를 저장해서, 그것을 검색하고 나타내는 것은 현대사회의 학술적인 연구를 더 편리하

---

13) (역주) 사진학에서 사용되는 용어로서, 빨강을 포함하는 모든 가시광선 영역의 컬러에 대해서 감지하는 프로세싱을 의미한다.(네이버-지형 공간정보체계 용어사전 인용)

게 하였다. 예를 들어, 갑골문(甲骨文), 금문(金文), 죽간·백서(簡帛), 석각(石刻) 등의 문자자료는 모두 해당 웹사이트를 만들어, 관련 문자자료의 원시 그림을 찾을 수 있게 하였다. 또 북경서동문 디지털화 기술 유한회사[北京書同文數字化技術有限公司]가 개발·제작한 『중국역대석각사료휘편(中國歷代石刻史料彙編)』은 역대 석각 자료의 전체 문장에 대한 검색소프트웨어이다. 원판 영상과 전체 텍스트를 포함하고 있으며, 단독 검색용과 인터넷 검색용 두 종류가 있다. 석각의 문헌자료는 그 정보량도 많고, 연구 성과도 산재해 있다. 전공자라고 할지라도, 짧은 시간 안에 대량의 문헌자료를 수집하는 것은 매우 어렵다. 이 소프트웨어가 근거로 하는 저본은 국가도서관의 선본금석(善本金石)팀이 편집한 것으로, 수많은 금석 전문가들이 현존하는 1천여 종의 금석지지(地誌)[14] 중에서 금석 문헌에 대해 자세히 심사해서 선발한 것이다. 또한 이를 대조해서 중복되는 것을 없애고, 1만5천 편이 넘는 석각의 문헌들을 수집하여 정리하면서 역대 금석학자들이 고증해서 해석한 1,150만 자를 첨부했다. 이는 진(秦)나라 벽돌[磚]·한(漢)나라 기와[瓦]에서부터 비문묘지(碑文墓誌)까지 중국고대의 정치, 경제, 군사, 민족, 종교, 문학, 과학기술, 민속, 교육, 지리 등 여러 분야를 두루 섭렵하고 있어, 중국고대의 역사자료가 되는 문헌을 총 집대성하였다고 할 수 있다. 또한 이것은 한어 문자 연구에서 매우 얻기 어려운 원시자료들로, 그림과 문자는 왕조의 연대별로 나열되어 있으며, 검색·원서 이미지 열람·프린트기능 등 보조적인 기능까지 있어 사용이 매우 편리하다. 그밖에 현재 중국에서 비교적 알려진 큰 규모의 비각(碑刻) 디지털화 체계에는 두 가지가 있다. 하나는 중국국가도서관의 특색 있는 리소스 '비첩정화(碑帖菁華)'의 한어 탁본 자원고(資源庫)[15]로서, 국가도서관이 소장하고 있는 2만 건이 넘는 리소스를 수록하였고, 입석(立石)을 새긴 시대에 따라 나열함으로써 단일한 항목[16]의 단순검색과 이상의 조건을 한정해서 결합한 고급검색을 제공한

---

14) 地方誌 중에서 金石誌를 포함하고 있다.

15) 웹사이트 주소는 http://202.106.125.11:9080/ros/index.htm이다.

16) '탁본의 제목과 이름', '책임자', '연대', '지점', '국제 표준 도서 번호 검색'을 포함하고 있다.

다. 사용자는 컴퓨터 네트워크를 통해 필요한 탁본의 스캔본과 메타데이터를 조회해서 열람할 수 있다. 다른 하나는 북경사범대학의 민속전적문자연구센터[民俗典籍文字硏究中心]에서 만들고 있는 '근대 비각(碑刻) 디지털화 소장품과 응용 플랫폼'에는 당송 이후부터 민국까지 각종 비석에 새긴 묘지(墓志) 등의 원본 탁본과 스캔본을 수집하고, 여러 가지 문화의 속성, 문헌의 속성, 문자의 속성에 대해 설명을 하였다. 이는 또한 문물정리를 통해 이용할 수 있게 된 비각문자(碑刻文字)의 대형 자원고(資源庫)이기도 하다.

제2절 한자자료의 텍스트 정리

1. 텍스트 정리에 대한 개론

출토문물의 자료를 정리하고 보호하도록 조치를 취한 후에, 문자자료를 가능한 한 문헌의 원래 모양대로 복원시키고, 현대 사람들이 해석하고 읽을 수 있는 텍스트로 바꾸는 작업을 텍스트 정리라고 부른다. 텍스트 정리의 원칙은 내용을 재현하는데 있으며, 읽고 해석하는 것에 그 목적이 있다.

텍스트 정리는 '문장들을 연결하기[綴連]', '순서대로 나열하기[排序]', '식별해서 읽기[認讀]', '주석 달기[注釋]', '고증하기[考證]', '옮겨 쓰기[轉寫]' 등을 포함하고 있으며, 여기에 '석문(釋文)'이 마지막 단계이다. 앞에서 말한 '꿰맞추기[綴合]'는 실물을 복원시키는 것을 의미하며, 여기에서 말하는 '철련(綴連)'은 문장의 연결을 의미한다. 이 두 가지는 서로 연관성이 있지만, 관점이 다르다. '문장들을 연결하기'는 부분적인 것이지만, '순서대로 나열하기'는 전체적인 것이라 이 두 가지도 차이점이 있다. '문장들을 연결하기'와 '순서대로 나열하기'는 '식별해서 읽기'의 전제조건이 된다. '식별해서 읽기'가 어려워서 설명과 증명을 더하는 것이 바로

'주석 달기' 혹은 '고증하기'이다. 식별해서 읽은 결과를 현대에 통용되는 한자의 형체로 쓰는 것을 '옮겨 쓰기'라고 부른다. 이렇게 정리해서 읽도록 해놓은 텍스트가 바로 '석문'이다.

중국 고대는 한정된 조건으로 인해 출토 문자자료를 거의 정리하지 못했지만(정리했어도 보존하기 어려웠다), 많은 텍스트를 정리한 성과를 남겼다. 예를 늘어, 한(漢)나라 때에 발견한 '공자벽중서'와 진국시대 고문(古文)의 판본은 대부분 그 당시의 예서로 쓴 텍스트로 정리되었다. 그래서 '고문' (출처로 말하자면) 경학유파(經學流派)가 형성되어, 주요 연구 대상이 전국시대 고문인 고문자학(古文字學) 연구를 야기했다.

진(晉)나라 때에는 위(魏)나라 양왕(襄王)의 무덤에서 대량의 죽간이 발견되었다. 수도로 옮기고 나서, 그 당시 학술적 권위자인 중서감(中書監) 순욱(荀勖)과 교서랑(校書郎) 부찬(傅瓚) 등의 사람들이 이러한 죽간들에 대해 일차적인 텍스트 정리를 하였는데,『목천자전(穆天子傳)』과『죽서기년(竹書紀年)』을 포함한 위나라 사서(史書)와『주역(周易)』등의 경서를 정리하였다. 이후에, 위항(衛恒), 속석(束晳) 등의 학자들이『죽서기년』에 대해 계속해서 더 고증하였으므로,『죽서기년』은 당시에 초석본(初釋本)과 고증본(和考證)이라는 두 가지 텍스트가 존재했다. 이러한 문헌들을 후세에서는『급총서(汲塚書)』라고 부르는데, 현재는『목천자전』만이 완벽하게 전해지고 있다17).『죽서기년』의 원서는 이미 산실되었으나, 청나라 때 이를 다시 수집하여 편찬한 글이 남아있다.

송대에는 고문자 자료 특히 금석류(金石類)에 대해 형상 묘사, 모사, 탁본 등의 방법을 활용하여 간단하게 문물을 정리하면서, 문자의 해석과 내용의 고증에 치중해서 텍스트를 정리하고 연구하였다. 예를 들어,

---

17) 당시 『竹書紀年』을 중요시하게 생각했던 것과는 달리, 『穆天子傳』은 정리하는 사람들이 중요하게 생각하지 않았다. 그래서 우리가 알지 못하는 수많은 고대의 글자들을 隸定으로 처리하고 오늘날의 글자로 바꾸지 않았다. 이렇게 알지 못하는 고대 글자에 대해 예서로 정한 것은 오늘날 전부 『穆天子傳』에 보존되어 있다. 현대 사람들은 이 글자들에 대해 고증하고 해석해야 할 것이다(陳煒湛은 이 분야에 대해 연구를 했었다). 『穆天子傳』은 郭璞의 주석만이 있을 뿐, 淸代에 이르러서야 檀萃, 洪頤煊, 陳逢衡, 郝懿行, 丁謙 등의 학자들이 관심을 가지게 되었다.

조명성(趙明誠)의 『금석록(金石錄)』 30권, 황백사(黃伯思)의 『동관여론(東觀餘論)』 10권, 여대림(呂大臨)의 『고고도석문(考古圖釋文)』 1권 등이 있다. 『고고도석문』에 수록된 글자로 봤을 때, 자주 보이는 다수의 글자들이 이미 해석이 되어 있을 정도로, 금문을 고증하고 해석하는 송나라 사람들의 수준은 상당히 높았다. 또한 이들은 '전래 고문과 대조 교정하기', '모습 비교', '의미항목 비교' 등의 고증하고 해석하는 방법에서도 상당히 과학적인 개념을 가지고 있었다.

청대에서 고대 기물의 문자를 고증하고 해석한 저서는 송대보다 많고, 그 방법에도 매우 많은 발전이 있었다. 예를 들어, 손이양(孫詒讓)의 『고주습유(古籀拾遺)』 3권, 『고주여론(古籀餘論)』 3권 등이 있다.

출토된 문자자료의 내용에 대한 가치는 텍스트에 의해 나타난다. 출토된 거의 모든 문자자료는 텍스트 정리를 해야 한다. 만약 현재의 문자로 써진 것이 아니라면 반드시 문자를 고증해서 풀이해야 한다. 그래서 필자가 앞에서 소개한 고문자자료들은 문물정리와 함께 그에 상응하는 텍스트 정리의 성과인 '석문'이 있다. 예를 들어, 『갑골문합집(甲骨文合集)』에는 그에 상응하는 『갑골문합집석문(甲骨文合集釋文)』이 있으며, 『은주금문집성(殷周金文集成)』에는 그에 상응하는 『은주금문집성석문(殷周金文集成釋文)』이 있다. '석문'은 단독으로 출판될 수도 있고, 여러 개를 묶어 인쇄할 수도 있다. 또 관련 문자 자료의 도형, 사진이나 탁본의 아래(뒤)에 첨부할 수도 있다. 또한 원문을 하나하나 모사하고는 거기다가 석문을 더해 대조하여 인쇄하기도 한다. 예로, 최근에 출판된 진연복(陳年福)의 『은허갑골문마석전편(殷墟甲骨文摩釋全編)』 등이 있다.

2. 텍스트 자양(字樣)의 해정(楷定)

현대에 옛 문자를 고증하고 풀이한 글은 하나의 자형인 '해정(楷定)'을 기초로 한다. '해정'이라는 것은, 고문자의 자양(字樣)의 원형을 일정한 원칙과 방식에 따라 현대에 통용되는 해서체 자형으로 바꿔 쓰는 것을 말한다. '해정'이라는 이 단어는 '예정(隸定)'이라는 단어를 모방한 것으로, 한나라의 경학자들은 경전을 배우고 전할 생각에, 본래 선진(先秦)

시대에 고문자로 써진 경전의 글[經文]을 당시에 통용되던 예서로 자주 바꿔 썼는데, 이를 '예고정(隷古定)'이라고 불렀으며, 줄여서 '예정'이라고 도 불렀다. 그런데 지금은 예서가 더 이상 통용되지 않는데도, 계속해서 '예정'이라는 단어를 사용하여 고문자를 해서로 바꾸는 것을 나타내었다. 이는 실제로 사용하는 글자체와 명칭이 일치가 되지 않는 것이므로, 사람들이 달리 이해하거나 오해하기 십상이어서, 필자는 이를 '해정'이라고 부르기로 한다. 한나라의 예서(隷書)와 현대의 해서(楷書)는 구조와 체제가 모두 다르게 변화하고 발전한 글자체이므로, 바꿔 쓸 때는 반드시 구분해야 한다. 현대의 '예서체[隷體字]', '명조체[宋體字]', '고딕활자[黑體字]' 등과 같은 동일한 글자체의 관계에 있으면서 각각 달리 쓰는 서체는 해서와 필획과 구조면에서 차이가 없기 때문에, 고문자를 명조체나 고딕활자로 바꿀 때, 새로운 술어를 사용할 필요 없이 '해정'이라는 용어를 사용해서 포함시킬 수 있다.

해정(楷定)의 방식에는 3가지가 있다. 첫째, 필획에 대응해서 모사하는 것으로, 원래 자형의 선의 윤곽에 따라 해서에서 상응하는 필획으로 바꿔 쓰는 것을 말한다. 둘째, 구성성분에 대응해서 바꿔 쓰는 것으로, 먼저 원래 글자를 대략적으로 일부 구성성분으로 나누고 난 뒤에, 각각의 부분이 해서에서의 대응되는 형체에 따라서 바꿔 쓰는 것을 말한다. 일부 꾸미기 위해 쓴 필획과 생략해서 바뀐 필획은 무시해도 된다. 셋째, 기능에 대응해서 바꿔 쓰는 것으로, 원래 글자가 사용될 때의 단어 표기 기능[記詞功能]에 따라 해서에서 기능이 같은 글자로 바꿔 쓰되, 그것들의 구성성분과 조합방식의 일치 여부는 따지지 않는 것을 말한다. 예를 들어, 『행기옥명(行氣玉銘)』의 첫 구절을 살펴보자.

자양의 원래 형체	필획에 따른 대응	구성성분에 따른 대응	기능에 따른 대응
桁	枂	行	行
氘	氖	氖	氣
宎	宍	宎	呑
八	刖	則	刞

	徙	遹	蓄

다시 장사시 자탄고의 백서와 포산(包山)의 초간(楚簡)의 일부 글자를 보자.[18]

塋 (乙6-29)	塋	塋	烏
祇 (甲3-36)	祇	神	神
坒 (包181-3)	坒	坪	坪
影 (甲6-27)	勛	剔	則
桎 (包144-1)	桎	桎	桎
鄹 (包206-2)	隆	鄹	鄹
奠 (包2-1)	奠	奠	鄭
柰 (包203-2)	柰	柰	夜
内 (包228-2)	内	內	入

필획의 대응과 구성성분의 대응은 관대한 형식[寬式]과 엄격한 형식[嚴式]으로 구분할 수 있다. 위에 열거한 것이 관대한 형식이다. 엄격한 필획의 대응은 최대한 원래의 자양을 유지하여 자연스럽게 보여야 하기 때문에, 어떠한 필획도 더하거나 줄이거나 하지 않고, 곡선을 직선으로만 바꿀 따름이다. 예를 들어, '신(神)'은 신(祇)이 되어야 하고, '오(鄔)'는 오(隆)가 되어야 한다. 좀 더 넓혀 본다면, '신(神)'에 든 두 개의 '구(口)'는 나란히 놓을 수도 있으며, 오(区)는 직접적으로 '오(五)'로 써도 문제가 되지 않는다. 엄격한 구성성분의 대응은 원래 구성성분의 상대적인 위치를 유지하면서, 최소 구성성분으로 대응해야 한다. 예를 들어, '평

---

18) 괄호 안의 "甲", "乙"은 子彈庫帛書의 甲篇과 乙篇을 나타낸다. 앞의 숫자는 행의 수를 나타내며, 뒤의 숫자는 글자의 순서를 나타낸다. "包"는 包山楚簡을 나타내며, 앞의 숫자는 죽간의 번호를 나타내며, 뒤의 숫자는 단락의 순서를 나타낸다.

'坪'은 '평(平)'이 위에 있고, '토(土)'가 아래에 있다. '위(爲)'의 '조(爪)' 및 '오(鄒)'의 '읍(邑)'은 왼쪽에 둬야 하며, '질(桎)'의 '인(人)'은 오른쪽 위에 둬야 한다. 백서의 '칙(則)'자의 왼쪽 부분에는 '목(目)'의 아래에 '화(火)'로 먼저 대응되고, '오(吾)'의 옆에도 두 개의 '오(五)'여야 한다. 좀 더 넓혀 본다면, 구성성분의 상대적인 위치는 해서의 쓰기습관에 따라 적당하게 조절할 수 있다. 또 일부 생략해서 변한 하층 구성성분을 무시하고, 전체 글자에 버금가는 고층 구성성분을 직접적으로 대응할 수 있다.

기능대응은 실제 세 가지로 나눌 수 있다. 죽간과 백서의 앞의 3가지 예가 첫 번째에 해당된다. '위(爲)', '신(神)', '평(坪)'과 대응되는 자양의 형체와 구조가 같고 단어표기 기능도 같은 것은, 가장 엄격한 대응에 속한다. 즉 구조, 단어, 용법이 같은 것을 말한다. 그 다음 세 가지 예가 두 번째에 해당된다. '칙(則)', '질(桎)', '오(鄒)'와 대응되는 자양의 단어표기 기능은 같으나 형체, 구조가 다른 것은 통시적 이구자([歷時異構字]에 속한다. 그러나 이구자(異構字)의 형태는 여전히 동일한 자부(字符)에 속하기 때문에, 이는 비교적 엄격한 대응에 속한다. 즉 단어, 용법은 같으나, 구조가 다른 것을 말한다. 마지막 세 가지 예가 세 번째에 해당된다. 『포산죽간』 2-1의 단어는 '노(魯) 양공이 초(楚)나라 군대 이후에 정(鄭)나라를 위해 전쟁을 한 해(魯陽公以楚師後城奠之歲)'에서 볼 수 있는데, 이 중에서 '전(奠)'의 실제 단어표기 기능[記詞功能]은 현대에서 쓰는 해서의 '정(鄭, 郑)'과 같다. 죽간 203-2의 단어는 '문평련군(文坪柰君)에게 바라다(禱於文坪柰君).'에서 볼 수 있는데, '련(柰)'이 기록하는 단어는 보통 '야(夜)'로 쓴다. 죽간 228-2의 단어는 '들락날락하면서 왕의 시중을 들다(出内侍王).'에서 볼 수 있는데, '내(内)'가 '입(入)'을 나타낸다는 것은 의심의 여지가 없다. 이러한 상황에서 '정(鄭)', '야(夜)', '입(入)'과 대응하는 자양은 형체와 구조도 다르고, 본래의 단어표기 기능도 다르다. 즉 원래 동일한 자부(字符)가 아닌데, 텍스트에서 대응시킬 수 있는 이유는 임시적으로 차용을 했거나 바꿔 사용했기 때문이다. 이것이 바로 사람들이 항상 말하는 가차자(假借字) 관계, 고금자(古今字) 관계 혹은 분화자(分化字) 관계이다. 이러한 기능대응은 글자의 쓰임만 겨우 같을 뿐, 그 구조와 본래 기록된 단어는 서로 다르기 때문에, 문자학의 관점에서 이러한 대응을 '엄격하지 않다'고 말한다.

3. 텍스트 자양(字樣)에 대한 석문

해정(楷定)의 방식이 다르기 때문에, 석문도 '엄격한 형식[嚴式]'과 '관대한 형식[寬式]'의 두 가지로 나눌 수 있다.

필획의 대응 원칙과 구성성분의 대응 원칙에 따라 써야 하는 석문은 엄격한 형식에 속한다. 엄격한 형식의 석문은 이체자(異體字), 통가자(通假字), 고모자(古母字) 등을 바꾸지 않고, 기본적으로 원래 글자의 형체와 구조를 유지한다.

예를 들어, 『포산초간(包山楚簡)』의 두 번째 죽간의 엄격한 형식의 석문은 다음과 같다.

그림_4.7
『포산초간(包山楚簡)』의
두 번째 죽간

魯昜公以楚帀後戓奠之肵, 冬柰之月, 剏斂豆圍命之於王大子而以騂剝[19]人.

기능 대응의 원칙에 따라 쓰는 석문은 관대한 형식에 속한다. 관대한 형식의 석문은 문장의 의미에 영향을 주지 않는다는 전제에서 원래의 이체자(異體字), 통가자(通假字), 고모자(古母字)를 직접적으로 이해하기 쉬운 통용자, 본자(本字), 분화자, 심지어 동의자로 바꾸기도 한다. 예를 들어, 위의 석문은 아래와 같이 바꿀 수 있다.

魯陽公以楚師後城鄭之歲, 冬柰之月, 剡令壴圍命之於王大子而以登剡人.

엄격한 형식의 석문은 원래의 자료와 하나하나 대응을 할 수 있기 때문에 연구하고 검증하는 데는 편리하지만, 읽는 데는 불편하다. 관대한 형식의 석문은 읽는 데는 편리하지만, 원래 자료와 대응하는 데는 불편하다. 가장 좋은 방법은 엄격한 형식과 관대한 형식을 결합하는 것인데, 엄격한 자형의 대응도 있으면서 기능의 대응도 나타낼 수 있기 때문에, 지금은 대응하는 자형의 뒤에 괄호를 사용하여 상응하는 기능의 글자를 나타내는 종합적인 석문이 통용되고 있다. 예를 들어, 위의 석문은 다음과 같이 바꿀 수 있다.

魯昜(陽)公以楚帀(師)後(後)蔵(城)奠(鄭)之哉(歲), 冬柰之月, 剡敔(令)壴圍命之於王大子而以陞(登)剡人.

다시 제3장에서 언급한 『갑골문합집(甲骨文合集)』의 제14002편 앞면(그림_3.21)의 석문은 다음과 같아야 한다.

갑신(甲申)일에 점을 칩니다. 점복관인 각(殼)이 "부호께서 아이를 낳으면 길하겠습니까?"라고 물어봅니다. 왕이 점괘를 판단해 "정(丁)에 해당되는 날에 낳으면 좋을 것이고, 경(庚)에 해당되는 날에 낳으면 더없이 좋을 것이다."라고 말했습니다. 31일째 되던 갑인(甲寅)일에 아이를 낳았는데, 과연 좋지 않았습

---

19) 이 글자를 李零, 陳偉는 楷定이며, "登"이라고 읽어야 한다고 했다. 李零의 『包山楚簡研究(文書類)』와 陳偉의 『包山楚簡初探』을 참고.

니다. 딸을 낳았습니다.

十(甲)申卜, 殼鼎(貞): "帚(婦)好冥(娩), 妫(嘉)?" 王⊡(占)曰: "⊠(其)隹(惟)丁冥
(娩), 妫(嘉); ⊠(其)隹(惟)庚冥(娩), 引(弘)吉." 三乂(旬)出(有)一日, 十(甲)寅冥
(娩), 不妫(嘉), 隹(惟)女.

석문에 근거해서 텍스트의 내용을 해독할 수 있다. 예를 들어, 위의 갑골문의 석문은 다음과 같다. '십신복, 각정(十申卜, 殼貞)'이라는 구절은 전사(前辭)로, 점복의 날짜와 점복관의 이름을 기록한 것이다. 은(殷)나라 사람들은 간지(干支)로 날짜를 기록하였는데, '갑신복(甲申卜)'은 점복한 날짜가 '갑신(甲申)'일임을 말하고 있다. '각(殼)'은 은나라 왕의 점복을 돕는 사람이다. '정(貞)'은 '묻다'는 의미이다. 이 문장은 '점복관[貞人]인 각(殼)이 갑신(甲申)일에 은나라 왕을 대신하여 점을 치며 묻습니다.'라는 뜻이다. "부호만, 가(婦好娩, 嘉)?"라는 구절은 명사(命辭)로서, 주로 점을 쳐 묻는 내용을 기록하고 있다. '부호(婦好)'는 은나라 무정(武丁)왕의 아내이며, '만(娩)'은 분만을 의미한다. 은나라 사람들은 아들을 낳으면 '좋다[嘉]'고 여겼고, 딸을 낳으면 '좋지 않다[不嘉]'고 여겼다. 이는 은나라 무정왕이 점복관인 각에게 점복을 치게 하면서 '분만을 하려는 아내인 부호가 아들을 낳을 수 있을까요?'라고 묻는 이야기이다. "왕점왈: 기유 정만, 가; 기유경만, 홍길(王占曰: '其惟丁娩, 嘉; 其惟庚娩, 弘吉.')"이라는 구절은 점사(占辭)로서, '왕점왈(王占曰)'은 은나라 무정왕이 점괘를 보고 내리는 판단을 말한다. '기유정만, 가; 기유경만, 홍길(其惟丁娩, 嘉; 其惟庚娩, 弘吉.)'이라는 구절은 무정 왕이 판단한 결과로서, '만약 정(丁)일에 분만을 한다면 아들을 낳을 수 있고, 경(庚)일에 분만을 한다면 매우 길할 것이다.'라는 뜻이다. '삼순유일일, 경인만, 불가, 유녀(三旬有一日, 庚寅娩, 不嘉, 惟女.)'라는 구절은 험사(驗辭)로서, 점복의 결과를 확인한 내용이다. 이 구절은 "31일째 되던 날인 갑인(甲寅)일에 부호가 분만을 하고 딸을 낳았으니 좋지 않다."라는 뜻이다.

4. 텍스트에서 의문스럽거나 어려운 글자에 대한 고증

음과 뜻이 불분명한 글자는 석문을 할 때 고증이 필요하다. 만약 고증해낼 수 없다면, 원래의 형태를 옮겨 기록하거나 필획과 구성성분에 따라 적절히 옮겨 적어, 이후에 그 부분에 대한 연구를 더 기다려야 할 것이다.

문자를 고증하는 방법에는, 실제 경험에 근거한 매우 많은 귀납법이 존재하는데, 주로 아래의 몇 가지가 있다.

(1) 통시비교법

각 시기의 자형들을 나열하여, 이미 알고 있는 글자를 가지고 아직 모르는 글자를 고증하여 해석하는 방법을 통시비교법[歷史比較法]이라고 부른다. 한자는 수 천년동안 사용되어 오면서 형체에 여러 번의 변화가 발생했었다. 그러나 대대로 계승하여 발전하였기에, 형태와 의미상 종종 유사한 결합을 했다. 각 시기별로 동일한 글자의 여러 가지 자형을 찾아낼 수 있고, 이 자형들을 비교하고 종합하여, 그 속에서 문자의 발전 변화의 실마리와 규칙을 발견할 수 있다면, 출토문헌과 대대로 전해져 내려오는 문헌에서의 새로운 문자에 대해 동일시 할 수 있을 것이다. 그렇게 된다면 '고증하여 해석하다'는 목적에 도달할 수 있을 것이다. 예를 들어, 갑골문에서 ♁♁♁ 등의 자형은 비교적 높은 권력을 가진 사람에 대한 호칭으로, 동일한 글자를 다르게 쓴 것이다. 시대별로 이 글자의 형체가 변화한 관계를 나열해보면 ♁—♁—♁—王—玉—王—王이 된다. 기본적으로 복사(卜辭)에서의 '♁♁♁'은 대개 '왕(王)' 자의 초기 형체라고 판단할 수 있다. 또한 그들의 기능과 결부시켜봤을 때, '왕(王)'으로 이해하는 것이 자연스럽기 때문에 이들을 '왕(王)'으로 해석할 수 있는 것이다.

통시비교법은 출토문헌의 문자들을 고증하여 해석하는 데 사용될 수도 있고, 대대로 전해내려 오는 문헌에 있는 문자의 처음 조자(造字) 의미와 본뜻을 추론해서 고증하는데 사용될 수도 있다. 예를 들어,『설문해자』에서는 '미(美)'자를 소전(小篆)의 자형에 근거해서, '미(美)'를 "달다[甘]는 뜻이다. '양(羊)'과 '크다[大]'에서 의미를 취하였다. '양(羊)'은 여섯 가지 가축[六畜] 중에서 주로 음식으로 제공된다.(甘也. 從羊從大. 羊在六畜中主給膳.)"라고 해석하였다. 시대별로 '미(美)'자의 형체가 발전한 관계를 비교해보면(𦍌──𦍑──𦍌──𦍑──𦍌──美), '미(美)'자의 제일 처음 자형은 사람의 머리 위에 장식물을 덮어쓴 모습을 형상하였다고 판단할 수 있다. 즉, '미(美)'의 본래의 뜻은 시각의 아름다움이지, 식감과 미각의 달콤함이 아닌 것이다. 이는『설문해자』에 나타난 '미(美)'자의 조자의미와 본 뜻에 대한 설명을 바로잡을 수 있다.

"이러한 방법을 활용해서 한자를 고증하고 해석하려면 각종 문자자료들을 다 파악해야 함은 물론이거니와, 한자의 발전과 변화에 관한 여러 지식을 반드시 갖추고 있어야 한다. 예를 들어, 각종 한자구조의 특징, 의미부의 시대별 변화, 뜻이 비슷한 의미부 간의 호용 관계 및 간단해진 글자체의 기본 형식, 규범화된 구체적인 내용 등이 있다. 정상적으로 변화한 한자형체에 대한 지식도 갖추고 있어야 하며, 비정상적으로 변화한 상황에 대해서도 반드시 이해를 하고 있어야 한다. 예컨대, 잘못 썼지만 대중적으로 사용되는 바람에, 원래 글자체의 일부나 전부가 또 다른 형체로 바뀐 경우를 들 수 있다. 그러나 정상적으로 변화했든지 아니면 잘못 썼지만 대중적으로 사용되었거나, 앞뒤의 글자체가 많든지 아니면 적든지 관계없이 전부 서로가 답습한 흔적을 남길 수 있다. 어떤 때는 이러한 흔적에서 일부 옛날과 지금의 글자체 사이에 관련이 있었다는 실마리를 찾기도 한다. 이러한 실마리는 종종 우리에게 그들 간의 발전과정을 이해하는데 도움을 주곤 한다."[20]

(2) 형체분석법

형체분석법(形體分析法)은 명칭만 봐도 바로 뜻을 알 수 있듯이, 한

---

20) 高明,『中國古文字學通論』(北京: 北京大學出版社, 1996), 169쪽.

자의 형체와 구조를 분석하여 그 한자에 대해 고증하고 해석하는 방법이다. 한자의 구조는 독체(獨體)와 합체(合體)라는 두 종류로 나뉜다. 독체자(獨體字)를 고증하고 해석하는 일은, 주로 문자의 필치를 나타내는 가장 오래된 자형을 역추적해서 문헌의 용례와 결합시키고, 이사자(異寫字)와 이구자(異構字)를 참고하여, 자형과 그 조자의미를 분석해서 본래의 뜻을 찾아내는 것이다.

예를 들어, 갑골문에서 '견(犬)'자는 '견(犬)'으로 그리고, '시(豕)'자는 '시(豕)'로 그려져 있다. 이들의 문헌에서의 용례 및 그 합체자(合體字)에서 구성성분이 되는 상황을 결합해보면, 이것들이 바로 '견(犬)'자와 '시(豕)'자라는 것을 알 수 있다. 합체자를 고증하고 해석하는 일은, 주로 그 구성성분 및 구성된 글자의 기능을 분석하여, 합체자의 음과 뜻을 유추할 수 있는 목적에 도달하게 하는 것이다. 구체적인 방법은 다음과 같다. 먼저 이미 알고 있는 고문자를 구성성분에 따라 각각의 단위로 분석한 뒤, 기초가 되는 구성성분들의 각각의 형식을 수집해서, 새로운 글자 속에 어느 구성성분으로 포함될 수 있는지 비교한다. 새로운 글자의 각각의 구성성분들을 인식하고 나서, 각 구성성분의 기능에 근거하여 전체 글자의 음과 뜻의 기능을 유추할 수 있기 때문에, 이 새로운 글자를 해석할 수 있는 것이다.

예를 들어, 갑골문에 '왕(𡥀)'자는 이미 알고 있는 구성성분을 통해, '지(止)'와 '왕(王)'이라는 두 구성성분으로 이루어져 있다고 판단할 수 있다. 갑골문에서 '지(止)', '착(辵)', '척(彳)'자는 의미부로, 글자의 뜻이 '걸어가고 있다'는 동작과 관련이 있으므로, 서로 통용될 수 있다. 복사(卜辭)에서의 이 글자의 용법을 결합해보면, 이 글자는 의미부가 '척(彳)'이고, 소리부가 '왕(王)'인 '왕(往)'자라는 것을 알 수 있다. 갑골문에서 '벌(伐)'자는 '인(人)'과 '과(戈)'라는 두 구성성분으로 이루어져 있다. 복사에서 이 글자의 용례를 결합시켜보면, 이 글자가 '벌(伐)'이라는 것을 쉽게 알 수 있다. 『설문해자』에서는 "벌(伐)은 '치다[擊]'는 뜻이다. '사람[人]'이 '창[戈]'을 들고 있는 모습이다.(伐, 擊也, 從人持戈.)"라고 설명하고 있는데, 이는 갑골문의 '벌(伐)'자의 구성성분들의 위치와 차이가 좀 난다. 갑골문의 자형을 분석해 보면, '벌(伐)'자는 '창으로 목을 베는 형상'이지, '사람이 창을 들고 있는 모습'이 아니다. 그러므로 본래의 뜻은 '나무를 베다', '찌르다'가 되어야 한다.

형체분석법은 실제로 형체를 구성하는 것을 근거로 삼는 분석법이다.21) 이러한 방법을 활용하여 한자를 고증하고 해석할 때, 제일 먼저 형체를 자세히 살펴보고, 이미 알고 있는 여러 구성성분들의 형체에 대한 이해가 있어야 하며, 형체가 비슷한 구성성분 간의 미세한 차이를 구분해야 한다. 이와 동시에 여러 구성성분들의 기능, 기능이 결합할 때의 이론적 근거 및 구성성분 간의 통용 관계를 알아야 하는데, 고증하려는 글자가 속한 문자자료에서 형체를 구성하는 체계에 대해 종합적으로 인식하는 것이 가장 좋다22). 이는 물론 문헌에서 사용된 용례로 증명되어야 한다.

(3) 사례추감법

사례추감법(辭例推勘法)은 고증하려는 글자의 기타 문헌에서의 의미, 습관적인 용법 혹은 문장 그 자체의 내용에 근거하여 한자를 유추해서 교정을 보는 방법이다. 예를 들어, 『곽점초간(郭店楚簡)』의 '빈(北)'자는 『노자(老子)』(갑편)에 "암수 결합의 이치를 알지 못하는데도 발기하는 것은 정기가 지극하기 때문이다(未智(知)北戊之合然怒, 精之至也.)"라는 사례가 있다. 문장의 뜻에 따르면, '빈무(北戊)'는 '빈모(牝牡: 암컷과 수컷)'로 해석되어야 한다.23) 텍스트 사례 말고, 기타 문헌의 사례로 증명하는 것이 가장 좋은 방법이 된다. 상술한 구절은 『마왕퇴백서(馬王堆帛書)·노자(老子)』의 갑편과 을편에 모두 "암수 결합의 이치를 알지 못하는데도 위축하거나 발기하는 것은 정기가 지극하기 때문이다.(未知牝牡之會而朘

---

21) 李運富, 「考釋古文字應重視構形理據的分析」, 日本『中國出土資料研究』第2期(1998);「楚簡"僕"字及相關諸字考辨」, 日本『中國出土資料研究』第7期(2003) 참조.

22) 構形系統考字法에 관해서는 李運富의 「楚國簡帛文字叢考」(一)(二)(三)(四), 『古漢語研究』第3期(1996), 第1期(1997), 第2期(1998), 第1期(1999)를 참조해도 된다.

23) 荊門市博物館 편, 『郭店楚墓竹簡』(北京: 文物出版社, 1998) 참조.

怒, 精之至也.)"라고 되어 있고, 왕필본(王弼本)인 『노자』 55장에 "암수 결합의 이치를 알지 못하는데도 완전하게 발기하는 것은 정기가 지극하기 때문이다.(未知牝牡之合而全作, 精之至也.)"라고 되어 있다. 이것은 『곽점초간』의 '빈무(北戊)'를 '빈모(牝牡)'로 해석하는 것이 옳다는 것을 증명하고 있다. 그렇다면 '빈(北)'이 '빈(牝)'으로 해석되는 것을 알았으니, 문헌을 해독하는 관점에서 보면, 이미 문제를 해결했다고 말할 수 있을 것이다. 그러나 글자와 단어를 고증하고 해석하는 일에서는 결코 문제가 전부 해결된 것이 아니다. 왜냐하면 '빈(北)'이 도대체 어떤 글자인지, 왜 '빈(牝)'으로 사용될 수 있는지, '빈(北)'과 '빈(牝)'은 도대체 어떤 관계인지를 모르기 때문이다. 그래서 조건이 허락된다면, 계속해서 고증해야만 한다. 필자는 '빈(北)'이 '빈(牝)'의 이구자(異構字)일 거라고 추측하는데, '빈(北)'을 구성하는 '재(才)'가 초목의 시작을 의미하여, 생육과 관계가 있기 때문이다.

사례추감법은 문장에 있는 예문을 근거로 모르는 글자의 의미를 추측해낼 수 있지만, 그 속에서의 글자와 단어의 관계에 대해서는 합리적인 답을 찾지 못한다. 그러므로 사례추감법은 반드시 기타 고증방법과 종합적으로 활용해야 한다.

(4) 통가파독법

만약 어떤 글자에 대해 기본적으로 알았어도 텍스트의 사례에서 조리 있게 말할 수 없다면, 이때 통가파독법(通假破讀法)을 사용할 수 있을 것이다. 통가파독은 이 글자가 본용(本用)이 아니라고 가정하는 게 아니라, 또 다른 본자(本字)를 차용하는 것을 말한다. 그래서 또 다른 본자를 찾아낸 뒤에, 그 본자에 따라 해석할 필요가 있다. 본자를 찾는 방법은 첫째, 본자와 통가자(通假字)가 음이 같거나 비슷해야 된다. 둘째, 본자의 의미가 통가자가 있는 사례에서 충분히 해석될 수 있어야 한다. 예를 들어, 위에서 언급한 '빈무(北戊)'에서, '빈(北)'이 '빈(牝)'의 이구자(異構字)라면 본자인 게 당연하므로 문제가 없다. 그런데, '무(戊)'는 본자의 의미를 따라서는 제대로 해석이 안 되기 때문에, '모(牡)'의 통가자여야 한다. '모(牡)'와 '무(戊)'는 고대의 음이 비슷하고, '모(牡)'와 '빈(牝)'은 의미가 밀접하기에, '무(戊)'를 '모(牡)'로 읽는다면 텍스트 사례에서 그 의미가 제대로 전달되는 것이다. 또 예를 들어, '빈(北)'을 '빈(牝)'자로 해석하면, 『노자』편에서는 '빈모(牝牡)'로 통하지만, 『당우지도(唐虞之道)』의 "반드시 그 몸을 바로 하고 난 뒤에 세상을 바로 할 수 있다.(北正其身, 然後正世.)"와 "성자가 위에 있지 않으면 천하는 반드시 무너진다.([聖]者不在上, 天下北壞.)", 『어총2(語叢二)』의 "천명을 아는 자는 반드시 ~하지 않는다.(智(知)命者亡(毋)北)"와 같은 사례에서는 통할 수가 없다. 왜냐하면 '빈(北)'은 여기에서 '필(必)'의 통가자이기 때문이다. 이때, 파독법을 사용해서 이 사례에서의 통가자 '빈(北)'을 '필(必)'로 해석해야지만, 텍스트 읽기 문제를 해결할 수 있다.

(5) 종합연증법(綜合鏈證法)

상술한 몇 가지 방법은 텍스트 정리를 할 때 고증하고 해석하는 부분에 있어 효과가 있기는 하지만, 모든 부분에 효과가 있는 것은 아니다. 그 방법들은 각각 어떤 영역의 문제에서만 해결할 수 있고, 전체 문제를 다 해결할 수는 없다. 텍스트 문자를 완벽하게 고증하고 해석하는 작업은 글자의 '형체, 독음, 의미, 용법'이라는 네 가지 부분에서 합리적으로 해석해낼 수 있어야 한다.

즉, 형체, 독음, 의미 측면에서의 설명도 필요하지만, 텍스트에서의 글자와 단어의 관계도 확인할 필요가 있다. 다시 말해, 이것이 어떤 글자인지를 알아야 하고, 구체적인 언어 환경에서 이 글자의 실제 용법에 대해서도 밝혀야 한다. '형체, 독음, 의미'의 고증은 자부(字符)에서 형체를 구성하는 속성에 관한 고증이며, 그 목적은 자부(字符) 구조의 이론적 근거 및 그것이 담당하는 본사(本詞)와 본의(本義)를 분명하게 밝히는 데 있다. 그리고 '용법'의 고증은 자부(字符)의 기능에 관한 고증이며, 그 목적은 텍스트의 특정 언어 환경에서 자부(字符)가 실제로 나타내는 단어와 의미항목을 분명하게 밝히는 데 있다. 어떤 자부(字符)의 '형체, 독음, 의미'(형체를 구성하는 속성)와 실제로 사용되는 '용법'(기능 속성)을 고증하는 과정에서, 때로 관련된 수많은 글자와 단어를 언급할 수도 있다. 왜냐하면 하나의 자부(字符)는 여러 개의 단어를 나타낼 수 있고, 하나의 단어도 서로 다른 자부(字符)를 사용하여 나타낼 수 있기 때문이다. 그래서 복잡한 글자와 단어의 관계, 글자 간 관계, 단어 간 관계가 형성된다. 이러한 복잡한 관계를 명확하게 하려면 관련 자부(字符)의 형체를 구성하는 속성, 기능속성이라는 두 가지 측면에 대한 체계적인 고증이 필요하다. 이때, 여러 가지 방법을 종합적으로 활용해서 각종 자료를 전반적으로 분석하고 체계적인 증거를 제공할 필요가 있다. 마치 경찰서에서 사건을 해결하듯, 증거물의 사슬을 만들어, 고증하려는 글자의 형체, 독음, 의미, 용법 및 그와 관련된 글자와 단어의 관계를 힘써 설명하도록 해야 한다. 그리하여 상호 검증이 가능하도록 해야 하며, 모순과 반대 증거가 나오지 않도록 해야 한다. 이렇게 해야만 고증하고 해석하는 일의 완벽성이 보장되며, 거기에서 나온 결론에도 신빙성이 더해진다. 필자는 이렇게 종합적이면서 체계적인 증거의 사슬을 갖춘 고증방법을 '종합연증법(綜合鏈證法)'이라고 부른다. 예를 보자.

『포산초간(包山楚簡)』 258호 죽간의 '서(𤎅)'는, 257호 죽간에서는 '서(𤎱)'라고 써져 있다. 원서에는 "서저(𤎅豬)에서 '서(𤎅)'는 바로 '서(庶)'자인데, '자(炙)'자로 가차되었다. '자저(炙豬)'는 바로 '돼지를 굽다'는 뜻이다.(𤎅豬, 𤎅即庶字[24], 借作炙. 炙豬即烤豬.)"라고 해석하였다.

이렇게 주석해서 문장을 이해하는 것은 옳지만, 여기에 있는 글자와 단어의 관계에 대해서는 분명하게 고증이 안 되어 있을 뿐만 아니라, 정확하게 설명된 것도 아니다.

먼저 "서(𤎅)는 바로 '서(庶)'자이다"는 것을 설명해보면, 형체적인 측면에서 합리적으로 해석할 수가 없다. 원래의 자형인 258호 죽간에서는 '석(石)'이 위에 있고, '화(火)'가 아래에 있으므로, '서(炻)'자로 해정(楷定)해야 한다. 그리고 257호 죽간에서는 '석(石)'이 왼쪽에 있고 '화(火)'가 오른쪽에 있으므로, '서(砍)'라고 해정해야 하며, 이는 이체자에 속한다. 원래의 고증에서는 자형을 '엄(广)', '석(石)', '화(火)'라는 세 개의 구성성분

---

24) 于省吾, 陳世輝,「釋庶」,『考古』第10期(1959).

으로 이루어진 '서(炗)'라고 썼는데, 이는 '서(庶)'자를 잘못 역추적해서 생긴 실수가 분명하다. 실제로 '서(庶)'자는 '서(炗)'자에서 변한 것이다. '석(石)'의 '엄(厂)'은 그 형체가 '엄(广)'으로 바뀌고, '구(口)'는 '감(廿)'으로, '화(火)'는 '화(灬)'로 그 형체가 바뀌어 '서(庶)'자가 되었다. 이렇게 변하기 전의 '서(炗)'와 변한 후의 '서(庶)'자의 형체는 다르지만, 동일한 글자를 나타내고 있어, 이체자 관계에 속한다. 이러한 변화는 고문자가 변화하고 발전하는 과정의 일반적인 규칙에 부합된다. 이와 똑같이 변화된 상황을 '석(席)'자와 '도(度)'자를 예로 들어 증명할 수 있다. 『설문해자』에서는 '석(席)'자를 "건(巾)이 의미부이고, 서(庶)의 생략된 형체가 소리부이다(從巾庶省聲)."라고 잘못 분석하였다. 이것은 '건(巾)'이 의미부이고, '석(石)'이 소리부라고 분석해야 한다. 이는 초나라 죽간의 '서(筶)'나 '서(茊)'와는 이체자 관계이고, 모두 '석(石)'에서 소리를 따왔다. '석(帇)'에서 '석(石)'은 위쪽에 위치해 있기 때문에, '엄(厂)'도 '엄(广)'으로 변하였고, '구(口)'도 '감(廿)'으로 변해, '석(席)'자가 되었다. '도(度)'자도 『설문해자』에서 "서(庶)의 생략된 형태가 소리부이다(庶省聲)."라고 말했는데, 역시 잘못 설명한 것이다. 실제로 '우(又)'가 의미부이고 '석(石)'이 소리부라고 해야 하며, '도(夏)'가 '도(度)'로 변하고, '석(帇)'이 '석(席)'으로 변한 과정과 같다.[25]

그 다음, '서(庶)'를 '자(炙)로 가차되었다(借作炙)'라고 말하는 것은 정확하지가 않다. 원래의 고증은 우성오(于省吾)와 진세휘(陳世輝)의 말을 따 온 것으로, '서(庶)'를 '자(煮)'의 본자[26](실제로는 이체자라고 말해야 한다.)로 봤을 때, '서(庶)'는 이 글에서 '자(炙)로 가차되었다(借作炙)'라고 판단한 것이다. 필자는 '서(庶)'의 본래의 의미가 '굽다'이고, '서(庶)'는 '자(炙)'의 이체자여야 되지, 가차자가 아니라고 생각한다. '서(庶)'(炗)자는 '불로 돌을 데워 고기를 굽는 모습'이다. 의의(義義) 합체자에 속하는 '자

---

25) 林義光의 「文源」과 于省吾, 陳世輝의 「釋"庶"」는 모두 『考古』第10期(1959)에 게재되었다.

26) 于省吾와 陳世輝는 「釋"庶"」에서 '庶'는 '煮'의 본자라고 논증하였고, 于省吾는 『甲骨文字釋林』에서 또 "갑골문의 '庶'자는 '火'와 '石'으로 구성되어 있으며, 또한 '石'이 소리부인 회의자 겸 형성자인 글자로, '煮'의 본자이다."라고 했다.

(炙)'는 '직접적으로 불로 고기를 굽는 모습'으로, '서(庶)'와는 구성성분이 다를 뿐이다. 문헌에서는 자주 '서(炙)'자를 빌려 '아주 많다'는 의미를 나타내었으나, 이후에 자형이 '서(庶)'로 잘못 변해, 원래의 형체를 잃어버리게 되었다. 그래서 '서(庶)'는 '많다'는 의미를 나타내는 전용 가차자가 되었고, '굽다'는 의미는 '자(炙)'만을 써서 나타내게 되었다.

우리는 『포산초간』에 또 '자(煮)'가 있다는 것을 알고 있다. 이 글자는 '화(火)'가 의미부이고 '자(者)'가 소리부로, 147호 죽간에 "자염어해(煮鹽於海: 바닷물을 삶아 소금을 만든다.)"라는 구절에서 보인다. 중산왕(中山王)의 무덤에서도 '화(火)'가 의미부이고 '자(者)'가 소리부인 '자(煮)'가 보이는데, 사람의 이름으로 사용되었다. 그런데 전국시대에는 '자(煮)'는 있으나 '자(炙)'는 발견되지 않았다는 것을 볼 수 있다.

만약 초나라 죽간의 '서(炙)'를 '자(煮)'로 해석한다면, 첫째 '서(炙)'의 본래의 의미로 사용된 용례를 알 수 없다. 둘째 대량으로 존재하는 구워먹는 음식들을 반영할 방법이 없게 된다. 그러므로 '서(炙)'를 가차자라고 설명할 수밖에 없는 것이다. 갑골문에서는 '자(煮)'를 아직까지 발견하지 못했지만, 갑골문에 있는 '서(炙)'를 '자(煮)'로 해석하는 것이 '자(炙)'로 해석하는 것보다 덜 합리적이다. 왜냐하면 고대 중국인들의 생활조건에 따르면, 취사도구 없이 굽는 일이 용기에다가 삶는 일보다 먼저이기 때문이다. 게다가 굽는 것을 나타내는 글자가 삶는 것을 나타내는 글자보다 분명히 만들기가 훨씬 쉽다. 그렇다면 용례에서 모두 합리적인 해석이 되는 상황에서, 무슨 이유로 갑골문에 '자(煮)'자가 먼저 있지 않으면 안 되고, '자(炙)'자는 보이지 않는 걸까? 갑골문에서 '서(炙)'자는 성명이나 주변국의 이름으로 많이 사용되었지만, '서우어(炙牛於……: ~에서 소고기를 굽다)'라는 구절만 음식과 관련이 있다. '서우(炙牛)'는 '소를 삶다[煮牛]'로 반드시 해석해야 하는 게 아니라, 오히려 '소를 굽다[炙牛]'라고 말하는 것이 더 합리적일 수 있다. 우성오(于省吾)와 진세휘(陳世輝)가 "고대인들은 구덩이나 뜨거운 돌 위에 고기를 굽는 것을 모두 '자(煮)'라고 불렀는데, '자(煮)'의 처음 글자는 본래 '서(庶)'였다. 물을 사용해서 물건을 삶는 것을 '자(煮)'라고 부르고, 불을 사용해서 고기를 굽는 것은 '자(炙)'라고 부르는 것은 후세에서 확장하는 과정에서 나누어진 글자들이다.”27)라고 자세히 밝혔어도, ‘서(庶)’의 옛 의미가 확실히 ‘뜨거운 돌 위에서 고기를 굽다’이고, 또 ‘자(煮)’, ‘자(炙)’라는 두 글자로 분화된 증거가 없는데, 왜 직접적으로 ‘자(炙)’로 해석하지 않고 반드시 ‘자(煮)’로 해석해야 되는지, 이를 또 다시 분화를 가지고 말하는 것도 견강부회한 표현이다. 필자가 ‘서(庶)’가 ‘자(炙)’의 이체자라고 말하는 데에는, 사실 매우 중요한 증거가 있다. 그것은 바로 『안씨가훈(顔氏家訓)·서증(書證)』편에 서술되어 있는 “화(火)변에 서(庶)가 있는 것은 ‘자(炙)’이다.(火旁作庶爲炙字.)”라는 구절 때문이다. ‘자(燻)’의 ‘화(火)’변은 분명히 ‘점차 늘어나는’ 의미부에 속한다. ‘서(庶)’는 본래 의미부가 ‘화(火)’인데, 이후에 다시 ‘화(火)’가 더해져 ‘자(燻)’가 되었다. 이는 ‘연(然)’자가 본디 ‘화(火)’가 의미부인데 거기에 다시 ‘화(火)’를 더해 ‘연(燃)’이 되고, ‘막(莫)’자가 본래 ‘일(日)’이 의미부인데, 여기에 다시 ‘일(日)’을 더해 ‘모(暮)’가 된 것과 같은 이치이다. 이를 통해, ‘서(庶)’는 ‘자(燻)’이자 ‘자(炙)’라는 걸 알 수 있다. 또한 출토문헌에서 ‘척(蹠)’의 이체자가 ‘척(跖)’이라는 것을 방증으로 들 수 있다. 『한서·가의전(賈誼傳)』의 “팔다리가 오그라들 것입니다.(又苦跖盭)”28)라는 구절을, 안사고(顔師古)는 “척(跖)은 고대의 ‘척(蹠)’자이다. 독음은 ‘지(之)’와 ‘석(石)’의 반절이다.(跖, 古蹠字也. 音之石反.)”라고 주석하였다. 왕염손(王念孫)은 『독서잡지(讀書雜志)·한서(漢書)』에서 “『설문해자』에 ‘척(跖)은 발바닥을 말한다.(跖, 足下也.)’라는 구절이 있다. 이는 ‘척(蹠)’자의 가차자이며, ‘척(跖)’자의 다른 글자체이다. ‘석(石)’이 소리부이거나 ‘서(庶)’가 소리부이거나, ‘자(炙)’가 소리부이거나 매 한가지다. ‘석(石)’과 ‘자(炙)’는 소리가 서로 비슷하고, ‘석(石)’과 ‘서(庶)’도 소리가 서로 비슷하기 때문에, ‘도척(盜跖)’ 혹은 ‘도척(盜蹠)’이 된다. ‘서(庶)’와 ‘자(炙)’도 소리가 비슷하기 때문에, 『소아(小雅)·초자(楚茨)』편의 ‘或燔或炙’와 ‘爲豆孔庶’가 압운(押韻)이 된다.”29)라고 하였다. 실제로, ‘척(跖)’, ‘척(蹠)’, ‘척(跖)’이라는 세 글자는 이체자 관계로, 소리부와 형체가 다를

---

27) 于省吾, 陳世輝, 「釋“庶”」, 『考古』 第10期(1959).

28) (역주) 반고 저, 진기환 역주, 『한서3』(서울: 명문당, 2016), 369쪽.

29) (역주) “『說文』: 蹠, 足下也.’作蹠者借字, 作跖者別體耳. 或從石聲, 或從庶聲, 或從炙聲, 一也. 石與炙聲相近, 石與庶聲亦相近, 故盜蹠或作盜蹠. 庶與炙聲亦相近, 故『小雅·楚茨』篇‘或燔或炙’與‘爲豆孔庶’爲韻.”

뿐이다. 『장자·도척(盜跖)』편의 “혹은 ‘도척(盜蹠)’이라고 한다(或作盜蹠).” 와 강릉(江陵) 장가산(張家山)의 한(漢)나라 무덤에서 출토된 죽간의 ‘도척(盜跊)’은 이 세 글자가 이체자이면서 용법이 같다는 것을 증명할 수 있는 예가 된다.[30] ‘서(庶)’와 ‘자(炙)’의 관계를 분화되기 전의 본용(本用)으로 말하면, ‘척(蹠)’, ‘척(跊)’과 같이, 이체자 관계로 간주하는 것이 가차자와 본자의 관계로 간주하는 것 보다 더욱 합리적이다.

이러한 고증을 거쳐, 필자는 ‘서([illegible])’와 관련된 글자와 단어의 대응관계를 아래와 같이 정리할 수 있었다.

단어 zhi(굽다) : [illegible] [illegible] 炙 爈 ———— 이체자

↓ 이체자(잘못 변함)

庶 zhi(굽다) 본용(본자)

↓ 동형자(가차)

庶 shu(많다) 차용(가차자)

단어 zhi(발바닥): 蹠 跊 蹠 ———— 이체자

단어 xi(자리): [illegible] [illegible] [illegible] ———— 이체자

↓ 이체자(잘못 변함)

席

단어 du(도량): [illegible] ——— 度 이체자(잘못 변함)

단어 zhu(삶다): 煮 ——— 『포산죽간』의 ‘[illegible](庶)’자와 무관

이렇게 고증하고 해석하는 일은 하나의 자형과 한 가지 부분만을 근거로 하는 것이 아닌, 관련 글자와 단어의 상호 호응을 통해, 체인과 같이 체계적인 증거를 제공해주는 것이다. 이러한 체계에서 각 글자들의 형체, 독음, 의미, 용법은 분명하여, 지칭하는 바도 명확하고 서술도 과학적이다. 물론, 조건이 한정적이기 때문에, 모두 이렇게 완벽하게 해석

30) 廖名春, 「竹簡本〈莊子·盜蹠〉篇管窺」, 『清華大學思想文化研究所集刊』 第1輯(北京: 清華大學出版社, 1996), 90~100쪽 참조.

할 수는 없다.[31]

텍스트 정리는 원본에 대응되는 '석문' 말고도, 또 내용에 따라 문자자료를 분류하고 배열하였다. 예를 들어, 진몽가(陳夢家)의 『은허복사종술(殷墟卜辭綜述)』, 요종이(饒宗頤)가 편집한 『갑골문통검(甲骨文通檢)』 등은 석문을 기초로 해야지만 나올 수 있는 것들이다.

제3절 한자자료의 문자 정리

문자학에서 한자를 연구할 때, 단어와 단어 사이의 관계를 주된 대상으로 삼는다. 그래서 텍스트를 해석하고 나서 자양(字樣)의 추출, 단어의 귀납, 단어의 수집, 저장과 검색 등 단어에 대한 체계적인 정리가 반드시 필요하다. 이러한 작업들을 우리는 문자정리라고 부른다.

1. 자양(字樣)의 추출

텍스트를 저장하는 매체 중에서 기록하는 기능을 가진 자연적인 서사단위를 모두 자양이라고 부른다. '𣎍'(夢夢), '𪊨'(墨墨) 등과 같이 똑같은 자양 두 개를 생략해서 쓰는 것을 중첩문[疊文]이라 부르고, '𠦒'(十月), '𦱤'(躬身) 등과 같이 서로 다른 자양 두 개를 합쳐서 쓰는 것을 합문(合文)이라고 부른다. 중첩문과 합문은 모두 상응하는 단어의 자양을 복원시킬 수 있다. 일반적으로 텍스트의 글자 수라고 말하는 것은 단어의 자양 개수를 의미한다.

단어의 정리는 텍스트에서 자양을 추출하는데서 시작된다. 자양을 추출하는 방법에는 두 가지가 있다. 하나는 영인(복사)해서 스크랩하는

31) 李運富, 「論出土文本字詞關系的考證和表述」, 『古漢語研究』 第2期(2005) 참조.

것이고, 다른 하나는 원형을 모사하는 것이다. 전자는 조작이 간단하고 실물과 똑같으며, 대조해서 검색하기가 편하다. 그러나 종종 명확하지가 않아서 구성형체를 해석하고 분석할 때, 처음부터 자양을 식별해내야 한다. 후자는 원형을 모사한다고는 해도, 자형과 관련이 없는 인쇄흔적이나 얼룩들을 없애고 원래 불명확했던 필획들을 첨가하는 등 어느 정도는 가공해서 처리해야 한다. 다시 말해, 모사는 원형의 필적에 대한 분석을 수반하는데, 실제로는 주관적인 인식이 들어갈 수밖에 없기 때문에, 사람에 따라 동일한 자양에 대한 모사가 종종 달라진다.

예를 들어, 앙천호(仰天湖) 죽간에 대해서, 중산(中山)대학의 초나라 죽간 정리 팀, 사수청(史樹青), 곽약우(郭若愚) 등 여러 학자들의 모사본이 존재하지만 이들 자료를 한 번 대조해보면 많은 차이가 있다는 것을 바로 알 수 있다.

이렇게 모사마다 차이가 나는 이유로는 대체로 두 가지가 있다. 하나는 원 자료의 선명도 차이, 죽간이나 백서의 실물, 사진이나 그 스캔본의 설비의 조건, 빛의 명암, 각도의 변화, 인화기술 등의 차이에 따라 자양의 효과도 달라진다. 다른 하나는 사람들마다 이해하고 처리하는 방법이 다르기 때문에, 동일한 원본이라고 할지라도 모사한 결과는 다를 수 있다. 자양의 모사가 다른 것은 모사를 하는 사람의 자양에 대한 식별과 분석의 차이를 반영하는 것이며, 이는 직접적으로 이 글자에 대한 해석에 영향을 미칠 수 있다.

예를 들어, 앙천호(仰天湖) 죽간 2-2호 글자를 중산대학과 곽약우는 모두 '군(君)'으로 해석했지만, 사수청(史樹青)은 '우(佑)'로 해석했다. 동일한 자양에 여러 해석이 나온다면, 그 해석들이 전부 옳다는 것은 당연히 불가능하다. 누구의 판단이 정확한지, 정확한 정도가 어느 정도인지는 또 출토문자의 서사형식, 형체를 구성하는 습관, 흐릿하고 훼손된 상태 및 무덤에 매장된 상태 등의 인식과 관련이 있다. 따라서 출토문자를 잘 정리하려면 출토실물을 잘 이해하고, 텍스트 원본에 대해 익숙해야 하며, 서사 습관을 파악하고, 형체를 구성하는 규칙을 연구해야 한다. 이는 정리하는 사람에게 매우 중요한 일이다.

2. 글자 단위의 귀납

자양을 추출하고 나서, 석문(釋文)을 근거로 자양에 대해 같은 것과 다른 것을 찾아내서 '글자(字)'의 단위로 귀납해야 한다. 글자의 단위를 간단하게 줄여서 '자위(字位)'라고 부르며, '단자(單字)'라고도 부른다.

앞에서도 말했지만, '글자'는 각각의 개념적 내용을 담고 있어 가리키는 바가 다르기 때문에, 귀납해내는 '글자'의 단위도 달라질 수 있다. 형체에 초점을 맞추면, 서법과 외형이 기본적으로 같은 자양을 하나의 글자로 귀납할 수 있고, 현저히 다르다면 다른 글자로 구분할 수 있다. 예를 들어, 『포산초간(包山楚簡)』의 昜, 昜, 昜, 昜, 昜는 다섯 개의 글자이다. 구조에 초점을 맞추면, 구성성분과 의미가 같은 자양을 한 글자로 귀납할 수 있고, 차이가 나는 것을 다른 글자로 구분할 수 있다. 예를 들어, 위에서 언급한 다섯 개의 자양은 글자의 단위가 2개이다. 앞의 네 글자는 모두 일(日)과 양(勿; 첫 번째 형체는 줄여서 쓴 것이다)로 이루어져 있으며, 떠오르는 태양을 나타내고 있다. 구성성분과 의미가 모두 같으므로 하나의 글자로 귀납시켜야 한다. 마지막 글자는 '읍(邑)'이 의미부이고 '양(昜)'이 소리부로, 앞의 글자들과는 다른 글자에 속한다. 자부(字符)의 기능에 초점을 맞추면, 텍스트에서 단어기록[記詞] 항목이 같은 자양을 하나의 글자로 귀납할 수 있고, 차이가 난다면 다른 글자로 구분할 수 있다. 예를 들어, 『포산초간』에서 지명을 나타내는 '양(陽)'은 '양(昜)'으로도 쓰이고, '양(昜阝)'으로도 쓰인다. 구조는 다르지만 기능이 같기 때문에 하나의 글자로 귀납할 수 있다.

글자의 단위를 귀납하는 기준이 다르다면, 그 수량을 나타내는 통계에 직접적으로 영향을 미치게 된다. 한자의 수량에 대해 통계를 낼 때, 현재 명확한 원칙이 없기 때문에, 모두가 인정하는 데이터도 존재하지 않는다. 특히 한자의 총 수량에 대해서는 지금까지도 정확한 수치가 없다. 예를 들어, 자서(字書)와 자전(字典)에 수록된 글자 수를 근거로 했을 때, 시대별로 모두 달랐다.32)

---

32) 楊寶忠, 『疑難字考釋與研究』하편(北京: 中華書局, 2005), 674~702쪽 참조.

동한의 허신이 편찬한 『설문해자(說文解字)』에는 표제어가 9,353개, 이체자가 1,163개로 모두 10,516개가 수록되어 있다.[33] 남조(南朝) 양(梁)나라의 고야왕(顧野王)이 편찬한 『옥편(玉篇)』은 16,917자가 수록되어 있었으나, 당대(唐代)와 송대(宋代)에 수정을 거친 광익본(廣益本)에는 수록자가 22,620개로 늘어나 있었다.[34] 요(遼)나라의 행균(行均)스님이 저술한 『용감수경(龍龕手鏡)』[35]은 수록자가 26,433개이다. 송나라의 진팽년(陳彭年) 등이 편찬한 『대송중수광운(大宋重修廣韻)』은 수록자가 26,194개(重音字 포함)이다.[36] 송나라의 정도(丁度) 등이 편찬한 『집운(集韻)』은 수록자가 53,525개에 달하는데, 이는 고대 한자를 가장 많이 수록한 자전이다.[37] 송나라의 사마광(司馬光)이 저술한 『유편(類篇)』은 표제어가 31,319개, 중음자(重音字)가 21,846개이다.

금(金)나라의 한도소(韓道昭)가 저술한 『편해(篇海)』, 『오음집운(五音集韻)』에서 전자는 수록자가 54,595개이고, 후자는 56,556개이다. 명(明)나라의 장보(章黼)가 저술한 『직음편(直音篇)』은 본문에 43,000여자가 수록되어 있고, 또 음은 있지만 뜻이 없는 글자 3천여 개를 각 부의 말미에 첨부하여 모두 4만6천여 자가 실려 있다. 명나라 진사원(陳士元)이 저술한 『고속자략(古俗字略)』와 『고속자략보(古俗字略補)』에는 이체자만 수록되어 있는데, 전자에 23,973자가 수록되어 있는데, 1,492자를 더 보충하

---

33) 段玉裁는 大徐本에서 正篆이 9,431이고, 중복된 글자가 1,279이어서, 모두 10,710자가 있다고 통계하였다. 崔樞華는 大徐本의 正篆이 9,430이라고 통계하였다. 張曉明은 大徐本에서 중복된 글자가 1,278자라고 통계내었다. 大徐本에서 많이 출현하는 글자는 후대 사람들이 더한 것이라고 의심된다.

34) 胡樸安은 『中國文字學史』에서 22,561자라고 통계하였고, 劉師培는 『中國文字學』에서 22,726자라고 통계하였다. 또한 張湧泉은 『論〈四聲篇海〉』에서 22,980자라고 통계하였고, 楊寶忠은 『疑難字考釋與研究』에서 22,620자라고 통계하였다. 여기에서는 양보충의 의견을 따랐다.

35) 송나라 때 피휘, 즉 송 태조 趙匡胤의 祖父 趙竟의 이름에 竟이 들어 있어 독음이 같은 鏡을 鑒으로 바꾸어 『龍龕手鑒』이라 하였다.

36) 張樹錚은 『廣韻』에 중복되지 않은 표제자가 19,648자 수록되어 있다고 여겼다. 張樹錚, 「『廣韻』收字數到底有多少」, 『辭書研究』 第5期(1996).

37) 趙繼는 『集韻』에 중복되지 않은 단어가 32,381개 수록되어 있다고 통계하였다. 趙繼, 「『集韻』究竟收多少字」, 『辭書研究』 第3期(1986).

여 모두 25,465자가 수록되어 있다.

명나라 매응조(梅膺祚)의 『자휘(字彙)』에는 33,179자가 수록되어 있고, 청(淸)나라 오임신(吳任臣)의 『자휘보(字彙補)』에는 12,371자를 보충해서 수록하여, 모두 45,550자가 수록되어 있다. 청나라의 장옥서(張玉書)가 천자의 명령을 받아 편찬한 『강희자전(康熙字典)』에는 수록자가 47,035개에 달한다.[38] 신해혁명(辛亥革命) 이후에 구양부존(歐陽溥存) 등이 편찬한 『중화대자전(中華大字典)』에는 48,000자가 넘는 한자가 수록되었다. 최근에 출판된 서중서(徐中舒)가 편찬한 『한어대자전(漢語大字典)』에는 5,467자(보충해서 실은 955자 포함)가 수록되어 있다. 냉옥룡(冷玉龍)과 위일심(韋一心)이 편찬한 『중화자해(中華字海)』에는 85,568자가 수록되어 있어, 지금까지 한자를 가장 많이 수록한 자전이다. 컴퓨터에서 사용하는 한자 문자코드표에는 이미 12만자가 넘는 한자가 수록되어 있다. 그러나 이 숫자는 계속해서 바뀔 게 분명하다.

한자의 단위를 정리하면서 명확한 데이터를 얻을 수 없었던 이유가 '글자[字]'에 명확한 내용과 지시하는 바가 없었기 때문이다. 그래서 과학적으로 통계를 내는 기준이 부족했었다. 앞에서 서술했듯이, '글자'의 형체, 구조, 기능이라는 세 가지의 기준에 따라 각각 통계를 한다면, 한자의 수량을 명확하게 정할 수 있을 것이다. 물론, 확정시키는 것도 범위가 제한적이다. 형체와 기능으로 봤을 때, 포산(包山) 제2호 무덤에서 출토된 죽간, 마왕퇴 백서본인 『노자』 등과 같이, 폐쇄적인 특정 자료의 범위 안에서만 보통은 가능할 것이다. 만약 전체 한자 자료를 가지고 말한다면, 형체는 무궁무진할 것이며 기능도 개방적으로 변해서 통계낼 방법이 전혀 없다. 그래서 자형이나 글자의 운용[字用]의 관점에서 한자의 수량에 대해 통계를 낸 자료만을 범위로 국한시켰다.

만약 '한자의 수는 도대체 몇 자인가?'라는 문제에 대해 대답하고자 한다면, 한자의 구조만으로 이야기해야 한다. 다시 말해, 한어에 한자가

---

38) 王竹溪는 『康熙字典』에 47,043자가 수록되어 있으며, 그 중에서 110자가 중복되어 있어, 실제로 수록된 글자는 46,933자라고 통계하였다. 王竹溪,「編寫新部首字典的一些考慮」,『語文現代化』第4輯(北京: 語文出版社, 1980) 참조.

몇 자가 되는지는, 한어를 기록하기 위해 구조가 다른 글자들을 얼마나 창조했는지를 나타내는 것이지, 우리가 얼마의 글자를 썼고 혹은 용자(用字)가 얼마의 단어를 나타내는지를 말하는 게 아니다. 이 점을 분명히 해야만, 전체 한자의 수량에 대한 과학적인 통계를 낼 수 있을 것이다.[39]

3. 단어의 수집과 저장

정리를 한 이후의 글자의 단위는 각각의 목적에 따라 다른 형식을 사용해서 수집하고 저장하게 된다. 편리하게 활용하기 위해서, 수집하고 저장한 글자의 단위 자료는 일정한 검색규칙을 가지고 있다.

(1) 교육의 활용을 주목적으로 한 '교재[篇章]'나 '글자표[字表]'

한(漢)나라 최식(崔寔)의 「사민월령(四民月令)」에는 "농사가 시작되기 전에 성동(成童) 이상을 태학(太學)에 보내 오경(五經)을 배우게 했다. 유동(幼童)을 소학(小學)에 보내 교재[篇章]를 배우게 했다."[40]라는 구절이 있다. '편장(篇章)'은 글자를 가르치는 데 사용하는 교재를 말한다. 일반적으로 기능이 다른 글자의 단위를 사용하여 간단한 운어(韻語)로 조합함으로서 읽고 암송하는데 편리하였다. 이러한 형식은 일반적으로 그 당시에 상용되거나 통용되는 자종(字種)을 모아서, 문헌을 읽고 쓰는데 사용되었다. 이전 시대의 문자들은 모두 그 시대의 자형으로 바꿔 적었다. 반고(班固)의 『한서·예문지·소학(小學)』에서는 10개 학파의 45편을 열거하고 다음과 같이 해석하였다.

『사주편(史籀篇)』은 주(周)나라 때, 사관이 어린이에게 가르치던 책으로, 공자의 벽에 숨겨져 있던 고문과는 다른 체제이다. 『창힐(蒼頡)』7장은 진(秦)나라

---

39) 李運富, 「論漢字數量的統計原則」, 『辭書研究』 第1期(2001) 참조.
40) (역주) "農事未起, 命成童以上入太學, 學五經; 命幼童入小學, 學篇章."

의 승상이었던 이사(李斯)가 지었고, 『원력(爰歷)』6장은 거부령(車府令)이었던 조고(趙高)가 지었다. 『박학(博學)』7장은 태사령(太史令)이었던 호무경(胡母敬)이 지었다. 『사주편』에서 문자를 많이 취했으나, 전서가 상당히 다르므로 이를 진(秦)나라 전서라고 부른다. 이 때, 예서가 만들어지기 시작하여 옥관들이 많이 사용하였다. 간략하고 쉬운 것을 추구하였기 때문에, 도예(徒隸)들이 사용하였다. 한(漢)나라가 흥하자, 마을의 훈장이 『창힐(蒼頡)』, 『원력(爰歷)』, 『박학(博學)』3편을 합하여, 60자씩 끊어서 1장으로 삼고, 총 55장을 만들었다. 이것이 『창힐편(蒼頡篇)』이다. 무제(武帝) 때 사마상여(司馬相如)가 『범장편(凡將篇)』을 지었는데, 중복되는 글자가 없었다. 원제(元帝) 때 황문령(黃門令)이었던 사유(史游)가 『급취편(急就篇)』을 지었고, 성제(成帝) 때 장작대장(將作大匠)이었던 이장(李長)이 『원상편(元尚篇)』을 지었는데, 모두 『창힐』에서의 정자로 써져 있다. 『범장(凡將)』이 상당히 뛰어나다. 원시(元始) 연간 중에, 천하에서 소학에 능통한 자를 수백 명 초치하여 각기 궁정에서 문자를 기록하게 하였다. 양웅(揚雄)이 그것들 중에서 유용한 것을 골라 『훈찬편(訓纂篇)』을 지어, 『창힐』의 맥을 이어나갔으며, 또 『창힐』에서 중복되는 글자를 바꾸어, 89장으로 만들었다. 반고가 다시 양웅을 이어서 13장을 더 만드니, 전부 102장이 되었다. 반복되는 글자가 없고, 육예(六藝)와 여러 서적에 수록된 것들이 대체로 구비되었다.

오늘날 국가 언어문자위원회에서 공포한 「현대한어상용자표(現代漢語常用字表)」와 「현대한어통용자표(現代漢語通用字表)」도 대체로 이러한 성질에 속하는데, 배열방식이 다를 뿐이다. 의미를 구성하는 관련 구절이 없지만, 필획의 순서에 따라 배열되어 있다.

(2) 형체구조의 분석과 문자체계 연구를 목적으로 한 자서(字書)

동한시대, 허신의 『설문해자』는 중국에서 처음으로 체계적으로 형체구조를 분석하고 독음과 의미를 해석한 자전으로, 이론적인 연구와 공구서적인 성격을 다 갖추고 있다. 이는 소전체계의 한자를 전반적으로 정리하고 분석해서는 부수체계에 따라 한자를 나열하는 새로운 모델을 만들었다.

이후에 『설문해자』의 영향을 받은 자서와 자전(字典)은 매우 많다. 그러나 엄격하게 『설문해자』의 체제에 따라 편찬하고 연구를 목적으로 한 자서는 결코 많지 않다. 서중서(徐中舒)의 『갑골문자전(甲骨文字典)』, 대가상(戴家祥)의 『금문대자전(金文大字典)』, 하림의(何琳儀)의 『전국고문자전(戰國古文字典)』, 육석흥(陸錫興)의 『한대간독초자편(漢代簡牘草字編)』 등은 대체로 이 종류에 속하지만, 해석한 독음과 의미를 본용에 제한시키지 않았기 때문에, 여전히 『설문해자』와는 다르다.

(3) 자형(字形)의 축적과 독음 및 의미의 저장을 주목적으로 한 종합 자전(字典)

일정한 글자 수록의 원칙에 따라 자형을 모으고, 그 자형에 따라 독음과 의미를 수집하여, 종합적으로 활용할 수 있는 가치를 지니고 있다. 이러한 자전은 『설문해자』의 독음, 의미, 부수에 따라 배열한 것도 있고, 자형의 부수를 바꿔서 배열한 것도 있다. 또 음운(音韻)에 따라 배열한 것도 있고, 필획에 따라 배열한 것도 있다. 이들은 최대한 자형, 독음, 의미를 많이 수록한 것이 공통된 특징이다.

예를 들어, 남조(南朝)시기 양(梁)나라의 고야왕(顧野王)이 편찬한 『옥편(玉篇)』(당송시대에 증보한 것이 있다), 요(遼)나라의 행균(行均)스님이 저술한 『용감수경(龍龕手鏡)』(『龍龕手鑑』), 송(宋)나라의 진팽년(陳彭年) 등이 편찬한 『대송중수광운(大宋重修廣韻)』, 정도(丁度) 등이 편찬한 『집운(集韻)』, 사마광(司馬光) 등이 저술한 『유편(類篇)』, 금(金)나라의 한도소(韓道昭)가 저술한 『편해(篇海)』와 『오음집운(五音集韻)』, 명(明)나라의 매응조(梅膺祚)가 편찬한 『자휘(字彙)』(청나라의 吳任臣이 또 『字彙補』를 지었다), 청(淸)나라의 장옥서(張玉書) 등이 편찬한 『강희자전(康熙字典)』, 민국(民國)시대의 구양부존(歐陽溥存) 등이 편찬한 『중화대자전(中華大字典)』, 현대의 서중서(徐中舒)가 편찬한 『한어대자전(漢語大字典)』, 냉옥룡(冷玉龍)과 위일심(韋一心)이 편찬한 『중화자해(中華字海)』 등이 모두 이러한 성질에 속한다.

⑷ 특정 유형의 한자 수집을 주목적으로 한 자서(字書)와 자편(字編)

어떤 관점에서 한자를 분류하고 나서, 그 유형의 기준에 따라 그 종류의 문자만을 수록하는데, 일반적으로 독음과 의미 및 기타 글자와의 유형별 관계를 주를 달아 설명한다.

예를 들어, 명(明)나라의 진사원(陳士元)이 저술한 『고속자략(古俗字略)』 및 『고속자략보(古俗字略補)』, 청(淸)나라 나진윤(羅振鋆)의 『비별자(碑別字)』, 나진옥(羅振玉)의 『증정비별자(增訂碑別字)』, 현대 나복보(羅福葆)의 『비별자속습(碑別字續拾)』, 진공(秦公)의 『비별자신편(碑別字新編)』, 『광비별자(廣碑別字)』, 대만정부에서 편찬한 『이체자자전(異體字字典)』 등이 모두 관련 자료의 이체자만을 수록하였다. 또 왕력(王力)의 『동원자전(同源字典)』, 왕휘(王輝)의 『고문자통가자전(古文字通假字典)』, 육석홍(陸錫興)의 『한대간독초자편(漢代簡牘草字編)』 등도 특별한 유형의 한자를 정리한 것으로 간주할 수 있다.

⑸ 고문자 형체의 수집과 보전을 주목적으로 한 자편(字編)과 글자표 [字表]

어떤 고문자의 자형들을 수집하고 정리하여 그에 대응될 수 있는 소전이나 해서의 자형으로 나열하면서 이에 대응시킬 방법이 없을 때에는, 해당 글자의 원형만 보전한다든지 예정(隸定)만 해 두되, 독음과 의미의 해석을 주된 목적으로 삼지는 않는다.

예를 들어, 송(宋)나라의 곽충서(郭忠恕)가 편찬한 『한간(汗簡)』과 하송(夏竦)이 편찬한 『고문사성운(古文四聲韻)』은 송대 이전에 볼 수 있었던 전국시대 고문자의 자형을 수록하였다. 송나라 왕초(王楚)의 『종전전운(鍾鼎篆韻)』에서는 송대에서 수집할 수 있는 종정(鍾鼎)의 명문에 나타난 자형들을 수록하였다.

현대에는 장광유(張光裕)의 『포산초간문자편(包山楚簡文字編)』, 등임

생(滕壬生)의 『초계간백문자편(楚系簡帛文字編)』, 나복이(羅福頤)의 『고새문편(古璽文編)』, 손해파(孫海波)의 『갑골문편(甲骨文編)』, 용경(容庚)의 『금문편(金文編)』, 고명(高明)의 『고문자유편(古文字類編)』, 서중서(徐中舒)의 『한어문자자형표(漢語古文字字形表)』, 한어대자전 자형팀의 『진한위진남북조전례자형표(秦漢魏晉南北朝篆隸字形表)』, 심건화(沈建華)와 조금염(曹錦炎)의 『신편갑골문자형총표(新編甲骨文字形總表)』, 유소(劉釗) 등의 『신갑골문편(新甲骨文編)』 등이 있다.

(6) 편집인쇄와 정보처리를 주목적으로 한 컴퓨터 글꼴과 문자코드표

컴퓨터에서 사용하는 한자의 글꼴은 6763표준코드[國標字符集]에서 시작하여, 해마다 끊임없이 늘어나서 현재는 해서체[楷體]와 송체(宋體) 등 상용 형체의 글꼴이 있을 뿐만 아니라 갑골문, 금문, 소전 등 특수한 글자체의 글꼴도 존재한다. '중화대자부집(中華大字符集)'이나 '중화자고공정(中華字庫工程)'[41]과 같은 한자의 문자코드표도 이미 정리해서 연구 제작 중에 있다. 그러나 컴퓨터 글꼴과 문자코드표의 저장량이 커질수록 코드의 중복율도 높아지고, 검색과 찾아보기도 더 어려워지고 있다. 어떻게 해야 질서정연하게 보관하고 편리하게 활용할 수 있는지는 기술적인 문제가 해결되어야 한다.

---

41) 교육부 철학사회과학연구의 핵심과제인 『中華大字符集創建工程』은 2004년에 수립되었으며, 책임을 맡은 수석 전문가는 北京師範大學校의 王寧이다.

(역주) 中華字庫 프로젝트는 문자학에 대한 깊이 있는 연구를 기반으로 신기술을 이용하여 이에 상응하는 소프트웨어 툴을 개발하고, 사람-기계를 결합한 문자 수집·정리·선별·비교대조와 승인된 조작과 관리프로세스를 탐색하여, 수천 년 동안 내려온 문자의 저장매체에서 출현한 적이 있었던 모든 한자형체와 소수민족 문자 형체를 수집하고 글자 간 연계를 건립해서, 최종적으로 출판인쇄 및 시스템 디지털화를 위해, 여러 가지 응용에 부합되는 한자 및 소수민족문자의 코드 및 주요 글꼴문자의 디지털라이브러리를 제작해내는데 있다.

제5장
한자의 형체

제1절 한자형체의 분석

한자의 형체는 '형(形)'과 '체(體)' 두 가지로 나뉜다. 형(形)은 서사(획을 새기고, 주조를 하는 것 등을 포함)의 원소이고, 체(體)는 서사의 스타일이다. 서사의 원소가 다르면 '자형(字形)'이 달라지고, 서사의 스타일이 다르면 '글자체[字體]'가 달라진다. 서사 원소는 서사단위의 종류, 수량, 놓이는 방향, 연결방식 등을 포함하고, 서사의 스타일은 서사단위의 구체적인 모양, 구조배치, 글자 전체[整字]의 서체 유형 등을 포함한다. 어떤 자형이라도 일정한 서사 스타일을 가지고 있다. 서사 스타일은 자형의 개체, 집단, 전체에 따라 관찰할 수도 있고, 쓰는 사람의 개인, 사회, 시대에 따라 관찰할 수도 있다. 서사 원소는 서사단위가 기반이 되며, 서사 스타일은 글자체의 유형이 중요하다. 그러므로 한자의 형체를 분석할 때, 한자의 서사단위와 글자체의 스타일을 먼저 파악해야 한다.

1. 서사단위와 글자체의 스타일

한자의 형체를 기술하기 위해, 필자는 한자를 형성하는 외형의 기본적인 서사 원소를 각각의 단위로 분석했는데, 이를 서사단위라고 부른다. 또한 한자의 외형에서 볼 수 있는 전체적인 스타일을 몇몇 유형으로 귀납했는데, 이를 한자의 체제와 방식 혹은 글자체의 스타일이라고 부르며, 간단하게 글자체라고 부르기도 한다. 한자의 서사단위와 글자체는 각각의 관점과 단계에서 그 필요에 따라 분류할 수 있다. 시대마다 다른 글자체를 지니는 한자는 서사단위도 다 다를 수 있으며, 동일한 시대에 같은 서사단위로 쓴 한자라도 서로 다른 글자체에 속할 수 있다.

(1) 서사단위

서사는 어떤 공구를 사용하여 어떤 체제에서 부호를 형성하는 과정을 뜻한다. 만약 각종 공구를 '붓[筆]'이라고 통합해서 부른다면, 붓으로 쓰는 과정을 '필적(筆跡)'이나 '필도(筆道)'라고 부르며, 필적이나 필도의 형태를 '필형(筆形)'이라고 부른다. '필적'과 '필형'의 유형을 지칭하는 것을 서사단위라고 부른다. 서사단위와 관련된 술어로는 주로 다음과 같은 것들이 있다.

① 실괴(實塊): 실괴는 바깥 테두리가 있고, 중간을 가득 채운 덩어리 모양의 서사단위를 말한다. 가지런한 외곽도 있고 아닌 것도 있는데, 대체로 원괴(圓塊), 방괴(方塊), 능괴(棱塊), 삼각괴(三角塊), 곡변괴(曲邊塊)로 나눌 수 있다.

② 선: 선은 한 개의 점에서 임의로 이동시켜 형성된 가늘고 긴 선처럼 생긴 서사단위를 말하는데, 직선(直線), 곡선(曲線), 호선(弧線), 꺾은 선[折線] 등이 있다. 실괴와 선은 초기에 한자를 쓰는 기본단위였다.

③ 필획: 필획은 처음과 끝이 명확하며, 붓으로 쓰는 방식이 각각인 한자의 서사단위를 말하는데, 일반적으로 '점(點), 가로획[橫], 가운데 내리 획[豎], 왼 삐침[撇], 오른 삐침[捺], 꺾음[折]'의 6가지로 귀납된다.

④ 구성성분: 위에서 말한 세 가지 서사단위로 형성된 글자를 이루는 단위. 구성된 글자의 기능을 무시하고 순수하게 형체만을 말할 때를 구성성분이라고 부른다.

⑤ 결체(結體): 글자를 이루는 구성성분과 구별하기 위해, 몇 개의 서사단위를 연결해서 글자가 되지 않는 때를 결체라고 부른다.

(2) 글자체의 유형

글자체의 유형은 어떤 글자체계[字系] 혹은 어떤 자형이 함께 가지는 형태자질을 말한다. 글자체의 유형을 지칭하는 술어로는 주로 다음과 같은 것이 있다.

① 갑골문체[甲骨體]:
사람들은 보통 갑골문을 소전, 예서 등의 글자체의 개념과 합쳐 부른다. 실제로 '갑골문'은 서사의 저장매체가 다르기 때문에 구별되어 나온 유형이 다른 한자 자료일 뿐, 글자체 유형의 고유 명사가 아니다. 그러나 갑골자료에서의 문자는 저장매체와 서사공구의 특수성 때문에, 자신만의 스타일과 특징을 가지고 있다. 그래서 '갑골문'으로 갑골자료에서의 문자 스타일을 같이 지칭하는 것도 이해가 된다. 글자의 자료와 글자체를 구분하기 위해, 필자는 '갑골문체'라는 용어로 갑골자료에서의 글자체 스타일을 지칭하였다. '갑골문체'는 대부분 칼로 새겨서 만들어졌기 때문에, 선이 매우 가늘고 필적이 곧으며 구조가 느슨하고 모양이 가지런하지 않다.
② 금문체(金文體):
좁은 의미의 '금문'은 서주(西周)시대 청동기에 새겨진 명문만을 나타내며, 넓은 의미의 '금문'은 금속 저장매체에 적힌 모든 문자를 나타낸다. 서주시대 청동기에 새겨진 명문의 글자체는 그 스타일이 일치하는 편이므로, 좁은 의미의 '금문'으로도 서주시대 청동기에 있는 명문의 글자체를 대신 지칭할 수 있다. 마찬가지로 글자의 자료와 글자체를 구분하기 위해, 필자는 '금문체'라는 용어를 사용하여, 서주시대 금문 자료를 대표하는 명문의 글자체를 지칭하였다. '금문체'는 대부분 청동기에 주조해서 만들어졌기 때문에, 선이 굵고 견실하며 필적이 둥글다. 또한 구조가 치밀하고 모양이 규칙적이다.
③ 대전체(大篆體):
'주문(籀文)'과 「석고문(石鼓文)」으로 대표되는 글자체를 말한다. '주문'은 주

(周)나라 선왕(宣王)의 사관이었던 주(籀)가 아이들에게 글자를 익히게 하기 위해 편찬한『사주편(史籀篇)』에 있는 문자를 가리킨다. 원래의 글자 자료는 전해지지 않지만, 일부 자형이『설문해자』에 남아 있다.「석고문」은 당(唐)나라 때 발견되어, 일반적으로 춘추시대 말기에서 전국시대 초기·중기까지 진(秦)나라에게 사용한 문자의 체제와 방식을 대표하고 있다고 여겨진다.『설문해자』에 남아있는 '주문'과 당나라 때 발견된「석고문」등의 글자 자료로 봤을 때, '대전'은 선이 고르고 필적이 부드러우며, 구조가 복잡하고 자형이 규범적이다.

④ 육국체(六國體):

전국시대에 동쪽에 위치한 육국(六國)에서 사용한 문자의 체제와 방식을 말한다. 글자의 자료는『설문해자』에 남아있는 '고문(古文)', 한(漢)나라의 '과두문(蝌蚪文)', 후대에 출토된 전국시대의 죽간과 백서에 기록된 문자들이 있다.『설문해자』에서 이러한 문자를 '고문(古文)'이라고 부른 것은 주로 글자의 자료를 두고 한 말이며, 게다가 '고문'의 함의에는 광의와 협의가 있기 때문에, '고문'이라는 단어를 빌려 '육국체'를 지칭하는 것은 적합하지 않아 보인다. '과두문'은 붓의 첫 시작은 무겁고 끝은 가벼운 특징을 보이는데, 육국의 문자 전체를 개괄하기에는 어려움이 있다.

실제로 육국 문자의 서사 스타일은 결코 일치하지 않으며, 같은 나라 하더라도 그 스타일에 차이가 난다. 그러므로 부득이 '육국체'라고 부르긴 하지만, 이는 주로 다른 글자체와 상대적으로 말하기 위해 사용된다. 대체로 '육국체'에는 이미 필획의 특징을 가지고 있어서, 붓으로 쓰기에 비교적 편리하다. 이는 종종 붓의 첫 시작은 무겁고 끝은 가벼운데, 두 끝은 뾰족하나 중간이 굵은 것도 있고, 오른쪽으로 삐치는 필획도 출현하여, 진(秦)나라의 예서와 가까운 편이다. 이것은 한나라 예서의 형체를 이루는 기원의 하나이다.

⑤ 소전(小篆):

진시황이 중국을 통일하고 '문자의 글자체 통일[書同文]'정책을 실시하면서 공포한 표준 글자체를 말한다. 승상인 이사(李斯) 등이 대전(大篆)을 기초로 하고, '갑골문체', '금문체', '육국체' 등의 자형의 구조와 서사 스타일을 흡수하고 난 뒤 종합해서 고친 문자로, 인위적인 규범성이 명확하게 드러난다. 선의 굵기가 균일하며, 글자의 간격이 빽빽하여 예스러운 멋이 있다. 안을 둘러싸고 모여 있는 형상이며, 구조는 규범적이고 글자체는 타원형의 모양을 나타낸다. 현존하는 소전의 글자 자료는 주로 진시황이 태산(泰山), 역산(嶧山), 낭아대(琅琊臺) 등지를 순시하면서 남긴 각석, 진(秦)나라의 동호부[虎符]·청동기·저울과 되[權量]·조서(詔書)·도장[印璽]에 있는 소전 및 『설문해자』에 수록된 9천여 개의 표제자에 남아있다.

⑥ 예서(隸書):

'좌서(佐書)', '사서(史書)', '팔분(八分)'이라고도 부른다. 이는 점(點), 가로획[橫], 왼 삐침[掠], 파책(波磔)[1] 등 점획의 구조가 가로로 펼쳐지는 특징을 가진 글자체이다. 이러한 글자체는 전국시대 말기에서 시작되어, 한나라에서 성숙된다. 변하는 과정에서 예서의 형태도 완전히 일치하지는 않는다. 보통 진(秦)나라가 전국시대 말기 및 통일 이후에 사용한 예서를 '진예(秦隸)'[2]라고 부르고, 한나라에서 성숙해진 예서를 '한예(漢隸)'[3]라고 부른다. '진예'는 예서가 발전하는 초기에 해당되며, 형체는 고문의 글자체 느낌을 강하게 띠고 있다.

예를 들어, 『수호지진묘죽간(睡虎地秦墓竹簡)』처럼 붓으로 그린 점획은 두드러져 보이지 않고, 오른 삐침도 선명하지 않다. '한예'는 더 많이 아름답게 고쳐, 진(秦)나라 이전의 여러 글자체의 형태를 근본적으로 바꾸었다. 글자체는 편평하고 네모지며, 구조도 느슨하게 구성되어 있다. 필획은 잠두안미(蠶頭雁尾)[4]와 파세도법(波勢挑法)[5]이 있다. 이는 한(漢)나라의 공식 글자체

---

1) (역주) 한자의 서예 운필법의 일종. 일반적으로 예서에서, 옆으로 긋는 획의 종필(終筆)을 오른쪽으로 흐르게 뻗어 쓰는 필법을 말한다. 특히 장식적인 파책이 있는 예서는 팔분(八分)이라 한다.(네이버-미술대사전 인용)

2) 古隸라고도 부른다.

3) 今隸라고도 부른다.

4) (역주) 蠶頭雁尾: 예서에서 가장 흔히 보이는 필법을 말한다. 서법에서 글자의 첫 획은 진하고 농후하게 끝 획은 가볍고 날쌔게 그리는 것을 말한다. 이는 예서에서 가로획의 시작과 끝을 비유한다. 길게 첫 획을 그릴 때 누에머리와 같이 되돌아오는 끝이 융기되어 있으며, 가로획에서 붓을 거둘 때는 제비꼬리와 같이 붓을 멈추고 비스듬히 들어올린다.

5) (역주) 波勢挑法: 이른바 "波勢"와 "挑法"은 가로획을 비교적 길게 그리는 것을 말한다. 먼저 왼쪽으로 잠시 멈추고 다시 오른쪽으로 파도와 같이 그리면서 붓을 거둘 때 끝을 누르면서 위로 약간 올린다. 왼 삐침을 하면서 붓을 거둘 때도 위로 약간 올린다. 그리하여 전체 자형은 긴 네모꼴에서 평평한 네모꼴로 바뀐다. 이렇게 붓을 사용하는 기세는 예서가 이미 古隸에서 漢隸로 바뀌었으며, 예서가 이미 성숙해져 있었다는 것을 설명

이며 예서를 대표한다. 예로, 「사신비(史晨碑)」와 「조전비(曹全碑)」가 있다.

⑦ 해서(楷書):

'정서(正書)', '진서(真書)'라고도 부른다. 처음에는 규범화된 표준 글자체의 명칭으로, 예서의 표준체도 '해서'라고 말할 수 있다. 이후에 점차 '예서'와 서로 구별되는 고유한 글자체를 나타내는 고유 명칭이 되었다. 해서의 글자체는 한(漢)나라 말기에 생겨나, 위진남북조(魏晉南北朝)시기에 성행하였고, 수당(隋唐)시기에 성숙해져, 지금에까지 사용되고 있다.

해서의 글자체는 정사각형의 우아하고 단정한 모양이다. 예서와 비교했을 때, 그 특징은 주로 다음과 같다. 가로획[橫筆]을 수봉(收鋒)으로 바꾸어, 더는 위로 휘도록 하지 않았으며, 별(撇: 왼쪽으로 내리 삐침 획)을 뾰족하게 비스듬히 아래로 내리게 바꾸고, 천천히 굽어지는 획을 갈고리 모양으로 바꾸었으며, 게다가 비스듬한 갈고리 모양(乀; 예서에서는 波磔이라 불림)과 위로 삐침 획(挑, 즉 ㇀; 예서에서는 가로 획을 비스듬하게 씀), 굽힘 획(折, 즉 ㇇; 예서에서는 가로획과 세로획의 자연스런 결합임) 등과 같은 기본 획을 추가했다.

또 '진서 팔체(秦書八體)', '신망 육서(新莽六書)', '한태사 육체(漢太史六體)' 등의 표현이 있다. 그 중에는 위에서 소개한 '대전', '소전(전서)', '예서(좌서)'말고도, 또 '각부(刻符)', '충서(蟲書; 鳥蟲書)', '마인(摩印; 繆篆)', '서서(署書)', '수서(殳書)', '고문(古文)', '기자(奇字)' 등이 있다. 이러한 글자체의 명칭은 대부분 특수한 용도와 저장매체를 가진 문자를 말한다. 이들은 스타일이 각기 다를 수 있지만, 주된 부분도 아니고 언급되는 부분도 적고 교차되는 부분까지 있어, 여기에서는 논의하지 않겠다.

그밖에 초서(草書), 행서(行書), 위체(魏體), 송체(宋體), 고딕체[黑體], 방송체(仿宋體) 등은 비주류인 글자체 혹은 해서와 대응되는 글자체로, 모두가 알고 있는 것이므로 역시 여기에서 상세히 서술하지 않겠다.

한다.

2. 한자의 형체 구분 요소

한자의 형체를 구분하는 것은 한자의 서사원소와 스타일로 결정된다. 서사단위의 종류, 수량, 연결 방식, 놓이는 방향, 형태 및 자형의 각종 스타일과 체제와 방식 등은 모두 한자의 형체에 영향을 미칠 수 있다. 이들은 한자의 각각의 형체를 구분하는 요소이다.

(1) 서사단위의 종류가 다르면, 글자 전체의 형체도 다르다.

한자는 새기고, 긋고, 주조하거나 써서 생긴 것이다. 그래서 먼 옛날 토기 부호[陶符]에 새긴 흔적, 갑골문의 각인(刻印), 금문의 주조무늬, 죽간·백서·종이 문자의 필적과 같이 칼, 주형, 붓 등의 공구를 사용하여 형성된 선, 실괴(實塊), 필획 등이 모두 한자의 서사단위이다. 서사단위의 종류(상위 종류나 하위 종류에 관계없이)가 다르면, 자부(字符)의 형체도 다를 수 있다. 예를 들어, 갑골문, 금문의 '지(↓, ↘; 止)'는 선과 실괴로 써졌고, 전서 단계의 '지(止; 止)'는 순전히 선으로만 써졌으며, 예서와 해서의 '지(止)'와 '지(止)'는 필획으로 쓴 것이다. 똑같은 '止'자라도, 서사단위가 다르면 ↘, 止, 止, 止'와 같이 전체 형태가 달라진다. 동일한 글자체 내부에서 실괴, 선, 필획이 다르다면 자형도 다를 수 있다. 예를 들어, 금문의 '단(⊗)'과 '단(⊗)'은 실괴의 모양이 다르고, 소전의 '수(⼿)'와 '촌(⼨)'은 선의 종류가 다르며, 해서의 '모(毛)'와 '봉(丰)'은 필획의 종류가 다르다. 이들은 모두 서로 다른 형체이다.

갑골문에 새긴 흔적과 금문의 주조 무늬는 상형성이 강한데다 실괴도 있기 때문에, 종종 새기고 주조한 순서의 차례 및 그 시작과 끝을 정하기 매우 어렵다. 게다가 선의 흔적이 있는 상태와 새기고 주조한 시작과 끝이 대응이 안 되므로 고정된 종류로 귀납하기가 쉽지 않고, 구체적인 숫자로 산출해내기도 어렵다. 서사단위의 차이를 판단하는 것은 일반적으로 개별적인 사례비교에 근거한다. 예를 들어, 아래에 열거한 갑골문, 금문의 형체는 모두 다르다.

갑골문

금문

전국시대에 붓으로 쓴 간독백서 문자가 대량으로 출토되었고, 진(秦) 나라 때는 '대전'과 '소전'이 나타났었다. 이러한 문자 형체의 선은 규범화되어 있고, 필적이 선명하여 일부는 필획으로도 간주할 수 있다. 필획의 구체적인 형태가 복잡하고, 일부 필적의 쓰기 순서를 정하기 어렵다 해도, 선의 시작과 끝은 기본적으로 나눌 수 있다. 필획의 형태는 이미 그 종류가 나누어져 있으며, 한 글자를 구성하는 선이나 필획수도 대체로 셀 수 있다. 예를 들어, 소전의 선은 그 모양에 따라 8종류로 나눌 수 있다.[6]

선의 명칭	정의	서사 모양	예
가로 획[橫]	굽거나 꺾어지지 않고, 끊어지지도 않은 좌우로 평평하게 놓인 선	一	井三
가운데 내리 획[豎]	굽거나 꺾어지지 않고, 끊어지지도 않은 위아래 직선으로 놓인 선	l	十l
사선[斜]	왼쪽 아래나 오른쪽 아래로 향한 직선	/ \	※※
호선[弧]	동일한 방향을 따라 회전하면서 막혀있지 않은 선	U C	八巴
곡선[曲]	중간에 방향이 바뀌는 호선	δ8ℛ	幻弓
꺾음[折]	중간에 방향이 바뀌는 직선	∠ ∧	米米
봉함[封]	처음과 끝이 서로 연결된 선	☐	日囚
점(點)[斷]	상술한 필획을 구성하기에는 부족한 짧은 선	ヽ ー	蘭米

---

6) 王寧, 『漢字學槪要』(北京: 北京師範大學出版社, 2001), 63~64쪽 참조.

사실은 전국시대의 죽간과 백서 문자의 필적이나 필획의 형태도 이 8가지로 귀납할 수 있는데, 둥근 점(원형의 실괴)만 남아 있다는 게 다를 뿐이다. 예를 들어, 그림_5.1이 있다.

그림_5.1 상해박물관 소장 전국시대 초나라 죽서(竹書)(「오명(吳命)」의 일부)

선에 종류가 있다면 이름 지어 부를 수 있고, 붓으로 쓰는 시작과 끝을 정할 수 있으며, 수량을 계산하는 것도 가능해진다. 가끔은 망설여질 때가 있다 해도 말이다. 예컨대, 리(利)는 7획; 탈(敓)은 10획이나 11획; 생(生)은 4획이나 5획; 여(女)는 3획; 급(及)은 4획; 성(性)은 8획 등으로 계산할 수 있다.

선진(先秦)시기에 나타난 예서와 위진(魏晉)시기에 형성된 해서는 선이 점차 필획화 되었다. 한(漢)나라의 예서는 원래 명칭이 '분서(分書)'였으며, '팔분(八分)'이라고도 불렀다. '일파삼절(一波三折)', '잠두연미(蠶頭燕尾)'의 가로획, '분장외탁(分張外拓)'의 왼 삐침과 오른 삐침은 예서에서 가장 특징적인 필획이다. 여기에 꺾음[方折]과 가운데 내리 획을 더하면, 예서의 필획체계가 기본적으로 형성된 것이다. 해서의 필획은 더욱 규범화되어, 대체로 점(點), 가로획[橫], 가운데 내리 획[豎], 왼 삐침[撇], 오른 삐침[捺], 꺾음[折](鉤, 挑) 6가지로 나눌 수 있다.

소전의 선이나 예서와 해서의 필획에 관계없이, 그 종류가 다르기만 하면[7] 글자 전체의 형태는 달라진다. 예를 보자.

$$月 \rightarrow 月 \rightarrow 戶 \rightarrow 戶 \rightarrow 户$$
$$金 \rightarrow 木 \rightarrow 水 \rightarrow 火 \rightarrow 土$$

(2) 서사단위의 수량이 다르면, 글자 전체의 형체도 다르다.

서사단위가 같아도(종류가 같은 것도 포함) 수량이 다르면, 글자 전체의 형체는 필연적으로 다를 수밖에 없다. 예를 들어, '일(一)', '이(二)', '삼(三)'과 '구(凵)', '훤(吅)', '품(品)', '집(㗊)' 등에서 전자는 모두 '가로획[一]'으로 구성되어 있고, 후자는 '가로획[一]'과 '호선[凵]'으로 구성되어 있다. 이들은 주로 서사단위의 수량이 다르기 때문에 그 형체가 달라졌다.

서사단위가 다르고 수량도 다르면, 글자 전체의 형체는 당연히 다르게 된다. 예를 들어, '목(木), 본(本), 래(來)'가 있다. '목(木)'은 '가로획[一]', '가운데 내리 획[丨]', '왼 삐침[丿]', '오른 삐침[㇏]'으로 구성되어 있고, '본(本)'은 '가로획[一]', '가운데 내리 획[丨]', '왼 삐침[丿]', '오른 삐침[㇏]', '가로획[一]'으로 구성되어 있으며, '래(來)'는 '가로획[一]', '점[丶]', '위로 삐침획[丿]', '가로획[一]', '가운데 내리 획[丨]', '왼 삐침[丿]', '오른 삐침[㇏]'으로 구성되어 있다.

---

7) 대 유형을 포함하고, 선이나 필획의 하위 유형도 포함한다.

(3) 서사단위의 연결방식이 다르면, 글자 전체의 형체도 다르다.

서사단위의 연결 방식에는 아래의 세 가지가 있다.

① 서로 떨어져 있다. 예를 들어, '고(𑀝; 告)'가 있다. 위에 있는 '우(牛)'와 아래에 있는 '구(口)'가 서로 떨어져 있는 관계이다(혹자는 중간의 세로선과 아래의 곡선이 서로 떨어진 관계라고도 말한다). 여기에서 서로 대칭으로 짧은 호선을 이루고 있는 것은 소뿔을 나타내는데, 중간의 세로선과 서로 떨어져 있는 관계이다.

② 서로 이어져 있다. 예를 들어, '고(𑀝; 告)'가 있다. 위에 있는 '우(牛)'와 아래에 있는 '구(口)'가 서로 이어져 있는데, 교차하지는 않는다. 아래에 있는 '구(口)'의 호선과 가로선은 위에 있는 '우(牛)'의 대칭을 이루는 두 갈래 호선과 중간의 세로선과도 서로 이어져 있으나 서로 교차하지는 않는다고 할 수 있다(만약 호선을 한 갈래로 본다면 중간의 세로선과는 교차한다). 또 '여(𡚾; 女)'자를 예로 들면, 두 손을 나타내는 두 갈래의 호선도 서로 이어져 있는데, 교차하지는 않는다.

③ 서로 교차하고 있다. 예를 들어, '고(𑀝, 𑀝)'자의 위에 있는 '우(牛)'는 그 가로선이 모두 중간의 세로선과 서로 교차하고 있다. '여(𡚾; 女)'에서 두 손을 나타내고 있는 양 갈래 선은 서로 교차하고 있으며, 이 두 선은 몸을 표시하는 곡선과도 서로 교차하고 있다.

위에서 열거한 '고(𑀝)'와 '고(𑀝)', '여(𡚾)'와 '여(𡚾)'는 모두 다른 형체이다. '구(口)'와 같이 개별적인 서사단위의 유형과 수량의 차이 말고, 주로 각자의 연결방식에서 차이가 난다.

완전히 똑같은 서사단위라도 연결방식이 다르기 때문에 서로 다른 형체를 만들 수 있다. 예를 들어, '갑(甲), 유(由), 신(申), 전(田)'은 두 개의 가로획, 두 개의 세로획, 한 개의 꺾음[折筆]으로 구성되어 있고, '이(已), 사(巳)'는 가로 꺾음[橫折], 가로 획, 세로로 굽은 갈고리[豎彎鉤]로 써져 있지만, 이러한 필획은 서로 연결 혹은 서로 교차 혹은 서로 떨어짐이 각각 다르기 때문에 다른 형체가 되는 것이다.

(4) 서사단위의 놓이는 방향이 다르면, 글자 전체의 형체도 다르다.

놓이는 방향은 위치와 방향을 말하며, 아래의 두 상황을 포함한다.

① 구성성분 혹은 선의 방향이 다르다. 예를 들어, '북(㣎, 北)', '종(㣎, 從)', '비(㣎, 比)', '화(㣎, 化)'는 모두 두 개의 '사람[人]'이 좌우로 배열되어서 이루어져 있지만, 좌우에서 서로 등지거나, 왼쪽으로 보고 있거나, 오른쪽을 보고 있거나, 위아래로 서로 상반되게 있다. 즉 '사람[人]'이 놓이는 방향이 다르기 때문에 글자 전체의 형체가 다르다. '여(㚢, 女)', '여(㚢, 女)'에서는 한쪽은 왼쪽을 보고 있고, 다른 한쪽은 오른쪽을 보고 있다. '도(㴲, 塗)', '도(㴲, 塗)'의 구성성분인 '수(水)'가 한쪽은 왼쪽으로 향해 있고, 다른 한쪽은 오른쪽으로 향해 있다. '소(㣎, 少)', '소(㣎, 少)'는 아래 부분의 곡선이 하나는 왼쪽을 향해 있고, 다른 하나는 오른쪽을 향해 있다. 이들 글자들은 구성성분이나 선의 방향이 달라서 형체가 달라진다.

② 구성성분 혹은 선의 위치가 다르다. 예를 들어, '강(㣎㣎㣎㣎㣎, 牻)'을 이루는 세 개의 구성성분인 '망(網)', '도(刀)', '우(牛)'의 위치가 서로 다르다. '봉(峰)', '봉(峯)'의 구성성분인 '산(山)'과 '봉(夆)'은 좌우로 배치되어 있거나 상하로 배치되어 있다. '구(夠)', '구(夠)'의 구성성분인 '구(句)'와 '다(多)'의 위치가 좌우로 호환되어 있다. '태(呆)', 곤(困)', 행(杏)'의 구성성분인 '구(口)'와 '목(木)'의 위치가 각기 다르다. 이들은 모두 구성성분의 위치가 달라서 형체도 다른 것이다. 또 예를 들어, '둔(㣎㣎; 屯)'은 아래의 호선과 중간의 곡선 및 짧은 가로획 혹은 둥근 점의 상대적인 위치에서 주로 차이가 난다. '본(㣎)', '말(㣎)', '주(㣎)'는 가로획과 세로획 및 세로획에 있는 양 갈래의 호선의 상대적인 위치가 다르다. 이들은 모두 선의 위치가 달라서 형체도 달라진 것이다.

(5) 서사단위의 형태가 다르면, 글자 전체의 형체도 다르다.

서사단위의 형태를 '필형(筆形)'이라고도 부르는데, 서사단위의 굵기,

길이, 너비, 기울기, 간격, 굵거나 곧은 정도, 꺾거나 휜 정도, 네모지고 둥근 정도 등을 말한다. 예를 들어, '⌒'와 '⌒'는 가로획과 호선으로 구성되어 있지만 굵기, 길이, 휜 정도에서 차이가 난다. '⚌'와 '이(二)'는 두 가로획으로 구성되어 있는데, 가로획의 길이, 굵기, 간격에서 차이가 나고, 선 끝의 네모지고 둥근 정도도 다르다. '사(士)'와 '토(土)'의 필획은 같지만, 두 가로획의 길이가 서로 다르다. '목(目)'과 '목(目)'의 필획은 같지만, 기울기가 다르다. 이들은 서사단위의 형태가 달라서 글자 전체의 형체도 달라진 것이다.

(6) 자양의 체제와 방식이 다르면, 글자 전체의 형체도 다르다.

체제와 방식은 글자 전체의 스타일의 특징을 가리키는데, 일반적으로 일정한 글자체의 유형으로 귀납된다. 동일한 자부(字符)에 속하는 글자체의 유형이 다르면 그 형체도 다르다. 예를 들어, 갑골문의 '시(示)', 금문체의 '시(示)', 육국체의 '시(示)', 소전체의 '시(示)', 예서의 '시(示)', 해서의 '시(示)', 송체의 '시(示)', 고딕체의 '시(示)', 위비체(魏碑體)의 '시(示)' 등은 모두 다른 형체이다. 그러나 글자체 간의 문자 스타일의 차이를 기술하는 것은, 현재는 특정 필형의 설명과 예술품을 감상하듯 전체적인 특징에 대한 느낌을 말하는 식이어서, 과학적으로 분석한 용어처리가 부족한 실정이다.

제2절 한자형체의 변천

한자의 형체가 다른 이유는 첫째 조자구성이 다르기 때문이며, 둘째 발전과 변화의 결과가 다르기 때문이다. 한자형체의 변천과정으로 인해 생겨난 차이도, 서사단위와 글자체의 스타일이라는 두 가지 관점에서 살펴보면, 구체적으로 아래와 같은 상황이 존재한다.[8]

1. 선조화와 필획화: 서사단위 유형의 변천

한자의 서사단위로는 주로 '실괴(實塊)', '선', '필획'이라는 세 가지 종류가 있다. 한자의 기원은 그림문자로, 그림문자는 상형성이 가장 두드러진 특징이다. 형태를 본 뜬 그림문자는 주로 선과 실괴로 구성되어 있다. 서사의 관점에서 봤을 때, 일반적으로 서사의 시작과 끝이 분명하지 않기 때문에, 그것의 서사단위를 명확하게 분석하고, 지칭하며 수량으로 통계를 낼 수가 없다. 이러한 상형문자는 쓰기에 불편하다. 그래서 서사단위의 종류가 두 가지로 변하게 된다.

먼저, 선으로 바뀐다. 초기의 한자에 들어 있던 실괴는 전부 선으로 바뀌었다. 예를 보자.

그 다음이 필획화이다. 그리는 데 필요한 선은 쓰기에 편리한 필획으로 바뀌었다. 한자의 서사단위가 전부 선으로 바뀐 이후, 분석할 수 있고, 지칭할 수 있으며 통계를 낼 수 있다 해도, 선의 굵기가 다르고 처음과 끝이 불안정하며, 둥글고 굽은 정도가 제멋대로라면, 붓으로 쓰기에 적합하지 않기 때문에 선은 점차 필획으로 바뀌게 되었다. 전국시대의 죽간과 백서 문자에 이미 필획이 일부 나타났으며, 예변(隸變) 이후에는 필획이 기본적으로 정형화되었다. 해서의 서사단위는 점(點), 가로획[橫], 가운데 내리 획[豎], 왼 삐침[撇], 오른 삐침[捺], 꺾음[折](鉤/挑)

---

8) 李運富, 「漢字的形體演變與整理規範」, 『語文建設』 第3期(1997).

6가지로 더욱 규범화 되었다. 예를 보자.

$$驩 → 漢 → 漢/漢$$

$$宇 → 字 → 字/字$$

$$筆 → 筆 → 筆/筆$$

$$畫 → 畫 → 畫/畫$$

$$化 → 化 → 化/化$$

물론, 여기에서는 입력과 해석을 편리하게 하기 위해, 소전의 선을 필획화의 시작점으로 선택했지만, 실제로 선의 필획화는 소전에서 시작된 것이 아니다. 소전의 선도 완전히 자연스럽게 필획으로 변한 게 아니라, 대부분은 후대 사람들이 의도적으로 옮겨 쓴 결과이다. 이 문제에 대해서는 다음 글에서 논의하도록 하자.

2. 간략화와 복잡화: 서사단위 수량의 증감

간략화라는 것은 필획을 줄이고 합치거나, 구성성분을 줄여서 생략하고 대체를 하거나, 윤곽을 남겨두는 등의 상황을 포함한 서사단위의 수량이 감소됨을 의미한다. 예를 보자.

$$玉 → 玉玉 → 王 → 王$$

$$車 → 車車車 → 車車車車 → 車車車$$

어떤 부호를 사용하여 원래 글자의 일부 구성성분이나 필획을 대체하는 것도 고대에 있었던 간략화 방법인데, 자주 보이는 부호로는 '二', '米', '又', 'x' 등이 있다. 예를 들어, 전국시대 초나라의 문자에서 '마(馬)'

는 '마([illegible])'라고 줄여 썼으며, '위(爲)'는 '위([illegible])'라고 줄여 썼다. 돈황의 두루마리 책자에서는 '단(斷)'을 줄여서 '단(断)'이라고 썼고, '계(繼)'를 줄여서 '계(继)'라고 썼다. 청나라 때의 평산당(平山堂) 화본(話本)에서는 '숙(肅)'을 줄여서 '숙(粛)'이라고 썼으며, '루(縷)'를 줄여 '루(缕)'로 썼다. 현대 해서의 '鸡(鷄)', '汉(漢)', '难(難)' 및 '赵(趙)', '区(區)', '风(風)' 등도 부호대체법(符號代替法)을 계승하여 만들어진 간화자이다.

한자의 간략화 방법에 대해, 어떤 사람은 7가지나 8가지로 귀납하였다. 그 중에 일부는 특별히 지칭하는 함의를 가지고 있는데, 한자형체의 변천과 무관하거나 관계가 깊지 않다. 예를 들어, '가차법(假借法)'이나 '동음 대체법'(예컨대 '后'를 사용하여 '後'를 대체하는 경우)은 자종(字種)의 기능을 조정한 것이지 형체에 대응해서 변한 것이 아니다. '필획이 간단한 옛 글자를 채용'(예컨대 '云'을 사용하고 '雲'을 사용하지 않는 경우)하는 것은 현재에 있는 자형을 선택해서 사용하는 문제이지, 결코 어떤 글자의 형체를 간략하게 만들고 나서 생긴 새로운 형체가 아니다. 그래서 이 또한 형체변화에 속하지 않는다. '형성법(形聲法)', '회의법(會意法)'(예컨대 '驚'이나 '塵'과 같은 경우)은 새롭게 글자를 만든 것이지 원래 자형의 변이가 아니다. 게다가 '형성법'과 '회의법'을 사용하면 필획이 더욱 많은 글자를 만들 수 있기 때문에, 이를 한자의 간략화 방법으로 간주할 수 없다.

서사단위를 줄임으로써 서사의 편리를 늘리는 것은 한자의 형체변화의 주된 방법이다. 거의 모든 한자의 발전 단계에 간략화 현상이 존재한다. 그래서 간략화가 한자가 발전한 객관적인 규칙인 것은 부정할 수 없다. 현재 한자의 간략화 문제에 대해서는 여러 가지 논쟁이 있다. 필자는 객관적인 현상의 존재와 그것의 합리성 여부는 동일한 문제가 아니며, 보편적인 의미에서 한자의 간략화는 어떤 구체적인 간략화 행위 혹은 구체적인 글자를 간략화한 결과도 함께 섞어서 얘기해서는 안 된다고 생각한다. 그래서 한자의 간략화는 객관적으로 존재하는 보편적인 현상이기 때문에 마음대로 간략화 하도록 내버려 둬서는 안 되며, 심지어 간략화를 한자발전의 궁극적인 목표라고 간주해서 간단할수록 좋다는 여겨서도 안 된다. 아울러 일부 간략화의 오류나 일부 글자를 불합리하게 간략화 시킨 것을 두고 한자의 간략화를 전반적으로 부정하고, 번체자 체제로까지 다시 돌아가자고 제시해서도 안 된다고 여긴다. 이러한 단편적인 사고는 전혀 타당성이 없다.

복잡화는 필획의 증가와 구성성분의 증가라는 두 가지 상황을 포함한 서사단위의 수량이 증가한 것을 말한다. 필획의 증가는 대부분 글자를 쓸 때 상식을 하기 위해서라든가 글자의 외적 아름나움을 추구하기 위한 목적에서 나왔다. 예를 들어, '시(示): ▮—▮—▮—▮—示', '원(元): ▮ —▮—▮—元' 등이 있다. 그러나 '옥(玉): ▮—▮—玉', '상(上): ▬— ▮', '하(下): ▬— ▮' 등과 같이, 구분을 위한 경우도 있다. 구성성분을 증가시킬 때는 어떻게 구성할 것인가 하는 의도가 있어야 한다. 이때도 '구성성분'이라고 부를 수 있다. 예를 들어, '치(▮)'는 상형자로, 독음을 나타내는 '지(止)'를 더해서 '치(齒)'와 같은 복잡한 구조로 만들 수 있다. 또 '촉(▮)'은 상형자인데 뜻을 나타내는 '충(虫)'을 더해 '촉(▮)', '촉(▮)', '촉(蜀)' 등으로 복잡하게 만들 수 있다. 그러나 어떤 것은 분명하게 말하기가 매우 어려운 것도 있다. 예를 들어, 전국시대 문자에는 '구(口)', '면(宀)', '지(止)', '여(女)', '심(心)' 등의 편방을 번거롭게 더하는 경우가 종종 있었다. 이러한 편방은 대부분 장식을 위한 작용만 있을 뿐, 실질적인 기능이 없다. 전체 자형의 단어기록[記詞] 기능도 변하지 않았으므로, 여전히 동일한 글자의 구성성분이 복잡해졌다고 간주할 수 있다. 글자를 쓸 때, 전후 자형 혹은 음이나 뜻이 비슷한 글자의 영향을 받아, 편방이 증가하거나 필획이 증가하는 현상이 발생하는데, 이 또한 자형을 복잡하게 만드는 원인 중의 하나이다. 예를 들어, '봉황(鳳皇)—봉황(鳳凰)', '청(聴)—청(聽)' 등이 있다.

과거에는 한자의 형체변천의 규칙이나 추세를 말할 때, 간략화만 얘기하고 복잡화는 종종 무시하였다. 사실, 적극적인 의미의 간략화와 복잡화가 각각 쓰기의 간편성과 표현의 구분에 대한 지배를 받는 것은, 변증법적인 발전으로 한 방향의 변화가 아니다. 한자의 형체가 발전하고 변천하는 과정에서, 어떤 단계에서는 복잡화 위주일 수도 있고, 또 어떤 단계에서는 간략화 위주일 수도 있다. 그러나 전체적으로 봤을 때,

한자의 형체는 단순하게 복잡화 혹은 간략화만 있을 수 없다. 한자의 형체가 지나치게 복잡하고 어려워 글자쓰기에 영향을 받았다면, 사람들은 그것을 간편하게 할 방법을 강구하여, 일부 글자 심지어 전체 체계를 간략화 시켰다. 만약 간략화가 과도하게 심하여 이해하고 구분하는 데 영향을 받을 정도라면, 사람들은 또 복잡화라는 수단을 통해 구분이 잘 되도록 하기 위해, 이성적으로 표현하는 효과를 구하고자 노력하였다. 이렇게 서로가 제약을 하는 변증법적인 관계는 한자 체계가 스스로 조절되면서 조화로운 발전을 하도록 만들었다.

3. 점합과 분리: 서사단위의 연결 방식의 변화

점합(黏合)과 분리(分離)라는 것은 서사단위의 연결 방식의 변화를 말한다. 점합은 원래 분리 상태에 있던 몇 개의 서사단위가 변하고 난 뒤, 연결·교차·병합되어, 더 이상은 분리할 수 없는 하나 혹은 여러 개의 서사단위나 여러 개의 서사단위를 포함한 하나의 결체(구성성분일 수도 있다)가 되는 것을 말한다. 예를 들어, '초(艸)—초(卝)', '공(𦥑)—공(廾)', '읍(邑)—읍(⻏)' 등이 있다. 분리는 그와 반대로, 원래 연결·교차된 것이 하나의 서사단위에서 변화를 거쳐 두 개 이상의 서사단위로 분리되는 것을 말한다. 예를 들어, '견(犬)'자에 있는 점은 '견(犭)'에서 분리되어 나온 것이다. '조(鳥)', '마(馬)', '어(魚)'의 아래의 네 개의 점도 원래의 다리나 꼬리에서 분리되어 변한 것이다.

점합과 분리는 동시에 간략화와 복잡화라는 변이를 수반하기도 한다. 예를 들어, 예변 이후의 '한(寒; 𤍽)'자의 중간 부분, '천(遷; 𠨧)'자의 오른쪽 윗부분, '조(曹; 𣍈)'자의 윗부분은 모두 점합으로 형성되었다. 그런데, '기(企; 𠈌)'자의 '인(人)과 지(止)', '용(龍; 𪚥)'의 '육(月: 肉), '성(聖; 𦔻)'의 '이(耳)'는 원래의 상형에서 분리되어 나온 것이다. 한자는 하나의 형체에서 또 다른 형체로 변천을 하면서, 점합도 있고, 또 분리도 있기 때문에, 결코 하나의 변화만 존재하는 게 아니다. 예를 들어, 갑골문과 금문에서 '사람[大]'이 두 손으로 털로 장식된 것을 들고 춤춘다는 의미를 나타내는 '무(䨴)'자는 전국시대 죽간과 백서 문자에서 '무(䲔)'로 써져 있다. 윗부분은 두 개의 가로획과 네 개의 가운데 내리 획으로 접합되어 있고, 아랫부분은 두 개의 '목(木)'자로 분리되어 있다. 소전에서는 '무(䨴)'라고 썼는데, 중간 부분이 여전히 '대(大)'의 모양을 유지하고 있다. 이것이 예서와 해서에 이르러 점차 '무(無)'로 잘못 변했다. 고문자의 '천(䨏, 㿾)'은 예서와 해서에서 '천(泉)'으로 바뀌었는데, 접합도 있으면서 분리도 있다.

점합과 분리의 결과는 일부 자형의 구성성분에 동화(同化)현상과 이화(異化)현상을 야기했다. 동화라는 것은 원래 달랐던 형체들이 같게 변한 것을 말하고, 이화는 그와 반대로 원래 같았던 형체들이 다른 형체로 바뀐 것을 말한다. 이러한 상황은 글자 전체에서의 구성 부분에서 많이 발생하여, 부분적으로 형체가 바뀌었다 해도, 전체 자형이 나타내고자 하는 의미에는 어떠한 변화도 없다. 예를 보자.9)

(1) 동화(同化)

고문자에서 '말[馬]'의 다리 부분, '새[鳥]'의 발 부분, '물고기[魚]'의 꼬리 부분, '제비[燕]'의 꼬리 부분, '무(無)'자의 아랫부분 및 자형의 아랫부분에 자리한 대부분의 '화(火)'자는 해서에서 네 점으로 동화되었다.

　　𩦵 𪁩 𩵋 𤓖 𣡊 𤎴――마(馬), 조(鳥), 어(魚), 연(燕), 무(無), 전(煎)

또 고문자의 '육(肉)'부수, '월(月)'부수, '주(舟)'부수는 해서에서 '월(月)'부수로 동화되었다.

　　① 𠕎 𦙶 肝――간(肝). 육(肉)이 의미부이고, 간(干)이 소리부이다.

---

9) 입력과 비교·대조하기 편하게, 본 절의 고문자는 대부분 소전을 대표로 하였다. 실제로 후세의 자형이 반드시 소전에서 변한 것이라고 말할 수 없다. 이는 뒤에서 상세히 설명하겠다.

② ⿰ ⿰ ⿰--월(刖). 도(刀)가 의미부이고, 월(月)이 소리부이다.
③ ⿰ ⿰ ⿰--복(服). 『설문해자』에서는 다음과 같이 설명했다. "사용하다[用]
는 뜻이다. 달리 수레 오른쪽의 곁말[車右騎]을 말한다고도 하는데, 배를 오
른쪽으로 돌게 하는 말이다. '주(舟)'가 의미부이고, '복(㕔)'이 소리부이다. 복
(㣯)은 고문체인데, 인(人)으로 구성되었다.(用也. 一曰車右騎, 所以舟旋. 從舟,
㕔聲. 㣯, 古文服從人)"

또 해서체에서의 '춘(春), 용(舂), 봉(奉), 태(泰), 진(秦)'자는 윗부분이
같지만, 실제로 고문자에서는 각각 다른 모양이었다.

① ⿰ ⿰--춘(春). 고문의 자형은 초목이 생장하는 계절을 나타냈으며, '둔
(屯)'이 소리부이다.
② ⿰ ⿰(舂)--용(舂). 고문의 자형은 두 손으로 절굿공이를 들고 절구 안의 물
건을 찧는 모습을 나타냈다.
③ ⿰ ⿰--봉(奉). 고문의 자형은 두 손으로 물건을 바쳐 들고 있는 것을 나
타냈다.
④ ⿰ ⿰--태(泰). 고문의 자형은 두 손으로 물을 건져 올렸을 때 손가락 사이
로 물이 빠져 나가는 모습을 나타냈다. '대(大)'가 소리부이다.
⑤ ⿰ ⿰--진(秦). 고문의 자형은 두 손으로 절굿공이를 들고 벼를 찧는 모습
을 나타냈다.

(2) 이화(異化)

고문자에서 구성성분이 되는 '화(火)'는 해서에서 다음과 같은 여러
가지 형체로 바뀌었다.

⿰ ⿰ ⿰ ⿰ ⿰--연(然), 소(燒), 적(赤), 흑(黑), 울(蔚)

고문자에서 구성성분이 되는 '수(手)'는 해서에서 다음과 같은 여러

가지 형체로 바뀌었다.

뱀牪𥄗𥄗𥄗--공(拱), 배(拜), 간(看), 거(擧), 승(承)

고문자에서 구성성분이 되는 '공(廾)'은 해서에서 다음과 같은 여러 가지 형체로 바뀌었다.

① 𥄗--환(奐). 고문의 자형은 두 손으로 서로 가지는 모습이다. '공(廾)'과 '현(夐)'의 생략된 모습을 취하고 있다. 이후에 '환(換)'이 되었다.
② 𥄗 𥄗(弄)--농(弄). 고문의 자형은 두 손으로 옥을 가지고 노는 모습이다. '공(廾)'과 옥을 가지고 있는 모습을 따랐다.
③ 𥄗--병(兵). 고문의 자형은 두 손으로 도끼를 들고 있는 모습이다. '공(廾)'과 도끼를 잡고 있는 모습을 따랐다.
④ 𥄗 𥄗--승(承). 고문의 자형은 사람이 두 손으로 받들어져 있거나 붙어져 있는 모습이다. 수(手)와 절(卩)과 공(廾)으로 구성되었다.

4. 위치와 방향의 전환: 서사단위가 놓이는 방향의 이동

한자의 서사단위가 놓이는 방향은 상대적이다. 미적 추구나 서사의 편리를 위해, 서사단위의 위치와 방향을 조절할 수 있다. 예를 들어, '섭(涉)'자는 한자의 형태가 변화하는 과정에서, '섭(𣲰)'에서부터 '섭(𣲰)'까지, 또 소전의 '섭(𣲰)'까지 서사단위의 위치에 변화가 생겼다. 첫 번째는 두 개의 '발[止]'이 물의 양쪽에 있고, 두 번째는 두 개의 '발[止]'이 물의 왼쪽에 있으며, 세 번째는 두 개의 '발[止]'이 물의 오른쪽에 있다. 이들 단어에서 '발[止]'의 위치가 각각 다르다. 다시 예를 들어, '여(女)'자도 한자의 형태변화에서 '𦮔 𦮔—𦮔—女'와 같이 선의 위치에 변화가 생겼다. '남(男)'자는 '𤱿—𤱿—男'과 같이 형태가 변화하면서 구성성분의 위치에도 변화가 발생했다.

5. 형태와 글자체의 변화: 서사단위 형태의 차이

한자의 서사단위는 서사 재료, 공구, 필법 등의 차이에 따라, 그 형태가 각각 다르다. 서사단위의 형태는 전체 글자의 형태와 스타일에 직접적으로 영향을 미친다. 어떤 스타일로 일치시키려고 하고(모든 한자에 적용) 사회집단이 그것을 받아들일 때, 모종의 글자체가 형성된다.

글자체는 일반적으로 '갑골문체'에서 '금문체', '대전', '소전', '예서', '해서'의 변화과정을 거쳤다고 생각한다. '해서'를 한자 글자체의 최근의 모습으로 간주하는 것은 사실에 부합된다. 왜냐하면 위진(魏晉)시기에 해서가 형성되고 나서 한자의 글자체가 기본적으로 정형화되었으며, 그 이후에는 큰 발전이 없기 때문이다. 특히 당송(唐宋) 이후에 성행한 조판인쇄로 인해, 해서의 형식으로 고정이 되면서, 한자형체의 변화를 강하게 규제하였다. 따라서 한자 글자체의 발전은 해서단계에 이르러 기본적으로 멈추었다. 그밖에 초서(草書), 행서(行書), 송체(宋體) 등은 모두 해서와 대응을 이루며 바뀐 것들이므로 자연적으로 변화하면서 생성된 새로운 글자체가 아니다.

그러나 해서 이전의 여러 가지 글자체들이 순서대로 생성된 관계인지에 대해서는 연구할 필요가 있다.

첫째, 갑골문체, 금문체를 글자체로 볼 수 있는가? 글자체로 본다고 해도, 어떤 단계의 글자체를 대표할 수 있는가? 후세의 글자체들의 시초라고 간주할 수 있는가? 실제로 갑골문, 금문은 특수한 재료에서의 문자로서, 당시의 일상생활에 사용하는 문자의 주체가 아니었다. 왜냐하면 은허 갑골에서 붓으로 쓴 글자체가 발견되었고, 소쌍교(小雙橋) 유적지에서 10여개의 상나라 초기의 붉은 색으로 쓴 토기문자[朱書陶文]가 발견되었기 때문이다. 이는 상대에 붓으로 쓴 글자가 이미 성행하였고, 주된 서사의 저장매체도 간독, 토기, 돌조각이라는 것을 설명하는 것이다.

그렇다면, 갑골문체나 금문체는 기껏해야 주류가 되는 글자체의 분파밖에 되지 못한다. 그래서 전체적으로 후세의 글자체의 직접적인 기원으로 간주할 수 있는지에 대해서는 의문이 생기기 마련이다. 게다가 갑골문체 시대에도 금문체(殷商金文)가 존재했었고, 금문체의 시대에도 갑골문체(周原甲骨)가 존재했었다. 이렇게 시간이 겹치기 때문에 전반적으로 선후로 나열하기가 매우 어렵다.[10] 그래서 갑골문, 종정문(鍾鼎文)을 문자 발전의 두 단계로 삼는 것은 적합하지 않다. 게다가 갑골문체, 금문체가 당시 사회의 주된 글자체였는지도 확실하지 않다. 그러나 당시의 주된 글자체가 어떠했는지 현재 알 방법이 없기에, 갑골문체, 금문체를 잠시 사용하여 그 시대 글자체의 면모를 대신 나타낼 수밖에 없다. 그러므로 이들을 후대 일부 형체의 기원으로 이해하여야 할 것이다.

둘째, 대전(주문)은 진(秦)나라 문자만의 스타일로, 글자체 단계로서의 작용을 하는지에 대해서 지금 증명할 방법이 없다. 이것이 금문과 소전의 사이에 놓이는 글자체라는 것은 허신이 말한 소전이 '모두 사주대전(史籀大篆)에서 취해 상당히 많이 생략하고 고쳤다'는 것에만 근거하고 있다. 그런데 실제로 소전 자체가 한자 발전의 한 단계인지는 문제가 될 수 있으며, 대전이 한 단계를 차지한다는 것을 증명하는 데만 사용하는 것은 사실 좀 억지스럽다. 게다가 대전이 전국시기(주나라 선왕 이후)의 글자체를 대표할 수 있다면, 육국(六國)의 문자는 어떻게 처리할 것인가? 그것들과 대전 및 전후 시대의 문자는 어떤 관계인가? 실제로 '진(秦)나라 문자'와 '전국시대 문자'에 일부 중첩되는 부분이 존재하는데, 이러한 문제를 회피해서는 안 될 것이다.

필자는 전국시대의 문자 스타일이 매우 다양하다고 생각한다. 진(秦)나라만 말해도, 『설문해자·서(敍)』에 "진서(秦書)에는 대전(大篆), 소전(小篆), 각부(刻符), 충서(蟲書), 모인(摹印), 서서(署書), 수서(殳書), 예서(隷書)라는 8종류의 글자체가 존재한다."[11]라고 밝히고 있다. 육국의 글자체에도 같은 점과 다른 점이 있기 때문에, 하나의 글자체만으로 그 시대를 대표하고 한 단계를 차지한다는 것은 매우 어려운 일이다. 그러므로 글자체는, '대전' 등 단독으로 부르는 호칭과 '육국체'와 같이 통합해서 부

---

10) 趙平安, 「漢字字體的名實及其演進序列的再認識」, 『河北大學學報』 第2期 (1993).
11) (역주) "秦書有八體, 一曰大篆, 二曰小篆, 三曰刻符, 四曰蟲書, 五曰摹印, 六曰署書, 七曰殳書, 八曰隷書."

르는 호칭으로 구분하는 게 비교적 명확하다. 문자의 단계는, 연대별로 나누어 '전국 문자'라고 부르는 것이 좋다.

셋째, 소전은 결코 진(秦)나라에서 통용된 글자체가 아니다. 이는 『수호지진간(睡虎地秦簡)』에서 소전을 사용하지 않는데다가 소전과 다른 자형들이 많이 존재하는 것을 보면 알 수 있다. 소전은 실제로 진나라가 통일하고 난 뒤에 각각의 전문가들이 당시에 통용된 문자를 기초로 하고, 고문자(古文字)에 따라 정리하고 수정한 표준 글자체로, 철자법의 성질을 지니고 있다. 그러나 진나라의 역사가 굉장히 짧아, 널리 보급할 수 없었기에, '호부[虎符]'[12], '저울과 되[權量]', '저초문(詛楚文: 초나라를 저주하는 글)', '역산각석(嶧山刻石)' 등과 같이, 황제의 권한을 상징하는 소수의 특수한 저장매체 혹은 국가의 정식 문서에서만 사용을 하였다. 게다가 이 소전들은 허신이 정리한 『설문해자』소전과도 완전히 일치하는 게 아니다. 이를 통해 『설문해자』로 대표되는 소전은 자연스런 변화를 거친 글자체도 아니고, 또한 끊임없이 새로운 글자체로 변천된 것도 아니라는 것을 알 수 있다.

넷째, 예변(隸變)에 관한 문제이다. 일반적으로 예변은 이사(李斯) 등의 '문자의 글자체 통일[書同文]'이후에 소전이 한나라의 예서로 변하는 과정을 말한다. 그러나 서법(書法)의 관점에서 봤을 때, 소전의 자형은 세로의 성향을 가지는 반면, 예서의 자형은 좌우로 나눠지는 성향을 가졌다. 이 두 성향은 원칙적으로 대립과 배척을 하는 상태이다. 이러한 성향은 결코 추상적인 개념이 아니라, 구체적인 필법으로, 필법의 발전이야말로 글자체가 발전한 근본적인 원인이다. 각각 취하는 법칙은 필연적으로 글자체가 다른 방향으로 발전하게 만들었다. 소전은 세로로 쓰는 필법을 취해 가로로 발전하기 어렵기 때문에, 소전에서 예서가 탄생하는 것은 불가능하다.

그러나 만약 소전을 '문자의 글자체 통일'이전에 진나라에서 통용되

---

12) (역주) 虎符는 고대 황제가 병사를 뽑고 장수를 파견할 때 사용하는 병부이다. 청동이나 황금으로 엎드려 앉은 범의 형상을 한 패를 만들었다. 둘로 쪼개어 하나는 장수에게 주고 나머지 하나는 황제가 보관하였다. 두 개의 虎符가 합쳐져야만 사용할 수 있었으며, 이러한 符를 가지고 있는 자가 군대 동원권을 가졌다.

던 대전보다 더 간략한 종합적인 글자체를 포함한 넓은 의미로 이해한다면, '예변은 소전에서 예서로 변한' 것이라는 결론에 도달할 수 있다.13) 이러한 함의의 소전은 실제로도 '진나라의 문자'에 꼭 국한되는 것은 아니다. 진나라의 문자와 같은 시기인 육국의 문자, 심지어 더욱 이른 시기인 춘추시기의 문자, 갑골문과 금문의 문자도 모두 예변의 기원이 될 수 있다. 그렇다면, 예변은 고문자에서 예서로 발전한 과정이라고도 이해될 수 있다.

예변은 아주 긴 과정이다. 개체 자부(字符)에서 예변이 발생한 시간과 변화를 유발한 발원체[源體]가 결코 같은 것은 아니다. 조평안(趙平安)은 "예변 단계의 통용한자에서 상당수의 고체자(古體字), 속체자(俗體字), 초서(草書)가 섞여 있다."라고 분석했었다.14) 그 중에서 고체자는 '서주금문과 같거나 비슷한 고체자', '주문(籒文) 형체와 같거나 비슷한 고체자', '육국의 고문과 같거나 비슷한 고체자'를 포함한다. 관점을 달리해서 말하면, 이러한 고체자는 다음 단계인 예변의 근원이 되는 글자체가 될 수 있다. 그래서 조평안은 "육국 문자는 두 개의 분야에서 확실히 예변에 영향을 미쳤다. 첫째 '무(無)'나 '예(禮)'와 같은 일부 글자는 예변을 거치고 나서 직접적으로 예서가 되었다. 둘째 육국 문자의 간략화 방법이 예변에 참고와 지도 역할을 하였다."라고 인정했다. 실제로 육국 문자만 예변의 기원이 될 수 있는 게 아니다. 일부 예서는 갑골문과 금문의 형체가 직접 변해서 된 것이다.

갑골문과 금문은 이체자가 많은 편이며, 그 형체가 세로로 발전할수도 있고, 가로로도 발전할 수 있는 조건을 갖추었다. 만약 좁은 의미의 소전을 한자 형체발전의 한 유파로 간주한다면, 소전과 예서가 나뉘어져 발전한 시작점을 갑골문과 금문으로 거슬러 올라갈 수 있을 것이다. 필자가 보는 진나라, 한나라의 전서와 예서는 대부분 서사단위 및 체제와 방식의 차이일 뿐이지 기본적인 구조는 같다. 그것은 예서가 소전에서 기원한 것이 아니라, 대부분 갑골문과 금문, 초기의 전국문자에서 기원하기 때문이다(주로 진나라 문자). 체제와 방식이 세로를 취하면

---

13) 趙平安, 『隸變硏究』(保定: 河北大學出版社, 2009), 9쪽.
14) 趙平安, 『隸變硏究』(保定: 河北大學出版社, 2009), 11~24쪽.

서 선을 일부로 길게 늘어뜨리고 구부렸기 때문에, 소전은 인위적인 규범성과 예술성을 가지고 있다.

예서의 글자체는 자연적이고 실용적이어서, 오히려 고문자의 서사 특징과 형체의 스타일을 더 많이 계승하였다. 아래에는 은상(殷商)→서주(西周)→전국(戰國)→서한(西漢)→동한(東漢)의 순서에 따라 일부 자형들을 배열하였는데(일부는 자형에 함유된 구성성분이다), 소전과 예서가 갑골문과 금문에서 각자 다른 방식을 따르고 있다는 것을 알 수 있다(각 글자마다 윗줄은 소전의 기원이고, 아랫줄은 예서의 기원이다).15)

① 木(甲骨文) → 木(散盤)→木(侯馬盟書)→木(說文小篆)
　　　　　　　 → 木(伯格簋)→木(睡虎地秦簡)→木(馬王堆竹簡)→木

② 末(甲骨文) → 末(說文小篆)
　　　　　　　 → 末(利簋)→末(睡虎地秦簡)→末(馬王堆帛書)→末(西陲漢簡)→未

③ 屮屮茻(五期甲3940) → 屮(說文小篆)
　　　　　　　 → 芔(父乙觚)茻(散盤)茻(德方鼎)→茻(上博楚簡)→茻(睡虎地秦簡)茻(青川木牘)→卄

④ 兵(甲骨文) → 兵(金文)→兵(古文)兵(詛楚文)兵(說文小篆)
　　　　　　　 → 兵(冬簋)→兵(馬王堆帛書)兵(銀雀山漢簡)→兵

⑤ 戒(甲骨文) → 戒(中山王壺)→戒(說文小篆)
　　　　　　　 → 戒(戒鬲)→戒(馬王堆老子)戒(馬王堆縱橫家書)→戒

⑥ 雨(甲骨文) → 雨(說文小篆)→雨
⑦ 雨(甲骨文) 　霝(周中曶鼎)霝(周晚克鼎)霝(周晚盠駒尊)→雨雨(睡虎地秦簡)雨霝(天水秦簡)→雨霝霝霝霝(馬王堆老子甲乙)霝(銀雀山孫臏簡)雨雨(居延漢簡)

⑧ 旦(甲骨文) → 旦(說文小篆)→旦
　　　　　　　 → 旦(西周伊簋)旦(西周頌鼎)→旦旦(天水秦簡)→旦(睡虎地秦簡)→旦(銀雀山孫臏簡)旦(居延漢簡)旦(武威

---

15) 소전이 쓰기를 통해 자연스럽게 예서로 발전할 수 없다는 관점 및 여기에서 인용한 자형의 근원은 張士東의 「隸書源頭辨析」, 華人德이 주편한 『蘇州市書學論文選』 第2輯(蘇州: 蘇州大學出版社, 1997)을 참조로 하였다.

漢簡　旦(東漢流沙簡)　旦(東漢西陲簡)

⑨ (甲前五30.3)
　(乙4697) →　　　(說文小篆)→丮

→　(西周沈子簋)　(戉簋)　(分甲盤)　(牆盤)　(毛公鼎)→
(石鼓文)→　(睡虎地秦簡)→　(馬王堆老子甲)　(老子乙)　(縱橫家書)　(春秋事語)　(相馬經)　(天文氣象雜占)　(武威漢簡)→丸(執蓺執)

⑩ (甲骨文) →　(東周以戈鍾)　(中山王鼎)→　(詛楚文)→　(說文小篆)

→　(西周加爵)　(夨今彝)→　(天水秦簡)　(睡虎地秦簡)→　(銀雀山漢簡)　(馬王堆帛書)→力

⑪ (甲骨文) →　刀(說文小篆)

→　(西周何尊)　(父辛卣)→　(青川木牘)　(睡虎地秦簡)→　(銀雀山漢簡)　(馬王堆帛書)→刀

⑫ (甲骨文) →　(說文小篆)

→　(西周師裏簋)　(召尊)　(叔向簋)　(小臣速簋)　(仲㪎父簋)→　(睡虎地秦簡)　(青川木牘)→
(馬王堆帛書)　(銀雀山漢簡)→ 辶 彳(跡追邁遲送近道迎徙徒)

⑬ (西周小臣邑斝)　(師西簋) →　(說文小篆)→邑

→　(西周牆盤)　(盂鼎)　(盠方鼎)　(多友鼎)　(散盤)→　(天水秦簡)　(睡虎地秦簡)→　(馬王堆帛書)　(銀雀山漢簡)　(武威漢簡)　(流沙簡)→阝 (邦邦鄰都)

⑭ 昪(叔皮父簋) 暑(中山王盗壺) 暑(石鼓文) 度(說文籀文) → 度(說文小篆)

→ 波(青川木牘) 彶(天水秦簡) 皮皮(睡虎地秦簡) → 皮(銀雀山漢簡) 皮(流沙簡) → 皮(熹平石經) → 皮

⑮ (甲骨文) → 虎(水伯簋) → 虎(石鼓文) 虎(王孫誥鍾) 虎(齊鞄氏鍾) 虎(陳侯午錞) 虎(詛楚文) 虎(說文籀文) → 虎(說文小篆)

⑯ (甲骨文) → 姓(盧鍾) 姓(虢叔鍾) 妯(召仲作生妣鬲) 姓(叔向簋) → 姓(林氏壺) 姑(楚帛書) → 妾 妾 姓 妯(天水秦簡) 姑 妙 姜(睡虎地秦簡) → 女

⑰ (甲骨文) → 西(楚帛書) 西(三體石經古文) → 西(說文小篆)

→ 西(西周禹鼎) 西(散盤) → 西西西西(天水秦簡) → 西

⑱ (甲骨文) → 升升(說文小篆)

→ 升(友簋) → 升升(秦公簋) → 升升(睡虎地秦簡) → 升升(馬王堆竹簡) 升升(馬王堆帛書) 升升(武威漢簡) → 升(東漢孔廟碑陰) 升(曹全碑) → 升斗

　상술한 글자 혹은 구성성분의 필형과 그 체세(體勢)의 발전과정을 통해, 소전과 예서는 모두 갑골문과 금문이 기원이라는 것을 알 수 있다. 그러나 이 두 필법은 완전히 다른 두 개의 노선을 걸었다.
　세로로 길게 늘여 쓰는 소전은 인위적으로 가공하고 수정한 흔적이 매우 농후하여, 자연적으로 변천한 글자체가 아니다. 소전은 갑골문과 금문에서 짧은 선을 긴 선으로 길게 늘였으므로, 자형이 긴 경향이 있다. 특히 갑골문, 금문의 상하 사선은 위아래로 길게 펼친 긴 호선으로 바꾸어, 선의 굽은 정도가 커져서 그 필형이 단조롭다. 어떤 때는 일부러 장식성을 더했기 때문에, 필법이 복잡해졌고 쓰기가 어려워졌다. 전체적으로 배치가 고르고, 필형이 단조로우며, 스타일이 딱딱하다.

가로로 퍼지게 쓰는 예서는 대다수가 서사의 필법에 조금 변화를 준 결과이며, 자연적으로 형성된 서체에 속한다. 예서는 갑골문과 금문에서의 긴 선을 짧은 선으로 줄였으므로, 자형이 네모났고 편평한 경향이 있다. 특히 갑골문, 금문의 위아래 사선으로 쓰는 획을 모두 평평한 가로획과 왼 삐침, 오른 삐침으로 바꾸고 나서, 후에 파책도법(波磔挑法)이 파생되어 나왔다. 예서의 배치는 자유로우며, 필형이 다양하고 형태가 넓고 느슨하다. 선이 짧고 곧게 변했기 때문에, 붓으로 쓰는 과정이 단축되어 예서의 쓰기는 더욱 편리하고 빨라졌다.

전서와 예서는 어머니가 낳은 두 명의 자식과 같이, 혈연관계일지라도 형제관계에 속하는 것이지 부자관계에 속하는 것이 아니다. 만약 좁은 의미의 소전의 마지막을 억지로 예서의 시작점이라고 간주한다면, 다음과 같은 객관적인 사실에 부합되지 않는다. 첫째, 그것들은 동시대에 같이 존재했다. 둘째, 서법(書法)으로 소전의 필형을 논한다면, 예서의 필형으로 자연스럽게 발전할 수가 없다. 물론 이것은 전체적으로 말한 것이므로, 이후에 개별적 혹은 일부 예서의 자형이 소전에서 옮겨 쓴 것이거나 유화(類化)된 것을 배제하지 않았다. 그러나 필자는 소전에서 예서로 옮겨 쓴 일부 자료에 근거하여 예서의 기원이 소전에 있다거나 소전이 필연적으로 예서로 바뀌었다고 판단할 수는 없다. 실제로, 서한(西漢) 초기의 「마왕퇴백서」와 「은작산죽간(銀雀山竹簡)」등, 한나라의 예서라 할지라도, 그 중의 많은 자형은 직접적으로 진나라 예서[秦隸]에서 나왔다. 예를 들어, 「청천죽독(靑川竹牘)」, 「수호지진간(睡虎地秦簡)」, 「천수진간(天水秦簡)」 등이 있다. 또 일부 글자는 육국의 고문(古文)에서 기원하고, 더욱 이른 시기의 갑골문, 금문에 기원한 것도 있으므로, 결코 소전의 과도기 상태를 거친 게 아니다. 그러므로 한나라 예서가 소전의 구조에 근거하여 예서의 필법으로 많이 옮겨 썼다고 할지라도, 여전히 예서가 전체적으로 좁은 의미의 소전이 발전한 결과라는 것을 증명할 방법이 없다.

결론적으로, 글자체는 문자의 발전단계가 아닌, 군체(群體)의 서사 스타일로 매우 다양하다. 어떤 글자체는 통시적으로 대체되는 성질을 가지고 있고, 또 어떤 글자체는 공시적으로 공존하는 성질을 가지고 있다. 글자체와 글자체 간에는 계승관계, 변이관계인 것도 있고, 관계가 없을 수도 있고, 여러 개가 겹치는 관계일 수도 있다. 글자체의 통시적인 발전과정에서 하나의 글자체가 다른 글자체에 엄격하게 대응되는 경우(구조와 기능은 제외)는 매우 드물다. 다시 말해, 어떤 글자체도 또 다른 글자체 하나에서만 기원하지 않는다. '갑골문', '금문', '대전', '소전', '예서', '해서'의 발전맥락도 실제로 모두 동일한 선상에 있는 게 아니다. 따라서 각 시대에 공존한 글자체(주류가 되는 글자체를 가운데 기본선에 나열하고, 주류가 되는 글자체가 분명하지 않은 것은 비워둔다)를 나열하는 방식을 사용하여 서로 다른 시대의 글자체의 면모를 반영할 수밖에 없다. 어떤 글자체의 구체적인 기원에 대해서는 글자를 고찰하고 나서야 종합적으로 설명할 수 있다. 각 시대의 글자체의 면모는 아래와 같다[16].

```
╱금문체    ╱갑골체   ╱육국체   ╱'팔체'       ╱'육체'        ╱앞 시대의 여러 글자체가 공존
은상문자→서주문자→전국문자→진나라문자(고예)→한나라문자(예서)→위진이후(해서)
╲갑골문    ╲금문    ╲대전    ╲소전                         ╲행서, 초서 등
```

---

16) 이 중에서 '八體', '六體'는 단독으로 배열되는 '대전', '소전', '예서' 등에 배제되어야 한다.

제6장
한자의 구조(상)

한자의 구조는 한자학의 중요한 내용인데, 여기서는 두 장으로 나누어 설명하고자 한다. 이 장에서는 주로 한자의 구조 분석에 관해 설명하고[1], 다음 장에서는 한자 구조의 변천에 관해 설명하고자 한다.

제1절 한자 구조의 단위

1. 한자의 구성성분

구조단위는 서사단위와 다르다. 서사단위는 한자의 형태를 결정하며, 구조단위는 한자의 기능을 결정한다. 한자의 기본구조단위는 구성성분[構件]이다. 구성성분은 일정한 구조기능을 갖춘 형체 단위이다. 어떤 구조기능은 글자가 만들어질 때 부여된 것이고, 어떤 것들은 형체 변화 후에 구조를 분석할 때 규정된 것이다. 기술의 편의를 위해 필자는 평면분석의 통일이라는 입장에서 조자 기능과 석자 기능을 갖춘 형체단위를 모두 구성성분[構件]이라 부른다.

---

1) 이장의 한자구조에 대한 분석은 王寧의 '漢字構形學'의 계발을 받았으며, 일부 술어도 그대로 사용하였다. 상세한 것은 王寧, 『漢字構形學講座』(上海: 上海敎育出版社, 2002) 참조.

비록 한자가 구성성분으로 이루어졌지만, 지금 우리가 인식하는 구성성분은 개별자를 해체하여 나온 것이다. 분리 해체는 한자의 구조적 논거를 비롯해 형체 간의 관계에 근거하며, 분리 해체한 구성성분은 반드시 어떤 기능이나 전체 글자와 어떤 관계를 가져야만 하며, 그래야만 합리적인 해석이 가능해진다. 분리 해체의 결과, 어떤 것은 단층 구조로 표현되고, 어떤 것은 다층 구조로 표현된다. 예컨대 『설문해자』에서 "리(履, 屦)는 발에 신는 신을 말한다. 시(屍)와 척(彳)과 쇠(夊)로 구성되었고, 주(舟)는 신의 모양을 그렸다.(履(屦), 足所依也. 從屍從彳從夊, 舟象履形.)"라고 했는데, 이는 소전체의 '리(履)'가 1차적으로 '시(屍)', '척(彳)', '쇠(夊)', '주(舟)'의 4개의 구성성분으로 분리되며, 사람이 길을 갈 때 신는 신을 말한다. 그래서 리(履)는 다음과 같은 단층구조로 해체된다.

또 『설문해자(說文解字)』에서 "편(鞭)은 말을 몰다는 뜻이다. 혁(革)이 의미부이고 편(便)이 소리부이다.(鞭, 驅也. 從革便聲.)"라고 했고, "편(便)은 편안하다는 뜻이다. 사람은 불편하면 그것을 고치기 때문이다. 인(人)과 갱(更)이 모두 의미부이다.(便, 安也, 人有不便, 更之. 從人更.)"라고 했다. 이의 설명에 의하면, 해서체의 '편(鞭)'자는 2차에 걸쳐 해체되는데, 1차로 '혁(革)'과 '편(便)'으로, 편(便)은 다시 '인(人)'과 '갱(更)'으로 해체된다.

다시 『설문해자』를 보자. "력(歷)은 지나가다는 뜻이다. 지(止)가 의미부이고 력(厤)이 소리부이다.(歷, 過也. 從止厤聲.)", "력(厤)은 다스리다는 뜻이다. 엄(厂)이 의미부이고 력(秝)이 소리부이다.(厤, 治也. 從厂秝聲.)", "력(秝)은 간격이 엉성하여 적당하다는 뜻이다. 두 개의 화(禾)로 구성되었다.(秝, 稀疏適也. 從二禾.)". 이에 근거하면 해서체인 '력(歷)'자는 3차에 걸쳐 해체되어 총 6개의 구성성분을 얻게 된다.

같은 한자도 서로 다른 역사 단계에서, 형체의 차이 때문에, 해체된 구성성분도 차이를 보이게 된다. 예컨대, 진(秦)나라 때의 소전체의 '편(鞭)'자는 현대 해서체의 '편(鞭)'자의 구성성분 분할과 차이를 보인다. 그 것은 소전체에서 '경(更)'은 더 이상 분리되지 않기 때문이다. 『설문해자』에서 이렇게 말했다. "경(更)은 바꾸다는 뜻이다. 복(攴)이 의미부이고 병(丙)이 소리부이다." 또 "복(攴)은 약하게 두드리다(小擊)는 뜻이다. 우

(又)가 의미부이고 복(卜)이 소리부이다."

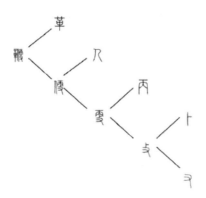

이상의 예에서 볼 수 있듯, 분할하여 얻은 구성성분은 모두 어떤 층의 위에 자리하는데, 이는 한자의 구조단위가 등급을 갖고 있음을 보여준다. 필자는 이러한 등급을 갖고서 구성성분을 지칭하게 될 것이다. 단층구조의 구성성분은 모두 1급 구성성분에 속하며, 다층 구조로 된 구성성분은 단계별로 다른 등급에 놓이게 될 것이다. 예를 보자.

해서체에서 '력(歷)'자는 다음과 같은 3등급의 구성성분으로 이루어진다.

　　1급 구성성분: 지(止), 력(厤)
　　2급 구성성분: 엄(厂), 력(秝)
　　3급 구성성분: 화(禾), 화(禾)

소전체의 '편(鞭)'자는 다음과 같은 4등급의 구성성분으로 이루어진다.

　　1급 구성성분: '혁(革)', '편(便)'
　　2급 구성성분: '인(人)', '갱(更)'

3급 구성성분: '병(丙)', '복(攴)'
4급 구성성분: '복(卜)', '우(又)'

모든 글자의 마지막 1급을 구성하는 성분을 최종 등급 구성성분이라 부를 수 있을 것이다.

2. 한자 구성성분의 유형

구성성분의 유형은 구성성분과 전체 글자 간의 긴밀 정도, 구성성분이 해체 가능한가의 여부 및 구성성분이 독립적으로 사용될 수 있는가 등의 세 가지의 다른 각도에 따라 구분되는데, 서로 다른 각도에 따른 유형은 서로 교차되기도 한다.

(1) 직접 구성성분과 간접 구성성분

구성성분이 조합 과정에서 갖는 지위와 전체 글자와의 긴밀 정도에 착안한다면, 구성성분을 직접 구성성분과 간접 구성성분으로 나눌 수 있다. 직접 구성성분은 1급 구성성분으로, 전체 글자를 해체할 때 1차적으로 분리되는 결과물이며, 전체 글자를 직접 구성하는 구조단위이다. 그래서 이는 전체 글자와 관계가 가장 밀접하다. 어떤 직접 구성성분은 더 이상 해체할 수 없지만, 어떤 것은 2차 분리가 가능하며, 심지어 여러 차례 재분리가 가능하다. 직접 구성성분으로 2차 분리나 여러 차례의 해체를 통해 얻어진 구성성분을 전체 글자의 간접 구성성분이라 부른다. 간접 구성성분은 구조적으로든 아니면 기능적으로든 모두 전체 글자와 직접적인 관계를 가지지는 않는다. 간접 구성성분의 변화가 직접 구성성분의 기능상의 변화를 일으키지 않는다면, 통상 전체 글자의 구조원리 및 기능에도 영향을 미치지 않는다.

예컨대, 앞서 들었던 소전체의 '편(鞭)'자는 1차 해체에서 의미부인 '혁(革)'과 소리부인 '편(便)'으로 분리되어, '혁(革)'과 '편(便)'이라는 2개의 구성성분을 얻게 되는데, 이 두 개는 1차 해체에서 분리된 글자구성 기능을 갖춘 구성성분으로, 직접 구성성분에 해당한다. 이에 반해 '편(鞭)'의 형체는 다시 '인(人)'과 '갱(更)'으로 나뉘고, '경(更)'은 다시 '병(丙)'과 '복(攴)'으로 분리된다. '복(攴)'은 다시 '복(卜)'과 '우(又)'로 분리된다. 이렇게 하위 해체과정에서 얻어진 구성성분인 '인(人)', '갱(更)', '병(丙)', '복(攴)', '복(卜)', '우(又)' 등은 모두 '편(鞭)'의 간접 구성성분이다.

직접 구성성분과 간접 구성성분은 상대적인 개념이다. 만약 착안점을 바꾸거나 상대적인 환경에서는 그 직접 구성성분과 간접 구성성분의 지칭하는 바도 그에 따라 변할 수 있다. 예컨대 '편(鞭)'자에서 '인(人)'과 '갱(更)'은 전체 글자로 말하자면 간접 구성성분이다. 그러나 구성성분인 '편(便)'이나 독립된 글자로서의 '편(便)'에 대해서 말하자면 직접 구성성분이라고 해야 할 것이다. 또 '채(采)'나 '수(受)'자에서 '조(爪)'는 직접 구성성분이지만, '원(援)'이나 '수(綬)'자에서는 도리어 간접 구성성분이다. 심지어 동일 구성성분이 동일 글자 속에서 처한 이치에 따라 직접 구성성분 혹은 간접 구성성분의 신분에 변화가 생기기도 한다. 예컨대, '라(纙)'자에서 왼쪽의 '멱(糸)'은 직접 구성성분이지만, 중간 아랫부분의 '멱(糸)'은 간접 구성성분이다. 이렇게 볼 때, 직접 구성성분과 간접 구성성분은 구체적 구조관계 속에서 비로소 실질적인 지칭을 가지며, 대칭적인 가치를 가지게 된다. 그래서 직접 구성성분과 간접 구성성분을 귀납할 때, 제일 먼저 분석과 관찰의 시각을 확정해야만 한다.

직접 구성성분은 매우 중요한 개념이다. 그래서 구성성분의 기능에 대한 인식, 자형구조에 대한 근거 분석, 그리고 조합 모델의 귀납에 있어서, 사실은 모두가 직접 구성성분을 두고 하는 말이다.

(2) 기초 구성성분과 복힙 구성성분

구성성분이 해체 가능한가에 따라 복합 구성성분과 기초 구성성분으로 나눌 수 있다. 구성성분 중, 더 이상 나눌 수 없는 가장 작은 구조단위를 기초 구성성분이라 부른다. 만약 어떤 구성성분이 아직도 하위 단위로 해체할 수 있다면, 이것은 그것이 두 개 혹은 그 이상의 하위 구성성분으로 조합되었다는 것을 의미한다. 이러한 구성성분을 복합 구성성분이라 부른다. 예컨대, 앞에서 들었던 소전체의 '편(鞭)'자를 분석할 때, '혁(革)', '인(人)', '병(丙)', '복(卜)', '우(又)'는 더 이상 해체할 수가 없기 때문에 기초 구성성분에 속한다. 그러나 '편(便)', '갱(更)', '복(攴)' 등은 다시 다른 구성성분으로 분리될 수 있기 때문에 복합 구성성분에 속한다.

기초 구성성분은 가장 작은 구조단위이다. 그래서 가장 마지막 구성성분까지 분리된 것은 모두 기초 구성성분에 속한다. 독체자(예컨대 '田'이나 '木')와 단층구조의 합체자(예컨대 '解')의 구성성분은 한 개의 계층을 가질 뿐이다. 이들은 1급이면서 또 마지막 등급이다. 그래서 모두 기초 구성성분에 속한다. 그러나 기초 구성성분은 구체적인 한자의 해체도식에서 결코 가장 마지막 단계의 등급에 속하지는 않는다. 다시 말해 기초 구성성분은 기초적 계층에 의해 이름 붙여진 것이 아니다. 그래서 가장 마지막으로 해체되어 얻어진 결과가 비로소 기초 구성성분이다. 사실상 해체할 때마다 얻어지는 기초 구성성분이 바로 기초 구성성분의 다층적 성질을 보여 준다.

예컨대, 소전체의 '편(鞭)'자를 구성하는 기초 구성성분인 '복(卜)'과 '우(又)'는 가장 마지막 층위에 자리해 있지만, '혁(革)'은 제1차 층위에 자리해 있고, '인(人)'은 제2차 층위에 자리해 있고, '병(丙)'은 제3차 층위에 자리해 있다. 이렇듯 기초 구성성분이라는 것이 전적으로 층위에 의해 결정되는 것이 아님을 알 수 있다. 복합 구성성분도 다층적인 성질을 갖고 있다. 예컨대, 소전체의 '편(鞭)'을 구성하는 복합 구성성분인 '편(便)'은 제1차 층위에 자리해 있지만, '갱(更)'은 제2차 층위에 자리해 있고, '복(攴)'은 제3차 층위에 자리해 있다. 그러나 복합 구성성분은 가장 마지막 층위에 자리할 수는 없으며, 가장 마지막 층위에 자리한다면 그것은 모두 기초 구성성분이다.

(3) 글자를 이루는 구성성분과 글자를 이루지 못하는 구성성분

구성성분이 자부(字符)로 독립하여 쓰일 수 있는가의 여부에 따라 글자를 이루는 구성성분과 글자를 이루지 못하는 구성성분으로 나뉜다. 글자를 이루는 구성성분은 자부(字符)가 되어 단독으로 쓰이면서 어휘의 의미와 독음적 속성을 갖춘 구성성분을 말한다. 예컨대 '일(日)'의 경우, '청(晴)'자의 구성성분일 때에는 해당 글자에서 나타내는 의미가 '태양'과 관련이 있는데, '일(日)' 그 자체도 하나의 독립된 글자로 '르(rì)'라는 독음을 가지며, 언어에서 '태양'이라는 이 의미와 상응된다. '청(青)'은 '청(晴)'의 구성성분일 때, '청(晴)'자의 독음을 나타내는 기능을 가지는데, '청(青)' 그 자체도 '칭(qīng)'이라는 독음을 가지며 '청색'이라는 의미를 가진다. 그래서 '일(日)'과 '청(青)'은 모두 글자를 이루는 구성성분이다.

　글자를 이루지 못하는 구성성분은 자부(字符)로서 독립적으로 사용되지만 어휘의 독음과 의미 속성을 갖지 못하는 구성성분을 말한다. 예컨대, '인(刃)'자에서의 '점[丶]'은 칼날의 부위임을 나타내는 기능을 하며, '태(太)'자에서의 '점[丶]'은 '대(大)'자와 구분하기 위해 더해진 표지이다. 이러한 구성성분은 다른 구성성분에 의지해야만 구성 의미를 드러낼 수 있고, 구성하는 글자라는 구체적인 환경을 떠나버리면 그 기능을 잃어버리고 만다. 그것은 이러한 구성성분 그 자체가 독립하여 존재할 수 없고, 구어의 단어와 대응할 수도 없기 때문에 글자를 이루지 못하는 구성성분에 해당한다.

　글자를 이루는 구성성분과 글자를 이루지 못하는 구성성분은 같은 형체일 수도 있으며, 서로 전환도 가능하다. 이 둘을 구별하는 표준은 주로 그것이 한자를 구성할 때 단독으로 글자를 이룰 때의 형체와 독음 및 의미 기능에 달려있다. 예컨대 해서체의 구성성분인 '전(田)'은 '강(畺, 疆)', '전(佃)', '리(里)' 등과 같은 글자를 구성할 때, '전(田 tián)'이라는 글자의 형체와 의미와 독음을 사용하고 있다. 그래서 여기서는 글자를 이루는 구성성분이 된다. 그러나 '위(胃)'자를 구성할 때는 '위'의 형상을, '과(果)'자를 구성할 때에는 '과실'의 모습을, '번(番)'자를 구성할 때에는 '짐승의 발자국'을 나타내, '전(田 tián)'자의 형체와 의미와 독음과는 관계가 없다. 그래서 여기서는 글자를 이루지 못하는 구성성분이 된다. 그러나 글자를 이루지 못하는 '전(田)'과 글자를 이루는 '전(田)'은 같은 형체로 쓰였다. 또 '면(宀)'의 경우, 고문자 체계에서는 독음과 의미를 명확하게 갖고 있어 독립적으로 사용된 글자이다. 그래서 의미를 나타내는 구성성분으로 쓰일 때에는 글자를 이루는 구성성분이다. 그러나 현대 한자체계에서는 이미 독립적으로 사용할 수 없고 이미 글자를 이룰 수도 없다. 그래서 그것이 현대 한자의 구성에 참여할 때에는 글자를 이루지 못하는 구성성분으로 변화된다.

이상의 세 가지는 서로 다른 각도에서 진행된 것으로, 결코 동일한 평면에서의 분할이 아니다. 그래서 서로 간에 교차될 수도 있다. 예컨대, '전(佃)'자에서의 '전(田)'의 경우, 글자를 이루는 제1차 분류법에 의하면 직접 구성성분에 속하지만, 제2차 분류법에 의하면 기초 구성성분에 속하고, 제3차 분류법에 의하면 글자를 이루는 구성성분에 속한다. 이런 식으로 다양한 각도에서 구성성분을 관찰하게 되면, 구성성분이 갖는 다방면의 특성을 이해할 수 있게 된다. 하나의 구성성분이 동시에 서로 다른 유형으로 귀납될 수 있는 것은 바로 구성성분 그 자체가 다중적 성질을 갖고 있다는 객관적 반영이다.

3. 한자구성성분의 기능

구성성분이 글자를 구성할 때 일정한 의도를 체현하고, 일정한 작용을 발휘하게 되는데, 필자는 이러한 구성성분의 구체적 의도와 작용을 부류로 귀납하고, 이를 통틀어 구성성분의 기능이라 부르기로 한다. 이에는 글자창제라는 시각에서의 어휘 표현 전달 기능도 포함되고, 해체적 시각에서의 형체 해설의 기능도 포함된다. 한자구성성분의 기능은 주로 다음의 몇 가지 유형이 있다.

(1) 상형(象形) 기능

글자를 구성할 때, 구성성분은 어떤 물체의 형상을 그려내는데, 물체 형상에 기대어 단어의 의미를 표시하게 되는데, 이러한 구성성분은 상형 기능을 갖게 된다. 예를 보자.

① 갑골문에서 '수(氵)', '어(魚)', '록(鹿)' 등의 구성성분은 각기 물[水], 물고기[魚], 사슴[鹿] 등의 형상을 그렸고, '미(眉, 眉)'자 윗부분의 구성성분은 눈썹을 그렸고, 아랫부분의 구성성분은 눈을 그렸다.

② 소전체의 '과(果, 果)'자의 구성성분인 '田'은 과실을 그렸고, '번(番, 番)'자의 구성성분인 '田'은 짐승의 발자국을 그렸고, '위(胃, 胃)'자의 윗부분 구성성분은 장기의 하나인 위를 그렸다.

상형 구성성분은 어떤 물체를 표현하기 때문에, 일정한 형상(추상적 형상을 포함함)이 있어, 볼 수도 있고, 혹은 상상할 수도 있다. 그러나 언어를 기록하는 부호체계로서, 문자의 구성성분인 상형은 그림의 회화적 모습과는 본질적으로 다르다. 문자는 그림처럼 그렇게 사실적으로 세밀하게 그릴 수는 없으며, 단지 선을 그리고 속을 채우는 등의 방법으로 물체의 형상을 대강 그려 낸다. 그래서 객관물체 그 자체와는 일정한 거리가 존재한다. 특히 후대의 서사 문자에서 원래는 상형이었던 수많은 구성성분들이 간단하고 편리함을 추구하는 운필(運筆)이나 다른 이유 등으로 해서 정도는 다르지만 일정한 변화가 일어나 그것들의 원시 형체와는 커다란 차이를 보이게 되었다.

그러나 원 형체의 기본 윤곽만 존재한다면, 주요 특징만 존재한다면, 결이나 획을 대응시킬 수 있고, 그리하여 여전히 그것들의 대응된 상형적 기능을 인정할 수 있다. 만약 기본윤곽조차도 이미 존재하지 않는다면, 해당 물체의 주요 특징조차도 볼 수 없다면, 결이나 획이 단절되고 이동하는 바람에 대응할 수가 없게 되는데, 그렇게 되면 전혀 다른 구성성분으로 변해버리고, 더는 그것의 상형적 기능을 인정할 수가 없게 된다. 예컨대 '일(日)', '구(口)', '전(田)', '인(人)', '산(山)', '산(傘)' 등을 독체자로 분석할 때 여전히 그것들의 상형구성성분을 볼 수 있다. 그러나 '어(魚)', '우(牛)', '록(鹿)', '미(眉)', '수(手)', '여(女)' 등은 더 이상 상형 구성성분이 아니다. 엄격하게 말하자면, 예서(隷書) 이후의 한자는 거의 대부분이 상형 구성성분을 상실하고 말았다.

(2) 표의(表義) 기능

구성성분은 그것이 독립적으로 글자를 구성할 때 기록한 단어의미로 구성에 참여하는 글자가 기록한 어휘(혹은 語素)의 의미 범주 혹은 의미적 관련성을 표시하는데, 해당 구성성분은 표의 기능을 갖게 된다. 예컨대 '석(石)'은 기본적으로 '돌'을 지칭한다. 이 글자가 참여하여 구성된 '암(岩)', '기(磯)', '파(破)', '잡(砸)' 등에서 '석(石)'은 이들 글자가 기록한 단어의 의미가 '돌'과 관련 있음을 표시한다. 또 '화(火)'는 원래 '불꽃'을 말했는데, 이 글자가 참여하여 구성된 '소(燒)', '염(炎)', '회(灰)', '자(炙)' 등에서 '화(火)'는 이들 글자가 기록한 단어의 의미가 '불'과 관련 있음을 표시한다. 여기서 '석(石)'과 '화(火)'가 담당하는 기능은 표의기능이다.

상형도 표의를 위한 것이고, 기초를 이루는 표의적 구성성분은 대부분 상형 구성성분으로부터 변해 온 것이다. 그래서 구성성분의 상형적 기능과 표의적 기능은 때로는 명확하게 구분하기가 쉽지 않다. 둘 사이의 근본적 구별점은 상형 구성성분이 '형체[形]'로 의미를 표현한다면, 표의 구성성분은 '어휘[詞]'로 의미를 표현한다는 데 있다. 다시 말해, 표의 구성성분은 모두 글자를 이루는 구성성분으로, 고정된 어휘의 독음과 의미를 갖추고 있으며, 글자 구성에 참여할 때에는 추상적 의미를 사용한다. 그러나 상형 구성성분이 글자 구성에 참여할 때에는 형체 그 자체가 드러내주는 구체적 도상 의미를 사용하며, 대다수의 상황에서 글자를 이루지 못하는데, 만약 글자를 이루는 구성성분과 동일한 형체라면, 그것은 분명히 상관된 상형 구성성분과 공동으로 참여하여 글자를 구성하며, 도형의 조합 및 조합 때 상하좌우의 상대적 위치에 기대어 자형의 실제 의미를 반영하게 된다. 이때에도 여전히 상형 구성성분이지 표의 구성성분은 아니다. 예컨대 갑골문의 '음(🦌, 飮)'이나 '감(🦌, 監)'을 구성하는 성분들은 모두 상형 구성성분이다. 그러나 해서체의 '취(醉)'나 '시(視)'에서의 '유(酉)'와 '견(見)'은 표의 구성성분이다.

(3) 독음 표시[示音] 기능

구성성분이 글자를 구성할 때 구성에 참여하는 글자의 독음을 나타내면 독음 표시[示音] 기능을 가졌다 할 수 있다. 독음표시 구성성분에서 제시한 독음이 반드시 정확한 것은 아니며, 어떤 경우에는 비슷할 뿐이다. 예컨대 '상(湘)', '원(沅)', '여(汝)', '위(渭)', '낙(洛)', '분(汾)', '절(浙)' 등은 강 이름인데, 모두 '수(水)'로 구성되어, 해당 글자가 '물[水]'과 관련 있음을 나타낸다. 그것들의 구성성분인 '상(相)', '원(元)', '여(女)', '위(胃)', '각(各)', '분(分)', '절(折)' 등은 각기 참여 구성자의 독음과 같거나 비슷하며, 독음 표시 기능을 담당한다. 이러한 독음 표시 구성성분은 '상(湘)', '원(沅)', '여(汝)', '위(渭)', '낙(洛)', '분(汾)', '절(浙)' 등과 대응하는 강 이름을 제시해 줌으로써 다른 강 이름과 구별하게 해 준다.

독음 표시 기능을 갖춘 구성성분 중, 일부분은 동시에 원래의 어원적 의미, 다시 말해 어원 표시[示源]기능도 가진다. 예컨대, '혼(昏)'의 의미는 '황혼(黃昏)'인데, '혼(昏)'이 '혼(婚)'의 독음 표시 구성성분으로 참여하지만, 동시에 '혼(婚)'이 '황혼'이라는 의미로부터 왔음을 나타내기도 한다. 왜냐하면 고대 사회에서 결혼식을 거행할 때 황혼 때 거행했기 때문이다. 그리고 '경(巠)'의 의미는 '수맥(水脈)'인데, '가늘고 길다'는 특성을 가진다. 그래서 '경(巠)'을 소리부로 하여 만들어진 많은 형성자들, 예를 들어 '경(頸)', '경(莖)', '경(徑)', '경(脛)', '경(經)' 등과 같은 글자들은 모두 '가늘고 길다'는 특징을 갖고 있다. 어원을 나타내는 기능은 독음 표시 기능의 부가적 기능에 지나지 않고 단독으로 존재할 수도 없기 때문에 단일 부류로 설정하지는 않는다.

(4) 표시(標示) 기능

구성성분의 표시 기능은 다음의 세 가지를 포함한다. 즉 상징 작용, 지시(指示) 작용, 구별 작용이 그것이다.

상징성의 표지는 상형과 다소 유사하지만 결코 어떤 물체의 형상을 확정하지는 않으며, 확정되지 않은 어떤 사물 혹은 형상이 없는 사물을 대표하거나, 혹은 사물로부터 추상화 해낸 어떤 특징을 나타낸다. 예컨 대 '일(一)'과 '상(二, 上)'에서의 아래 획, '중(中, 中)'의 세로획, '감(甘, 甘)'의 중간 가로획, '팽(彭, 彭)'의 오른쪽 3획은 표시 구성성분으로서 모 두 확정되지 아니한 사물이나 형상이 없는 사물을 나타낸다. 또 '네모 [口]'를 사용하여 네모진 것을 상징하고, '원[○]'을 사용하여 둥근 것을 상징하고, '두 가로획[=]'을 사용하여 평평하고 가지런한 것을 상징하는 데, 이들은 모두 사물의 특징을 나타낸다.

지시성 표기는 독립적으로 글자를 구성하지 못하고, 반드시 다른 구 성성분에 덧붙여져야만 지시작용을 나타낼 수 있다. 예컨대 '인(刀, 刃)'자 에서 '점[丶]'을 사용하여 칼에 날이 있는 것을 나타냈고, '본(本, 本)'자의 아랫부분의 가로획은 나무의 뿌리가 있는 곳을 나타내 주고, '말(末, 末)' 자에서는 그 반대로 윗부분의 가로획은 나뭇가지의 위치를 말해준다. 이들은 모두 지시적 기능을 나타내주고 있다.

구별성의 표기는 비슷한 글자를 구분하는데 쓰인다. 예컨대 '옥(玉)' 과 '태(太)'자의 '점(丶)'은 '왕(王)'과 '대(大)'와 구별하기 위해 쓰였으며, '음(音)'에서의 가운데의 가로획은 '언(言)'과 구별하기 위한 것이다.

(5) 대체부호[代號] 기능

이상의 네 가지 구성성분은 모두 글자를 만들 때 사용된 것이기에, 만약 변화가 없었다면 글자를 해체할 때에도 마찬가지이다. 그러나 어 떤 글자는 글자를 만들 때 명확한 상형, 표의, 독음표시, 표기 기능을 가 진 구성성분이 형체 변화에 따라 이러한 기능을 상실하기도 했는데, 글 자를 해체할 때에도 이러한 형체를 버려두어서는 안 된다. 이러한 변이 형의 형체는 그 자체로 더는 직접적으로 글자의 구성 의도를 나타내주 지 못하고, 어휘의 형음의(形音義)와 무관하다 할지라도 실제적으로는 원래의 어떤 형체를 대신한 것이다. 그래서 이를 '대체부호[代號]'라 부른다.2) 예컨대, '청(青, 靑)'자는 원래 '단(丹)'이 의미부이고 '생(生)'이 소리부였으며, '용(春, 舂)'자의 윗부분은 원래 두 '손(又)'으로 '절굿공이(午)'를 쥔모습이었으며, '독(獨, 獨)'자는 원래 '견(犬)'이 의미부이고 '촉(蜀)'이 소리부였으나, 이후 자형의 변화로 다르게 변하였는데, 원래의 구조를 더는재현할 방법이 없이 대체부호[代號]로 변했다.

대체부호는 대부분 자형이 변화하는 바람에 근거를 상실한 것인데, 후대에 이르러 어떤 사람들은 대체부호[代號], 즉 의도적으로 규정된 부호가 원래 자형의 어떤 부분을 대체함으로써 간단화라는 효과를 기대했다고 여기기도 한다. 예컨대 '조(赵, 趙의 간화자)'에서의 '예(乂)'는 '초(肖)'를 대신한 것이고, '동(动, 動의 간화자)'에서의 '운(云)'은 '중(重)'을대신한 것이고, '당(党, 黨의 간화자)'에서의 '인(儿)'은 '흑(黑)'을 대체한것이다. '예(乂)', '운(云)', '인(儿)'과 같은 구성성분은 인위적으로 대체된부호이다.

대체부호는 조자의 기능이 없다. 그러나 형체구성 기능과 어휘구분기능은 갖고 있다. 그래서 한자형체구조를 분석할 때, 대체부호를 변화의 이치를 반영한 어떤 특수한 구성성분으로 간주한다.

제2절 한자구조의 유형

한자는 구성성분의 조합으로 이루어졌는데, 한자의 구조 유형도 구성성분에 의해 결정된다. 어떤 글자는 하나의 구성성분으로 이루어지는데, 이런 경우를 제로(零) 조합이라고도 부르는데, 즉 독체지리고도 부른

---

2) 裘錫圭의 『文字學槪要』에서는 기능이 없는 이러한 형체를 '記號'라고 불렀다. 그러나 필자는 일반적으로 이해하는 '記號'는 표기기능을 가져(예컨대 唐蘭이나 王鳳陽이 말한 '記號'는 이러한 의미로 사용되었다), 반드시 다른 물상에 의탁하기 때문에, 여기서 말한 구조 근거를 상실하였으나 독립사용 가능한 부호와는 의미가 완전히 일치하지 않는다. 그래서 필자는 이를 '代號'라 고쳐 부른다. 代號는 독립하여 사용될 수 있다.

다. 어떤 글자들은 두 개 혹은 그 이상의 구성성분으로 이루어지는데, 이런 경우를 실(實) 조합, 즉 합체자라 부른다.[3] 한자의 조합 관계는 기능관계로 표현된다. 기능관계는 글자 창제와 해체의 근거가 된다. 앞에서도 소개했지만, 한자구성성분에는 5가지 기능이 있고, 이 5가지 기능의 조합 모델은 계산이 가능하다. 쌍(雙)기능을 예로 하면, 둘 둘 조합해서 다음과 같은 유형이 노출된다.

		象形	表義	示音	標示	代號
象形	象形 獨體字	形形 合體字	形義 合體字	形音 合體字	形標 合體字	形代 合體字
表義	表義 獨體字	義形 合體字	義義 合體字	義音 合體字	義標 合體字	義代 合體字
示音	示音 獨體字	音形 合體字	音義 合體字	音音 合體字	音標 合體字	音代 合體字
標示	標示 獨體字	標形 合體字	標義 合體字	標音 合體字	標標 合體字	標代 合體字
代號	代號 獨體字	代形 合體字	代義 合體字	代音 合體字	代標 合體字	代代 合體字
	變異 獨體字	多功能合體字				

---

3) 일반적으로 한자에는 4가지의 造字 모델('六書'에서의 앞의 4가지)이 있다고 말해지는데, 그 중 象形字와 指事字는 독립하여 사용될 수 있는 구성성분을 1개만 가지기 때문에, 獨體字라 불린다. 그러나 會意字와 形聲字는 2개 이상의 단위 성분으로 나누어지기 때문에 合體字라 불린다. 여기서 말한 '體'는 독립하여 사용될 수 있는 글자를 두고 한 말이지, 자형의 구조 단위를 두고 한 말은 아니다. 필자의 생각에, 이러한 '體'는 한자구조분석의 구조 단위와 일치하지 않아 한자의 구조 모델을 사실대로 기술하기가 어렵다. 형체구조 분석의 기본 단위는 글자를 구성하는 직접 구성성분이다. 그래서 구조 모델에 대한 지칭과 기술 또한 직접 구성성분을 기초로 해야만 옳다. 만약 '獨體'와 '合體'로 나눈다고 한다면, 이러한 '體'는 응당 직접 구성성분을 지칭하는 것이어야 하고, 직접 구성성분의 근거 관계에 근거해 자형을 직접 분석한 결과이다. 만약 하나의 자형이 2개 이상의 직접 구성성분으로 분리될 수 있다면 그것이 바로 '合體字'이며, 만약 단지 1개로만 존재한다면 그것이 바로 '獨體字'이다.

기계적으로 계산하면 총 30종의 유형이 얻어진다. 순서가 다른 중복 유형 10가지를 제외하고, 형체 차용 2종(즉 示音 독체자, 表義 독체자는 기존의 형체를 차용하여 새로운 단어를 기록한 것이기 때문에 구조분석이 필요 없다), 실제로는 독체자 3종, 합체자 15종, 그리고 특수한 변이(變異) 독체자 1종, 다기능이 합성된 합체자(기능 겸용 글자를 포함) 1종 등 총 20종이다. 이 20종의 구조유형은 고금의 모든 한자를 포괄할 수 있다. 주목해야 할 것은, 한자 구조 유형의 분석은 형체기능으로부터 출발한 것이지, 단어 기록[記詞] 기능으로부터 출발하는 것이 아니라는 점이다. 그래서 동일한 자부(字符)라도 시대의 차이에 따라 형체가 다르다면, 이 또한 다른 구조 유형에 속하게 된다. 아래에서는 역대 한자의 형체 및 기능을 예로 삼아 이 20가지 유형을 하나하나 소개하고자 한다.

1. 독체자(獨體字)(4종)

독체자는 한 개의 구성성분으로 이루어졌으며, 제로 조합의 한자라고 할 수 있다. 독체자를 구성하는 주요 성분은 상형 구성성분인데, 標示 구성성분과 대체부호 구성성분도 있으며, 또 형체를 빌려와 변이하는 방법으로 새롭게 만들어낸 독체자도 있다.

(1) 독체(獨體) 상형자

자부(字符)의 형체는 직접적으로 어떤 객관사물의 형체를 형상하고, 객관사물의 형체를 통해 해당 사물과 관련된 어떤 어휘의 어떤 의미를 반영한다. 이러한 단독 상형부호는 독체 상형자를 구성한다. 독체 상형자는 물체 전체를 그려낼 수 있다. 예컨대 '나무'를 뜻하는 '목(朩, 木)'은 나뭇가지, 나무줄기, 나무뿌리 등 전체 나무의 모습을 그렸다. 상형자도 사물의 어떤 일부분을 형상하여, 부분적인 것으로 전체를 대표할 수도 있다. 예컨대, '우(半)'와 '양(羊)'은 소나 양의 전체 모습을 그린 것이 아니라, 머리 부분만을 그렸고, 소의 뿔과 양의 뿔을 부각시켰을 뿐이다. 그리고 고정된 형상이 없는 사물은 출현 가능성이 있는 상태를 선택하여 대표로 삼을 수 있다. 예컨대, '산(⛰, 山)', '수(氺, 水)', '전(田, 田)', '도(刀, 刀)', '월(月, 月)' 등이 그렇다. 전체 상형이든 부분 상형이든, 아니면 전형적인 상태든, 사실은 모두가 추상적 부호이지 구상적 도상은 아니다. 동일한 사물에 대해 관찰의 각도가 다르면, 묘사해낸 형체도 다를 수 있으며, 일부 이러한 서로 다른 형체는 의미를 구분하지 않기도 한다. 예컨대, 갑골문에서의 '귀(龜)'자는 거북의 정면을 그린 것도 있고, 측면을 그린 것도 있고, 가로로 그린 것도 있고, 세로로 그린 것도 있는 등 여러 가지 형태가 있지만(🐢 🐢 🐢 🐢 🐢 🐢 🐢), 사실은 모두 같은 글자이고, 기록이라는 기능에는 차이가 없다. 그러나 어떤 경우에는 형태의 차이가 서로 다른 글자를 대표하기도 한다. 예컨대 같은 사람의 형상이라 하더라도, 고문자에서 측면 모습은 '인(人, 人)', 정면 모습은 '대(大, 大)', 무릎을 굽힌 모습은 '여(女, 女)', 다리를 교차한 것은 '교(交, 交)', 손을 든 모습은 '극(殳, 刉)', 머리가 굽은 모습은 '측(夨, 夨)', 다리를 절뚝이는 모습은 '왕(尢, 尢)', 손을 휘젓는 모습은 '요(夭, 夭)', 전체 모습은 '하(夏, 夏)' 등이 된다. 이러한 정황은 상형자를 인식할 때 특별히 주의해야 할 부분이다.

상형자의 형체는 어떤 객관적 물체를 대표하지만, 그것을 기록한 단어가 반드시 해당 물체 그 자체인 것은 아니다.

아마도 해당 물체와 관련된 어떤 형태소이거나 어휘일 것인데, 반드시 명사일 필요는 없으며 아마도 동사나 형용사 혹은 다른 어휘일 것이다. 각도를 달리해서 말하자면, 어떤 때에는 특정 사물이나 개념을 표현 전달하려 하지만, 그 사물이나 개념 자체가 형상할 수 없거나 형상하기 어려울 때도 있으므로, 해당 사물이나 개념과 상관된 다른 사물을 그려내기도 하는데, 이러한 것을 '연관 상형 조자법'이라 한다.

예컨대, 고대인들이 '국왕'이라는 개념을 가진 글자를 만들 때, '왕(王)'자를 만들어내기가 어려웠다. '왕(王)'은 매우 추상적인 지위이기 때문에 '왕(王)'과 밀접하게 관련이 있는 사물—즉 도끼를 그렸다. '왕(王)'의 가장 큰 특징과 가장 큰 권위는 살생권의 장악에 있었다. 특히 노예제 사회에서 국왕은 노예를 죽일 수 있었고, 그들을 죽이는 도구가 '도끼'였다. 문헌 기록에 의하면, 천자가 앉는 자리 뒤에 '부의(斧衣)'가 만들어져 있는데, 커다란 도끼가 그려진 병풍을 말한다. 천자가 왕국을 나가 순행할 때 의장대가 따르는데, 의장대의 깃발에도 도끼가 그려진 것이 반드시 포함된다. 도끼는 바로 월(鉞)을 말하는데, 사람을 죽이는 도구이며, 이러한 도끼를 장악한 사람이 바로 '왕'이며, '천자'이다. 그래서 '왕(王)'자의 형상이 '𝘐'으로 되었는데, '𝘒'으로도 쓴다. 이는 짧은 자루를 가진 도끼를 그렸다. 갑골문에서는 도끼로 사람을 죽인 많은 예를 찾아볼 수 있다. 그래서 본디 이 '왕(王)'자는 도끼를 그렸지만, 그것이 대표하는 것은 도끼가 아니라 도끼를 쓰는 사람을 상징하며, 도끼를 가진 자의 지위나 권위를 나타낸다. 도끼로 나라의 임금을 나타내면서 그와 상관된 사물 하나, 즉 왕의 권위를 상징하는 형벌 도구를 그렸다.

'연관형 상형'은 더욱 추상적인 개념을 나타낼 수도 있다. 예컨대, 앞에서 말한 '대(𝘬, 大)'는 다른 글자를 구성하는 구성성분으로 쓰일 때에는 손과 다리를 벌린 사람을 나타내지만, 독립 글자로 쓰일 때에는 손과 다리를 벌린 사람의 모습으로 '크다[大]'라는 뜻을 나타낸다. 손과 다리를 벌린 사람의 모습이 다리를 모으고 선 사람의 측면의 모습을 그린 '인(𝘭)'보다 공간을 크게 차지하기 때문이다. '대(𝘬)'의 형상을 갖고 '크다[大]'라는 이러한 추상적 특징을 나타내었다. 이는 자형 그 자체로서는 상형이지만 개념을 나타낸다는 점에서 추상적이다. 이렇게 볼 때 상형 자인지의 판단은 대체로 자형 그 자체가 해당 물체의 형상으로 기록하고자 하는 단어를 나타내는가에 있지, 기록한 어휘가 사물의 이름을 나타내는지에 있는 것은 아니다.

(2) 독체 표시자(標示字)

표시(標示)는 인위적으로 규정하여 어떤 객관사상을 대표하거나 어떤 의도를 나타내는 부호이다. 한자의 형체 구성과 관련된 표시는 세 가지가 있는데, 첫째는 상징성표지이고, 둘째는 지시성표기이고, 셋째는 구별성표기이다. 상징성표지만이 단독으로 글자를 만들 수 있고, 그래서 독체 표시자는 그다지 많이 보이지 않지만, 여전히 한 가지 유형을 차지하고 있다.

일상생활 속에서 우리는 각종표지를 찾아볼 수 있다. 예컨대, 화살표 하나를 그려 방향을, 굽은 화살 표시는 도로가 급회전함을 나타내고, 제크 표는 선택이 옳음을, 엑스 표는 잘못되었음을 나타낸다. 이러한 표지는 어떤 상징 의미를 가진다. 그래서 일정한 정보를 전달할 수 있다. 만약 그것들이 언어의 어떤 단어들과 대응하게 된다면, 문자가 될 가능성이 있다. 한자형체 중에는 확실히 일련의 상징성표지 기능을 가진 구성성분이 존재하는데, 그것들은 합체자를 구성할 수도 있고, 어떤 경우에는 독립적으로 글자를 만들기도 한다.

상징성 표지 구성성분은 상형 구성성분과는 달라 외형을 중시하지 않는다. 그래서 어떤 구체적인 사물을 가리킨다고 적시할 수 없으며, 그것은 수많은 사물의 내재적 특징에 의해 개괄해 낸 추상적 부호이다. 이러한 추상부호는 어떤 때에는 어떤 구체적인 사물의 상상에 의해 비로소 그 상징적 함의를 체현할 수 있다. 예컨대, 수많은 사물이 가진 '둥근(圓)' 특징을 하나의 '동그라미(○)'를 그려 상징부호로 삼고 이로써 방원(方圓)의 '원(圓)'자를 나타낸다. 방원(方圓)의 '방(方)'자는 이와 대응하여 '네모(□)'로 그릴 수 있으며, 사각에 네 모서리를 가졌는데, 상징성도 매우 강하다. 이것이 갑골문에서 보이는 최초의 '원(圓)'자와 '방(方)'자이다. 또 ''' '''' 등을 사용해 매우 작은 물체를 나타냈는데, 이 또한 상징성 표지자로 볼 수 있다. 상징성표지 구성성분의 형체는 구체사물과의 연계성이 상대적으로 다소 소원하여, 인위적 규정성이 더욱 분명하게 드러난다. 그러나 어느 정도는 그래도 연관성을 찾아낼 수 있으며, 그렇지 못하면 순수한 대체부호[代號]가 된다.

(3) 독체 변이자(變異字)

변이자(變異字)라는 것은 이미 존재하는 자형을 변화시켜 이로부터

어떤 특수한 함의를 나타내는 글자를 말한다. 이미 있는 자형의 변화에는 여러 가지 방식이 있다. 위치를 변화시킨 변이자도 있다. 예컨대, 선사람을 측면에서 그린 '인(⺈)'의 모습이 정상적인 사람인데, 이것이 '인(人)'자이다. 그러나 이 '인(人)'자를 거꾸로 쓴 것이 '화(ヒ)'이고, 이 글자는 다른 의미를 가지게 되는데, 바로 '변화'라는 뜻이다. 이렇게 해서 변화를 뜻하는 '화(huà)'가 되는데, 여전히 독체자이다. 만약 여기에다 서 있는 사람[人]을 더하게 되면 합체자인 '화(⺁ヒ, 化)'가 된다. 다시 '대(大)'는 정면으로 서 있는 사람을 그렸는데, 이를 거꾸로 그리면 '역(屰, 屰)'자가 된다. 즉 'nì'(이후의 '逆'자이다)인데, '거꾸로'나 '불행함'을 나타낸다. '화(ヒ)'와 '역(屰)'을 독체 상형자로 보지 않는 것은 그것들이 인체의 고유한 형태로 보기 어렵고, 인위적으로 고의로 거꾸로 그려 만들어진 형체이기 때문이다.

원래 글자의 필형(筆形)을 바꾼 것도 있는데, 이 또한 새로운 자부(字符)를 만들어 낸다. 예컨대, '사(㠯, 巳)'는 태아의 모습을 그렸으며, '포(包)'자(이후의 '胞'자)는 '사(巳)'로 구성되었다. 그러나 왼쪽 윗부분의 필획이 닫히지 않고 열린 모습이 되면 '이(已)'자가 되어, 완성이나 정지 등의 의미를 나타낸다. 유사한 예로, '도(刀)'자에서 필형을 변화시킨 '조(刁)'가 있고, '자(子)'에서 필형을 변화시킨 '혈(孑)'이나 '궐(孓)'이 있고, '모(母)'에서 필형을 변화시킨 '무(毋)'가 있고, '용(用)'에서 필형을 변화시킨 '솔(甩)'이 있고, '전(電)'에서 필형을 변화시킨 '신(申)'이 있고, '십(十)'에서 필형을 변화시킨 '칠(七)'이 있고, '여(余)'에서 필형을 변화시킨 '사(佘)' 등이 있다.

이외에도 어떤 자형에서 고의로 필획을 줄여 새로운 글자를 만든 경우도 있다. 예컨대, 까마귀를 뜻하는 '오(烏)'는 상형자인 '조(鳥)'에서 눈을 뜻하는 한 획을 줄여 만든 글자이다. 그 이유를 보면, 까마귀는 보통 몸 전체가 까만색이어서 눈이 드러나지 않기 때문에 새[鳥]를 그린 모습에서 눈을 생략하여 그 의미를 표현했다. 유사한 예로, '유(冇)'('有'에서 두 필획을 생략하여 만든 글자), '병병(乒乓)'('兵'에서 각각 좌우 한 획씩을 생략하여 만든 글자) 등이 있다.

변이자는 이미 만들어진 글자를 이용해야 한다는 조건을 가지며, 활용된 글자와 변이자는 일반적으로 의미나 독음 간에 관련이 있으며, 또한 피 차용자는 일반적으로 독체자라는 특징도 가진다. 또 일부 활용된 일부 글자들은 어원적으로 보면 합체 구조였으나, 활용될 당시에는 이미 합체자로 분리해 내기 어려운 독체자가 되었다. 예컨대, '유(有)'나 '병(兵)' 등을 기초로 '유(冇)'나 '병병(乓乒)' 등으로 변이될 때, 그들은 표의적인 측면이든('冇'는 '有'와 의미적으로 상반된다) 아니면 독음적인 측면이든('兵'은 '乓乒'과 독음이 비슷하다) 전체가 하나의 구성성분으로 간주되었다. 원래 있던 글자를 변이시키는 목적은 새로운 글자를 만들어 어휘를 구별하기 위한 것이었다. 이렇게 만들어진 새로운 글자는 구조적 근거로 볼 때 단지 하나의 구성성분만을 가진다. 그래서 여전히 독체자에 해당한다.

(4) 독체 대체부호자(代號字)

이러한 글자는 글자 창제의 결과가 아니라 형체의 변화 이후 기능을 상실한 자형에 대한 분석방법의 하나이며, 이의 목적은 이러한 형체로 하여금 한자의 구조체계에서 귀속될 수 있는 곳을 마련해 주기 위함에 있다. 예컨대, '어(魚)', '마(馬)', '수(水)', '토(土)' 등과 같이 원래는 상형자였으나 더 이상 상형이 아닌 모습으로 변했으며, '서(書)'는 원래 '율(聿)'이 의미부이고 '자(者)'가 소리부인 구조였으며, '위(爲)'는 본래 '손[爪]'으로 '코끼리[象]'를 끄는 모습을 그렸으나, '서(書)'와 '위(爲)'는 후대에 들어 원래의 기능이 없어졌다. 이처럼, 기능도 이미 없고, 형체적으로도 더 분리하기 어려운 글자들은 모두 독체 대체부호자[獨體代號字]로 보아야 하는데, 이는 이러한 형체가 원래의 어떤 기능적 구성성분(한 개 혹은 그 이상)을 대체하였다는 뜻이다.

2. 합체자(合體字)(16종)

합체자는 두 개 이상의 구성성분으로 구성된 글자를 말한다. 한자구조에서 가장 기본적인 두 가지 구성성분을 말하자면, 하나는 상형부호이고, 다른 하나는 표시(標示)부호이다. 가장 최초의 가장 기본적인 한자들은 바로 '부류에 의거하여 형체를 본뜬다(依類象形)'라는 원칙 하에서, 주로 상형부호를 이용하고, 인위적으로 규정된 표시성 부호, 여기에다 형체를 변화시켜 만들어 낸 즉 앞에서 말했던 독체 상형자와 독체 표시자와 독체 변이자 등을 보조적 수단으로 삼는다.

그러나 이러한 조자 방법의 적용과 구별성은 극히 한계적이다. 그래서 생산성이 강하지 못해 한어를 기록해야 하는 필요성을 만족시키기 어려웠다. 그래서 고대인들은 두 개나 그 이상의 구성성분을 서로 조합하여 새로운 글자를 만들었으며, 새 글자 창제에 사용한 구성성분은 원시적인 상형부호와 보조성의 표시부호에 한정되지 않았고, 이미 글자를 이룬 독체자도 새로운 글자를 구성성분으로 쓰이게 되었다. 심지어 합체로 된 새로운 글자조차도 다시 다른 새로운 글자를 만드는 구성성분으로 쓰이기도 하였다. 글자를 이루는 이러한 구성성분은 언어 속의 어휘를 대표하여, 독음도 갖고 있고 의미도 갖추고 있어, 다른 글자를 새로 만들 때 의미를 표시하기도 하고 독음을 표시하기도 하고, 혹은 의미와 독음을 함께 표시하기도 한다. 여기에다 구별성부호의 운용과 대체부호[代號]의 형성을 통해 한자의 구조 모델은 복잡다양하게 변하게 되었다. 언어를 기록해야 한다는 수요만 존재한다면 만들어 내지 못할 글자가 거의 없을 정도였다. 그래서 합체 구조는 한자의 주요한 방법이다. 구성성분기능의 조합관계에 주목하여, 합체자의 구조 모델과 변화후 형성된 분석 모델은 대체로 다음과 같은 여러 가지가 있다.

(1) 형형(形形) 합체자

즉 두 가지 이상의 상형성 구성성분의 조합으로 이루어진 글자를 말한다. 만약 상형의 방법을 이용하여 글자를 만든다면, 어떤 때에는 단지 하나의 상형부호만으로는 객관사물을 반영하기 어렵고, 그 때에는 두 개 이상의 사물형체를 조합할 수 있다. 다시 말해, 두 개 이상의 이상적 사물도형을 객관적 사리에 따라 한 덩어리로 합쳐, 하나의 상관된 새로운 개념을 만들어내게 된다. 이것이 바로 형형(形形) 합체자이며, 회형자(會形字)라고 줄여 부를 수 있다.

회형자(會形字)의 몇몇 구성성분은 각기 어떤 사물의 형체를 형상한 것이고, 이 몇 가지 사물 간에는 종종 매우 밀접하게 연계되어 있다. 한 덩어리로 조합된 형체는 더 복잡한 다양한 형체의 도형이 된다. 예컨대, '채(釆)'를 갑골문에서는 '🌿'나 '🍂'로 석는데, 윗부분은 손의 형상이고, 아랫부분은 나무(과실이나 잎이 자라난 나무)의 모습이다. 이렇듯 두 개의 형체로 구성되었는데, 하나는 나무의 형상이고, 다른 하나는 손의 형상이며, 이 둘이 한 덩어리로 조합되었는데, 반드시 손이 나무의 위에 놓여야 한다. 이래야만 '손으로 따다'는 객관적 현상을 표현할 수 있게 되고, 이로부터 '따다'는 의미를 나타내게 된다.

회형자(會形字)는 고문자 특히 갑골문자에 대량으로 존재하며, 전국시대 이후에는 점차 다른 글자 구성 모델에 의해 대체되었다. 예컨대, 갑골문의 '섭(涉)'은 '🌊', '🌊', '🌊', '🌊' 등으로 적었는데, 중간은 흐르는 물이고, 물의 양쪽으로 각기 발 하나씩을 그려 놓았다. 전체 모습은 한 사람이 물의 이쪽에서 저쪽으로 건너가는 모습을 그렸다. 이렇게 해서 바로 '물이나 강을 건너다'는 '섭(涉)'자가 되었다. 이러한 '섭(涉)'자는 물의 형상과 발의 형상이 한데 조합되어 이루어진 것이기 때문에 회형자(會形字)가 된다. 그러나 후대에서는 '섭(𣥠)'이나 '섭(涉)'으로 적었는데, '수(水)'와 '보(步)'라는 두 개의 표의(表義) 구성성분으로 이루어진 회의자(會義字)로 변했다.

또 갑골문의 '감(🐘, 監)'자를 보면, 한 사람이 몸을 굽힌 채 눈을 크게 뜨고 동이를 쳐다보는 모습이고, 동이 속에는 점 하나가 그려지기도 했는데 이는 동이에 물이 가득 채워졌음을 나타낸다. 이는 물에 얼굴을 비추어 살피는 한 폭의 그림을 닮았다. 그러나 이는 하나의 개별적 사물의 형상이 아니라 여러 사물이 조합된 것이다. 동이가 있고 물도 있고 사람도 있으며, 사람의 눈은 반드시 이 물동이를 향해야만 한다. 이렇게 볼 때 '감(監)'의 본래 의미는 관찰하고 살핀다는 뜻임을 알 수 있다. 옛날에는 유리로 만든 거울이 없었기에, 물이 가득 담긴 동이에 얼굴을 비추어 자신의 얼굴이 깨끗한지, 예쁜지를 살펴야만 했다. 이후 청동 거울[銅鏡]이 만들어졌고, 그러자 금(金)자를 더하여 '감(鑒)'자로 분화했다. 그 과정에서 원래는 '감(監)'으로 썼는데, 세로로 된 '눈'이 '신(臣)'으로 변했고, 사람[人]도 왼 삐침[撇]과 가로획으로 변했다. 오늘날의 간화자에서는 다시 '감(监)'이 되었다.

회형(會形)이라고 할 때의 몇몇 '형(形)'도 동일한 사물의 전체 형상이 될 수도 있고 그것의 부분일 수도 있다. 부분과 전체의 관계로서 어떤 특수한 의미를 표현하며, 이로부터 상관된 어휘를 기록하게 된다. 전체 상형 구성성분과 부분 상형 구성성분의 조합 관계는 종종 몸통과 신체기관 기능의 사용관계와 같다. 즉 전체 형상의 어떤 부분은 특별히 크게 강조되어 그것의 기능을 표현할 수 있다. 예컨대, '견(見)'자의 갑골문은 '𦥯, 𦣻'로 적는데, 사람[人]의 모습과 눈[目]의 모습이 합쳐진 것이며, 이로써 사람이 눈으로 보다는 뜻을 나타냈는데, '목(目)'은 전체의 인체 기관 중에서 특별히 크게 강조한 기관이다. 유사한 정황은 갑골문의 '형(𠑒, 兄)'자에서도 볼 수 있다. 사람[人]과 입[口]의 모습이 조합된 것인데, 본래는 사람이 입을 크게 벌리고 하늘에 기도하는 모습을 그렸다. 이 글자는 달리 '축(𥛁, 祝)'으로 적기도 하는데, 제단을 더하여, 제단에 꿇어 앉아 기도를 드리는 사람의 모습을 그렸으며, 여전히 회형자(會形字)에 속한다. '기(𠑹, 企)'자도 마찬가지이다. 사람[人]과 발[止]의 모습이 합쳐진 것인데, 본래 의미는 사람이 발꿈치를 들고 쳐다보다는 뜻이다(특히 바라다는 뜻이다). 갑골문의 '문(𦖀, 聞)'자는 한 사람[人]이 손[手]을 귀에다 대고 무엇인가를 듣는 모습인데, 귀[耳]의 모습이 특별히 강조되었다. '망(𦣻, 望)'자는 한 사람이 땅 위에 서서 눈을 크게 뜨고 멀리 바라다보는 모습을 그렸는데, 눈을 나타내는 '목(𦣝)'이 특별히 강조되었다. 이 두 글자는 비록 다른 구성성분과 붙어 있지만, 여전히 전체와 부분의 관계를 이루고 있다.

회형자(會形字)는 통상 추상개념을 나타내지만, 그 중의 어떤 구성성분에 치우쳐 가리키면서 구체적 사물을 표시하기도 한다. 예컨대, '원(元)'자와 '천(天)'자가 그렇다. 이들은 금문에서 윗부분이 둥근 점으로 되어 사람의 머리를 형상했고, 아랫부분은 인체를 그렸는데(측면에서 그리면 '元'이고, 정면에서 그리면 '天'이다), 나타내는 의미는 모두 사람의 머리이다. 갑골문의 '혈(頁, 頁)'자의 구성 원리도 '원(元)'자와 같다. 윗부분은 사람의 머리를, 아랫부분은 몸체를 그렸으며, 의미도 사람의 머리를 지칭한다. 이때의 인체는 사실 사람의 머리가 존재하는 환경일 뿐이며, 수식하거나 한정하는 기능으로 쓰이며, 윗부분의 머리가 인체에 속하거나 인체와 연결되어 있음을 나타낼 뿐이다. 이렇게 해야만 이 글자를 해독하는 사람들에게 오해가 생기지 않게 되기 때문이다.

소전체의 '과(瓜, 瓜)'자도 이러한 예에 속한다. 자형을 보면 오이 넝쿨과 오이가 그려졌지만, 글자 의미는 오이만을 가리키며, 넝쿨은 이와 연결된 물체임을 나타내 인식의 환경을 제공할 뿐이다. 갑골문의 '미(眉, 眉)'자도 눈썹과 눈의 모습이 합쳐진 글자이지만, 눈은 연결된 형체만 나타낼 뿐, 실제 의미는 눈썹을 지칭할 뿐이다. 어떤 경우에는 사람의 모습까지 연결되어 '眉'로 쓰기도 하는데, 의미는 여전히 눈썹만을 가리킨다. 갑골문의 '치(齒, 齒)'도 입과 이빨의 두 형상이 합쳐졌고, 이빨이 입속에 들어 있어 객관사물의 실제 모습과도 부합한다. 그러나 입은 배경적이고 부대적인 역할만 할 뿐, 글자의 의미는 이빨을 가리킬 뿐이다. 이러한 글자들은 독체 상형으로 볼 수 없는데, 그것은 그들이 하나의 '형태[體]'(즉 구성성분)일 뿐 아니라 한 폭의 합쳐진 그림이기 때문이다. 독체상형의 '형체[形]'와 '의미[義]'는 기본적으로 대응하는데, 이들은 형체가 '의미[義]'보다 적을 가능성이 크며, 적어도 '의미[義]'보다 클 수는 절대 없다. 이러한 회형 편지자(會形偏指字)의 '형체[形]'는 '의미[義]'가 지칭하는 범위를 분명하게 초월하고 있다.

(2) 표표(標標) 합체자

이는 두 개 이상의 표시성 구성성분이 합쳐 만들어진 글자를 말한다. 표시성 부호는 대부분 추상적인데, 그것들이 한 덩어리로 합쳐질 때, 대체로 상호간의 위치관계에 의해 기록되는 단어의 근거를 제공하게 되는데, 종종 하나는 상징성표지가 되고 다른 하나는 지시성표기가 되거나, 아니면 두 가지 모두 상징성표지여야 조합되어 글자를 이룰 수 있게 된다. 예컨대, '상(上)'과 '하(下)'자는 고문자에서 'ㅡ'과 'ㅡ'와 같이 쓰는데, 하나의 짧은 가로획과 긴 가로획으로 구성되어 '이(二)'와 혼동하기 쉽다. 어떤 경우에는 그 중 한 획을 조금 구부려서 'ㅡ'과 'ㅡ'와 같이 쓰기도 한다. 이 두 가지 구성성분은 형체적으로 하나는 길고 다른 하나는 짧은데, 긴 것은 상징성표지로, 어떤 참조물을 상징한다. 짧은 획은 지시성표기로, 참조물에 상응하여 방향이나 위치를 나타내는데, 둘이 합쳐져 어떤 참조물의 위쪽이나 아래쪽임을 나타낸다. 이것이 바로 '위(上)'와 '아래(下)'를 나타내는 두 단어의 이론적 근거가 된다.

'중(中, 中)'자도 이렇다. 중간의 획이 세로로 되었는데, 이 세로 획이 바로 어떤 사물을 상징하며, 이후에 '○'을 이용해 이 사물의 중간 부분임을 나타내고 이로써 '중간'이라는 뜻을 그려냈다. 혹은 '○'으로 어떤 범위를 나타내고, 가로획으로 '중심'이라는 의미를 그려냈을 수도 있다. '중(㐭)'이나 '중(㒰)'은 '중(中)'자의 기초위에서 장식성의 선을 더해 만들어진 글자이다. '천(串)'자의 세로획 '곤(丨)'도 어떤 사물을 나타내는데, 아마도 막대기일 수도 있고, 줄일 수도 있다. 두 개의 원으로 된 '려(呂)'는 다른 두 개의 사물을 상징한다. 예컨대 참외나 과일 혹은 꼬챙이에 끼워 놓은 열매 등과 같은 것일 것이며, 다른 사물로 대체해도 될 것이다. 중요한 것은 '곤(丨)'이 '려(呂)' 가운데를 꿰뚫고 있다는 것이며, 이러한 위치 관계는 하나의 사물이 다른 두 개의 사물을 꿰뚫고 있음을 나타낸다. 그래서 이 글자로 언어에서의 'chuàn'이라는 이 단어를 나타내게 되었다. 표표(標標) 합체자는 두 개 이상의 표시(標示)부호를 포함하는데, 실제로는 두 개 이상의 구성성분으로 구성된 것이기에, 이들은 독체자가 아니라 합체자이다.

(3) 형표(形標) 합체자

이는 상형성 구성성분과 표시성 구성성분이 조합되어 만들어진 글자를 말하는데, 통상 상형 구성성분의 기초위에다 표시성의 부호가 더해져 만들어진다. 예컨대, 사람의 '겨드랑이[腋窩]'를 말하는 '액(腋)'이라는 글자를 만들 때, '대(大, 大)'를 그려 사람[人]을 뜻하고('大'는 독체자로 쓰일 때에는 '크다[大]'라는 개념으로 쓰이지만, 다른 글자를 구성할 때에는 정면의 '사람[人]'을 뜻한다), 그런 다음에 사람의 겨드랑이 부위에다 두 점을 찍어, 이 글자가 사람의 '겨드랑이' 부분을 지칭함을 나타내었는데, 이것이 바로 '겨드랑이(腋窩)'라고 할 때의 '액(腋)'자이다. 그리하여 원래 뜻이 '겨드랑이'인 형표(形標) 합체자 '역(亦, 亦)'이 만들어졌는데, '액(腋)'자는 이후에 만들어진 음의(義音) 합체자이다. 또, '칼의 날[刀刃]'을 뜻하는 '인(刃, 刃)'의 경우, 먼저 칼[刀]을 그리고, 그런 다음 칼날에다 점 하나를 더하였는데, 이 점이 바로 상형자의 기초 위에 하나의 표기성 부호를 더한 것인데, 칼의 날이 있는 곳임을 가리킨다. 그래서 형표(形標) 합체자가 된다. 유사한 예는 몇몇 더 있는데, 예컨대 소전체의 '본(本, 本)'(나무뿌리), '말(末, 末)'(나뭇가지), '주(朱, 朱)'(나무줄기), '천(天, 天)'(사람의 머리 꼭대기) 등등은 모두 상형자의 기초에다 가로획을 더하여, 이 사물의 특정부위를 지칭하였다. 그래서 이들은 모두 형표(形標) 합체자에 속한다.

표시성 구성성분은 물체 표시 부위로 의미를 표시하는 외에, 어떤 구체적 사물의 상징을 다른 상형성 구성성분과 함께 조합하여 어떤 이미지를 만들어낸다. 이로부터 어떤 추상적 함의를 나타내는데, 이러한 글자도 표형(形標) 합체자에 속한다. 예컨대 소전체에서의 '단(旦)'이 윗부분은 '해[日]'을 그렸고, 아랫부분은 '가로획[一]'인데, 이 '가로획[一]'은 상형 구성성분이 아니라 표시 구성성분으로, 지평선을 상징하며, 태양이 지평선 위로 떠오를 때가 바로 '아침'이며 해가 풀숲 속으로 지는 모습을 그린 '모(暮)'와 대칭을 이룬다. 또 소전체의 '감(甘)'자는 입[口] 속에 가로획이 하나 든 모습을 하였는데, '구(口)'는 상형 구성성분이지만, 입속의 가로획은 표시 구성성분으로, 음식물을 상징하여, 입속에서 음식물을 머금고 있는 모습으로, 그 음식물이 맛있고 달다는 뜻을 그려냈다. 갑골문의 '왈(曰, 曰)'자는 입[口]의 바깥 부분에 가로획이 더해진 모습인데, 이 획도 표시 구성성분으로, 입[口] 속으로부터 나오는 '말'을 상징하였고, 이로부터 '말하다'는 뜻을 그려냈다. 또 갑골문의 '팽(彭, 彭)'자는 북소리를 뜻하는데, '주(壴)'는 바로 북[鼓]을 그린 것이다. 그러나 북의 소리는 그릴 방법이 없으므로 '삼(彡)'으로 그 의미를 표시했는데, 북을 칠 때 나는 소리를 상징한다.

만약 구별성 구성성분도 일종의 표시 구성성분으로 본다면, 상형성 구성성분과 구별성 구성성분이 조합하여 만들어진 글자도 형표(形標) 합체자에 속한다. 예컨대, '옥(玉)'자를 보면, 갑골문에서는 원래 회형자(會形字)인 '옥(丰)'으로 그렸는데, 끈과 옥으로 구성되었다. 그러나 이후 형체가 변하는 바람에 '옥(玉)'자가 '왕(王)'자와 혼동되자, 이를 구분하기 위해 '옥(玉)'자라는 새로운 글자를 만들게 되었다. 이렇게 만들어진 새 글자는 원래 있던 회형(會形)의 기초 위에서 한 획이나 두 획을 더하여 (전국 고문에서는 옥(玉)을 '玉'으로 적었다) 구별 표지로 삼았다. 다시 말해 구별 기능을 하는 구성성분을 더한 것이다. 갑골문의 '령(霝, 霝)'자도 회형(會形) 구조인 '우(雨)'에다 아래에 두 세 개의 큰 점을 더한 것인데, 비가 다 내려 그치려 할 때의 빗방울을 나타냈다. 그러나 점점이 떨어지는 이러한 빗방울을 그릴 방법이 없다. 만약 이를 상형이라고 한다면, 점들은 정상적인 빗방울 보다 더 클 수가 없다. 사실 '령(霝)'자에 있는 '우(雨)'자 아래에다 몇 개의 큰 점을 더한 진짜 이유는 '우(雨)'자와 구분하기 위함이다.

(4) 형의(形義) 합체자

상형 구성성분에다 표의 구성성분을 조합하여 만든 글자를 말한다. 상형자 중에서 어떤 경우에는 어떤 물상의 형체를 그렸지만 사람들이 잘 알아보지 못하는 때도 있기에 표의성의 구성성분을 더하여 이를 일러주거나 한정하기도 한다. 예컨대 '위(胃)'자의 윗부분을 보면, 이와 유사한 것이 매우 많다. 그래서 그것이 무엇을 그렸는지 쉽게 알 수가 없다. 그래서 아래에다 '육(肉, 肉)'을 더해, 이 형체가 인체의 어떤 기관임을 나타냈다. 인체와 관련된 많은 글자들이 모두 '육(肉)'으로 구성되었기 때문에, 이 글자가 '위(胃)'자이며, 윗부분이 '위'의 모습을 그렸음을 알게 된다. 또 단독으로 '□'처럼 그린 네모꼴은 그것이 무엇인지 상상하기 어렵다. 그러나 여기에다 어떤 환경을 제공한다면 이야기가 달라진다. 즉 '엄(厂, hǎn)'을 더하게 되면, 이 네모꼴이 산의 낭떠러지에서 캐낸 한 덩이 한 덩이로 된 것임을, 그것이 바로 돌덩이임을 알 수 있게 된다. 그래서 이는 '석(石)'자이며, 갑골문에서는 '석(㕕)'으로, 소전체에서는 '석(𥐓)'으로 적었다.

이러한 형의(形義) 합체자는 앞에서 말한 편지(偏指) 회형자(會形字)의 구조 원리와 상통하는데, 모두가 하나의 구성성분을 이용해 다른 구성성분을 일러주거나 한정하여, 그것을 돋보이게 해주는 기능을 한다. 그러나 해당 개념을 돋보이게 해주는 기능을 하는 구성성분의 성질은 서로 다르다. 회형자(會形字)로서의 돋보이게 해주는 구성성분은 '형체[形]'로 기능하기 때문에, 독립된 글자를 이루지 못한다. 예컨대 '과(瓜, 瓜)'자에서의 넝쿨이나, '천(天, 天)'자에서의 인체는 뭐라고 할 만한 의미가 없다. 설사 글자를 이룬다하더라도 드러내고자 하는 다른 형체와 한 덩어리가 되거나 한 폭의 동태적인 그림을 이루어 객관적인 형상을 반영한다. 예컨대, 이빨이 입 속에 있다든지, 머리가 인체의 윗부분에 자리했다든지 하는 등, 실제 연결된 정경에 부합한다. '채(采)'는 손[手]이 나무 위에 놓여 열매를 따는 모습을 그렸고, '섭(涉)'은 두 발로 물을 건너는 모습을 그렸는데, 실제로 행동하는 모습과 부합한다. 그리고 형의(形義) 합체자의 경우, 돋보이게 하는 구성성분은 단어 어휘에 기대어 기능하기 때문에 반드시 글자를 이룰 수 있어야 한다. 설사 형체가 있다 하더라도 한정하고자 하는 다른 형체와 연결되어 실제로 존재하는 조합물체가 된다. 예컨대, '위(胃)'자의 상하부분은 실물 도형을 구성할 수가 없다. 또 앞에서 말한 갑골문의 '미(𥇛, 眉)'는 회형(會形) 구조인데, 그것은 글자 속의 '목(目)'이 가로로 놓였고, 눈 위의 곡선이 마침 눈썹을 의미하며, 눈짓으로 감정을 표현하듯 서로 연결되어 하나로 되었기 때문이다. 그러나 소전체의 '미(眉)'는 '미(𥄉)'로 써, 윗부분에 두 개의 주름 '𠆢'을 그려 넣어, 이로써 눈썹을 표시했다. 이는 눈썹을 나타내는 굽은 선과 결합하였기에 회형(會形) 구조로 볼 수 있다. 그러나 아래쪽의 '목(目)'은 세로로 그려져, 눈썹과 눈이 서로 조합되어 하나의 그림을 형성할 수 없는데, 이 때문에 이는 더 이상 회형(會形) 구조가 아니다. 여기서 '목(目)'은 표의 구성성분이며, 여기서 글자 속의 선이 눈과 관련되었음을 나타내어 눈 위의 '눈썹'임을 표시한다. 물론 '과(果)'나 '미(眉)'와 같은 이러한 상황은 억지로 회형(會形) 조합으로 귀속시킨다 하더라도 틀렸다고는 할 수 없다. 만물의 유별은 본래부터 전형적인 구성원이 존재하기도 하지만, 이것저것도 가능한 모호한 구성원도 존재하기 때문이다.

몇몇 상형자와 회형자(會形字)는 형체의 변화나 기능 변화로 이론적 근거가 모호해져, 표의성 구성성분을 추가하는 방법으로 이론적 근거를 강화하거나 자형을 분화하는 경우도 있다. 이러한 독체 상형자의 기초 위에서 표의 구성성분을 추가한 글자들도 형의(形義) 합체자에 넣을 수 있다. 예컨대, '월(ㅋ, 戊)'은 무기를 형상했는데, 이후 의미부인 '금(金)'을 더하여 '월(鉞)'로 변했고, '연(◎, 囦)'은 회형(會形)구조로 깊은 물을 뜻했는데, 이후 '수(水)'를 더해 '연(◎, 淵)'이 되었으며, '사(◎)'는 원래 뱀을 그렸으나 이후 의미부인 '충(虫)'을 더해 '사(蛇)'가 되었다. 이러한 예들처럼, 의미부가 더해진 글자들을 만약 원시적 평면 구조분석을 통한다면, 모두가 형의(形義) 합성 구조로 볼 수 있다. 물론 발전 후의 현실적 형태분석을 통한다면, 의음자(義音字)나 회의겸음자(會義兼音字)로 볼 수도 있다.

이상에서 상술한 것 외에도, 객관사물의 형상이나, 혹은 상형이나 표의에 근거하여, '형체'와 '의미'의 두 가지 구성성분을 한데 조합하고, 이를 통해 어떤 복잡하거나 추상적 개념의 구조형태를 나타내는 경우, 모두 형의(形義) 합체자에 속한다. 예컨대, 소전체의 '주(◎, 走)'는 윗부분이 '요(夭)'로 두 손을 앞뒤로 흔들며 뛰어가는 사람의 모습을 그렸고, 아래쪽은 '지(止)'로 윗부분의 행동이 걸어가는 것과 관련 있음을 나타낸다. '지(止)'가 여기서는 당연히 상형은 아니다. 상형이려면 사람의 모습과 함께 연결되어 신체에 연결되어 있어야만 한다. 그래서 표의 구성성분으로 볼 수밖에 없다. 윗부분은 뛰어가는 사람의 모습을 그렸고, 아랫부분은 가는 행위임을 나타냈다. 그래서 형(形)과 의(義)의 조합이다. 또 금문에서의 '분(🏃, 奔)'자의 경우, 처음에는 요(夭) 아래에 지(止)가 3개 결합된 모습이었다(이후 3개의 철(屮)로 잘못 변했다). 옛날에 '주(走)'는 뛰어가다는 뜻이었지, 지금처럼 가다는 뜻은 아니었고, '분(奔)'은 뛰어가는 것 보다 더 빨리 뛰어가다는 뜻이었다. 매우 빨리 달리면 발이 여럿 달린 것처럼 보인다는 뜻에서 3개의 발(止)을 더했는데, 여기서의 3개의 지(止)도 표의 성분이지 상형은 아니다. 또 소전체의 '찬(爨, 爨)'의 경우, 불을 때 밥 짓는 것을 그렸는데, 글자에 든 '화(火)'와 2개의 '목(木)'은 응당 표의 성분으로 보아야 하고, 나머지는 상형 구성성분이다. 그래서 전체 글자는 형의(形義) 합체자에 속한다.

(5) 의의(義義) 합체자

이는 두 개 이상의 일정한 의미를 가진 개별 글자를 구성성분으로 조합하여 또 다른 새로운 의미를 만들어내는 글자를 말하며, 달리 회의자(會義字)라고도 할 수 있다. 회의자는 회형자(會形字)와 밀접하게 관련되어 있지만 그들은 다음과 같은 차이를 보인다. 회형자(會形字)는 형체 관계에 기대어 새로운 의미를 나타내며, 구성성분의 방향, 위치, 형태는 통상 변동이 불가능하다. 그러나 회의자는 단어의 의미 관계에 기대어 새로운 의미를 나타내기 때문에, 구성성분의 위치는 주로 서사편리와 미관을 고려해 표의적 측면에서의 특별한 고려가 필요 없다. 회의(會義) 합체자는 대부분 상형자와 회형자(會形字)로부터 변화해 온 것들이다. 예컨대, 앞에서 들었던 '섭(涉)'의 경우, 글자 속에 포함된 2개의 '지(止)' (발)를 분리시켜 물[水]의 양쪽에다 놓는다면(𣲩, 𣥿, 𣲷, 𣥲), 이 자형은 한 폭의 그림처럼 되어 회형자(會形字)가 된다. 그러나 이후, '수(水)'자가 세로로 그려지고 2개의 발이 한데 합쳐져 '보(步)'자가 되었다. '섭(𣥿)'으로 쓰든 '섭(涉)'으로 쓰든 이 글자는 '물[水]'과 '보(步)'라는 단어 의미의 관계에 의해 새로운 하나의 '섭(涉)'이라는 의미, 즉 물[水] 속을 걷고 있다 (步)는 뜻을 나타낸다. 그렇게 되면 이 '섭(涉)'은 단어의미를 회합한 회의자가 된다.

회의자는 더욱 추상적으로 변할 수 있다. 예컨대, '명(明)'을 보면, 갑골문에서는 '명(⬤)'으로 썼는데, 오른쪽은 창문의 모습이고 왼쪽에는 '달[月]'이 더해졌으며, 이를 통해 달빛이 창문으로 비추어 들다는 의미를 그렸는데, 이는 형체의 조합을 통해 밝게 빛나다는 뜻을 나타냈다. 또 '명(⬤)'으로 쓴 것도 있는데, 창문이 '해[日]'로 변했으며, '해[日]'와 '달[月]'을 한데 놓음으로써 밝다는 의미를 나타냈다. 해[日]와 달[月]은 두 개의 대표적 발광체였고(옛사람들은 달이 발광체라고 생각했다), 빛을 발하는 두 가지 사물은 한데 놓음으로써 밝다는 의미를 표현했다. 밝다는 뜻을 '일(日)'과 '월(月)'이라는 이 두 가지 단어의미의 조합을 통해 드러냈지, 일(日)과 월(月)의 형체를 통해 드러낸 것은 아니다.

또 '진(塵)'자를 보면, 소전체에서 '진(⬤)'으로 적었는데, 3개의 '록(鹿)'에다 '토(土)'가 더해진 모습으로, 사슴이 떼를 지어 달릴 때 먼지가 일어나는 모습을 그렸는데, 이는 회의자에 속한다. 그러나 이후 더욱 추상적인 회의자로 변했는데, 현대 간화자에서처럼 '소(小)'와 '토(土)'로 구성되어, 매우 미세한(小) 흙(土)이 바로 '먼지'임을 나타냈는데, 이는 순전히 어휘의 의미를 조합하여 새로운 의미를 나타내었으며, 더욱 전형적인 회의자가 되었다. 후세의 소(小)와 대(大)로 구성된 '첨(尖)', 부(不)와 정(正)이 합쳐진 '왜(歪)', 불(不)과 용(用)이 결합된 '용(甭)', 사(四)와 목(木)이 결합된 '릉(楞)' 등이 모두 이 유형에 속한다.

(6) 형음(形音) 합체자

형음(形音) 합체자는 바로 상형 구성성분의 기초 위에 시음(示音)구성성분을 조합하여 만든 글자를 말한다. 예컨대, '이빨'을 뜻하는 '치(齒)'의 경우, 처음에는 회형자(會形字)로(⬤), 입 속에다 한 줄이나 두 줄의 이빨을 나란히 배열했다. 『설문해자』에 보존된 고문체의 '치(⬤)'자는 바로 최초 형태인 이 회형자(會形字)의 변형이다. 금문에도 이러한 회형자에다 '지(止)'라는 구성성분을 더한 '치(⬤)'가 보존되어 있으며, 이는 소전체의 '치(齒)'자이기도 하다. '지(止)'가 여기서 하는 기능은 표음 기능이다.

이 글자는 상형구성성분도 있고, 표음 구성성분도 있어, 형음(形音) 합체자가 된다.

또, '봉(鳳)'자의 경우, 원래는 공작이 꼬리를 편 모습으로, 갑골문에서는 '봉(🐦)'으로 적어, 공작의 볏, 머리, 깃, 발 등을 다 표현했다. 이러한 '봉(鳳)'자는 이후 공작의 오른편에 구성성분 '범(凡)'을 더했는데, '봉(鳳)'의 독음을 나타내기 위한 것이었다. 그래서 갑골문에서 '봉(鳳)'자는 달리 '봉(🐦)'으로 쓰기도 했다. 그렇게 되어, 하나는 상형 구성성분이고, 다른 하나는 시음(示音) 구성성분이 되어, 이 글자는 형음(形音) 합체자에 속한다. 이러한 글자들의 상형 구성성분은 비교적 그리기가 복잡하다. 그래서 봉황(鳳凰)의 형태가 '새[鳥]'로 변했고, 이것이 오늘날의 '봉(鳳)'자이다. '봉(鳳)'자에 포함된 '조(鳥)'는 의미범주를 나타내지 더 이상 봉황을 나타내지는 않는다. 그래서 더는 형음(形音) 합체자가 아니라, 조(鳥)가 의미부이고 범(凡)이 소리부인 의음(義音) 합체자가 되었으며, 이 구조라면 다음에 서술한 부류에 속해야 한다.

(7) 의음(義音) 합체자

의음(義音) 합체자는 우리가 평소에 즐겨 쓰는 형성자를 말하는데, 시음(示音) 구성성분과 표의 구성성분이 조합하여 만들어진 구조이다. 표의 구성성분은 해당 글자의 의미적 범주를, 시음(示音) 구성성분은 해당 글자의 독음을 나타낸다.

한자의 발전 과정으로 볼 때, 절대 다수의 형성자는 원래의 어떤 글자의 기초 위에다 소리부나 의미부를 더해 만들어진 글자들이다. 소리부와 의미부가 한데 조합된 형성자는 후대에 비로소 등장한 구조이다. 예컨대, 근대 시기에 출현한 화학 용어들을 보면, 이러한 글자들은 새로 출현한 사물을 반영하여, 해당 글자를 만들 때 먼저 의미범주를 나타내는 의미부를 선택하고, 여기에다 소리부를 더하는 형식이다. 예를 들어, '사(鉈)'(탈륨, Tl, thallium)자는 후기에 만들어진 현상을 잘 보여준다. 최초의 형성자는 모두 원래의 상형자나 가차자의 기초 위에서 의미부나 소리부를 더해 만들어졌는데, 이는 평면적으로 볼 때는 의미[義]와 독음(音)의 합성이다.

예컨대, '봉(捧)'자의 경우, 처음 형태인 '봉()'은 두 손으로 어떤 물체를 받는 모습으로, 회형자(會形字)에 속했다. 그러나 이후 손의 의미를 강조하기 위해 아랫부분에다 다시 손 하나를 더해 '봉()'이 되었는데, 아랫부분의 '수(手)'는 의미부이고, 윗부분의 원래 글자는 소리부로 변해, 의음(義音) 합성자가 되었다. 이 글자는 이후 '봉()'에서 '봉(奉)'으로 변했는데, '손[手]'이라는 의미 정보를 알아 볼 수 없게 되고 말았다. 그러자 왼편에다 다시 의미부인 '수(手)'를 더하게 되었고, 그러자 오른편의 원래 자형인 '봉(奉)'은 다시 소리부로 전화되었다. 그리하여 다시 새로운 의음(義音) 합체자인 '봉(捧)'을 탄생시켰다.

원래의 상형자나 회형자(會形字)의 기초 위에서 직접 의미부를 더한 경우도 있는데, 이러한 글자들은 형의(形義) 합체자로 볼 수도 있고, 의음(義音) 합체자로 볼 수도 있다. 예컨대, 앞에서 들었던 '연(淵)'은 깊은 물을 뜻하는데, 흐르는 물이 아니라 제방을 막아 가두어 둔 물을 말한다. 그래서 제방과 물이 그려졌고, 회형자(會形字)인 '연()'이 만들어졌는데, 이는 '연(淵)'자의 초기 형태이다. 이후 이러한 기초 위에서 '수(水)'를 더한 '연(, 淵)'을 만들었고, 그러자 '수(水)'는 의미부가 되고 원래 자형의 '연()'은 소리부로 변해, 의음(義音) 합체자가 되었다. 이러한 의음(義音) 합체자는 원래의 상형자와 의미가 같으며, 시간적 흐름에 의해 형성된 이체자라 할 수 있다.

이렇게 볼 때, 의음(音義) 합체자는 대부분이 원래 있던 자형의 기초 위에서 의미부나 소리부를 더해 만든 구조로, 한자변화의 동태적 과정에서 만들어진 것들이다.

(8) 의표(義標) 합체자

표의 구성성분의 기초 위에서 표시(標示) 구성성분을 더해 합성한 글자가 의표(義標) 합체자이다. 표의 구성성분의 기초 위에 표시성 구성성분을 더하는 것은 통상 구별 작용을 위해서이다. 예컨대, '태(太)'자는 '대(大)'에서 왔는데, '태(太)'의 의미는 '대(大)'의 의미와 관련되어 있다. '태(太)'라는 이 글자는 어떻게 만들어졌을까? 사람들은 이미 존재하는 글자 '대(大)'를 활용했다. '대(大)'와 '태(太)'가 의미적으로 연관되어 있었기 때문에, '대(大)'를 가지고 와서 의미를 표현했으며, 동시에 여기에다 점 하나를 더했는데, 이 점이 바로 구별성 부호로, 표시성 기능을 담당하여, '대(大)'와 다른 글자임을 표시했다. 또 '성음(聲音)'의 '음(音)'의 경우, '언(言)'과 의미적으로 연관되어 있다. 그래서 기존의 '언(言)'자를 빌려 사용했고, 여기에다 다시 가로획 하나를 더해 '음(音)'자를 만들어, 이것이 '언(言)'이 아니라 '음(音)'임을 표시했다. 이러한 표시성 부호는 표의적 기능도 표음적 기능도 없으며, 그렇다고 상형도 아니며, 순전히 인위적으로 규정된 추상부호에 지나지 않는다. 이러한 것이 바로 표의의 기초 위에서 표시성 부호를 더해 만들어진 의표(義標) 합체자이다.

(9) 음표(音標) 합체자

이는 바로 시음(示音) 구성성분과 표시(標示) 구성성분이 결합된 글자를 말한다. 일반적으로는 독음이 비슷하거나 같은 어떤 자형을 소리부로 사용하며, 그런 다음 표시성 부호를 하나 더해 이들을 구분한다. 예컨대, 갑골문의 '천(千)'과 '백(百)'은 독음이 비슷한 '인(人)'과 '백(白)'자를 시음(示音) 구성성분으로 삼고, '인(人)'과 '백(白)'자 위에다 짧은 가로획 하나를 더해 구분했는데, 이렇게 해서 만들어진 것이 숫자를 나타내는 '천(千)'과 '백(百)'이다. 후대의 몇몇 간화자들도 이러한 수단을 사용해 만들어지기도 했다. 예컨대, '의(義)'자의 경우, 소전체에서는 '의(義)'로 써, 양(羊)이 의미부이고 아(我)가 소리부인 구조로, 의음(義音) 합체자였다. 해서체에서는 '의(義)'로 적었는데, 이후 필획이 너무 많다고 생각하여 획수가 줄어든 다른 새로운 글자를 만들게 되었다. 그 과정은 다음과 같다. 독음이 같은 '예(乂)'(한어에서는 yì로 읽으며, 가위 같이 생긴 물건을 자르는 도구를 말한다)를 시음(示音) 구성성분으로 삼고, 다시 시음(示音) 구성성분인 '예(乂)'에다 점 하나를 더해 구별성 표지로 삼아, 이 글자가 원래의 '예(乂)'자가 아님을 천명했고, 이렇게 해서 '의미[意義]'라는 뜻의 '의(义)'가 되었다. 또 '총(叢)'자를 보면, 원래는 '총(叢)'으로 적었는데, 필획이 너무 많아 필사하기가 어려웠다. 그래서 지금은 '따라가다(跟从 gēncóng)'의 '종(从)'을 표음 성분으로 하고, 동시에 가로획을 더해 구별성 표지로 삼았으며, 이로써 이 글자가 따라가다(跟从)'의 '종(从)'이 아니라 '꽃무더기(花丛 huācóng)'의 '총(丛)'임을 천명했다. 이러한 간화자들은 시음(示音) 구성성분을 기초로 구별성 표기부호를 더하여 만든 글자들이다.

(10) 음음(音音) 합체자

이는 두 개 이상의 시음(示音) 구성성분으로 조합되어 만들어진 글자를 말하는데, 이를 구성하는 시음(示音) 구성성분은 모두 글자를 이루는 구성성분이다. 음(音)과 음(音)이 조합하는 구체적 방식은 두 가지가 있다. 하나는 두 개의 구성성분이 동음이거나 근사음으로, 모두 해당 글자의 독음을 나타내는 경우로, '정(静), 비(毖), 오(虘, 吾), 오(悟), 기(耆)' 등이 이에 해당한다. 다른 하나는 한 구성성분은 성모(聲母)를, 다른 구성성분은 운모(韻母)를 대표하여, 이를 합쳐서 해당 글자의 전체 독음을 나타내는 경우로, 이전의 반절(反切) 같은 형식이며, '흠(欽), 보(祜, 簠), 먀(蒢), 먀(绁)' 등이 이에 해당한다.

(11) 대형(代形) 합체자

자형 변천으로 대체부호[代號] 구성성분이 생겨난 후, 형체 상으로 대체부호 구성성분을 포함한 합체자가 존재하게 된다. 이러한 합체자와 대체부호[代號] 구성성분이 조합하여 만들어진 글자가 바로 대형(代形) 합체자이다. 글자를 구성하는 상형 구성성분은 원래 있던 상형 구성성분을 계승하거나 보존하였는데, 대체부호 구성성분은 바로 원래 있던 어떤 구성성분이나 부분적 형체의 변이체나 대체 형체를 말한다. 예컨대, '용(龖, 龘)'이 변해서 된 '용(春)'자의 아랫부분은 전승된 상형 구성성분이고, 윗부분은 변이된 대체부호[代號] 구성성분이다. '마(灋, 䍪)'가 변해서 된 '마(䮺, 䮾)'의 윗부분은 전승된 상형 구성성분의 일부이며, 아랫부분은 국부 변이(인위적으로 바꿈)로 이루어진 대체부호[代號] 구성성분이다.

(12) 대의(代義) 합체자

이는 표의 구성성분과 대체부호[代號] 구성성분이 조합하여 구성된 것을 말하는데, 글자를 구성하는 대체부호 구성성분도 기존의 어떤 구성성분의 변이거나 대체한 것이다. 예컨대, '춘(萅)'에서 변화하여 만들어진 '춘(春)'의 아랫부분은 전승된 표의 구성성분이고, 윗부분은 변이된 대체부호[代號] 구성성분이다. 또 '계(鷄)'를 줄여서 만든 '계(鸡)'의 오른쪽은 전승과 동시에 간화된 표의 구성성분이며, 왼쪽은 인위적으로 대체한 대체부호[代號] 구성성분이다.

(13) 대음(代音) 합체자

이는 시음(示音) 구성성분과 대체부호[代號] 구성성분이 조합하여 만들어진 것으로, 구체적 정황은 다소 복잡한데, 대부분 변화 후에 다시 분석된 결과이다. 예컨대, '치(恥)'에서 변화한 '치(耻)'자는 원래 심(心)이 의미부이고 이(耳)가 소리부인 구조였는데(耳와 恥의 고대음은 모두 之부에 속해 비슷했다), '심(心)'을 흘려 쓰면서 '지(止)'로 잘못 변했고, 시음(示音) 구성성분이 되었다. 그러자 '이(耳)'는 독음의 변화로 원래의 시음(示音) 기능을 상실하게 되었고, 도리어 대체부호[代號] 구성성분으로 변했다. 또 '력(歷)'을 줄여서 만든 '력(历)'은 원래 지(止)가 의미부이고 력(厤)이 소리부인 구조였는데, 간화하는 과정에서 원래 글자의 윤곽만 남긴 '엄(厂)'으로 변했고, 이것이 대체부호 기능을 하게 되었다. 여기에다 '력(力)'을 더해 소리부의 기능을 하게 함으로써 시음(示音) 구성성분이 되었다.

(14) 대표(代標) 합체자

대체부호[代號] 구성성분과 표시(標示) 구성성분이 조합하여 만들어진 것으로, 모두가 자형의 변이에 의해 다시 새롭게 분석한 결과이다. 예컨대, '주(朱, 朱)'는 원래 상형 구성성분에 표기 구성성분이 더해져 만들어진 구조인데, 해서체의 '주(朱)'는 이미 원래의 분석 근거를 상실했다. 그래서 다시 '미(未)'와 '별(丿)'의 구성으로 재분석할 수 있고, 이때 '미(未)'는 동형의 대체부호[代號] 구성성분에 속하고, '별(丿)'은 구별 기능을 가지는 표시로 볼 수 있다. 또 '견(犬)'도 상형 독체자인 '견(犬)'이 분리되어 만들어졌는데, 구조적 관계로 다시 분석해 보면 '견(大)'은 동형의 대체부호[代號] 구성성분이고, 여기에 더해진 '점[丶]'은 구별을 위한 구별성 표기 구성성분이다.

(15) 대대(代代) 합체자

대체부호[代號] 구성성분과 대체부호[代號] 구성성분이 조합하여 만들어진 것이다. 대체부호 구성성분은 명확한 기능이 없어, 원래는 더 이상 분석이 불가능하였으나, 만약 어떤 한자나 구성성분과 동형으로 인해, 인지 심리상으로 습관적으로 여전히 한자 구조의 어떤 부분으로 간주하기 때문에 필자는 동형 원칙에 의해 독립된 구성성분으로 분리하고자 한다. 그러나 이러한 구성성분은 모두 표현 기능은 없고, 단지 대체부호[代號] 기능으로 볼 수밖에 없다. 그래서 이를 '대대(代代) 합체자'에 귀속시킨다. 이러한 분석은 해당 글자의 해독과 필사 및 다른 자부(字符)와의 구별에 장점을 가진다. 예컨대, '타(它=宀+匕)', '사(些=此+二)', '대(對=又+寸)', '모(某=甘+木)', '혹(或=戈+口+一)' 등이 이에 해당한다.

대표(代標) 합체자와 대대(代代) 합체자는 필요에 따라 이처럼 분석

가능하지만 반드시 이렇게 분석해야만 하는 것은 아니다. 전체 글자를 독체 대체부호[代號]자로 보고 더 세분하여 분석하지 않아도 된다.

(16) 다기능 합체자

이상의 각종 합체자는 모두 두 가지 기능의 구성성분이 조합하여 만들어진 것이다. 한자도 3개 이상의 서로 다른 기능을 가진 구성성분이 조합하여 만들어질 수도 있는데, 이러한 숫자는 그리 많지 않다. 그래서 상세하게 분류할 필요는 없으며, 통합하여 다기능 합체자라 부르기로 한다. 예컨대, 소전체의 '견(𤣩, 牽)'의 경우, 『설문해자』의 해석에 근거하면 "우(牛)가 의미부이고, (冂은) 소를 끄는 끈을 그렸다. 현(玄)이 소리부이다." 그렇다면, '견(牽)'은 표의, 상형, 시음(示音)의 세 가지 기능의 구성성분으로 구성되어, 다기능 합체자에 속한다. 또 주문(籀文)에서의 '절(折)'은 '절(𣂪)'로 적는데, 왼쪽은 아래위가 끊어진 두 개의 '철(屮)'로 구성되어 끊긴 풀이나 나무를 형상했다. 두 개의 '철(屮)' 중간에 더해진 가로로 된 작은 부호(=)는 이곳이 끊긴 곳임을 나타내 준다. 오른쪽의 '근(斤)'은 의미를 표시하여 이것이 도끼와 관계있음을 나타낸다. 그렇게 되면 형(形), 의(義), 표(標)의 다기능 합성자가 된다. 또 '평(坪)'은 '땅이 평평하다'는 뜻의 의의(義義) 합체자로 분석할 수도 있지만, '토(土)'가 의미부이고 평(平)이 소리부'인 의음(義音) 합체자로 분석할 수도 있어, 기능을 겸비한 글자인데, 이러한 기능 겸비 글자들도 다기능 글자에 귀속시킬 수 있다.

이상에서 20가지의 한자 구조유형을 소개했다. 한자구조의 유형과 명칭은 고정된 것이 아니며, 서로 다른 귀납법과 명명법이 있을 수 있다. 관건적인 부분은 한자구조를 분석하는 원리와 방법이 과학적이어야 한다는 점이다. 위에서 소개한 원리에는 자형구조 원리와 자형변천 원리가 포함되었으며, 분석 방법은 구성성분분석법이었다. 필자는 이러한 원리에 근거하고, 이러한 방법을 운용한다면, 고금에 이르는 모든 한자의 구조를 과학적으로 분석할 수 있다고 생각한다.

제3절 '육서(六書)'와 『설문해자(說文解字)』

1. 체계적 글자 분석 방법과 구조 유형이 아닌 '육서'

'육서'라는 명칭은 『주례(周禮)』에서 처음 나타난다. 육서가 무엇을 가리키는지 구체적 이름을 나열한 것은 동한 때 반고(班固)가 서한 말기의 유흠(劉歆)의 『칠략(七略)』을 계승하여 저술한 『한서·예문지(藝文志)』에 처음 보인다.

> 『주례』에 의하면, 8살에 소학에 입학하였으며 보씨가 공경대부의 자제들을 가르쳤는데 먼저 육서로 가르쳤는데, 상형, 상사, 상의, 상성, 전주, 가차가 그것들이고, 모두 글자 창제의 근본 법칙이다.(古者, 八歲入小學, 故周官保氏掌養國子, 教之六書, 謂象形, 象事, 象意, 象聲, 轉注, 假借, 造字之本也.)

육서의 명칭을 제시한 사람으로는 유흠(劉歆)의 재전 제자인 정중(鄭眾)이 있는데, 한나라 말 정현(鄭玄)이 쓴 『주례주(周禮注)』의 인용에 보인다.

> 육서는 상형, 회의, 전주, 처사, 가차, 해성을 말한다.
> (六書, 象形, 會意, 轉注, 處事, 假借, 諧聲也.)

육서를 가장 상세하게 해석했던 사람은 유흠의 또 다른 제자였던 가규(賈逵)의 학생이었던 허신(許慎)이었다. 그는 『설문해자·서(敍)』에서 이렇게 말했다.

『주례』에 의하면 "8살에 소학에 입학하였으며 보씨가 공경대부의 자제들을 가르쳤는데 먼저 육서로 가르쳤다"라고 했다. 육서란, 첫째 지사인데, 지사는 보아서 알 수 있고 살펴서 그 뜻이 드러나는 것을 말하며, '상(上)'과 '하(下)' 등이 그 예이다. 둘째는 상형인데, 상형은 그 물상을 그대로 그리어 그 형체를 따라서 그려낸 것을 말하는 것으로, '일(日)'과 '월(月)' 등이 그 예이다. 셋째는 형성으로, 형성은 그 나타내는 사물을 이름으로 하고 나타내는 소리를 서로 합친 것을 말하는 것으로, '강(江)'과 '하(河)' 등이 그 예이다. 넷째는 회의인데, 회의는 비슷한 것을 나열하여 그 뜻을 합침으로써 그 가리키는 바를 나타내는 것으로, '무(武)'와 '신(信)' 등이 그 예이다. 다섯째는 전주로, 전주는 같은 부류에 속하면서 같은 뜻을 서로 주고받을 수 있는 것을 말하는 것으로, '고(考)'와 '노(老)' 등이 그 예이다. 여섯째는 가차인데, 가차는 본래는 그 글자가 없었으나 음성에 의탁하여 물상이나 개념을 나타내는 것으로, '영(令)'과 '장(長)' 등이 그 예이다.

(周禮八歲入小學, 保氏教國子, 先以六書. 一曰指事, 指事者, 視而可識, 察而見意[4]), 上下是也; 二曰象形, 象形者, 畫成其物, 隨體詰詘, 日月是也; 三曰形聲, 形聲者, 以事爲名, 取譬相成, 江河是也; 四曰會意, 會意者, 比類合誼, 以見指撝, 武信是也; 五曰轉注, 轉注者, 建類一首, 同意相受, 考老是也; 六曰假借, 假借者, 本無其字, 依聲托事, 令長是也.)

　　이상의 세 사람이 열거한 육서의 명칭은 대동소이한데, 그 중에서 상형(象形), 전주(轉注), 가차(假借)는 모두 같고, 나머지는 이름은 다르지만 실제는 같은 것으로, 상사(象事)와 처사(處事)와 지사(指事)가 같고, 상의(象意)와 회의(會意)가 같고, 상성(象聲)과 해성(諧聲)과 형성(形聲)이 같다. 반고(班固)는 육서가 '조자의 근본'이라 명확하게 지적했는데, 이는 일반적으로 육서가 6가지의 조자 방법이라 이해되었다.

　　그러나 허신의 정의와 예시에 근거해 볼 때, '육서'에 이름붙인 시각과 방식은 같다고 할 수 없으며, 모두가 조자를 두고 한 말도 아니다.

---

4) 段玉裁는 『說文解字注』에서 이렇게 말했다. '見意'는 각 판본에서 '可見'으로 되었는데, 지금 顏氏의 『藝文志注』에 근거해 바로 잡는다.

'지사(指事)'를 두고 '보아서 알 수 있고 살펴서 그 뜻이 드러나는 것(視而可識, 察而見意)'이라 한 것은 이미 존재하는 자형을 두고 한 말이 분명하다. '보는 것[視]'과 '인식[識]', '관찰[察]'과 '뜻이 드러나는 것[見意]'은 모두 자형이 이미 존재하는 기초 위에서 식별하고 고찰한 과정이다. '지사'라는 이름은 어떤 구성성분의 기능이나 어떤 부호를 제정하는 목적에 초점이 놓여 있으며, 조자방법과 구조유형과는 무관하며, 실제 지칭하는 것은 아마도 한자형체의 내원의 하나였을 것이다. 다시 말해, 인위적으로 규정한 지사부호로, 소위 '보아서 알 수 있고 살펴서 그 뜻이 드러나는 것(視而可識(識別), 察而見意)'은 '지사'부호를 제정한 요구에 대한 말임이 분명하다. 인위적으로 제정된 지사부호는 '상형'부호에 대한 보충이다. '상형'의 정의인 '그 물상을 그대로 그리어 그 형체를 따라서 그려낸 것(畵成其物, 隨體詰詘)'에서는 '그림[畵]'이라는 말이 중복 출현한다. 이는 조자 취형 방식과 과정을 설명한 것으로, 실제로는 한자형체의 또 다른 중요한 내원, 즉 객관사물의 형상에 대한 묘사를 지칭한 것으로 보인다. '그림으로 그렸던[畵成]' 것은 어떤 글자였을 수도 있고, 어떤 글자의 구성성분일 수도 있다. 그래서 '상형'이 강조했던 것은 형체의 내원이나 형체의 기능이었지, 반드시 조자방법이거나 구조유형일 필요는 없었다.

'형성'은 '그 나타내는 사물을 이름으로 하고 나타내는 소리를 서로 합친 것(以事爲名, 取譬相成)'으로 정의되었고, '회의'는 '비슷한 것을 나열하여 그 뜻을 합침으로써 그 가리키는 바를 나타내는 것(比類合誼, 以見指撝)'으로 정의되었는데, 이는 모두 글자를 만들어 어휘를 표현하는 수단과 과정에 대해 말한 것으로, 당연히 한자의 두 가지 구조유형으로 보아도 된다.

'가차'를 두고 '본래는 그 글자가 없었으나 음성에 의탁히여 물상이나 개념을 나타내는 것(本無其字, 依聲托事)'이라고 했는데, 혹자는 이를 두고 '글자를 만들어 내지 않는' 조자수단으로 이해하기도 했다. 그러나 필경 구조상으로 새로 만들어지는 형체는 없으며, 더더욱 글자를 사용하여 단어를 기록하는 수단으로 보아야만 할 것이다. '전주'는 '같은 부류에 속하면서 같은 뜻을 서로 주고받을 수 있는 것(建類一首, 同意相

受)'인데, 이 모호한 설명 때문에 논쟁이 가장 많은 부분이며, 지금까지도 공인된 정의가 없다. 필자 생각에, '전주'는 한자를 부류로 모으는 방법으로, 의미에 근거해 사류를 귀납하고, 형체에 근거해 부수를 통일하는 것이다. 동일한 사류나 동일한 부수 속의 글자들은 의미적으로 관련되어 있다. 내재적 의미가 동일한 의미요소는 서로 주석을 달아 해설해줄 수 있으며, 서로가 함께 엮일 수 있다. 그래서 '전주'자로 불렸다. 부류로 모으는 이러한 방법은 자서를 편찬하는데 응용되기도 했고, 아동들이 글자를 집중적으로 인식하고 한자를 체계적으로 장악하는데도 응용되었다. 그래서 아동들의 식자 교재에서 일찍부터 응용되었다.5)

'육서'가 출현한 언어 환경으로 볼 때, 육서는 고대 소학에서 어린이들을 가리키던 과목의 하나였을 것으로 추정된다. '서(書)'는 글자를 써서 말을 기록하다는 뜻이다. 그렇다면 이 과목의 내용은 어문과 관련되었고, 주로 문자지식에 관한 것이었다. 소학의 교학 내용은 응당 상식적이고 실용적이며 선택적인 것이었을 것이며, 학술적이고 체계적인 것은

---

5) 黃德寬, 陳秉新의 『漢語文字學史』에서 이렇게 말했다. "하나의 동몽 식자서로서의 『창힐편』은 당시에 통용되던 4언의 운문형식을 사용하여 개별적인 한자를 배열하여 가능한 한 의미가 같거나 서로 비슷하고 혹은 서로 관련되도록 만들어 암송과 기억에 편리하도록 하고자 했으며, 그리하여 개별 한자와 단어의 인식을 함께 할 수 있도록 했다. 개별한자, 단어의 분류와 배열은 한자의 형체와 독음과 의미에 대한 이성적 인식을 비롯하여 한자체계 내에 존재하고 있는 내적 관계에 대한 초보적 인식을 반영하기도 한다. 이러한 체례는 『사주』편에서부터 근원하였으며, 게다가 작자의 창조적인 작업을 덧보탬으로써 이후의 자서의 편집에 대해 부정할 수 없는 게시적 기능을 일으켰다. C0033과 C0034의 두 죽간에서는 의미가 서로 관련 있는 '黑'자로 구성된 10개의 글자가 함께 모아져 있는 것으로 보아, 우리들로 하여금 『창힐편』이 편찬될 당시에 이미 부수에 따른 분류법을 고려했음을 거의 인식하도록 만들고 있다. 같은 부수를 가진 한자는 글자 의미의 체계 속에서 일반적으로는 같은 부류에 속해 있기 때문에, 실제적으로 부수분류법이라는 것은 한자를 의미범주에 따라 배열한 자연적인 결과물이라 할 수 있다. 만약 『창힐편』에서 같은 부수끼리 함께 모아 놓은 것이 의식적인 행위에 의한 것이 아니라고 한다면 한나라 때의 사유의 『급취편』에서 운용한 '부수에 따라 분류한다'라는 배열법은 부수에 대한 인식이 점점 구체적인 모습을 드러낸 것이 된다. 이러한 사실로부터 우리들은 허신이 제창한 부수배열법의 근원을 살펴볼 수 있기도 한다." (合肥: 安徽教育出版社, 2006), 11~12쪽.

아니었을 것이며, 어렵고 깊은 것은 더더욱 아니었을 것이다. 그래서 '육서'는 교육 용어로, 고대 소학에서 아동들에게 상용한자를 가르쳤던 6가지 지식 내용에 대한 통칭으로, 그 성질은 각기 달라, '육서'에 포함된 각각의 '서(書)'는 논리적 관계에 따라 획분된 부류도 아니며, 전체적인 이론체계도 아니었다.

'육서'의 구체적인 내용을 보면, 어떤 것들은 한자의 형체 내원이나 형체 기능과 관련 있고, 어떤 것들은 한자의 구조와 구조 분석과 관련 있으며, 어떤 것들은 한자의 유형적 분류와 관련 있으며, 어떤 것들은 한자 사용의 기능과 관련 있다. 이러한 지식들은 모두 가장 기본적인 것이자 전형적인 것이었으며, 게다가 모든 방면에서 맛보기만 보이는 식으로 깊게 체계적으로 강의할 필요는 없었다. 기초교육의 실용성과 수용 가능성이 '육서'의 비 학술적인 성질을 결정했다. 다시 말해, '육서'의 명칭은 학술적 측면에 속하는 것이 아니라, 기초 교육의 측면에 속한다. 게다가 특정 함의를 지닌 학술적 개념이 아니라, 지칭하기에 편리한 교육 용어였다. '육예(六藝)', '오사(五射)', '구수(九數)', '사서오경(四書五經)'과 마찬가지로, '육서'는 단지 어떤 영역과 상관된 내용에 대한 개략적 통칭으로, 교학체계로 볼 수는 있으나, 이론적 체계로 보기는 어렵다.[6]

반고(班固)가 '육서' 전체를 '조자의 근본(造字之本)'으로 본 것은 아마도 착각이었을 것이다. 후세 사람들이 '육서'를 한자구조의 6가지 유형으로 본 것도 통하지 않는다. 사실 반고가 말한 '조자(造字)'도 반드시 형체의 구성을 두고 한 말도 아니다. 당나라 초기 안사고(顔師古)가 『한서(漢書)』에 대해 주석을 하면서 다른 해설을 내놓았다. "문자의 의미는 육서로 총결된다. 그래서 글자를 세우는 근본이 된다.(文字之義總歸六書, 故曰立字之本焉.)"라고 했다. 소위 '문자의 의미'와 '글자를 세우는 근본'은 응당 자형의 창조를 두고 한 말은 아닐 것이다. 왜냐하면 '창조'라는 의미라면, '만들다[造]'가 '세우다[立]'보다 훨씬 더 명백한데, 안사고가 이 글자를 바꾸어 해석할 필요는 없었을 것이기 때문이다. '세우다[立]'와

---

6) 李運富, 「'六書'性質及價値的重新認識」, 『世界漢語教學』 第1期(2012) 참조.

'만들다[造]'는 여기서 모두 추상적 의미로, 지식 체계를 세우는 것을 말하며, '의미[義]'도 문자학적 지식의 요점을 말한 것이지 구체적 자형의 의미를 두고 한 것은 아니다. 그렇다면 안사고가 말한 의미는, 문자의 중요한 의미(기본규칙과 주요 내용)를 '육서'라는 말로 개괄한 것이고, 그래서 '육서'는 한자의 지식체계를 세우는 기초가 된다.[7]

　　그러나 오랜 기간 동안 '육서'는 이론적인 부분에서는 한자를 만드는 6가지 방법으로, 응용적인 부분에서는 한자형체구조를 분석하는 6가지 유형으로 인식되어 왔다.[8] 사실, 육서에 근거해 한자를 분석하거나 한자를 육서에 귀속시키는 경우, 소수의 글자만 적합할 뿐, 절대 다수의 한자는 육서에 따라 분석하거나 귀속시키기가 어렵다. 그리하여 송나라 때부터 육서의 하위분류와 육서의 명칭을 조정하는 노력이 계속되었으며, 그 결과 수많은 '변례(變例)'와 '겸류(兼類)'들이 등장했다. 청나라 때의 왕균(王筠)은 더 발전하였는데, 『문자몽구(文字蒙求)』와 『설문석례(說文釋例)』에서 더 많은 육서의 하위분류를 설정했다. 예컨대, 상형자만 해도 '회의로 상형을 규정한 것(以會意定象形者)', '회의로 상형을 규정했으나 다른 형체를 더한 것(以會意定象形而別加一形者)', '소리와 의미를 겸한 상형(兼聲意之象形)', '회의와 유사한 상형(似會意之象形)', '형체가 전혀 없지만 의미와 소리를 형체로 삼은 것(全無形而以意聲爲形者)' 등이 있고, 지사자 중에도 '순수 지사(純體指事)' 이외에도 '회의로 지사를 규정한 것(以會意定指事者)', '의미이면서 사건도 되는 것(即意即事者)',

---

7) 陳燕의 「秦漢時期的漢字字序法」에서도 顏師古의 '立字之本'과 班固의 '造字之本'의 차이에 주목하였는데, 그녀는 이렇게 말했다. "顏師古는 許慎의 六書의 진정한 의미를 얻었다. 그래서 '造字之本'이라는 말로 六書를 개괄하지 않았는데, 매우 일리가 있는 말이다. 우리가 생각하기에 '立字之本'은 응당 한자와 상관된 문제를 포함해야만 하는데, 여기에는 한자구성이나 造字法과 관련된 字形, 字音, 字義 이외에도 字序, 즉 漢字排序法 등이 포함된다." 『天津師範大學學報』 第2期(2011).

8) 元明 시기에 이미 吳元滿 같은 사람들은 '轉注'와 '假借'가 앞의 4가지와 성질상으로 다르다는 것을 인식했으며, 이 때문에 '四體二用'설을 제기했다. 이 설은 '六書'가 모두 같은 성질이라는 국면을 타개하였다. 그러나 '四體'의 내부와 '二用'의 내부에 여전히 성질이 다른 것들이 존재함을 보지는 못해, 커다란 이론에 이르지는 못했다.

'의미도 겸하고 소리도 겸하고 형체도 겸하는 것(兼意兼聲兼形者)', '생략된 상형자로 사건을 지칭하는 것(省象形字以指事者)', '본뜰 수 없는 형상이라 변하여 지사가 된 것(形不可象變而爲指事者)', '상형을 빌려 지사가 된 것(借象形爲指事者)', '상형을 빌려 지사도 되고 의미도 겸한 것(亦借象形爲指事而兼意者)' 등이 있다. 이러한 분류는 겸함과 변화(兼變)가 교차하고, 계층이 뒤섞여 복잡하며, 규칙이 번잡하고 많아, 조작하기가 어렵다. 이는 분명 '육서'의 원의는 아닐 것이며, 허신 『설문해자』에서 자형구조를 분석한 실제 유형도 아니다. 이러한 '육서'는 이미 '육서학'으로 변해있었으며, '육서'의 교육적 성격을 위배했다. '육서학'은 전문가조차도 이해하기 어려운데, 고대인들이 어떻게 이로써 초등학생들을 가르쳤겠는가!

　전통적인 '육서'로는 한자구조를 체계적으로 분류할 수가 없다. 그래서 현대학자들은 전통적인 '육서'를 개조하여, '삼서(三書)', '사서(四書)', '오서(五書)', '신육서(新六書)', '칠서(七書)', '팔서(八書)' 등과 같은 수많은 학설을 제시했다.[9] 그러나 모두 한자의 구조분석과 귀류 문제를 철저하게 해결할 수 없었다. 왜냐하면 이러한 '몇 가지 서(書)'는 '육서'와 사고의 맥락이 같고, 단지 유형의 수나 유형의 명칭에서 합치거나 분리하여 조정한 것에 지나지 않기 때문이다. '육서'가 원래부터 한자구조를 전문적으로 분석하기 위한 것이 아니었을진대, 한자구조의 완전한 유형을 대표할 수 없음은 당연하다. 근본적인 문제로부터 여기에 이르지 않는다면, 먼저 한자의 효과적인 분석 방법을 확정하지 않는다면, 실제로부터 출발하여 한자구조가 가져야 할 유형을 다시 새롭게 귀납하지 않는다면, 그리고 여전히 '육서'라는 고정된 사고에 따라 문제를 생각한다면, 한자구조의 과학적 분석과 구조유형 체계의 건립을 근본적으로 해결하기는 어려울 것이다.

---

9) 季苗(프랑스 리옹 제3대학), 「漢字分類及認知之研究與對外教學應用」(2005-08-24~26, 독일 마인츠 대학에서 개최된 '서양 학습자들의 한자 인지 학술대회' 발표 논문, http://www.docin.com/p-31902157.html) 참조.

2. 『설문해자』의 글자 분석 방법과 구조 유형

허신의 글자 분석 방법과 구조유형은 '육서'와 다르다. '육서'의 명칭과 유형은 여러 각도의 통일되지 않은 것이지만, 『설문해자』에서 사용한 술어와 유형은 모두 구성성분을 두고 한 말이며, 구성성분의 성질에 의해 결정되었다. 그래서 허신이 『설문해자』에서 운용했던 글자분석 방법은 '구성성분 분석법'이라 불러야지 '육서'분석법이라 불러서는 아니될 것이다. 허신의 구성성분 분석은 다음의 네 가지로 요약된다.

(1) 구성성분의 기능분석

한자와 어휘 간의 관계에 근거해, 어떤 한자를 몇 개의 구성성분으로 분석하고, 각각의 구성성분의 기능 및 기능적 관계를 설명하는 방법이다. 예를 들면 다음과 같다.

① 「목(木)부수」: 果(栗), 木實也. 從木, [田]象果形, 在木之上.
과(果)는 과실을 말한다. 목(木)이 의미부이고, [田은] 과실의 형상을 본떴는데, 나무[木]위에 놓인 모습이다.

② 「구(丘)부수」: 丘(坕), 土之高也, 非人所爲也. 從北從一. 一, 地也; 人居在丘南, 故從北.
구(丘)는 높은 땅을 말하는데, 인위적으로 만든 것은 아니다. 북(北)도 의미부이고 일(一)도 의미부이다. 일(一)은 땅[地]을 뜻한다. 사람들이 언덕의 남쪽에 거주하므로, 북(北)이 의미부로 들어갔다.

③ 「우(牛)부수」: 牽(牽), 引前也. 從牛, [冖]象引牛之縻也, 玄聲.
견(牽)은 앞으로 끌다는 뜻이다. 우(牛)가 의미부이고, [冖은] 소를 끄는 고삐를 그렸다. 현(玄)이 소리부이다.

④ 「함(凵)부수」: 圅(圅), 舌也. [凵]象形. 舌體凵凵. 從凵, 凵亦聲.
함(圅)은 혀[舌]를 말한다. [凵은] 상형이다. 혀가 입 속에 있으면 피지 않은 꽃 봉우리 모양이다. 함(凵)이 의미부인데, 함(凵)은 소리부도 겸한다.

⑤ 「상(上)부수」: 上(丄), 高也. 此古文上, [丨]指事也.
　상(上)은 높다[高]는 뜻이다. 상(丄)은 상(上)의 고문체인데, [丨]은 지사이다.

　허신은 '과(果)'자를 '목(木)'과 '전(田)'의 두 가지 구성성분으로 나누고, 이에 포함된 '목(木)'이 나무를 뜻하는 '목(木)'과 형체나 의미적으로 상관있다고 했으며(從木), '전(田)'의 기능을 '과실의 모양을 본떴으며(象果形)', '나무 위에 있다(在木之上)'고 한 것은 '전(田)'이 '목(木)'의 상형기능과 관련 있다는 설명이고, 그들은 형체와 형체의 결합이며, 그래서 위치가 중요하다고 했다. 사실 '과(果)'에 포함된 '목(木)'은 상형의 기능도 있고, 또 표의적 기능도 있어, 기능을 겸한 구성성분이다. '상(上)'의 분석에서 '지사이다(指事也)'라고 한 말은 전체 글자를 두고 할 것이 아니며, 실제로는 표시성 구성성분인 '세로획[丨]'이 지사(방위) 기능을 갖고 있다고 해야만 할 것이다. 나머지 글자들의 구성성분 기능분석도 이렇게 유추하면 될 것이다.

(2) 구성성분의 동형(同形) 분석

　글자 전체를 부분적 형체로 분할했던 목적은 결코 기능을 설명하기 위한 것이 아니라 동형 관계를 가진 또 다른 글자와 동일시하기 위한 것이었으며, 이렇게 함으로써 자형의 분석을 명확하게 하거나 구성의미를 제시하는데 도움을 주기 위한 것이었다. 이렇게 분석된 부분적 형체는 일반적으로 독립된 구성성분이 될 수 없지만, 지칭의 편의를 위해 구분하지 않아도 될 때에는 구성성분이라 통칭할 수도 있다. 예를 들면 다음과 같다.

① 「각(角)부수」: 角(ﾝ), 獸角也. 象形. 角與刀, 魚相似.
　각(角)은 짐승의 뿔을 말한다. 상형이다. 각(角)은 칼[刀]이나 물고기[魚]와 비슷하게 생겼다.
② 「어(魚)부수」: 魚(ﾝ), 水蟲也. 象形. 魚尾與燕尾相似.
　어(魚)는 물에 사는 생물이다. 상형이다. 물고기의 꼬리는 제비의 꼬리를 닮

았다.

③ 「호(壺)부수」: 壺(壺), 昆吾圓器也. 象形. 從大, 象其蓋也.
호(壺)는 곤오(昆吾)를 말하는데 둥글게 생긴 기물이다. 상형이다. 대(大)가
의미부인데, 뚜껑을 형상했다.

④ 「집(亼)부수」: 亼(亼), 三合也. 從入一. 象三合之形.
집(亼)은 세 개가 합쳐진 모습이다. 입(入)과 일(一)이 의미부이다. 셋이 합쳐
진 모습을 그렸다.

⑤ 「일(日)부수」: 日(日), 實也. 太陽之精不虧. 從口一. 象形.
일(日)은 실(實)과 같아서 '가득 차다'는 뜻이다. 태양의 정기는 이지러지지
않기 때문이다. 위(口)와 일(一)이 의미부이다. 상형이다.

⑥ 「망(网)부수」: 网(网), 庖犧所結繩以漁. 從冂, 下象网交文.
망(网)은 포희씨가 발명한 것으로 끈을 엮어 물고기를 잡는데 쓰는 도구이
다. 경(冂)이 의미부이고, 망(网)의 아랫부분은 그물이 교차된 무늬를 그렸다.

⑦ 「목(木)부수」: 木(木), 冒也. 冒地而生. 東方之行. 從屮, 下象其根.
목(木)은 모(冒)와 같아 '뛰어나오다'는 뜻이다. 땅을 뚫고 올라와 자라난다.
오행에서 동방을 상징하는 물체이다. 철(屮)이 의미부이고, 목(木)의 아랫부
분은 나무의 뿌리를 그렸다.

"각(角)은 도(刀)나 어(魚)와 비슷하게 생겼다"라고 했는데, 이것은
'뿔[角]'이라는 이 실물이 '칼[刀]'과 '물고기[魚]'라는 두 가지 실물과 비슷
하다는 말이 아니라, '각(角)'의 소전체 자형이 '도(刀)'와 '어(魚)'의 소전
체 자형의 윗부분과 비슷하다는 말이다. '호(壺)'가 '대(大)'로 구성되었다
고 한 것은 결코 '호(壺)'와 '대(大)'자의 독음과 의미가 어떤 관계가 있다
는 것이 아니라, '호(壺)'자의 소전체 형체에서 윗부분이 '대(大)'의 소전
체 형체와 같아서, 유추가 가능하다는 말이며, 익숙한 '대(大)'자로 '호
(壺)'의 윗부분 형체를 인지하고 서사할 수 있다는 말이다. '호(壺)' 윗부
분의 '대(大)'자 형태의 기능에 대해서는 '그 뚜껑을 본떴다(象其蓋也)'라
고 했는데, 이는 크기를 말하는 '대(大)'와 관계가 없다. 이렇게 볼 때, 이
러한 종류의 형체 분석은 동일형태의 유추에 중점이 있지, 기능의 인정
에 있지 않음을 알 수 있다. 나머지도 이렇게 유추하면 될 것이다.

(3) 구성성분의 변이(變異) 분석

어떤 글자들은 변이의 방식을 통해서 구성성분으로 전화하고, 이로부터 새로운 변이(變異) 독체자가 만들어지기도 한다. 허신의 구성성분분석법도 이러한 구성성분의 분석에 응용되었다. 예를 들면 다음과 같다.

> ① 「후(𠂆)부수」: 𠂆(𠂆), 厚也. 從反亯(亯).
> 후(𠂆)는 두텁다는 뜻이다. 향(亯)을 반대로 뒤집은 모습이다.
> ② 「잡(帀)부수」: 帀(帀), 周也. 從反之(屮)而帀也.
> 잡(帀)은 한 바퀴 돌다는 뜻이다. 지(之)자를 거꾸로 뒤집어 잡(帀)자가 만들어졌다.
> ③ 「이(𦣝)부수」: 𦣝(𦣝), 歸也. 從反身(𦣝).
> 이(𦣝)는 돌아가다[歸]는 뜻이다. 신(身)을 반대로 뒤집은 모습이다.
> ④ 「가(叵)부수」: 叵(叵), 不可也. 從反可(叵).
> 파(叵)는 불가하다는 뜻이다. 가(可)를 반대로 뒤집은 모습이다.
> ⑤ 「삽(卅)부수」: 世(世), 三十年爲一世. 從卅(卅)而曳長之. 亦取其聲也.
> 세(世)는 30년을 말하는데, 30년이 1세가 된다. 삽(卅)을 끌어 길게 만든 글자이며, 삽(卅)에서 독음도 가져왔다.
> ⑥ 「돌(㐬)부수」: 㐬(㐬), 不順忽出也. 從到子(㐬).
> 돌(㐬)은 아이를 낳을 때 거꾸로 갑자기 나오다는 뜻이다. 자(子)를 거꾸로 뒤집은 모습이다.

이상에서 분석한 구성성분은 형체 상으로 '뒤집거나[反]' '거꾸로 하거나[到, 倒]' '길게 늘어뜨린[曳長]' 것으로, 모두 형체상의 변화이다. 그러나 시각상의 조정을 위해 여전히 형체 상으로 동일시할 수 있다. 이러한 형체의 변이에 대한 동일시는 종종 의미상으로도 관련이 있다. 예컨대, '가는 것[之]'을 뒤집은 것이 '빙 두르는 것[帀]'이고, '몸[身]'을 되돌리는 것이 '돌아옴[肙, 歸]이고, '가(可)'하지 않는 것이 '불가능함[叵]'이고, '아이[子]'가 거꾸로 나오는 것이 '돌(㐬)'인 것과 같은 것들이다. 이렇게 볼 때, 형체의 분석도 있지만, 기능적 설명도 있음을 보여준다.

⑷ 구성성분의 궐의('闕'疑) 분석

만약 어떤 형체의 기능이 불명확하다면, 허신은 궐의(闕疑)라는 방법을 사용했는데, 하나의 구성성분으로 보든 아니면 몇 개의 구성성분으로 분석하든, '궐(闕)'자를 사용한 것은 그 중의 어떤 구성성분이나 전체 구성성분이 기능을 잃었거나 기능이 불명확하다는 뜻이며, 기능이 불명확한 이러한 구성성분은 대체부호[代號] 구성성분으로 볼 수 있다. 예를 들면 다음과 같다.

① 「훤(皿)부수」: 單(覃), 大也. 從皿, 屮, 皿亦聲. 闕.
   단(單)은 크다는 뜻이다. 훤(皿)과 반(屮)이 의미부인데, 훤(皿)은 소리부도 겸한다. 왜 그런지는 몰라 비워둔다.
② 「착(辵)부수」: 邍(邅), 高平之野, 人所登. 從辵, 备, 彔 闕.
   원(邍)은 고원 즉 높은 부분이 평평한 들을 말하는데, 사람들이 올라가 곡식을 재배하는 곳이다. 착(辵)과 비(备)와 록(彔)이 모두 의미부이다. 왜 그런지는 몰라 비워둔다.
③ 「언(言)부수」: 謚(䚌), 行之跡也. 從言, 兮, 皿. 闕. (徐鍇曰: '兮, 聲也.')
   시(謚)는 시호를 말하는데 그간 걸어온 행적을 말한다. 언(言)과 혜(兮)와 명(皿)이 모두 의미부이다. 왜 그런지는 몰라 비워둔다. (徐鍇는 兮가 소리부이다고 했다.)
④ 「동(東)부수」: 棘(𣔗), 二東, 曹從此 闕.
   조(棘)는 두 개의 동(東)으로 구성되었으며, 조(曹)가 이 글자로 구성되었다. 왜 그런지는 몰라 비워둔다.
⑤ 「자(自)부수」: 㿝(㿝), 宮不見也. 闕.
   변(㿝)은 궁궐에 나타나지 않다는 뜻이다. 왜 그런지는 몰라 비워둔다.
⑥ 「주(舟)부수」: 朕(䑅), 我也. 闕.

짐(朕)은 나[我]라는 뜻이다. 왜 그런지는 몰라 비워둔다.

　⑦ 「환(丸)부수」: 㚲(䡇), 闕.

　번(㚲). 무슨 뜻인지 몰라 비워둔다.

　‘단(單)’자를 분석하면서 “훤(吅)과 반(屮)이 의미부인데, 훤(吅)은 소리부도 겸한다. 왜 그런지는 몰라 비워둔다[闕]”라고 했다. ‘비워둔다[闕]’가 가리키는 것은 이 글자를 구성하는 구성성분 ‘반(屮)’의 기능이 불명확하다는 뜻인데, 필자의 구분에 의하면 이는 대체부호[代號]에 해당한다. ‘원(邊)’자에 대해서는 “착(辵)과 비(备)와 록(录)이 의미부이다”라고 했는데, ‘착(辵)’은 ‘사람이 올라가는 것’과 관련 있어, 표의 구성성분으로 볼 수 있다. 그러나 ‘비(备)’와 록(录)의 기능은 불명확하다. 그래서 ‘비워둔다[闕]’라고 했던 것이다. ‘시(謚)’의 설명에서 몰라 비워둔 것은 바로 ‘혜(兮)’와 ‘명(皿)’의 두 가지 구성성분의 기능이었다. ‘조(棘)’자는 분명히 ‘두 개의 동(東)으로 구성되었지만’, 이 두 개의 ‘동(東)’은 형체의 유추일 뿐이지, ‘동(東)’자의 기능과는 무관하다. 그래서 ‘비워둔다[闕]’라고 할 수밖에 없었다. 그 다음 몇 글자에 대해서는 구성성분에 대한 분석이 없는데, 글자에 포함된 구성성분의 기능이 모두 불명확했기 때문이고, 그래서 총체적으로 ‘비워둔다(闕)’라고 했던 것이다. ‘비워둔다[闕]’라는 방법은 글자를 만들어 낼 수 없지만, 글자 분석을 할 때 어쩔 수 없이 사용한 조치였다.

　허신이 사용했던 방법은 구성성분 분석법이었는데, 어떤 구성성분은 기능이 있지만, 어떤 구성성분은 기능이 불명확한데, 이러한 구성성분이 조합하게 되면 바로 한자의 구조유형이 된다. 구체적으로 말하면, 『설문해자』에서 분석한 구성성분은 총 5가지가 있는데, 상형 구성성분, 표의 구성성분, 시음(示音) 구성성분, 표시(標示) 구성성분, 기능이 불명확한 대체부호[代號] 구성성분 등이 그것이다. 이러한 5가지 구성성분에다 변이된 구성성분을 더하게 되면, 이론적으로 조합 가능한 한자 구조유형은 앞에서 설명한 20가지 한자 구조유형과 일치한다. 허신이 실제 분석했던 유형이 이와 같았을까? 허신이 분석했던 글자를 다음과 같이 귀납할 수 있다.

① 상형(象形) 독체자.

「구(口)부수」: '口(ﾛ), 人所以言食也. 象形.'

구(口)는 사람이 밥을 먹는 기관을 말한다. 상형이다.

② 표시(標示) 독체자.

「일(一)부수」: '一(一), 惟初大極, 道立於一. 造分天地, 化成萬物.'

일(一)은 하나를 말하는데, 태초에 태극이 있었고 도(道)가 하나[一]에서 세워졌다. 이후 하늘과 땅으로 나뉘고 만물을 만들어 냈다.

③ 변이(變異) 독체자.

「화(匕)부수」: '匕(ﾋ), 變也. 從到(倒)人.'

화(匕)는 변한다는 뜻이다. 인(人)을 거꾸로 한 모습이다.

④ 대체부호[代號] 독체자.

「절(卩)부수」: '卪(ﾈ), 卪也. 闕.'

추(卪)는 부절[卪]을 말한다. 왜 그런지는 몰라 비워둔다.

⑤ 형형(形形) 합체자.

「공(工)부수」: '巨(巨), 規巨也. 從工, 象手持之.'(工爲矩形)

거(巨)는 규거(規巨: 그림쇠와 곱자)를 말한다. 공(工)이 의미부인데, 손에 그것을 쥔 모습을 그렸다. (工은 곱자의 모습이다.)

⑥ 형의(形義) 합체자.

「화(禾)부수」: '秫(秫), 稷之黏者. 從禾; 朮, 象形.'

출(秫)은 찰기가 있는 기장을 말한다. 화(禾)와 출(朮)이 의미부인데, 출(朮)은 상형자이다.

⑦ 형음(形音) 합체자.

「치(齒)부수」: '齒(齒), 口齗骨也. 象口, 齒之形, 止聲.'

치(齒)는 입에 있는 잇몸의 뼈를 말한다. 입[口]과 이빨[齒] 위 모습을 본떴으며, 지(止)가 소리부이다.

⑧ 형표(形標) 합체자.

「작(勺)부수」: '勺(勻), 挹取也. 象形, 中有實.'

작(勺)은 액체를 푸다는 뜻이다. 상형인데, 가운데 어떤 실체가 있음을 그렸다.

⑨ 의의(義義) 합체자.

「시(示)부수」: '祟(祟), 神禍也. 從示從出.'

수(祟)는 신이 내리는 재앙을 말한다. 시(示)가 의미부이고 출(出)도 의미부이다.

⑩ 의음(義音) 합체자.

「혈(頁)부수」: '頡(頡), 直項也. 從頁吉聲.'

힐(頡)은 곧게 선 목을 말한다. 혈(頁)이 의미부이고 길(吉)이 소리부이다.

⑪ 의표(義標) 합체자.

「음(音)부수」: '音(音), 聲也. ……從言含一.'

음(音)은 소리[聲]를 말한다. ……언(言)에 가로획[一]을 머금은 모습이다.(一은 구별성 기호이다.)

⑫ 음음(音音) 합체자.

「비(比)부수」: '毖(毖), 愼也. 從比必聲.'

비(毖)는 신중하다[愼]는 뜻이다. 비(比)가 의미부이고 필(必)이 소리부이다. (比는 글자의 뜻과 아무런 상관이 없다. 그래서 그 기능은 표음이 되어야 옳다.)

⑬ 음표(音標) 합체자.

「백(白)부수」: '百(百), 十十也. 從一. 白.'

백(百)은 십 곱하기 십 즉 100을 말한다. 가로획[一]과 백(白)이 모두 의미부이다.(一은 구별성 기호이다.)

⑭ 표표(標標) 합체자.

「곤(丨)부수」: '中(中), 内也. 從口. 丨, 上下通.'(口象徵範圍, 丨標示從範圍的中心或内部貫通.)

중(中)은 안으로 들어가다[内]는 뜻이다. 위(口)가 의미부이다. 곤(丨)은 아래 위로 통하다는 뜻이다.(口는 범위를 상징하고, 丨은 해당 범위 내의 중심이나 내부로 관통함을 뜻한다.)

⑮ 의대(義代) 합체자.

「쇠(夂)부수」: '夋(夋), 行夋夋也. 從夂, 闕. 讀若僕.'

복(夋)은 걷는 모양을 말한다. 쇠(夂)가 의미부이다. 왜 그런지는 몰라 비워둔다. 독음은 복(僕)과 같이 읽는다.

⑯ 음대(音代) 합체자.

「상(丄)부수」: '旁(壾), 溥也. 從二. 闕; 方聲.'

방(旁)은 부(溥)와 같아 두루 미치다는 뜻이다. 이(二)가 의미부이다. 왜 그런지는 몰라 비워 둔다. 방(方)이 소리부이다.

⑰ 대대(代代) 합체자.

「추(㳠)부수」: '㳠(㵗), 二水也. 闕.'

추(㳠)는 두 개의 수(水)로 구성되었다. 왜 그런지는 몰라 비워 둔다.(두 개의 水로 구성되었지만 이 글자의 독음과 의미를 알 수 없다는 말이다.)

⑱ 다기능 합체자.

「충(虫)부수」: '蠲(蠲), 馬蠲也. 從虫, 目, 益聲. 勹, 象形.'

견(蠲)은 노래기[馬蠲]를 말한다. 충(虫)과 목(目)이 의미부이고, 익(益)이 소리부이다. 포(勹)는 상형이다.

허신이 분석했던 예 중에서 '형대(形代) 합체자'와 '표대(標代) 합체자'에 관한 적당한 예를 찾지 못하는 것을 제외하면 나머지 18가지 유형은 앞서 추출했던 구조유형과 상응한다. 이렇게 볼 때, 허신의 『설문해자』는 실제 '구성성분 분석법'에 근거해 한자를 분석했던 것이지, '육서'에 근거해 분석했던 것은 아니다. 구성성분 분석법의 핵심은 구성성분을 분해하고 구성성분의 기능을 설명하는 데 있다. 구성성분 기능의 분류와 구조관계의 유형은 필자가 실제분석에 근거해 귀납해 낸 것이지, 허신이 미리 설정해 두었던 것도 아니다. 그래서 허신은 이러한 부류에 대응할 통일된 술어를 갖추지 못했던 것이다.

3. '육서'와 『설문해자』의 관계

남당(南唐) 때의 서개(徐鍇)로부터 시작해서, 후대 사람들은 한자의 구조분석을 '육서'와 동일시하기 시작했으며, 허신의 『설문해자』가 '육서'에 근거해 한자구조를 분석한 것이라 여겼다. 그러나 사실 이는 오늘날의 기준으로 과거를 재단하고, 자기의 생각으로 남을 추측하는 것이어서, 허신의 원래 뜻에 부합하지 않는다. 허신의 한자구조 분석은 물론

'육서'와 일정 정도의 관계가 있다. 그러나 동일한 것은 아니다. 허신은 「서(敍)」에서 교육적 입장에서 '육서'를 소개한 이외에도, 어떤 다른 곳에서도 자신이 '육서'에 근거해 한자를 해설했다는 말은 없으며, 『설문해자』에서 실제 분석한 결과는 결코 '육서'라는 개념으로 설명할 수도 없다. 왜냐하면 허신이 한자구조 분석에 사용했던 용어는 '육서'의 명칭과 상응하지 않는 부분이 많고, 구조유형도 '육서'로 개괄하기에는 너무 벗어나 있기 때문이다.[10]

먼저, 육서 중 '전주'는 『설문해자』의 구조분석에서 이에 대응하는 예를 찾을 수가 없다. 그것은 '전주'가 이미 조자방법도 아니고 글자 분석 방법도 아닌, 한자를 같은 부류끼리 모으는 방법이기 때문이다. 『설문해자』의 540부수의 설치는 도리어 '전주'라는 방법에 의해 이루어졌는데, 소위 '같은 부류에 속하면서 같은 뜻을 서로 주고받을 수 있는 것(建類一首, 同意相受)'이라는 말은 바로 동일한 구성성분을 가진 글자들을 같은 부류로 모으는 일이고, 글자들이 공통으로 가진 구성성분을 부수로 간주하고, 부수의 의미가 이들 부수에 귀속된 각각의 글자들에 의미를 부여한다. 그래서 동일한 부수의 글자들은 부수의 의미와 관련되어 있다(혹자는 모두 부수의 의미를 포함하고 있다고도 한다). 바꾸어 말해서, 어떤 부수에 속하기만 하면, 형체 상으로 모두 이 부수를 포함하며, 의미상으로도 부수의 의미와 관련된 부류에 속한다. 그래서 '어떤 글자로 구성된 글자는 모두 어떤 부수에 귀속된다(凡某之屬皆從某).'라고 했던 것이다. 『설문해자』의 540개 부류는 비록 육서의 '전주'와 관련 있지만, 그러나 분명 동몽교학에서 사용됐던 간단한 한자 의미부류인 '전주'보다는 더욱 과학적이고, 더욱 체계적이어서, 학술 저술로 그 수준을 제고시켰다.

다음으로, '가차'를 두고 '본래 그 글자가 없어(本無其字)'라고 했는데, 이는 원래 해당 어휘를 기록할 글자가 없던 것에 빌린 형체를 짝 맞추어 준 것이다. 빌려 온 형체는 일률적으로 본래의 구조 의도에 따라 구조를 분석해야 한다. 그래서 『설문해자』의 구조분석에는 가차에 관한

---

10) 李運富, 「『說文解字』的析字方法與結構類型非'六書'說」, 『中國文字研究』 第14輯(鄭州: 大象出版社, 2011) 참조.

예도 존재하지 않는다. 다만 『설문해자』에서는 종종 본자(本字)의 구조를 분석한 다음 경전을 인용하여, 글자 사용의 각도에서 가차현상의 존재를 예시한 경우는 보인다. 예를 들면 다음과 같다.

① 「가(可)부수」: 哥(哥), 聲也. 從二可. 古文以爲謌(歌)字.
   가(哥)는 소리를 내다[聲]라는 뜻이다. 두 개의 가(可)로 구성되었다. 고문에서는 가(謌=歌)자로 쓰였다.

② 「면(宀)부수」: 完(完), 全也. 從宀元聲. 古文以爲寬字.
   완(完)은 온전하다[全]는 뜻이다. 면(宀)이 의미부이고 원(元)이 소리부이다. 고문에서는 관(寬)자로 쓰였다.

③ 「견(臤)부수」: 臤(臤), 堅也. 從又臣聲. 凡臤之屬皆從臤. 讀若鏗鏘之鏗. 古文以爲賢字.
   견(臤)은 단단하다[堅]는 뜻이다. 우(又)가 의미부이고 신(臣)이 소리부이다. 무릇 견고함 것은 모두 견(臤)으로 구성된다. 갱장(鏗鏘)이라고 할 때의 갱(鏗)과 같이 읽힌다. 고문에서는 현(賢)자로 쓰였다.

④ 「오(烏)부수」: 烏(烏), 孝鳥也. 象形. 孔子曰: '烏, 肝呼也.' 取其助氣, 故以爲烏呼. 凡烏之屬皆從烏. (臣鉉等曰: 今俗作嗚, 非是.)
   오(烏)는 효성스런 새 까마귀를 말한다. 상형이다. 공자께서는 '오(烏)는 감탄사이다라고 했는데, 그것의 어기사적 용법을 가져온 것이다. 그래서 오호(烏呼)라는 뜻이라 여겼다. 오(烏) 부수에 속하는 글자들은 모두 오(烏)가 의미부이다. (臣 徐鉉 등은 이렇게 생각합니다. '오늘날 세속에서 이를 嗚으로 쓰는데, 옳지 않습니다.)

⑤ 「교(丂)부수」: 丂(丂) 氣欲舒出. 丂上礙於一也. 丂古文以爲虧字, 又以爲巧字. 凡丂之屬皆從丂.
   교(丂)는 기운이 막 나오려 함을 말한다. 포(勹)자 위에 가로획[一]이 막힌 모습이다. 교(丂)를 고문에서는 휴(虧)자로 썼다. 또 교(巧)자라 여기기도 했다. 교(丂) 부수에 속하는 글자들은 모두 교(丂)가 의미부이다.

여기서 사용한 '……라고 여긴다(以爲)'라는 말은 가차현상을 글자 사용의 각도에서 설명한 것이다. 어떤 경우는 이후 새롭게 본래 글자를 만들었지만, 애초에는 '본래는 그 글자가 없어서(本無其字)' 빌려 쓴 것이다. 글자운용 현상의 귀납은 한자구조의 분석과 다른 차원에 놓여 있다. 만약 '육서'의 '가차'를 글자 운용의 현상이라 한다면, 『설문해자』에 반영되었을 것이고, 만약 '육서'의 '가차'를 한자구조의 한 유형이라 한다면, 『설문해자』는 이와 무관할 것이다.

'전주'와 '가차'가 형체구조의 분석과 대응시킬 수 없는 것 외에도, 나머지 '사서(四書)'도 한자구조의 분석과 유형이라 표현할 수는 없다. '사서'와 상관된 한자들은 『설문해자』의 형체구조분석 과정에서 수많은 다양한 방식으로 표현되어, 그것들을 이 4가지 부류에 정확하게 대응시킬 수가 없다. 예컨대, 일반적으로 『설문해자』에서 사용된 '상형'이나 '어떤 어떤 모습을 본떴다(象某某之形)'라는 식으로 기술된 것은 '상형자'라고 하는데, 사실은 꼭 그렇지도 않다. 다음을 보자.

① 「역(亦)부수」: 亦(夾), 人之臂亦也. 從大, [八]象兩亦之形.
역(亦)은 사람 팔 사이의 겨드랑이를 말한다. 대(大)가 의미부이다. [八은] 양쪽 겨드랑이의 모습을 본떴다.

② 「인(刃)부수」: 刃(㓞), 刀堅也. 象刀有刃之形.
인(刃)은 칼의 단단한 날을 말한다. 칼에 날이 있는 모습을 그렸다.

③ 「우(牛)부수」: 牟(㸯), 牛鳴也. 從牛, [厶]象其聲氣從口出.
모(牟)는 소가 울다는 뜻이다. 우(牛)가 의미부이고, [厶은] 울음소리가 입으로부터 나오는 모습을 그렸다.

④ 「불(不)부수」: 不(㞋), 鳥飛上翔不下來也. 從一. 一猶天也. [㞋]象形.
불(不)은 새가 날아올라 아래로 내려오지 않는다는 뜻이다. 일(一)이 의미부이다. 일(一)은 하늘[天]을 뜻한다. [㞋은] 상형이다.

⑤ 「지(之)부수」: 之(㞷), 出也. 象艸過屮, 枝莖益大, 有所之. 一者, 地也.
지(之)는 나오다는 뜻이다. 초목[艸]이 떡잎[屮] 단계를 지나 가지와 줄기가 더 커져서, 자라남이 있음을 그렸다. 일(一)은 땅[地]을 뜻한다.

⑥ 「치(齒)부수」: 齒(齒), 口齗骨也. [㐭]象口, 齒之形, 止聲.
치(齒)는 입에 있는 잇몸의 뼈를 말한다. [㐭는] 입[口]과 이빨[齒] 위 모습을 본떴으며, 지(止)가 소리부이다.

⑦ 「죽(竹)부수」: 호(筁), 可以收繩也. 從竹, [亘]象形, 中象人手所推握也.

호(筁)는 줄을 매는 끈으로 사용할 수 있다. 죽(竹)이 의미부이고, [亘는] 상형인데, 중간은 사람이 손으로 잡는 부분을 그렸다.

⑧ 「위(囗)부수」: 혼(圂), 廁也. 從口, 象豕在口中也. 會意.

혼(圂)은 측간[廁]을 말한다. 위(囗)가 의미부이고, 돼지[豕]가 우리[囗] 속에 든 모습을 그렸다. 회의이다.

⑨ 「우(牛)부수」: 견(牽), 引前也. 從牛, [冂]象引牛之縻也, 玄聲.

견(牽)은 앞으로 끌다는 뜻이다. 우(牛)가 의미부이고, [冂은] 소를 끄는 고삐를 그렸다. 현(玄)이 소리부이다.

⑩ 「목(木)부수」: 구(枓), 枲耜也. 從木; 入, 象形; 㕚聲.

구(枓)는 가래[枲耜]를 말한다. 목(木)이 의미부이고, 입(入)은 상형이다. 구(㕚)가 소리부이다.

위에서 든 각 글자의 『설문해자』의 해석에는 모두 '상형'류의 기술이 들어 있다. 그러나 이들이 육서의 '상형'에 대한 정의에 부합하지 않음은 분명하며, '상형자'에 귀속시킬 수도 없다. '역(亦)'(腋)의 모습, '인(刃)'의 모습, '모(牟)'라는 소리기운의 모습은 '그려낼[畵]' 방법이 없으며, 소위 '모습을 본떴다(象形)'는 것은 사실 인위적으로 규정된 표시에 지나지 않는다. '불(不)'과 '지(之)'의 설명에 등장하는 '일(一)'도 때로는 하늘[天], 때로는 땅[地]이어서, 상징적 표지에 지나지 않으며, '그 형체를 따라서 그려내(隨體詰詘)'지도 않았다. 그래서 다른 상형적인 구성성분이 있다손 치더라도 전체 자부(字符)를 '상형자'로 볼 수는 없다. '지(齒)'와 '호(筁)'도 상형 구성성분이 포함되었지만, 동시에 혹은 소리부로, 혹은 의미부로 기능하여 전체 글자를 '상형자'에 귀속시키기는 매우 어렵다. 게다가 '혼(圂)'은 분명 '돼지가 우리 속에 든 모습을 형상한 것(象豕在口中)'이므로, 이는 '회의'에 귀속시켜야 한다. '견(牽)'과 '枓'의 형체 구조에도 상형 구성성분도 있고 또 표의 구성성분도 있으며, 표음 구성성분도 들어 있다. 그래서 '상형자'로 볼 수 없음은 당연하다. 이렇게 볼 때, 허신이 한자를 분석할 때 말한 '상형'은 결코 '육서'의 '상형'이 아니다. 교육 체계 내용의 하나로서의 '육서'의 '상형'은 글자를 만들 때 어떤 형체를 가져왔느냐를 두고 말한 것으로, 그것은 자부(字符)의 어떤 형체가 어떻게 만들어졌는지에 초점이 놓였으며, 어휘를 통해 객관사물에 관련되고, 또 객관사물의 형체로부터 자부(字符)의 형체를 구성해 낸다. 그래서 '육서'의 '상형'은 "글자를 만드는 사람이 객관사물의 형체를 그려내고, 어떤 글자의 형태(구성성분)를 구조화 해내는 것이다." 허신의 '형(形)'에 대한 분석은 글자 모양(구성성분)의 기능에 주안점이 놓였고, 그래서 글자형 태를 통해 객관사물과 연계시키고, 객관사물로부터 기록하고자 하는 어휘를 연계시켰다. 그래서 그의 '상형'은 '어떤 글자형태나 어떤 부분적 자형이 어떤 객관사물의 형체와 비슷하거나 어떤 객관사물을 상징하는 것'을 가리키는데, 이는 자형의 구조에 대한 분석이다. 조자라는 각도에서의 '상형'과 글자 분석이라는 각도에서의 '상형'은 서로 상관되어, 그래서 서로 간에 일부 상응이 이루어지긴 하지만 본질적으로는 동일한 개념이 아니다.[11]

다음으로, 대다수가 생각하듯이, 『설문해자』에 사용된 '종모(從某)'는 분명히 의미를 지칭한 것이며, 그래서 허신이 사용한 '종모종모(從某從某)'나 '종모모(從某某)'라 분석된 것은 '회의자'라고 생각하지만, 사실은 그렇지도 않다.[12] '종모(從某)'는 상형을 표시하기도 한다. 다음을 보자.

① 「조(鳥)부수」: 鳥(𩾌), 長尾禽總名也. 象形. 鳥之足似匕, 從匕.
   조(鳥)는 꼬리가 긴 날짐승의 총칭이다. 상형이다. 새의 발이 숟가락[匕]을 닮았기에, 비(匕)로 구성되었다.

② 「민(黽)부수」: 黽(𪓑), 黽黽也. 從它, 象形. 黽頭與它頭同.
   민(黽)은 맹꽁이[黽黽]를 말한다. 타(它)가 의미부이고, 상형이다. 맹꽁이의 머리와 뱀의 머리가 닮았기 때문이다.

③ 「호(壺)부수」: 壺(𡔇), 昆吾圓器也. 象形. 從大, 象其蓋也.
   호(壺)는 곤오(昆吾)를 말하는데, 둥근 기물이다. 상형이다. 대(大)가 의미부인

---

11) 李運富, 「『說文解字』'含形字'分析」, 『民俗典籍文字研究』第6輯(北京: 商務印書館, 2009) 참조.
12) 李運富, 「『說文解字』'從某字'分析」, 『民俗典籍文字研究』第8輯(北京: 商務印書館, 2011) 참조.

데, 뚜껑을 형상했다.

④「두(豆)부수」: 豆(豆), 古食肉器也. 從口, 象形.

　두(豆)는 옛날 먹는 고기를 담던 기물이다. 구(口)가 의미부이고, 상형이다.

⑤「각(冂)부수」: 冂(冃), 幬帳之象. 從冂, 屮, 其飾也.

　각(冂)은 휘장[幬帳]을 그렸다. 모(冂)가 의미부이다. 유(屮)는 휘장의 장식물이다.

⑥「망(网)부수」: 网(网), 庖犧所結繩以漁. 從冂, 下象网交文.

　망(网)은 포희씨가 발명한 것으로 끈을 엮어 물고기를 잡는데 쓰는 도구이다. 경(冂)이 의미부이고, 망(网)의 아랫부분은 그물이 교차된 무늬를 그렸다.

⑦「건(巾)부수」: 巾(巾), 佩巾也. 從冂, 丨象糸也.

　건(巾)은 허리에 차는 수건을 말한다. 경(冂)이 의미부이고, 곤(丨)은 실을 형상했다.

　　'조(鳥)', '민(黽)', '호(壺)', '두(豆)' 등과 같은 글자들은 해당 글자가 총체적으로 상형 기능임을 설명하는 동시에, 모두 '종모(從某)'라는 형식으로 부분형체를 분석했는데, 이렇게 분석된 형체는 대부분 독립될 수 있는 글자들이다. 그러나 실제로는 독립되어 쓰일 때의 의미와 관련이 없다. 예컨대, '조(鳥)'는 '비(匕)'가 의미부이지만, 결코 새[鳥]의 구조가 숟가락과 관련이 있을 수 없다. 이는 단지 새의 발이라는 부분적 형체가 형체 '비(匕)'자의 서법과 같다는 의미이다. 또 '호(壺)'가 '대(大)'로 구성되었다'라고 했지만, 크기를 나타내는 대(大)와 관련이 없으며, 여전히 '그 뚜껑을 그렸다(象其蓋也)'라고 했다. '타(它)가 의미부이고' 구(口)가 의미부'로 된 기능도 '상형'이지, 표의는 아니다. '모(冂)가 의미부이고' 경(冂)이 의미부이다'는 경우도 '상형'이라 분명하게 밝힌 것은 아니지만, 사실 이도 전체 상형 중에서 분리된 일부를 말하며, 이러한 부분 요소가 다른 '어떤' 글자의 형체와 같다는 말이다. 그러나 형태가 같은 그 '어떤' 글자의 의미와는 무관하며, 그것의 실제 기능은 다른 일부분의 상형구성성분으로부터 유도되는 것으로, 사물 총체의 잉여 부분에 대한 상형이다. 예컨대 '각(冂)'을 설명하면서 '유(屮)는 휘장의 장식을 말한다(其飾也)'라고 했는데, 바로 '모(冂)'는 장식부분이다. 그렇다면 '모(冂)'는 당연히 휘장의 모습일 것이며, 모자라고 할 때의 '모(冃)'와는 무관하다. 그러나 휘장과 그 장식물이 안에 연결되어 일체가 되어 있으므로 실제로 '각(ㅓ)'은 독체 상형자이다. 마찬가지로, '망(网)'에 든 '경(冂)'은 그물의 벼리를 그렸으며, '건(巾)'의 '경(冂)'은 베 조각을 그려, 모두가 다른 부분 형체와 합성하여 전체를 이룬 것으로, '위를 덮다'는 뜻의 '경(冂)'과는 의미상으로 관련이 없다.

'종모(從某)'는 다음처럼 표시 기능을 하기도 한다.

① 「관(毌)부수」: 毌(毌), 穿物持之也. 從一橫貫, 象寶貨之形.
관(毌)은 물체를 관통시켜 보전하다는 뜻이다. 일(一)이 가로로 관통한 모습인데, 보화(寶貨)의 모습을 형상했다.

② 「지(至)부수」: 至(至), 鳥飛從高下至地也. 從一. 一猶地也. 象形.
지(至)는 새가 하늘 높이 날아올랐다가 땅에 떨어지다는 뜻이다. 일(一)이 의미부이다. 일(一)은 땅을 뜻한다. 상형이다.

③ 「칠(七)부수」: 七(七), 陽之正也. 從一. 微陰從中衺出也.
칠(七)은 양(陽)의 정수이다. 일(一)이 의미부이다. 미미한 음의 기운 속에서 비스듬히 나옴을 말한다.

④ 「인(刃)부수」: 刅(刅), 傷也. 從刃從一.
창(刅)은 상처[傷]라는 뜻이다. 인(刃)이 의미부이고 일(一)도 의미부이다.

⑤ 「우(又)부수」: 尹(尹), 治也. 從又丿, 握事者也.
윤(尹)은 다스리다는 뜻이다. 우(又)와 별(丿)이 모두 의미부이다. 일을 주관하는 사람을 말한다.

위에서 든 글자들 중, '일(一)이 의미부이다'와 '별(丿)이 의미부이다'는 것은 모두 어떤 사물을 상징하는 표시이다. '종모(從某)'는 심지어 다음처럼 시음(示音) 가능을 하기도 한다.

① 「언(言)부수」: 譄(譄), 加也. 從言, 從曾聲.
증(譄)은 더하다는 뜻이다. 언(言)이 의미부이고, 소리부인 증(曾)으로 구성되었다.

② 「혁(革)부수」: 鞄(鞄), 柔革也. 從革, 從旦聲.

단(鞄)은 부드러운 가죽을 말한다. 혁(革)이 의미부이고, 소리부인 단(旦)으로 구성되었다.

③ 「륵(筋)부수」: 笏(笏), 筋之本也. 從筋, 從夗省聲. 腱, 或從肉建.

笏은 힘줄의 뿌리를 말한다. 륵(筋)이 의미부이고, 소리부인 원(夗)의 생략된 모습으로 구성되었다. 건(腱)은 혹체자인데, 육(肉)과 건(建)으로 구성되었다.

④ 「목(木)부수」: 梅(梅), 枏也. 可食. 從木每聲. 楳, 或從某.

매(梅)는 녹나무[枏]를 말한다. 열매는 먹을 수 있다. 목(木)이 의미부이고 매(每)가 소리부이다. 매(楳)는 혹체자인데, 모(某)로 구성되었다.

⑤ 「목(木)부수」: 柄(柄), 柯也. 從木丙聲. 棅, 或從秉.

병(柄)은 괭이의 자루를 말한다. 목(木)이 의미부이고 병(丙)이 소리부이다. 병(棅)은 혹체자인데, 병(秉)으로 구성되었다.

'소리부인 증(曾)으로 구성되었다', '소리부인 단(旦)으로 구성되었다', '소리부인 원(夗)의 생략된 모습으로 구성되었다'에서처럼 '종(從)'이라는 용어를 '성(聲)'과 직접 연결했다. 그렇다면 '종모(從某)'에서의 '모(某)'는 시음(示音) 구성성분임이 분명하다. 앞에서 든 '원(夗)의 생략된 모습의 소리부로 구성되었다', '목(木)이 의미부이고 매(每)가 소리부이다', '목(木)이 의미부이고 병(丙)이 소리부이다' 등의 분석에 근거하면, '혹체자인데, 육(肉)과 건(建)으로 구성되었다'의 '건(建)', '혹체자인데 모(某)로 구성되었다'의 '모(某)', '혹체자인데 병(秉)으로 구성되었다'의 '병(秉)'도 시음(示音) 구성성분이다.

'종모(從某)'는 다음처럼 기능이 분명하지 않은 대체부호[代號] 기능을 하기도 한다.

① 「과(戈)부수」: 戠(戠), 闕. 從戈從音.

시(戠), 무슨 뜻인지 몰라 비워 둔다. 과(戈)가 의미부이고 음(音)도 의미부이다.

② 「우(又)부수」: 叟(叜), 老也. 從又從灾. 闕.

수(叟)는 늙은이[老]를 말한다. 우(又)가 의미부이고 재(灾)도 의미부인데, 왜 그런지는 몰라 비워 둔다.

'시(戠)'자의 독음과 의미는 불분명하다. 그래서 '비워둔다[闕]'라고 했다. 그렇다면 글자를 설명한 '과(戈)가 의미부이고 음(音)도 의미부'라는 근거가 어디 있는지 불분명한 것도 자연스럽다. 그래서 구성성분 '과(戈)'와 '음(音)'은 기능이 불분명한 대체부호[代號] 구성성분에 속한다. '수(叜)'는 그 뜻이 '노인[老]'임은 알고 있지만, '우(又)가 의미부이고 재(灾)도 의미부'인 구조가 '노인[老]'과 무슨 관계가 있는지, 허신은 알지 못했다. 그래서 '비워둔다[闕]'라고 밖에 할 수 없었다.

이렇게 볼 때, '종모(從某)'가 반드시 의미와 관련 있어야 한다는 것은 아니다. 그래서 '종모모(從某某)'나 '종모종모(從某從某)'라 했다 하더라도 그것들이 회의자라는 법도 없다. 위에서 분석했던 '시(戠)'와 '수(叜)'가 회의자인지도 판단하기 어렵다. 다시 다음을 보자.

① 「집(亼)부수」: 亼(亼), 三合也. 從入一. 象三合之形.
　집(亼)은 셋이 하나로 합쳤다는 뜻이다. 입(入)과 일(一)이 모두 의미부이다. 셋을 하나로 합친 모습을 그렸다.

② 「일(日)부수」: 日(日), 實也. 太陽之精不虧. 從口一. 象形.
　일(日)은 실(實)과 같아서 '가득 차다'는 뜻이다. 태양의 정기는 이지러지지 않기 때문이다. 위(口)와 일(一)이 모두 의미부이다. 상형이다.

③ 「착(丵)부수」: 業(業), 大版也. 所以飾縣鍾鼓. 捷業如鋸齒, 以白畫之. 象其鉏鋙相承也. 從丵從巾, 巾象版.
　업(業)은 큰 나무판자를 말한다. 종이나 북을 장식하여 내걸 때 쓰는 기물이다. 훌륭한 업(業)은 톱니처럼 들쭉날쭉하게 하고, 흰색으로 칠을 했다. 들쭉날쭉하여 서로 어긋난 모습을 그렸다. 착(丵)이 의미부이고 건(巾)도 의미부인데, 건(巾)은 판자를 그렸다.

④ 「료(了)부수」: 孑(孑), 無右臂也. 從了乚, 象形.
　혈(孑)은 오른팔이 없음을 말한다. 료(了)와 은(乚)이 모두 의미부인데, 상형이다.

⑤ 「료(了)부수」: 孒(孒), 無左臂也. 從了丿, 象形.

궐(亅)은 왼팔이 없음을 말한다. 료(了)가 의미부이고 별(丿)도 의미부인데, 상형이다.

⑥「유(厹)부수」: 離(离), 山神, 獸也. 從禽頭, 從厹, 從屮. 歐陽喬說: 離, 猛獸也. (徐鉉曰: '從屮, 義無所取, 疑象形.' 筆者按, '禽頭與屮應是一個象形整體.)
리(离)는 산신의 이름이기도 하고, 짐승의 이름이기도 한다. 금(禽)의 머리 부분이 의미부이고, 구(厹)도 의미부이고, 철(屮)도 의미부이다. 구양교(歐陽喬)의 해설에 의하면, 리(离)는 맹수(猛獸)를 말한다고도 한다. (徐鉉은 '철(屮)이 의미부라면 그 의미를 가져올 곳이 없다. 아마도 상형일 것이다.'라고 했다. 필자의 생각으로는 '금(禽)의 머리 부분과 '철(屮)'은 분명 통으로 된 하나의 상형이었을 것이다.)

⑦「계(彑)부수」: 彖(彖), 豕也. 從彑從豕. 讀若弛.
이(彖)는 돼지[豕]를 말한다. 계(彑)가 의미부이고 시(豕)도 의미부이다. 독음은 이(弛)처럼 읽는다.

⑧「쇠(夊)부수」: 夏(夏), 中國之人也. 從夊從頁從臼. 臼, 兩手; 夊, 兩足也.
하(夏)는 중원 지역의 나라에 사는 사람을 말한다. 쇠(夊)도 의미부이고 혈(頁)도 의미부이고 구(臼)도 의미부이다. 구(臼)는 두 손을 말하고, 치(夊)는 두 발을 말한다.

이상에서 든 각 글자들은 모두 독체 상형자인데, 허신은 '종모모(從某某)'나 '종모종모(從某從某)'로 분석했는데, 어떤 '종모(從某)'는 글자의 의미와 어떠한 관계가 없기도 하다. 예컨대, '집(亼)'자를 두고 '입(入)과 일(一)이 모두 의미부이다'라고 했고, '일(日)'자를 두고 '위(口)와 일(一)이 모두 의미부이다'라고 했고, '업(業)'자를 두고 '착(丵)'도 의미부이고 건(巾)도 의미부이다'라고 했는데, 어떤 것은 의미와 관련 있는 듯 보이지만 사실은 전체와 부분의 관계이며, 전혀 분리하지 않아도 되는데, 허신이 분리하고자 했던 것은 그것들이 의미상으로 관련되어 있기 때문이 아니라 부수 귀속이나 다른 자형과의 유추를 위한 것이었다.

이렇게 볼 때, '육서'는 비록 『설문해자』와 관련은 있지만, 체계적으로 대응하는 관계는 아니며, 서로 다른 계층의 교차관계이다. 왜냐하면

'육서'는 총체적으로 한자 구조분석의 이론적 방법도 아니고, 한자구조유형에 대한 체계적 개괄도 아니며, 고대의 소학에서 아동들에게 상용한자를 가르치던 6가지 간단하고 쉬운 지식 내용이었기 때문이다. 비록 허신이 어떤 때에는 '육서'에 보이는 술어를 사용하긴 했지만, 실제적으로는 결코 육서를 한자구조분석의 방법으로 보지 않았고, 한자의 구조에 6가지나 4가지만 존재한다고 여기지도 않았었다. 그렇지 않다면 그의 실제 분석이 그의 이론과 맞아떨어져야만 옳다. 설사 술어가 대응하지 않는 것을 엄밀하지 못하다고는 한다 하더라도 적어도 우리가 그가 분석한 자료를 이론에 서로 상응하는 6가지나 4가지 부류로 귀납해 낼 수는 있어야만 한다. 그러나 안타깝게도 그렇게 할 수가 없다. 이후 사람들이 '육서'의 유형을 가지고서 허신의 한자 분석을 검증하면서 허신의 분석이 '육서'에 부합하지 않는다고 비판하기도 했는데, 이는 사실 공정한 평가가 아니다. 왜냐하면 구조분석의 유형이라는 것이 원래 '육서'와 등가 개념이 아니기 때문이다. 이러한 점은 허신도 명확하게 인식했었다. 그래서 가끔 '육서'의 개별 술어와 일치하는 것을 제외하면, 대다수의 구조분석에서 다른 술어를 사용했으며, 이러한 술어는 '육서'와 결코 엄밀한 대응관계를 이루지 못한다.

제7장
한자의 구조(하)

이 장에서는 주로 한자구조의 변천에 대해 논의하고자 한다.[1]

한자구조의 변천은 개별 형체 구조의 근거로부터 논의할 수도 있고, 전체 서체의 구조 속성으로부터 논의할 수도 있다. 개별 형체의 변천이든 전체 서체의 변천이든, 언제나 일정한 규율과 원인을 갖고 있다.

제1절 개별 자부(字符) 구조의 변천

1. 개별 형체의 자부(字符) 구조 변천의 결과

한자의 구조 근거는 영원히 변하지 않는 것이 아니다. 갑골문으로부터 현대한자에 이르기까지, 동일한 말을 기록한 서로 다른 자형들은 종종 서로 다른 구조 근거를 반영해 준다. 그래서 서로 다른 근거 분석을 해 낼 수 있는데, 이는 어떤 단어를 기록한 자부(字符)가 구조적으로 변화가 일어났음을 반영해 준다. 구조적 근거의 구체적 변화 정황은 글자에 따라 다르지만 이들을 귀납하면 다음의 세 가지로 나뉜다.

---

[1] 이 중 제1절과 제3절의 내용은 李運富, 「論漢字結構的演變」, 『河北大學學報』 第2期(2007) 참조.

(1) 근거의 상실

한자는 그것이 기록한 단어의 독음과 의미로 구성된 것으로, 원칙적으로, 한자의 원초적 구조는 모두 근거성, 다시 말해 해석성을 갖추고 있다. '근거의 상실'은 해당 한자가 만들어질 때의 근거가 변천을 거친후 더는 존재하지 않는 것을 말한다. 다시 말해 구성성분의 기능이 더는 어휘를 기록한 전체 글자의 독음과 의미와 연계 지을 수 없음을 말한다. 즉 왜 이 형체가 이러한 의미를 기록하고 나타내게 되었는지를 더는 설명할 수 없는 경우를 말한다.

근거의 상실에는 여러 가지 서로 다른 경우가 있다. 어떤 글자들은 일부 구조에서 변화가 일어나, 일부 구성성분의 근거를 상실하게 되었으나, 다른 일부분은 종종 독음이나 의미를 나타내 여전히 근거를 갖고 있는 경우이다. 예컨대 '춘(春)'자를 갑골문에서는 '�, 𣂂' 등으로 써, 아래 윗부분이 풀[屮, 草]이나 나무[木]로, 가운데가 태양[日]으로 구성되어, 햇빛을 받아 초목이 자라나거나 무성해짐을 나타냈다. 오른쪽이나 중간에 '둔(屯)'을 더하기도 했는데, 이는 초목이 처음 자라나는 모습을 그렸으며, 표음 기능도 함께 한다. 그리고 이후 기능이 같은 철(屮)이나 목(木)이 생략되어, 소전체에서는 '춘(𣈏)'으로 쓰게 되었다. 갑골문이든 아니면 소전체든 '춘(春)'자의 자형 구조의 근거를 찾을 수 있어, 의의(義義, 즉 兼音) 합체자에 속한다. 그러나 한나라 때의 예서에 이르러 '춘(春)'자는 초(艸)와 둔(屯)이 합쳐져 지금처럼 세 가로획에다 왼 삐침과 오른 삐침획이 더해진 구조로 변했다. 그러자 더 이상 이 글자의 구조적 근거를 찾을 수가 없게 되었다. 그러나 아랫부분의 '일(日)'은 표의 기능을 여전히 갖고 있어, 봄날의 햇빛과 관련되어 있거나, 절기나 계절과 관련되어 있는데, 초목(草木)을 나타내는 부분이 상실되어 분명하지 않을 뿐이다. 그래서 '춘(春)'자를 두고 말하자면, 아랫부분은 여전히 의미를 나타내지만, 윗부분은 구조적 근거를 상실했다고 할 수 있다.

또 '감(𥁋)→감(監)→감(監)'을 보자. 감(監)은 원래 두 개의 상형 성분으로 구성된 형형(形形) 합체자로, 사람이 기물에 자신을 비추어 보고 있는 모습이다. 이후 윗부분의 눈과 오른쪽의 사람을 나타낸 부분이 분리되고 변화하여 '감(監)'자의 윗부분이 되었고, 현대에 들어서는 다시 간화하여 '감(监)'이 되었다. 그리하여 글자의 윗부분은 근거를 잃게 되었다. 아랫부분의 '명(皿)'도 더는 상형이라 할 수 없지만, 그릇이라는 함의는 가지고 있어 자형적 근거는 여전히 갖고 있다.

또 '계(雞)→계(鷄)→계(鸡)'의 경우, 왼쪽 부분은 원래의 소리부인 '해(奚)'가 '우(又)'로 간화함으로써 근거를 상실했다. 그러나 오른쪽 부분은 원래의 상형자인 '닭'의 의미를 나타내는 '조(鳥)'로 바꾸었고, 다시 줄어 '조(鸟)'가 되었으나, 여전히 의미를 나타내고 있다. '춘(春)'이나 '감(監)'이나 '계(雞)'자처럼, 글자의 부분 구조가 근거를 상실한 예는 적잖게 보인다. 특히 간화한 부호로 원래의 형성자의 소리부나 의미부를 대체한 경우, 원래의 형성자에서 부분적 근거를 상실한 글자들을 대량으로 만들어냈다.

어떤 글자는 글자의 전체 구조에 변화가 일어나, 이 때문에 자형 구조 근거를 완전히 상실한 경우도 있다. 예컨대 '목(⊕)→목(目)', '월(⊅)→월(月)', '수(⿱)→수(水)' 등 대다수의 독체자는 원래의 상형 기능을 모두 상실해, 더 이상 근거를 분석할 수 없다. 원래 합체자였던 글자도 수많은 변천을 거쳐 더 이상 해체가 불가능한 글자도 생겼다.

예컨대, '표(⿱), 옷의 털이 있는 면: 義義 합체자)→표(表)', '두(頭, 頁이 의미부이고 豆가 소리부: 義音 합체자)→두(頭)', '당(當, 田이 의미부이고 尚이 소리부: 義音 합체자)→당(當)' 등이 그렇다. 또 어떤 글자들, 예컨대 '사(⿰, 활을 당겨 화살을 쏘려는 모습: 形形 합체자)→사(射)', '만(⿰, 전갈: 象形 독체자)→만(萬)', '구(舊, 萑이 의미부이고 臼가 소리부: 義音 합체자)→구(舊)', '제(⿰, 곡식 이삭이 가지런한 모습을 그림: 標標 합체자)→제(齊)' 등은 변천 후의 형체가 몇 부분으로 해체 가능하지만 각각의 부분이 모두 구체적 기능을 갖고 있지 않으며(同形의 글자들과 독음이나 의미가 완전히 무관함), 자형의 근거도 완전히 상실하고 말았다.

(2) 근거의 재구

'근거의 재구'는 한자구조가 변천한 다음, 구성성분이나 구성성분의 기능에 변화가 일어났으나, 전체 글자가 기록한 말의 독음과 의미를 연계시킬 수 있어서 또 다른 각도에서 이러한 형체가 왜 이러한 의미를 나타내는지 설명할 수 있는 경우로, 변천 이후의 구조를 다시 분석하거나 다시 해석이 가능한 경우를 말한다. '재구'는 근거가 없는 것이 아니라, 다시 분석하여 해석한 근거가 이 글자를 만들었던 원래의 근거와 다르다는 것이다.

자형의 전승과 변이로 새로운 기능의 구성성분이 만들어진다면 전체 글자의 근거는 재구가 가능해진다. 예컨대, '현(弦)'자의 소전체는 '현(緒)'인데, 오른쪽의 '멱(緒, 糸)'은 활의 시위를 나타내 의의(義義) 합체자에 속한다. 그러나 이후 '멱(緒)'(糸)과 '현(玄)'(玄)의 형체가 비슷해 잘못해서 '현(玄)'으로 쓰게 되었다. 그러나 묘하게도 '현(玄)'의 독음이 '현(弦)'과 비슷해, '현(玄)'을 '현(弦)'의 소리부로 쓸 수 있게 되었다. 그리하여 '현(弦)'자의 자형 근거는 궁(弓)이 의미부이고 현(玄)이 소리부인 구조로 새롭게 해석되어, 의음(義音) 합체자가 되었다.

또 '천(泉)'을 보면, 갑골문에서는 '천(泉)'으로 적어, 형표(形標) 합체자에 속했다(동굴의 모습과 물이 흐르는 모습과 물을 나타내는 짧은 가로획으로 구성되었다). 해서에서는 변하여 '천(泉)'으로 쓰게 되었지만, 희고[白] 깨끗한 물[水]로 해석되어, 샘물의 의미와 연결되었고, 이 때문에 의의(義義) 합체자로 재구된다.

또 '절(折)'을 갑골문에서는 '절(折)'로 적어, 형형(形形) 합체자에 속했는데(도끼 모습과 잘린 나무의 모습이 합해진 모습이다), 변하여 해서에서는 '절(折)'이 되었고, 그러자 의의(義義) 합체자로 재구되었다. '음(歙)'은 갑골문에서 '음(歙)'으로 적어, 형형(形形) 합체자였으나(입을 크게 벌리고 혀를 내민 사람의 모습과 술동이 모습이 조합되었다), 해서에서는 '음(歙)'이 되었는데, 유(酉)와 흠(欠)이 의미부이고 금(今)이 소리부인 구조가 되어, 의음(義音) 합체자로 재구되었다. '섭(涉)'도 갑골문에서 '섭(🐾)'으로 적어, 형형(形形) 합체자였으나(물이 흐르는 모습과 두 발로 구성되었다), 해서에서 '섭(涉)'으로 되어, 수(水)와 보(步)가 의미부인 구조가 되어 의의(義義) 합체자로 재구되었다.

같은 단어를 위해서 새로 글자가 만들어지기도 하는데, 새 글자로 옛날 글자를 대체했지만, 옛날 자형과 새 자형 사이에 전승 관계가 없어, 구조 근거도 당연히 다른 경우도 있는데, 이런 것도 근거의 재구에 해당한다.

예컨대, 갑골문의 '홍(🐾)'은 무지개를 그린 상형(象形) 독체자였다. 그러나 필사하기가 어려워 '충(虫)'이 의미부이고(옛사람들은 두꺼비가 기운을 토해내 무지개를 만든다고 생각했기에 '虫'을 의미부로 삼았다) '공(工)'이 소리부인 의음(義音) 합체자 '홍(虹)'으로 그것을 대체했다. 비록 '홍(🐾)→홍(虹)'이라는 전후 구조변화가 컸지만, 변화한 후의 자형에 담긴 각각의 구성성분은 여전히 모두 분석 가능한 기능을 갖고 있으며, 무지개를 뜻하는 단어의 독음과 의미와 관련되어 있다. 그래서 이도 근거의 재구에 속한다.

따로 만들어진 새로운 글자는 구조 성분 조합의 유형을 바꾸지 않고 단지 그 중의 구성성분만 대체하는 경우도 있는데, 이 또한 근거의 재구에 해당한다. 어떤 글자는 함께 의의(義義) 합체자이지만, 그 중의 한 표의 구성성분을 대체함으로써 전체 글자의 근거에 재구가 필요하게 되었으나, 유형은 여전히 바뀌지 않는 경우이다.

예컨대, 먼지를 뜻하는 '진(塵)'과 '진(尘)'이 그렇다. 또 어떤 것들은 함께 의음(義音) 합체자이지만, 그 중의 한 소리부나 의미부를 대체하기도 하였는데, 예를 들어 '초(礎)'가 '초(础)'로, '태(態)'가 '태(态)'로, '운(運)'이 '운(运)'으로, '종(種)'이 '종(种)'으로 바뀌면서, 모두 필획이 적은 소리부로 대체되었다. 또 '저(豬)'가 '저(猪)'로, '포(砲)'가 '포(炮)'로, '적(蹟)'이 '적(跡)' 등으로 변했는데, 이들은 다른 의미부로 대체한 경우이다. 소리부나 의미부가 대체된 이러한 글자들은 형체 구성의 근거에도 변화가 일어나, 다시 구조를 해석할 수 있게 된다.

구성성분의 대체가 구조의 유형을 바꿀 수도 있으며, 이때는 자형 근거도 자연히 재구된다. 예컨대 '봉(鳳)→봉(鳳)'의 경우, 앞의 글자는 상형 구성성분과 독음을 나타내는 성분으로 구성되었는데(形音 합체자), 뒷 글자는 의미를 나타내는 구성성분인 '조(鳥)'로 원래의 상형 구성성분을 대체하였고, 유형도 의음(義音) 합체자로 변했다. 또 '계(雞)→계(鷄)'도 이러한 유형에 속해, 앞의 글자는 형음(形音) 합체자였으나, 뒷 글자는 의음(義音) 합체자에 속한다.

구성성분의 증감 또한 근거를 재구하게 만든다. 예컨대 '치(齒, 齒)→치(齒, 齒)'의 경우, 앞의 갑골문은 형형(形形) 합체자(입과 이빨의 조합)이나, 뒷부분의 소전과 해서에서는 독음을 나타내는 구성성분인 '지(止)'가 더해져, 자형 근거는 형음(形音) 합체자로 재구된다. 또 '집(𠍱)→집(集)'의 경우, 앞 글자에서는 '추(隹)' 3개와 '목(木)'으로 구성되어, 새가 무리지어 나무위에 '모여 있는' 모습을 그렸으나, 뒤의 글자에서는 '추(隹)' 하나와 '목(木)'으로 구성되어, 새가 나무 위에 있는 모습이 되었다. 이들 모두 의의(義義) 합체자에 속하나, 뒷 글자는 같은 의미를 지닌 구성성분이 축소되었고, 그 결과 재구 이후의 근거가 이전보다 덜 분명하게 변했다.

(3) 근거의 숨겨진 의미

'근거의 숨겨진 의미[隱舍]'는 원래 근거가 분명했던 개별 형체 구조가 이후 모호하게 변한 경우, 즉 표면적으로 보이는 어떤 구성성분의 기능이 더는 전체 글자가 대표하는 독음과 의미와 연계시킬 수 없고, 더는 왜 이러한 자형으로 이러한 의미를 나타내는지를 설명할 수 없는 경우를 말한다. 그러나 공통 구성성분을 가진 다른 몇몇 한자들을 분석한 후 여전히 해당 구성성분과 전체 글자가 나타내는 독음과 의미의 관계를 해석해 낼 수 있다. 즉 숨겨진 형체 구성의 근거가 변천 이후의 자형체계 속에 들어 있는 경우이다.

예컨대, 지금의 '실(室)'자의 경우, 구성성분인 '지(至)'의 독음 표시 기능은 지금도 알아볼 수 있지만, '면(宀)'은 현대에서는 더 이상 독립적으로 쓰이지 못해 독립적인 독음과 의미를 갖지 못한다. 그렇다면 이러한 구성성분의 기능은 어떻게 해석해야 할 것인가? 이는 '면(宀)'으로 구성된 다른 글자들의 분석, 예컨대 '가(家)', '궁(宮)', '숙(宿)', '택(宅)', '우(寓)', '우(宇)' 등과 같은 글자들의 분석을 통해 '면(宀)'이 모두 '집'과 관련 있음을 발견할 수 있고, 이로부터 '실(室)'의 구성성분인 '면(宀)'도 '집'을 뜻함을 추정할 수 있다. 『설문해자』(宀부수)에서 "면(宀)은 깊숙이 들어간 집을 교차되게 덮은 모습이다(交覆深屋也). 상형이다(象形)."라고 했다. 옛날에는 '면(宀)'이 독립적으로 사용될 수 있었기에 '실(室)'은 의음(義音) 합체자였다. 그러나 현재에 들어서는 '면(宀)'이 독립적으로 사용될 수 없고, 게다가 '면(宀)'의 의미로 더는 '실(室)'자의 자형적 근거로 사용할 수 없다. 그러나 '면(宀)'이 갖는 표의적 기능은 일련의 다른 글자들 속에 보존되어 있다. 이처럼 동일한 구성성분의 연계를 통해 그 속에 숨겨진 의미의 근거를 찾을 수 있다.

표음(標音) 구성성분에도 숨겨진 의미가 있다. 예컨대 '도(堵)'는 토(土)가 의미부이고 자(者)가 소리부인데, '자(者)'와 '도(堵)'의 현대 독음은 차이가 크다. 그래서 고대 한자음을 이해하지 못하는 사람이라면 '자(者)'가 '도(堵)'의 소리부라는 사실을 쉽게 알 수가 없다. 그러나 '도(賭)', '도(都)', '도(睹)', '도(覩)', '저(諸)', '저(著)', '저(豬)', '자(煮)', '저(渚)', '저(箸)', '저(褚)' 등의 글자와 연계해 보면, 이러한 글자들에서 '자(者)'로 구성된 글자들이 'du' 아니면 'zhu'로 읽히거나, 가끔 'chu'로 읽혀, 운모가 모두 같으며, 매우 규칙성을 갖고 있음을 알 수 있다. 이러한 '숨겨진 의미'의 표음적 근거에 근거한다면, '자(者)'로 구성된 생경한 글자들, 예컨대 '저(陼)', '도(闍)', '도(醏)', '도(琽)', '도(晵)', '도(帾)', '도(翥)', '다(鰭)' 등을 만난다 해도 그들의 운모가 'u'일 것임을 추론할 수 있다. 이처럼 '자(者)'는 현대의 글자 군에서도 여전히 독음 표시 기능을 갖고 있다.

이상과 같은 원칙에 근거한다면 현대의 '도(都)'자도 여전히 의음(義音) 합체자에 속함을 알 수 있다. '한(邯)', '단(鄲)', '정(鄭)', '침(郴)', '언(鄢)' 등과 같이 '읍(阝, 邑)'으로 구성된 글자들은 모두 도시나 지명과 관련되어 있기에, '읍(阝)'도 독립적으로 쓰이진 못하지만 표의 기능을 갖고 있음을 알 수 있다. 게다가 '자(者)'가 이미 표음적 기능을 갖고 있다는 사실이 증명되었다. 그렇다면 '도(都)'는 표의 구성성분과 독음표시 기능의 구성성분이 결합한 의음(義音) 합체자에 해당한다. 이러한 집단의 체계 속에서 이러한 표의나 독음표시 기능을 가진 '숨겨진 의미'의 구성성분을 각기 '부류 의미부[類義符]'와 '부류 소리부[類聲符]'라 부르기로 한다.[2]

2. 개별 형체의 자부(字符) 구조 변천의 추세

한자구조 변천의 구체적 과정은 복잡하여, 구조변화를 일으킨 글자들은 모두 자신만의 변천 궤적과 순서를 갖고 있다. 그러나 이들을 귀납해 보면, 한자구조 근거의 속성에서 다음과 같은 세 가지 기본적인 변천 추세를 보인다. 의미화[義化], 음성화[音化], 부호화[代號化]가 그것들이다.

(1) 의미화[義化]

소위 의미화라는 것은 원래는 표의가 아니었던 형체가 표의로 변했거나 원래 있던 자형에다 표의 구성성분을 더한 현상을 말한다. 형체를 변화시켜 의미화 하는 데는 두 가지 방식이 있는데, 첫째는 형체의 개조이고, 다른 하나는 구성성분의 대체이다. 전자는 '천(泉)'자에서처럼, 원래는 형형(形形) 합체자이거나 형표(形標) 합체자였는데, 갑골문에서 '   '으로, 고대 토기문자에서 '   '으로, 한나라 도장문자에서는 '   '으로, 『한간(汗簡)』에서는 '   '으로 적었다. 『설문해자』에서는 "천(泉)은 물이 흘러나오는 근원을 말한다. 물이 흘러나와 내를 이루는 모습을 그렸다.(, 水原也, 象水流出成川形.)"라고 했다. 예변 이후, 이 자형의 윗부분은 서로 합쳐져 '백(白)'이 되었고, 아랫부분은 분리되어 '수(水)'가 되어, 의의(義義) 합체자가 되었다. 유사한 상황으로는, '절(扩)→절(折)', '섭

2) 李運富, 「現代形聲字的判定及類義符和類聲符」, 『古漢語論集』 第3集(長沙: 嶽麓書社, 2002) 참조.

(❄)→섭(涉)’ 등이 있다. 전자는 갑골문 구조에서 상형 구성성분으로 조합된 형형(形形) 합체자였으나, 변화 이후 원래 글자의 상형 구성성분이 표의 구성성분으로 변했고, 이로부터 자형 근거도 새롭게 되었는데, 결과적으로 모두 해서의 의의(義義) 합체자가 되었다. 후자는 ‘봉(❄)→봉(鳳)’이나 ‘계(❄)→계(雞)’처럼, 갑골문구조에서는 모두 상형 구성성분과 시음(示音) 구성성분이 조합된 형음(形音) 합체자였으나, 이후 봉황을 그리고 닭을 그린 상형 구성성분이 의미 부류를 표시하는 ‘조(鳥)’로 대체되면서, 의음(義音) 합체자가 되고 말았다. 또 ‘명(❄)→명(鳴)’의 경우, 앞의 글자는 닭(雞)을 그린 구성성분 하나와 입[口]을 뜻하는 구성성분 하나의 조합이며, 구성 의미는 닭이 입을 벌리고 울다는 뜻으로, 형의(形義) 합체자에 속했다. 그러나 이후 닭(雞)을 그린 구체적 모습의 구성성분도 추상적인 조류를 뜻하는 구성성분으로 바뀌는 바람에 의의(義義) 합체자로 다시 변했다.

모자(母字: 출발자)의 기초 위에서 표의구성성분을 추가하는 현상은 더욱 보편적이다. 어떤 경우에는 의미부가 더해졌지만 더해지기 전과 이후가 동일한 어휘이거나 동일한 형태소이기도 하고, 어떤 경우의 의미부는 출발자의 몇몇 의미항을 분담하여, 기능상에서 전문화가 일어나기도 한다. 그러나 대응되는 어휘의 의미항으로 말하자면, 의미부가 더해진 글자와 원래 글자는 서로 다른 구조이다. 예컨대, ‘월(戉)→월(鉞)’, ‘연(困)→연(淵)’, ‘주(州)→주(洲)’, ‘막(莫)→모(暮)’, ‘연(然)→연(燃)’, ‘봉(奉)→봉(捧)’, ‘벽(辟)→피(避)/벽(僻)/벽(劈)/벽(霹)/비(臂)/비(譬)/벽(薜)’ 등이 그렇다.

(2) 음성화

음성화[音化]라는 것은, 원래는 표음이 아니었던 형체가 표음으로 변하거나 원래 글자의 자형에 표음 구성성분을 더한 현상을 말한다. 예컨대, 앞에서 말한 ‘현(弦)’과 같이, 오른쪽은 원래 ‘현(玄)’이 아닌 ‘멱(糸)’으로 구성되어, 활[弓]을 당기는 시위[糸]가 현(弦)임을 말해 의의(義義) 합체자였다. 그러나 '현(✵, 玄)'과 '멱(✵, 糸)'의 형체가 비슷해, 표의 구성성분인 '멱(糸)'이 음성화하여 표음을 나타내는 '현(玄)'이 되었으며, 그리하여 의음(義音) 합체자인 '현(弦)'으로 변했다. 또 '능(✵)→능(✵, 能)', '상(✵)→상(✵, 喪)', '성(✵)→성(✵, 成)' 등과 같은 글자들의 경우, 뒤의 글자들에 든 소전체 자형의 '이(✵, 以)', '망(✵, 亡)', '정(✵, 丁)' 등은 모두 앞부분 갑골문 자형의 상형 구성성분이나 상형 구성성분의 일부가 변하여 음성화함으로써 표음 구성성분으로 변한 것들이다(예변 이후에는 다시 표음 기능을 상실했다).

그리고 '봉(✵)→봉(✵, 鳳)', '계(✵)→계(✵, 雞)', '기(✵)→기(✵, 其)', '치(✵)→치(齒)' 등의 경우, 각기 원래의 상형자나 회형자(會形字)의 기초 위에서 소리부인 '범(凡)', '해(奚)', '기(丌)', '지(止)' 등을 더하여 이루어진 것이며, 그러자 후자는 구조 근거 상으로 시음(示音) 구성성분을 포함하게 되어 음성화가 이루어졌다.[3]

이외에도 몇몇 한자의 형체 구조 근거의 변화를 보면, 음성화도 있고 의미화가 이루어진 것도 있는데, 이는 독음과 의미가 종합적으로 변천한 예이다. 예컨대, '음(飮)'의 갑골문 구조는 형형(形形) 합체자로 '음(✵)'으로 적었는데, 왼쪽 아래편은 술독을, 오른편은 옆으로 선 사람의 모습이고, 입[口] 부위를 돌출시켰으며 술독을 향해 뻗은 혀[舌]를 그려, 술이나 물을 마시고 있음을 그렸다. 이후 입과 혀를 그린 상형부분이 표음 구성성분인 '금(今)'으로 잘못 변했고, 오른쪽의 사람 모습이 표의 구성성분인 '흠(欠)'으로 변해, 입[口]과 관련된 의미들을 표현하게 되었다(『說文·欠部』: '欠, 張口氣悟也.' 即張口呼氣). 그리하여 '음(飮)'은 회형자(會形字)에서 회의겸성(會義兼聲)의 '음(歓)'으로 변했고, 이후 다시 순수 회의자인 '음(飮)'으로, 다시 간화되어 '음(饮)'으로 변했다. 또 '금(禽)'의 상황도 이와 비슷한데, 갑골문에서는 '✵'으로 적어, 긴 손잡이가 달린 그물을 그린 상형자였다. 이후 소전체의 '✵'으로 변하면서, 윗부분에 소리부인 '금(今)'을 더했고, 아래 부분은 의미부인 '유(内)'로 잘못 변했으

---

3) '音化' 현상에 대해서는 趙平安의 전문적인 논문이 있으며, 더 많은 실례를 제공해 주고 있다. 「漢字聲化論稿」, 『河北大學學報』 第2期(1990) 참조.

며, 짐승과 관련된 의미임을 나타냈다. 그렇게 하여 글자 전체의 자형 근거가 다시 만들어지게 되었다.

(3) 대체부호화[代號化]

자형 속에 표의(表義), 표음(表音), 상형(象形), 표시(標示) 등과 같은 구체적 기능이 없이 단지 구조상으로 대체 기능만 담당하는 부분을 대체부호[代號]라고 한다. 글자 창제 의도라는 각도에서 말하자면, 대체부호[代號]는 원시적인 것이 아니며, 원래 있던 구성성분이 근거를 상실한 결과이다. 그러나 분석의 각도에서 말하자면, 대체부호도 하나의 새로운 구성성분으로 볼 수 있고, 대체부호 구성성분을 포함한 글자의 구조 유형도 다시 귀납할 수 있게 되는데, 이렇게 구조 분석할 때 쉽게 부르고 기술하기 위해 만든 술어이다. 간화 기능을 하는 규정된 대체부호를 제외하면, 절대다수의 대체부호는 모두 전승과정에서 변이의 결과로 만들어진 것이다. 위에서 들었던 '근거를 상실한' 글자들은 모두 구성성분이 부호화한 결과들이다.

어떤 글자들은 부분적으로 부호화하기도 했다. 예컨대, '용(舂)→용(春)'의 윗부분은 회형(會形) 구성성분이 대체부호[代號]로 변했으나, 아랫부분은 여전히 상형이다. 또 '계(鷄)→계(鸡)'의 왼쪽 부분은 원래의 소리부가 간화하여 대체부호[代號]화 했지만, 오른쪽은 여전히 표의이다. 어떤 글자들은 전체가 부호화하기도 했다. 예컨대, '목(𥄉)→목(目)', '월(𣎴)→월(月)', '업(丵)→업(業)→업(业)', '서(聿)→서(書)→서(书)', '장(镸)→장(長)' 등이 그런데, 마지막 자형들은 분석할 방법이 없다. 어떤 글자들은 몇 가지 대체부호로 변했다. 예컨대, '만(萬)', '음(音)', '사(射)' 등은 몇 개의 부분으로 분리 가능하지만 각각의 부분은 모두 구체적 기능을 갖고 있지 않다. 부호화는 한자의 자형구조를 더욱 복잡하게 만들어, 대체부호[代號] 독체자(예컨대 '目'), 대대(代代) 합체자(예컨대 '些'), 의대(義代) 합체자(예컨대 '鸡'), 음대(音代) 합체자(예컨대 '历'), 표대(標代) 합체자(예컨대 '犬') 등과 같은 새로운 구조모델을 만들었다. 이들은 현대한자의 자형 구조를 분석할 때 특별히 주목해야 할 것들이다.

제2절 한자 체계의 구조적 변천

한자는 서사 재료, 글자체, 시대, 지역 등의 표준에 따라 서로 다른 체계로 나뉜다. 어떤 체계의 구조 상황을 이해하려면, 해당 체계의 구조 속성——즉 앞의 두 개 장에서 논술한 구성성분의 단위, 구성성분의 유별, 구성성분의 기능, 기능조합의 모델, 형체조합의 계층 등등에 근거해 분석하고, 부류를 나누고, 통계내고, 체계적으로 기술해야만 한다. 기술을 통해 어떤 한자체계의 구조적 면모를 드러낼 수 있고, 비교를 통해 서로 다른 구조체계의 차이와 우열을 볼 수 있으며, 시간적 흐름의 통시적 비교를 통해 서로 다른 단계의 한자체계의 구조 변화상황을 볼 수 있다. 시간 흐름에 따른 비교는 전면적 비교도 가능하고 어떤 일부 자형의 구조 속성에 한정한 비교도 가능하다. 아래에서는 몇 가지 한자체계를 비교한 실례를 제시하고자 한다.

1. 갑골문—금문—소전 체계의 구조 변천

이 세 개의 하위 한자체계는 모두 고문자 단계에 속한다. 그들은 구조상으로 무슨 차이가 있는지, 발전 변천의 정황이 어땠는지, 먼저 각 체계의 형체구성 속성에 대해 전면적으로 분석하고, 귀납하고, 그런 다음 체계를 비교해야 한다. 장소봉(張素鳳)의 학위논문인 「고대 한자 구조 변화 연구」에 의하면[4], 갑골문과 소전 간에 대응 관계를 가지는 자부(字符)가 모두 1,028개이지만, 갑골문, 금문, 소전이 모두 대응 관계를 가지는 자부(字符)는 642개에 지나지 않는다. 만약 이 642개 자부(字符)를 각 체계의 대표로 삼아 고찰한다면[5], 각종 자형 구조 속의 속성의 변화

---

4) 張素鳳, 『古漢字結構變化研究』(北京: 中華書局, 2009).

상황을 비교해 낼 수 있을 것이다. 다음은 구성성분기능 및 기능조합모델을 예로 삼은 것이다.

642개의 글자 중, 122개 글자가 갑골문, 금문, 소전 간의 조합모델이 동일하고, 385개의 금문조합모델은 갑골문 조합 모델과 같으며, 101개 금문조합모델은 소전조합모델과 같았고, 34개 금문조합모델은 갑골문과 소전과 모두 달랐다. 그 구체적 모델 유형은 분포는 각기 다음과 같다.

(1) 갑골문 조합 모델 분포:

상형(象形) 독체자 145개, 형형(形形) 합체자 195개, 형음(形音) 합체자 4개, 형의(形義) 합체자 21개, 의의(義義) 합체자 63개, 음의(音義) 합체자 88개, 표표(標標) 합체자 7개, 표형(標形) 합체자 19개, 표음(標音) 합체자 4개, 표시(標示) 독체자 8개, 대체부호[代號] 독체자 6개[6], 표음(表音) 독체자 82개[7].

(2) 금문 구조 모델 분포:

상형(象形) 독체자 137개, 형형(形形) 합체자 157개, 형음(形音) 합체자 3개, 형의(形義) 합체자 20개, 음의(音義) 합체자121개, 의의(義義) 합체자 89개, 표형(標形) 합체자 18개, 표표(標標) 합체자 7개, 표의(標義) 합체자 3개, 표음(標音) 합체자 4개, 표대(標代) 합체자 7개, 대체부호[代號] 독체자 6개, 다기능 합체자 1개, 의대(義代) 합체자 1개, 표음(表音) 독체자 68개.

(3) 소전 구조 모델 분포:

---

5) 甲骨文과 金文의 초기 자형과 후기 자형은 상당한 차이가 난다. 그러나 비교의 편의를 위해 여기서는 모두 초기 자형을 표준으로 삼았다.
6) 張素鳳의 연구에서는 원래 '記號獨體字'라고 불렀다. 필자는 '記號'를 '代號'라 바꾸었고, 관련된 모델에 포함된 '記(號)'는 일괄적으로 고쳤다. 왜냐하면 '記號'는 다른 해석을 낳을 수 있기 때문이다. 예컨대, 唐蘭이 말한 '記號'는 구조적 기능을 가진 표기를 말하지만, 裘錫圭가 말한 '記號'는 구조적 기능을 상실한 순수 부호를 말한다.
7) 張素鳳이 말한 '表音獨體字'는 일반적으로 말하는 '假借字'에 해당하여, 원래는 해당 글자가 없었는데 어떤 글자를 빌려와 소리부로 어떤 단어를 기록하며, 이후 이 단어가 다시 본래 글자를 탄생시키며, 본래 글자가 원래의 빌려온 글자와 기능 상 대응 관계를 가지게 된다. 필자의 구조분석에서는 가차자는 포함시키지 않았다.

상형(象形) 독체자 83개, 형형(形形) 합체자 45개, 형의(形義) 합체자 27개, 의의(義義) 합체자 158개, 음의(音義) 합체자 236개, 표형(標形) 합체자 12개, 표표(標標) 합체자 6개, 표의(標義) 합체자 7개, 표음(標音) 합체자 3개, 표시(標示) 독체자 5개, 대체부호[代號]자 50개, 의대(義代) 합체자 5개, 다기능 합체자 5개.

만약 어떤 기능구성성분을 포함시키면 그 글자 수는 총 642개가 되고, 이를 비교 항목 대상으로 삼아, 고문자 단계에서의 한자구조의 구성성분 기능의 속성의 변화상황을 비교한 결과는 다음과 같다.

글자의 구성성분이 기능적으로 글자 구조에 참여한 비율						
	甲骨文	비율	金文	비율	小篆	비율
象形구성성분 포함 글자수	384	59.81%	336	52.34%	170	26.48%
標示구성성분 포함 글자수	38	5.92%	39	6.07%	35	5.45%
表義구성성분 포함 글자수	172	26.79%	235	36.61%	438	68.22%
表音구성성분 포함 글자수	174	27.10%	196	30.53%	243	37.85%
代號구성성분 포함 글자수	6	0.93%	8	1.25%	57	8.88%

*표 속의 비율은 어떤 구성성분을 포함한 글자의 642개의 비율을 말한다. 두 가지 다른 기능을 구성성분으로 가진 글자들은 두 가지 모두에 포함시켰다. 다시 말해 어떤 글자들은 두 번 계산된 경우도 있다. 그래서 각종 기능 구성성분을 포함한 글자의 총 수는 642가 아니라 642보다 크고, 각종 기능구성성분을 포함한 글자의 비율의 합도 100%보다 크다.

위의 표에서 볼 수 있듯, 표시(標示) 구성성분을 포함한 글자의 비율 변화폭이 매우 작고, 규율성도 강하지 않지만, 나머지 4가지 구성성분을 포함한 글자의 변화추세는 매우 두드러지며, 규율성도 매우 강하다. 즉 상주 시대 문자로부터 금문을 거쳐 다시 소전에 이르기까지, 상형 구성성분 포함자의 비율이 분명하게 점차 감소하는 추세이며, 표의 구성성분 포함자, 즉 표음(表音) 구성성분 포함자와 대체부호[代號] 구성성분 포함자 비율은 분명하게 점차 상승하는 추세에 있으며, 상승폭도 표의 구성성분, 시음(示音) 구성성분, 대체부호[代號] 구성성분의 순으로 되었다. 그래서 고문자 단계 한자구조 구성성분 기능의 변천 규율을 의미화, 음성화, 부호화의 새 가지로 개괄할 수 있다. 이는 전체 서체의 수치로부터 개괄해 낸 규율인데, 필자가 앞 절에서 기술했던 개별 형체의 자부(字符)의 구조변천의 세 가지 추세인 '의미화, 음성화, 부호화'와 완전히 일치한다.

위의 표에서 볼 수 있듯, 상주 갑골문으로부터 서주 금문까지의 변화폭은 서주 금문으로부터 소전까지의 변화폭과 서로 다르다. 상형 구성성분 포함자의 비율은 갑골문에서 금문까지 보다 7.47% 줄어들었으나, 금문으로부터 소전까지는 도리어 25.86%나 감소했다. 또 표시(標示) 구성성분 포함자의 비율은 갑골문으로부터 금문까지 0.15% 상승했고, 금문으로부터 소전까지는 0.62% 감소했다. 표의 구성성분 포함자의 비율은 갑골문으로부터 금문까지 9.82% 상승했고, 금문으로부터 소전까지는 31.61%나 상승했다. 시음(示音) 구성성분 포함자의 비율은 갑골문으로부터 금문까지 3.43% 상승했고, 금문으로부터 소전까지는 7.32% 상승했다. 대체부호 구성성분 포함자의 비율은 갑골문으로부터 금문까지 0.32% 상승했고, 금문으로부터 소전까지는 7.63% 상승했다. 이러한 수치는 상주시대 문자로부터 금문까지의 구조변화폭은 비교적 적으나 서주 금문으로부터 소전까지의 구조 변화폭이 상당히 크다는 것을 알 수 있다. 다시 말해, 상주 문자와 소전 사이에 놓인 서주 금문은 상주 문자와 더 가깝다는 것인데, 이는 소전체계가 한자의 자연변천에 의한 체계가 아니라 인위적으로 규정한 체계인 것과 무관하지 않다.

2. 전국(戰國)시대 초(楚)나라 문자체계의 구조적 변천

한자는 지역에 따라 분류할 수 있다. 그러나 각 지역 간, 혹은 어떤 지역의 한자와 다른 시대의 어떤 한자 간에 전체적인 구조체계의 차이가 존재하지 않기 때문에, 각기 집체를 이룬 문자재료에 대해 전면적으로 자형의 구조를 분석하고 수치를 측정해야 하며, 그런 다음 체계 전체 서체를 비교하여, 만약 전체 서체에서 어떤 현상의 존재유무나 어떤 매개 변수항(parameter item)의 비율 차이를 보인다면, 그것은 아마도 본질상의 차이일 것이며, 이는 문자체계상에 변화가 있었음을 보여준다. 예컨대, 전국시대 초나라 문자와 상주 갑골문자의 비교에서, 음의(音義) 합체자가 20% 전후에서 70%로 증가했는데, 다원의 단층 구조 위주에서 이층의 이합구조 위주로 변화하였으며, 동시에 대체성 구성성분이 증가하였고, 또 몇 가지 기능조합방식이 증가하였는데, 이러한 수치의 변화는 초나라 문자체계가 갑골문자 체계에 비해 크게 발전하였으며, 심지어 질적 비약을 이루었으며, 상형문자체계로부터 의음(義音) 문자체계로 변화했다 할 수 있다.

만약 초나라 문자와 갑골문과 소전 체계를 동시에 비교한다면, 초나라 문자체계가 소전체계에 더 근접해 있으며, 이미 상당히 성숙했고 엄밀한 규칙성을 가진 한자체계라는 것을 발견하게 될 것이다. 그러나 여전히 발전과정 중에 있었다. 이는 다음과 같은 몇 가지에서 표현되고 있다.[8]

첫째, 초나라 간백(簡帛)문자는 일련의 상당히 안정된 기초 구성성분을 갖추고 있었는데, 이는 공시적 평면 문자체계의 엄밀 정도를 판단하는 중요한 표준이 된다. 기초 구성성분의 숫자는 날로 줄어들었고, 매개 변수의 비율은 갈수록 높아졌으며, 체계성도 갈수록 강해졌다. 필자의 통계조사에 의하면, 초나라 간백 문자는 총 370개의 기초 구성성분을 갖고 있었는데, 그 중 글자를 이루는 구성성분이 260개로 전체의 70%를, 글자를 이루지 못하는 구성성분이 110개로 전체의 30%를 차지했다. 필자가 귀납한 1,960개의 글자 요소 중 73개가 독음과 의미가 불분명하여, 실제로는 1,887자를 구성성분의 분석 대상으로 삼았는데, 글자를 이루는 기초 구성성분이 구성에 참여한 글자는 1,875자로, 글자 구성 비율이 99%였고, 글자를 이루지 못하는 구성성분(파이 구성성분을 제외함)이 구

---

8) 李運富, 『楚國簡帛文字構形系統硏究』(長沙: 嶽麓書社, 1997); 「從楚簡帛文字構形系統看戰國文字在漢字發展史上的地位」, 『徐州師範大學學報』 第3期 (1997) 참조.

성에 참여한 글자가 694자, 글자구성 비율이 37%였는데, 그 중 순수하게 글자를 이루지 못하는 구성성분끼리 합쳐진 구조는 12개로, 전체의 0.6% 밖에 되지 않았다. 알다시피, 갑골문의 기초 구성성분 숫자비율은 매우 높고, 특히 상형성의 글자를 이루지 못하는 구성성분이 글자를 이루는 구성성분의 거의 절반에 이른다. 구성성분 숫자가 감소했다는 것은 글자 단위로 구성된 비율이 높다는 것을 의미하고, 구성성분의 숫자가 상승한다는 것은 체계가 성숙했다는 표지가 된다. 『설문해자』의 소전체계가 이미 매우 성숙한 체계라는 것을 의심하는 사람은 없다. 만약 『설문해자』의 형체 구성 매개 변수를 가지고 와서 비교해 본다면, 초나라 간백(簡帛)문자의 형체구성 성질에 대해 더욱 명확하게 인식할 수 있을 것이다. 제원도(齊元濤)의 「소전 자형 구성 속성 데이터베이스 및 자형 구성 체계의 컴퓨터 통계조사(小篆構形屬性數據庫及構形體系的計算機測查)」의 소개에 의하면[9], 『설문해자』 소전체는 총 416개의 형체 단위(기초 구성성분에 해당함)를 갖고 있으며, 그 중 글자를 이루는 형체 단위가 291개로 전체의 70%를 차지하고, 총 10,422자의 형체 구성에 관여하여, 참여율이 100%에 해당하며, 글자를 이루지 못하는 형체단위가 125개로 전체의 30%를 차지하는데, 2,434자의 형체 구성에 관여하여, 참여율이 23%에 이른다. 설사 통계 조사의 숫자가 다를 수도 있고, 구체적 분석도 차이가 있을 수 있다 해도, 글자를 이루는 구성성분과 글자를 이루지 못하는 구성성분의 비율 및 글자를 이루는 구성성분의 글자구성 참여율은 거의 비슷하다. 이는 두 가지 형체 구성 체계가 이미 매우 근접했음을 보여준다. 그리고 글자를 이루지 못하는 구성성분으로 구성된 글자의 비율은 초나라 간백(簡帛)문자가 소전보다 약간 높은데, 이는 전자의 글자 구성 체계가 이미 성숙하긴 했지만 글자를 이루지 못하는 구성성분의 의존성이 아직도 상당히 높으며, 아직 가장 효과적으로 글자로 글자를 구성하는 정도에 이르지 못했음을 보여 준다.

둘째, 초나라 간백(簡帛)문자는 이미 기능조합의 가장 훌륭한 모델을 형성하여, 한어를 기록하는 부호로서의 한자의 음의(音義) 가치관을 충

---

9) 『古漢語研究』 第1期(1996)에 실렸다. 이어지는 글에서 인용한 小篆의 자형 구성에 관한 통계는 모두 여기서 가져왔다.

분하게 체현했다. 알다시피, 한어를 기록하는 한자의 최초 모델은 형체로 단어를 연결시킨 것으로, 형체와 형체 간에는 유기적인 관계가 결핍되었고, 대부분 하나하나씩 독립된 표의의 분산단위였다.

이러한 상형 표사(表詞)법은 기록의 가장 좋은 모델은 아니다. 그것은 언어가 독음과 의미의 결합이기 때문에, 이상적이며 효과적인 기록부호는, 응당 어휘의 독음과 의미적 가치를 충분히 체현해야 한다. 그래서 언어를 기록하는 모든 문자는 언제나 표음이거나, 아니면 표의이거나, 아니면 표음과 표의를 겸한 방향으로 발전하게 된다. 순수한 상형기호는 오래 갈 수가 없다. 한자는 상형 위주의 단계를 거친 다음, 독음을 빌려 단어를 기록하는 방법을 시도했으나, 한어의 특징과 맞지 않음을 빨리 발견하게 되었고, 중국 민족의 중용(中庸)적 심리와도 맞지 않아, 두 극단의 방법을 버리고 중화적 방법을 취하게 되었다. 즉 상형의 기초 위에서 소리부를 더하는 방식, 혹은 표음 가차의 기초 위에서 의미부를 더하는 방식, 또 '그 나타내는 사물을 이름으로 하고 나타내는 소리를 서로 합친 것을 말하는(以事爲名, 取譬相成)' 방식 등으로 '형성자'를 다시 만들어 냈다 그리하여 한자가 독음과 의미가 합쳐진 형식의 주요 기능모델의 방향으로 발전했다. 만약 갑골문의 형성자가 27% 정도에 머문 모색 단계였다면, 전국시대의 사회변혁과 발전에 의해 일어난 새로운 어휘들의 대량 증가에 따라, 글자로 글자를 구성하게 되었는데, 편리하고 빠르면서도 또 독음과 의미 가치를 함께 체현해 낼 수 있게 되었을 뿐 아니라 구별 성능이 뛰어난 음의(音義) 합체 모델이 이미 확립됨과 동시에 주요 모델로 완전하게 상승하게 되었다.

통계 조사에 의하면, 초나라 간백(簡帛)문자에서 단순한 의음(義音) 합체자는 74%를 차지하였고, 여기에다 형음(形音) 합체 0.6%, 형음의(형체·독음·의미) 합체 0.6%, 음의대(音義代) 합체 0.4%를 더하게 되면, 전체의 75.6%가 된다. 여기에다 또 의음(義音) 겸용 기능 합체 1.3%와 형음(形音) 겸용 기능 합체 0.7%를 더하게 되면, 77.6%에 이르게 된다. 이러한 비율은 비록 소전체의 의음(義音) 합체 비율인 85.69%에다 형음(形音) 합체 0.12%가 더해진 비율에 도달하진 못했지만, 초나라 간백(簡帛)문자는 이미 의음(義音) 합체의 가장 좋은 기능 모델이었으며 이로부터 비교적 성숙한 기능 조합체계를 형성했다고 하는 것은 충분히 성립 가능하다.

셋째, 개별 자형의 직접 구성성분은 감소하고 구조적 층차는 증가하였는데, 이는 음의(音義) 합체 기능모델을 우선 선택한 이후 자형 구조체계가 성숙함으로 나아가게 된 또 하나의 표지이다. 갑골문에서는 상형과 회형(會形) 회의(會義) 기능 모델이 주여서, 객관사물의 평면시각과 추상적 의미의 논리관계가 형체구조상의 단층적 다원 조합이라는 특징을 결정했다. 형체와 글자 창제 의도를 구별하기 위해 단층적 다원조합의 개별 글자는 대부분 독특한 개성을 요구하였으며, 이 때문에 귀납과 유추의 생성을 어렵게 만들었고, 그리하여 체계성이 다소 떨어지게 되었다. 음의(音義) 합체는 독음으로 의미를 구별하고, 의미로 독음을 구분하는 것으로, 서로 배경이 되고, 서로 의탁하여, 간단명료하면서도 구별성이 강하다는 특성 때문에 통상 두 개만 결합하면 대부분 더 이상 여러 가지를 더하지 않아도 된다. 그러나 글자 단위로 구성되기 때문에 글자 속에 글자가 포함되기 때문에, 구조적 계층은 자연히 늘어나게 된다. 바꾸어 말해서, 구조적 계층이 갈수록 늘어나는 체계가 되었으며, 직접구성성분 특히 글자를 구성하지 못하는 직접구성성분은 갈수록 줄어들었으나, 구성성분의 구조 참여 빈도는 갈수록 높아졌다. 그래서 그 체계성도 갈수록 강해졌다. 필자가 귀납한 1,960개의 초나라 간백(簡帛)문자 단위 중, 구조가 불분명한 88개와 독체자 제로 조합 146개를 제외하면, 단층구조가 558자로 32%를 차지하는데, 그 중 2개의 조합이 483자이며, 진정한 단층 다합자는 실제로 75개에 불과하여, 전체의 4.3%밖에 되지 않는다. 다층 구조는 2층 구조를 위주로 하는데, 총 845자로 전체의 48.4%이고, 그 다음이 3층 구조가 277자로 16%를, 그 다음은 4층 구조로 42자에 한정되어 전체의 2.4%를 차지하고 있으며, 가장 적은 것은 5층 구조로 4자가 이에 해당하여 전체의 0.25%를 차지했다. 이러한 구조 계층의 분포는 소전체에 상당히 근접해 있다. 소전구조도 2층 구조를 위주로 하고 있으며, 2층 구조가 전체의 40.6%이고, 6, 7, 8층의 글자를 다 합쳐도 전체의 0.5%도 되지 않는다. 이렇게 볼 때 구조는 기본적으로 5층 이내로 통제되고 있음을 알 수 있다. 그러나 소전의 단층 구조비율은 전체의 16.15%에 지나지 않고, 그 중 다합 구조는 전체의 1.02%에 지나지 않아, 초나라 간백(簡帛)문자보다 절반이나 적다. 이는 초나라 간백(簡帛)문자가 이미 기본적으로 글자 구조상에서 다층화를 실현했지만, 극대의 효과에 이르지는 못하였으며, 그래서 단층구조의 잔존이 비교적 많다는 것을 보여 준다.

이미 출토된 초나라 문자 자료는 전국시기 각국 문자들 중 가장 많다. 그래서 필자는 다른 모든 나라의 문자를 고찰할 여유가 없는 상황을 고려하여 우선 잠정적으로 초나라 간백(簡帛)문자를 전국문자의 대표로 기술하게 되었다. 위에서의 분석을 통해, 글자 모양, 공간배치, 필사법, 형체구조 규칙과 체계 등 모든 부분에서, 개별 형체의 자부(字符) 형태든 아니면 국부나 전체의 필사 스타일이든, 전국문자는 언제나 진한(秦漢)의 전예(篆隸) 체계에 직접적으로 영향을 주었음을 알 수 있다. 구체적으로 말하자면, 전국문자 체계는 내부적으로 두 가지 계층으로 나눌 수 있는데, 하나는 정체자라는 측면이고, 다른 하나는 속체자라는 측면이다.[10] 전자는 역사적 전승성을 가져, 전국문자체계의 주요한 얼개를 이루고 있으며, 이 얼개는 소전 체계에서 기본적으로 반영되었다. 진한시대는 사실 소전 체계가 통용되지 못했다. 소전체계는 사실상 전국시대의 정체자를 기초로, '고문(古文)과 주문(籀文)과 전서(篆文)를 하나로 합친 문자'(왕국유의 『관당집림』 권7)이며, 심지어 예서 구조가 섞이기까지 했다. 그런 다음 형체와 의미의 통일이라는 이론적 원칙에 따라 정리를 거쳐 개조하여 규범화하여 나온 전문적 체계이다. 이는 어쩌면 소전체계가 이미 기본적으로 성숙한 전국문자체계보다 더 완전하게 된 주요 원인일 것이다. 속체자라는 계층은 대량의 새로운 글자와 이사(異寫)(省變을 포함한) 이구자(異構字)를 만들어 내는 것으로 표현된다. 이는 전국문자 형체구조체계 중의 변동요인이며, 이후 대부분 정체자로 변화되어 예서체계에 수용되었다.

이렇게 볼 때, 소전은 전국문자의 총결이자 규범화였으며, 예서가 비로소 전국문자의 개혁이자 발전이었다. 진나라 때의 '서동문(書同文)'은

---

10) 裘錫圭, 『文字學槪要』(北京: 商務印書館, 1988), 51~59쪽 참조.

사실 소전과 예서라는 두 가지 계층에서 분리되어 진행되었다. 그래서 예서가 소전에서 나왔다고 하는 것 보다는 오히려 전국시대 속체 문자에서 나왔다고 하는 것이 나을 것이다. 또 진한 때의 전예체가 전국문자에서 나왔다고 하는 것보다는 오히려 전체 전국문자의 계승과 발전이었다고 하는 것이 나을 것이다. 전국문자는 어떤 지역성 '특징'을 보존할 수도 있다. 그러나 나라별로 대응하여 하나의 체계를 만들었다고 보아야 할 것이며, 전국문자는 그것의 개별 형체와 부분적인 다변성, 전체적으로 성숙한 규칙성, 옛것을 계승하여 지금을 열어 준 과도기적 성질 등을 갖추어 한자발전사에서 매우 중요한 지위를 갖고 있다.

3. 현대 상용한자체계의 구조적 변천

현대 상용한자는 「현대한어상용자표」와 「차(次)상용자표」에 포함된 3,500개의 상용자를 말한다. 이러한 글자들은 대부분 수천 년 간의 변천을 거쳤는데, 전체 서체로 볼 때, 그것들의 구조 상황은 이미 고대(예컨대 『설문해자』 체계)와는 매우 다르다. 주니(周妮)의 통계조사에 의하면11), 적당한 조정과 보충을 통한 현대 상용한자 체계의 구조 현황은 다음과 같이 기술될 수 있다.

(1) 독체자

소위 독체자라는 것은 한 개의 구성성분으로 구성된 글자를 말한다. 현대한자의 글자 구성성분에는 표의구성성분, 시음(示音)구성성분, 대체부호[代號] 구성성분, 표시(標示) 구성성분, 상형 구성성분 등이 있다. 이 5가지 구성성분 중, 앞의 두 가지를 제외하면, 모두 독립으로 글자를 구성할 수 있다. 그래서 현대 상용한자의 독체자는 독립 대체부호[代號]자

---

11) 周妮, 「現代常用漢字的理據屬性測查」(北京師範大學 2000년도 碩士論文. 지도교수: 李運富). 논문에서는 '記號'를 줄여서 '記'로 썼으나 본문에서 인용하면서 모두 '代號'와 '代'로 바꾸었다.

와 독체 상형자와 독립 표시(標示)자로 나눌 수 있는데, 각기 순서대로 184개, 24개, 3개를 차지하여, 총 211개가 이에 포함되고, 전체 조사 글자 수의 6.06%를 차지한다.

24개의 독체 상형자는 모두 고대 한자를 전승한 것이고, 현대 상용한자에서 새로 만들어진 독체 상형자는 없다. 이렇게 볼 때 상형자는 한자발생의 초기단계(후기에도 '산(傘)' 등과 같이 몇몇 개별 글자가 존재하기는 한다)에만 포함될 수 있으며, 그것의 생산성과 전승성은 매우 떨어진다. 한자 수가 증가하고 부호성이 강화됨에 따라, 한자의 상형성도 갈수록 약화되었으며, 원래 독체 상형자였던 원래 글자들은 대체부호[代號]자로 변했다.

표시성 구성성분은 의탁할 형체가 있어야만 의미를 드러낼 수 있다. 그래서 독체 표시자는 원래부터 그 숫자가 매우 적었다. 물론 '육서'의 '지사자'를 독체자로 간주한다고 한다면, 상황은 달라질 수 있다. 필자는 지시, 구별, 상징 기능의 글자를 이루지 못하는 구성성분(어떤 글자는 심지어 개별 필획으로 된 것도 있다)을 하나의 독립구성성분으로 간주하기 때문에, 대부분의 '지사자'는 사실 합체자라고도 본다. 현대 상용한자에서 독체 표시자의 조건에 부합하는 글자는 3자에 지나지 않는다. 즉 일(一), 철(凸), 요(凹)자가 그것인데, 모두 상징성 표시(標示) 구성성분으로 어떤 추상적 개념이나 특징을 나타내 주고 있다.

현대 상용한자에서 대부분의 독체자는 대체부호[代號]자이고, 독체 대체부호자는 모두 184자에 이른다. 대량의 상형자는 해서화 이후 더는 상형이 아니게 되었고, 또 원래 자형은 모두 묘사를 위주로 하였기 때문에 해서화 이후에도 근거성을 가진 새로운 구성성분을 분석해 낼 수가 없게 되었다. 그래서 상당 부분의 원래 상형자는 현대에 이르러 독체 대체부호자로 변했다. 예컨대, '혁(革)', '민(民)', '목(目)', '귀(龜)' 등이 그렇다. 간화자운동도 적잖은 독체 대체부호자를 만들어냈다. 예컨대 '악(乐)', '비(飞)', '문(门)', '서(书)' 등이 그렇다. 물론 '입(入)'이나 '육(六)'처럼 옛날부터 근거가 명확하지 않은 독체 대체부호자들도 몇몇 있다.

결론적으로 말해서, 독체자가 현대 상용한자에서 차지하는 비율은 매우 낮아, 현대 상용한자의 구조 유형의 주체는 아니다. 그것들이 갖춘 어떤 근거성도 매우 약하다.

(2) 합체자

현대 상용한자에서 표의구성성분, 시음(示音)구성성분, 대체부호[代號]구성성분, 표시(標示)구성성분, 상형구성성분 등은 모두 두 가지씩 결합된 글자들인데(같은 성분이 둘 결합하거나 서로 다른 두 가지 구성성분이 결합한), 여러 구성성분을 조합하여 글자를 이룰 수도 있으며, 이로부터 여러 가지 기능이 더해진 모델이 만들어졌다. 현대 상용한자 합체자의 구조 유형을 구성성분의 차이와 기능조합에 근거해 귀납한다면, 17가지가 넘는다. 211개 독체자를 제외한, 3,500개 상용한자에서 그것들이 차지하는 비율 순으로 정리하면 다음과 같다.

① 음의(音義) 합체(음의의(音義義) 합체, 의음음음(義音音音) 합체): 1,979자
② 음대(義代) 합체(의의대(義義代) 합체, 의대대(義代代) 합체, 의대대대(義代代代) 합체, 의의대대(義義代代) 합체, 의의의대(義義義代) 합체, 의의의의대(義義義義代) 합체): 438자
③ 대대(代代) 합체: 348자
④ 음대(音代) 합체(음대대(音代代) 합체): 245자
⑤ 의의(義義) 합체: 177자
⑥ 의표(義標) 합체(의의표(義義標) 합체, 의표표표(義標標標) 합체, 의표표표표(義標標標標) 합체): 23자
⑦ 음표(音標) 합체(음표표(音標標) 합체): 18자
⑧ 표대(標代) 합체: 17자
⑨ 음의대(音義代) 합체: 14자
⑩ 표표(標標) 합체: 11자
⑪ 음음(音音) 합체: 8자
⑫ 의형(義形) 합체(의형형(義形形) 합체): 7자
⑬ 표형(標形) 합체: 2자
⑭ 형대(形代) 합체: 1자

⑮ 음형(音形) 합체: 1자
⑯ 의음형(義音形) 합체: 1자
⑰ 의의형대(義義形代) 합체: 1자

　이상에서 두 가지 기능구성성분으로 조합된 합체자가 여전히 현대 상용한자의 주체이며, 음의(音義) 합체자가 그 중 가장 중요한 구조 유형임을 알 수 있다. 그러나 전통 한자의 구조 체계와 비교하여 말한다면, 현대한자의 구조속성에는 현저한 변화가 일어났으며, 이는 바로 대체부호[代號] 구성성분이 가져온 영향임을 직관적으로 알 수 있다. 구체적으로 말하자면, 합체자가 구조상의 기본 유형에서는 결코 어떤 변화가 일어나진 않았지만 변화는 주로 다음의 두 가지 측면에서 체현되었다. 즉 하나는 각종 구조유형이 차지하는 비율에 변화가 있었다는 것이고, 다른 하나는 다구성성분자의 숫자가 늘어났다는 점이다.

　대체부호 구성성분이 현대한자에서 대량으로 출현하였으며, 게다가 빈번하게 글자를 구성하였는데, 이 때문에 대체부호 구성성분을 포함한 구조유형의 숫자가 크게 상승하게 되었다. 『설문해자』에서도 이미 대체부호가 존재했지만 그 숫자는 극히 적었다. 그러나 현대 상용한자에서의 대체부호[代號] 구성성분은 모두 1,767자에 이르며, 독체자를 제외하면, 글자 구성에 참여하는 합체자가 1,064개이다. 이러한 글자에는 의대(義代) 합체(438), 대대(代代) 합체(348), 음대(音代) 합체(245), 표대(標代) 합체(17), 음의대(音義代) 합체(14), 형대(形代) 합체(1), 의의형대(義義形代) 합체(1) 등의 조합모델들이 포함된다. 상형 구성성분 감소의 영향을 받아 상형 구성성분으로 조합된 합체자가 매우 줄어든 것을 제외하면, 다른 구조유형의 구성성분 숫자는 모두 증가했다. 그 중에서도 숫자가 비교적 많은 의대(義代) 합체자와 음대(音代) 합체자는 대부분 고대의 음의(音義) 합체자였다. 표의구성성분이 표의기능을 상실하게 됨으로써, 혹은 시음(示音)구성성분이 표음 기능을 상실하게 됨으로써, 각기 음대(音代) 합체자와 의대(義代) 합체자를 형성하게 되었다. 물론, 이들 모두가 결코 원래 있던 기능의 원래의 음의(音義) 합체자로부터 전화되어 온 것은 아니다. 원래 합체자의 몇 가지 기능구성성분만 합치면, 형음의가 변했고 원래 있던 기능이 상실되었기 때문에, 그들은 대체부호 구성성분으로 변화할 수 있다. 그리고 나머지 구성성분은 여전히 근거를 가진다해도, 이러한 글자들은 'x대(x代) 합체자'나 'xx대(xx代) 합체자'로 변하게 된다. 만약 어떤 합체자의 각 구성성분이 현대한자의 음의 체계에서 모두 글자구성 근거를 가지지 못한다면, 이들은 합체 대체부호[代號]자로 변한다. 만약 전통의 음의(音義) 합체자가 표의구성성분과 시음(示音)구성성분이 동시에 원래의 기능을 상실했다면, 상형자는 해서화 이후 더는 상형이 아니며 여러 개의 동형 구성성분으로 분리될 수 있으며, 원래의 회의자도 이미 글자창제 의도를 알아볼 수 없게 되는데, 이들은 모두 합체 대체부호[代號]자로 변한다. 이렇듯 현대한자의 대체부호 구성성분은 어떤 다른 기능구성성분과 광범위하게 조합하여 합체자를 만들 수도 있으며, 두 개 이상의 대체부호 구성성분으로 구성된 합체자를 대량으로 만들어 낼 수도 있다.

글자 구성에 참여하는 대체부호자의 숫자가 늘어난 것과 대조적으로, 함형(含形)구조의 숫자는 도리어 크게 줄어들었다. 예컨대, 형대(形代) 합체, 음형(音形) 합체, 의의형대(義義形代) 합체자는 각각 1자에 불과하다. 이는 독체 상형자와 상형 구성성분이 매우 일찍부터 상형 기능을 상실했던 까닭 때문이다. 음의(音義) 합체자(즉 形聲字)도 하강 추세에 있다. 현대 상용한자에서 음의(音義) 합체자라 판정할 수 있는 것은 1,979개로, 전체 조사 대상자의 56.54%를 차지한다. 이러한 수치는『설문해자』소전체계의 음의(音義) 합체자가 87.39%를 차지한 것과 대조적이다.12) 87.39%에서 56.54%까지, 음의(音義) 합체자가 차지한 비중은 확실히 많이 줄어들었다. 이는 어원적으로 음의(音義) 합체자였던 많은 글자들이 현대한자에서는 이미 소실되거나 비(非) 형성자──표의구성성분과 시음(示音)구성성분의 분리나 동시에 대체부호 구성성분으로의 전화되어, 음대(音代) 합체자, 의대(義代) 합체자, 대대(代代) 합체자 등으로 변했기 때문이다.

글자 분석법이라는 입장에서, 우리는 현대한자의 표의체계와 표음체

---

12) 李國英,『小篆形聲字研究』(北京: 北京師範大學出版社, 1996), 2쪽.

계 속의 표의구성성분의 독음표시 기능을 주목해야 하는데, 시음(示音) 구성성분은 해당 글자의 독음을 표시할 수 있는 음의(音義) 합체자이다. 2천여 년 동안 한자는 글자의 형체, 독음, 의미 등에서 모두 커다란 변화가 있었다. 소전 시기의 음의(音義) 합체자를 완전하게 전승하고, 게다가 표의나 표음 정도에 변화가 일어나지 않은 글자는 이미 매우 드물다. 필자는 『설문해자』에서 근원한 형성자를 기준으로 삼아 현대 상용한자에서 대응 시킬 수 있는 2,602개 자부(字符)를 비교해 본 결과, 『설문해자』에서 근원한 형성자가 현대 상용한자에서 45%가 이미 더는 형성자가 아니었으며, 37%는 유사한 의미부나 유사한 소리부로 구성된 형성자였으며13), 형성자를 전승한 18% 중에도 의미부와 소리부의 표의와 표음 표시 정도가 차이는 있지만 저하되었다. 『설문해자』에서 원래 근거한 형성자 이외에도 일부 새로운 형성자가 만들어졌지만, 숫자는 그리 많지 않았다. 그래서 현대 상용한자에서 형성자(즉 義音 합체자)의 지위는 이미 크게 떨어져, 현대 한자에서 형성자가 전체의 90% 이상을 차지하고 현대한자체계가 사실상 형성체계라고 생각하는 그러한 관점은 구조 속성 변화의 역사적 발전 의식이 결핍된 것이라 하겠다. 글자 구성에 참여한 대체부호 구성성분이 크게 증가하였는데도, 형성자가 자리를 지키면서 변하지 않는다면, 한자체계는 균형감을 잃고 말 것이다. 대체부호 구성성분을 포함한 새로운 합체자가 증가하게 되면, 함형(含形) 합체자와 음의(音義) 합체자가 대량으로 감소하는 것은 필연적이다. 이렇게 되어야만 전체 한자 형체 구성 체계의 균형을 유지할 수 있다.

그러나 현대 상용한자에서 여전히 절반 이상의 글자가 음의(音義) 합체자이다. 원래 절대적 주도 지위를 차지했던 이러한 구조유형이 현대에서도 여전히 다소 우위를 차지하는데, 유사 의미부와 유사 소리부의 구조 참여 기능이 사라질 수는 없기 때문이다. 현대 상용한자에서 음의(音義) 합체자로 판정할 수 있는 1,979개의 글자 중, 표의구성성분이 유사 의미부로 된 음의(音義) 합체자가 1,127개, 시음(示音)구성성분이 유사 소리부로 된 음의(音義) 합체자가 405개이며, 243개 음의(音義) 합체자

---

13) 李運富, 「現代形聲字的判定及類義符和類聲符」, 『古漢語論集』 第3集(長沙: 嶽麓書社, 2002) 참조.

는 동시에 유사 의미부와 유사 소리부가 구성된 경우이다. 완전하게 유사 의미부나 유사 소리부 없이 글자 구성에 참여한 것은 688개에 지나지 않아, 전체 음의(音義) 합체자의 34.76%를 차지할 뿐이다. 유사 의미부와 유사 소리부는 현대한자구조의 체계성을 체현해 주었다. 어떤 사람들은 이러한 체계성을 보지 못하고, 현대한자의 형성자의 체계가 이미 완전히 붕괴되었으며, 현대한자가 이미 전혀 근거를 밝힐 수 없는 부호로 변했다고 하기도 하는데, 이러한 관점은 지나치게 편견적이라 할 수 있다.

또 다른 측면에서, 소위 다구성성분 글자라는 것은 두 개 이상의 구성성분으로 조합된 합체자를 말한다. 우리가 자형을 직접 구성성분으로 분할할 때 기능을 우선시하고, 형체의 동일함을 보완으로 삼으며, 필획의 병합 등을 나머지 원칙으로 삼았다. 그래서 어떤 경우에는 한 글자가 3개, 4개, 심지어 5개의 구성성분으로 조합된 상황도 등장하는데, 이들은 구성성분이 근거를 상실한 다음 형체분석의 편의를 위해 필연적으로 등장한 결과이다. 예컨대, '석(席)'을 '엄(广), 입(卄), 건(巾)'의 3개 구성성분으로 분리할 수 있고, '수(兽)'를 '두 점[ᵛ], 전(田), 가로획[一], 구(口)' 등 4개 구성성분으로 분리할 수 있고, '효(囂)'는 4개의 '구(口)'와 1개의 '혈(頁)' 등 5개 구성성분의 조합으로 볼 수 있다.

이러한 다구성성분 글자는 어떤 경우 단지 구성성분 숫자만 증가하여 구성성분기능의 조합유형에는 변화가 없는 것도 있다. 예컨대, 1개의 표시(標示)구성성분과 1개의 표의구성성분으로 조합된 글자는 의표(義標) 합체자이고, 2개의 표의구성성분과 1개의 표시(標示)구성성분으로 조합된 글자도 여전히 의표(義標) 합체자(예컨대 '受')이다. 1개의 표의구성성분과 1개의 대체부호 구성성분으로 조합된 글자는 의대(義代) 합체자이고, 2개의 표의구성성분과 2개의 대체부호 구성성분으로 조합된 글자도 의대(義代) 합체자이다(예컨대, '遊'). 이런 식으로 유추해 나가면 된다. 이러한 다구성성분의 합체자는 총 218개에 이른다. 그러나 몇몇 글자들은 3개 이상의 서로 다른 기능의 구성성분이 조합되어 만들어진 글자도 있다. 예컨대, 1개의 표의구성성분, 1개의 시음(示音)구성성분과 1개의 대체부호 구성성분으로 조합된 음의대(音義代) 합체자(예컨대 '蔥'), 1개의 표의구성성분과 1개의 시음(示音)구성성분과 1개의 상형구성성분으로 조합된 의음형(義音形) 합체자(예컨대 '岸'), 2개의 표의구성성분과 1개의 상형구성성분과 1개의 대체부호 구성성분으로 조합된 의의형대(義義形代) 합체자(예컨대 '樊') 등이 그렇다. 이러한 다기능 구성성분으로 조합된 합체자는 총 16개에 이른다.

제3절 한자구조 변천의 원인

앞에서 말했다시피, 한자는 형체, 구조, 기능의 세 가지의 계층이 서로 연계되어 있으며, 구조 계층의 변화는 필연적으로 형체 계층과 기능계층의 영향과 제약을 받는데, 이러한 것을 한자학의 내부 원인이라 할 수 있다. 나머지 문화적 요소도 한자구조의 변화를 이끌 수 있다. 예컨대, 피휘(避諱) 등이 바로 이러한 외부 원인에 속한다. 물론 이러한 원인은 어떤 때에는 교차되기도 하고, 종합적으로 기능을 일으키기도 한다. 그러나 기술의 편의를 위해 하나하나씩 설명하기로 한다.

1. 서사(書寫)적 원인

계공(啟功)은 일찍이 "한자라는 것은 필사되어진 것이다."라고 말한 바 있다. 이 말은 컴퓨터 입력법이 등장하기 전까지는 일리가 있는 말이었다. 한자의 필사에 직접적으로 영향을 끼치는 것은 형체라는 외관으로, 글자의 구조와는 필연적 관계가 없다. 그러나 어떤 형체의 변화는 구조의 변화를 일으킬 수도 있는데, 특히 체계상의 서체의 변화가 그렇다. 예컨대, 성숙 단계의 '예변(隸變)'은 예서 필법의 동화 추세에 근거하여 한자구조의 상형기능을 철저하게 훼멸시켰다. 한자 필사 상의 변화 방식에는 대체로 간생(簡省: 간략화와 생략), 증번(增繁: 증가와 번화), 점합(黏合), 분리(分離), 이위(移位: 위치의 이동), 개향(改向: 방향의 바뀜),

체환(替換: 대체), 윤곽화(輪廓化) 등이 있는데, 어떤 것들은 주관적으로 필사의 편의와 미관의 적응을 추구한 것이기도 하고, 어떤 것들은 객관적으로 무의식적인 와변이나 속자 필사로 만들어진 것이기도 하다. 형체에 대한 필사의 의식적 추구와 무의식적 와변은 한자구조에 변화를 일으킨다.

의식적으로 필사 편의를 추구한 것으로는 다음을 예로 들 수 있다. 소전의 '진(麤, 塵)'이 3개의 '록(鹿)'과 '토(土)'로 구성되어, 사슴이 떼 지어 달릴 때 '먼지'를 일으킴을 그렸는데, 필획수가 너무 많아 이후 2개의 록(鹿)을 생략하여 '진(塵)'으로 줄였다. '사슴[鹿]'이 '흙먼지[土]'를 일으킨다는 회의(會意)였는데, 이후 다시 새로운 글자인 '진(尘)'을 만들어 냈다. 또 '독(獨)'자는 간화자에서 '독(独)'으로, '멸(滅)'자는 간화자에서 '멸(灭)' 등으로 줄었는데, 이는 모두 간편화를 위해 직접 구성성분이나 간접 구성성분의 구조를 변화시킨 것들이다. 또 '초(礎)'를 '초(础)'로 바꾼 것처럼 필획이 적은 소리부로 바꾸기도 하고, '저(豬)'를 '저(猪)'로 바꾼 것처럼 필획이 적은 의미부로 바꾸기도 하고, '환(歡)'의 '관(雚)'을 '우(又)'로 바꾸어 '환(欢)'으로 바꾸기도 했는데 이들은 모두 필사의 편의를 위해 구성성분을 바꾼 결과이다. 또 소전체에서 절굿공이를 두 손으로 들고 곡식을 찧는 모습을 그린 회형자(會形字) '용(舂)'은 윗부분의 3가지 구성성분을 1개의 대체부호로 축약하여 의대(義代) 합체자인 '용(春)'이 만들어졌다.

점합(黏合)에 의해 구조가 변한 유사한 것들로는 '조(朁)→조(曹)', '개(閄)→개(開)', '무(䊷)→무(舞)', '병(竝)→병(並)', '절(折)→절(折)' 등이 있다. 또 어떤 글자들은 원래 1개로 구성된 구성성분이 분리되어 여러 개의 구성성분이 된 것도 있는데, 필획은 늘어났겠지만 운필은 편리해진 것도 있다. 예컨대, '기(企)→기(企)', '음(飮)→음(歉)', '능(能)→능(能)' 등이 그렇다. 한자가 고문자로부터 예서로 변했고, 예서로부터 해서로 변했으며, 또 현대한자 체계에서는 간략화가 이루어졌다. 필사의 편의를 위해 발전하면서 수많은 글자들의 구조 근거에도 변화가 일어났던 것이다.

필사의 미관을 의식적으로 추구한 예도 있는데, 갑골문에서 회형(會

形)구조였던 '월(🔲, 刖)'자는 근거가 매우 명확하였지만, 형벌도구와 손(又)이 순서대로 사람[人]의 오른쪽 아래에 놓여 글자의 균형이 잡히지 않았는데, 이후 형성 구조로 된 '월(刖)'자가 만들어졌다. 또 '기울어지다'는 뜻의 '측(昃)'도 갑골문에서는 해[日]가 사람[大]을 비스듬히 비추는 모습인 '측(🔲)'으로 썼으나, 구조가 불안하여 구성성분인 '대(大)'를 바로 세웠는데, 그렇게 되자 비스듬하다는 뜻을 나타내기가 어려워졌고 이 때문에 이후 아예 일(日)이 의미부이고 측(仄)이 소리부인 '측(昃)'을 새로 만들었다. 또 갑골문의 '섭(🔲, 🔲, 涉)'자는 소전체에서 '섭(🔲, 🔲)'으로 변한 것이나, 소전체의 '도(🔲)'와 '리(🔲)'가 예서체의 '도(徒)'와 '리(裡)' 등으로 변한 것은 모두가 미관적 요소를 추구했기 때문이다.

　　일반적으로 말해서, 초기의 형체 구성은 비교적 근거성을 중점적으로 추구했으나, 글자를 새기고 주조하고 필사하는 과정에서 미관의 요구로부터 출발하여 원래 만족스럽지 못했던 자형 구조를 조정함으로서, 균형과 평형과 대칭과 가지런함을 위해 의식적으로 변화를 추구했다. 미관을 추구한 구체적 방식은 주로 다음의 세 가지가 있었다. 하나는 원래 글자를 폐기하고 새로운 글자를 만드는 것이었고, 둘째는 원래의 구성성분이나 필획의 위치나 방향을 바꾸는 것이었고, 셋째는 구성성분이나 필획을 생략하거나 늘이는 것이었다. 전국문자를 보면 종종 필요 없는 요소가 덧붙여져 있기도 한다. 예컨대 '하(下)', '불(不)', '이(而)'자 등의 위에 가로획이 더해졌고, '족(足)', '문(文)', '위(胃)'자 등의 오른편에 삐침 획이 더해졌고, '금(今)'자 아래에는 '구(口)'가 더해졌고, '중(中)'자 위에는 '면(宀)'이 더해졌고, '상(尙)'자 아래에는 '심(心)'이 더해진 등등이 그렇다. 이렇게 장식을 위해 더해진 필요 없는 획이 일단 독립된 구성성분이나 원래의 구성성분의 성질을 바꾸는 구성성분이 되기만 하면, 전체 글자의 구조는 변화가 일어난다. 예컨대, '시(示)', '보(保)' 등과 같은 글자들의 장식성 필획을 『설문해자』에서는 갑골문 구조(🔲; 🔲)와는 다르게 다시 분석했다.

　　형체의 와변으로 인해 구조근거에 변화가 일어난 글자들도 적지 않다. 예컨대, 투구[甲胄]라는 뜻의 '주(胄)'는 '주(🔲)'로부터 '주(胄)'로 잘못 변했고, 죽다[喪亡]는 뜻의 '상(喪)'도 상(喪)'에서 '상(喪)'으로 잘못 변했고, '의(宜)'자도 '의(宜)'로부터 잘못 변했으며, '천(泉)'자도 '천(泉)'으로부터 잘못 변했는데, 잘못 변하기 전과 후의 구조가 완전히 다르다. 또 '치(恥)'는 '치(耻)'로 변했는데, 원래는 심(心)이 의미부이고 이(耳)가 소리부인 구조였으나, 초서체에서 심(心)과 지(止)가 비슷한 바람에 이(耳)가 의미부이고 지(止)가 소리부인 구조로 바뀌었다. 현대한자에서의 대체부호자는 인위적으로 어떤 부호로 바꾼 소수 글자를 제외하면 대부분은 형체의 와변으로 인해 생겨난 것들이다.

2. 기능[職能]적 원인

한자는 한어를 기록하는데 쓰이는 도구이다. 개별 형체의 한자의 원래 자형 구조는 모두가 구체적 어휘의 독음과 의미에 근거한 것이었다. 그래서 한자의 '형체'와 한어의 '독음과 의미'는 기본적으로 통일되었다. 그러나 자형의 변화와 어휘의 독음과 의미의 변화로 인해, 어떤 글자들은 원래의 형체, 독음, 의미 간의 통일 관계가 점차 약해지거나 파괴되어, 어떤 글자들은 어휘 기록 기능에 영향을 받게 되었고, 글자와 어휘의 대응과 분별에 심리인지상의 장애가 생기게 되었다. 이러한 한자 표현 기능의 퇴화를 극복하고, 한자인지의 효율을 제고하기 위해, 사람들은 의식적으로 어떤 글자의 구조를 바꾸고, 이로써 한자의 형체, 독음, 의미가 새로운 협력이 이루어지도록 했으며, 이로부터 한자의 어휘 기록 기능을 회복시키고, 한자를 인지할 때의 '형체'와 '독음과 의미' 간에 대응되는 심리적 욕구를 만족시키고자 했다.

어떤 글자들은 자형 그 자체에 기능이 존재하지 않기도 하고, 또 어떤 것들은 자형의 변천으로 기능이 없어져, 원래의 자형구조를 개조함으로서, 글자와 어휘 간의 관계를 더욱 밀접하게 만들었다. 예컨대, '치(齒)'가 '치(齒)'로, '월(戉)'이 '월(鉞, 鉞)'로 변한 것처럼, 상형 구성성분의 기초 위에서 소리부나 의미부를 더함으로써 자형의 표의기능과 표음기능을 더욱 부각시켰다. 따라서 자형과 피 기록 단위의 독음과 의미 간의 관계가 강화되어, 갈수록 표현 기능이 더욱 명확해졌다. 또 '포도(葡萄)'가 '포도(葡萄)'로 변한 것처럼, 소리부의 기초 위에서 의미부를 더함으로써 자부(字符)가 기록하고자 하는 의미가 식물이라는 범위에 속함을 분명하게 하여, 글자와 어휘 간의 관계가 더욱 명확해졌다.

　어떤 글자들은 어휘의 의미에 확장이나 파생이 일어남으로써, 자부(字符)의 차용과 자형 자체의 변화가 일어나, 원래 자형의 어휘 표현 기능을 모호하게 만들게 되었다. 이 때문에 구조를 바꾸어 원래 글자의 글자-어휘 간의 관계를 다시 새롭게 정의하기도 했다. 예컨대, '연(然)'은 본래부터 '화(火)'로 구성되었는데도 다시 화(火)를 더하여 '연(燃)'이 되었고, '봉(奉)'도 원래부터 손[手]이 있었는데도 수(手)를 더하여 '봉(捧)'이 된 것들이 그렇다. 유사한 것으로, '막(莫)→모(暮)', '익(益)→일(溢)', '주(州)→주(洲)', '폭(暴)→폭(曝)' 등과 같은 소위 '누증자(累增字)' 등이 그렇다. 누증자의 번식은 바로 자형과 원래 어휘항의 의미적 연관을 강화하여 파생된 의미항목을 분화하여 표현하고자 한데 목적이 있었다.

　어떤 구조의 개변은 객관사물 자체의 변화, 혹은 객관사물에 대한 사람들의 인식의 변화를 반영하기도 한다. 예컨대, '포(砲)'자는 원래 '석(石)'으로 구성되었는데, 고대의 대포(炮)는 돌[石]을 던지는 식이었으나, 이후 돌 대포[石砲]가 화약으로 변하였다. 그러자 '화(火)'로 구성된 '포(炮)'자(고대어에서 고기 같은 것을 굽다는 뜻의 '炮'와 동형이다)를 사용함으로써, 글자-어휘 간의 의미 관계에 부합하도록 하였다. 또 '감(監)'과 '감(鑑)'도 이러한 상황에 속한다. 원래는 물동이에 담긴 물에 얼굴을 비추다는 뜻이었는데, 이후 금속으로 만든 거울이라는 뜻이 만들어졌고 그러자 '금(金)'부수를 더했다. 또 '며느리(息婦)'라고 할 때의 '식(息)'자는 원래 심(心)과 자(自, 코로 숨을 쉬다는 뜻이다)가 의미부인 회의자였다. '(생명체가) 불어나다(生息)'는 본의에서 '아들'이라는 뜻이 파생되었는데, '식부(息婦)'는 바로 아들의 아내라는 뜻이다. 이후 '식(息)'자는 '식부(息婦)'에서 뒤에 오는 '부(婦)'자의 영향을 받아 '여(女)'를 더하여 '식(媳)'이 되었는데, 이 '여(女)'는 원래 동화에 의한 추가성분으로 별다른 기능이 없었다. 그러나 사람들은 한 걸음 더 나아가 '식(媳)'의 의미도 '며느리(婦)'라고 여기게 되었고, 그렇게 함으로서 '아식(兒媳 érfù; 며느리)', '아식부(兒媳婦 érxífù; 며느리)' 등과 같은 말이 나왔다. '식(媳)'의 의미가 '아들'로부터 '며느리'로 변하게 되자, '식(媳)'의 근거구조도 '여(女)'가 의미부이고 '식(息)'이 소리부인 구조, 혹은 '여(女)'와 '식(息)'으로 구성된 회의구조('생육 능력을 가진 여인')로 다시 분석할 필요가 생기게 되었다. 이러한 자형구조의 변화는 바로 '식(息)'의 객관내용에 대한 사람들의 인식에 변화가 생겨 일어난 결과이다.

또 어떤 구조의 개변은 한자의 독음이나 구성성분의 표음 기능의 변화를 반영하기도 한다. 예컨대, '태(態)'자는 원래 심(心)이 의미부이고 능(能)이 소리부인 구조였으나, 이후 '능(能)'의 독음에 변화가 생겨 '태(態)'와 너무 차이가 나면서 표음 기능을 이미 상실하게 되었다. 그러자 새로이 '태(太)'를 표음구성성분으로 하여 '능(能)'을 대체했다. 그 결과 '태(态)'자로 변하게 되었는데, '태(态)'는 '태(態)'에 비해 한어에서의 'tài'라는 독음을 가진 단어를 더욱 명확하게 표현할 수 있게 되었다. 유사한 예로, '운(運)'이 '운(运)'으로, '구(構)'가 '구(构)'로, '달(達)'이 '달(达)'로 바뀐 것 등이 있는데, 간화라는 목적 이외에도 표음 기능을 이미 상실한 소리부를 바꿈으로써 자형의 표음을 더욱 정확하게 하고자 함이었다.

이상의 것들은 모두 자형이나 독음과 의미 간의 변화가 글자-어휘간의 대응 관계에 영향을 준 것이며, 이로부터 원래 글자의 자형 구조가 바뀌게 된 예들이다. 이러한 구조의 변화는 자형과 어휘 간의 대응 관계를 더욱 분명하게 하였고, 이로부터 자부(字符)의 표현 기능을 강화하였으며, 한자의 인지 효율을 높였다.

어떤 경우 자형에는 전혀 변화가 없이, 단지 원래 대응하던 어휘의 독음과 의미에 변화가 일어나기도 한다. 이러한 상황은 형체·독음·의미의 현실적 관계에 주목하고, 근거 해석의 각도에서 보자면, 이 또한 구조관계에 변화가 일어난 것으로 간주할 수 있다. 예컨대, 앞에서 들었던 '왜(矮)'자의 경우, 최초의 근거는 '시(矢)'가 의미부이고(고대 중국에서는 화살(矢)로 길이를 쟀다), '위(委)'가 소리부(고대음에서 위(委)와 왜(矮)의 음은 비슷했다)인 의음(義音) 합체자였는데, 지금은 '왜(矮)'의 독음이 변해 '위(委)'가 더는 이의 독음을 대표할 수가 없게 되었다. 그래서 현대의 처지에서는 '왜(矮)'가 더 이상 의음(義音) 합체자가 될 수 없고, 이의 구조는 의미부에 대체부호가 더해진 의대(義代) 합체자로 다시 분석해야만 한다.

유사한 예는 매우 많다. 예컨대, '제(諸)'의 경우, 원래는 언(言)이 의미부이고 자(者)가 소리부로, 변론을 하다는 뜻이었다. 그러나 이 뜻은 이미 없어져 버렸고, 지금은 '제(諸)'가 다른 의미를 빌려 표현하는데 쓰이고 있다. 비록 '자(者)'가 아직도 시음(示音) 성분으로 유추되지만, '언(言)' 부수와 '제(諸)'라는 단어는 어떤 관계도 없어져 버렸다. 또 '하(賀)'는 원래 '패(貝)'로 경하하는 예물을 뜻했고, '가(加)'로 '하(賀)'의 독음(고대음에서 加와 賀는 모두 歌부수에 속해 음이 비슷했다)을 표시했다. 그러나 독음의 변화로 지금은 '가(加)'로 '하(賀)'의 독음을 나타내지 못해, 대체부호자가 되었다. 또 '홍(虹)'을 보면, 고대인들은 무지개가 두꺼비[蟾蜍]가 기운을 내뿜어 만들어지는 것으로 생각했고, 그래서 '충(虫)'을 의미부로 삼았다. 그러나 지금은 아무도 그렇게 생각하지 않아 '충(虫)'이 더는 표의 성분이 되지 못한다. 이러한 자형구조 관계에 대한 인지는 한자의 발전과 변천을 유성언어의 발전 변천과 결합해 사고해야만 한다는 것을 보여 준다.

3. 문화적 원인

여기서 말하는 '문화'는 문자와 언어를 제외한 기타 사회 문화현상을 말한다. 한자구조변화와 관련 있는 것으로 주요한 것은 피휘(避諱)가 있다. 예컨대, 진(秦)나라 때에는 그전 시대 때의 '죄(辠)'를 '죄(罪)'로 바꾸었는데, 이는 진시황이 원래의 '죄(辠)'자가 '황(皇)'자와 비슷했다고 여겼고, 그래서 '죄(辠)'자를 사용하지 못하게 하였기 때문이다. 그리하여 원래 '고기잡는 그물'을 뜻하는 망(网)이 의미부이고 비(非)가 소리부인 의음(義音) 합체 구조의 '죄(罪)'자를 '법망으로 잘못된 자들을 다스리다(法網治非)'는 뜻의 의의(義義) 합체자로 재해석하고, 이로써 죄와 벌의 '죄(罪)'로 사용하게 된 것이다(죄와 벌이라고 할 때의 죄(罪)와 그물이라는 뜻의 죄(罪)를 동형자로 볼 수 있다). 또 '국(國)'자는 원래 위(囗)와 혹(或)이 모두 의미부인 구조였는데, 측천무후가 주위 사람의 말을 듣고,

'혹(或)'과 '혹(惑)'이 형체도 독음도 비슷하여 나라[國] 안이 미혹[惑]에 빠져도 알 수 없다고 하자, 이를 듣고 '혹(或)'을 '무(武)'로 바꾸어 '국(䧇)'을 만들었는데, 온 천하가 무씨의 것임을 천명했다. 이후 또 어떤 이가 '국(䧇)'자는 '수(囚)'자가 '사람이 옥에 갇힌 모습(人困口中)'인 것처럼 '무씨가 옥에 갇혀 곤욕을 당하는 모습(武困口中)'으로 대단히 불길하다고 하였다. 그리하여 다시 이 글자를 '국(圀)', '국(囻)', '국(国)', '국(囶)' 등의 구조로 바꾸었는데, 모두 회의자이긴 하지만 표의 구성성분의 차이로 자형의 근거도 달라졌다.

피휘는 불길한 연상을 주는 어떤 구성성분이나 조합의 사용을 피하는 동시에 개조 변화 후 글자에 일정한 적극적 의미가 담기도록 한다. 어떤 때에는 원래 글자에 불길한 요소가 들어 있지 않은데도, 단지 자형이 어떤 특정한 의미를 부여한다고 하여 원래 글자의 구조를 바꾸거나, 새로운 글자를 만들기도 한다. 예컨대, 측천무후는 성이 '무(武)'이고 이름이 '조(照)'였는데, 조(照)는 화(火)가 의미부이고 소(昭)가 소리부이고, 소리부로 쓰인 소(昭)에도 '밝다'는 뜻이 들어 있어, 조(照)자에 어떤 나쁜 뜻도 들어 있지 않았다. 그러나 측천무후는 세상 사람들에게 여자도 남자처럼 황제가 될 수 있으며, 천하에 군림하는 자가 반드시 남자에 한정되지 않아야 한다고 하면서, 자신의 이름인 '조(照)'를 '조(曌)'로 그렸으며, 이로써 자신의 이러한 깊은 의도를 알렸다. 즉 '해와 달이 온 세상을 비추다'는 뜻인데, 해[日]는 양(陽)을 뜻하여 남자를 상징하고, 달[月]은 음(陰)을 뜻하여 여자를 상징하여, 해와 달, 남자와 여자의 지위가 평등함을 체현했다. 이후 낙빈왕(駱賓王)이 「측천무후를 토벌하는 서경업을 위한 격문(爲徐敬業討武曌檄)」을 쓰면서, 격문 속에 고의로 '조(曌)'자를 다시 '조(瞾)'로 고쳤다. '조(瞾)'자의 윗부분은 '구(瞿)'의 생략된 모습인데, 『설문해자』에서 '구(瞿)'는 새매가 노려보다는 뜻이다(鷹隼之視也)'라고 해, 두 눈을 부릅뜨고 먹잇감을 노려보는 새 매의 두 눈[👁👁]을 연상하게 한다. '새매의 눈으로 온 천하를 노려보다'는 뜻의 '조(瞾)'로 이 글자를 바꾸었던 것은 분명히 측천무후가 새매처럼 그렇게 흉포하고 무섭다는 것을 말하며, 이는 이러한 흉포한 정치는 뒤집히기 마련임을 암시하고 있었다.

민간에서도 속자를 새로 만들기도 했는데, 어떤 글자는 어떤 특수한 상황에 사용되었다. 예컨대, 상가에서 자주 볼 수 있는 '소매치기 조심(小心鬴手 xiǎoxīn páshǒu)'의 경우, '수(鬴 pá)'의 정자는 '배(扒 pá)'이지만, 사람들이 소매치기를 '산즈소우(三只手 sānzhǐshǒu, 손이 셋 달린 놈)이라 부르기 때문에 이를 '수(鬴)'자로 바꾸었으며, 이를 통해 사람들에게 '손이 셋 달린 놈(三只手, 소매치기)'을 경계하도록 했던 것이다. 또 '희(喜)'자는 결혼 때 종종 '희(喜喜)'로 쓰기도 하는데, 이는 '겹경사(雙喜臨門)'와 '좋은 일은 짝을 이루어 온다(好事成雙)' 등의 심리와 바람을 반영한 것이다.

사회문화적 요소가 한자구조에 미친 영향은 여러 측면의 여러 각도에서 이루어졌다. 앞서 말한 것 이외에도, 글자수수께끼[字謎], 파자점[猜字算命], 대련(對聯), 사회규범 및 필사 도구의 개진, 문자 매체와 문자 배치 차이 등등은 모두 한자구조의 변이를 만들어 냈는데, 이에 대해서는 상술하지 않겠다. 문화적 요소가 일으킨 자형구조의 변이라고 모두가 성공한 것은 아니며, 어떤 경우는 한자의 역사에서 잠시 나타났다가 사라지기도 했고, 어떤 것들은 특정 상황에서만 등장하기도 했다. 그러나 전체 글자체를 두고 말하자면, 문화적 방면의 각종 영향 요소는 존재하지 않는 곳이 거의 없다. 그래서 우리가 매우 주목해야 하는 부분이기도 하다.

위에서 서술한 세 가지 측면이 한자형체의 구조변화를 일으키는 주요한 원인이다. 그러나 사실은 이렇게 간단하지 않으며, 적잖은 글자들의 구조 변경은 여러 가지 요구를 동시에 실현하기 위한 것이었다. 예컨대, '태(態)'가 '태(态)'로 된 것은, 표음이 더욱 명확하도록 하는 한편 필사도 더욱 간편하게 하고자 한 결과였다. 또 어떤 글자들의 구조는 몇 번 변화를 거치기도 했는데, 매번 변화의 원인은 모두 달랐다.

예컨대, '계(雞)'자의 경우, 갑골문에서는 처음 독체 상형자(鷄)였으나, 이후 소리부 '해(奚)'를 더하여 형음(形音) 합체자(鷄)로 바뀌었는데, 이는 표음기능을 강조하기 위한 결과였다. 이후 다시 닭을 뜻하는 구성성분을 의미부인 '조(鳥)'나 '추(隹)'로 바꾸었는데, 이는 단어-어휘 간의 의미 부류 관계를 위한 것이었으며, 구조도 의음(義音) 합체자(鷄, 雞)로 변했다. 또 현대에 들어서는 필사의 간편함을 위해 소리부인 '해(奚)'를 간화 부호인 '우(又)'로 바꾸었고, 그 결과 의대(義代) 합체자(鸡)가 되었다. 그 래서 대다수 한자의 구조변화는 단일적인 것이 아니며, 종종 여러 가지 원인이 종합적으로 이루어진 것이다.

실제로, 한자의 구조든 아니면 한자의 변천이든, 모두 몇몇 기존 원 칙을 지켜야 하는데, 이러한 원칙의 중요한 것들은 다음과 같다.[14]

(1) 근거성. 한자를 구성할 때에는 근거가 있어야 하며, 한자의 변천도 근거의 제약을 받는다. 그래서 가능한 원래의 근거를 유지하고, 만약 원래 근거를 잃어버리게 되면, 가능한 다시 근거를 재구한다.

(2) 부호성. 부호는 인위적이며, 가변적이어서, 자부(字符)를 구성하는 형체와 의미간의 연계는 여러 가지 선택이 가능하다. 한자의 발전과 변천도 인위적 으로 규정한 일면이 존재한다.

(3) 구별성. 부호는 반드시 서로 구분할 수 있어야 그 기능을 발휘할 수 있다. 그래서 글자를 만들 때에도 구별이 필요함은 당연하다. 자부(字符)의 형체가 서로 비슷할 때, 또 자부(字符)가 기록한 어휘가 불분명할 때, 그 중 1개 나 몇 개 부호의 구조에 변화를 일으켜, 다시 구분해야 할 목적을 달성한다.

(4) 편의성. 부호라는 것이 사람들에게 제공하여 사용하게 한 것일진대 그 사용 은 편의성을 가져야만 한다. 편의를 위해 글자를 만들 때 취사선택을 하기 도 한다. 또 편의를 위해 발전 과정 중의 한자도 희생시키거나 자신의 근거 를 개변시키기도 한다.

(5) 미관성. 한자의 필사는 일종의 예술이다. 읽는 것도 마음과 눈이 즐거워야 한다. 그래서 글자는 미관을 고려해야만 한다. 한자 형체의 변화는 때로는 미관과 관련되기도 한다.

이러한 원칙들은 한자의 구조를 만드는 표준이자, 한자 변화를 일으 키고 새로운 형체를 생산하는 원인이기도 하다.

---

14) 李運富, 『漢字構形原理與中小學漢字教學』(吉林: 長春出版社, 2001), 8~20 쪽 참조.

제8장
한자의 기능[職能]

제1절 한자사용의 기능

한자는 한어(漢語)를 기록하는 시각적인 부호체계이다. 각각의 한자는 주로 한어의 형태소를 기록하는 데 사용되며(단음절어 포함), 어떤 때는 다음절어 형태소의 음절을 나타내기도 한다. 조자단계를 말하려고 하면, 단어와 형태소의 대응관계에 이론적 근거가 있어야 한다. 어떤 글자를 사용하여 어떤 형태소를 나타내는 것은 정해져 있다. 이렇게 정해진 이론적 근거의 대응관계는 한자의 본래의 용법을 반영했다. 그러나 여러 가지 원인으로 인해, 실제로 한자를 사용할 때 자형과 형태소의 초기대응관계가 종종 깨지는 바람에, 한자로 나타내는 기능도 이로 인해 복잡하게 변하면서, 겸용(兼用)과 차용(借用)의 현상이 나타나게 되었다.

'본용(本用)', '겸용(兼用)', '차용(借用)'은 한자를 사용하는 속성의 세 가지 기본적인 상황이며, 한자의 세 가지 기본적인 기능이기도 하다.[1] 이 장에서 필자는 이 세 개의 개념과 일부 관련 문제에 대해 상세히 논

---

1) 李國英은 『小篆形聲字硏究』(北京: 北京師範大學出版社, 1996)에서 한자의 "本用, 轉用, 借用"을 제시하고, 한자의 세 가지 기능이 유사하지만 차이점이 있다고 설명하였으니, 참조하면 된다.

술할 것이다. 습관과 기술의 편의를 고려해서, 구분할 필요가 없을 때는 한자가 나타내는 대상을 단어 혹은 어구로 통칭하기로 한다.

1. 본용(本用)

본용(本用: 본래의 쓰임)이라는 것은 본자(本字: 본래 글자)를 사용하여 본사(本詞: 본래 어휘)를 나타내는 용법이다.

본자(本字)의 구성은 본사(本詞)의 독음과 의미로 이론적 근거를 삼는다. 어떤 단어에 입각해서, 이 단어의 독음과 의미에 근거하여 만들고, 이 단어만을 나타내는 자형을 이 단어의 본자라고 부른다. 어떤 글자에 입각해서, 이 글자가 형체를 구성하는 이론적 근거와 밀접하게 관련이 있는 어구가 바로 이 글자가 본래 나타내는 본사이다. 본사 중에서 본자가 형체를 구성하는 이론적 근거와 직접적으로 관련이 있는 의미항목을 본의(本義: 본래 의미)라고 부르는데, 본의가 시작점이 되어 파생되어 발전하거나 본의와 밀접한 관계를 맺고 있는 기타 의미항목을 '파생의미'라고 부른다. 본자의 본용(本用)은 본사(本詞) 중에서 본자가 형체를 구성하는 것과 밀접한 관련이 있는 본의(本義) 및 본의와 밀접한 관련이 있는 파생의미를 나타내는 것을 포함한다.

어떤 자형이 어떤 어구를 나타낼 수 있는 이유는, 이 자형이 이 어구와 특정한 독음과 의미로 연결되어 있기 때문이다. 그러나 언어는 비교적 빨리 성숙되고, 문자는 비교적 늦게 생성되는 바람에, 어구에 이미 매우 많은 의미가 있는 상황에서, 자형과 어구는 전체적으로 연결되지 않고, 보통 그 중의 어떤 의미항목과만 연결되었다. 예를 들어, 갑인 어구에 의미항목1, 의미항목2, 의미항목3이 있다면, 갑인 자형은 그 중의 한 의미항목과 연결될 수 있다. 필자는 자형과 밀접하게 연결되어 있는 의미항목을 본의(本義)라고 부르고, 본의가 있는 어구를 이 글자의 본사(本詞)라고 부른다. 그에 상응되게, 이 글자는 이 어구의 어떤 한 의미항목을 반영할 수 있고, 어떤 한 의미항목과 직접적으로 연결된다. 우리가 또 이 글자를 이 어구의 본자(本字)라고 삼는 것은 이 글자의 생성이 바로 이 어구를 나타내기 위함이라는 것을 말하는 것이므로, 그것이 이

어구의 본자인 것이다.

이를 통해, 우리가 말하는 본의(本義)는 어구의 최초의 의미이거나 가장 기본적인 의미가 아니라, 어구의 실제 의미항목 중에서 자형과 밀접한 관련이 있는 의미라는 것을 알 수 있다. 본의에는 세 가지 포인트가 있다. 첫째가 형체와 의미관계이고, 둘째가 문헌에 실제로 존재했었는가 하는 것이며, 셋째가 독립적으로 의미항목을 이룰 수 있는가 하는 점이다. 의미항목은 단어에 속하지만, 본의는 글자와 단어와 관련이 있는 의미항목이기 때문에, 어떤 단어의 본의라고 부를 수도 있고, 어떤 글자의 본의라고도 부를 수 있다. 어떤 글자의 본의라고 부를 때는, 실제로 이 자형과 관련이 있는 어떤 단어의 의미를 말하는 것이다. 예를 보자.

① 목(目): 갑골문에서는 '◈'이라고 그렸고, 금문에서는 '◈'이라고 그렸다. '눈'의 형상을 그린 것으로, "눈 한번 깜박하지 않고 쳐다보다[目不轉睛]"와 같이 문헌에 확실히 '눈'의 의미로 기록되어 있다. 따라서 '목(目)'의 본의는 '눈'이며, '눈'의 의미를 가진 [mù]라는 단어의 본자가 '목(目)'이다. '눈'의 형상을 본 뜬 '목(目)'이라는 글자를 사용하여 '눈'의 의미를 가진 [mù]라는 단어를 나타내는 것이 '목(目)'자의 본용이다.

② 본(本): 『설문해자』6권(상)에 "◈, 나무의 아래를 '본(本)'이라고 부른다. 나무(木)와 그 아래에 있는 가로획[一]으로 구성되어 있다.(◈, 木下曰本. 從木, 一在其下.)"라는 구절이 있다. 이는 형표(形標) 합체자로, '목(木)'은 나무의 형상을 본 뜬 것이고, 지사부호인 '가로획[一]'(갑골문과 금문에서는 세 점을 사용하기도 한다)을 사용하여, 이 글자의 의미가 여기에 있다는 것을 표시했다. 즉 나무의 뿌리 부분을 말한다. '근본(根本)'이라는 단어는 동의의 형태소를 합친 것으로, '근(根)'이 바로 '본(本)'이고, '본(本)'이 바로 '근(根)'이다.

③ 편(扁): 소전의 자형은 '편(扁)'으로, '호(戶)'와 '책(冊)'으로 구성된 의의(義義) 합체자이다. 『설문해자』3권(하)에는 "편(扁)은 제목[署]을 말한다. '호(戶)'와 '책(冊)'으로 구성되어 있다. '호책(戶冊)'이라는 것은 '문 위에 거는 가로로 된 글'을 의미한다.(扁, 署也. 從戶冊, 戶冊者, 署門戶之文也.)"라고 한 것은, 바로 '편(扁)'자의 본의를 해석한 것이다. 『후한서·백관지오(百官志五)』의 "모두 그

문[門]에 편액[扁]을 걸어 표창[表]함으로써 선행을 부흥시키고자 하였다.(皆扁表其門, 以興善行.)"라는 구절에서의 '편(扁)'은 그것의 본래의 용법을 나타낸 것이다.

④ 제(題):『설문해자』 9권(상)에는 "제(題)는 '이마[額]'를 말한다. '혈(頁)'이 의미부이고, '시(是)'가 소리부이다.(題, 額也. 從頁, 是聲.)"라고 하여, '제(題)'가 의음(義音) 합체자이고, 그 본의가 '이마임을 알 수 있다.『사기·조세가(趙世家)』의 '이를 검게 색칠하고 이마에 문신을 새긴다(黑齒雕題)'는 구절이 바로 이 용법을 나타낸다. 따라서 '제(題)'의 자형은 이마를 나타내는 어구인 [비]와 내재적인 연관을 가진다. 의미부인 '혈(頁)'은 본래 사람의 머리를 뜻하므로, [비]의 '이마'라는 의미와 서로 관련이 있다. 소리부인 '시(是)'는 '비'의 음성정보를 가지고 있으며2), [비]의 독음과 서로 같다.

본의는 자형과 밀접한 관계가 있는 의미[詞義]이지만, 이러한 연결에 대한 이해는 부자연스럽고 적절하지 않으며, 자형의 구조와 의미를 어휘의 실제 의미와 같다고 볼 수 없다. 자형의 분석을 통해 얻은 구조의 이론적 근거의 관계를 '조의(造意: 구성 의도)'라고 부르는데 반해, 구조의 이론적 근거가 반영된 실제 의미를 '실의(實義: 실제 의미)'라고 부른다.3) 한자는 의미를 근거로 형체가 구성된 것이기 때문에, 자형과 구조의 구성 의도는 그것이 나타내는 어휘의 실제 의미와 일반적으로 일치하게 된다. 이것이 바로 '형체와 의미의 일치'원칙으로, 위에서 열거한 각각의 글자들은 모두 이 원칙에 부합한다.

다시 예를 들면, '섭(涉)'자는 '수(水)'와 '보(步)'로 구성된 회의자로, '물에서 걷다[在水中步行]'는 구성 의도를 나타내지만, '산을 타고 물을 건너다[爬山涉水]'는 실제 의미 역시 '물에서 걷다'는 뜻이다. '숭(崇)'은 '산(山)'이 의미부이고 '종(宗)'이 소리부이다. '종(宗)'은 '높고 멀다'는 의미를 가지고 있으므로, 그 구성 의도는 '산이 크고 높다[山大而高]'4)는 것

---

2) 이는 '제(提), 비)제(緹, 비)제(醍, 비)/제(堤, di)' 등 같은 소리부에서부터 알 수 있다.

3) '造意'와 '實義'에 관련된 개념은 王寧의 『訓詁學原理』(北京: 中國國際廣播出版社, 1996), 43~45쪽을 참조하면 된다.

4) 『설문해자』에서 "숭(崇)은 '우뚝 솟아 높다'는 뜻이다."라고 설명했다.

을 나타내고 있다. 그리고 '높은 산과 험준한 고개[崇山峻嶺]'에서 '산이 크고 높다'는 실제 의미를 나타내고 있다.

그러나 자형의 구조와 구성 의도[造意]는 그것이 기록하는 실제 의미[實義]와 결국 동일한 개념이 아니다. 그것들이 밀접한 관계라고 해도, 불일치할 때가 있다. 이때, 엄격하게 구분해야지만, 구성 의도를 실제 의미로 여기는 실수를 피할 수 있다. 예를 들어, '대(大)'의 고대의 자형은 '정면으로 서 있는 사람의 모습'을 본떴고, '고(高)'는 '기단 위에 높게 지은 건축물'을 본떴다. 그러나 그것들이 나타내는 실제 의미는 결코 사람과 누각을 지칭하는 것이 아니라, 각각 '정면으로 서 있는 사람의 모습'과 '기단 위의 건축물'의 어떤 자질을 나타내고 있다. 즉 '나이가 많고 적음'의 '대(大)'와 '키가 크고 작음'의 '고(高)'를 말한다. '우(又)'를 예로 들어보자. 이는 '오른손의 모습'을 본 뜬 것이지만, 문헌에서의 '우(又)'는 '오른손'이라는 의미를 나타내지 않는다. 이는 구성 의도가 실제 의미와 같지 않다는 것을 설명하는 것이다.

『설문해자』는 본자(本字)와 본의(本義)에 대해서만 설명하였는데, 그 중에서 일부는 구성 의도일 뿐 실제 의미가 아닌 것도 있다. 자형의 해설로부터 단어의 본의를 알려면, 추상적으로 개괄해야 한다. 예를 들어, "진(塵)은 사슴 떼[鹿]가 달려가면서 일으키는 흙먼지를 말한다.(塵, 鹿行揚土也.)"에서 '진(塵)'자는 '록(鹿)'과 '토(土)'로 구성된 구성 의도라고 설명하고 있다. 그런데 문헌에서의 '진(塵)'은 줄곧 '먼지'라는 의미로 사용되었지, 결코 '사슴이 일으키는 먼지'만으로 사용되지 않았다. '사슴 떼가 달려가면서 흙먼지를 일으키다[鹿行揚土]'에서 '먼지'라는 의미를 형상화하기 위해, 사슴을 선택하고 다른 것을 선택하지 않은 것은, 고대의 수렵생활을 반영한 것으로, '사슴이 일으키는 흙'은 먼지를 표현하는 형식일 뿐인 것이다.

"구성 의도는 문자만을 해석할 수 있고, 어휘를 해석할 수 있는 것은 실제 의미이다. 구성 의도와 실제 의미는 파생관계가 아니다. 단옥재(段玉裁)는 『설문해자주』에서 항상 구성 의도와 실제 의미의 관계는 파생이라고 설명했지만, 이는 타당하지 않다. 왜냐하면 구성 의도는 단어의 어떤 독립적인 의미항목이 아니라, 어떤 의미항목이 문자의 형체를 만드는데 필요한 형상화 처리이기 때문이다."[5]

다시 말해, 구성 의도는 형체를 구성하는 체계에 속하는 데 반해, 실제 의미는 글자의 운용[字用] 체계에 속한다. 한자의 기능은 그것을 사용할 때 드러나는 것이다. 그래서 우리들은 자형을 통해 자부(字符)의 본용 기능을 구할 때, 반드시 실제 의미를 근거로 삼아 문헌에 있는 실제 용례로 증명되는 것이어야 인정할 수 있을 것이다. 예를 들어, 단옥재의 『설문해자주』에는 "파(頗)는 '머리가 비뚤어진 것[頭偏]'을 말한다. 모든 반듯하지 못한 것을 일컫는 것으로 파생되었다.(頗, 頭偏也, 引申爲凡偏之稱.)", "번(煩)은 '열이 나서 머리가 아픈 것[熱頭痛]'을 말한다. 마음이 답답한 것을 지칭하는 의미로 파생되었다.(煩者, 熱頭痛也, 引申之凡心悶皆爲煩.)"라고 하였다. 그러나 실제로 '머리가 비뚤다[頭偏]', '열이 나서 머리가 아프다[熱頭痛]' 등의 본의를 문헌에서 증명할 수 없다. 문헌의 용례로 증명할 수 있는 것은 그 '파생의미[引伸義]'와 '편(偏)'이다. 그래서 필자는 자형과 관계가 있으면서 또 문헌의 용례로 증명할 수 있는 '파생의미'를 직접적으로 본의라고 간주하고, 자형과 밀접한 관계가 있다 해도 문헌에 용례가 없는 '본의'를 자형구조의 구성 의도라고 간주한다.

다시 예를 들어, '막(莫)'의 고대의 자형은 ''으로, '태양이 풀이나 나무에 있는 모습'을 본떠, '태양이 초목에 있을 시간'을 나타내었다(지면과 가까운 위치를 말한다). 그러나 이렇게 불명확한 시간적 의미는 자형의 구성 의도일 뿐, 이러한 구성 의도에 부합하는 것은 저녁 무렵 황혼일 때이거나 새벽에 해가 뜰 시간일 것이다. 그런데 실제 문헌에서 '막(莫)'은 항상 황혼을 나타내는 데 사용되었지, 새벽의 의미로 사용되지 않았다. 그러므로 '황혼'이라는 의미항목만이 '막(莫)'의 실질적인 본의인 것이다. 이를 통해, 자형은 본의와 본용을 명확하게 하는 필요조건이지, 충분조건이 아니라는 것을 알 수 있다. 다만 자형의 분석과 문헌용례가 서로 증명이 되어야만 실제 본의를 확실히 정할 수 있다.

그런데 문헌에서 구성 의도와 같은 의미항목으로 사용되었다 해도,

---

5) 王寧, 『訓詁學原理』(北京: 中國國際廣播出版社, 1996), 44쪽.

자료가 소실되어 없기 때문에 증명할 방법이 없는 것이다. 이러한 가능성은 당연히 존재하겠지만, 가능한 것들이 너무 많아서 눈으로 실물을 보고나서 인정을 해도 늦지 않을 것이다. 증명할 수 있는 예를 찾을 수 없는 상황에서, 본의로 잠시라도 간주하지 않는 태도가 신중하다 하겠다.

자형의 구성 의도는 문헌에 용례가 있다면 반드시 본의라고 간주해야 하는 것일까? 꼭 그렇지는 않다. 문헌에 나타난 의미는 때로 어의(詞義)가 구체적인 언어 환경의 일부 내용에만 적응을 한 것이기 때문에, 반드시 개괄적인 독립된 의미항목을 가지고 있는 게 아니다. 예를 들어, '뢰(牢)'는 갑골문에서 양(羊)이나 말[馬], 돼지[豕]의 모습을 본뜨고 있다. 그런데 문헌의 용례에서는 확실하게 양우리, 돼지우리, 말의 우리를 나타내기도 했다. "양을 잃은 후에라도 서둘러 울타리를 수리하면 그래도 늦은 편은 아니다.(亡羊補牢)"의 '뢰(牢)'는 당연히 양의 우리를 나타낸다. 그렇다면 '집[宀]'과 '양(羊)'으로 구성된 글자의 본의는 양의 우리이고, '집[宀]'과 '돼지[豕]'로 구성된 글자의 본의는 돼지우리이며, '집[宀]'과 '말[馬]'로 구성된 글자의 본의는 말의 우리라고 말할 수 있을까? 그런데 '뢰(牢)'의 본의는 소의 우리인가? 당연히 그럴 수 없다. 소를 본 뜬 것 혹은 양을 본 뜬 것은 글자를 만들 때 구성성분에 대해 다른 선택을 했기 때문에, 서로 다른 희생물을 찾아 대표로 삼았을 뿐이지, 실제로 이러한 글자들이 나타내는 것은 동일한 단어이다. 그런데 이 단어가 문헌에서 나타내는 양의 우리, 소의 우리와 같은 의미는 언어 환경 차원에서의 의미일 뿐이지, 결코 독립된 의미항목의 자격을 갖추고 있는 게 아니다. 'láo'라는 이 어휘의 의미항목이 되려면, '가축을 가둬 키우는 우리'로 개괄되어야 한다. 개괄적인 성격과 독립된 자격을 갖춘 실제 의미항목이라야 본의라고 말할 수 있다.

필자는 문헌에서 자형과 관련이 있으면서 개괄적인 성격까지 갖춘 실제 의미를 본의라고 간주하는 김에, 어휘에 여러 의미항목이 있어서 모두 자형과 직접적으로 관련이 있다면, 바로 이 글자의 본의라고 간주해야 한다. 이는 논리에 부합되는 추론이며, 사실에 근거한 결론이다. 따라서 하나의 자형에는 보통 하나의 본의만을 가지고 있지만, 때로 하나

보다 많은 본의도 있을 수 있다는 것을 인정할 수밖에 없다. 예를 보자.

① '우(雨)'는 갑골문에서 '⁜'로 그렸는데, 하늘을 상징하는 가로획과 빗방울로 구성되어 있다. 자형을 분석해 보면, '빗물이 하늘에서 떨어지는 것'을 나타낼 수도 있고, '하늘에서 떨어지는 빗물'을 나타낼 수도 있다. 문헌의 용례로 살펴보면, 이 두 의미는 모두 실제 의미이므로 '우(雨)'의 본의라고 간주할 수 있다. '비가 내리다'는 동사의 의미는 『시경·소아·대전(大田)』의 "공전(公田)을 적시고 개인 밭[私田]도 적셔 주네.(雨我公田, 遂及我私.)"⁶⁾에서 보이고, '비'라는 명사의 의미는 『시경·소아·보전(甫田)』의 "밭의 신을 모셔다가, 단비 내리기를 빌고.(以禦田祖, 以祈甘雨.)"⁷⁾에서 보인다.

② '수(受)'는 갑골문에서 '⁋'로 그렸는데, 위아래의 두 손[爪, 又]과 그 사이에 있는 한 척의 배[舟]로 구성되어 있다. 자형을 분석해 보면, 위의 손이 물건을 잡고 아래의 손에 주는 것일 수도 있고, 아래의 손이 위의 손으로부터 물건을 받는 것일 수도 있다. 문헌의 용례로 살펴보면, '주다'는 의미와 '받다'는 의미가 모두 실제 의미이므로, '수(受)'의 본의라고 간주할 수 있다. 『한비자·외저설좌상(外儲說左上)』의 "능력에 따라 관을 주다(因能而受官)."에서는 '주다'는 의미로 사용되었고, 『시경·대아·하무(下武)』의 "만년토록 하늘의 복을 받으시라(於斯萬年, 受天之佑)."에서는 '받다'는 의미로 사용되었다.

③ '종(從)'은 갑골문에서 '⁋'으로 그렸는데, 왼쪽을 향한 두 사람이 서로 따르는 모습으로 구성되어 있다. 자형을 분석해 보면, 뒤에 있는 사람이 앞에 있는 사람을 따르는 것이라고 말할 수도 있고, 앞의 사람이 뒤의 사람을 인도하는 것이라고 말할 수도 있다. 문헌의 용례로 살펴보면, '인도하다'와 '따르다'라는 두 의미항목이 모두 실제 의미이므로, '종(從)'의 본의라고 간주할 수 있다.

『사기·항우본기(項羽本紀)』의 "패공(沛公)이 아침에 백여 명의 기병을 이끌고 항왕(項王)을 보러 왔다(沛公旦從百餘騎來見項王)."에서 '종(從)'은 '인도하다'는 의미로 사용되었다. 『논어·공야장(公冶長)』의 "도가 실행되지 못하고 있으니 뗏목을 타고 바다로 갈까보다. 그러면 나를 따를 자는 자유(子

6) (역주) 김학주 역저, 『시경』(서울: 명문당, 2010), 634쪽.
7) (역주) 김학주 역저, 『시경』(서울: 명문당, 2010), 630쪽.

有)라고나 할까.(道不行, 乘桴浮於海, 從我者其由與!)."[8]에서 '종(從)'은 '따르다'는 의미로 사용되었다.

④ '병(兵)'은 갑골문에서 '𠂤'으로 그렸는데, 좌우에 있는 두 손과 도끼 하나로 구성되어 있다. 자형을 분석해 보면, 손에 도끼(무기)를 들고 있는 모습을 나타내는 것일 수도 있고, 도끼를 들고 있는 사람(사병)을 나타내는 것일 수도 있다. 또 손에 도끼를 드는 관련 동작을 나타내는 것일 수도 있다. 그러나 문헌의 용례로 살펴보면, '병(兵)'은 일반적으로 '잡다', '베어 죽이다'는 동사의 의미로 사용되지 않고, '무기', '사병'을 나타내는 용법이 자주 보인다. 따라서 '무기', '사병'이 모두 '병(兵)'의 본의라고 간주할 수 있다.

⑤ '의(議)'는 '언(言)'이 의미부이고 '의(義)'가 소리부로서, '의(義)'가 언어와 직접적인 관련만 있다면, '의(議)'의 본의라고 할 수 있을 것이다. 예를 들어, '상의(商議), 토론(討論)'의 의미와 '평론(評論), 의론(議論)'의 의미는 어느 것이 파생의미인지 말하기 쉽지 않지만, 실제로는 모두가 본의여야 한다. 그 용례는 『사기·효무본기(孝武本紀)』의 "천자는 공경대부 및 유생들과 함께 봉선을 거행하는 일을 상의했다(上與公卿諸生議封禪)."는 전자의 의미에 속하는 예이고, 『논어·계씨(季氏)』의 "천하에 도가 있으면, 서민들은 정치에 대하여 의논할 일도 없다.(天下有道, 則庶人不議)."[9]는 후자의 의미에 속하는 예이다.

⑥ '체(体)'의 형체구조는 두 가지로 분석할 수 있다. 하나는 '인(人)'이 의미부이고 '본(本)'이 소리부인 의음(義音) 합체자로서, 독음이 'bèn'이고, '우둔하다'는 뜻을 나타낸다. 예컨대, 『광운·혼운(混韻)』의 "체(体)는 거친 모양을 말하며, 또 '열등하다'는 뜻이다(体, 粗貌 又劣也)", 『정자통·인부(人部)』의 "체(体)는 달리 '분(笨)'이라고도 쓰는데, 의미는 같다(体, 別作笨, 義同)", 모기령(毛奇齡)의 『월어긍계록(越語肯綮錄)』의 "체(體)는 바로 거칠고 성글며, 비속하다는 의미이다. 오늘날의 방언에 '조체(粗體)'나 '태체(呆體)'라는 말이 있는데 모두 이런 뜻을 가지고 있다.(體即粗疏庸劣之稱, 今方言粗體, 呆體, 俱是也.)" 등이 이러한 용례이다.

다른 하나는 '인(人)'과 '본(本)'으로 구성된 의의(義義) 합체자로서, 독음이 'tǐ'이고, '사람의 신체'를 나타낸다. '체(体)'는 즉 '체(體)'를 간략하게 줄인 이체

---

8) (역주) 임동석, 『논어1』(서울: 동서문화사, 2009), 347쪽.
9) (역주) 임동석, 『논어4』(서울: 동서문화사, 2009), 1440쪽.

자이다. 문헌에서 이 두 가지 의미항목은 모두 독립적으로 사용되었으며, 게다가 자형의 이론적 근거와 밀접하기 때문에, 이것들은 모두 '체(體)'의 본의이다.

⑦ '척(隻)'은 손[又]으로 새[隹]를 잡고 있는 모습으로, 두 개의 이론적 근거로 해석할 수 있기 때문에, 두 개의 본의를 가지고 있다. 예를 들어, 『설문해자』에는 "'척(隻)'은 새 한 마리를 말한다. 손으로 새를 잡고 있는 모습으로, 한 마리를 잡고 있으면 '척(隻)'이라고 말하고, 두 마리이면 '쌍(雙)'이라고 말한다.(隻, 鳥一枚也. 從又持隹, 持一隹曰隻, 二隹曰雙.)"라고 해석하고 있다. 이는 양사인 '척(只)'에 대해 말하고 있는 것으로, 음은 'zhī'가 된다. 다른 해석은 동사 '획(獲)'에 대한 것으로, 음은 'huò'가 된다.

나진옥(羅振玉)은 『증정은허서계고석(增訂殷墟書契考釋)』에 "이는 '추(隹)'와 '우(又)'로 구성되어, 새를 손으로 잡고 있는 형상이다. 허신이 말한 '새 한 마리[鳥一枚]'의 '척(隻)'자와 같은 형태이다. 새를 잡으면 '척(隻)'이라고 말하고, 새를 놓치면 '탈(奪)'이라고 말한다.(此從隹從又, 象捕鳥在手之形, 與許書訓 '鳥一枚'之隻字同形. 得鳥曰隻, 失鳥曰奪.)"라고 했다. 또 이효정(李孝定)은 『갑골문자집석(甲骨文字集釋)』에 "복사(卜辭)에서 '척(隻)'의 자형은 금문과 소전이 똑같고 그 의미도 '잡다'는 뜻이다. 손에 새를 잡고 있어, '잡다는 의미이므로, '획(獲)'의 옛 글자이기도 하다. 소전에서 '획(獲)'이라고 한 후에 형성자가 되었다. '새 한 마리[鳥一枚者]'라는 것은 '척(隻)'의 다른 의미이다.(卜辭隻字字形與金文小篆並同, 其義則爲獲. 捕鳥在手, 獲之義也, 當爲獲之古文, 小篆作獲者, 後起形聲字也. '鳥一枚者', 隻之別義也.)"라고 설명했다. 여기에서 '별의(別義)'라는 것은 실제로 또 다른 본의를 지칭한다. 마서륜(馬敍倫)은 『독금기각사(讀金器刻詞)』에서 "척(隻)은 '금획(禽獲)'에서 '획(獲)'의 본자이다.

『설문해자』에서는 "획(獲)은 '수렵을 해서 잡는다'는 뜻이다."라고 설명하고 있는데, 이것이 이 글자의 뜻이다. 손으로 새를 잡고 있는 형상으로, 회의자이다. 지금 『설문해자』에서는 '척(隻)'을 '새 한 마리[鳥一枚也]'라고 설명하고, '쌍(雙)'을 '새 두 마리[鳥二枚也]'라고 설명하고 있는데, 모두 본의가 아니거나 본훈(本訓)이 아니다.(隻爲禽獲之獲本字. 『說文』'獲, 獵所得也', 乃此字義. 字從手持鳥, 會意. 今『說文』訓鳥一枚也', 而雙訓鳥二枚也', 皆非本義, 亦或非本訓也.)"라고 했다. '잡다[獲]'와 '마리[只]'라는 두 가지 의미를 대립시켜,

'잡다[獲]'만 본의라고 인정하고, '새 한 마리'는 본의가 아니라고 하는 견해는 널리 통용되는 것 같지는 않다.

상술한 글자들은 여러 가지 다른 상황들을 대표하고 있다. '우(雨)'의 두 가지 본의는 명사와 동사가 서로 의존하는 관계에 속하고, '수(受)', '종(從)'의 본의들은 대립과 통일이라는 두 가지 부분에 속한다. '의(議)'의 본의들은 동일한 범주 안에서 존재할 수 있는 여러 가지 내포를 반영하고 있다. 그 밖의 나머지 글자들은 구성성분의 기능 및 그것들이 조합한 관계에 여러 가지 해석이 있을 수 있다는 점을 반영했다. 이외에 앞의 다섯 글자는 동일한 어휘항목의 여러 가지 본의에 속하고, 본의 사이에는 필연적으로 독음과 의미가 연결되어 있다. 그런데 '체(體)', '척(隻)'은 실제로 다른 어휘항목이 동일한 형체를 함께 사용하는 것이다. 즉 동형자(同形字)에서 자형은 각 어휘항목의 서로 다른 본의를 반영하고 있으며, 본의 사이에는 필연적인 독음과 의미의 연결이 없다.

하나의 자형은 두 개 이상의 본의로 연결될 수 있다. 반대로, 하나의 어휘도 두 개 이상의 본자(本字)가 있을 수 있다. 본자는 어휘의 본의(本義)와 그 파생의미의 글자를 나타내는 데 사용된다. 동일한 의미항목에 근거하여 만든 각각의 자형들 즉 이구자(異構字: 구조가 다른 글자)들은 모두 본사(本詞)를 나타내는 본자이다. 이구본자(異構本字: 구조가 다른 원래 글자)는 공시적일 수도 있고, 통시적일 수도 있으므로, 일반적인 상황에서는 구분할 필요가 없다. 예를 들어, '루(泪)—루(淚)', '고(褲)—고(絝)—고(袴)', '말(襪)—말(袜)—말(韈)—말(韤)' 등의 글자들은 각각 동일한 단어로 만든 것으로, 본용이 완전히 같다. 어떤 글자는 형체를 구성하는 것과 의미를 취한 것이 다른 듯 보이지만 실제용법에는 구분이 없으므로, 같은 단어·같은 의미의 본자여야 한다. 예를 들어, 앞에서 언급한 갑골문에서 '뢰(牢)'는 양(羊)의 모습, 말[馬]의 모습, 돼지[豕]의 모습을 본떴지만, 소[牛]의 모습을 본뜬 것은 '소의 우리'라는 의미만을 나타내고, 양의 모습을 본뜬 것은 '양의 우리'라는 의미만을 나타내며, 말과 돼지를 본뜬 것은 '말의 우리', '돼지우리'만을 지칭하는 것이 아니라 같이 사용할 수 있다. 언어에서 소의 우리, 양의 우리, 말의 우리, 돼지우리

등은 각자 독립된 의미항목이 아니라, '가축을 가두고 키우는 우리'로 개괄해야 한다. 이 단어가 자부(字符)를 만들 때 소, 양, 말, 돼지를 본떴으나, 임의로 한 가축을 선택해서 대표로 삼았을 뿐이다. 여기에서 생성된 이구자(異構字)는 모두 이 단어의 본자이다. 갑골문에서 '빈(牝)', '모(牡)', '축(逐)' 등의 글자도 비슷한 상황이므로, 동일한 자부(字符)의 이구본자(異構本字)로 간주해야 한다.

어떤 때는 여러 개의 서로 다른 자형들이 용법에서 상호보완적인 관계를 맺을 때가 있지만, 언어에서 일부 다른 용법들은 실제로 동일한 단어에 속하기 때문에, 동일한 단어 혹은 형태소의 본자로 간주해야 한다. 예를 들어, 현대 한어의 '니(你)', '니(妳)'와 '타(他)', '타(她)', '타(牠)'가 그렇다. 용자(用字)에서는 상호 보완적인 관계이지만 언어에서는 결코 서로 다른 단어로 분화되지 않았기 때문에, 그것들은 동일한 단어의 서로 다른 본자에 속한다.

본사(本詞)에서 사용되는 서로 다른 본자(本字)는 어떤 경우에는 선후 대체 관계를 분명하게 갖고 있기 때문에, 통시적으로 생겨난 이체자라고 간주할 수 있다. 이에는 다음과 같은 세 가지 상황이 존재한다. 하나는, 원래 있던 본자(本字)가 다른 기능을 함께 가졌는데, 원래와 구분하기 위해 새로운 본자를 만들게 되었고, 이런 과정에서 하나의 어휘에 서로 다른 본자를 사용하게 된 경우이다. 필자는 원래의 본자를 고본자(古本字)라고 부르고, 이후에 분화를 목적으로 만든 본자를 분화본자(分化本字)라고 부르고자 한다. 예를 들어, '막(莫)'의 본의는 '해 질 무렵'이며, '해 질 무렵'이라는 의미항목을 가진 'mù'라는 단어의 본자이다. 그런데 '막(莫)'에는 또 부정칭 대명사와 부정부사의 용법이 있다. 그래서 이를 구별하기 위해서, 달리 '모(暮)'자를 만들어 '막(莫)'의 본사를 나타내는 데만 사용하였다. 이렇게 '해 질 무렵'이라는 의미를 가진 본사 'mù'는 잇달아 고본자인 '막(莫)'과 분화 본자인 '모(暮)'라는 두 개의 본자를 가지게 되었다. 이 두 본자는 일반적인 상황에서는 동시에 사용할 수 없다. 그러나 동시에 사용할 수도 있는데, '타(它)—사(蛇)', '주(州)—주(洲)', '연(然)—연(燃)', '봉(奉)—봉(捧)' 등이 그렇다.

두 번째는 원래 있던 본자(本字)의 구성 의도가 불충분한 바람에 해당 글자나 어휘의 이론적 근거를 더욱 명확하게 하거나 부각시키기 위해 원래 있던 글자에다 편방을 더하여 새로운 본자를 만든 경우이다. 예컨대, '월(戊)'은 둥근 도끼를 그린 상형자였으나 이후 금(金)을 더하여 '월(鉞)'로 분화했는데, 도끼[鉞]가 금속으로 만들어진 것임을 제외하면 기능상의 변화는 없었다. 이러한 유형에 속하는 이체자로는 '복(复)'—복(復)', '종(从)'—종(從)', '연(困)'—'연(淵)' 등이 있다.

세 번째는 원래 어떤 본자(本字)가 있으나 매우 적게 사용되는 바람에 문헌에서 통가자(通假字)를 사용하여 나타내었고, 그러자 이후에 통가자의 기본 위에서 의미부를 더해 또 다른 본자를 만들게 되었으며, 이렇게 해서 어떤 어휘의 앞뒤 글자가 서로 다른 본자를 사용하게 된 경우이다. 예를 들어, '염(猒)'자는 소전체에서 '염(猒)'이라고 썼는데, '감(甘)'이 의미부이고 '연(肰)'이 소리부이다. 이는 '만족하다'는 의미를 가진 'yàn'이라는 단어의 고본자이다. 문헌에서 항상 '염(厭)'(억압하다)자를 차용하여 나타내었기 때문에, 이후에 다시 분화본자인 '염(饜)'자를 만들게 되었고, 결국 '염(厭)'자는 죽은 글자가 되었다. 또 '화살 주머니'라는 의미를 가진 단어로 갑골문에 상형본자(象形本字)인 '복(𩎟)'이 있다. 이는 문헌에서 항상 '복(服)'자를 차용하여 나타내었기 때문에, 이후에 다시 분화본자인 '복(箙)'자를 만들게 되었고, 원래의 상형본자는 마침내 죽은 글자가 되고 말았다.

본자(本字)는 당연히 본사(本詞)의 본의(本義)를 나타내야 하며, 그와 동시에 본사의 파생의미를 나타내는 데 사용될 수도 있다. 파생의미는 자형과 그 관계가 멀 수 있지만, 본의와는 매우 밀접한 관계를 가진다. 또한 본사 자체가 원래부터 가지고 있던 의미이기도 하므로, 본자를 사용하여 본사를 나타내는 파생의미도 자연히 본래 용법[本用]으로 보아야 할 것이다. 파생의미가 반드시 본의 이후에 생성된 것이라고 할 수 없다.10) 어떤 자형을 만들어 단어를 나타낼 때, 본의를 근거로 관계가 만

---

10) 왜냐하면 단어의 생성은 글자보다 빠르기 때문에, 글자를 만들기 이전의 의미체계를 규명할 수가 없다. 글자를 만들어 사용하는 의미는 이후에 나왔을 것이다. 그러나 자형과 관련이 있기 때문에, 필자는 본의라고 부른다. 이전에 어떤 것과 이 본의와 밀접한 관련이 있는 의미를 또한 파생의미라

들어지지만, 이 단어 자체에 원래 있는 의미를 포함해야 한다. 왜냐하면 본자(本字)는 단어의 본의(本義)를 나타낼 수 있기 때문에, 자연히 이 단어는 본의와 밀접한 관계를 가진 파생의미를 나타낼 수 있다. 파생의미는 반드시 본의가 명확하다는 전제에서만 성립될 수 있으며, 본의 없이는 파생의미도 없다.

아래의 예문에서 [ ] 안의 글자는 모두 파생의미를 나타내는 데 사용되었다.

① 彼[節]者有間, 而刀刃者無厚. (『莊子·養生主』)
소의 뼈마디에는 틈이 있는 법이니, 칼날이 그보다 더 두껍지는 않다.11)
② 旣東[封]鄭, 又欲肆其西[封]. (『左傳·僖公三十年』)
동쪽의 정(鄭)나라를 차지한다면, 또 서쪽 땅을 차지하려고 할 것입니다.
③ 肉食者謀之, 又何[間]焉. (『左傳·曹歲論戰』)
고기 먹는 자들이 그것을 계획하는데, 뭐 하러 거기에 끼겠는가?
④ 所謂綱擧則目張, 振裘在挈[領]. (『論語稽求篇·爲政以德』)
큰 밧줄을 들어 올려야만 그물코가 펼쳐질 수 있고, 가죽옷을 정리하려면 옷깃을 들고 있어야 한다.
⑤ 如此者, 其家必日[益]. (『呂氏春秋·貴當』)
이와 같은 자라면, 그 집은 반드시 부유해질 것이다.

'절(節)'의 본의는 '대나무의 마디'인데, '동물의 뼈마디'라는 의미로 파생되었다. '봉(封)'의 본의는 '(식물을) 키우다'인데, '변경, 국경'이라는 의미로 파생되었다. '간(間)'의 본의는 '문틈'인데, '간여하다'는 의미로 파생되었다. '령(領)'의 본의는 '목덜미'인데, '옷에서 목덜미를 둘러싼 중요 부위'라는 의미로 파생되었다. '익(益)'의 본의는 '넘치다'인데, '부유하다'는 의미로 파생되었다. 이러한 용법들은 모두 본용(本用)에 속한다.

고 부른다.
11) (역주) 임동석, 『장자1』(서울: 동서문화사, 2009), 83쪽.

2. 겸용(兼用)

겸용이라는 것은 본자(本字)를 사용하여 본사(本詞)와 독음·의미관계에 있는 또 다른 파생단어를 나타내는 현상을 말한다.

어의 파생이 독음과 자형의 변화를 수반한다면, 종종 새로운 단어를 파생시킬 수 있다. 파생단어는 달리 새로운 글자를 만들어 나타낼 수 있으며, 여전히 원사(源詞)의 본자를 사용하여 나타낼 수도 있다. 원사의 본자로 파생단어를 나타내는 것이, 바로 본자의 겸용이다. 예를 들어, '장단(長短)'의 '장(長)'은 '생장하다[生長]'의 '장(長)'으로 파생되어[12], 독음이 'cháng'에서 'zhǎng'으로 바뀌었다. 이것은 새로운 단어가 파생되었다는 것을 의미하지만, 달리 새로운 글자를 만든 것이 아니라 원사의 본자를 겸용하여 파생단어를 나타낸 것이다. 즉 자부(字符)인 '장(長)'은 본사인 '장단(長短)'의 '장(長)'을 나타내는 것 말고도 파생단어인 '생장하다(生長)의 '장(長)'을 같이 나타낸다.

겸용은 한어의 글자와 단어의 모순을 해결하는 효과적인 수단이다. 어휘는 끊임없이 파생하지만, 그에 반해 문자는 무절제하게 만들어지는 것이 불가능하다. 가장 간단한 방법은 현재 있는 자부(字符)의 기능을 확장하는 것이다. 보통 다음자(多音字)라는 것은 이독(異讀), 우음(又音)과 차용파독(借用破讀), 동형이음(同形異音) 말고, 독음이 여럿이면서 또 여러 의미를 가지는 것을 말한다. 만약 각각의 독음과 의미 사이에 모종의 내재적인 관계가 있다면, 대부분 원사와 파생단어가 한 글자로 같이 사용되는 현상이다. 예를 들어 전(傳)(傳遞의 'chuán', 傳記의 'zhuàn'), 탄(彈)(彈弓의 'dàn', 彈力의 'tán'), 관(冠)(冠冕의 'guān', 冠軍의 'guàn'), 도(度)(度量의 'dù', 揣度의 'duó'), 독(讀)(讀書의 'dú', 句讀의 'dòu'), 기(奇)(奇特의 'qí', 奇偶의 'jī'), 소(少)(多少의 'shǎo', 少年의 'shào') 등이 그렇다.

그러나 실제로 독음이 달라야만 겸용이라고 할 수 있는 건 아니다. 많은 파생단어에 독음의 변화가 없다. 그것들이 원사와 자부(字符)를 같

---

12) 식물의 생장은 가지, 줄기, 잎의 증가로 알 수 있고, 동물의 성장은 키가 커지는 것으로 알 수 있다.

이 사용하는 것은 보편적인 현상이다. 사람들이 상황을 제대로 살피지 않고 여전히 본용이라고 여기지만, 엄격하게 말하면 본자의 겸용이라고 해야 한다. 예를 들어, '이(以)'는 원래 동사였는데, 이후에 개사로 허화(虛化)되었다가, 다시 접속사, 조사로 허화되었다. 허화도 파생의 일종으로, 그것들은 더 이상 동일한 단어가 아니지만, 독음에는 변화가 없다. 또한 모두 원사의 본자를 사용하여 나타내므로, 하나의 자부(字符)인 '이(以)'는 관련 의미의 여러 어휘를 나타낸다. 이것이 바로 문자의 겸용이다.

겸용하는 자형과 어의는 여전히 일정한 관계를 가지기에, 이미 그 관계가 매우 멀어진 것은 보통 알아채기 힘들다. 만약 이 파생단어에 다른 본자를 만들지 않았다면, 겸용하는 자형도 파생단어의 본자라고 간주할 수 있다. 본사의 본자와 서로 구별하기 위해, 그것을 원본자(源本字)라고 부를 수 있다. 따라서 폭넓게 말하자면, 겸용도 본용에 귀납될 수 있다. 한자가 나타내는 기능에서 본질적 속성에 차이가 있는 것은 본용과 차용 두 가지밖에 없다.

3. 차용(借用)

차용이라는 것은 자형을 음성부호로 간주하고, 이 글자의 형체와 무관하지만 음이 같거나 비슷한 어구로 나타내는 것을 말한다.

이렇게 사용하는 한자는 원래 어구를 나타내기 위해 만든 것이 아니다. 그래서 어구를 나타내는 본자가 아니라, 음이 같거나 비슷한 다른 단어의 본자를 차용한 것이어서, 필자는 이를 차자(借字)라고 부른다. 차자가 나타내는 어구는 스스로 형태를 구성하고 이론적 근거가 되는 본사가 아니므로, 필자는 이를 타사(他詞)라고 부른다. 차자가 나타내는 타사의 의미항목을 필자는 차용의미[借義]라고 부른다. 차용은 단지 타사의 본의만을 가리켜 말하는 것이 아니라, 타사의 파생의미를 나타내는 것도 차용이라고 부른다. 그래서 타사에는 본의13)와 파생의미의 구분이

---

13) 또 다른 본자에 상대되는 말로, 만약 본자가 없다면 그것은 원의(源義)가

있다. 그런데 차자가 실제 나타내는 의미항목은 원래 본의인지 파생의
미인지 상관없이 모두 차용의미이다.

한자의 차용 조건은 어구와 음이 같거나 비슷해야 한다. 음이 같다
는 말은 음절의 성모, 운모, 성조가 전부 같다는 것을 의미한다. 음이 비
슷하다는 말은 쌍성(雙聲: 성모가 같다), 첩운(疊韻: 운모가 같다), 방뉴
(旁紐: 발음방법이 같으면서 발음부위가 서로 비슷하다), 인뉴(鄰紐: 발음
부위가 같으면서 발음방법이 서로 비슷하다), 방전(旁轉: 운미는 같으면
서 운복이 서로 비슷하다), 대전(對轉: 운복이 같으면서 운미가 서로 비
슷하다) 및 개음(介音)과 성조에 약간의 차이만 있는 것 등을 포함하고
있다. 음이 같거나 비슷하다고 판단되는 기준은 차자(借字)가 생성될 때
의 음계를 근거로 해야 한다. 음성의 변화가 불균형적이기 때문에, 후세
에 계승되어 사용된 차자(借字)라고 해서 반드시 어휘의 독음과 서로 같
거나 비슷한 것은 아니다.

이론적으로 말하면, 음이 같거나 비슷한 글자들은 모두 차용할 수
있다. 그러나 실제로 '차용'은 통시적인 개념으로, 문헌에 사용된 용례에
서 고찰하고 발견해나가야 하지만, 이를 당연하다고 생각해서는 안 된
다. 우리가 현재 한자 차용현상을 토론하는 목적은 문헌을 해독하기 위
함이지, 배워서 사용하려는 데 있지 않다.

한자의 차용현상은 복잡한 편으로, 여러 관점에서 분류해서 고찰할
수 있다. 일반적으로 차자(借字)가 나타내는 타사(他詞)가 자신의 본자(本
字)를 가지는 지에 따라, 차용을 본자가 없는 차용과 본자가 있는 차용
두 가지로 나눈다.

(1) 본자(本字)가 없는 차용: 가차(假借)

언어에 원래 있던 어떤 단어를 문자로 나타낼 필요가 있을 때, 그
의미에 따라 그를 대신하는 형체를 만드는 것이 아니라, 그 소리에 따
라 이미 존재하는 글자 중에 음이 같거나 비슷한 글자를 차용한다. 이

된다.

러한 용자(用字)현상은 본자가 없는 차용이며, 또 허신이 『설문해자』에서 말한 "본래 그 글자가 없어, 독음에 의거하여 그 개념을 맡긴다(本無其字, 依聲托事)."는 '가차'이기도 하다. 이렇게 차용된 글자를 가차자(假借字)라고 부른다.

　가차자는 오랫동안 빌린 상태를 유지하여 원래의 의미대로 돌아가지 않은 글자들로서, 타사를 나타내는 전용글자가 되었다. 예를 보자.

> ① 척(戚): 본사(本詞)는 '도끼'라는 의미항목을 가진 '척(戚)'인데, 타사(他詞)인 '친척(親戚)'을 나타내는 '척(戚)'으로 차용되었다. 『공자가어·곤서(困誓)』의 "자로는 기뻐하면서 도끼를 들고 춤을 추며, 세 곡이 끝나자 밖으로 나갔다.(子路悅, 援戚而舞, 三終而出.)"와『사기·진본기(秦本紀)』의 "법이 시행되지 않는 것은 귀족과 왕족에서 비롯된 것이다.(法之不行, 自於貴戚.)"에서 전자가 본용이고, 후자가 차용이다14).
>
> ② 이(而): 본사는 '턱수염'이라는 의미항목을 가진 '이(而)'인데, 접속사 '이(而)'로 차용되었다. 『주례·고공기·재인(梓人)』의 "움켜잡고 파내고 잡아당기고 깨무는 종류들은 반드시 그 손톱을 깊이 감추고 눈을 튀어나오게 하며 비늘을 세운다.(凡攫殺援噬之類必深其爪, 出其目, 作其鱗之而.)"15)와 『전국책·조책사(趙策四)』의 "촉룡(觸龍)이 왕궁으로 들어가, 빠른 걸음으로 걸어서, 태후의 앞에 이르자 스스로 사죄하며 말했다.(入而徐趨, 至而自謝.)"에서 전자가 본용이고, 후자가 차용이다16).
>
> ③ 수(須): 본사는 '얼굴의 털'이라는 의미항목을 가진 '수(須)'인데, '필수(必須), 수요(須要)'의 의미를 나타내는 '수(須)'로 차용되었다. 『신당서·두회정전(竇懷貞傳)』의 "환관들이 일을 할 때, 더욱 두려워하고 공손하게 받드는 바가 있는데, 혹시라도 수염이 없는 사람을 보면 (그도 환관인 줄 알고) 잘못 예를 표하곤 하는 것이었다.(宦者用事, 尤所畏奉, 或見無須者, 誤爲之禮.)"와 『한서·풍봉세전(馮奉世傳)』의 "더 이상 대장을 번거롭게 해서는 안 된다.(不須復煩大將.)"에서 전자는 본용이고, 후자는 차용이다17).

---

14) 본용에서 또 '척(鏚)'자를 만들기도 했다.
15) (역주) 지재희, 이준영 해석, 『주례』(서울: 자유문고, 2002), 520쪽.
16) 본용에서 또 '耏(구레나룻 깎을 내/구레나룻 이)'자를 만들기도 했다.
17) 본용에서 달리 '鬚(수염 수)'자를 만들었다.

④ 爲(할 위): 본사는 '만들다'라는 의미항목을 가진 '위(爲)'인데, 개사의 '위(爲)'를 기록하는데 차용되었다. 『서경·금등(金縢)』의 "남방에 단을 만들되 북쪽을 향하게 하고서는 주공이 자리에 섰다.(爲壇於南方, 北面, 周公立焉.)"와 『장자·양생주(養生主)』의 "백정이 문혜군(文惠君)을 위해 소를 갈랐다.(庖丁爲文惠君解牛.)"에서 전자가 본용이고, 후자가 차용이다.

이상의 차용자는 그 본용(本用)이 동시에 존재하는지, 그 본용에서 또 본자를 만들었는지에 관계없이 줄곧 어떤 고정적인 타사(他詞)를 나타내는데 사용되었다. 실제로는 본자가 없는 타사를 위해 전용 자부(字符)를 구비해 둔 것이다. 이와 같기 때문에, 일부 사람들은 가차도 조자법(造字法)이며, 음부(音符)를 사용하여 글자는 만드는 방법으로 음본자(音本字)라고 부를 수 있다고 여겼다. 그러나 가차는 결코 새로운 자형을 생성하지 않았다. 게다가 상당히 많은 가차자들이 후에 본자를 보충하여 만들어, 원차자(原借字)의 본용으로 되돌아갔다. 그러므로 고대인들이 절대로 가차자를 타사(他詞)의 본자라고 여기지 않았다는 것을 알 수 있다. 본자를 보충해서 만든 것은 다음과 같다.

① 위(胃): 본용(本用)이 '창자와 위'라고 할 때의 '위(胃)'인데, '말하다'는 '위(謂)'로 차용되었다. 예컨대, 『한비자·오두(五蠹)』의 "백성들은 과실과 조개를 먹었는데, 비린내 나고 악취가 나서 배와 위를 상하게 하였으니, 병을 많이 않게 되었다.(民食果蓏蚌蛤, 腥臊惡臭而傷害腹胃, 民多疾病.)"와 『장사초백서(長沙楚帛書)·을편(乙篇)』의 "이는 패세(孛歲)를 말한다(是胃孛歲)", "이는 난기(亂紀)를 말한다(是胃亂紀)", "이는 덕닉(德匿)을 말한다(是胃德匿)" 등을 들 수 있다. '위(謂)'는 후에 보충해서 만든 '말하다'라는 단어를 나타내는 본자이다.
② 벽(辟): 본용이 '형법'의 '벽(辟)'인데, '비유하다'의 '비(譬)'로 차용되었다. 예컨대, 한(漢)나라 환관(桓寬)의 『염철론·주진(周秦)』의 "그러므로 법을 제정하는 것은 마치 백길 낭떠러지 위에 서게 하고 불을 잡거나 칼날을 밟게 하는 것과 같아서, 백성들은 이를 두려워하고 꺼려하여 감히 법금을 범하려 하지 않습니다.(故立法制辟, 若臨百仞之壑, 握火蹈刃, 則民畏忌而無敢犯禁矣.)"[18]와 『묵자·소취(小取)』의 "비유[辟]라는 것은 다른 물건을 들어 가지고

서 어떤 일을 밝히는 것이다.(辟也者, 舉他物而以明之也.)"19)를 들 수 있다. '비(譬)'는 후에 보충해서 만든 '비유하다'라는 단어를 나타내는 본자이다.

③ 채(采): 본용이 '따다'의 '채(采)'인데, '색깔'의 '채(彩)'로 차용되었다. 예컨대, 『시경·주남·관저(關雎)』: "올망졸망 마름 풀을 여기저기에서 뜯고 있네.(參差荇菜, 左右采之.)"20)와 『예기·월령(月令)』의 "부관에게 염색하도록 명령하였다.(命婦官染采)"를 들 수 있다. '채(彩)'는 후에 보충해서 만든 '색채'라는 단어를 나타내는 본자이다.

게다가 이론적으로 말하자면, 독음이 같거나 비슷한 모든 글자들은 모두 본자가 없는 어떤 단어의 차용자로 사용될 수 있다. 그렇다면 그것은 수십, 수백 개의 '음본자'를 가질 수 있다는 말인데, 이는 납득하기 어렵다. 실제로, 많은 단어들이 확실히 동시에 혹은 연이어서 음이 같거나 비슷한 여러 개의 글자를 차용하는데, 이러한 글자들이 모두 의도적으로 만든 것이거나 '음본자(音本字)'일 수는 없다. 예를 보자.

① 여(女): 본사(本詞)는 '여성'이라는 의미항목을 가진 '여(女)'인데, 2인칭 대명사의 '여(女)'로 차용되었다. 예로, 『시경·위풍(魏風)·석서(碩鼠)』의 "3년 너를 섬겼는데도 날 위해주지 않는구나.(三歲貫女, 莫我肯顧.)"21)가 있다. 이후에는 일반적으로 '여(女)'자를 차용하지 않고, '여수(汝水)'를 나타내는 '여(汝)'자를 빌려 2인칭 대명사로 사용하다. 예로, 『세설신어·배조(排調)』의 "옛날에는 너와 이웃이었는데, 지금은 너의 신하가 되었구나.(昔與汝爲鄰, 今與汝爲臣.)"가 있다.

② 가(可): 본사는 '허락하다'의 '가(可)'인데, 의문대명사 '가(可)'로 차용되었다. 예로, 『석고문(石鼓文)·견면(汧沔)』의 "(말린 고기를) 주머니 삼아 넣어 둘 수 있는 것은, 오로지 수양버들과 버드나무뿐이라네.(可以橐之, 佳(唯)楊與柳.)"가 있다. 또 본사가 '감당하다'인 '하(何)'를 차용하여 의문대명사 '하(何)'로 나타내었다. 예로, 『논어·안연(顏淵)』의 "안으로 살펴 거리낌이 없다면 어찌

18) (역주) 김한규, 이철호 역, 『염철론』(서울: 소명출판, 2002), 393쪽.
19) (역주) 김학주 역저, 『묵자(하)』(서울: 명문당, 2003), 615쪽.
20) (역주) 김학주 역저, 『시경』(서울: 명문당, 2010), 90쪽.
21) (역주) 김학주 역저, 『시경』(서울: 명문당, 2010), 332쪽.

근심할 것이 있겠으며, 어찌 두려워할 것이 있겠느냐(內省不疚, 夫何憂何懼?)"22)가 있다.

③ 천(泉): 본사는 '샘물'의 '천(泉)'인데, '화폐'의 '천(泉)'으로 차용되었다. 예로, 『관자·경중정(輕重丁)』의 "무릇 (총계를 내니) 고리업자는 3천만 천(泉)과 3천만 종(鍾)을 빌려주었다.(凡稱貸之家, 出泉參千萬, 出粟參數千萬鍾)."23)가 있다. '전(錢)'은 본사가 '농기구'의 '전(錢)'인데, 이 역시 '화폐'의 '전(錢)'으로 차용되었다. 예로, 『국어·주어하(周語下)』의 "경왕(景王) 21년에 대전(大錢)을 주조하려 하였다.(景王二十一年, 將鑄大錢)"고 했는데, "위소(韋昭)는 "전(錢)이라는 것은 금속화폐의 이름이다. 그래서 물건을 사고 팔 때, 돈으로 통용되어 사용된다. 고대에는 '천(泉)'이라고 불렸으나, 이후에 '전(錢)'으로 바뀌었다."라고 주석하였다.(韋昭注: '錢者, 金幣之名, 所以貿買物, 通財用者也. 古曰泉, 後轉曰錢.')"라고 풀이했다.

④ 피(皮): 본사는 '가죽'의 '피(皮)'인데, 3인칭 대명사 '피(皮)'로 차용되었다. 예로, 『마왕퇴한묘백서(馬王堆漢墓帛書)·노자갑본(老子甲本)·덕경(德經)』의 "그러므로 저것을 없애고 이것을 취했다(故去皮取此)."가 있다. '피(彼)'는 본사가 불분명한데, 의미부가 '척(彳)'으로 '걷다'와 관련이 있다. 그러므로 『설문해자』에서는 "왕(往)과 같아, 더해지는 바가 있다는 뜻이다(有所加也)."라고 해석하였으나, 아직 실례가 부족하다. 문헌에서의 '피(彼)'도 3인칭 대명사로 많이 차용되었는데, 예로, 『좌전·장공(莊公)』(10년)』의 "저쪽은 힘이 다 고갈되었으나 우리는 넘치니, 이길 수 있었던 겁니다.(彼竭我盈, 故克之)."가 있다.

'유예(猶豫)'에서 '유(猶)'는 본사가 '유호(猶猢)'(獼猴의 일종)이고, '예(豫)'는 본사가 코끼리로, 이 둘은 합병하여 '머뭇거리며 결정하지 못하다'라는 뜻을 가진 이음절어 '유예(猶豫)'로 차용되었다. 예를 들어, 『초사·이소(離騷)』의 "복사인 영분(靈氛)이 낸 길한 점을 따르고자 하나 마음이 망설여지고 의심이 생긴다(欲從靈氛之吉占兮, 心猶豫而狐疑)."가 있다. 그러나 '유예(猶豫)'라는 단어는 또 '유예(猶預)', '유여(猶與)', '유예(由

---

22) (역주) 임동석, 『논어3』(서울: 동서문화사, 2009), 990쪽.
23) (역주) 김필수, 고대혁, 장승구, 신창호 옮김, 『관자』(서울: 소나무, 2006), 991쪽.

豫)', '유여(由與)', '용여(容與)' 등의 글자로 차용되어 나타나는데, 『사통(辭通)』이나 『병자유편(騈字類編)』 등에 그런 예가 많이 보이나, 여기서는 거론하지 않겠다.

그 밖에, 하나의 글자는 동시에 혹은 연이어서 여러 단어를 나타내는 부호로 차용될 수 있다. 하나의 글자를 여러 단어의 '음본자'로 간주해서는 안 되는 것 같다. 예를 보자.

① 지(之): 본의(本義)가 '가다'이고, 본사(本詞)는 동사이다. 그러나 문헌에서의 '지(之)'는 대명사로 차용될 수 있다. 예로, 『시경·주남·관저(關雎)』의 "아리따운 고운 아가씨는 자나 깨나 그리웁네.(窈窕淑女, 寤寐求之.)"24)가 있다. 또한 접속사로도 차용될 수 있는데, 예로 『좌전·성공2년(成公二年)』의 "대부의 허전(許戰: 청전을 응낙함)은 과인이 바라던 바요.(大夫之許, 寡人之願也.)"25)가 있다. 조사로도 차용될 수 있는데, 예로 『맹자·양혜왕상(梁惠王上)』의 "하늘에 구름이 뭉게뭉게 피어올라 비가 세차게 내리면, 싹이 힘차게 솟아난다.(天油然作雲, 沛然下雨, 則苗渤然興之矣.)"가 있다.

② 기(其): 본의가 '키(곡식을 까부는데 쓰는 기구)'이고, 본사는 명사이다. 그러나 문헌에서 '기(其)'는 대명사로 차용되기도 한다. 예로 『논어·위령공(衛靈公)』의 "공인이 그 맡은 일을 잘하려면 반드시 먼저 그 도구를 날카롭게 갈아놓는 법이다.(工欲善其事, 必先利其器.)"26)가 있다. 부사로 차용되기도 하는데, 『좌전·희공10년(僖公十年)』의 "그에게 죄를 주려 하는데, 또한 변명이 없겠는가?(欲加之罪, 其無辭乎!)"를 예로 들 수 있다. 조사로 차용되기도 하는데, 예로 『시경·진풍(秦風)·소융(小戎)』의 "우리 님 생각하니 온유하기 옥과 같네.(言念君子, 溫其如玉.)"27)가 있다. 접속사로 차용되기도 하는데, 당(唐)나라 한유(韓愈)의 「제십이랑문(祭十二郎文)」의 "아아. 이것이 사실인가? 꿈인가? 혹시 전해온 소식이 사실이 아니지는 않을까?(嗚呼! 其信然耶? 其夢耶? 其傳之非真實耶?)"28)를 예로 들 수 있다.

---

24) (역주) 김학주 역저, 『시경』(서울: 명문당, 2010), 90쪽.
25) (역주) 신동준 옮김, 『춘추좌전2』(파주: 한길사, 2006), 19쪽.
26) (역주) 임동석, 『논어4』(서울: 동서문화사, 2009), 1349쪽.
27) (역주) 김학주 역저, 『시경』(서울: 동문선, 2010), 364쪽.
28) (역주) 오수형 역해, 『한유 산문선』(서울: 서울대학교출판부, 2011), 965쪽.

독음과 의미에 관련이 있는 동원사(同源詞)에 본자(本字)가 없다면, 동일한 자형을 차용할 수도 있고, 각각 다른 자형을 차용할 수도 있다. 전자의 예로, '곤란(困難)'의 'nán'은 새 이름의 '난(难, 難)'을 나타내는데 차용되었다. 그런데 '곤란(困難)'이라는 단어에 '재난(災難)'이라는 단어가 파생되어, 독음이 'nàn'으로 변하게 되었다. 그러나 새로운 글자를 달리 만든 게 아니기 때문에, 여전히 새 이름의 '난(难, 難)'자를 나타내는데 차용되었다. 즉 차자(借字)인 '난(難)'은 각각 '곤란(困難)'과 '재난(災難)'이라는 두 단어를 나타내었다. 후자의 예로, 부정의 의미를 나타내는 '불(不)', '불(弗)', '모(母)'(이후에 전용자 '毋'를 만들었다), '물(勿)', '부(否)', '비(非)', '미(靡)', '막(莫)', '무(無)', '망(亡)', '몰(沒)', '별(別)' 등의 어휘는 독음과 의미가 서로 연관이 있기 때문에, 어원이 동일해야 한다. 그러나 지금까지 본자가 없어, 오히려 각각 서로 다른 자형을 차용하여 나타내고 있다. 당연히 이 글자들은 일부러 그것들을 위해 만든 것이 아니다.

종합하면, 필자는 가차의 본질이 글자를 사용하는 현상에 있지, 글자를 만드는 방법에 있다고 생각하지 않는다.

가차도 분명히 글자를 만드는 것과 관련이 있을 수 있다. 예를 들어, 어떤 글자나 도형을 만드는 것은 이 자형이나 도형과 관련이 없는, 독음이 같은 단어를 나타내기 위해서이다. 그런데 결코 형체·의미와 관련 있는 본사를 나타내는데 사용되지 않는다.

유명한 작가인 고옥보(高玉寶)는 어렸을 때, 책을 하나도 읽지 않았다. 그가 부대에 입당할 때 직접 입당신청서를 써야 했다. 그런데 그는 몇 글자만 알 뿐이어서, 글로 쓸 수 없었다. 한참을 끙끙대다가 그는 마침내 "마음을 따라 입당하고자 한다.(我蟲心眼梨咬魚鐺.)"라고 쓴 입당신청서를 건넸다. 여기에서 '충(蟲)'은 '벌레'를 그린 것으로, '종(從)'이라는 단어를 나타낸다. '심안(心眼)'도 마음 하나와 눈 하나를 그린 것이다. '리(梨)'는 '배'를 그린 것으로, '리(裏)'의 의미를 나타낸다. '교(咬)'는 '요(要)'를 차용한 것이고, '어(魚)'는 물고기 형상을 그려 '입(入)'이라는 단어를 나타내었다(그의 방언에서는 魚와 入이 같은 음이다). '당(鐺)'은 방울을 그린 것으로, '당(黨)'이라는 단어를 나타낸다. 이 도형들은 모두 고옥보가 만든 '글자'이다. '심안(心眼)'은 형체와 의미가 일치하기 때문에, 본자(本字)와 본용(本用)으로 칠 수 있다고 쳐도, 다른 도형글자는 문장에서 나타내는 단어와 형체와 의미의 연관관계가 없다. 그러나 소리와 관련이 있으므로, 실제로 음이 같거나 비슷한 차용에 속한다. 이러한 차용은 글자를 만드는 것과 동시에 발생한다. 왜냐하면 이 이전에는 고옥보가 '충(蟲)', '리(梨)', '어(魚)', '당(鐺)' 등과 같은 글자 쓰는 법을 몰랐기 때문에, 그는 원래 있던 글자를 빌려 사용한 것이 아니라, 임시로 글자를 만든 것이다. 만들자마자 차용하였거나 혹은 차용하여 어떤 글자를 나타내기 위해서 이 글자들을 만들었다고 말할 수 있다.

그럼, 그는 왜 직접적으로 '종(從)'이나 '입(入)' 등의 형체 및 의미와 관련이 있는 본자를 만들지 않았을까? 그는 이 개념들이 매우 추상적이어서, 형체와 의미를 만들 방법이 없었기 때문에, 어쩔 수 없이 음이 같거나 비슷한 단어들을 선택해서 글자를 만들어 차용하기 편하게 하였다. 고옥보가 만든 이 상형자들이 진짜 '글자'가 아니라 할지라도, 확실하게 사교의 역할을 수행하여, 특수한 조건에서 자부(字符)로 그 사용가치를 나타내었다. 이 때문에 필자는 글자를 만드는 초기에 자부(字符)의 차용 현상이 있을 수 있다는 것을 알게 되었다. 이는 가차가 글자를 만드는 것과 확실히 관계가 발생할 수 있다는 것을 설명한다. 그러나 이러한 상황에서도, 여전히 '벌레'의 도형자가 나타내는 본사가 '충(蟲)'이어야 한다고 말할 수 있다. 다만 그것은 자기의 본용 기능을 발휘할 틈도 없이 '종(從)'으로 차용되었다. 그런데 이렇게 차용하는 관계는, 글자를 만드는 사람의 마음에 분명해야만 한다. 반드시 '벌레'라는 개념을 나타내는 단어의 소리가 먼저 있어야지, '벌레'라는 그림부호를 사용하여 '종(從)'의 독음과 의미를 나타낼 수 있다. 그래서 실질적으로 '충(蟲)'을 사용하여 '종(從)'을 나타낸 것은 용자(用字)의 가차이며(高玉寶는 '從'에 본자가 있다는 것을 몰랐다), 임시로 글자를 빌려 서둘러 글자를 만들 것일 뿐이다. 그런데 그가 이렇게 차용된 글자를 만드는 방법은 여전히 상형법이다.

(2) 본자(本字)가 존재하는 차용: 통가(通假)

언어에서 어떤 단어는 본래부터 그것이 만든 본자(本字)가 있지만, 실제로 이 단어를 나타낼 때, 때로 본자를 쓰지 않고, 음이 같거나 비슷한 다른 글자를 차용한다. 이것이 바로 본자가 있는 차용이다. 본자가 없는 차용과 구별하기 위해서, 일반적으로 본자가 있는 차용을 통가(通假)라고 부르고, 차용된 글자를 통가자(通假字)라고 부른다.

통가자는 본자에 초점을 맞춰 말한 것으로, 본자가 없다면 통가자도 없다. 먼저 어떤 글자를 보편적으로 사용하고, 이후에 음이 같거나 비슷한 다른 글자로 바꿔 사용한다. 본자와 통가자의 관계처럼 보인다 해도, 만약에 먼저 보편적으로 사용하는 어떤 글자가 본자가 아니라면, 이후에 차용한 글자도 통가자가 되지 못한다.

예컨대, 앞에서 언급한 2인칭 대명사를 나타내는 '여(女)'와 '여(汝)'는 후세의 문헌에 대부분 '여(汝)'로 '여(女)'를 대체했지만, '여(女)' 자체가 바로 차용이기 때문에 '여(汝)'는 '여(女)'의 통가자(通假字)가 아니며, '여(女)'와 '여(汝)'는 모두 가차자이다.

또 어떤 단어는 보통 갑(甲)자를 사용하여 나타내지만, 가끔 음이 같거나 비슷한 을(乙)자를 차용하기도 하는데, 만약 자주 사용하는 갑(甲)자가 본자가 아니라면, 가끔 차용하는 을(乙)자도 통가가 아니라 가차가 된다. 예로, 『맹자·공손추상(公孫醜上)』의 "제나라로써 왕도를 편다는 것은 손바닥 뒤집듯 쉬운 일이다.(以齊王, 由反手也.)"[29]가 있다. '유(由)'는 '비유하다[譬況]'라는 단어를 나타내는데, 일반적으로 '유(猶)'자를 사용하기 때문에, 어떤 사람들은 '유(由)'가 '유(猶)'의 통가자라고 여긴다. 실제로 '유(猶)'의 본의는 '원숭이'를 나타내는데, '비유하다'는 단어를 나타낼 때는 통차(假借) 용법에 속한다. 따라서 '유(由)'가 '비유하다'는 단어로 사용될 때는 대응되는 본자가 없고, 'yóu'의 또 다른 가차자로만 볼 수 있을 뿐, 통가자가 아니다.

본디 그 글자가 없는데 가차를 했다는 것은, 어쩔 수 없이 그렇게

---

29) (역주) 임동석, 『맹자』(서울: 동서문화사, 2009), 227쪽.

했다는 뜻이다. 그런데 본자(本字)가 있으면서 왜 본자를 사용하지 않고 통가자를 사용하려고 했을까? 그 이면에는 당연히 매우 복잡한 원인이 있겠지만, 주로 다음과 같은 이유이다.

① 습관적으로나 의도적으로 옛날에 있던 것을 사용함

어떤 본자(本字)는 이후에 보충해서 만든 것으로, 이 이전의 사람들은 어떤 가차자를 습관적으로 사용하였기 때문에, 새로 만든 본자가 나온 이후에 사람들은 나중에 만든 본자를 사용하면서도, 무의식적으로 원래의 가차자를 계속해서 사용하였다. 심지어 의도적으로 옛 것을 모방하여, 원래의 가차자를 사용하기도 했다. 그러나 이미 본자를 만들었기 때문에, 이 '가차'자는 사실 통가자로 바뀌게 되었다. 예를 보자.

채(采)—채(寀), 채(綵), 채(彩), 채(睬). 뒤의 네 글자는 선진(先秦)시기에 아직 만들어지지 않았기 때문에, 이들이 대표하는 어구는 원래 모두 '따다'의 '채(采)'를 차용하여 나타내었다. 그러나 이 본자들이 생성된 이후에도 계속해서 '채(采)'를 차용하여 '채(綵), 채(彩), 채(睬), 채(寀)' 등의 어구를 나타내었다. 이것이 바로 습관적으로 혹은 옛 것을 모방함으로 생긴 통가이다. '채(寀)'자는 『설문해자』에서 새로 첨부한 것과 『이아(爾雅)』에서 보이며, '봉읍과 식봉'을 나타내었다. 그런데 『풍속통(風俗通)·육국(六國)』의 "초(楚)나라에서 웅역(熊繹: 초나라 임금, 기원전 1042~1006년 재위)에게 봉해져, 자남의 봉읍과 식봉을 받았다.(封熊繹於楚, 食子男之采.)"에서는 여전히 '채(采)'자를 차용하였다. '채(綵)'와 '채(彩)'는 『옥편(玉篇)』에서 보이지만, 당(唐)나라 유숙(劉肅)의 『대당신어(大唐新語)·극간(極諫)』의 "태종(太宗)이 "잘했도다. 녹봉 3백 필(疋)을 하사하겠노라."라고 말했다.(太宗曰: '善.'賜采三百疋.)"에서는 계속 '채(采)'로 '채(綵)'를 나타내었는데, 천연색 견직물을 가리킨다. 『명사(明史)·문원전(文苑傳)·손분(孫蕡)』의 "시의 문장이 붓을 따라 서고 나아가니, 시문이 화려하고 빛난다.(詩文援筆立就, 詞采爛然.)"에서는 '채(采)'로 '채(彩)'를 나타내었다. '화려하고 산뜻한 색채'를 말했으므로, 색깔이라는 의미에서 파생된 의미 항목이다. '채(睬)'자는 명대(明代)의 『자휘보(字彙補)』에 나타나있다. 그런데 『유림외사(儒林外史)』 27회의 "왕부인은 거들떠보지도 않고, 앉아서 움직이지도 않는다.(王太太不采, 坐著不動.)"에서는 여전히 '채(采)'로 '채(睬)'를 나타내었는데, '거들떠보다[理睬]'는 의미를 나타내었다.

모자(母字: 출발자)의 가차용법이 뒤에 만들어진 본자[後造本字]로 분화되기 때문에, 뒤에 만든 본자는 종종 일정 기간 동안 원래 차용한 모자(母字)와 혼용되어 사용되었으며, 어떤 경우에는 장시간 함께 사용되었을 가능성도 있다. 이렇게 원래의 가차용법으로 야기된 통가현상은 상당한 비중을 차지하고 있어, 홀대할 수 없는 부분이다.

현대 성어에도 상당히 많은 통가자들이 존재한다. 사람들이 이미 그 본자(本字)를 알고 있다 해도, 원래 사용하던 대로 사용하면서 고치지 않았다. 이것도 습관과 고대에 남아있는 의식의 반영인 것이다. 예를 들어, '유언비어(流言蜚語)'에서 '비(蜚)'의 본자는 '비(飛)'가 되어야 하는데, 보통 '비(飛)'로 고쳐 사용하지 않는다. '내용상실(內容翔實)'에서 '상(翔)'은 본디 '상(詳)'이어야 하는데, '상(詳)'으로 고치지 않는다. '모골송연(毛骨聳然)'에서 '송(聳)'은 본래 '송(悚)'이 되어야 하지만 항상 '송(聳)'으로 쓴다. '발농진외(發聾振聵)'에서 '진(振)'의 본자는 '진(震)'이 되어야 하지만, 습관적으로 계속해서 통가자를 쓰고 있다.

② 어떤 특정한 목적을 위해 사용함

어떤 것은 간편한 걸 위해서, 음이 같거나 비슷한 글자 중에서 필획이 적고 쓰기 편한 것을 특별히 선택해서 사용했다. 예컨대, 『시경·용풍·백주(柏舟)』의 "죽어도 딴 마음 안 가지리이다.(之死矢靡它.)"[30]에서, '시(矢)'의 본자는 '서(誓)'이다. 『상군서(商君書)·착법(錯法)』의 "법은 기준이 없고, 정사가 나날이 많으니, 즉 법을 세웠어도 다스리기 쉽지 않다.(法無度數, 而事日煩, 則法立而治亂矣.)"에서 '번(煩)'의 본자는 '번(繁)'이다. 통가자인 '시(矢)', '번(煩)'은 각각 본자인 '서(誓)', '번(繁)'보다 필획이나 선이 간단하여 쓰기가 쉽다.

앞에서 모자(母字)의 가차용법이 본자를 보충해서 만든 후에도 **여전히 모자(母字)를 빌려 사용하는 현상에 대해 언급했었다. 예를 들어, '위**

---

30) (역주) 김학주 역저, 『시경』(서울: 동문선, 2010), 189쪽.

(謂)'는 '위(胃)'를 사용했고, '두(杜)'는 '토(土)'를 사용했다. 이는 습관과 고대에 남아 있는 의식 말고도, 모자(母字)가 이후에 보충한 본자보다 대부분 간단한 것이 하나의 원인일 것이다. 현대 간화자(簡化字)도 통가자를 사용한 것이 있다. 예를 들어, '후(后)'가 '후(後)'를 대신하고, '여(余)'가 '여(餘)'를 대신하며, '투(斗)'가 '투(鬪)'를 대신하는 것은 모두 간편함을 추구하는 데 그 목적이 있다.

어떤 것은 피휘를 위해서 혹은 완곡하거나 우아한 수사가 필요하여 음이 같거나 비슷한 다른 글자를 특별히 선택해서 사용했다. 예를 들어, '시(屎)', '뇨(尿)'는 일찍이 갑골문에서부터 만들어졌는데(⿰⿱), 사람이 대변을 보고 오줌을 누는 모습을 간단하게 그린 것이다. 이러한 상형자는 사람들에게 우아하지 않다는 이미지를 주어, 고서에서도 직접적으로 본자를 사용한 경우는 매우 적고, 종종 '시(矢)'와 '뇨(溺)'를 차용하였다. 이후에 자형이 더 이상 상형이 아니어도, 통가자를 사용하는 것이 이미 습관이 되어 버렸다. 『사기·염파인상여열전(廉頗藺相如列傳)』의 "염장군은 늙었는데도 아직 식성이 좋았습니다. 그러나 신과 같이하고 있는 동안 세 번이나 대변을 보았습니다.(廉將軍雖老, 尙善飯, 然與臣坐頃之, 三遺矢矣.)"31)에서 '시(矢)'는 바로 '시(屎)'와 같다. 모택동(毛澤東)의 「역병의 신을 보내며[送瘟神]」32)라는 시의 "천 부락의 줄사철나무에 사람이 똥을 싸고, 만 가구의 쓸쓸하고 엄숙한 귀신이 노래를 부른다.(千村薜荔人遺矢, 萬戶蕭蕭鬼唱歌.)"에도 이러한 용법이 남아 있다. 『장자·인간세(人間世)』의 "무릇 말을 사랑하는 자는 바구니에 똥을 받고 조개 같은 좋은 그릇에 오줌을 받을 정도로 말을 아낍니다.(夫愛馬者, 以筐承矢, 以蜄盛溺.)"33)와 『사기·편작창공열전(扁鵲倉公列傳)』의 "몸에 열이 있어 오줌이 붉어지는 것입니다.(中熱, 故溺赤也.)"34)에서 '뇨(溺)'는 모두 '뇨(尿)'의 통가자이다. '시(矢)'로 '시(屎)'를 대신하고, '뇨(溺)'로 '뇨(尿)'를 대신한 것은

---

31) (역주) 임동석, 『사기열전1』(서울: 동서문화사, 2009), 495쪽 참고.
32) (역주) 「送瘟神」은 毛澤東이 1958년 7월 1일, 江西省 餘江縣에서 주혈흡충병을 퇴치했다는 것을 알게 된 후에, "浮想聯翩", "夜不能寐"라고 창작한 7언율시 2편을 말한다.
33) (역주) 임동석, 『장자』(서울: 동서문화사, 2009), 101쪽.
34) (역주) 임동석, 『사기열전3』(서울: 동서문화사, 2009), 1011쪽.

분명하게 우아스럽지 못한 것을 피하기 위함이다.

옛날에 오래된 옷을 파는 헌옷가게에서 '고의(故衣)'를 '고의(估衣)'라고 쓴 것은 불길함을 피하기 위해서이다. 왜냐하면 사람이 죽으면 '고(故)'라고 불러, '고의(故衣)'는 사람들이 죽은 사람의 옷으로 연상하기가 쉽기 때문이다. 또한 일부러 우아함을 추구하고자 통가자를 사용한 것도 있다. 예를 들어, 고대의 시문에는 '체(棣)'로 '제(弟)'를 대신하는 현상이 있었다. 후세 사람들은 편지에 항상 '현명한 아우[賢弟]'를 '현체(賢棣)'로 썼다. 이는 소리가 같거나 비슷하다는 통가의 조건 이외에, 『시경·소아·상체(常棣)』가 형제의 우애를 이야기한 시편이라는 것과 관련이 있으므로, 통가인 것과 동시에 전고의 의미를 담고 있다. 존경하는 사람의 성명을 피휘하기 위해서, 피휘하고자 하는 성명이 있으면 음이 같거나 비슷한 다른 글자로 대체하여 사용하였다. 이것도 통가로 글자를 사용하는 원인의 하나이다. 예를 들어, '구(邱)'로 '구(丘)'를 대신한 것은 공자의 이름인 공구(孔丘)를 피휘하기 위함이다. 또 '원(元)'으로 '현(玄)'을 대신한 것은 강희(康熙) 황제의 이름인 현화(玄燁)를 피휘하기 위함이다.

어떤 것은 사용빈도가 높고 기능이 많은 글자를 분화하거나 형체가 비슷한 글자를 구분하기 위해서 일부러 사용빈도가 낮고 기능이 적거나 음이 같거나 비슷하다 해도 구별하기 쉬운 글자를 선택해서 사용했다. 예를 들어, '하(何)'의 본용(本用)은 본사(本詞)인 '부하(負荷)'를 나타내는 것이며, 그와 동시에 의문대명사로 차용되었다. 게다가 의문대명사로 사용된 빈도가 굉장히 높았기 때문에, 사람들은 '부하'를 나타낼 때 더 이상 본자인 '하(何)'를 사용하지 않고, 출현빈도가 그다지 높지 않은 '연꽃[荷花]'의 '하(荷)'를 사용하여 '부하'라는 단어를 나타내었다. 이로써 '하(何)'가 사용빈도가 높은 의문대명사로만 사용되게 하였다. 위에서 언급한 어떤 어구는 계속해서 단어들을 차용하여 나타내었다.

먼저 가차된 글자는 어구의 본자(本字)가 아닐지라도, 이미 고정된 자부(字符)가 되어 통용되었다. 일찍이 가차된 고정 자부(字符)가 있는데도 왜 이후에 또 다른 글자를 가차하려고 했을까? 그 중에 일부는 기능의 많고 적음, 사용빈도의 높고 낮음과 관련이 있을 수 있다. 예를 들어, 2인칭 대명사 'ru'는 '여(女)'자를 먼저 차용했다가, 이후에 필획이 많은

'여(汝)'를 차용했다. 이는 '여(女)'자가 항상 '남녀'의 '여(女)'로 사용되어 헛갈리기 쉬웠기 때문에, '여수(汝水)'만을 나타내는 '여(汝)'자가 기능이 하나이고 사용빈도가 높지 않아서 이 글자로 '여(女)'의 대명사 용법을 대신하게 하였다. 이 두 글자의 기능을 배치한 것과 사용빈도는 비교적 균형이 맞고 합리적이다. 물론, 대명사로 사용한 '여(女)'와 '여(汝)'는 통가 관계가 아니기 때문에, 하나의 방법을 유추하는 데에만 사용했을 뿐이다. 다시 말해, 일부 통가자는 본자의 기능이 헛갈리는 것을 피하기 위해 사용하였다.

만약 본자의 형체가 타자(他字)와 헛갈리기 쉽다면, 구별하기 쉬우면서 음이 같거나 비슷한 글자로 대체해서 차용할 것이다. 예를 들어, 선진(先秦)시기에는 '방(方)'으로 '口'를 대신하였고, '원(員)'으로 '〇'(이후에 '圓'을 만들었다)을 대신하였다. 또 '사(四)'로 '亖'를 대신하였고, '좌(左)', '우(右)'로 'ナ', '又'를 대신하였다. 진(秦)나라 사람은 '존(尊)'으로 '길이'를 나타내는 '촌(寸)'을 대신하였다.[35) 당대(唐代) 전후에 양사는 '근(觔)'으로 '근(斤)'을 대신하였고, '석(碩)'으로 '석(石)'을 대신하였으며, '승(勝)'으로 '승(升)'을 대신하였다. 이러한 통가자들은 모두 원래의 글자보다 필획이 많고, 형체의 차이가 커서 헛갈린다거나 오해할 여지가 적다.

③ 본자를 몰라 잘못 사용함

고형(高亨)은 다음과 같이 말했다. "수많은 문자를 사람들이 전부 다 식별할 수도 없으며, 전부 다 기억할 수도 없다. 사람들이 문장을 쓸 때, 어떤 사물에 본자(本字)가 있다 해도, 그 사람은 결국 모르거나, 알아도 가끔 잊어버리거나, 스스로 음이 비슷한 글자를 차용하게 된다. 하물며 고대의 경전들은 스승의 입을 통해 제자에게 전수하여, 제자들은 그것을 듣고 손으로 쓰면서 스승의 말에 의지해야 했다. 그러다가 순식간에, 자신이 쓰는 글자가 제대로 맞는지 생각해볼 새도 없이 음만 틀리지 않고자 하였다. 정강성(鄭康成)은 '글을 처음 쓸 때, 갑작이 쓰고자 하는 글자가 없다면, 독음으로 유추하여 가차하는데, 독음이 가까운 것을 취

---

35) 商鞅量銘文 및 睡虎地秦簡의 『日書』를 참조하였다.

하게 된다.(其始書之也, 倉卒無其字, 或以音類比方假借爲之, 趣於近之而已).'라고 말했다.(『경전석문(經典釋文)·서록(敍錄)』인용)"36)

　이것이 바로 오늘날 말하는 오자에 대해 기록한 것이다. 그러나 고대인들이 쓴 오자는 종종 습관으로 이어져 내려와 규범에 맞출 필요가 없었다. 이것은 오늘날 잘못 쓴 오자를 반드시 교정을 해야 하는 것과는 본질적으로 다르다. 오자를 쓴 것은 통가자(通假字)를 조성하는 주된 원인의 하나이지만, 도대체 어느 통가자가 본자를 모르는 상황에서 차용된 것인지 판단하기는 매우 어렵다. 대체로 분화되지 않고 또 어떤 특별한 이유를 댈 수 없는 통가자는 모두 이 종류에 귀납된다.

　예를 들어, 『좌전·소공25년(昭公二十五年)』의 "온 힘을 다해 마음을 하나로 합쳐(戮力壹心)"에서 '륙(戮)'의 본의는 '죽이다'인데, 여기에서는 '협력하다', '온 힘을 다하다'라는 의미를 나타내며, 본자는 '류(勠)'로 쓰인다. 『사기·항우본기(項羽本紀)』의 "날이 밝는 대로 일찍 와서 황왕에게 사죄하지 않으면 안 된다.(旦日不可不蚤來見項王.)"에서 '조(蚤)'의 본의는 '벼룩'인데, 여기에서는 '시간이 빠르다'라는 의미를 나타내며, 본자는 '조(早)'로 쓰인다. 『한서·고제기(高帝紀)』의 "역시 항우(項羽)가 동쪽에 뜻이 없음을 나타낸다.(亦視項羽無東意.)"에서 '시(視)'의 본의는 '보다'인데, 여기에서는 '나타내다'라는 의미를 나타내며, 본자는 '시(示)'로 쓰인다. 『한서·왕포전(王褒傳)』의 "모두 여기에서 즐겁게 소일함으로서 귀와 눈을 기쁘게 한다.(皆以此虞說耳目.)"에서 '우(虞)'는 '추우(騶虞)'라고 하여 일종의 동물을 말하는데, 여기에서는 '즐겁게 소일하다'라는 의미를 나타내며, 본자는 '오(娛)'로 쓰인다. 가의(賈誼)의 『치안책(治安策)』의 "칼날이 예리하지 않다.(芒刃不頓.)"에서 '돈(頓)'의 본의는 '머리를 조아리다'인데, 여기에서는 '칼날이 예리하지 않다'라는 의미를 나타내며, 본자는 '둔(鈍)'으로 쓰인다.

　독음이 같거나 비슷한 글자 사이의 통가차용은 대부분 '일방향'이지만, '양방향'인 것도 있다. '양방향'이라는 것은 갑(甲)자가 을(乙)자의 본사를 나타내는데 차용될 수 있으며, 을(乙)자도 갑(甲)자의 본사를 나타

---

36) 高亨, 『文字形義學槪論』(濟南: 山東人民出版社, 1963), 261쪽.

내는데 차용될 수 있다는 말이다. 예를 보자.

『설문해자』에 "수(修)는 '꾸미다'는 뜻이다. '삼(彡)'이 의미부이고, '유(攸)'가 소리부이다.(修, 飾也. 從彡, 攸聲.)", "수(脩)는 '포(저며서 말린 고기)'라는 뜻이다. '육(肉)'이 의미부이고, '유(攸)'가 소리부이다.(脩, 脯也. 從肉, 攸聲.)"이라는 구절이 있다. '수(修)'와 '수(脩)'는 그 본의와 본사가 다르지만, 문헌에서는 서로 가차된다. 예를 들어, 당(唐)나라 봉연(封演)의 『봉씨문견기(封氏聞見記)·제택(第宅)』의 "재보(宰輔) 및 조사(朝士)와 같이 권력을 가진 자들이 다투어 제사(第舍)를 건립했다.(宰輔及朝士當權者, 爭脩第舍.)"와 명(明)나라 풍몽룡(馮夢龍)의 『고금소설(古今小說)·조박승다사우인종(趙泊昇茶肆遇仁宗)』의 "내가 봉서(封書)를 써서, 사람들을 너에게 보내 그와 힘을 합하도록 같이 보내겠다.(我脩封書, 著人送你同去投他.)"에서, 두 개의 '수(脩)'는 모두 동사로 사용되어, 각각 '건설하다', '쓰다'의 의미를 가지는데, '꾸미다[修飾]'의 파생의미로, 그 본자는 '수(修)'이다. 청(淸)나라 오경재(吳敬梓)의 『유림외사(儒林外史)』 55회의 "어떤 사람이 8량의 은자를 사례금으로 가지고 나와 그의 집에서 가르쳐 달라고 청했다.(有個人家出了八兩銀子束修, 請他到家裏教館去了.)"와 청(淸)나라 포송령(蒲松齡)의 『자비곡(慈悲曲)』의 "사례금으로 2냥의 돈을 더 넣었습니다.(書修多添兩吊錢.)"에서, '수(修)'는 모두 '선생님께 보내는 봉급'을 나타낸다. 『논어』에 나오는 '속수(束脩)'[37]의 파생용법으로, 본자는 '수(脩)'이다.

'양방향' 말고, 또 '다방향'의 관계가 발생할 수 있다. 즉 하나의 글자가 여러 개의 통가자(通假字)를 차용하여 여러 타사(他詞)를 나타낼 수 있고, 하나의 글자도 여러 통가자를 사용하여 나타낼 수 있다. 예를 들어, 앞에서 언급한 '채(采)'는 본자를 분화시켜 만든 이후에도 여전히 '채(寀), 채(綵), 채(彩), 채(睬)' 등의 글자를 대신하여 사용할 수 있다. 실제로는 여러 본자의 통가자로 충당되는 것이다. 예를 들어, '비(匪)'자[38]는

---

37) (역주) 옛날에 처음으로 스승을 뵐 때에 가지고 간 간단한 예물이나 사례금을 말한다. 일찍이 공자가 있던 시대에도 이미 시행되고 있었다.

38) 본장의 글자의 예는 구석규(裘錫圭)의 『文字學槪要』(商務印書館, 1988)를 참고하였다. 직접적으로 인용한 것도 있고, 고쳐 쓴 것도 있으며, 영감을 받은 것도 있다. 본문에서 일일이 주석을 달지 않을 것이니 여기에서 감

본의가 '광주리'를 나타낸다. 『주례·춘관·사사(肆師)』의 "함께 비옹(광주리와 항아리)의 예를 베푼다.(共設匪甕之禮)"39)가 본용이며, 이후에 본자 '비(籧)'로 분화되었다. 본용 말고, '비(匪)'는 '비(非)'와 통가되어, 『시경·위풍·맹(氓)』의 "실을 사러 온 게 아니라, 와서는 바로 내게 수작을 걸었다네.(匪來貿絲, 來即我謀.)"40)와 같이 부정을 나타낼 수 있다. '피(彼)'로도 통가되어, 『시경·소아·소민(小旻)』의 "저 길을 가보지도 않고 갈 곳을 의논하는 것 같아서, 정도에서 벗어나게 되는 걸세.(如匪行邁謀, 是用不得於道.)"41)와 같이 지시대명사를 나타낼 수 있다. 또 '비(斐)'로 통가되어, 『시경·위풍·기오(淇奧)』의 "훌륭하신 우리 님이여!(有匪君子.)"42)와 같이 '문채'를 나타내기도 한다. '분(分)'으로 통가되어, 『주례·지관·늠인(廩人)』의 "구곡(九穀)의 수량을 관장하여, 국가에서 구휼하기 위해 나누어주고 녹봉을 주는데 쓰도록 대비한다.(掌九穀之數, 以待國之匪頒, 賙賜, 稍食.)"43)와 같이, 나눠서 이야기하는 것을 나타낸다. '비(騑)'로 통가되어, 『예기·소의(少儀)』의 "수레와 말의 아름다움은 비비(匪匪)하고 익익(翼翼)하다.(車馬之美, 匪匪翼翼.)"44)와 같이, '비비(匪匪)'로 중첩하여 수레와 말이 앞으로 나아가는 상태를 형용하였다.

위에서 여러 개의 단어를 가차하여 동일한 단어를 나타내는 상황을 언급했었는데, 통가자(通假字)에는 이러한 현상이 더 보편적으로 존재한다. 예를 들어, '막[剛剛]', '겨우[僅僅]' 등의 함의를 가진 부사 'cái'는 그

사를 표하고자 한다.

39) (역주) 지재희, 이준영 해석, 『주례』(서울: 자유문고, 2002), 235쪽.
40) (역주) 김학주 역저, 『새로 옮긴 시경』(서울: 명문당, 2010), 223쪽.
41) (역주) 김학주 역저, 『새로 옮긴 시경』(서울: 명문당, 2010), 566쪽.
42) (역주) 김학주 역저, 『새로 옮긴 시경』(서울: 명문당, 2010), 213쪽.
43) (역주) 지재희, 이준영 해석, 『주례』(서울: 자유문고, 2002), 209쪽.
44) (역주) 이 부분에 대한 해석은 상술한 해석과 같이, '匪匪翼翼'을 의역을 하지 않고 직역 그대로 둔 경우가 많았다. 그러나 정병섭 번역의 『예기』(서울: 학고방, 2015) 162쪽에는 "수레에 탔을 때의 모습은 행동에 격식이 나타나고 안정된다."라고 보충해놓았다. 아울러, 『禮記集說』의 "匪匪, 言行而有文. 翼翼, 言載而有輔"를 예로 들어, '匪匪'는 행동함에 격식이 있다는 뜻으로, '翼翼'은 수레에 탔는데 보필함이 있다는 뜻으로 설명해놓았다. 그러나 본서에서는 비비를 수레와 말이 앞으로 나아가는 상태를 형용하였다고 하였으므로 달리 다른 말로 설명하지 않았다.

본자가 '재(才)'인데, 『설문해자』의 "재(才)는 '초목의 처음'을 나타낸다. (才, 艸木之初也.)"와 같이, '처음'이라는 의미에서 자연스럽게 '막', '겨우' 등의 의미로 파생되었다. 그러나 문헌에서 부사 'cái'는 『한서·조조전(晁錯傳)』의 "먼 곳의 현에서 도착할 때쯤이면 흉노는 벌써 떠난 뒤입니다.(遠縣纔至則胡又已去.)"[45]와 같이 '재(纔)'자로 통가되어 나타나며, 『한서·두주부손흠전(杜周附孫欽傳)』의 "높이가 겨우 2치이다.(高廣財二寸.)"[46]와 같이 '재(財)'로 통가되어 나타나기도 한다. 또 『한서·왕공양공포전(王貢兩龔鮑傳)』의 "하루에 겨우 몇 사람이 점을 보아도(裁日閱數人)"[47]와 같이 '재(裁)'로도 통가되어 사용된다.

차용(借用)을 '가차'와 '통가' 두 부분으로 나누는 것에는 어느 정도 이론적 가치가 존재한다. 그러나 많은 어구의 본자 유무 여부 및 본자가 차자(借字) 이전 아니면 이후에 생성된 것인지 분명하게 고증하기란 실제로 매우 어렵다. 만약에 실제로 사용되는 차자(借字)가 전부 가차인지 통가인지 확실히 정하려고 한다면, 매우 많은 정력을 낭비하게 되는 것이며, 분명하게 나누었다고 해도 어떤 실질적인 작용도 없으므로 얻는 것보다 잃는 것이 많다고 하겠다. 따라서 문자학의 이론연구를 하는 게 아니라면, 일반적인 상황에서는 가차와 통가를 구분할 필요가 없다. 특히 뒤에 본자가 나왔기 때문에 먼저 가차에 속하고 나서 다시 통가에 속하는 현상은 더더구나 그러하다. 실제로 문헌을 해독하면서, 글자와 단어의 대응관계를 글자와 의미항목의 대응관계로 단순화시킬 수 있다. 어느 글자가 어떻게 이야기 되는지 또 이러한 화법이 자형과 관계가 있는지만 알면 가능하다. 그것이 어느 단어에 속하는지, 달리 본자가 있는지, 본자가 먼저 나왔는지 뒤에 나왔는지 등, 특별히 필요한 게 아니라면 여기서는 신경 쓰지 않겠다. 그래야 더 간단하고 쉽게 처리할 수 있다.

---

45) (역주) 반고 저, 진기환 역주, 『한서3』(서울: 명문당, 2016), 453쪽.
46) (역주) 반고 저, 진기환 역주, 『한서5』(서울: 명문당, 2017), 78쪽.
47) (역주) 반고 저, 진기환 역주, 『한서6』(서울: 명문당, 2017), 275쪽.

제2절 한자 기능의 변천

형체, 구조와 같이 한자의 기능도 고정불변의 것이 아니다. 언어는 독음과 의미가 변하고 한자의 사용속성도 변하기 때문에, 한자의 기능도 더욱 빠르고 복잡하게 변했다. 대체로 기능의 변천에는 세 가지 상황이 존재한다.

1. 기능의 확장

어떤 자부(字符)가 만들어질 때, 이 자부(字符)의 기능은 정해져 있어야 한다. 자부(字符)의 최초의 기능은 한가지였다. 즉 일반적인 상황에서 하나의 글자는 하나의 단어만(여러 의미항목이 있을 수 있다)을 나타냈다. 이후에 더 많은 상황을 표현하기 위해 하나의 글자는 동시 혹은 통시적으로 여러 단어를 나타내게 되었다. 이러한 현상이 바로 한자기능의 확장이다. 만약 '본용(本用)'을 자부(字符)의 최초의 기능이라고 간주한다면, '겸용(兼用)'과 '차용(借用)'은 자부(字符) 기능이 확장된 두 가지 방법이다.

(1) 겸용확장

제7장에서 필자는 '겸용'이 본자(本字)를 사용하여 본사(本詞)와 독음과 의미의 관계가 있는 또 다른 파생 단어를 나타내는 현상이라고 말했었다. 어떤 글자는 원래 어떤 단어를 나타내는 걸로 정해져 있었지만, 이 단어의 어의가 파생되면서 독음의 변화까지 수반함에 따라 새로운 단어가 분화되어 나왔다. 만약 새로운 글자가 분화되는 것과 동시에 새로운 단어를 나타낸다면, 그것은 여전히 하나의 글자에 하나의 단어라는 대응관계이지, 기능이 확장된 건 아니다. 예컨대, '조(朝, zhāo)'에서

'조(潮, cháo)'가 파생되어 나온 것이 이 상황에 속한다. 그러나 만약 새로운 글자를 만들지 않고 새로운 단어를 나타낼 때, 여전히 원사(源詞)의 자부(字符)를 사용하여 파생단어를 나타낸다면, 그것은 실제로 원사의 자부(字符)의 기능을 확장한 것과 같다. 그리하여 원사를 나타낼 수도 있고, 또 파생단어를 나타낼 수 있게 된다. 하나의 글자로 여러 단어를 나타낼 수 있는 것이 바로 파생되어 만들어진 한자기능의 확장이며, 또한 우리들이 말하는 '겸용'이다. 예컨대, '조(朝, zhāo)'에서 '조(朝, cháo)'가 파생될 때, 새로운 글자를 만들지 않고 원래의 글자를 사용하여 기능을 같이 한 것이다. 따라서 '조(朝)'의 자부(字符)는 원래 'zhāo'라는 한 단어만을 나타낼 수 있다가, 'zhāo'와 'cháo'라는 두 단어를 나타낼 수 있게 확장되었다.

앞에서 말했다시피, 겸용은 한어의 글자와 단어의 모순을 해결하기 위한 효과적인 수단이다. 어휘는 끊임없이 파생하는데, 문자는 아무렇게나 만들 수 없으니, 가장 간단한 방법은 현재 있는 자부(字符)의 기능을 확장하여 여러 기능을 가지게 하는 것이다. 일반적으로 '다음자(多音字)'라는 것은, 이독(異讀), 우음(又音)과 차용파독(借用破讀), 동형이음(同形異音) 이외에, 독음이 여러 개이면서 의미도 여러 개인 것을 말한다. 만약 각각의 독음과 의미 사이에 어떤 내재적인 연관성을 가진다면, 대부분 원사(源詞)와 파생단어가 하나의 글자를 함께 사용하는 현상이다. 수많은 파생단어들은 독음의 변화가 전혀 없으며, 원사와 자부(字符)를 같이 사용하게 되는데, 이는 보편적인 현상이며 역시 본자의 겸용이라고 봐야 한다. 문자의 겸용은 필연적으로 한자기능의 확장을 일으킨다.

(2) 차용확장

'차용'이라는 것은 자형을 음성부호로 간주하고, 이 자형과는 무관하지만 음이 같거나 비슷한 어구를 나타내는 것을 말한다. 음이 같거나 비슷한 어구가 한자의 차용조건이 된다.

'갑(甲)'단어의 본자 'A'를 차용하여 '을(乙)'단어를 나타내는 것은, '을' 단어에 자신의 본자가 있고 없고는 상관없이, 'A'로만 말하면, 그것은 원래 '갑'단어만을 나타내었는데, 차용을 통해 '을'단어를 나타낼 수 있고, 심지어 '병(丙)'단어, '정(丁)'단어까지도 나타낼 수 있게 되므로, 의심의 여지없이 기능이 확장된 것이다. 예를 들어, 앞에서 제시한 '비(匪)'자는 원래 '비(篚)'라는 단어만을 나타내었는데, 차용이라는 수단을 통해, 계속해서 '비(非)', '피(彼)', '비(斐)', '분(分)', '비(騑)' 등의 단어를 나타내게 되어, 그 기능이 확장되었다.

차용한 글자는 일단 어느 단어와 고정된 관계가 발생하면, 그것은 이 단어의 전체 의미항목을 맡게 된다. 만약 이 단어의 어떤 의미항목에 새로운 단어가 파생되더라도 여전히 원래 빌린 글자로 나타낸다면, 그것은 또한 원래 차자(借字)의 겸용이 된다. 예를 들어, 앞에서 언급한 '곤란(困難)'의 'nán'은 새의 이름인 '난(难(難))'을 차용하여 나타내었다. 그런데 '곤란(困難)'이라는 단어에 또 '재난(災難)'이라는 단어가 파생되었기 때문에 독음이 'nàn'으로 바뀌었다. 그러나 이는 새로운 글자를 만든 게 아니고 여전히 원래의 차자를 사용하여 나타내는 것이다. 즉, 원래의 차자인 '難'은 '곤란(困難)'과 '재난(災難)'이라는 두 단어를 같이 나타낸다. 이를 통해 '겸용'은 하나의 글자가 독음과 의미가 관련된 여러 개의 단어를 같이 겸하여 나타내는 것이며, 이 글자가 본자(本字)인지 차자(借字)인지 상관없다는 것을 알 수 있다. 본자도 겸용할 수 있고, 차자도 겸용할 수 있다.

(3) 병합확장

병합확장은 하나의 글자가 자신의 본래 기능 외에, 한 개 혹은 여러 개의 다른 글자의 기능 전부를 병합한 상황을 말한다. 기능이 병합된 글자는 더 이상 필요가 없어져서 도태된다. 예를 들어, '참과 거짓[眞假]'의 '가(假)'와 가차한 '가(叚)'는 원래 두 개의 글자였으며, 각자 자신의 기능을 가지고 있었다. 그런데 이후에 '가(叚)'의 기능이 전부 '가(假)'에 병합되고 나서, '가(叚)'자는 도태되었다. '범(氾)'은 '범(泛)'에 병합되었고, '유(遊)'는 '유(游)'에 병합되었으며, '치(眞)'는 '치(置)'에 병합되었다. 이들은 모두 의미가 관련이 있는 동원자(同源字) 병합에 속한다.

또한 의미가 관련이 없는 동음자(同音字) 병합도 있다. 예컨대, 현대 한자를 간략화 할 때, 음이 같거나 비슷한 한자로 대체하는 현상은 실제로 기능을 병합한 것이다. '후(后)'는 '후(後)'를 병합하고, '간(干)'은 '간(靬), 건(乾), 간(幹)'을 병합하고, '투(斗)'는 '투(鬥)'를 병합하였다. 병합된 글자는 기능이 전부 병합한 글자에게 넘겨졌기 때문에, 병합한 글자는 기능이 확장되었고, 병합된 글자는 더 이상 필요 없어지게 되어 그 결과 한자의 글자 수가 감소하게 되었다.

결과적으로 한자는 본용(本用)의 토대 위에서, 파생단어를 같이 나타내거나 타사(他詞)를 빌려 나타낼 수 있다. 게다가 어떤 때는 이 두 기능의 확장이 동시에 발생할 수 있으며, 심지어 하나의 글자가 다른 하나의 글자 혹은 여러 개의 글자의 모든 기능을 병합할 수 있다. '겸용', '차용', '병합'으로 인해, 한자는 '본용'의 토대 위에서 기능이 충분히 확장되어, 한어의 글자와 단어 사이의 모순을 크게 완화시킴으로써, 수천 개의 한자들이 각각의 시대와 서로 다른 지역에서 한어를 나타내는 수요를 기본적으로 만족시키게 되었다. 만약 시대와 지역의 제약을 배제한다면, 전체적으로 어느 자부(字符)가 나타내는 어휘의 수량을 고찰해서, 필자는 대부분의 글자부호의 원시기능에 확장이 있었다는 것을 발견했다. 일부 자부(字符)가 나타낸 어휘의 수량은 놀랄 정도로 많았는데, 이는 당연히 같은 시대 및 지역일 수 없으며, 기능이 끊임없이 확장하면서 누적된 결과라고 봐야 할 것이다. 예컨대, '간(干)'은 『한어대자전(漢語大字典)』, 『한어대사전(漢語大詞典)』 등의 공구서와 관련 문헌의 용례에 근거해서, 18개 이상의 각각의 어구(혹은 형태소)를 나타낼 수 있다는 것을 알 수 있다.

① '저지르다[干犯], 방해를 하다[干擾], 관여하다[干預], 간구하다[干求], 간섭하다[干涉], 관계[干系]' 등의 의미항목을 가진 '간(干)'은 관련 용례가 많다.
② '방패[盾]'의 의미로 '간(干)'이 해석된다. 『시경·대아·공류(公劉)』의 "방패와 창과 도끼 들고[干戈戚揚]"[48]에서 정현(鄭玄)은 "간(干)은 '방패[盾]'이다.(干, 盾也.)"라고 주석했다.

---

48) (역주) 김학주 역저, 『시경』(서울: 동문선, 2010), 754쪽.

③ '깃대[旗杆]'의 '杆(막대 간)'이나 '竿(장대 간)'으로 사용된다. 『시경·용풍·간모(干旄)』의 "나풀나풀 깃대 끝의 쇠꼬리가(孑孑干旄)"[49]에서 모형(毛亨)은 "모우의 꼬리로 만든 장목을 대 위에 꽂은 깃대이며, 대부들의 깃발이다.(注旄於干首, 大夫之旗也.)"[50]라고 주석했다.

④ '보위하다[捍衛]'의 '한(捍)'으로 사용된다. 『시경·주남·토저(兔罝)』의 "용맹한 무사는 공후의 간성이로다.(赳赳武夫, 公侯干城)"에서 모형(毛亨)은 "간(干)은 '막다[扞]'는 뜻이다.(干, 扞(捍)也.)"라고 주석했다.

⑤ '나무줄기[樹干]'의 '간(榦)'으로 사용된다. 『회남자·주술(主術)』의 "가지는 줄기보다 클 수 없고, 지엽이 뿌리보다 클 수 없다.(枝不得大於干, 末不得大於本.)"에서 '줄기', '골간 등의 의미로 파생되었다.

⑥ 고대에 흙벽을 짓는데 사용하는 협판. 『서경·비서(費誓)』의 "정간(담을 쌓을 때에 양편에 세우는 나무 기둥)을 준비하라. 갑술(甲戌)일에 내가 성을 쌓을 것이다.(峙乃楨干, 甲戌我惟築.)"를 예로 들 수 있다.

⑦ '천간과 지지'의 '간(干)'. "천간지지(天干地支)"

⑧ '물가[河岸]'의 '안(岸)'으로 사용된다. 『시경·위풍(魏風)·벌단(伐檀)』의 "황하가에 놓고 보니(置之河之干兮)"[51]에서 모형(毛亨)은 "간(干)은 '언덕'이라는 뜻이다.(干, 厓(涯)也.)"라고 주석했다.

⑨ '골짜기에서 흐르는 물[澗水]'의 '간(澗)'으로 사용된다. 『시경·소아·사간(斯干)』의 "시냇물은 맑게 흐르고(秩秩斯干)"[52]에서 모형(毛亨)은 "간(干)은 '산골짜기의 시냇물[澗]'이라는 뜻이다.(干, 澗也.)"라고 주석했다.

⑩ 동물인 '들개[豻]'로 사용된다. 『의례(儀禮)·대사(大射)』의 "대후(大侯)의 과녁과 활 쏘는 사람 사이의 거리는 90보, 삼후(參侯)는 70보, 간후(干侯)는 50보이다.(大侯九十, 參七十, 干五十.)"[53]에서 정현(鄭玄)은 "간(干)은 '간(豻)'이라고 읽는다. '간후(豻侯)'라는 것은 '들개 가죽으로 장식한 과녁'을 의미한다.(干, 讀爲豻. 豻侯者, 豻鵠豻飾也.)"라고 주석했다.

⑪ '마름과 축축함[乾濕]'에서 '건(乾)'으로 사용된다. 『장자·전자방(田子方)』의

---

49) (역주) 김학주 역저, 『시경』(서울: 동문선, 2010), 206쪽.
50) (역주) 김학주 역저, 『시경』(서울: 동문선, 2010), 207쪽.
51) (역주) 김학주 역저, 『시경』(서울: 명문당, 2010), 329쪽.
52) (역주) 김학주 역저, 『시경』(서울: 명문당, 2010), 528쪽.
53) (역주) 김용천, 이원택 역주, 『의례 역주』(서울: 세창출판사, 2013), 256쪽.

"노자는 머리를 감고 나서 머리를 풀어 흩트린 채 말리고자 하였다.(老聃新沐, 方將被髮而干.)", "못의 물을 깨끗하게 하다[干塘], 잔을 비우다[干杯], 깨끗하다[干淨], 돈을 다 쓰다[把錢花干], 겉은 강해 보이나 속은 약하다[外強中干]", "비스킷[餅干], 건포도[葡萄干], 말린 두부[豆腐干], 러스크[面包干]54)", "억지웃음 짓다[干笑], 눈물은 흘리지 않고 큰 소리로 울다[干嚎], 수양아버지[干爹], 수양딸[干女兒], 걱정은 하지만 속수무책이다[干着急], 멍하니 눈 뜨고 바라보는 수밖에 없다[干瞪眼], 마른 천둥만 치고 비는 오지 않는다[干打雷不下雨]" 등 모두 이 단어의 파생의미로 간주할 수 있다. 어떤 사람은 이미 새로운 단어가 파생되었다고 말하기도 한다.

⑫ '일을 하다[幹事]'의 '간(幹)'으로 사용된다. '업무, 능력, 지도자, 싸우다' 등의 의미로 파생되었다.

⑬ '모래와 자갈[沙石]'의 '간(矸)'으로 사용된다. 『순자·왕제(王制)』의 "남쪽 바다에는 새 깃과 상아와 외뿔소 가죽과 증청(曾靑)과 단사가 난다. 그런데 중국에서는 이것들을 구해 재물로 삼고 있다.(南海則有羽翮齒革曾靑丹干焉, 然而中國得而財之.)"55)에서 양경(楊倞)은 "간(干)은 '간(矸)'으로 읽는다.(干讀爲矸.)"라고 주석했다.

⑭ 양사로 사용되어, '무리[夥]', '집단[幫]'의 '간(干)'과 같다. "한 무리의 사람들[一干人等]".

⑮ '이리저리 엇갈리다[闌干]'의 '간(干)'을 나타낸다.

⑯ 나라 이름인 '간(干)'을 나타낸다. 『묵자·겸애중(兼愛中)』의 "남쪽으로는 강수(江水), 한수(漢水), 회수(淮水), 여수(汝水)를 다스리어 동쪽으로 흘러 오호(五湖) 지방으로 흘러들게 하였다. 그럼으로써 형초(荊楚)와 간월(干越) 지방과 남이(南夷)의 백성들을 이롭게 해주었다.(南爲江, 漢, 淮, 汝, 東流之注五湖之處, 以利荊楚干越與南夷之民.)"56)에서 손이양(孫詒讓)은 『묵자한고(墨子閒詁)』에서 "간(干)은 '한(邗)'의 가차자를 말한다. 『설문해자·읍(邑)부수』에는 "邗(한)은 나라이름으로, 지금의 임회(臨淮)에 속한다."라고 설명하고 있다.(干, 邗之借字. 『說文·邑部』云: 邗, 國也. 今屬臨淮.)"라고 밝혔다.

⑰ 성씨의 '간(干)'을 나타낸다. 진(晉)나라 『수신기(搜神記)』의 저자는 성이 '간

---

54) (역주) 유아용 비스킷
55) (역주) 김학주 옮김, 『순자』(서울: 을유문화사, 2001), 235쪽.
56) (역주) 김학주 역저, 『묵자(상)』(서울: 명문당, 2003), 200쪽.

‘干’이고, 이름이 ‘보(寶)’이다.

⑱ ‘꾸짖다’, ‘난감하게 하다’는 의미의 ‘간(干)’을 나타낸다.『아녀영웅전(兒女英雄傳)』25회의 “사람들에게 한마디를 했다.(干了人家一句.)”와 애무(艾蕪)의『해도상(海島上)』의 “너는 여기에서 사람들을 꾸짖으면서 뭘 하는 거냐?(你把人家干在這裏做什麼?)”를 예로 들 수 있다.

『설문해자』에 의하면, ①의 용법이 본용이고, 그 나머지는 겸용이거나 차용이 된다. 어떤 사람은 ②의 용법이 본용이라고 여겼는데,『한어대자전(漢語大字典)』에서는 ‘盾(방패 순)’의 의미항목을 첫 번째로 삼았다. 또 어떤 사람은 ‘간(干)’이 ‘깃대’를 나타내는 상형자임을 제시하고, 그것의 본용은 ③의 용법이 되어야 한다고 했다. 이 세 가지 용법을 모두 본용이라 치더라도, 남은 15개 항목의 기능은 확장이 누적되어 이루어진 것이다. 이를 통해, 한자가 존재한 전체 과정에서, 한자는 주로 기능의 확장 혹은 겸용, 혹은 차용에 의해 사용되었으며, 진정한 본자본용(本字本用)의 상황에서 결코 주류가 아니었다는 것을 알 수 있다.

2. 기능축소

겸용과 차용으로 인해, 개별 자부(字符)의 기능은 충분히 확장하여, 한어를 나타내야 하는 수요를 완전히 만족시킬 수 있게 되었는데, 이를 자부(字符) 표현율의 성공이라고 부를 수 있다. 그러나 그에 따라 또 다른 부분에서 문제가 발생하였다. 즉 자부(字符)의 기능이 끊임없이 확장하면서 글자와 단어의 대응관계를 모호하게 만들어, 문헌을 보면서 이해하는 데 어려움을 가져다주었다. 다시 말해, 만약 한자에 본자 본용만 있다면, 어떤 글자로 어떤 단어를 나타내는지 일목요연하며, 서사부호와 언어가 실제 기본적으로 일치하게 되어, 문헌을 보면서 이해하기가 쉬워진다.

그런데 하나의 글자로 여러 단어를 나타낼 수 있게 되었을 때, 그것이 실제 사용되면서 결국 나타내는 것이 어느 단어인지, 서면부호 자체로는 매우 분별하기 어려워졌기에 종종 다른 조건을 빌려 분별해야 하는 필요성이 생겨나게 되었다. 이것은 당연히 보고 이해하는 난이도를 높여, 문자로 언어를 기록하는 효과에 영향을 미쳤다. 이러한 폐단을 극복하기 위해, 한자의 기능 확장에 적당한 제약이 필요하게 되었다. 이미 확장한 것들이 기능의 분별에 영향을 미친다면, 그 중의 한 항목이나 여러 항목의 기능을 감소시킬 수 있다. 이것이 바로 한자 기능의 축소이다. 한자 기능의 축소는 개별 자부(字符)로 말하자면, 한자 체계를 나타내는 것이 아니다. 모든 한자체계의 기능을 축소할 수 없기 때문에, 반드시 전체 언어체계와 서로 대응을 이루어야 한다. 따라서 한자 기능의 축소는 한자의 어떤 기능을 폐지해서 필요가 없는 게 아니라[57], 원래 어떤 자부(字符)가 담당하고 있던 항목의 기능을 또 다른 자부(字符)가 담당하도록 나누는 것이다. '또 다른 자부(字符)'는 원래 있던 자부(字符)일 수도 있고, 원래 글자의 토대위에서 분화된 자부(字符)일 수도 있으며, 또는 간단하게 새로 만든 자부(字符)일 수도 있다. 따라서 한자 기능의 축소는 대체로 '이체자(異體字) 분담', '모자(母字)분화', '새로운 글자 조성'이라는 세 가지 상황으로 귀납할 수 있다.

(1) 이체자 분담

이체자는 자형이 다르지만, 그 본용이 동일한 어구를 나타내기 때문에 동일한 자부(字符)에 속한다. 이체자의 기능도 확장되거나, 겸용, 차용될 수 있다. 동일한 자부(字符)의 각각의 형체는 부담감만 가중시켜, 구체적인 언어 환경에서의 표의기능[表義功能]을 모호하게 만들었다. 이 때 분담이 필요하게 되는데, 원래 동일한 자부(字符)에 속한 각각의 형체들을 서로 다른 자부(字符)로 분화시켜서, 단일한 자부(字符)의 단어를 나타내는 기능을 감소하게 만든다. 예를 보자.

① 사(史)-사(事)-리(吏). 갑골문에 '사(史)'자는 복잡하게 '사(事)'로 쓰고, 또 간단하게 '리(吏)'로 쓰기도 한다. '사(史)', '사(事)', '리(吏)'는 원래 동일한 자부

---

57) 어구의미 자체가 사라지는 것을 제외하고, 이것은 이미 용자(用字)의 문제가 아니다.

(字符)인데 쓰는 방법이 다른 것들이다. '사(史)'를 나타내는데도 사용할 수 있고, '사(史)'에서 파생된 '사(事)'와 '리(吏)'를 나타내는데도 사용할 수 있다. "옛날의 큰일은 사(祀)와 융(戎)이었다.(古之大事唯祀與戎)"처럼, 사(祀)와 융(戎)과 같이 이렇게 큰일을 기록하는 사람이 '사(史)'였고, 이런 큰일을 시행하는 사람이 '리(吏)'였다. 그러므로 '사(史)', '사(事)', '리(吏)'는 그 어원이 같으며, 제일 처음에는 '사(史)', '사(事)' 혹은 '리(吏)'를 겸용하여 기록하였다. 이렇게 '사(史)', '사(事)', '리(吏)'는 이체자로, 세 가지 기능을 겸하고 있다. '역사책[史冊]'의 '사(史)'를 나타낼 수도 있고, '사무(事務)'의 '사(事)'를 나타낼 수도 있으며, '관리(官吏)'의 '리(吏)'를 나타낼 수도 있다. 이후에 나타내는 단어를 명확하게 하기 위해, 이러한 이체자들의 역할을 나눠, '사(史)'자로 '사(史)'단어만을 기록하게 되었으며, '사(事)'자로 '사(事)'단어, '리(吏)'자로 '리(吏)'단어만을 기록하게 되었다. 이로 인해 각자 두 가지 기능이 줄어들게 되었다.[58]

② 향(享)ㅡ형(亨). 이것도 쓰는 법이 서로 다른 이체자이다. 이것들은 원래 '제향(祭享)'의 '향(享)' 및 그 파생단어인 '형통(亨通)'의 '형(亨)'을 겸용하여 나타낼 수 있었다. 예컨대, 『역경·대유(大有)』93효(爻)의 "제후가 천자(天子)께 조공을 바치니(公用亨於天子)"와 동한(東漢)의 유웅비(劉熊碑)의 "자손이 그것을 누린다.(子孫亨之)"에서 '형(亨)'자가 나타내는 것은 '향(享)'단어이다. 마왕퇴 백서본(馬王堆帛書本)의 『주역·건괘(乾卦)』의 "원기(元氣)가 크게 형통하는 괘이다. 마음을 곧고 바르게 가져야 이로우니라.(元亨利貞)"[59]와 동한

---

58) 馬敍倫, 『說文解字六書疏證』(上海: 上海書店出版社, 1985), 9쪽 참고.
59) (역주) 노대준 역해, 『주역』(서울: 홍신문화사, 1995), 35쪽.
   (역주) '元亨利貞'은 일반적으로 『易經』에 있는 乾卦의 말에서 나왔다고 여겨진다. 원문은 "乾, 元亨利貞."으로, 실제로 『易經』에서 이 네 글자는 상당히 여러 번 나타난다. 『易傳』에서부터 고대인들은 이 네 글자를 대부분 한 글자에 하나씩 의미를 부여하여, 乾卦의 네 가지 기본적인 성질을 대표한다고 여겼다. 이는 종종 四季, 四德 등으로 파생되어, 학자들마다 의견이 달랐다. 예를 들어, '元'은 '大', '始'라는 의미이며, '善長'과 '봄'으로 의미가 파생되었다. '亨'은 '통하다'는 뜻인데, '嘉會'와 '여름'이라는 의미가 파생되었다. '利'는 '좋다'는 의미인데, '뜻으로 뭉치다', '가을'이라는 의미로 파생되었다. '貞'은 '바르다'라는 뜻인데, '일을 하다'와 '겨울'이라는 의미로 파생되었다. 사람의 일에서 '元亨利貞'은 각각 仁, 禮, 義, 正을 대표하고 있다. 만물창시의 위대한 하늘, 형통하고 순조로운 성장, 평온하고 유익한 전진, 곧고 굳건함이라는 의미를 갖추고 있다. 그러나 근대에 갑골문과 기타 출토문헌의 연구를 통해, 학술

(東漢)의 「장공신비(張公神碑)」의 "원향리정(元亨利貞)"에서 '향(亨)'자가 나타내는 것은 '형(亨)'단어이다. 그러나 이후에 이 두 글자는 명확하게 의미를 분담하여, '향(享)'은 '누리다[享受]'는 뜻의 '향(享)'단어만을 나타내는데 사용되고, '형(亨)'은 '형통하다[享通]'는 뜻의 '형(亨)'단어만을 나타내는데 사용되었으므로, 각자의 기능이 감소하게 되었다.

③ 유(猶)－유(猷). 이것은 편방(偏旁)의 위치가 다른 이체자로, 본사는 원숭이과의 짐승인 '유(猶)'를 나타낸다. 이후에 '계획을 도모하다[謀猷]'의 '유(猷)', '마치 ~와 같다[猶如]'의 '유(猶)', '마치 ~할 수 있다[猶可]'의 '유(猶)'로 차용되었다. 예를 들어, 『시경·소아·소민(小旻)』의 "정치를 해 나가는 품이 그릇되었으니.(謀猶回遹.)"60)와 『이아·석언(釋言)』의 "유(猷)는 '같다[若]'는 뜻이다.(猷, 若也.)", "유(猷)'는 '승낙하다[肯], 동의하다[可]'는 뜻이다.(猷, 肯, 可也.)", 「은작산죽간(銀雀山竹簡)」의 '유(猶)'와 '유(猷)'의 용법에는 어떠한 구별도 없다. 『설문해자』에는 '유(猶)'자만 수록되어, 그것들이 명확하게 동일한 자부(字符)의 이체자라고 설명하고 있다. 이후에 '계획을 도모하다[謀猷]'는 단어를 나타낼 때는 '유(猷)'만을 사용하고, 다른 단어를 나타낼 때는 '유(猶)'를 사용하게 되었으므로, 각각 기능이 부분적으로 감소하였다.

④ 아(雅)－아(鴉). 이것은 의미를 나타내는 구성성분이 다른 이체자로, 본사는 까마귀의 '아(鴉)'이다. 이후에 기능이 확장되어, '우아하다[雅致]'의 '아(雅)'를 나타내었다. 『집운(集韻)·마운(馬韻)』의 "아(雅)는 '올바르다[正]'는 뜻이다. 혹 의미부가 '조(鳥)'인 것도 있다.(雅, 正也. 或從鳥.)"와 『편해유편(篇海類編)·조수류(鳥獸類)·조부(鳥부수)』의 "아(鴉)'는 '우아한 까마귀[嫺鴉]'를 말한다.(鴉, 嫺鴉也.)"를 예로 들 수 있다. 이후에 '아(鴉)'를 사용하여 본사인 '까마귀[烏鴉]'를 나타내고, '아(雅)'를 사용하여 타사(他詞)인 '우아하다[雅致]', '고아하다[高雅]'는 '아(雅)'를 나타내기로 규정하였다. 이렇게 '아(雅)'는 본용인 '까마귀'라는 단어를 나타내는 기능이 줄어들었고, '아(鴉)'는 '우아하다'는 단어를 차용하는 기능이 축소되었다.

⑤ 래(來)－맥(麥). 『설문해자』에서는 "래(來)는 주(周)나라에서 받은 상서로운 보리이다.(來, 周所受瑞麥來麰也.)", "맥(麥)은 '까끄라기가 있는 곡식'이다.(麥,

---

계에서는 '貞'이 바로 '점복'을 의미한다고 여기고 있다. 이 때문에, 이 네 글자는 '元亨, 利貞'이 '大吉, 吉占'의 의미로 재조명되고 있다.

60) (역주) 김학주 역저, 『시경』(서울: 명문당, 2010), 564쪽.

芒穀)"라고 설명하고 있으며, 이효정(李孝定)은 『갑골문자집석(甲骨文字集釋)』에서 "래(來)와 맥(麥)은 하나의 글자였다. 쇠(夊)는 본래 거꾸로 된 발 모양을 그렸지만, 여기에서는 보리의 뿌리를 나타내었다. '래(來)'자는 '가고 오다'는 글자로 차용되었으므로, 번체의 '맥(麥)'을 만들어 보리의 본자로 삼았다."[61]라고 밝혔다.

상술한 용례에서 앞의 두 가지는 겸용이체자가 분담을 한 것이고, 뒤의 세 가지는 차용이체자가 분담을 한 것이다. 유사한 예로, '오(烏)—오(於)', '멱(糸)—요(幺)', '수(讐)—수(售)', '구(句)—구(勾)', '야(邪)—야(耶)', '저(箸)—저(著)—저(着)', '침(沈)—침(沉)' 등이 있다. 이체자의 분담은 각 자부(字符)의 기능을 감소시키고 글자와 단어 관계의 명확하게 하는 효과적인 조치이다. 그러나 이체자의 분담은 반드시 이체자에 이러한 선결조건이 있어야 한다는 제약을 받기 때문에 주된 조치는 아니다.

(2) 모자(母字) 분화

어떤 자부(字符)는 겸용과 차용으로 단어를 나타내는 기능을 확장하였기 때문에, 단어를 더욱 명확하게 드러내기 위해, 원래의 자부(字符)를 모자(母字)로 삼고는, 필획을 바꾸고, 구성성분을 늘리거나 고쳐서 바꾸는 방식을 통해, 새로운 자부(字符)를 분화시켜 원래 자부(字符)의 어떤 항목이나 기능을 분담시킬 수 있다.

① 변이(變異) 분화

즉, 모자(母字)의 필획이나 형태를 고쳐서 바꿔 새로운 문자분호를 분화시키는 것을 말한다. 이는 상술한 이체자 분담과 때로 분명하게 구분하기가 힘들다. 왜냐하면 일부 필획이나 형태의 변이는 제일 처음 다르게 쓰는 것만 존재했었고, 후에 의식적으로 분담을 했기 때문이다. 예

---

61) (역주) 來, 麥當是一字, 夊本象到(倒)止形, 於此但象麥根. 以來叚(假)爲行來字, 故更制繁體之麥以爲來麰之本字.

를 보자.

(a) 진(陳)-진(陣). 선진(先秦)시기에는 '진(陳)'자만 있었고 '진(陣)'자는 없었다. '진(陳)'자는 '늘어놓다[陳列]'는 의미뿐만 아니라, '진을 치다[戰陣]'는 의미도 나타내었다. 후자의 의미는 실제로 전자의 의미의 파생인 것이다. 한자는 예변(隷變) 과정에서, 붓으로 좌우의 양 점을 그릴 때, 하나의 가로획으로 연결해서 쓸 수 있었다. 그래서 『마왕퇴백서(馬王堆帛書)』의 '진(陳)'은 항상 '진(陣)'으로 썼었다.

이후에 사람들은 '진(陳)'과 '진(陣)'의 필획 차이를 이용하여, 일부러 '진(陳)'과 '진(陣)'을 두 개의 자부(字符)로 분화시켰다. '진(陳)'은 '늘어놓다'는 의미를 나타내게 하였고, '진(陣)'은 '진을 치다'는 의미를 나타내게 하였다.[62] '거(車)'는 '진을 치다'와 서로 관련이 있기 때문에, 일반적으로 '진(陣)'자는 '진(陳)'자의 오른쪽 구성성분을 고쳐서 바꾼 것으로 여겨진다.

(b) 소(小)-소(少). '소(少)'는 '소(小)'에서 파생되어 독립적인 단어가 되었다. 고문자의 '소(小)'는 '품(品)'과 같은 자형의 작은 점 세 개로 쓸 수도 있고, 상하좌우로 마주보는 네 개의 작은 점으로 쓸 수도 있다. 이후에 사람들은 네 점의 '소(小)'자 아래의 한 점을 삐침 획으로 바꾸어, '소(少)'자가 파생단어 'shǎo'와 'shào'만을 나타내는 것으로 분화되었다.

(c) 도(荼)-차(茶). '도(荼)'자는 '초(艸)'가 의미부이고, '여(余)'가 소리부로, 본의는 '씀바귀[苦菜]'를 나타낸다. 이후에 '찻잎[茶葉]'을 나타내는 '차(茶)'와 같이 사용되었다. 당대(唐代) 쯤에, 사람들은 '도(荼)'자에서 가로획 하나를 없애고 새로운 글자인 '차(茶)'를 만들어, '찻잎(茶葉)'이라는 단어만을 나타내게 하였다. 이렇게 되자 '도(荼)'는 '씀바귀'의 이름으로만 사용되었다. 물론 습관적인 용법이나 옛것을 모방한 용법도 있었다.

예를 들어, 전대흔(錢大昕)의 『십가재양신록(十駕齋養新錄)』 19권 "어적다산시술(於頔茶山詩述)"조목에는 구경도(瞿鏡濤)가 "원고(袁高), 어적(於頔)이라는 제목의 시에서, '차(茶)'자는 다섯 번 보이는데, 모두 '도(荼)'로 써져 있다. 당(唐)나라 사람들은 육서(六書)에 정통하였기 때문에, 속자(俗字)를 이와 같이 가볍게 여기지 않았다."[63]라고 말한 것을 인용하였다. 실제로, 육서를 가

---

62) 이때 실제로 또 다른 단어가 이미 파생되었고, 독음에도 변화가 생겼다.

63) (역주) 袁高, 於頔兩題名, 茶字凡五見, 皆作荼. 唐人精於六書, 不肯輕作俗

지고 말하자면, '차(茶)'자가 '도(茶)'에서 가로획이 제거된 까닭은 일부러 이 글자의 아래 부분에 있는 '목(木)'을 따르게 하려고 했기 때문일 것이다. 그렇다면 이를 '목(木)'이 의미부, 도(茶)의 생략된 부분이 소리부라고 이해할 수 있다. '차(茶)'자에는 왼쪽에는 '목(木)'이 의미부이고 오른쪽에는 '도(茶)'가 소리부인 이체자가 있는데, 소리부를 줄이지 않은 것은 글자를 구성하는 생각과 일치하는 것이다.

(d) 모(母)-무(毋). '모(母)'자는 갑골문에 '𣫭'라고 그려, 여자의 모습에 유방을 표시하고 있으며, '어머니[母親]'라는 단어를 나타내는 본자이다. 그 당시 언어에서는 부정을 나타내는 부사 'wú'가 있었으나, 본자를 만들지 않았는데, 그 독음이 '모(母)'와 비슷하였으므로 '모(母)'자를 가차해서 나타내었다.

예를 들어, 「진후오돈(陳侯午敦)」64)의 "영엽모망(永葉母忘)"에서, '모망(母忘)'은 바로 '무망(毋忘)'을 의미한다. 이후(전국시기)에 이를 구분하기 위해, 유방을 표시하는 두 점을 가로획으로 연결하여, '무(毋)'가 분화되었으며, 부정사로만 사용되었다. '모(母)'자는 습관적으로 계속해서 '무(毋)'단어를 나타낼 때도 있었지만, 진한(秦漢) 이후에는 기본적으로 더 이상 부정사를 나타내지 않게 되었다.

(e) 기(氣)-걸(乞). '기(氣)'는 본래 '엷게 흐르는 구름', '기류'를 나타낸 상형자이다. 문헌에서 자주 '빌다[乞與]', '구걸하다[乞求]'의 '걸(乞)'로 차용되었다. 예를 들어 『광운(廣韻)·미운(未韻)』에서 "기(氣)는 사람에게 주는 물건을 말한다. 지금은 '걸(乞)'로 쓴다(氣, 與人物也. 今作乞)."라고 했다. '걸(乞)'자는 '기(氣)'자에서 가로획 하나가 줄어들어서 분화되어 나온 것이다. '걸(乞)'이 분화되면서, 모자(母字)인 '기(氣)'의 기능은 축소되었다.

이와 유사한 예는 매우 많다. 예를 들어, '전(電)'과 '신(申)', '사(巳)'와 '기(己)', '족(足)'과 '소(疋)', '도(刀)'와 '도(刁)', '세(洗)'와 '승(洗)', '여(余)'와 '여(佘)', '판(辨)'과 '판(辦)' 등에서, 앞에 있는 글자는 변이방법을 사용해서 뒤에 있는 글자를 분화시키고 나서 기능이 감소한 것들이다.

字如此.
64) (역주) 전국시대 제나라의 기물

② 의미부나 소리부를 더한 분화

즉, 모자(母字)의 토대위에서 의미나 독음을 나타내는 구성성분을 더하는 것으로, 일반적으로 의미부나 소리부를 말한다. 따라서 분화자를 만들어 모자(母字)의 어느 항목이나 기능을 담당하게 된다. 이렇게 되면서, 모자(母字)의 기능은 자연스럽게 감소하게 되었다. 예를 보자.

벽(辟)-피(避), 피(僻), 폐(嬖), 벽(躄), 벽(壁), 벽(璧), 비(臂), 벽(闢), 벽(繴), 비(譬), 벽(擗), 벽(擘), 벽(甓).

'벽(辟)'자는 갑골문과 금문에서 'ㅁ'(이후에 '尸'로 변했다)와 '신(辛)'이 의미부이고, 'ㅇ'(璧의 상형자)가 소리부로, 본의는 '형법(刑法)'을 나타낸다. '대벽(大辟)'은 최고의 형벌이고, 군왕은 국가의 형법을 대표하므로, 군왕도 '벽(辟)'이라고 부를 수 있다. 고대의 문헌에, '벽(辟)'자의 용법은 매우 광범위하여, 본용 외에도, 겸용이나 차용으로 '피(避)' 등 10여개의 어구를 나타내었다. 위에 열거한 '피(避)' 등 10여개의 자부(字符)는 '벽(辟)'의 토대위에서 연속해서 의미부를 더해 분화되어 나온 것이다. 아래의 용례를 살펴보자.

(a) 『좌전·선공2년(宣公二年)』에 "진(晉)나라 영공(靈公)은 대(臺) 위에서 사람들에게 탄환을 쏘아, 사람들이 탄환을 피하는 것을 관찰하였다.(晉靈公從臺上彈人, 而觀其辟丸也.)"라는 구절이 있다. '벽(辟)'에 '도피하다[逃避]'는 의미가 파생되고, 이후에 '착(辵)'방을 더해 '피(避)'자로 분화되었다.

(b) 『좌전·소공6년(昭公六年)』에 "숙향(叔向)이 "초(楚)나라는 그릇되었고, 우리는 바른데, 어찌 그릇된 것을 좇으려 하십니까?"라고 했다.(叔向曰: 楚辟, 我衷, 若何效辟?)"라는 구절이 있는데, 두예(杜預)는 "벽(辟)'은 '그릇되다[邪]'는 뜻이고, '충(衷)'은 '바르다[正]'는 뜻이다.(辟, 邪也; 衷, 正也.)"라고 주석했다. '비도덕적이다[邪僻]'는 의미는 대체로 '도피하다[逃避]'는 뜻에서 파생되어 나왔으며, 이후에 '인(人)'방을 더해 '벽(僻)'자로 분화되었다.

(c) 『순자·유효(儒效)』에 "상대방 측근자들을 섬기기도 하며, 상대방의 상객들과 교제하고, 편안히 평생의 포로가 된 것처럼 지내면서 감히 딴 뜻은 품어

보지도 못한다.(事其便辟, 舉其上客, 佁然若終身之虜而不敢有他志.)"65)라는 구절이 있는데, 양경(楊倞)은 "편벽(便辟)은 좌우 신하들에서 친하고 믿음이 있는 자를 말한다.(便辟謂左右小臣親信者也.)"라고 주석했다. 이 의미는 이후에 '여(女)'방이 더해져 '폐(嬖)'자로 분화되었다. '폐(嬖)'자는 대개 '벽(辟)'에서 파생되어 나온 단어이다.

(d) 『순자·정론(正論)』에 "절름발이 말과 부서진 수레로는 먼 곳까지 달려 갈 수가 없다.(不能以辟馬毀輿致遠.)"66)라는 구절이 있는데, 양경(楊倞)은 "벽(辟)은 '벽(躄)'과 같다.(辟與躄同.)"라고 주석했다. '벽(躄)'은 '절름발이[跛腳]'라는 뜻으로, 원래 '벽(辟)'자를 차용하였다가, 이후에 '족(足)'방을 더해 '벽(躄)'자로 분화되었다.

(e) 『일주서(逸周書)·시훈(時訓)』의 "소서(小暑) 이 날에, 온풍이 불었다. 또 5일이 지나서, 귀뚜라미가 벽에 앉았다.(小暑之日, 溫風至, 又五日, 蟋蟀居辟.)"에서 '벽(辟)'은 '벽[牆壁]'을 의미하는데, '벽(壁)'은 '벽(辟)'에서 '토(土)'방이 더해져 분화되었다.

(f) 『시경·대아·영대(靈臺)』에 "아아! 절주 따라 종을 치니, 아아! 천자님 공부하는 곳 즐겁네.(於論鼓鍾, 於樂辟廱.)"67)라는 구절이 있는데, 주준성(朱駿聲)은 『설문통훈정성(說文通訓定聲)』에서 "벽(辟)은 '벽(璧)'으로 가차되었다.(辟, 假借爲璧.)"라고 설명했다. 이후에 '옥(玉)'방이 더해져 '벽(璧)'자로 분화되었다.

(g) 『묵자·비성문(備城門)』에 "성 위에 2보(步)마다 한 개의 거(渠)를 둔다. 거(渠)는 기둥 1장 2척 되는 것을 세우고, 머리의 길이는 10척이며, 가로나무의 길이는 6척이다.(城上二步一渠, 渠立程, 丈三尺 冠長十丈, 辟長六尺.)"68)라는 구절이 있는데, 손이양(孫詒讓)은 『묵자한고(墨子閒詁)』에서 "벽(辟)은 「비혈편(備穴篇)」에서 '비(臂)'라고 써져 있다. ……가로로 나온 나무를 말한다.(辟, 「備穴篇」正作臂, ……其橫出之木也.)"라고 했다. 이것은 '팔뚝[手臂]'이라는 의미의 파생용법이다. '팔뚝[手臂]'의 '비(臂)'는 원래 '벽(辟)'자를 차용하였다가, 이후에 '육(肉)'방을 더해 '비(臂)'로 분화되었다.

(h) 『순자·의병(議兵)』의 "그러므로 문을 열고 길을 치워놓고 우리가 들어가는

---

65) (역주) 김학주 옮김, 『순자』(서울: 을유문화사, 2001), 201쪽.
66) (역주) 김학주 옮김, 『순자』(서울: 을유문화사, 2001), 519쪽.
67) (역주) 김학주 역저, 『시경』(서울: 명문당, 2010), 727쪽.
68) (역주) 김학주 역저, 『묵자(하)』(서울: 명문당, 2003), 751쪽.

것을 마중한다.(故辟門除塗以迎吾入.)"69)에서 '벽문(辟門)'은 바로 '문을 열다'
는 뜻이다. 이 의미는 이후에 '문(門)'방을 더해 '벽(闢)'자로 분화되었으며, 현
대 간화자(簡化字)에서는 다시 '벽(辟)'자를 차용하는 것으로 되돌아갔다.

(i) 『묵자·비유하(非儒下)』에 "도적이 생겨나, 마치 쇠뇌의 시위가 튕겨지려는
것과 같다.(盜賊將作, 若機辟將發也.)"70)라는 구절이 있다. 손이양(孫詒讓)은
『묵자한고(墨子閒詁)』에서 "기벽(機辟)은 덮개를 덮어 새와 짐승을 잡는 물
건이다.(機辟蓋掩取鳥獸之物.)"라고 설명했다. 즉 '금수를 잡는 그물'이라는
뜻이다. 이는 또 사람을 모함하는 계략으로 비유되기도 한다. 『초사·구장·석
송(惜誦)』에 "새그물과 도구를 마련하여 임을 기쁘게 하려니, 몸을 피하고
싶어도 갈 곳이 없도다.(設張辟以娛君兮, 願側身而無所.)"71)라는 구절이 있
는데, 왕염손(王念孫)은 『독서잡지(讀書雜志)』에서 "벽(辟)은 '機辟(기벽)'의
'辟(벽)'으로 읽는다.(辟, 讀機辟之辟.)"라고 설명했다. 이 어휘는 이후에 본자
인 '벽(繴)'으로 분화되었으며, '벽(辟)'자의 아랫부분에 의미부인 '멱(糸)'을 더
했다.

(j) 『묵자·소취(小取)』의 "비유[辟]라는 것은 다른 물건을 들어 가지고서 어떤
일을 밝히는 것이다.(辟也者, 舉他物而以明之也.)"72)에서 '벽(辟)'이 나타내는
의미는 차용에 속한다. 이후에 '언(言)'방을 더해 '비(譬)'로 분화되었다.

(k) 『시경·패풍·백주(柏舟)』에 "가만히 생각해보니, 가슴만 두드리게 되네.(靜言
思之, 寤辟有摽.)"73)라는 구절이 있는데, 모형(毛亨)은 "벽(辟)은 '가슴을 두드
리다[拊心]'는 뜻이다.(辟, 拊心也.)"라고 주석했다. 육덕명(陸德明)은 『경전석
문(經典釋文)』에서 "벽(辟)자는 마땅히 '벽(擗)'이다.(辟字宜作擗.)"라고 설명
했다. '벽(擗)'은 '벽(辟)'에서 의미부가 더해져 분화된 글자이다.

(l) 『예기·상대기(喪大紀)』에 "묶는 끈은 1폭으로 하되 끝을 갈라서 세 가닥으
로 만들지만, 가운데는 자르지 않는다.(絞一幅爲三. 不辟.)"74)라는 구절이 있
다. 공영달(孔穎達)은 "辟(벽)자는 '나눈다[擘]'는 뜻이다. 소렴(小斂) 때 사용
하는 교(絞)는 전체 폭을 사용하여 끝부분만 갈라서 세 가닥으로 만든다. 그

---

69) (역주) 김학주 옮김, 『순자』(서울: 을유문화사, 2001), 447쪽 참조.
70) (역주) 김학주 역저, 『묵자(상)』(서울: 명문당, 2003), 439쪽 참고.
71) (역주) 유성준 역해, 『초사』(서울: 혜원출판사, 1992), 94쪽.
72) (역주) 김학주 역저, 『묵자(하)』(서울: 명문당, 2003), 615쪽.
73) (역주) 김학주 역저, 『시경』(서울: 명문당, 2010), 143쪽.
74) (역주) 정병섭 역, 『예기』(서울: 학고방, 2015), 314쪽.

러나 대렴(大斂) 때 사용하는 교(絞)는 그 자체가 작기 때문에, 끝 부분만 가를 수 없다는 뜻이다. 다만 고자(古字)에서는 가차해서 사용했으니, '벽(辟)'자는 '벽(擘)'자로 풀이한다."[75]라고 주석했다. '벽(擘)'은 먼저 '벽(辟)'을 차용하였다가, 이후에 '수(手)'방을 더해 '벽(擘)'으로 분화되었을 것이다.

    ⒨『한서·윤상전(尹賞傳)』에 "수(修)가 장안(長安)의 사안을 처리하고 있었다. 하나하나 땅을 파서 겨우 깊이가 몇 장이 되었을 때, 벽돌을 보내 성곽을 만들었다.(修治長安獄, 穿地方深各數丈, 致令辟爲郭.)"이라는 구절이 있는데, 안사고(顏師古)는 "영벽(令辟)은 벽돌이다(令辟, 墼甓也.)"라고 주석했으며, 손이양(孫詒讓)은 "완원(阮元)은 '옛날에 '벽(甓)'자는 '벽(辟)'으로 많이 썼는데, 지금의 금석문에 여전히 남아있다.'라고 했다.(阮元云: 古甓字多作辟, 今金石猶有存者.)"라고 정의했다. 이 의미에서 '벽(辟)'은 차자(借字)이며, '벽(甓)'은 의미부가 더해져 분화된 것이다.

    '벽(辟)'자에는 다른 용법들이 더 있으나 일일이 열거하지 않겠다. 상술한 바를 통해, 글자와 단어의 관계를 분명하게 하는 분화자(分化字)의 중요성을 알 수 있다. '벽(辟)'의 분화자들은 '벽(辟)'단어의 파생단어(원래 '辟'자를 겸용한다)와 동음어(원래 '辟'자를 차용한다)를 나타내는데 사용된다. 유사한 예들은 일일이 열거할 수 없을 정도로 많다. 예를 들어, 경(景)과 영(影), 취(取)와 취(娶), 혼(昏)과 혼(婚), 반(反)과 반(返), 사(舍)와 사(捨), 채(采)와 채(彩)·채(菜)·채(睬), 모(牟)와 모(眸)·모(麰)·모(侔)·모(恈) 등이 있다.

    의미부와 소리부를 더한 분화자들도 모자(母字)의 본사만을 나타낼 수 있으며, 모자(母字)를 사용하여 동음타사(同音他詞)나 파생단어만을 나타낼 수 있다. 예를 들어, '기(其)'의 본의는 '삼태기[簸箕]'이지만, 그와 동시에 대명사와 부사 등으로도 차용되어 그 사용빈도까지 매우 높다. 그래서 '죽(竹)'방을 더해 '키(箕)'로 분화되어 모자(母字)의 본의만을 담당하게 되었으며, 모자(母字)인 '기(其)'는 대명사, 부사 등의 차사(借詞)만을 나타내게 되었다. '막(莫)'의 본의는 '황혼(黃昏)'이지만, 그와 동시에 대명

---

75) (역주) 辟, 擘也. 言小斂絞全幅析裂其末爲三. 而大斂之絞既小, 不複擘裂其末, 但古字假借, 讀辟爲擘也.

사, 부정사 등으로도 차용되었다. 역할의 부담을 줄이기 위해, '일(日)'방을 더해 '모(暮)'자를 분화시켜 모자(母字)의 본사만을 나타내게 하였고, 모자(母字)인 '막(莫)'은 대명사, 부정사만을 나타내는데 사용되었다. '봉(奉)'의 본의는 '받들다[捧]'인데, 여기에서 '섬기다[侍奉]', '아첨하다[奉承]', '삼가 바치다[奉獻]' 등의 의미가 파생되었다. 나타내는 의미를 명확하게 하기 위해, '수(手)'방을 더해 '봉(捧)'자가 분화되어 '봉(奉)'자의 원래의 본의만을 나타내게 하였으므로, '봉(奉)'은 일반적으로 더 이상 '봉(捧)'단어를 나타내지 않게 되었다.

이처럼, 이와 유사한 예도 여전히 매우 많다. 예를 들어, 연(然)과 연(燃), 타(它)와 사(蛇), 비(匪)와 비(篚), 광(匡)과 광(筐), 채(采)와 채(採), 위(韋)와 위(違), 북(北)과 배(背), 자(自)와 비(鼻), 지(止)와 지(趾), 주(州)와 주(洲), 책(責)과 채(債), 익(益)과 일(溢), 폭(暴)과 폭(曝), 금(禽)과 금(擒) 등이 있다.

이상 열거한 것은 모두 의미부를 더한 분화의 예들로서, 분화자(分化字)를 형성하는 주류이다. 소리부를 더한 분화자도 존재하지만 많이 보이지는 않는다. 예를 들어, 『예기·애공문(哀公問)』의 "백성들의 뜻을 어겨서 도를 갖춘 자를 공격하고(午其眾以伐有道)"76)에서 '오(午)'자는 '오(悟)'를 차용하여, '거스르다[牾逆]'의 의미를 나타냈다. '오(悟)'자는 실제로 모자(母字)인 '오(午)'의 토대위에서 음을 나타내는 구성성분인 '오(吾)'가 더해져 생성된 분화자이다. 이 글자에서, '오(午)', '오(吾)'는 모두 독음을 나타낸다. 이후에 '오(悟)'는 '오(牾)'로 잘 못 변해, 일반적으로 '우(牛)'가 의미부이고 '오(吾)'가 소리부인 형성자가 되었다.

또 『맹자·허행(許行)』의 "남에게 다스림을 받는 자는 남을 먹여 살려야 하고, 남을 다스리는 자는 남으로부터 얻어먹는다.(治於人者食人, 治人者食於人.)"77)에서 두 개의 '식(食)'은 '부양하다[供養, 喂養]'의 의미를 나타낸다. 이후에 소리부인 '사(司)'를 더해 '사(飼)'자로 분화되어, 이 의미만을 나타내게 되었다. '사(飼)'의 대상은 사람일 수도 있고, 동물일 수도 있었으나, 근대 이후에는 보통 동물에만 사용하였다.

---

76) (역주) 정병섭 역, 『예기』(서울: 학고방, 2016), 116쪽.
77) (역주) 임동석, 『맹자2』(서울: 동서문화사, 2009), 462쪽.

③ 의미부나 소리부를 바꾼 분화

모자(母字)의 의미부나 소리부를 바꿔서 새로운 자부(字符)를 분화시키는 것을 말한다. 새로운 자부(字符)를 사용하여 모자(母字)의 어느 항목이나 기능을 분담하므로, 모자(母字)의 기능이 감소하게 된다. 보통 의미부를 바꾸지, 소리부를 바꾸는 예는 적은 편이다. 예를 보자.

(a) 설(說)─열(悅), 탈(脫). '설(說)'자는 선진(先秦)시기에 '해설하다[解說]', '진술하다[述說]', '논설하다[論說]' 등의 본용 외에, '기쁘다[喜悅]', '벗어나다[解脫]' 등의 어의를 나타내는데 사용되었다.

전자의 예로는 『논어·학이(學而)』의 "배우고 때때로 익히면 또한 기쁘지 아니한가?(學而時習之, 不亦說乎.)"가 있고, 후자의 예로는 『좌전·희공15년(僖公十五年)』의 "수레바퀴살이 떨어져 나가고, 불이 깃발을 태우니 전쟁이 일어나면 불리하다.(車說其輹, 火焚其旗, 不利行師.)"가 있다. 이후에 '설(說)'자의 기사기능(記詞職能)을 축소시키기 위해, 원래의 '언(言)'방을 '심(心)'방으로 바꿔 '열(悅)'자가 분화되었고, '기쁘다[喜悅]'라는 의미를 나타내는데 사용되었다. 또 '언(言)'방을 '육(肉)'방으로 바꿔 '탈(脫)'자가 분화되었고, '벗어나다[解脫]'는 의미를 담당하게 되었다.

(b) 부(赴)─부(訃). '부(赴)'의 본의는 '빨리 걷다[趨]'인데, '서둘러 가서 상을 알리다'라는 의미로 파생되었다.

예를 들어, 『좌전·문공14년(文公十四年)』에 "천자와 귀족의 죽음에 부고하지 않으면 기록하지 않는다.(凡崩, 薨, 不赴則不書.)"라는 구절이 있다. 이후에 이 의미는 '부(訃)'자로만 나타낸다. '부(訃)'는 '언(言)'방을 사용하여 '부(赴)'자의 '주(走)'방을 바꿔서 분화된 것이다.

(c) 료(潦)─로(澇). '료(潦)'의 본의는 '지면에 물이 고일 정도로 비가 많이 내리는 것'을 말하며, '물에 잠기는 재해'라는 의미로 파생되었다.

예를 들어, 『장자·추수(秋水)』에 "우 임금 때, 십 년 동안 아홉 번이나 큰 비가 있었다.(禹之時十年九潦.)"라는 구절이 있다. 이후에 이 의미는 '로(澇)'자가 담당하게 되는데, '로(澇)'자는 '료(潦)'의 소리부를 바꿔 분화된 것이다.

유사한 예로는 고(沽)와 고(酤), 적(適)과 적(嫡), 석(錫)과 사(賜), 해
(鮭)와 해(諧), 담(澹)과 섬(贍), 진(振)과 진(賑), 반(畔)과 반(叛), 장(張)과
창(脹)·장(帳), 장(障)과 장(嶂)·장(幛)·장(瘴) 등이 있다. 여기에서 뒤에 있는
글자들은 모두 앞에 있는 모자(母字)를 토대로, 모자(母字)의 어떤 구성
성분을 바꿔서 분화된 것들이다.

(3) 새로운 글자를 만듬

어느 자부(字符)의 기능이 많아졌다면, 상술한 이체자 분담과 모자
분화의 방법으로 축소시키는 것 말고도, 그 중의 어느 의미항목(실제로
는 어휘항목이다)을 대체하여 원래의 자형과 조금도 연계가 없거나 직접
적인 관련이 없는 새로운 글자를 만들 수 있다. 그러나 이러한 새로운
글자는 많지 않다. 예를 보자.

> ① 역(亦)-액(腋). 예를 들어, 『설문해자』에 "역(亦)은 '사람의 겨드랑이'를 말한
> 다. 사람의 정면 모습에 두 겨드랑이를 형상한 모습을 본떴다.(亦, 人之臂亦
> 也. 從大, 象兩亦之形.)"라는 구절이 있다. 고홍진(高鴻縉)은 『중국자례(中國
> 字例)』에서 "역(亦)은 고대에 '겨드랑이[腋]'를 뜻하는 단어였다. 사람의 정면
> 모습에 두 점으로 그 부위를 명시하여, 딱 그 부분임을 나타내었다. 그러므
> 로 지사자(指事字)이며, 명사이다. 이후에는 '또'라는 의미의 부사로 가차되
> 었다. 오랫동안 가차된 의미로만 사용되었기에, '액(腋)'자를 새로 만들었다
> ."[78]라고 설명했다. '겨드랑이'만을 나타내는 새로 만든 글자인 '액(腋)'은 '육
> (肉)'이 의미부이고, '야(夜)'가 소리부로, '역(亦)'과는 직접적인 관련이 없지
> 만, '역(亦)'자의 본용의 기능을 확실히 분담하였다.
> ② 비(備)-복(箙). '비(備)'의 갑골문과 금문의 형체는 '화살이 담긴 기구의 모습'
> 을 그렸다. 따라서 '복(箙)'이 원래 본사가 되어야 한다. 그러나 '복(箙)'은 뒤
> 에 생겨난 글자로, '비(備)'의 형체와 관련이 없으면서 '비(備)'의 명사의 기능
> 을 담당하고 있다. '복(箙)'자가 생성되고 나서, '비(備)'는 '~할 준비하다[預

---

78) (역주) (亦)即古腋字. 從大(大即人), 而以八指明其部位, 正指其處, 故爲指
　　事字, 名詞. 後世叚借爲副詞, 有重複之意. 久而爲借意所專, 乃另造腋字.

備]', '군사 장비[武備]', '대비하다[防備]', '갖추다[齊備]' 등과 관련된 의미항목 만을 나타내게 되었다.

③ 소(蘇)-소(甦). '소(蘇)'의 본의는 식물의 이름으로, 문헌에서는 '소생하다[復蘇]', '의식을 회복하다[蘇醒]'의 'sū'로 자주 차용되었다. 이 의미는 원래 본자가 없으며, 대개 남북조(南北朝) 시기가 되어서야 '소(蘇)'의 형체와 관련이 없는 '소(甦)'가 만들어져 '소생하다', '의식을 회복하다'라는 의미만을 나타내는 글자로 사용하게 되었다. 이렇게 되자, '소(蘇)'는 더 이상 차용되지 않았다. 그러나 실제로 '소(甦)'자는 결코 통용이 되지 않아, 현행한자에는 그것의 기능을 '소(苏)'('蘇의 간화자)자에 편입시켰다.

④ 선(鮮)-선(尠), 선(尟). '선(鮮)'의 본의는 '신선하다[新鮮]'(허신은 물고기의 일종이라고 여겼다.)이며, 문헌에서는 '드물다[鮮少]'의 'xiǎn'으로 자주 차용되었다. 예를 들어, 『시경·정풍·양지수(揚之水)』에 "형제는 많지 않고(終鮮兄弟)"[79]라는 구절이 있다. 이 의미는 이후에 '선(尠)'과 '선(尟)'을 만들어 나타내었다. 이 두 글자의 형체는 '선(鮮)'과 관련이 전혀 없다. 그러나 이 두 글자도 덜 분화되어 현행한자에서는 그것들을 폐기하였으며, '선(鮮)'이 여전히 '드물다'는 의미를 나타내고 있다.

3. 기능전이

위에서 설명한 기능의 확장과 축소는 어느 한 자부(字符)에 대해서만 말한 것이다.[80] 때로 단일한 자부(字符)의 기능이 변하는 것은 두 개 이상의 현재 있는 자부(字符)와 관련이 있을 수 있다. 이때 하나의 자부(字符)에만 중점을 둔다면, 그것은 여전히 기능의 확장과 축소이다. 그런데 두 개 이상의 자부(字符) 사이의 관계에 중점을 둔다면, 그것은 일방향의 확장과 축소의 문제가 아니게 된다. 종종 확장도 있고 축소도 있으며, 어느 항목의 기능이 갑(甲)자에서 을(乙)자로 옮겨가기도 하고, 을

---

79) (역주) 김학주 역저, 『시경』(서울: 명문당, 2010), 291쪽.
80) 異體字는 자형이 다르지만 동일한 字符에 속한다. 分化字는 母字의 기능을 분담하기 위해서 새로 생성된 것으로, 원래 존재하지 않았기 때문에 기능변화라는 문제에 속하지 않는다.

(乙)자의 어느 항목의 기능이 또 갑(甲)자나 병(丙)자에게로 옮겨갈 수도 있다. 필자는 이렇게 여러 글자 사이의 기능이 대체되는 현상을 '기능의 전이'라고 부른다. 기능의 전이에는 주로 아래의 두 가지 방식이 존재한다.

(1) 상호 전이 방식

갑(甲)자의 기능이 을(乙)자에게로 넘어가고, 을(乙)자의 기능이 갑(甲)자에게로 넘어가서, 갑(甲)과 을(乙) 두 글자의 용법이 뒤바뀐 것을 말한다. 예를 보자.

① 작(醋)－작(酢). 『설문해자』에 "작(醋)은 손님이 주인에게 술을 따라 주는 것이다.(醋, 客酌主人也.)"라는 구절이 있다. '재(在)'와 '각(各)'의 반절로, 단옥재(段玉裁)는 "모든 경전에 작(酢)은 작(醋)으로 되어 있다. 오직 예경(禮經)에서만 여전히 옛 것을 따랐다. 후대 사람들이 '작(醋)'과 '작(酢)'을 서로 바꾸는 것은 '종(種)'과 '종(種)'을 서로 바꾸는 것과 같다.(按諸經皆以酢爲醋, 惟禮經尙仍其舊. 後人醋酢互易, 猶種種互易.)"라고 주석했다. 『시경·호엽(瓠葉)』에서는 "작(酢)은 '보답하다[報]'는 뜻이다.(酢, 報也.)"라고 하였고, 『동궁(彤弓)』에서는 "주인이 손님에게 바치면, 손님이 주인에게 술을 따라주며, 주인은 또 마시고 나서 손님에게 술을 따라 주는데 그것을 '수(酬)'라고 부른다.(主人獻賓, 賓酢主人, 主人又飮而酌賓謂之酬.)"라고 하였으니, '작(酢)'을 사용하여 '작(醋)'를 나타내었다. 『설문해자』에 "초(酢)는 '초(醶)'라는 뜻이다.(酢, 醶也.)"라는 구절이 있다. '창(倉)'과 '고(故)'의 반절로, 단옥재는 "초(酢)는 본래 '식초'의 이름이었다. 파생되어, 맛이 시큼한 것을 모두 '초(酢)'라고 불렀다. ……지금은 '초(醋)'자를 사용하여 '수(酬)', '초(酢)'자를 나타낸다.(酢本截漿之名, 引申之, 凡味酸者皆謂之酢. ……今俗皆用醋, 以此爲酬酢字.)"라고 주석했다.[81]

---

81) 吳吉煌은 문헌에서의 用字를 실제로 고찰하면서, '醋'와 '酢'를 사용한 역사는 간단한 기능의 교환이 아니라고 여겼다. '酢'에는 先秦시기부터 明淸시기까지 줄곧 '보답하다'는 의미를 나타내는 용법이 있었다. '醋'가 漢나라 때 생성되면서, 본래 '酢'의 '보답하다'는 의미를 나타내는 기능으로 분화하

② 종(穜)-종(種). 『설문해자』에 "종(穜)은 '심다[埶]'는 뜻이다.(穜, 埶也)"라는 구절이 있다. 단옥재는 "극(丮)부수에서 '예(埶)'는 '심다[穜]'는 뜻이다. 소전체에는 '예(埶)'를 '종(穜)'로 썼으며, 독음은 '지(之)'와 '용(用)'의 반절이다. '종(種)'은 먼저 심지만 뒤에 익는다[先穜後埶]는 뜻이며, 독음은 '직(直)'과 '용(容)'의 반절이다. 예서에서는 서로 바꿔 사용하였다. 상세한 것은 장(張)씨의 『오경문자(五經文字)』를 살펴보길 바란다.

'종(種)'이라는 것은 곡식을 흙에 심는 것을 말하는데, 이 때문에 파종할 수 있는 곡식을 '종(種)'이라 부른다. 무릇, 심을 수 있는 것을 모두 '종(種)'이라 부르는데, 독음을 지(之)와 농(隴)의 반절로 구분하여 읽었다. 『생민(生民)』에 '거기에 곡식 심어 무성케 하였네.(種之黃茂)'[82], '쭉쭉 길게 자랐으며(實種實褎)'[83]라는 말이 있는데, 전(箋)의 풀이에서 '종(種)'은 '자라나 섞이지 않는다'는 말이라고 했다."[84]라고 주석했다. 『설문해자』에 종(種)은 '먼저 심고 뒤에 익는 것'을 말한다.(種, 先穜後埶也.)"라는 구절이 있다. 단옥재는 다음과 같이 주석했다. "이는 곡식에도 이와 같이 있다는 것을 말한다.(此謂凡穀有如此者.) 『빈풍(邠風)』에는 '이후에 익는 것을 중(重)이라 부른다'라고 하였고, 『주례·내재(內宰)』에는 '정사농(鄭司農)이 먼저 심고 이후에 익는 것을 일러 종(種)이라 부른다. 모시(毛詩)에는 중(重)이라 써져 있는데, 가차자이다.'라고 말했으며, 『주례』에는 '종(種)'이라 썼는데, 옮기면서 지금의 글자로 바꾼 것이다."[85]

이를 통해, '종(穜)'은 본래 '식물을 심다[種植]'는 의미이고, '종(種)'은 '곡식의

려고 했으나 성공하지 못하게 되자, '식초'를 나타내는 것으로 바뀌었다. 그런데 '酢'의 '식초'라는 의미도 사라지지 않았다. 현대에 이르러서야, '酢' ('보답하다'는 의미만 나타낸다), 醋'('식초'라는 의미만 나타낸다)의 기능분담이 명확해졌다. 「"醋", "酢"關系補論」, 『民俗典籍文字研究』 第4輯(北京: 商務印書館, 2007).

82) (역주) 김학주 역저, 『시경』(서울: 명문당, 2010), 737쪽.

83) (역주) 김학주 역저, 『시경』(서울: 명문당, 2010), 737쪽.

84) (역주) 段注: "丮部曰: 埶, 穜也. 小篆埶爲穜, 之用切. 穜爲先穜後埶, 直容切. 而隸書互易之. 詳張氏『五經文字』. 種者, 以穀播於土, 因之名穀可種者曰種. 凡物可種皆曰種, 別其音之隴切. 『生民』曰: '種之黃茂.' 又曰: '實種實褎.'箋云: '種, 生不雜也.'"

85) (역주) 段注: "此謂凡穀有如此者. 『邠風』傳曰: 後埶曰重. 『周禮·內宰』注: 鄭司農云: 先種後埶謂之種. 按毛詩作重, 假借字也. 『周禮』作種, 轉寫以今字易之也."

종류'라는 뜻을 나타내었는데, 한(漢)나라에 이르자 '종(種)'이 '식물을 심다는 뜻으로 사용되고, '종(種)'이 '곡식의 종류'가 되면서, 이 둘의 기능이 서로 바뀌었다는 것을 알 수 있다.

③ 월(月)-석(夕). 진위담(陳煒湛)과 당옥명(唐鈺銘)은 『고문자강요(古文字綱要)』에서 이렇게 말했다. "월(月)과 석(夕)은 서로 그 의미가 교차되어 반대로 변하였다. 즉 월(月)은 석(夕)에서 점점 월(月)로 바뀐 것이고, 석(夕)은 월(月)에서 점점 석(夕)으로 바뀐 것이다. 무정(武丁)에서 조경(祖庚) 조갑(祖甲) 시기까지, 월(月)이 석(夕)이고, 석(夕)이 월(月)인 것이 통례였으며, 월(月)이 월(月)이거나 석(夕)이 석(夕)인 것은 예외적인 상황이었다. 늠신(廩辛)에서 문정(文丁) 시기까지, 월(月)과 석(夕)은 석(夕)이나 월(月)이 될 수 있었으니 양자가 구분 없이 사용되었으므로, 혼용시기였다. 제을(帝乙) 제신(帝辛)시기에 이르러, 무정(武丁)시기의 통례가 예외 상황이 되어 버렸고, 원래의 예외 상황이 통례가 되었다.

『금문편(金文編)』 7권에서는 월(月)자가 수록된 100여개의 글에서, 석(夕)의 의미로 쓰인 것은 겨우 3개만 보인다. 그리고 석(夕)자를 수록한 10여개의 글에서 월(月)의 의미로 쓰인 것은 2개만 보인다. 이것이 바로 갑골문이 변천한 결과인 것이다. 소전(小篆)에 이르자, 월(月)은 월(月)이 되고, 석(夕)은 석(夕)이 되었다. 양자의 구분이 분명해졌으며, 그들의 근원적인 관계는 바로 묻히게 되었다."[86][87]

이를 통해, '월(月)'자는 원래 '석(夕)'단어를 나타내고, '석(夕)'자는 원래 '월(月)'단어를 나타내었는데, 용자(用字)가 변화하면서 마지막에 '월(月)'과 '석(夕)'의 기능이 완전히 뒤바뀌게 된 것을 알 수 있다.

④ 동(童)-동(僮). 『설문해자』에 "동(童), 남자에게 죄가 있는 것을 '노(奴)'라고 불렀으며, '노(奴)'를 '동(童)'이라 불렀다. 여자는 '첩(妾)'이라 불렀다. '신(辛)'이 의미부이고, '중(重)'의 생략된 형태가 소리부이다.(童, 男有罪曰奴, 奴曰

---

86) (역주) 月和夕呈現著交叉逆向轉化, 亦即: 月由夕漸變爲月, 而夕由月漸變爲夕. 武丁至祖庚祖甲, 月作夕, 夕作月是通例, 月作月或夕作夕是例外. 廩辛至文丁, 月, 夕均可作夕或月, 二者通用無別, 是混用時期. 到了帝乙帝辛時期, 武丁時期的通例就成了例外, 而原來的例外卻成了通例. 『金文編』卷七收月字百餘文, 作夕者僅三見; 收夕者十餘文, 作月者僅二見, 這正是甲骨文演變的結果. 至小篆, 月作月, 夕作夕, 二者涇渭分明, 其淵源關係便湮沒了.
87) 陳煒湛, 唐鈺明, 『古文字綱要』(廣州: 中山大學出版社, 1988), 35쪽.

童, 女曰妾. 從䇂, 重省聲.)"와 "동(僮)은 '아직 성년이 되지 않은 것'을 말한
다. '인(人)'이 의미부이고 '동(童)'이 소리부이다.(僮, 未冠也. 從人童聲.)"라는
구절이 있다.

이를 통해, '동(童)'의 본의는 '노예'이며, '동(僮)'의 본의가 '아이'라는 것을 알
수 있다. 그러나 문헌에서 '동(童)'과 '동(僮)'의 기능에 혼란이 오기 시작하면
서, 두 글자는 모두 본의로도 사용되고, 상대 글자의 기능도 담당할 수 있게
되었다. 이후에 점차 새롭게 분담을 하게 되면서 '동(童)'과 '동(僮)'의 본래의
용법이 완전 바뀌게 되었으므로, 『간록자서(干祿字書)』의 '동동(童僮)'조항에
서는 "상동(上童)은 어린아이를 말하고, 하동(下僮)은 노예를 말한다. 옛날에
는 이와 반대되는 뜻이었으나, 지금은 그렇지 않다.(上童幼, 下僮仆. 古則反
是, 今則不行.)"라고 했다. 여기에 기록된 용법은 『설문해자』의 해석과 완전
히 정 반대이다.

(2) 연쇄적 이동 방식

갑(甲)자의 기능이 전체 혹은 부분적으로 을(乙)자에게 옮겨가고, 을
(乙)자의 기능이 전체 혹은 부분적으로 병(丙)자에게 옮겨가는 것을 말한
다. 이러한 연쇄적인 고리의 마지막 글자는 원래 있던 것일 수도 있고,
새로 생성된 것일 수도 있다. 그런데 갑(甲)자는 폐기할 수도 있고, 다른
용법으로 사용할 수도 있다. 예를 보자.

① 전(歬)→전(前)→전(翦)→전(剪). '전(歬)'자는 발[止]이 배[舟]의 위에 있는 형
상이다. 『설문해자』에서 "행하지 않는데 나아간다.(不行而進)"라고 설명하고
있는 것으로 보아, '전진하다[前進]'의 '전(前)'단어의 본자임을 알 수 있다. 이
후에 '전(歬)'자가 점차 폐기되면서, 그 기능이 차자(借字)인 '전(前)'으로 옮겨
갔다.
'전(前)'자는 '도(刀)'가 의미부이고 '전(歬)'이 소리부로서, 본의는 '제거하다'이
다. '전(前)'자가 '전(歬)'의 기능을 받아들이고 나서, 또 자기의 본용의 기능도
차자(借字)인 '전(翦)'으로 옮겨갔다. '전(翦)'자는 '우(羽)'가 의미부이고 '전
(前)'이 소리부로서[88], 본의는 '막 생긴 깃털' 혹은 '화살의 깃털'이다. 이후에

구분하기 위해서, '도(刀)'가 의미부이고 '전(前)'이 소리부인 분화자 '전(剪)'을 만들어 '전(前)'의 본의를 나타내고, '전(剪)'의 차용의미(借義)를 분담하게 하였다.

② 백(伯)→패(霸)→백(魄). '백(伯)'은 본의가 '형제 중에서 나이가 많은 사람'을 뜻했다. '제후(諸侯)의 우두머리[長]'라는 뜻으로 파생되었는데, 바로 맹주를 말한다. 구분을 하기 위해, '백(伯)'의 '맹주'라는 의미는 차자(借字)인 '패(霸)'로 옮겨갔다. '패(霸)'자는 '월(月)'이 의미부인데, 『설문해자』에서는 그 본의를 "달에 처음으로 희미한 모습이 생길 때를 말한다.(月始生魄然也.)"라고 설명하고 있다. 금문에서도 자주 보이는 '재생패(才生霸)'라는 표현은 '달의 위상'을 말하는 것이다.

'패(霸)'자가 '백(伯)'으로 차용되고 나서, '달의 위상'을 지칭하는 본용의 기능은 또 '혼백(魂魄)'의 '백(魄)'으로 전이되었다. 『좌전』에 '재생백(才生魄)', '사생백(死生魄)'과 같은 기록도 있다. 이때, '백(魄)'은 '패(霸)'자가 넘긴 기능도 받고, 또 자기 본래의 용법도 가지고 있었으니, 기능이 증가된 것이다.

③ 송(訟)→송(頌)→용(容). '송(訟)'은 '칭송하다[歌頌]'의 '송(訟)'도 되면서, '소송을 일으키다[爭訟]'의 '송(訟)'도 되는데, 이 두 글자는 같은 형체를 하고 있다. 이후에, '칭송하다'의 '송(訟)'의 기능은 차용자인 '송(頌)'으로 옮겨갔다. '송(頌)'자는 '혈(頁)'이 의미부인데, 본의는 '얼굴'을 뜻한다. '송(頌)'은 '칭송하다'를 나타내는 단어로 차용되고 나서, 또 본용인 '얼굴'이라는 의미는 '용(容)'에게 옮겨갔다. '용(容)'은 '면(宀)'과 '곡(谷)'[89]으로 구성되어, 본용은 '수용하다[容納]', '체적[容積]' 등의 의미를 나타낸다. '송(頌)'의 '얼굴'이라는 의미로 차용되면서 기능이 증가하였다.

④ 가(可)→하(何)→하(荷). '가(可)'자는 '구(口)'가 의미부이고 '교(丂)'가 소리부로서, 본용은 '허가하다[許可]', '승낙하다[認可]'는 뜻을 나타낸다. 이와 동시에 문헌에서는 또 의문대명사인 '하(何)'로 차용되었다. 대략 이를 구분하기 위해서, '가(可)'의 차용의 기능은 이후에 '하(何)'로 옮겨갔다.

'하(何)'자는 갑골문에서 사람이 물건을 메고 있는 형상인데, '인(人)'이 의미부이고 '가(可)'가 소리부인 것으로 변하였지만, 여전히 '지다[擔負]'는 뜻을 나타내었다. 『설문해자』에서는 "메다는 뜻이다.(儋也.)"라고 설명하였으며,

---

88) 『설문해자』에서는 '毒'이 소리부라고 되어 있다.
89) (역주) 혹은 '穴'이 의미부이고 '公'이 소리부라고 말하기도 한다.

서현(徐鉉) 등은 주석에서 "담하(儋何)는 바로 '부하(負何)'를 말하는데, '수하
(誰何)'의 '하(何)'로 차용되었으며, 지금은 '담하(擔荷)'라고 달리 부르기도 한
다.(儋何即負何也, 借爲誰何之何, 今俗別作擔荷.)"라고 밝혔다. '하(何)'자는
'수하(誰何)'라는 의미로 차용되고 나서, 또 원래 있던 '부하(負荷)'라는 의미
는 '하(荷)'로 옮겨졌다. '하(荷)'자는 '초(艸)'가 의미부이고 '하(何)'가 소리부
로, 본의는 '연꽃'인데, '부하(負荷)'라는 의미를 담당한 것도 차용의 일종이
다.

　　종합해보면, 한자의 기능이 변하는 상황은 매우 복잡하다. 여러 가지
관점으로 고찰해나가면, 관점마다 결과가 다를 수 있다. 어떤 자부(字符)
는 기능이 확장되기도 하고 축소되기도 하며, 전이될 수도 있다. 게다가
축소되고 나서 또 확장되고, 확장되고 나서 또 축소되기도 하며, 이 단
어에서 저 단어로 전이되기도 하고, 합해졌다가 분리되고 분리되었다가
합해지기도 한다. 일정한 것이 없으므로 한 방향으로 변천했다고 말할
수 없다. 그래서 어떤 자부(字符)의 실제 기능을 고찰할 때, 전반적인 과
정과 체계가 있는 사고가 있어야 하며, 어떤 시기와 어느 범위라는 조
건적 제약을 가지고 있어야 한다. 개괄적으로 어느 글자의 기능이 이러
이러하다고 말하는 것은 그 핵심을 알아내기가 힘들다.

제9장
한자의 관계

한자관계는 일정한 조건 혹은 범위에서 한자의 개체와 개체 사이에 나타나는 속성의 같은 점과 다른 점을 말한다. 글자 간 관계이기도 한데, 이는 그룹으로 형성된다.

한자관계는 전통적으로 이체자(異體字), 통가자(通假字), 고금자(古今字), 번체자·간체자(繁簡字), 정속자(正俗字), 동원자(同源字), 분화자(分化字) 등으로 설명된다. 이러한 명칭은 확실히 이체자, 동원자 등과 같이 그룹관계를 말하는데, 반드시 A와 B는 이체자(正字法의 '이체자' 제외)라든지 동원자라고 말해야 하며, 고대·현대글자, 번체자·간체자, 표준자형·속자와 같이 둘씩 대조하는 것은 어떤 글자와 글자 사이에는 모종의 관계가 있다는 것을 나타내는 것이다. 그러나 일부 명칭은 개별 글자에 대한 성질을 규정한 것도 있어, 그룹관계라는 것이 전제가 되어야 하지만, 관계의 일방향을 나타내기도 한다. 예를 들어, 통가자는 '본자—통가자'라는 그룹의 일방향을 나타내고, 분화자는 '모자(母字)—분화자'라는 그룹의 일방향을 나타낸다. 어떤 글자를 통가자 혹은 분화자라고 말할 때는, 한 글자를 가리키는 것이지, 한 그룹의 글자를 가리키는 것이 아니다. 개별 글자의 명칭을 규정해서 그룹관계 혹은 글자 간 관계를 지칭하는 것은 분명히 불합리하다.

그 밖에, 이러한 명칭이 반영하는 한자그룹의 관계는 결코 동일한 체계에 속하지 않는다. 그것들은 서로 다른 관점에서 각각의 실용적인 필요에 의해 제시된 것들로서, 병렬하거나 대조하는 논리적 관계가 없다. 예를 들어, 이체자, 동원자는 형체를 구성하는 체계에서 대응하는 어휘의 독음과 의미의 관계에 초점을 맞추고 있고, 통가자(본자와 관련)와 '고대·현대글자'는 문헌에서의 용자(用字)의 기능관계에 초점을 맞추고 있다. 그러나 '본자·차자'는 사용속성에 관한 관계를 나타내고, '고대·현대글자'는 사용시간에 관한 관계를 나타내며, '표준자형·속자'는 규범 영역의 지위에 관한 관계에 초점을 맞추고 있다. 분화자(모자와 관련)는 자부(字符)의 기능이 변천하는 관계에 초점을 맞추고 있다.

'번체자·간체자'는 그 함의가 모호하여 대체로 3가지 관계를 나타낸다. 첫째, 번필자(繁筆字)와 간필자(簡筆字)를 나타내는데, 동일한 자부(字符)의 서사단위의 많고 적음에 주안점을 두고 있다. 둘째, 복잡하고 어려운 글자[繁難字]와 간략히 줄인 글자[簡化字]를 나타내는데, 그 당시 한자규범에서 간략화 수단을 채택한 후에 형성된 피간화자(被簡化字)와 간화자(簡化字) 관계로서, 글자종류의 도태와 기능의 합병상황을 포함한다. 셋째, 번체자와 간체자를 나타내는데, 개별 글자의 대응관계가 아니라, 글자의 전체 체계로 봤을 때 번체자는 체계적인 간략화를 거치지 않은 고대의 글자체계를 말하며, 간체자는 간략화의 규범을 거친 현재 사용하는 글자체계를 말한다. 이러한 술어는 각자 이론체계를 세우고 있기 때문에, 원래 서로 상관이 없었다. 그러나 사람들이 종종 본래 서로 다른 체계에 속한 이질적인 개념을 혼동하면서 억지로 분석하고 식별하였다. 이는 어떠한 의미도 없는 것이며, 계속 논쟁을 한다 해도 명확한 답을 얻을 수 없을 것이다.

어떤 사물의 속성과 종류는 반드시 구체적인 체계 속에서 확정될 수 있고, 분명하게 구분할 수 있다. 한자의 글자 간 관계가 전통적으로 각각의 견해가 있어서 서로 관련이 없다 해도, 전통적인 여러 견해들은 하나의 관계만을 확정할 뿐이다. 상호 간에는 관점과 기준이 달라 통하기 어렵기 때문에, 체계적일 수 없다. 만약 관점을 바꾸고 기준을 통일시킬 수 있다면, 귀납할 것은 귀납하고, 분리되는 것은 배제시켜, 한자의 글자 간 관계를 단계적이고 체계적이게 만든다면, 더욱 과학적이고 실용적인 면모를 갖추게 될 것이기에, 많은 불필요한 논쟁들을 피할 수 있다.

예를 들어, 전통적인 글자 간 관계의 술어에서, 분화자는 자부(字符) 기능의 변천 문제에 속하므로, 자부(字符) 기능의 변천에 놓고 말해야 한다. 또 '표준자형·속자'는 한자의 규범문제에 속하므로, 규범영역에 놓고 말해야 한다. '고대·현대글자'는 실제로 주석가들이 서로 다른 시대에 기능이 같은 글자의 관계를 잇는데 사용한 술어로서, 훈고영역에서만 실용적인 가치를 지닌다. '번체자·간체자'의 함의는 정해져 있지 않기 때문에, 단일한 체계로 융합시키기 어렵다. 이러한 개념은 우리들이 한자 속성의 종류 혹은 같은 점과 다른 점의 관계를 논술할 때 배제시켜야 한다.

앞에서 말했듯이, 한자는 서사속성, 구조속성, 기능속성이라는 세 가지 층면의 속성을 가지고 있다. 한자의 글자 간 관계는 실제로 한자속성의 같은 점과 다른 점의 관계이기 때문에, 필자는 한자의 글자 간 관계는 한자의 이 세 가지 층면에서의 속성에 따라 각각 고찰하고 분류하며 명명해야, 세 가지 체계를 형성한다고 여긴다. 즉, ①서사속성에서 한자의 글자체 관계를 관찰한다. ②구조속성에서 한자의 이론적 근거관계를 고찰한다. ③기능속성에서 한자의 화용관계를 관찰한다.

이 세 가지 체계는 관점이 다르다 해도, 일부 글자의 자료는 겹칠 수 있다. 그러나 구체적인 자료의 귀속이 겹치더라도 동일한 체계에 속해 있지만 않다면, 체계의 과학성에 영향을 미치지 않는다. 이러한 체계에서 전통적인 귀납의 여러 가지 관계와 술어는 받아들여지거나, 수정되거나, 분화되거나, 합병되거나 버려진다. 버려진 것은 현재의 체계에서만 귀속시킬 수 없을 뿐, 원래의 특정영역에서 통시적인 개념으로 여전히 존재 가치를 가지고 있다.

제1절 서사체계에서의 글자 간 관계

한자의 정의가 외부의 형태를 가리킬 때, 한자의 글자 간 관계는 시각에 의지해서 판단하게 된다. 한자는 외형의 형태에서 시각적으로 서사 스타일과 서사 요소 두 가지 측면에 영향을 준다. 따라서 한자의 외형관계도 두 가지 층면으로 나누어 인식할 수 있다.

1. 동양자(同樣字)와 이양자(異樣字)

서사 요소와 서사 스타일이 포함된, 한자의 외형을 전체로 인식한다면, 한자 개체의 관계는 동양자(외부의 양태가 같다)와 이양자(외부의 양태가 다르다) 두 종류로 나눌 수 있다. 서사 요소는 서사단위의 종류, 수량 및 서사단위가 놓이는 방향과 연결방식을 말한다. 서사 스타일은 서사단위의 구체적인 양태(樣態), 서사단위의 구성과 배치, 글자 전체가 속한 글자체 유형을 포함한다.

자양(字樣)들의 서사 요소와 서사 스타일이 전부 같다면, 동양자(同樣字) 관계가 형성된다. 예컨대, '동(同)'과 '동(同)', '체(體)'와 '체(體)'가 그것이다. 동양자에 크기의 차이가 있어도, 이 크기는 전체적인 비율을 이룬다. 만약 그것들의 크기를 일치시킨다면, 완전히 합쳐지게 된다. 예로, 송체(宋體) 5호자(五號字)인 '대(大)'와 6호자(六號字)인 '대(大)'가 있고, 예서체 5호자(五號字)인 '소(小)'와 4호자(四號字)인 '소(小)' 등이 있다. 그래서 간단하게 말해, 글자 전체의 형태가 완전히 합쳐질 수 있는 자양이 바로 동양자인 것이다. 혹자는 동양자는 동일한 자양의 서로 다른 곳에서의 재현이라고 말하기도 한다. 동양자는 기계가 인쇄한 글자에 많이 보이며, 손으로 쓴 글자가 완벽하게 합쳐지는 것은 매우 드물다.

서사 요소와 서사 스타일에 하나라도 다른 게 있다면, 글자 전체는 합쳐질 수 없다. 이렇게 합쳐질 수 없는 자양은 이양자(異樣字) 관계를 형성한다. 예로, '타(它 tā)—문(們 mén)—시(是 shì)—불(不 bù)—동(同 tóng)—적(的 de)—자(字 zì)—양(樣 yàng)' 등의 형태, '𩵋—𩵋—𩵋—𩵋—𩵋—𩵋—𩵋—𩵋' 등의 형태, '주(走)—走—走—走—走' 등의 형태, '어(魚)—어(鱼), 병(并)—병(並), 조(弔)—조(吊), 패(霸)—패(覇), 유(遊)—유(游), 유(羑)—유(莠), 타(朵)—타(朶), 구(久)—구(夂), 규(叫)—규(呌), 청(聽)—청(聼), 세(世)—세(卋)—

세(古), 리(裡)—리(裏), 잡(雜)—잡(襍), 봉(峰)—봉(峯), 구(够)—구(夠), 전(氈)
—전(氊), 기(期)—기(朞), 안(鞍)—안(鞌)' 등의 형태가 있다. 여기에서 '―'로
연결된 각각의 글자들은 다음과 같은 차이점이 존재한다. 즉, 서사단위
유형의 차이, 서사단위 수량의 차이, 서사단위가 놓이는 방향과 연결방
식의 차이, 서사단위 구성의 차이, 서사단위의 구체적인 형태의 차이, 글
자체 유형의 차이점이 있다. 따라서 이러한 글자들은 모두 이양자에 속
하며, 서사속성의 차이에 따라 야기된다.

이양자가 구조속성이 다른 글자를 포함하긴 해도, 구조속성에 의해
조성된 이양(異樣)과 서사속성에 의해 조성된 이양은 동일한 측면에 놓
여있지 않다. 이는 아래에 있는 글자들의 형체관계에서 볼 수 있다.

1. 褲①褲②褲③褲④
2. 绔①绔②绔③绔④
3. 袴①袴②袴③绔④
4. 听①听②听③听④
5. 聽①聴②聽③聽④
6. 聤①髒②
7. 聽①聽②

가로 방향의 ①②③④/①②는 모두 서사속성으로 조성된 이양(異樣)
관계로서, 이중에서 1.2.3.4.5.의 ①②③④는 서로 다른 글자체의 이양자
(異樣字)이며, 6.7.의 ①②는 동일한 글자체의 이양자이다. 그런데 세로
방향의 1.2.3.4.5.6.7.은 구조속성에 의해 조성된 이양관계로서, 이중에서
1.2.3.은 동일한 단어의 서로 다른 구조이며, 4.5.6.7.은 별도의 단어의 서
로 다른 구조이다.

2. 동형자(同形字)와 이형자(異形字)

만약 자양의 서사 스타일을 무시하고, 자양의 서사 요소(서사단위의

종류, 수량, 놓이는 방향과 연결방식)에만 관심을 가진다면, 한자 개체의 외형관계는 또 동형자(同形字)와 이형자(異形字)로 나눌 수 있다. 전자는 서사 요소의 대응이 서로 같은 글자[1]를 말하고, 후자는 서사 요소가 다르거나 부분적으로 같은 글자를 말한다. 이 기준에 따르면, 동양자(同樣字)는 당연히 동형자이지만, 이양자(異樣字)도 동형자가 될 수 있다. 예를 들어, 위에서 열거한 '裤裤裤裤'와 '昕昕昕昕'은 각각 서로 다른 글자체에 속하므로 이양자인 것은 당연한 일이다. 그러나 그것들의 서사 요소가 각각 대응될 수 있기 때문에 두 개의 동형자 그룹으로도 간주할 수 있다. 만약 서사 요소가 다르거나 완전히 같은 게 아니라면, 서사 스타일이 같거나 비슷하다고 해도 이형자에 속한다. 예로, 위에서 열거한 '정정(聙聹)', '청청(聽聽)'은 모두 송체(宋體)이지만 이형자로 간주해야 한다.

　　서사의 층면에서는 형체의 기능을 고려하지 않을 수 있다. 따라서 '동양' 혹은 '이양' 관계의 글자를 갖추게 되는데, 동사(同詞)를 나타내는 것일 수도 있고, 이사(異詞)를 나타내는 것일 수도 있다. 그러나 어떤 사물의 관계에서, 같은 것에서 다른 것을 추구하고, 다른 것에서 같은 것을 추구해야만 귀납과 구분의 가치가 있을 수 있다. 그래서 동사동양(同詞同樣), 이사이양(異詞異樣)은 이론적인 의미만 있을 뿐으로, 실제로 동양자(同樣字)의 이사기능[異詞功能] 혹은 동사자(同詞字)의 이양자질[異樣特徵]을 판별할 필요가 있다.

제2절 구조체계에서의 글자 간 관계

　　한자의 정의가 내부구조를 나타낼 때, 한자의 글자 간 관계는 동구(同構)(내부구조가 같다)와 이구(異構)(내부구조가 다르다)라는 두 종류로

---

1) 각 글자체 간의 서사단위의 종류가 '완전하게 똑같기'는 매우 어렵기 때문에, 여기에서 말하는 것은 충분히 대응될 수 있는 것을 뜻한다.

나눌 수 있다. 한자 구조의 같은 점과 다른 점은 구성성분의 형체, 수량, 기능 및 구성성분 기능의 조합형식 등 형체를 구성하는 속성이 같은지에 따라 결정된다. 이렇게 형체를 구성하는 속성이 완전히 같아야 구조가 같다고 할 수 있으며(간단하게 同構字라고 부른다), 그 속성에 어떤 차이가 있다면 구조가 다르다고 할 수 있다(간단하게 異構字라고 부른다).

1. 동구자(同構字)

구조도 같으면서 나타내는 단어도 같은 것은 실제로 하나의 글자로, 구조에서 글자 간 관계가 존재하지 않는다. 그래서 동구자(同構字) 관계는 구조의 속성은 같으나 나타내는 어휘는 다른 글자를 말한다. 동구자는 구성성분이 같아야 한다는 점이 필요조건으로, 서사 층면에서는 모두 동형자에 속한다. 그러나 관심을 가지는 관점이 다르기 때문에, 동구자와 동형자는 같지 않다. 동구자와 각각의 어휘를 대응시킬 때, 형체에 근거하지 않고, 구조의 이론적 근거에 따른다. 이를 통해 구조속성의 같은 점과 다른 점의 관계는 주로 구조의 이론적 근거에서 나타나지, 형체에 있는 것이 아니다.[2] 그러므로 우리들은 이렇게 구조의 이론적 근거에 착안한 동형자를 서사체계에 놓고 이야기하지 않고, 구조체계에서 구조의 기능에 근거하여 그 사이의 관계를 분석할 것이다. 만약 한 자형의 구성 의도나 이론적 근거가 몇 개의 어휘에 대응될 수 있다면, 필자는 이 자형이 실제로 나타내는 어휘와 대응하는 몇 개의 자부(字符)를 포함하고 있다고 여긴다. 각각 몇 개의 어휘로 대응되는 몇 개의 자부(字符)는 똑같은 구조적 형체의 속성을 가지고 있으므로, 동구자(同構字)라고 부른다. 자전(字典)에서 동구자는 표제어를 분리시키거나 혹은 동일한 표제어의 밑에 단어를 나눠 독음과 의미를 주석 처리해야 한다. 동구자의 형성에는 대개 세 가지 상황이 존재한다.

---

2) 구성성분의 형체에는 오자 작용만 있을 뿐 단어를 나타내는 기능은 없다.

(1) 조자동구(造字同構)

　서로 다른 어휘로 글자를 만들 때, 각자의 이론적 근거를 연결하고, 같은 형태의 구성성분을 선택해서 사용하였으며, 게다가 구성성분의 수량, 기능 및 조합형식도 같은 것을 말한다. 조자동구는 고의적인 것이지만, 대다수의 상황에서는 우연의 일치였을 것이다.

　예를 들어, 갑골문과 금문의 '척(隻)1'자는 '손[又]'으로 '새[隹]'를 잡고 있는 모습으로, '잡다[抓獲]'는 뜻을 나타낸다. 이는 분명히 '획득하다[獲得]'는 의미를 나타내는 '획(獲)'의 본자이다. 그러나 이 자형의 구조적 이론의 근거는 손에 한 마리의 새를 잡고 있는 것으로 해석될 수 있다. 그러므로 이후에 양사 '지(只)'라는 글자를 만들 때, 일부러 이 형체를 차용하여 동구자인 '척(隻)2'을 만들었다. 게다가 이러한 방식으로 손에 두 마리의 새를 잡고 있는 '쌍(雙)'자를 만들어내었다. 양사 '지(只)'로 말하자면, '척(隻)2'도 본자가 되는 것이므로, 이를 위해 만든 것이 된다. 이렇게 연이어서 동사 'huò'와 양사 'zhǐ'를 대신해서 만든 본자 '척(隻)1'과 '척(隻)2'은 구조적 형체의 속성이 같기 때문에 동구자가 되었다. 이후에 이를 구분하기 위해서, 동사 'huò'를 대신해서 본자인 '획(獲)'(获)을 새롭게 만들게 되면서, '척(隻)'자는 양사 'zhǐ'로만 사용되는 글자가 되었다.

　또 갑골문의 '추(帚)1'자와 '추(帚)2'자에서, 전자는 '빗자루'를 나타내며, '추(帚)zhǒu'라고 읽는다. 후자는 '부녀자'를 나타내며, '부(婦)fù'라고 읽는다. 그러나 '추(帚)'와 '부(婦)'는 독음도 다르고, 어원도 다르다. 그래서 '추(帚)2'를 사용해서 '부(婦)'를 나타내는 것은 동음차용(同音借用)일 수가 없으며, 파생단어의 겸용일 수도 없다. 그것은 조자의 동구일 수밖에 없다. 즉, 상형의 방법으로 '빗자루'라는 단어를 대신해서 본자인 '추(帚)1'를 만들어내었다. 그리고는 '부녀자'라는 단어를 대신해서 글자를 만들 때에도 '빗자루'와 같은 방법을 사용하여 '추(帚)2'를 만들어내었다. 왜냐하면, '빗자루'는 '부녀자'가 일상생활에서 노동을 할 때 사용하는 공구이기 때문이다. '빗자루'의 형상을 가지고 '빗자루를 든 사람'을 나타내는 것은, 도끼의 형상을 가지고 '도끼를 들고 있는 사람[王]', '술항아리'의 형상을 가지고 '단 위에 놓여진 술[酉]'을 나타내는 것과 같다. 이는 원래 구조적 형체로 의미를 나타내는 방법 중의 하나이다. 따라서 '추(帚)2'도 '부녀자'를 나타내는 '부(婦)'의 본자이며, '빗자루'를 나타내는 '추(帚)1'자와 동구(同構)일 뿐이다.

또 다른 예를 보면, 갑골문에서 '주(舟)'의 형체는 실제로도 두 개의 어휘로 만든 동구자(同構字)가 된다. 하나는 '배'를 나타내는 '주(舟)1'이고, 다른 하나는 '쟁반'을 나타내는 '舟2(盤)'이다. 이는 고대의 쟁반과 배의 형체가 비슷했기 때문에, '그 모습을 그대로 그리는' 상형의 방법으로 똑같은 형체의 글자를 만들어내었다. '반(盤)'은 '쟁반'을 나타내는 '주(舟)2'의 뒤에 생겨난 글자로, 상형인 '주(舟)2'의 아래에 의미부인 '명(皿)'을 더했다. 갑골문과 금문의 '수(受)'자에도 중간에 '주(舟)'자가 있는데, 이 '주(舟)'는 쟁반을 나타내는 '舟2(盤)'이어야 한다.[3] 쟁반은 손으로 주고받을 수 있기 때문인데, 만약 '배'를 나타내는 '주(舟)1'로 여긴다면, 위에 있는 주는 손[爪]과 아래에 있는 받는 손[又]으로는 배를 옮기지 못할 것이므로, 글자의 이치에 맞지 않다.

예변 이후에 만든 글자에도 이사동구(異詞同構)가 있다. 예를 들어, '용(甬)'자는 남북조(南北朝)시기에 'bà(罷: 그만두다)'라는 단어(『顔氏家訓·雜藝』)를 나타내었고, 송대(宋代)에는 'qì(棄: 버리다)'라는 단어(『龍龕手鑒』)를 나타내었으며, 현대에는 'béng(不用: 필요 없다)'이라는 단어를 나타낸다. 이 세 단어는 의미가 서로 비슷하기 때문에, 글자를 만들 때 회의의 방법을 똑같이 사용해서, 세 개의 동구자(同構字)를 만들어내었다. '사(鉈)'자는 형성자로, 차례로 세 개의 단어들을 대표하고 있다. 『설문해자』에서의 '사(鉈)1'는 'shé'로 읽으며, '짧은 창[短矛]'을 나타낸다. 근대시기 문헌에서의 '사(鉈)2'는 'tuó'로 읽으며, '저울추[秤砣]'를 나타낸다. 현대에서 '사(鉈)3'는 'tā'로 읽으며, '금속원소'를 나타낸다. 독음과 의미가 모두 다른 세 개의 단어들이 어떻게 동일한 의음(義音) 합체자를 만들어서 나타내는 것일까? 원래 '타(它)'는 다음자(多音字)로서, '사(鉈)1', '사(鉈)2', '사(鉈)3'에서 각각 서로 다른 독음을 나타내는 기능을 가지고 있다. 그래서 독음이 다른 세 개의 자부(字符)는 모두 '타(它)'를 소리부로 선택하

3) 일부 사람들은 '受'에 있는 '舟'를 음을 나타내는 구성성분이기 때문에, 'hòu'라고 읽어야 한다고 여긴다.

여, 여러 개의 구성성분과 구조유형이 일치하는 글자가 만들어졌다.

현대의 간화자에서도 본래 구조가 다른 두 개의 글자를 일부러 동일한 구조의 글자로 간략화한 상황이 있다. 예를 들어, '더럽다[髒汙]'의 '장(髒)'[4]과 '내장(腑髒)'의 '장(臟)'[5]을 모두 간략화시켜, '육(肉)'이 의미부이고 '장(庄)'이 소리부인 의음(義音) 합체자 '장(脏)1'과 '장(脏)2'을 새로 만들었다. 그런 까닭에 현대 한자에서의 '장(脏)'은 각각 독음과 의미가 다르면서 형체의 구조는 같은 두 개의 글자를 대표한다. '장(脏)1'은 'zāng'으로 읽으며, '더럽다[肮髒]'는 의미를 나타낸다. '장(脏)2'은 'zàng'으로 읽으며, '내장[腑髒]'을 뜻한다.

또 '역참'과 '보내다'는 의미의 '우(郵)'는 본래 '도성[邑]'과 '변경[垂]'으로 구성된 의의(義義) 합체자였다. 현대에서는 '읍(阝 =邑)'이 의미부이고 '유(由)'가 소리부인 '우(邮)1'로 간략화 되었는데, 이는 의미[義]와 독음[音]을 합성한 방법으로 새롭게 만든 것이다. 그러나 이 형체는 고서에서 지명으로 사용되던 의음(義音) 합체자 '우(邮)2'와 이사동구(異詞同構)이다. 다시 예를 들면, 현대에 고서에서 측량기를 나타내는 '종(鐘)'을 '종(钟)1'으로 간략화 하였고, 악기를 나타내는 '종(鍾)'도 '종(钟)2'으로 간략화 하였다. '종(鐘)'과 '종(鍾)'이 모두 의음(義音) 합체자라고 해도 독음을 나타내는 구성성분이 다른데, '종(钟)1'과 '종(钟)2'의 의미부와 소리부가 같기 때문에, 이사동구자(異詞同構字)가 된다.

(2) 파생동구(派生同構)

어휘에서 어의가 파생되면서 새로운 단어가 나올 때, 새 단어를 위해 또 다른 자부(字符)를 만들지 않고, 여전히 원사(源詞)의 본자의 형체를 사용하여 나타내는데, 원사의 본자의 형체는 원사를 나타낼 뿐만 아니라, 또 파생단어를 나타낸다. 실제로 이 두 개의 글자는 같으나, 구조의 속성만이 같은 것뿐이다. 예를 들어, '새벽[早晨]'의 '조(朝)'는 '알현하

---

4) '骨'이 의미부이고 '葬'이 소리부이다.
5) '肉'이 의미부이고 '藏'이 소리부이다.

다[朝拜]'의 '조(朝)'[6]로 파생되어, 독음이 'zhāo'에서 'cháo'로 변했다. 이는 새로운 단어가 파생되어 나왔지만, 달리 새로운 글자를 만들지 않고 원사의 본자를 겸용하여 파생단어를 나타내는 것을 의미하고 있다. 그런데 만약 글자와 단어의 대응관계에서 보면, 겸용현상은 파생단어의 자부(字符)와 원사의 자부가 같은 구조라고 이해될 수 있다. 다시 말해, 실제로 파생단어를 위해 글자를 하나 만들었는데[7], 이 글자는 원사의 본자의 형체구조를 차용했을 뿐이다. 필자는 이렇게 파생된 단어가 원사의 자부(字符)의 형체를 겸용해서 만든 동구자를 '파생동구(派生同構)'라고 부른다.

예를 들어, '장(長)'자는 '장단(長短)'의 'cháng'을 나타내기도 하고, '자라다[生長]'의 'zhǎng'을 나타내기도 한다. 하나의 자부(字符)가 두 개의 단어를 나타낸다고 간주하는 것은 두 개의 자부가 똑같은 구조를 같이 사용한다고 생각하는 것보다 못하다. 즉 '장(長)'의 자형은 두 개의 자부(字符)를 포함한다. '장(長)1'은 'cháng'으로 읽고, '장단(長短)'이라는 의미를 나타내고, '장(長)2'은 'zhǎng'으로 읽고, '자라다[生長]'라는 의미를 나타낸다. '사람의 머리카락은 자랄수록(zhǎng) 길어지다(cháng)'는 것으로, 글자를 구성하는 이론적 근거로 삼을 수 있다. 이러한 예는 매우 많다. 모든 '겸용'자들이 파생동구자(派生同構字)가 될 수 있다고 하는 것은 논점을 세우는 관점이 다를 뿐이다. 예로, 위에서 이미 제시한 전(傳)(傳遞의 'chuán', 傳記의 'zhuàn'), 탄(彈)(彈弓의 'dàn', 彈力의 'tán'), 관(冠)(冠冕의 'guān', 冠軍의 'guàn'), 독(讀)(讀書의 'dú', 句讀의 'dòu'), 소(少)(多少의 'shǎo', 少年의 'shào') 등이 있다.

(3) 변이동구(變異同構)

두 개의 다른 단어에는 원래 각각 구조가 다른 글자들이 있었다. 이후 자형의 변이 때문에, 구조속성이 같은 글자가 되었다. 예를 들어, '소

---

6) 왕을 알현하는 의식은 모두 새벽에 진행되었다.
7) '朝'에 '潮水'의 '潮'가 파생되고 나서 달리 '潮'자를 만든 것과 같다.

(疋)'는 'shū'로 읽는데, 원래 상형자로, '다리[腳]'라는 의미의 단어를 나타내었다. '필(匹)'은 'pǐ'로 읽는데, 원래 '팔(八)'과 '방(匚)'으로 구성된 의의(義義) 합체자로, '천[布匹]'을 나타내었다. 이후에 상형의 '소(疋)'가 상형자가 아닌, 대체부호[代號]자 '필(疋)1'이 되었다. '필(匹)'도 잘 못 변해 대체부호[代號]자 '필(匹)2'이 되었다. 그래서 원래부터 형체·독음·의미가 모두 다른 '소(疋)'와 '필(匹)'은 형체의 변이 때문에 형체를 구성하는 속성이 같은 이사자(異詞字)가 되었다.

또 '적(適)'의 형체에는 두 가지 어원이 있다. 하나는 고대 소전의 '趏'자로, 잘 못 변해 '괄(适)1'로 바뀌고, 'kuò'로 읽으며, '빠르게[急速]'라는 의미를 나타낸다. 다른 하나는 번체의 '적(適)'자로, '적(适)2'으로 간략화 되어, 'shì'로 읽으며, '가다[往]'는 의미를 나타낸다. '趏'과 '적(適)'은 원래 구조가 다른데, 변이와 간략화를 거쳐, '착(辶)'과 '설(舌)'로 구성된 대체부호[代號] 합체자가 되었다.8)

다시 예를 들면, 'zhòu'라고 읽는 '주(冑)'도 두 어휘의 이구자가 변이를 거쳐 동구자가 된 것이다. '주(冑)1'는 『설문해자』에서 "투구[兜鍪]를 말한다. '모(冃)'가 의미부이고, '유(由)'가 소리부이다.9) '직(直)'과 '우(又)'의 반절로 읽는다; '주(冑)2'는 '자손[胤]'을 말한다. '육(肉)'이 의미부이고, '유(由)'가 소리부이다. '직(直)'과 '우(又)'의 반절로 읽는다."라고 하였다. 이것은 음은 같으나 구조가 다른 두 개의 글자로, 본래의 형체도 다르다. 그러나 예변 이후에, '주(冑)1'는 '모(冃)'가 '월(月)'로 바뀌고, '주(冑)2'는 '육(肉)'이 '월(月)'로 바뀌어, 두 이구자(異構字)가 위에는 유(由)(음을 나타내는 구성성분)이고 아래는 월(月)(대체부호 구성성분)인 동구자(同構字) '주(冑)1'와 '주(冑)2'가 되었다.

---

8) '适1'과 '适2'는 모두 형성자로 간주할 수 있다. 왜냐하면 '舌'에는 '-uo' 혹은 'sh-'라는 음을 나타내는 기능이 있기 때문이다.

9) 갑골문과 금문에서는 '目'으로 구성되어 해당 의미를 나타내었는데, 머리에 투구를 덮어쓴 모습을 그렸다

2. 이구자(異構字)

　　이구자(異構字)는 형체를 구성하는 속성이 불완전하게 같은 글자들을 말한다. 동사이구(同詞異構)와 이사이구(異詞異構)라는 두 가지 상황이 포함된다. 동사이구자(同詞異構字)를 앞 절에서 논의한 동사이형자(同詞異形字)와 합치면 일반적으로 말하는 이체자와 대체로 같다.

(1) 동사이구자(同詞異構字)

　　어떤 글자들은 동일한 어휘를 위해 만들어졌지만, 구조의 속성이 다르다. 대체로 두 가지 상황이 존재한다.

① 구조의 유형이 다르다.

　　구성성분의 기능이 다르면, 구조의 유형도 필연적으로 달라진다. 예를 들어, 소전에서의 '역(鬲)'은 세 개의 발을 가진 취사도구의 형상으로, 그 구조의 유형은 상형독체(象形獨體)이다. 그런데 '와(瓦)'가 의미부이고 '력(麻)'이 소리부인 '역(䰝)'은 구조의 유형이 의음(義音) 합체이다. 또 '간(看)'의 소전은 손이 눈 위에 있는 형상인 '간(睊)'의 모습으로, 형형(形形) 합체자에 속한다. 그런데 '목(目)'이 의미부이고 '간(倝)'이 소리부인 '간(䁺)'은 의음(義音) 합체자에 속한다. 또 해서의 '루(泪)'('水'와 '目'으로 구성된 회의자)와 '루(淚)'('水'가 의미부이고 '戾'가 소리부이다), '야(埜)'('林'과 '土'로 구성된 회의자)와 '야(野)'('里'가 의미부이고 '予'가 소리부이다), '염(豔)'('豐'이 의미부이고 '盍'이 소리부이다)와 '염(艶)'('丰'과 '色'으로 구성된 회의자), '계(鷄)'('鳥'가 의미부이고 '奚'가 소리부이다)와 '계(鸡)'('鳥'가 의미부이며, 대체부호인 '又'를 더함), '서(書)'('聿'이 의미부이고 '者'가 소리부이다)와 '서(书)'(代號獨體) 등은 모두 구조의 유형이 다른 이구자(異構字)들이다.

② 구조의 유형은 같지만, 그 밖의 속성이 다르다.

(a) 구성성분의 수량이 다른 것들. 예를 들어, '득(得)'은 소전에서 '촌(寸), 견(見)(貝)), 척(彳)'으로 구성된 '득(鍀)'으로 쓰거나, '길'을 나타내는 '척(彳)'을 뺀 '촌(寸)'과 '견(見)(貝)'으로 구성된 '득(䙷)'으로 쓴다. 그런데 이것들은 모두 회의자이면서 동일한 단어의 이구자이다. 유사한 예로는 '집(集)'(隹와 止와 木으로 구성된 회의자)과 '집(雧)'('3개의 隹와 止와 木으로 구성된 회의자), '성(曐)'(3개의 日이 의미부이고, 生이 소리부이다)과 '성(星)'(1개의 日이 의미부이고, 生이 소리부이다), '진(麤)'(鹿 3개와 土로 구성된 회의자)과 '진(塵)'(鹿 1개와 土로 구성된 회의자) 등의 동사자(同詞字)가 있다. 이들은 모두 구성성분의 수량에서 차이가 난다.

갑골문에서 기능이 같거나 비슷한 구성성분은 그 수량이 고정이 되어 있지 않은 경우가 종종 있다. 예를 들어, '철(屮)', '목(木)', '우(又)', '어(魚)', '수(水)', '척(彳)', '지(止)', '구(口)' 등의 구성성분은 종종 있거나 없거나 많거나 적거나 하지만, 일반적으로 자형의 구조유형과 기사기능(記詞職能)에는 영향을 미치지 않는다. 따라서 동일한 단어의 구조가 다른 형체라고 간주할 수 있다.

(b) 구성성분의 선택이 다른 것들. 예를 들어, 형성자인 '인(蚓)—인(螾)', '선(綫)—선(線)', '고(裤)—고(袴)', '적(跡)—적(蹟)', '원(猿)—원(猨)', '담(啖)—담(啗)', '훈(勛)—훈(勳)', '연(烟)—연(煙)' 등의 이구자(異構字)들은 선택한 소리부가 다르다. '고(绔)—고(袴)', '적(跡)—적(迹)', '배(杯)—배(盃)', '계(雞)—계(鷄)', '순(脣)—순(脣)' 등의 이구자들은 선택한 의미부가 다르다. 그리고 '적(迹)—적(蹟)', '촌(村)—촌(邨)', '고(绔)—고(裤)', '향(响)—향(響)', '시(視)—시(眡)', '소(诉)—소(愬)', '잉(剩)—승(賸)' 등의 이구자들은 선택한 소리부와 의미부가 모두 다르다.

이는 형성자에서 구성성분을 선택하는 사항의 문제뿐 아니라, 회의자도 의미를 나타내는 구성성분이 다른 것을 선택할 수 있다. 예컨대, '진(塵)—진(尘)', '재(災)—재(灾)', '간(間)—한(閒)' 등의 이구자들은 의미를 나타내는 구성성분을 다르게 선택해서 만들어졌다.

(2) 이사이구자(異詞異構字)

서로 다른 어휘를 위해 만들었지만, 구조의 속성이 다르다. 이러한 관계는 보편적으로 존재하는 것이므로, 말할 필요도 없는 것이지만, 그 중에서 일부 이사이구자는 형체도 같아서 동형이구자(同形異構字)에 속하기 때문에 주의할 필요가 있다. 예를 보자.

해서의 '방(枋)1', '방(枋)2'이라는 두 글자에서, 전자는 나무의 명칭을 말하고, 후자는 네모꼴의 목재를 말한다. 이 두 글자에는 직접적인 파생 관계가 존재하지 않으므로, 일반적으로 두 개의 단어라고 간주한다. 이들은 모두 '목(木)'과 '방(方)'으로 구성되어 있어, 형체가 똑같지만, 구조의 속성은 결코 같지 않다. '방(枋)1'은 '목(木)'이 의미부이고, '방(方)'이 소리부인 의음(義音) 합체자이고, '방(枋)2'은 '목(木)'과 '방(方)'으로 구성된 회의자, 의의(義義)합체자, 혹은 의의겸성자(義義兼聲字)로 분석해야 한다. 따라서 '방(枋)1'과 '방(枋)2'은 이사이구자로 간주할 수 있다.

현대 간화자에서는 '몸[身體]'의 '체(體)'를 뜻과 뜻을 합하여 글자를 만드는 방법[義義合成造字法]을 사용해서 '체(体)2'로 간략화 시켰다. 즉, 몸은 사람의 근본이므로, 이 글자는 '인(人)'과 '본(本)'으로 구성된 의의(義義) 합체자이다. 일찍이 '체(体)1'라는 글자가 있었는데, '인(人)'이 의미부이고, '본(本)'이 소리부인 '둔하다[粗笨]'의 '분(笨)'의 본자이다. 『광운(廣韻)』의 상성혼운(上聲混韻)에 "체(体)는 '거친 모양'을 말하고, 또 '나쁘다[劣]'는 뜻이다.(体, 粗皃. 又劣也.)"라는 구절이 있는데, 독음은 '포(蒲)'와 '본(本)'의 반절로, 'běn'이라고 읽는다. 이렇게, 독음이 'tǐ'인 '몸'을 나타내는 '체(体)2'와 독음이 'běn'인 '둔하다'를 나타내는 '체(体)1'는 모두 '인(人)'과 '본(本)'으로 구성되어 있지만, 구조의 속성이 다르고 대응하는 어휘도 다르다.

'근(僅)'의 간화자는 '근(仅)2'으로, 간화의 대체부호인 '우(又)'를 사용하여 원래 글자의 소리부인 '근(堇)'을 대체해서 만든 의미부에 대체부호자를 더했다. 그러나 이것은 '부(付)'의 동사이구자(同詞異構字)인 '근(仅)1'과 같은 형체를 가졌다. 고문자에서 '우(又)'와 '촌(寸)'자는 종종 서로 통용되었다. 『정자통(正字通)』의 "근(仅)은 '부(付)'와 같다.(仅, 同付.)", 『육서고(六書故)』의 "근(仅)은 '우(又)'로 구성되어 있으며, 다른 사람에게 물건을 받는 모습인데, '겨우[僅]'라는 의미이다.(仅, 從又. 授物於人, 僅之義也.)"에서 '근(仅)'의 형체는 두 개의 글자를 포함하고 있다는 것을 알 수 있다. '근(仅)1'은 'fù'로 읽으며, '인(人)'과 '우(又)'로 구성된 의의(義義) 합체자이고, '근(仅)2'은 'jǐn'으로 읽으며, '인(人)'이 의미를 나타내고, '우(又)'로 소리부인 '근(堇)'을 대체한 의대(義代) 합체자이다. 이 두 글자는 구조의 속성도 다르고 대응하는 어휘도 다르다.

이상, 같은 형체를 가진 이사이구자는 만든 글자이거나 자형을 수정한 것들이다. 일부 이사이구자는 원래 다른 형체였으나, 자형의 변이로 인해서 같은 형체가 된 것들이다. 그러나 그 구조의 속성과 대응하는 어휘는 여전히 구분할 필요가 있다. 예를 들어, 『설문해자』에 "추(萑)는 '풀이 많은 모양'을 나타낸다. '초(艸)'가 의미부이고, '추(隹)'가 소리부이다.(萑, 艸多兒. 從艸, 隹聲.)"라는 구절이 있으며, 이는 '직(職)'과 '추(追)'의 반절로 읽는다. 또 『설문해자』에 "환(萑)은 '올빼미[鴟]'에 속한다. '추(隹)'와 '丫'로 구성되어 있다. 털과 뿔이 있고, 이 새가 울면 백성에게 불행이 생긴다.(萑, 鴟屬. 從隹從丫. 有毛角, 所鳴其民有禍.)"라는 구절이 있으며, '호(胡)'와 '관(官)'의 반절로 읽는다. 이를 통해, '추(萑)'와 '환(萑)'은 원래 서로 관련이 없는 두 개의 자부(字符)였다는 것을 알 수 있다. 이후에 '환(萑)'자의 윗부분이 '초(艹)'로 잘 못 변해, '추(萑)'자와 같이 쓰게 되면서 동형자가 되었다. 그러나 같은 형체일지라도, 구조의 속성과 나타내는 어휘는 여전히 다르다. '풀이 많은 모양'을 나타내는 '추(萑)1'는 '초(艹)'가 의미부이고 추(隹)'가 소리부인 형성자이고, 올빼미를 나타내는 '추(萑)2'는 추(隹)'가 의미를 나타내고, '초(艹)'는 대체부호[代號]가 되는 의대(義代) 합체자이다.

이사이구자가 같은 형체인 것은 이사동구자(異詞同構字)가 같은 형체인 것과 성질이 같다. 구조의 형체에서 그것은 서사체계의 '같다'와 동일한 것이 아니다. 서사체계에서, 이러한 동구(同構) 혹은 이구(異構)의 동형자(同形字)들은 같은 형체로 쓸 수도 있고, 다른 형체로 쓸 수도 있다.

제3절 기능체계에서의 글자 간 관계(상)

한자의 기능은 한어를 기록하는 것이다. 그런데 한어는 '파롤[語言, parole]'과 '랑그[言語, langue]'라는 두 가지 층면을 지니고 있어, 한자의 기능에도 이와 상응하는 두 가지 체계의 속성을 가지고 있다. 하나는 파롤에서의 '단어'의 기능체계('글자—단어'체계)를 나타내는 것이고, 다른 하나는 랑그에서의 '어휘항목'의 기능체계('글자—어휘항목'체계)를 나타내는 것이다. 각각의 기능체계에는 서로 다른 글자 간 관계가 존재한다. 본 절에서는 '글자—단어'체계에서의 글자간 관계에 대해 서술할 것이다.

'글자—단어'체계는 일종의 저장 상태를 말한다. 개체한자와 파롤단순어(혹은 형태소)는 고정된 대응관계가 있다. 어떤 한자가 결국에 어떤 형태소에 대응하는지는 구성 의도나 이론적 근거에 의해 결정된다. 파롤의 단어는 '독음'과 '의미'의 결합체이므로, 어떤 한자와 어떤 형태소가 고정된 결합관계를 형성할 때, 이 한자는 자신의 '형체'와 어휘에서 부여한 전체의 '독음과 의미'를 가지게 된다. 그러므로 한자가 파롤을 나타내는 체계에서, 개체 한자의 기능속성은 자형에 종속된 '독음'과 '의미'라는 두 가지 측면을 포함한다. 이때의 글자 간 관계는 실제로 자형 및 거기에 종속된 '독음', '의미'의 같은 점과 다른 점의 관계를 말한다. 여기에는 음이 같은 글자[同音異詞], 의미가 같은 글자[同義異詞], 독음과 뜻이 모두 같은 글자[同詞異形], 독음과 의미가 서로 관련이 있는 글자[異詞相關]를 포함하고 있다.

1. 동음자(同音字)

동음자(同音字)는 독음은 같으나 나타내는 어휘가 다른 글자를 말한다. 예를 들어, '억(億), 의(義), 예(藝), 예(刈), 억(憶), 의(議), 흘(屹), 역(亦), 이(異), 예(囈), 읍(邑), 일(佚), 역(役), 역(譯), 역(易), 역(懌), 예(詣), 역(驛),

역(繹), 질(軼), 역(疫), 혁(弈), 예(羿), 혁(奕), 읍(挹), 익(益), 읍(浥), 일(逸), 익(翌), 익(嗌), 일(溢), 이(肄), 의(意), 의(毅), 익(鷁), 에(暣), 의(螠), 익(翼), 의(鐿)' 등의 글자들은 현대에서 모두 'yi'라고 읽으나, 각각 다른 단어를 나타낸다.

동음자는 한어의 동음사(同音詞)를 나타낼 때 필요하며, 자형에서 동음사를 구분해주는 작용을 한다. 예를 들어, '城市(chéngshi, 도시)'와 '成事(chéngshi, 성사시키다)'는 구두로는 구분하기가 어렵다. 그렇지만 서면으로는 한 눈에 바로 알 수 있다. 소리는 변하기 때문에, 각 시대의 동음자들이 완전히 같을 수가 없다. 동음자들은 각 시대의 음성체계에 따라 정해져야 한다. 예를 들어, 위에서 열거한 'yi'로 발음되는 '익(益), 이(肄), 일(逸), 의(議), 역(易)' 등의 글자들은 『광운(廣韻)』의 시대에서는 각각 석운(昔韻) 영뉴(影紐) 입성(入聲), 지운(至韻) 이뉴(以紐) 거성(去聲), 질운(質韻) 이뉴(以紐) 입성(入聲), 치운(眞韻) 의뉴(疑紐) 거성(去聲), 치운(眞韻) 이뉴(以紐) 거성(去聲)에 속하여, 같은 음이 아니었다.

2. 동의자(同義字)

동의자(同義字)는 의미는 같으나 나타내는 어휘가 다른 글자를 말한다. 예로, '첨(尖)'과 '예(銳)', '주(舟)'와 '선(船)', '단(丹)'과 '동(彤)' 등이 있는데, 이들은 본의는 각각 같지만, 서로 다른 단어에 속한다. 『설문해자』의 380개의 '호훈(互訓)'자[10]는 대부분이 동의자이다.

예컨대, "첨(詔)은 유(諛)와 같아 아첨하다[諛]는 뜻이다", "유(諛)는 첨(詔)과 같아 아첨하다[詔]는 뜻이다." "희(歆)는 허(歔)와 같아 흐느끼다[歔]는 뜻이다", "허(歔)는 희(歆)와 같아 흐느끼다[歆]는 뜻이다", "추(追)는 축(逐)과 같아 쫓다[逐]는 뜻이다", "축(逐)은 추(追)와 같아 쫓다[追]는 뜻이다", "교(橋)는 량(梁)과 같아 다리[梁]라는 뜻이다", "량(梁)은 교(橋)와 같아 다리[橋]라는 뜻이다", "봉(逢)은 우(遇)와 같아 만나다[遇]는 뜻이다", "우(遇)는 봉(逢)과 같아 만나다[逢]는 뜻이다", "기(饑)는 아(餓)와

---

10) 餘國慶, 『說文學導論』(合肥: 安徽教育出版社, 1995), 73쪽.

같아 굶주리다[餓]는 뜻이다", "아(餓)는 기(饑)아 같아 굶주리다[饑]는 뜻이다."는 식이다.

이상의 동의자는 부수가 같다. 부수가 다른 동의자가 더욱 많은데, 다음과 같다. "가(歌)는 영(詠)과 같아 읊다[詠]는 뜻이다", "영(詠)은 가(歌)와 같아 노래[歌]라는 뜻이다", "속(束)은 박(縛)과 같아 얽다[縛]는 뜻이다", "박(縛)은 속(束)과 같아 묶다[束]는 뜻이다", "두(頭)는 수(首)와 같아 머리[首]라는 뜻이다", "수(首)는 두(頭)와 같아 머리[頭]라는 뜻이다", "근(謹)은 신(慎)과 같아 삼가다[慎]는 뜻이다", "신(慎)은 근(謹)과 같아 삼가다[謹]는 뜻이다", "방(邦)은 국(國)과 같아 나라[國]라는 뜻이다", "국(國)은 방(邦)과 같아 나라[邦]라는 뜻이다", "도(逃)는 망(亡)과 같아 도망하다[亡]는 뜻이다", "망(亡)은 도(逃)와 같아 도망하다[逃]는 뜻이다", "문(問)은 신(訊)과 같아 묻다[訊]는 뜻이다", "신(訊)은 문(問)과 같아 묻다[問]는 뜻이다", "체(逮)는 급(及)과 같아 미치다[及]는 뜻이다", "급(及)은 체(逮)와 같아 미치다[逮]는 뜻이다." 동의자는 한어에서 단음절로 된 동의사(同意詞)를 나타내고 있다.

3. 독음과 의미가 모두 같은 글자

만약 일부 글자들의 독음과 의미가 모두 같다면, 그것은 실제로 동일한 단어를 나타내는 것이므로, 동사자(同詞字)라고도 부를 수 있다. 동사(同詞)가 또 형체가 같다면, 그것이 바로 동자(同字)인데, 글자 간 관계가 존재하지 않는다. 글자 간 관계에 있는 동사자는 형체가 다른 것에 그 분류가치가 존재한다. 그러므로 엄격하게 말하면 동사이형자(同詞異形字)라고 불러야 한다. 즉 독음과 의미는 같으나 형체가 다른 글자를 말한다. 앞에서 소개한 이양자(異樣字)[11], 이구자(異構字)[12]는 기사기능[記詞職能]으로 보면, 모두 독음과 의미가 같은 '동사이형자'에 속한다.

---

11) 예로, '타(朶)－타(朵)', '봉(峰)－봉(峯)', '대(大)－대(大)', '이(貳)－이(貳)', '국(国)－국(国)' 등이 있다.
12) 예로, '루(泪)－루(淚)', '적(迹)－적(跡)', '고(裤)－고(絝)', '촌(村)－촌(邨)', '계(鸡)－계(鷄)', '서(書)－서(书)', '멸(滅)－멸(灭)' 등이 있다.

4. 독음과 의미가 서로 관련이 있는 글자

만약 각각의 어휘를 나타내는 글자들의 독음과 의미가 완전히 같지 않다 해도 서로 밀접한 관계를 맺고 있다면, 그것은 동원사(同源詞)를 나타내는 동원자(同源字)가 된다. 동원자 관계는 한어의 동원사 관계에서 결정된다. 독음이 같고 의미가 비슷하거나, 독음이 비슷하고 의미가 같거나, 독음과 의미가 서로 통하는 경우이다. 부자계승과 같은 어원과 형제와 같은 어원이 존재한다. 동원자의 형체관계에는 세 가지 상황이 존재한다.13)

(1) 형체가 서로 관련이 없는 동원자

예를 들어, '관(貫; 毌)'과 '관(冠)'이 있다. 『설문해자』에서는 "관(冠)은 '말아서 묶다(絭)'는 뜻인데, 머리칼을 말아서 묶는 물건을 말한다. 고깔이나 면류관의 총칭이다. '멱(冖)'이 의미부이고 '원(元)'도 의미부인데, '원(元)'은 소리부도 겸한다. '관(冠)'을 쓰는 데는 법의 제도가 정해져 있기에 '촌(寸)'으로 구성되었다.(冠, 絭也, 所以絭髮. 弁冕之總名也. 從冖從元, 元亦聲. 冠有法制, 從寸.)"라고 설명하고 있다. 허신은 '관(冠)'의 독음과 의미가 '권(絭: 말아서 묶다)'에서 근원한다고 여겼다. 만약 이것이 성립이 된다면, '관(冠)'과 '권(絭)'도 형체가 서로 관련이 없는 동원자가 된다. 그러나 '권(絭)'의 본의는 '어깨에 걸어 메는 끈(攘臂繩也.)'이므로, 반드시 '관(冠)'과 직접적인 연관이 있는 것은 아니다. 그러므로 한(漢)나라 유희(劉熙)는 『석명(釋名)·석수식(釋首飾)』에서 "관(冠)은 '관(貫)'을 의미한다. '활팔찌를 당겨 쏘는 것'을 말한다.(冠, 貫也. 所以貫韜髮也.)"라고 또 다른 설을 제시하였다. 필원(畢沅)은 『석명소증(釋名疏證)』에서 "관(貫)은 '관(毌)'이다. 『설문해자』에서 '관(貫)'은 '천패(泉貝: 화폐)'라고 할 때의 관

---

13) 王寧, 「淺論傳統字源學」, 『訓詁學原理』(北京: 中國國際廣播出版社, 1996), 126~143쪽 참조.

(貫)이다. 즉, 물건을 꿰뚫어 그것을 들고 있는 모습이다. 가로로 꿴 모습으로, '관(冠)'과 같이 읽는다. 지금은 '관(貫)'자로 통용된다.(貫當做毌, 『說文』貫乃泉貝之貫, 則穿物持之也. 從一橫貫, 讀若冠. 今則通用貫字.)"라고 했다. 실제로 '관(毌)'은 진귀한 물품들이 서로 꿰어있는 형상을 본뜬 것이므로, '관(貫)'은 '관(毌)'에서 필획을 더한 이구자이며, 이 단어들은 동일한 어휘항목을 나타내고 있다. '관(冠)'과 '관(貫(毌))'은 고대에 같은 음이었는데, '관(冠)'은 비녀를 가로로 꿰뚫어야 고정될 수 있으므로, 여기에서 명칭이 생겼다. 이를 통해, '관(貫(毌))'과 '관(冠)'의 독음과 의미가 서로 관련이 있는 것은, 부자계승과 같은 동원자임을 알 수 있다.

또 예를 들면, '기(欺)'와 '휼(譎)'이 있다. 『설문해자』에서는 "기(欺)는 '속이다'는 뜻이다.(欺, 詐欺也.)"와 "휼(譎)은 '권력을 가지고 속이다'는 뜻이다.(譎, 權詐也.)"라고 설명하였다. 『시경·주남·관저(關雎)』의 서에는 "글을 수식하여 우회적으로 표현한다.(主文而譎諫.)"라고 되어 있는데, 정현(鄭玄)은 "휼간(譎諫)이라는 것은 노래를 읊음으로써 어긋난 것에 의지해서 직언을 하지 않는 것을 뜻한다.(譎諫, 詠歌依違不直諫.)"이라고 주석하였고, 공영달(孔穎達)은 "휼(譎)이라는 것은 '권력으로 속인다'는 말이다. 노래에 기탁하여 어긋난 것에 의지해서 표현하는 것이므로 역시 권력으로 속인다는 의미를 지닌다. 그러므로 '휼간(譎諫)'이라고 부르는 것이다.(譎者, 權詐之名. 托之樂歌, 依違而諫, 亦權詐之義, 故謂之譎諫.)"라고 주석하였다. 이를 통해, '기(欺)'는 일반적인 속임수인데 반해, '휼(譎)'은 정치적인 기만 즉 '계략을 꾸미고, 비정상적인 수단을 채택한다.'는 의미임을 알 수 있다. 이들은 '일반적인 바른 도가 변해 진실한 상황을 숨기다'는 공통된 의미를 가지고 있다. 소리는 '기(欺)'는 계뉴(溪紐) 해운(咍韻)이고, '휼(譎)'은 견뉴(見紐) 설운(屑韻)인데, '계(溪)'와 '견(見)'은 이웃하고 있고, '해(咍)'와 '설(屑)'은 대구를 이뤄 바꿀 수 있으므로, 독음이 서로 비슷하다. 독음이 비슷하고 의미가 통하니, 실제로 같은 뿌리에서 나왔다고 할 수 있으므로, 형제와 같은 동원자(同源字)라고 할 수 있다.

(2) 소리부가 같은 동원자

원사(源詞)에서 새로운 단어가 파생될 때, 새로운 글자를 파생시켜 원사와 파생단어로 분화된다. 파생된 글자는 원사의 본자를 소리부로 하고 있으나 의미부를 달리 더해 구성된 것이다. 그리하여 소리부가 같은 두 개의 동원자(同源字)가 생성되었다. 하나는 부자계승 관계이다. 예를 들면, ‘해(解)’와 ‘해(懈)’가 있다. 『설문해자』에서는 “해(解)는 ‘가르다[判]’는 뜻이다. 칼로 소의 뿔을 가르는 형상이다.(解, 判也. 從刀判牛角.)”, “해(懈)는 ‘게으르다[怠]’는 뜻이다. ‘심(心)’이 의미부이고, ‘해(解)’가 소리부이다.(懈, 怠也. 從心, 解聲.)”라고 설명하고 있다. 지금 ‘해(解)’는 ‘분해하다[分解]’는 의미로 사용되고 있는데, 『장자·양생주(養生主)』의 “백정이 문혜군(文惠君)을 위해 소를 갈랐다.(庖丁爲文惠君解牛)”라는 구절에서 ‘해(解)’는 딱 본의(本義)를 나타내고 있으며, 여기에서 ‘열다[解開]’, ‘늦추다[放松]’, ‘느슨하다[松散]’ 등의 의미가 파생되었다. 그 중에서 ‘마음의 응어리를 분해하는’ 의미항목을 가리켜 새로운 글자인 ‘해(懈)’가 파생되었다. ‘해(懈)’자의 형체는 원사의 본자인 ‘해(解)’를 소리부로 하고 있다. 다른 하나는 형제관계이다.

예로, 『설문해자』에서는 “사(𤺋)는 ‘흩어지는 소리’를 말한다. ‘녁(疒)’이 의미부이고, ‘사(斯)’가 소리부이다.(𤺋, 散聲. 從疒, 斯聲.)”, “사(澌)는 ‘물이 잦다’는 뜻이다. ‘수(水)’가 의미부이고, ‘사(斯)’가 소리부이다.(澌, 水索也. 從水, 斯聲.)”, “시(凘)’는 ‘물위에 떠내려가는 얼음’이라는 뜻이다. ‘빙(仌)’이 의미부이고, ‘사(斯)’가 소리부이다.(凘, 流冰也. 從仌, 斯聲.)”라고 설명하고 있다. 『유편(類篇)』에서는 다음과 같이 밝히고 있다. “시(撕)’는 ‘쪼개다[折]’는 뜻이다.(撕, 折也.)”, “시(嘶)’는 ‘말이 우는 것’을 말한다.(嘶, 馬鳴.)”, “시(廝)는 산(山)과 의(宜)의 반절로 읽고, ‘쪼개다[析]’는 뜻이다. 또 ‘상(相)’과 ‘지(支)’의 반절로 읽고, ‘풀을 헤쳐 말을 기르는 것’을 뜻한다.(廝, 山宜切, 析也. 又相支切, 析薪養馬者.)”, “시(簛)는 ‘대나무로 만든 용기’이다. 굵은 것을 취하고 가는 것을 버릴 수 있다.(簛, 竹器也. 可以取粗去細.)”, “사(鏩)’는 ‘나무를 평평하게 만드는 도구’이다. 『석명』에는 '자귀로 다듬으면 높고 낮은 흔적이 남기 때문에, 대패로 밀어 그것을 평평하게 다듬는다.'라고 밝히고 있다.(鐋, 平木器.『釋名』: '斤有 高下之跡, 鐋彌而平之.')"라고 했다. 지금, 이 글자들은 모두 '사(斯)'를 소리부로 하고 있으며, '분산(分散)하다, 분리(分離)하다'는 의의소를 가지고 있다. '수색(水索)'은 '작은 물줄기가 흩어지면서 사라지는 것'을 말하고, '유빙(流冰)'은 '해동되면서 떨어져 나온 작은 얼음덩어리'를 말한다. 또 '마명(馬鳴)'은 '소리가 쉬면서 갈리는 것'을 말하고, '취조거세(取粗去細)' 는 '굵고 가는 것을 분리해내는 것'을 말한다. '대패[鐋]'도 높게 튀어 나 온 나무를 깎아 평평하게 만드는 작용을 한다. 이를 통해, 이것들은 소 리가 비슷하고 의미가 통하며, 실제로 이 단어들은 동일한 아버지에서 태어난 것과 같이, 독음과 의미가 모두 '사(斯)'에서 근원하고 있다는 것 을 알 수 있다. 『설문해자』에서는 "사(斯)는 '가르다[析]'라는 뜻이다. '근 (斤)'이 의미부이고, '기(其)'가 소리부이다. 『시(詩)』에서 '도끼로 가르네' 라고 말하고 있다.(斯, 析也. 從斤, 其聲.『詩』曰: '斧以斯之'.)"라고 밝히고 있다.

(3) 같은 형체를 가진 동원자

새 단어가 파생될 때, 새로운 자형의 분화 없이 원사(源詞)의 자형을 겸용하기도 하는데, 이것은 몇 개의 동원사(同源詞)가 하나의 자형을 같 이 사용하는 현상을 초래하였다. 그것들은 동구동형자(同構同形字) 관계 일 뿐만 아니라, 또 동원자 관계이기도 하다. 예를 들어, '수(數)'자에는 네 개의 독음이 있는데, 각자 서로 다른 의미항목을 담당하고 있다. 실 제로 다음과 같은 네 개의 어휘를 대표한다. '수(數)1'는 음이 'shù'이며, 기본의미는 '숫자'이다. '수(數)2'는 음이 'shǔ'이고, 기본의미는 '계산하다' 이다. '수(數)3'는 음이 '삭'(shuò)이고, 기본의미는 '여러 번'이다. '수(數)4' 는 음이 'cù'이고, 기본의미는 '세밀하다'이다. 이 네 개의 단어는 독음이 비슷하고, 의미가 서로 관련이 있으며, 자형이 같으므로, 동형동원자(同 形同源字)이다. 앞에서 말한 파생동구자(派生同構字)는 실제로 동형동원 자로 간주할 수 있는데, 이는 분류하는 관점이 다를 따름이다.

제4절 기능체계에서의 글자 간 관계(하)

본 절에서는 '글자―어휘항목'체계의 글자 간 관계, 다시 말해 한자를 사용하는 상태에서 기능의 속성 관계에 대해 서술하고자 한다. 문헌에서 개체 한자의 기능은 랑그 체계에서의 어휘항목에 대응된다. 어휘항목은 한 개의 의미항목만 있는 부호이다. 글자가 어휘항목을 나타낼 때, 글자의 기능에서 두드러지게 나타나는 것은 어휘항목의 의미로, 독음이 부호의 형식인 것은 중요하지 않다. 구체적인 언어 환경에서, 어떤 글자가 어휘항목을 나타낼 때, 의미는 명확한데 독음이 명확하지 않기 때문에, 글자가 어휘항목의 같은 점과 다른 점을 나타내는 것은 실제로 '의미항목'의 같은 점과 다른 점을 나타내는 것이다.

앞에서 말했듯이, 한자를 사용하는 상황은 세 가지가 있다. 첫째, 본용(本用)은 본자(本字)를 사용하여 본사(本詞)를 나타내는 것이다. 둘째, 겸용(兼用)은 본자를 사용하여 파생단어를 나타내는 것이다. 셋째, 차용(借用)은 차자(借字)를 사용하여 타사(他詞)를 나타내는 것이다. 그러나 파생단어는 단어의 의미가 파생된 결과로서, 파생단어에 전용 글자[專用字]가 없는 상황에서, 원사의 본자를 사용하여 같이 나타내므로, 실제로 이 또한 본용이라고 할 수 있다. 이렇게, 한자가 문헌에서 실제로 의미를 나타내는 기능은 본용(本義, 파생의미)과 차용(借義를 나타낸다)이라는 두 가지로 합칠 수 있다. 이와 상응되게, 한자의 사용속성도 본자(本字)[14]와 차자(借字)[15]라는 두 가지만 존재한다. 종합해보면 문헌에서 구체적으로 한자를 사용하는 기능은 본자본용(本字本用)과 차자차용(借字借用)이라는 두 가지로 개괄할 수 있다.

예로, "배우고 때때로 그것을 익히니, 또한 기쁘지 아니한가.(學而時

---

14) 형체구조와 어휘항목의 의미는 직접적으로 관련이 있거나 간접적으로 관련이 있다.
15) 형체구조와 어휘항목의 의미가 관련이 없다.

習之, 不亦說乎.)"라는 구절에서 '학(學), 시(時), 습(習), 열(說)'은 본자의 본용에 속하고, '이(而), 지(之), 불(不), 역(亦), 호(乎)'는 차자의 차용에 속한다. '글자―어휘항목'체계의 글자 간 관계는 문헌에서 개체 자부(字符)가 '의미항목'의 같은 점과 다른 점의 관계를 나타내는 것을 말한다. 의미항목이 같은 것을 나타내는 것은 동용관계(同用關系)이고, 의미항목이 다른 것을 나타내는 것은 이용관계(異用關系)이다. 동용(同用), 이용(異用) 관계를 구성하는 속성은 한자의 사용기능에 있기 때문에, 아래에 자부(字符)의 사용기능속성에 따라 각각 동용(同用)과 이용(異用)이라는 구체적인 상황으로 구분하였다.

1. 이자동용(異字同用) 관계

동용관계는 몇 개의 자부(字符)가 동일한 의미항목을 나타내는 것을 말한다. 만약 문헌에서 서로 다른 위치에 나타난 동일한 자부(字符)가 동일한 의미항목을 나타낸다면, 동자동용(同字同用)에 속한다. 동용관계라고 해도, 보편적으로 존재하는 것이라서 고찰할 가치는 그렇게 없다. 우리가 중점적으로 고찰하고자 하는 것은 이자동용(異字同用)의 관계이다. 이는 서로 다른 글자들이 동일한 의미항목을 나타내는 것을 말한다. 동일한 의미항목을 나타낸다는 조건에서, 그것들의 사용기능속성은 사용하는 각 자부(字符) 사이에서 아래와 같이 몇 가지 대응관계가 존재한다.

(1) 본자와 본자동용(本字同用)

몇 개의 자형은 각각 동일한 의미항목을 기록하는데, 이 의미항목에서 이 자형들은 모두 그것의 본자들이다. 이러한 자형들에서, 그것들이 나타내는 이 의미항목은 모두 각 글자의 기능의 본용에 속한다. 본자의 어원과 글자와 단어의 대응관계로 보면, 두 종류와 네 가지 상황으로 나눌 수 있다.

① 동사(同詞)의 서로 다른 본자동용(本字同用)

(a) 이형본자(異形本字)~이형본자

몇 개의 본자는 원래 동일한 어휘이지만 형체가 서로 다른 글자에 대응된다. 다시 말하면, 앞 절에서 말한 동사이형자(同詞異形字) 혹은 동사이구자(同詞異構字)를 의미한다. 문헌에서 동일한 어휘의 서로 다른 형체를 선택해서 동일한 의미항목을 나타낼 때, 자형과 어휘항목의 의미가 관련되어 있기 때문에, 서로 다른 이러한 형체들은 동일한 의미항목에서 모두 본자가 된다. 예로, 『논어·팔일(八佾)』제12장에 "제사에 임해서는 그 선조가 계신 듯이 하고, 신에게 제사지낼 때도 그 신이 있는 듯이 하였다.(祭如在, 祭神如神在.)"16)라는 구절이 있다. 여기에서 '신(神)'자는 정주(定州)의 한(漢)나라 무덤의 죽간본(竹簡本)『논어』46호 죽간에 '신(㮾)'이라고 써져 있다. 지금에 따르면, '신(㮾)'자는 바로 『설문해자』의 '신(禈)'자이다. 허신은 "신(禈)은 '신(神)'이라는 뜻이다. 귀(鬼)'가 의미부이고, '신(申)'이 소리부이다.(禈, 神也. 從鬼, 申聲.)"라고 해석하였다. 청(淸)나라 유월(俞樾)은 『제자평의보록(諸子平議補錄)』에서 "산신(山禈)을 말한다. '신(禈)'는 바로 '신(神)'의 또 다른 글자이다.(山禈也. 禈即神之異文.)"라고 하였다. 여기에서 말하는 이문(異文)은 실제 동사이형자(同詞異形字)이다. '신(禈)'과 '신(神)'은 의미부가 다르고, '신(禈)'과 '신(㮾)'은 구성성분의 배치가 다르다. 그러나 그것들의 형체는 모두 '신령(神靈)'의 의미와 서로 관련이 있다. 파롤의 체계에서 동일한 단어에 대응하고 있고, 『논어』라는 문헌에서 동일한 의미항목을 나타내고 있기에, 모두 본자의 본용에 속한다.

(b) 고본자(古本字)~새롭게 만든 본자[重造本字]

어떤 글자는 타사(他詞)를 기록하는데 빈번하게 사용되거나 혹은 본사(本詞)에서 파생하여 분화할 필요가 있다. 그리하여 이 글자의 본용의

---

16) (역주) 임동석, 『논어1』(서울: 동서문화사, 2009), 224쪽.

의미를 위해 새롭게 본자를 만들어 내었다. 그래서 원자(原字)는 더 이상 본용이 아니고, 차용이나 겸용의 기능만을 담당하게 되지만, 실제로는 원자(原字)가 여전히 본용의 현상을 지니고 있다. 예로, 앞글에서 여러 번 언급한 '막(莫)'자는 본용이 '해질 무렵'을 나타내는 것이며, 이와 동시에 대명사와 부정사로 차용되었다. 본용과 차용을 구분하기 위해서, 그 본의에 본자인 '모(暮)'를 다시 만들었다. 또 '익(益)'자를 예로 들면, '가득차서 넘치다'는 게 본의인데, '이익', '이익을 증가시키다'라는 뜻으로 파생되었다. 본용과 겸용을 구분하기 위해, 그 본의에 본자인 '일(溢)'을 다시 만들었다. '해질 무렵'이라는 의미항목에서, '막(莫)'이 본자이지만, '모(暮)'도 본자이다. '가득차서 넘치다'라는 의미항목에서, '익(益)'이 본자이지만, '일(溢)'도 본자이다. 왜냐하면 그것들의 형체를 구성하는 의미가 모두 어휘항목의 의미와 밀접한 관련이 있기 때문이다.

필자는 최초의 본자인 '막(莫)'과 '익(益)'을 고본자(古本字)라고 부르고, 뒤에 생긴 본자인 '모(暮)'와 '일(溢)'을 새롭게 만든 본자[重造本字]라고 부른다. 고본자와 새롭게 만든 본자는 동일한 어휘를 나타내기 위해 만들어졌다. 이들은 본용의 기능이 완전히 같으나, 형체와 생성시대가 다를 뿐이다. 만약 우리가 본용의 관점에서만 문제를 살펴본다면, '막(莫)'과 '모(暮)', '익(益)'과 '일(溢)'은 실제로 통시적 관계를 형성하는 동사이형자(同詞異形字)라고 말할 수 있다. 따라서 이들이 본의를 나타낼 때는 본자라고 할 수 있다.

고본자의 차용과 겸용은 실제로 몇 개의 자부(字符)가 하나의 형체를 같이 사용하는 것이다. 즉, '막(莫)'의 형체는 본용의 '막(莫)1'과 차용의 '막(莫)2'으로 나눌 수 있으며, '익(益)'의 형체도 본용의 '익(益)1'과 겸용의 '익(益)2'으로 나눌 수 있다. 그렇다면 본용의 고본자 '막(莫)1', '익(益)1'과 새롭게 만든 본자 '모(暮)', '일(溢)'은 기능이 완전히 같으면서 동일한 어휘를 나타내는 이형자가 된다. 이와 유사한 관계의 글자들로는 '타(它)—사(蛇)', '지(止)—지(趾)', '책(責)—채(債)', '채(采)—채(採)', '봉(奉)—봉(捧)', '연(然)—연(燃)', '공(共)—공(供)', '유(酉)—주(酒)', '원(員)—원(圓)' 등이 있다.

② 이사(異詞)의 서로 다른 본자동용(本字同用)

(a) 동의본자(同義本字)~동의본자

동의자(同義字)는 의미는 같으나 대응하는 어휘가 다른 글자를 말한다. 본의인지 파생의미인지 관계없이, 하나의 의미항목(借義제외)만 같다면, 동의자라고 간주할 수 있다. 예를 들어, '치(治)'와 '리(理)', '세(世)'와 '대(代)'는 파생한 의미항목이 같다. '원(元)'과 '시(始)', '대(大)'와 '경(京)'은 본의와 파생의미가 같다. 이렇게 서로 같은 의미항목을 가진 동의자가 문헌에서 동일한 의미항목을 나타낼 때는 상호 대체할 수 있다. 동의자가 서로 다른 어휘항목을 나타낸다 해도, 자신이 나타내는 의미항목에 각각의 글자들은 본의인지 파생의미인지 상관없이 모두 본자의 본용에 속한다.

예로, 『논어·팔일(八佾)』에 "나라의 임금이라야 새문(塞門)을 세울 수 있거늘, 관씨도 새문을 세웠고, 나라의 임금이라야 다른 임금과 호교(好交)에 반점(反坫)을 두는 법이거늘, 관씨 역시 반점을 만들었으니, 그러한 관씨가 예를 안다고 하면 그 누구를 예를 모르는 자라고 하리오?(邦君樹塞門, 管氏亦樹塞門. 邦君爲兩君之好有反坫, 管氏亦有反坫. 管氏而知禮, 孰不知禮?)"[17]라는 구절이 있다. 여기에서 '방(邦)'자는 정주(定州)의 한(漢)나라 무덤의 죽간본(竹簡本)인 『논어』 제59호에 '국(國)'이라고 써져 있다. 『설문해자』에는 "국(國)은 '나라[邦]'라는 뜻이다. '위(口)'와 '혹(或)'으로 구성되어 있다.(國, 邦也. 從口從或.)", "방(邦)은 '나라[國]'라는 뜻이다. '읍(邑)'이 의미부이고, '봉(丰)'이 소리부이다.(邦, 國也. 從邑丰聲.)"라고 설명되어 있다. 이를 통해, '방(邦)'과 '국(國)'은 본의가 서로 같은 동의자임을 알 수 있다.

『논어·자로(子路)』에 "한말이나 한말 두되 정도 도량의 사람들을 어찌 더 이상 헤아리겠는가?(斗筲之人, 何足算也?)"라는 구절이 있다. 이중에서 '산(算)'자는 정주(定州)의 한(漢)나라 무덤의 죽간본(竹簡本)인 『논어』 제350호에 '수(數)'라고 써져 있다. 『설문해자』에는 "산(算)은 '헤아리

---

17) (역주) 임동석, 『논어1』(서울: 동서문화사, 2009), 251쪽.

다[數]'는 뜻이다. '죽(竹)'과 '구(具)'로 구성되어 있다.(算, 數也. 從竹從具.)", "수(數)는 '계산하다[計]'는 뜻이다. '복(攴)'이 의미부이고, '루(婁)'가 소리부이다.(數, 計也. 從攴, 婁聲.)"라고 설명되어 있다. '산(算)'과 '수(數)'의 본의는 비슷하지만, 이 구절에서는 '추측하다', '평가하다'는 뜻으로 파생되었으므로, 파생의미가 같은 동의자라고 간주해야 한다. 『논어·위정(爲政)』에 "큰 수레에 끌채가 없고 작은 수레에 끌채 끝이 없다면 어찌 갈 수가 있겠는가?(大車無輗, 小車無軏, 其何以行之哉!)"[18]라는 구절이 있다. 여기에서 '거(車)'자는 정주(定州)의 한(漢)나라 무덤의 죽간본(竹簡本)인 『논어』 제31호에 '여(輿)'라고 써져 있다. 또 『미자(微子)』편에 "무릇 수레를 잡은 자가 누구인가?(夫執輿者爲誰?)"라는 구절이 있다. 여기에서 '여(輿)'자는 정주(定州)의 한(漢)나라 무덤의 죽간본(竹簡本)인 『논어』 제557호에 '거(車)'라고 써져 있다. 그래서 '여(輿)'의 본의가 '찻간'이므로 '거(車)'와 같은 뜻이 아니라는 것을 알고 있다. 그러나 앞의 예문에서 '여(輿)'자의 일부가 전체를 대신해서 '거(車)'의 의미로 파생되었다. 그리고 뒤의 예문에서 '거(車)'자의 어의범위는 축소되어 '여(輿)'를 가리키게 되었으므로, 이 두 예문에서의 '거(車)'와 '여(輿)'는 각각 본의와 파생의미가 같은 동의자가 된다.

　일부 동원자(同源字)들은 어의가 파생되어 변했으므로, 상호 간에도 의미항목이 같은 것들을 만들 수 있다. 문헌에서 만약 이렇게 형태가 다른 동원자를 사용하여 동일한 의미항목을 나타낸다면, 그것은 동의본자(同義本字) 관계라고 간주할 수 있지만, 동의자의 소리가 같거나 비슷한 것에 불과하다. 예를 들어, '명(命)'과 '령(令)'은 때로 '파견하다', '시키다'라는 의미를 나타낼 때 서로 바꿔 사용할 수 있다. 이는 본자를 사용한 동의 관계로 간주해야 한다.

　(b) 원본자(源本字)~분화본자(分化本字)
　단어의미의 파생은 새로운 단어를 파생시킬 수 있다. 파생된 새로운 단어를 나타낼 때, 원사(源詞)의 본자를 겸용할 수도 있고, 다른 본자를

---

18) (역주) 임동석, 『논어1』(서울: 동서문화사, 2009), 182쪽.

만들 수도 있다. 다른 본자를 만들 때는 종종 원사의 본자의 토대위에서 구성성분을 더하거나 바꿈으로 해서 분화되어 이루어진다. 필자는 원사를 나타내는 본자를 원본자(源本字)라고 부르고, 파생단어를 나타내는 분화자를 분화본자(分化本字)라고 부른다. 만약 원본자와 분화본자가 연이어서 혹은 동시에 동일한 의미항목을 나타낸다면, 그것들은 동용(同用) 관계로 구성된 것이다.

예를 들어, '부(赴)'는 '달리다'는 의미에서 '초상을 알리다'는 의미로 파생되었다. '초상을 알리다'는 의미가 새로운 단어로 파생되었을 때, 형식면에서도 새로운 본자인 '부(訃)'가 분화되어 나왔다. '초상을 알리다'는 의미에서 '부(赴)'는 원본자[19]가 되고, '부(訃)'는 분화본자가 되는데, 형식과 의미가 모두 관련이 있고, 문헌에서 같이 사용할 수 있다. 다시 예를 들면, '취(取)'는 '잘라서 가지다', '취득하다'가 본의인데, '아내를 취하다'는 의미로 파생되었으나, 처음에는 모두 '취(取)'를 사용하여 나타내었다. 『시경·빈풍·벌가(伐柯)』에 "장가들려면 어떻게 하지? 중매인 아니면 안 되는 거지.(取妻如何? 匪媒不得.)"[20]라는 구절이 있다. 이후에 '취(娶)'가 분화되어, '아내를 얻다'는 의미에만 사용되었다. 원본자인 '취(取)'와 분화본자인 '취(娶)'는 '아내를 얻다'는 의미를 나타낼 때 같이 사용하였다.

이와 유사한 관계의 글자들로는 '지(知)─지(智)', '해(解)─해(懈)', '혼(昏)─혼(婚)', '인(因)─인(姻)', '미(眉)─미(湄)', '반(反)─반(返)', '금(禽)─금(擒)', '내(內)─납(納)', '견(見)─현(現)', '취(臭)─후(嗅)/추(殠)', '장(張)─창(漲)/창(脹)/장(帳)' 등이 있다. 이들의 특징은 원본자와 분화본자 사이에 독음과 의미의 연결이 내재되어 있다는 점이다. 분화본자가 대표하는 어휘는 원본자가 나타내는 어휘에서 파생되어 나온 것이다. 따라서 이들은 동원자(同源字)이면서 동원사(同源詞)도 된다. 이들이 동일한 의미항목을 나타낼 때, 원본자는 원사에서의 한 의미항목을 나타내고, 분화본자는 파생단어의 의미항목을 나타낸다. 이 두 개의 의미항목은 같은 의미이지만, 서로 다른 단어에 속한다.

---

19) 본자(本字)를 사용하여 파생의미를 나타내었다.
20) (역주) 김학주 역저, 『시경』(서울: 동문선, 2010), 436쪽.

(2) 본자와 차자동용(借字同用)

동일한 의미항목을 나타내는 서로 다른 용자(用字) 중에서, 어떤 것은 본자이고, 또 어떤 것은 통가자 혹은 가차자이기 때문에, 본용과 차용 혹은 차용과 본용의 글자 간 관계를 형성한다.

① 본자~통가자

통가자는 다른 본자가 있는 차자(借字)를 말한다. 본자와 통가자는 문헌에서 동일한 의미항목을 나타낸다. 문헌을 벗어나, 의미항목이 불분명한 상황에서는 통가자가 상관이 없다. '용(頌)'자는 '혈(頁)'이 의미부이고, '공(公)'이 소리부로서, '얼굴'이 본의이다. '용(容)'자는 '면(宀)'과 '곡(谷)'으로 구성되어, '용납하다'가 본의이다. 이는 서로 다른 두 개의 자부(字符)이다. 그러나 '용(容)'은 '용(頌)'으로 통가될 수 있기 때문에, '얼굴'이라는 의미에서 본자인 '용(頌)'과 통가자인 '용(容)'은 같이 사용되는 관계가 된다.

예로, 『한서·유림전(儒林傳)·모공(毛公)』에 "(노나라) 서(徐)씨는 얼굴로 예관대부가 되었다.([魯]徐生以頌爲禮官大夫.)"라는 구절이 있다. 한유(韓愈)는 『독고신숙애사(獨孤申叔哀辭)』에서 "그 음성은 들리는 듯 하고, 그 얼굴은 보이는 듯 하다.(如聞其聲, 如見其容.)"라고 했다. '용(頌)'과 '용(容)'이 모두 '얼굴'이라는 뜻으로 쓰인 것이다. '용(容)'은 '용납하다'는 의미에서 '용인하다', '너그럽다'는 뜻으로 파생될 수 있었다. 예로, 『사기·회남형산열전(淮南衡山列傳)』에 "형제 두 사람은 서로 용납하지 못했나.(兄弟二人不能相容.)"라는 구절이 있다. '용(頌)'은 '용(容)'으로 통가될 수 있으며, 마찬가지로 '너그럽다'는 뜻을 가지게 되는데, 예로, 『한서·형법지(刑法志)』에 "나이가 80세 이상, 8세 이하 및 아직 아이를 낳지 않은 임산부, 스승, 난쟁이를 감옥에 가둘 때, 이들에게 형구를 채우지 않는다.(年八十以上, 八歲以下, 及孕者未乳, 師, 朱儒, 當鞠系者, 頌系[21]之.)"라

---

21) (역주) 체포되거나 옥에 가두는 자들은 모두 형구를 차야 되지만, 늙은이, 어린이, 장애인, 부녀자 등은 죄를 저질러도 형구를 채우지 않는다. 이를

는 구절이 있다. 안사고(顏師古)는 "용(頌)은 '용(容)'으로 읽는다. '용(容)'은 너그럽게 차꼬와 수갑을 채우지 않는 것을 말한다.(頌讀曰容. 容, 寬容之, 不桎梏.)"라고 주석했다. 이렇게 '용인하다', '너그럽다'는 의미에서, '용(容)'은 본자가 되고, '용(頌)'은 통가자가 되어, 같이 사용하는 관계가 된다. '송(頌)'은 '송(訟)'으로 통가될 수 있는데, '송(訟)'은 '찬양하다'가 본의이다.22) 예로, 『한비자·고분(孤憤)』의 "이런 까닭으로 제후들도 그에게 의미하지 않으면 일이 잘 되지 않으므로 상대국들은 그를 위하여 칭송해주게 된다.(是以諸侯不因則事不應, 故敵國爲之訟.)"23)가 있다. '송(頌)'도 '찬양하다'라는 의미를 나타낼 수 있는데, 예로 『순자·천론(天論)』의 "하늘을 따르면서 그것을 기리는 것과 하늘로부터 타고난 것을 처리하면서 그것을 이용하는 것은 어느 쪽이 더 낫겠는가?(從天而頌之, 孰與制天命而用之.)"24)가 있다. 그래서 본자인 '송(訟)'과 통가자인 '송(頌)'은 '찬양하다'는 의미에서 또 같이 사용된다. '송(頌)'은 '송(誦)'으로도 통가되어, '읽다'는 의미를 나타낼 수 있는데, 예로, 『맹자·만장하(萬章下)』의 "그 시를 읊고, 그 책을 읽는다면, 그 사람을 모를 리가 없지 않은가?(頌其詩, 讀其書, 不知其人, 可乎?)"가 있다. 이렇게 통가자인 '송(頌)'과 본자인 '송(誦)'도 같이 사용할 수 있는 것이다. 만약 계속해서 연계가 된다면, '용(容)', '용/송(訟)', '송(誦)'은 통가자가 되어, 그 밖의 본자와 같이 사용하는 관계가 형성될 수 있다.

② 가차자(假借字)~이후에 만든 본자[後造本字]

어떤 단어에 원래부터 본자가 없었다면, 가차자를 사용하여 나타낸다. 이후에 가차자의 기능을 분화시키기 위해, 어떤 단어를 대신해서 전문적으로 사용하는 본자를 만들어낸다. 원칙적으로 원래의 가차자를 다시 사용할 수 없지만, 실상은 원래의 가차자는 이후에 만든 본자가 출현한 이후에도 여전히 그것의 차용기능을 계속할 수 있었다. 이렇게 공

'頌系'라고 부른다.

22) '소송을 일으키다'의 '訟'은 同形字이다.

23) (역주) 이운구 옮김, 『한비자』(파주: 한길사, 2002), 177쪽.

24) (역주) 김학주 옮김, 『순자』(서울: 을유문화사, 2001), 491쪽.

시적인 관점에서 본다면, 이들을 본자와 통가자의 관계로 간주할 수 있다. 그런데 통시적인 관점에서 본다면, 그것은 가차자와 이후에 만든 본자가 같이 사용되는 관계를 형성하는 게 된다.

예로, '위(胃)'는 일찍이 '말로 일컫다'의 '위(謂)'로 광범위하게 차용되었다. 동주(東周)시대의 「길일임오검(吉日壬午劍)」에 새겨진 '그것을 소허(少虛)라고 말한다(胃之少虛)'라는 명문, 전국(戰國)시기 장사(長沙) 초(楚)나라 백서(帛書), 서한(西漢) 전기의 장사(長沙)의 마왕퇴백서(馬王堆帛書)에서는 '위(胃)'를 가지고 '말로 일컫다'라는 의미를 많이 나타내었다. 그러나 진(秦)나라 죽간에는 이미 '위(謂)'자가 보이므로, 이는 진(秦)나라에서 한(漢)나라로 넘어가는 시기에 '위(胃)'와 '위(謂)'가 '말로 일컫다'는 의미를 나타낼 때는 임의로 선택해서 사용했다는 것을 알 수 있다. 그런데 『설문해자』이후에는 '위(胃)'자가 더 이상 '위(謂)'로 차용되지 않았다. 그렇다면 선진(先秦)시기의 가차자인 '위(胃)'와 진한(秦漢)시기에 출현한 본자인 '위(謂)'는 문헌에서 '말로 일컫다'는 의미항목을 나타낼 수 있었기 때문에, 같이 사용하는 관계를 형성한다.

마찬가지로, 모(母)와 무(毋), 기(氣)와 걸(乞), 소(蘇)와 소(甦), 벽(辟)과 벽(壁)·비(臂)·비(譬)·폐(璧), 채(采)와 채(彩)·채(菜)·채(睬), 모(牟)와 모(眸)·모(牸)·모(侔)·모(悴) 등이 문헌에서 같이 사용된다면, 이들은 모두 가차자와 이후에 만든 본자가 같이 사용되는 관계에 속하게 된다. 물론, 상응하는 본자의 유무에만 관심을 두고 본자인지 뒤에 만든 본자인지 상관이 없다면, 이렇게 같이 사용되는 관계를 본자와 통가자가 같이 사용된다고 간주할 수 있다.

(3) 차자(借字)와 차자동용(借字同用)

문헌에서 어떤 의미항목을 나타내는 서로 다른 자형들은 이 의미항목의 본자가 아니라, 통가자이거나 가차자이다. 이 의미항목에 있어, 몇 개의 자형 간에는 차용과 차용의 관계가 형성되는데, 구체적으로 두 가지 상황이 포함된다.

① 통가자(通假字)~통가자

어떤 단어에 본자가 있는 상황에서, 문헌에서 본자를 사용하지 않고, 여러 개의 통가자(通假字)를 각각 차용하여 이 단어의 동일한 의미항목을 나타낸다.

예로, 앞에서 언급한 '방금[剛剛]', '겨우[僅僅]' 등의 함의를 가진 부사 'cái'는 그 본자가 '재(才)'인데, 이 의미들은 '재(才)'의 '처음'이라는 의미에서 파생되어 나왔다. 그러나 문헌에서 'cái'의 '방금[剛才]'이라는 의미항목을 나타낼 때, '재(纔)'자, '재(財)'자, '재(裁)'자를 통가하여 나타낼 수도 있다. '재(纔)', '재(財)', '재(裁)'는 그 본의가 각각 다르다 할지라도, 실제로 사용될 때는 '재(才)'의 통가자가 되어, '방금[剛才]'의 의미를 나타낼 수 있다. 따라서 그것들은 일정한 범위 안에서 동용(同用) 관계가 형성된다.

다시 예를 들면, 앞에서 언급한 '송(頌)'은 '송(訟)'으로 통가되어, '찬양하다'는 의미를 나타낼 수 있다. 실제로 문헌에서는 '송(誦)'도 '찬양하다'는 의미의 '송(訟)'으로 통가될 수 있다. 예로 『사기·진시황본기(秦始皇本紀)』의 "태산(泰山)에 올라 동쪽 끝까지 둘러보셨다. 따르던 신하들은 지난 일을 회상하며 이 같은 공업을 세우게 된 근원을 추구하여 삼가 그 공덕을 찬양하였다.(登茲泰山, 周鑒東極, 從臣思跡, 本源事業, 祇誦功德.)"[25]가 있다. 이렇게 '송(頌)'과 '송(誦)'은 모두 '송(訟)'으로 통가되어 '노래'라는 의미를 나타낼 수 있다. 그러므로 같이 사용되는 관계가 형성된다.

예를 들면, 문헌에서 '패(孛)', '비(費)'자가 '매(昧)'로 통가되어 '어둡다'는 의미를 나타내고, '시(矢)'와 '서(逝)'가 '서(誓)'로 통가되어 '맹세하다'는 의미를 나타내며, '리(李)'와 '리(理)'가 '리(吏)'로 통가되어 '관리'라는 의미를 나타내는 것과 같다. 이들은 통가자(通假字)와 통가자가 같이 사용되는 관계를 형성한다.

---

25) (역주) 김영수 옮김, 『사기본기』(파주: 알마, 2012), 52쪽.

② 가차자(假借字)~가차자

2인칭 대명사인 '여(女)'와 '여(汝)'는 본래 그 글자의 가차자가 없었다. 이들은 문헌에서 동일한 의미항목을 나타내기 때문에, 같이 사용되는 관계를 형성한다. 이와 유사한 글자들은 매우 많다. 본자가 없는 3인칭 대명사인 'bǐ'는 문헌에서 보통 본의가 '왕(往)과 같아 더해지는 바가 있다는 뜻이다(有所加).'라는 '피(彼)'자로 가차되는데, 『맹자·등문공상(滕文公上)』의 "그도 대장부이고, 저도 대장부인데, 제가 어찌 그를 두려워하겠습니까?(彼, 丈夫也, 我, 丈夫也. 吾何畏彼哉!)"를 예로 들 수 있다.

또 본의가 '가죽을 발라내다'인 '피(皮)'자로 가차되기도 하는데, 『마왕퇴한묘백서(馬王堆漢墓帛書)·노자갑본(老子甲本)·덕경(德經)』의 "그러므로 가죽을 제거하여 이것을 얻었습니다.(故去皮取此.)"를 예로 들 수 있다. 본의가 '광주리'인 '비(匪)'자로 가차되기도 하는데, 『시경·소아·소민(小旻)』의 "길을 가보지도 않고 갈 곳을 의논하는 것 같아서, 정도에서 벗어나게 되는 걸세.(如匪行邁謀, 是用不得于道.)"26)를 예로 들 수 있다.

또 본의가 '덮다'인 '피(被)'자로 가차되기도 하는데, 예로 『순자·유좌(宥坐)』의 "북쪽의 문쪽들을 보았더니, 모두 잘려진 재목을 이어서 만든 것이었습니다. 그렇게 만든 데에는 무슨 이유가 있습니까? 목수가 재목을 잘못 잘라서 그렇게 된 것입니까?(還複瞻被九蓋皆繼, 被有說邪, 匠過絕邪.)"27)가 있다. 양경(楊倞)은 "피(被)는 모두 '피(彼)'가 되어야 한다.(被皆當爲彼.)"라고 주석했다. 마왕퇴백서(馬王堆帛書)의 『노자』에서는, 본의가 '파면되어 귀양가다'인 '파(罷)'로 가차되어 3인칭 대명사를 나타내는 용례가 있다. 이렇게 '피(彼)', '피(皮)', '비(匪)', '피(被)', '피(罷)'라는 다섯 개의 자부(字符)는 문헌에서 계속해서 가차되어 동일한 의미항목을 나타내므로 같이 사용되는 관계를 형성한다.

---

26) (역주) 김학주 역저, 『시경』(서울: 동문선, 2010), 566쪽.
27) (역주) 김학주 옮김, 『순자』(서울: 을유문화사, 2001), 816쪽.

2. 동형이용(同形異用) 관계

　문헌에서 형체와 구조가 다른 글자는 서로 다른 '의미항목'을 나타낸다. 이것은 귀납하고 설명할 필요 없이 달리 사용되는 현상을 말한다. 우리가 관심을 가지는 것은 동형자(同形字)가 달리 사용되는 현상으로, 앞에서 언급한 동형동구자(同形同構字), 동형이구자(同形異構字)는 기능의 체계로 봤을 때 모두 달리 사용되는 관계에 속한다. 동형자가 달리 사용되는 상황은 서로 다른 어휘항목에서 봤을 때, 네 가지 상황이 포함된다. 즉, 본자(本字)의 본용(本用), 차자(借字)의 차용(借用), 같은 단어, 서로 다른 단어를 말한다. 예를 보자.

① 정(丁)1: '못'이라는 의미항목을 나타낸다. 예로 『진서(晉書)·도간전(陶侃傳)』의 "환온(桓溫)이 촉(蜀)나라를 치게 되자, 간(侃)은 비축해 두었던 대나무를 못으로 만들어 배에 실었다.(及桓溫伐蜀, 又以侃所貯竹頭作丁裝船.)"가 있다.

② 정(丁)2: '건장하다'라는 의미항목을 나타낸다. 예로 『사기·율서(律書)』의 "정(丁)이라는 것은 '만물이 건장하다'는 말이다.(丁者, 言萬物之丁壯也.)"와 『급취편(急就篇)』 4권의 "긴 즐거움이 끝이 없다면 늙어서도 더욱 기력이 왕성해진다.(長樂無極老復丁.)"가 있다.

③ 정(丁)3: '사람'이라는 의미항목을 나타낸다. 예로 『문헌통고(文獻通考)·호구일(戶口一)』의 "집 안에 10명 이상이 있다면, 2명만 남겨놓고 부역에 징집되어 가야 한다.(家有十丁以上, 放兩丁徵行賦役.)"가 있다.

④ 정(丁)4: '채소와 육류 등을 썬 작은 덩어리'라는 의미항목을 나타낸다. 예로 모순(茅盾)은 『미파(微波)』에서 "밥 짓는 아주머니가 또 잘게 썬 닭볶음요리를 한 접시 가득 담고 햄 배춧국을 큰 사발에 담아 보내 오셨다.(燒飯娘姨又送上滿滿的一盤炒雞丁和一大碗的火腿白菜湯.)"라고 했다.

⑤ 정(丁)5: '네 번째 천간'이라는 의미항목을 나타낸다. 날짜를 기록하는데 사용된다. 예로 『예기·월령(月令)』의 "상정(上丁)일에 악정(樂正)에게 명하여 고관의 제자들로 하여금 석채의 예를 올리게 하고, 무악을 배우도록 한다.(仲春之月上丁, 命樂正習舞, 釋菜.)"[28]가 있다.

---

28) (역주) 지재희 해역, 『예기』(서울: 자유문고, 2000), 313쪽.

⑥ 정(丁)6: '감당하다, 당하다'라는 의미항목을 나타낸다. 예로 안지추(顏之推)의 『안씨가훈(顏氏家訓)·서치(序致)』의 "내가 아홉 살이 되자마자 아버지가 돌아가시는 크나큰 불행을 당하여 가세는 기울고 큰 집안의 식구들도 형편 없이 줄어들었다.(吾年始九歲, 便丁荼蓼, 家塗離散, 百口索然)"[29]가 있다.

⑦ 정(丁)7: '종기'라는 의미항목을 나타낸다. 예로 『소문(素問)·생기통천론(生氣通天論)』의 "기름지고 맛이 진한 음식을 지나치게 많이 먹으면 커다란 종기가 나기 쉬운데, 빈 그릇에 물건을 담는 것만큼이나 쉽습니다.(高梁之變, 足生大丁, 受如持虛)"[30]가 있다.

⑧ 정(丁)8: '물다'라는 의미항목을 나타낸다. 예로 『서유기(西遊記)』 82회의 "행자(손오공)는 격자창을 뚫고 들어가 당나라 승려(삼장법사)의 머리 위로 날아가 물었다.(行者一頭撞破格子眼, 飛在唐僧光頭上丁着)"가 있다.

⑨ 정(丁)9: '쳐다보다'라는 의미항목을 나타낸다. 예로 『성세인연전(醒世姻緣傳)』 48회의 "부인은 또 계집종을 쳐다보지도 않고 닭을 먹었다.(媳婦子又沒丁着丫頭吃了雞)"가 있다.

'정(丁)'은 '못'이 본의인데, '건장하다', '사람', '잘게 썬 채소덩어리'라는 의미로 파생되었고, '네 번째 천간'을 나타내는 것으로 가차되었으며, '정(疔)', '정(叮)', '정(盯)', '당(當)'으로 통가되었다. 따라서 정(丁)1에서 정(丁)4까지는 본자이면서 달리 사용하는 상황이 되고, 정(丁)5에서 정(丁)9까지는 가차자이면서 달리 사용하는 상황이 된다. 이는 본자와 가차자가 서로 달리 사용되는 상황인 것이다. 또 앞글에서 언급한 '사(鉈)'자를 또 분석하면 아래와 같다.

① 사(鉈)1: 독음이 yí이고, '물이나 술을 담는 그릇'이라는 의미항목을 나타낸다. 예로 「사송이명(史頌匜銘)」의 "「사송(史頌)」에서는 '사(鉈)'라고 되어 있다.

---

29) (역주) 안지추 지음, 유동환 옮김, 『안씨가훈』(서울: 홍익출판사, 2008), 22쪽.

30) (역주) 주춘재 글·그림, 정창현, 백유상 옮김, 『황제내경-소문편』(서울: 청홍, 2004), 69쪽. 또 달리, 鄭鍾漢 編譯의 『素問解釋』(上)(서울: 의성당, 2010), 76쪽에서는 다음과 같이 설명하였다. "膏粱珍味의 음식을 많이 먹으면 그로 인해 곧 큰 疔瘡이 發病할 수 있는데, 이는 마치 허공을 움켜쥐듯이 容易한 것입니다."

(史頌作鉈)", 『명사(明史)·맹일맥전(孟一脈傳)』의 "주(周)나라의 정(鼎), 상(商)나라의 이(彝), 진(秦)나라의 사(鉈), 한(漢)나라의 감(鑒)을 모두 전국에서 찾았다.(周鼎, 商彝, 秦鉈, 漢鑒, 皆搜求於海內.)"가 있다.

② 사(鉈)2: 독음이 tuó이고, '저울추'라는 의미항목을 나타낸다. 예로 『청사고(清史稿)·식화지사(食貨志四)』의 "또 소금에 대한 세 가지 폐단을 규제하였다. 첫째, 저울추를 더하는 폐해, 둘째, 무게를 횡령하는 폐해, 셋째, 무게를 횡령하거나 수정하는 폐해.(又掣摯三大弊: 一. 加鉈之弊; 一. 坐斤之弊; 一. 做斤改斤之弊.)"가 있다.

③ 사(鉈)3: 독음이 shī이고, '뱀 모양을 한 무기의 일종'이라는 의미항목을 나타낸다. 예컨대, 송(宋)나라 주방언(周邦彦)의 「변도부(汴都賦)」의 "짧은 창[鉈]을 휘두르고 쇠창을 던지면 헛되이 발사된 적이 없다.(揮鉈擲鏦, 舉無虛發.)"라는 구절을 들 수 있다.

④ 사(鉈)4: 독음이 tā이고, '금속원소의 일종(즉 탈륨)'이라는 의미항목을 나타낸다. 하얀 색을 띠지만, 공기 중에 어두운 색으로 바뀌며, 성질이 매우 무르다. 광전관, 저온 온도계, 광학유리 등을 제조하는 데 사용된다.

이러한 문헌에서 실제로 나타내는 의미항목은 모두 글자의 구성의미와 서로 관련이 있다. 그러므로 '사(鉈)1'에서 '사(鉈)4'는 모두 각 의미항목의 본자에 속하게 되므로, 그것들은 이사(異詞)이면서 동형이용(同形異用)이 된다.

이상 필자는 서사체계, 구조체계, 기능체계라는 세 가지 관점에서 한자의 내포 조건이 다른 여러 가지 관계를 분류하고 서술하였다. 이러한 관계는 속성이 다르면, 판단기준이 일치하지 않는다. 따라서 동일한 체계에서는 서로가 분명하지만, 다른 체계에서는 상호 교차 혹은 상호 포함될 수 있다. 그러므로 동일한 글자 군은 여러 가지 체계에서 서로 다른 관계로 나타날 수 있다.

예를 들어, '루(泪)—루(淚)'는 서사체계에서는 이양자(異樣字)에 속하고, 구조체계에서는 이구자(異構字)에 속한다. 어휘체계에서는 '독음과 의미가 모두 같은 글자[同詞字]'에 속하고, 의미 체계에서는 동용자(同用

字)에 속한다. 만약 여러 관점의 속성을 종합한다면, 동일한 사람이 늙은 남자 운전기사라고 불리는 것과 같이, 동일한 글자군도 동시에 서로 다른 글자간 관계를 나타내는 술어를 사용하여 지칭할 수 있다. 예를 들어, '루(泪)—루(淚)'는 이양이구자(異樣異構字), 동사동용자(同詞同用字), 동사이구자(同詞異構字), 이양동사자(異樣同詞字) 등으로 부를 수 있다. 그러나 동일한 체계의 서로 다른 관계의 술어를 사용하여 동시에 같이 부를 수는 없다. 예컨대, '루(泪)—루(淚)'는 이구자이면서, 동구자일 수는 없다. 이를 통해, 글자 간 관계가 비록 복잡하다 해도, 체계를 분명히 하고 속성을 명확하게 정한다면, 글자군 및 그 관련자들을 하나의 관점에서 고찰하든지 아니면 여러 관점에서 전반적으로 고찰하든지 관계없이, 분명하게 서술할 수 있다.

제10장
한자 문화

제1절 한자문화개론

1. 문화의 정의

'문(文)'은 '문신'이 본래 뜻인데, 이후 무늬, 문장, 문학, 문덕(文德), 천문, 인문 등의 뜻으로 파생되었다. '화(化)'는 '변화하다'가 본래 뜻인데, 이후 '교화하다'는 뜻으로 파생되었다.

예컨대, 『역경·분(賁)』의 "천문(天文)을 관찰함으로써 계절의 변화를 살피고, 인문(人文)을 관찰함으로써 천하를 교화시킨다.(觀乎天文, 以察時變; 觀乎人文, 以化成天下.)"라는 말을 들 수 있다. 이는 '문(文)'과 '화(化)'가 합해져서 사용된 예로, '인문이 천하를 교화시킨다'라는 뜻이다. 이후에 서한(西漢)의 유향(劉向)은 『설원(說苑)·지무(指武)』에서 "성인이 천하를 다스린다면, 먼저 문덕(文德)을 베풀고 이후에 무력을 사용한다. 대체로 무력을 쓰는 것은 복종하지 않기 때문인데, 문덕으로 교화해도 고쳐지지 않으면 그 뒤에 토벌한다.(聖人之治天下也, 先文德而後武力. 凡武之興, 爲不服也, 文化不改, 然後加誅.)"라고 했다. 여기에는 '문화(文化)'라는 말이 직접적으로 연용되어, '부사어+중심어' 관계를 형성하고 있다. 이는

'문덕으로 교화하고 감화시킨다'라는 뜻으로, 일종의 정치적 수단이다.

이후에 '문화(文化)'는 명사로 사용될 수 있었지만, 여전히 정치적인 술어로 '무공(武功)'과 상대되는 '문덕으로 교화한 결과'를 나타내는 말이었다. 예를 들어, 촉(蜀)나라 두광정(杜光庭)은 「하학명화고수재생표(賀鶴鳴化枯樹再生表)」에서 "문화를 익히면 거친 것을 복속시킬 수 있으며, 무력을 빛내면 구주를 다스릴 수 있다.(修文化而服遐荒, 耀武威而平九有.)"라고 했다. 또 당(唐)나라 이정조(李鼎祚)는 『주역집해(周易集解)』 5권에서 위(魏)나라 왕필(王弼)의 말을 인용하여 다음과 같이 말했다. "나의 삶을 살펴보면, 스스로 그 도를 볼 수 있으니, 백성이 보는 임금이 될 수 있다. 마땅히 문화를 널리 펼쳐 천하를 밝게 하며, 위에서 아래를 교화시키는 것은 마치 바람에 쓰러지는 풀과 같다. 백성에게 잘못이 있다면 그것은 나라는 사람에게 문제가 있는 것이다.(觀我生, 自觀其道也, 爲眾觀之主, 當宣文化, 光於四表, 上之化下, 猶風之靡草, 百姓有過, 在予一人.)" 이를 통해, 중국 본토의 '문화'는 구나 단어, 동사나 명사, 수단을 나타내거나 결과를 나타내거나에 관계없이, 모두 군주의 정치에서 사용되는 말이고, '무력'과 상대되는 말임을 알 수 있다.

현대적 의미의 '문화'라는 단어는 실제로 외국에서 들어온 것이다. 일본 메이지[明治] 시대 때, 일부 학자들이 영어의 'culture'를 일본어의 한자인 '문화(文化)'로 번역하였다. 그런데 영어의 이 단어와 독일어의 'kultur', 프랑스어의 'culture'는 모두 라틴어의 'cultura'에서 나왔다. 이는 '경작하다', '재배하다'가 본래 뜻인데, '인류에게 필요한 의식주의 생산 활동'을 말했다. 18세기 이후에 또 '사회적 지식', '개인의 수양', '저작' 등을 포함한 '인류의 정신적인 활동'이라는 뜻으로 파생되었으며, 더 나아가 '일정 사회의 모든 생활'을 지칭하게 되었다.

'문화'의 정의에 대해서는 의견이 분분하지만, 미국의 인류학자 앨프리드 크로버(Alfred L. Kroeber)[1]와 클라이드 클럭혼(Clyde Kluckhohn)[2]의

---

1) (역주) 앨프리드 크로버(Alfred L. Kroeber, 1876-1960): 미국의 인류학자. 보아스(Boas)학파의 대표인물이다. 뉴저지 주 호버큰의 독일계 유태인 가정에서 태어나 파리에서 작고하였다. 1892년 컬럼비아대학에서 영국문학을 전공하고, 1896년 문학학사학위를 받고는 이듬해 문학석사 학위를 받았다. 이후에 프란츠 보아스(Franz Boas)에게서 인류학을 배우고, 1901년 박사학위를 취득하였다. 그

통계에 따르면, 1871년부터 1951년까지 무려 164가지의 의견이 있었다고 한다.3) 문화의 개념이 나타내는 외연으로 구분을 한다면, 이러한 정의는 대체로 다음의 세 가지로 분류할 수 있다.

첫째, 인류의 정신적 측면으로만 제한한 것. 영국의 인류학자 에드워드 타일러(Edward Burnett Tylor)4)는 『원시문화(*Primitive Culture*)』에서 "문화 혹은 문명은 민족학적 의미에서 지식, 신앙, 예술, 도덕, 법률, 풍속과 사회구성원으로서 갖는 어떤 능력 및 습성이 내재된 복합적인 총체"라고 했다. 둘째, 물질과 정신 두 가지 측면을 포함한 것. 상해사서출판서(上海辭書出版社)에서 1982년에 출판한 『간명 사회과학사전(簡明社會科學詞

는 오랫동안 캘리포니아 대학 버클리분교의 인류학과와 샌프란시스코의 박물관에서 재직하였고, 1946년에 퇴임하였다. 그는 캘리포니아 주의 인디안 부락에서 인류학의 현장조사 작업을 하였다. 크로버는 보아스의 학술적 전통을 계승하고, 언어학·고고학·민족지학 등의 영역에서 공헌하였다. 주요 저서로는 『인류학——종족, 언어, 문화, 심리학, 선사시대사』(1923, 1948), 『캘리포니아 인디안 인 안내서』(1924), 『문화성장의 모습』(1944), 『문화의 성질』(1952), 『인류학자가 본 역사』(논문집, 1966) 등이 있다. 문학사상의 측면에서, 크로버는 인문주의와 자연사의 법칙을 강조하고는 스스로를 '인문적 색채를 지닌 자연사학자'라고 불렀다. 60년의 그의 학술적 생애는 연구 색채가 전기와 후기 두 가지로 나뉜다. 전기는 각 원시민족 군체의 세세한 모든 문화 요소를 기술하고 분류하는데 치중하였다. 후기는 총괄적인 관점으로 문화를 다루어, 각 문화마다 주요 자질을 모색하고는 그의 인류학적 시야를 원시문화의 민족지의 기술에서부터 문명사회의 역사비교연구까지 확대시켰다.

2) (역주) 클라이드 클럭혼(Clyde Kluckhohn, 1905-1960): 미국의 인류학자. 1905년 아이오와 주에서 출생했다. 처음에는 프리스턴 대학에서 수학하였고, 이후에 위스콘신 대학으로 바꿔 교육을 받았으며, 1928년 문학학사를 받았다. 이후에 로도스 장학금을 받고 옥스퍼드 대학에 들어가 그리스어, 라틴어, 고전고고학의 연구에 종사하였다. 1932년 귀국해서는 먼저 뉴멕시코대학에서 교편을 잡고, 뉴멕시코박물관 부설 연구소의 연구원으로 재직하였다. 1935년에는 하버드 대학에서 교편을 잡고, 1936년 하버드대학 박사학위를 취득하였다. 그의 주요 저서로는 『나바호인』(1946), 『나바호인의 아이들』(1948) 등이 있다.

3) 『文化: 一個概念定義的考評』을 참조. 아래 글에서 인용한 에드워드 타일러와 사무엘 푸펜도르프의 정의는 이 글에서 발췌하였다. 『中國大百科全書·社會學』(北京: 中國大百科全書出版社, 1991), 409, 460쪽.

4) (역주) 에드워드 타일러(Edward Burnett Tylor, 1832-1917): 영국의 인류학자. 인류학계에서 '인류학의 아버지', '인류학에서 가장 위대한 이름'으로 불리며, 진화파와 인류학파에게 가장 영향력을 끼친 인물이다. 대표저서로는 『원시문화』(1871), 『인류학』(1896) 등이 있다.

典)』에서는 "문화는 인류가 사회의 발전과정에서 창조한 물질적 재산과 정신적 재산의 총화이다."라고 했다. 셋째, 인류사회 전체를 포함한 것. 독일의 법학자 사무엘 푸펜도르프(Samuel von Pufendorfsms)[5]는 17세기에 이렇게 말했다. "문화는 사회에서 인간이 활동하면서 창조한 물건과 사람과 사회생활에 의존하여 존재하는 물건의 총화이다. 그것은 끊임없이 앞을 향해 발전해가며, 사람에게 완벽한 사회생활을 하게 해주는 물질적 요소와 정신적 요소의 통일이다." 세 번째 정의는 물질과 정신 외에도 여러 가지 관계와 방식을 포함하고 있으므로 가장 종합적이다. 필자가 지금 토론하고자 하는 '문화(文化)'는 기본적으로 세 번째 정의에 따른 것이다.

2. 한자와 문화의 관계

상술한 세 번째 '문화'의 정의에 따르면, '한자' 그 자체가 바로 문화현상을 뜻한다. 한자는 한어를 기록하는 시각부호의 체계이며, 문화의 중요한 저장매체이다. 그리고 한자 자체도 인류가 창조한 일종의 문화이다. 다시 말해, 한자는 한문화(漢文化)의 하위항목이다.

그러나 한자와 문화의 관계를 논의할 때, '문화'는 '한자'를 포함하지 않는다. '한자와 문화'의 관계는 실제로 한자는 하나의 문화항목과 기타 문화항목 사이에 해당되는 관계이다. 이러한 관계는 '상호 증명'이라는 성질을 가지고 있다.[6] 즉 한자의 분석을 통해 어떤 문화현상의 존재를 증명할 수 있는데다가, 어떤 문화현상의 존재도 한자의 형체 구성 원리

---

5) (역주) 사무엘 푸펜도르프(Samuel von Pufendorf, 1632-1694): 독일의 법학자, 고전자연법학파의 대표인물로서, 세계의 100대 법학자들에게 영향을 미쳤다. 독일의 근대 계몽운동의 사상을 대표하는 자연법학자이다. 1661~1688년 독일의 하이델베르크 대학에서 자연법에 대해 강의를 하였고, 1670~1677년 스웨덴의 룬드대학에서 교편을 잡았다. 1694년 10월 13일, 베를린에서 작고하였다. 주요 정치법률 저서로는 『보편적 법학원리』(1660), 『자연법과 국제법(De jure n aturae et gentium』(1672), 『자연법에 바탕을 둔 인간과 시민의 의무』(1673), 『현대 유럽왕조와 국가사』(1682) 등이 있다.
6) 王寧, 「漢字與文化」, 『北京師範大學學報』 第6期(1991).

를 해석할 수 있다.

예를 들어, 한자의 '홍(虹)'이 나타내는 개념은 과학적인 관점에서는 자연계에서 공기 중에 물방울이 모여 햇빛의 작용으로 형성된 것으로, 무생물에 속한다. 그런데 중국의 고대인들은 이를 살아있는 '동물[蟲]'로 상상하였기에, 갑골문에 상형자인 '홍(🐍)'이 그려져 있는 것이다. 소전에 이르러 '홍(虹)'자가 만들어졌는데, 그 구조의 형식이 형성자로 변했다고 해도, 동물이라는 이미지에는 변화가 없다. '홍(虹)'의 형체를 구성하는 이미지는 문헌에서 '홍음(虹飮: 무지개가 물을 마신다)'을 통해 서로 증명할 수 있다. 예컨대, 『한서·연왕유단전(燕王劉旦傳)』의 "이 때 하늘에서 비가 내렸는데, 무지개가 궁궐로 내려와 우물의 물을 마셨고, 우물의 물이 말라 버렸다.(是時天雨, 虹下屬宮中飮井水, 井水竭.)"라는 언급이나, 남조(南朝)시기에 양(梁)나라의 강엄(江淹)이 쓴 「칙위조현답유휴범서(敕爲朝賢答劉休範書)」의 "무지개가 물을 마신다거나 쥐가 춤을 춘다는 등의 괴이함은 일찍이 실제 물상에서 증거를 볼 수 있었고, 황하 북쪽 농상 지방의 노래가 이미 어린이들의 동요에 드러났소.(聞彼虹飮鼠舞之異, 早見物徵; 河北隴上之謠, 己露童詠.)"라는 언급, 당·송(唐宋) 때 『자형양지소주알능선사(自衡陽至韶州謁能禪師)』시의 "원숭이 울음소리에 산봉우리 잠에서 깨어나고, 무지개 물 마심에 강의 짙은 안개 걷히네.(猿啼山嶺曉, 虹飮江皐霽.)"라는 노래 등이 그렇다. 그래서 '🐍', 즉 '홍(虹)'의 형체에서, 글자를 만들 때 '무지개'라는 자연현상에 대한 사람들의 인식을 살펴볼 수 있다. 또한 당시 사람들의 '무지개'에 대한 인식과 관련 문헌의 기록을 통해서도 '🐍', 즉 '홍(虹)'의 형체의 형성원인에 대해 잘 해석할 수 있다. 이것이 바로 한자와 문화의 상호 검증을 말하는 것이다.

한자와 문화가 이렇게 상호 검증관계인 까닭은 한자가 창조되고 변화발전하면서 당시의 문화콘텐츠에 침투하여 응고되었기 때문이다. 한자의 독음과 의미는 한어에서 기원하지만, 한자의 형체 및 그 한어의 독음과 의미의 결합은 객관사물에 관한 인식에서 기원한다. 한자가 창조되는 과정에서, 중국인의 조상은 외부 세계에 대한 자신의 느낌과 관념, 자신의 정서적인 체험과 도덕적 기준들을 한자에 녹여, 중국인의 문화사상과 민족정신을 한자에 드러내게 하였다. 그래서 한자는 유성(有

聲) 한어를 기록하는 형식이면서, 직접적으로 객관적인 존재를 반영하고 주체의 심리를 표현하는 부호이기도 하다. 이러한 관점에서, 한자는 문화를 저장하는 장치이며, 문화의 '화석'이라고 말할 수 있다.

한자의 형체와 기능이 수 천년동안 발전하고 변화하였지만, 이지적인 구조의 특징, 예술적 이미지는 근본적으로 바뀌지 않았다. 한자의 형체, 특히 고대 한자의 형체에는 매우 풍부한 역사적인 문화콘텐츠가 녹아있다. 표음문자와 비교했을 때, 한자에 내포된 문화항목이 더욱 많고, 고대사회의 문화관계와 더욱 밀접할 수 있다. 한자는 문화를 저장하는 매체이자 문화를 이루는 본체 중의 하나로서, 기타 문화항목과는 밀접한 관계를 이뤄, 당시의 문화적 환경과는 먼 오늘에 이르러서도 여전히 상호 검증 및 해석을 할 수 있다.

3. 한자문화 연구의 입장

한자와 문화의 상호 검증 관계는 객관적인 사실이다. 그러나 이렇게 상호 검증할 수 있는 사실은 한자와 기타 문화항목 사이에만 존재하는 것이 아니라, 하나의 문화항목과 기타 문화항목 사이에는 모두 상호 검증관계가 존재한다. 그러므로 기타 문화항목을 연결시켜 본체인 문화항목을 연구하는 것은 결코 한자학의 특징이 아니기 때문에, 지나치게 과장될 필요가 없다.

한자와 문화가 상호 검증관계인 만큼, '상호 검증'은 두 개 이상의 과학을 포함하게 되는데, 여기에는 연구 입장에 대한 문제가 생기게 된다. 한자로 문화를 검증한다면, 문화현상을 설명하는 것이 그 목적이므로, 문화학7)에 속해야 한다. 다른 문화현상으로 한자를 검증한다면, 한자현상을 해석하는 것이 그 목적이므로, 한자학에 속해야 한다. 우리는 분명하게 한자학의 입장에 서서, 기타 문화항목(불명확)으로 한자현상을 설명해야 하지, 한자의 자료를 가지고 기타 문화현상을 귀납하는 게 아니다. ──이렇게 하는 것은 가치가 없는 것이 아니라 한자학의 범위를

---

7) 실제로 어느 문화항목의 학문을 더 구체화시켜야 한다.

벗어나기 때문이다.

하나의 문화항목이 한자와 기타 문화항목의 사이에 끼여 있고, 한자와의 관계가 매우 긴밀한 것이 바로 '한어(漢語)'이다. 기타 문화항목이 모든 한자와 관련이 있는 것이 아니라, 한어가 오히려 모든 한자와 관련이 있다. 한어는 자신의 독음과 의미를 한자에 고정시킨 데다가 그러한 한자의 직책이 바로 한어를 기록하는 것이기 때문이다. 그래서 한자와 기타 문화항목의 관계를 토론할 때, 항상 한어를 그 안에 끼어 넣게 된다. 심지어 한어와 문화의 관계를 한자와 문화의 관계라고 인식할 때도 있다. 그러므로 한자학의 입장에 서 있을 때, 한자와 한어의 구분에 특히 주의해야 한다. 예를 들어, 많은 사람들이 『설문해자』를 가지고 한자의 문화를 연구하려고 한다. 하지만 이는 한자의 형체에서 출발하는 것이 아니라 그 중의 어떤 부에 속한 글자 혹은 관련 글자에 반영된 어의내용으로 고대의 농업문화, 제사문화, 복식문화, 술 문화, 옥석문화 등을 증명하는 것이다. 예를 들어, 「우(牛)부수」, 「마(馬)부수」에는 소와 말에 관한 명칭이 매우 많다. 소와 말의 털색, 나이, 모습, 용도에 대해 매우 상세하게 구분해 놓고 있다. 따라서 고대 목축업의 발전 및 소·말과 인류생활의 밀접한 관계 등을 증명할 수 있다. 그런데 이는 진정한 의미의 한자문화가 아니라 한어문화이며, 한자가 기록하는 언어 단위의 내용에서 반영된 문화인 것이다.

한자학의 입장에 서서, 기타 문화현상을 가지고 한자현상을 설명하려면, 반드시 '글자'만을 가지고 해야 한다. 앞에서도 이야기 했듯이, 한자는 외형, 구조, 기능이라는 세 가지 속성을 가지고 있다. 그렇다면 우리는 한자의 외부형태, 내부구조, 자부(字符)의 기능이라는 세 가지 측면에 초점을 맞추어, 이러한 속성이 어느 문화요소의 영향을 받아 형성되었는지 살펴보아야 한다. 아래에는 구체적인 실례를 들어, 간단하게 나누어 설명하였다.

제2절 한자 형태의 문화적 해석

한자의 형태는 서사단위, 서사단위의 구조, 글자체 등을 포함한 한자의 외형을 말한다. 이 이면에는 구체적인 현상들이 매우 많이 포함되어 있으나, 본 절에서는 한자의 네모꼴 특징, 형체구성의 배치, 글자체의 발전이라는 세 가지 문제에 착안하여, 문화의 관점에서 설명하였다.

1. 네모꼴 한자의 특징에 대한 문화적 해석

네모꼴은 한자형태의 기본적인 특징이다. 이렇게 네모꼴의 틀 안에 배치되는 한자는 원시시대 토기에 새겨진 부호로 거슬러 올라갈 수 있다. 갑골문에서 현대의 해서까지, 그 사이에 길고 둥글한 소전과 편평하고 네모진 해서 등 모양이 다른 게 있었다 해도, 전체적으로 봤을 때, 네모꼴을 유지하는 구도는 기본적으로 변하지 않았다. 그렇다면 한자의 외형은 왜 선형이 아닌 네모꼴일까? 무엇이 한자의 이러한 외형적 특징을 결정하는 것일까? 이것이 바로 우리가 토론할 주제이다.

가장 근본적인 원인은 한자의 형체를 구성한 최초의 방식이 '상형'이기 때문일 것이다. 즉 객관사물의 공통된 형상에 근거해 '그 사물을 그릴 때는 그 모양을 따라 그대로 그려낸다'. 그리하여 객관적인 물체는 공간적 형식으로 존재한다. 구체적인 대상의 공간이 평면적인 부호로 전환한다면, 보통은 덩어리 모양이 된다. 설사 선 모양의 대상일지라도 묘사를 한다면 길이가 한정되어 있는 수평이나 수직의 모양이 된다. 이를 통해, 상형자를 기본으로 하는 표의문자체계에서 객관적인 대상의 공간성은 초기 단계의 덩어리 모양의 크기나 각지고 둥근 정도가 일정하지 않다 해도, 평면부호의 네모꼴을 결정하게 된다는 것을 알 수 있다. 이 점은 상형문자라면 다 똑같다. 예를 들어, 고대 이집트의 상형문자도 덩어리 모양이었다. 그러나 기타 상형문자들은 이미 사라졌거나 선형 문자로 바뀌었다. 그런데 한자는 선형으로 바뀌지 않았을 뿐 더러 더욱 네모꼴로 치우치게 되었다. 이것은 한자가 항상 표의를 주체로 한 구성 원칙을 견지했기 때문이다.

덩어리 모양이 한자구성의 내적요인에 의해 결정된다고 말한다면, 네모꼴로 규격화된 것은 문화의 외적요인이 작용한 것이다. 문화의 영향이 없었다면, 덩어리 모양의 상형자도 원형이나 불규칙적인 모양이 될 수 있었을 것이다. 그렇다면 어떤 문화적 요소가 한자의 정형화에 영향을 미쳤을까?

첫째, 서사도구의 영향을 받았다. 최초의 서사도구는 막대기, 돌덩어리, 칼 등과 같은 '단단한 펜'이었다. 이러한 '단단한 펜'은 네모로 꺾는 직선을 그리기에 쉽기 때문에, 네모꼴 한자의 틀을 이루는 기반이 되었다. 둘째, 문자 저장매체의 영향을 받았다. 초기의 저장매체는 흙, 돌, 나뭇잎 등 가공을 거치지 않은 자연물로, 네모꼴이 자연스럽게 형성되었다. 그러나 문자의 저장매체가 갑골(甲骨), 청동기물(靑銅器物), 간독(簡牘), 백서(布帛), 종이, 인쇄판 등의 재료로 교체되면서, 사각형에 대한 의식도 갈수록 강해지고 정형화되었다. 갑골에서의 자연적인 격자무늬는 한자의 네모꼴에 영향을 주지 않을 수 없었다. 간독의 긴 막대기 모양은 한자를 쓰는 너비를 제한하였다(손으로 붓을 쥐는 자세는 수직으로 쓰기에 적합하였다). 세로로 긴 죽간에 글자를 많이 쓰기 위해서는 글자의 길이도 제약을 받을 수밖에 없었다.

이렇게 길이와 너비에 이중의 제약이 걸렸기 때문에, 한자의 네모꼴에 더욱 큰 영향을 미치게 되었으며, 이후에 천이나 비단, 종이에 글자를 쓸 때 습관적으로 네모꼴을 사용하게 된 것이다. 천이나 비단, 종이의 직선서사, 혹은 종횡으로 교차하는 격자서사에 따라, 한자는 더 이상 네모난 틀이라는 한계를 벗어날 수 없게 되었다. 그러나 이때의 네모꼴은 여전히 길거나(소전) 편평하였다(해서). 진정한 정사각형의 한자는 해서의 규범에 따라 새긴 인쇄판에서 정형화되었다. 이는 목판이 가로로 평평하고 세로로 세워진 정사각형을 새기는 데 가장 편리하였기 때문이며, 인쇄의 형체로 고정되고 알려지면서 심리적으로 정사각형이라는 인식이 더 심해졌기 때문이다. 이는 모두 한자와 직접적으로 관련이 있는 요소들이다.

다른 관점에서 말해보면, 한자가 네모꼴을 오랫동안 유지했던 것은 한족의 '네모[方]'에 대한 이해와 어느 정도 관계가 있다. 고대인들은 '하늘은 둥글고 땅이 네모지다[天圓地方]'고 여겼기 때문에, '네모[方]'는 우리가 발붙이고 있는 땅을 상징하게 되었다.

예를 들어, '방주(方州)', '방재(方載)', '방국(方局)' 등은 모두 땅을 의미한다. 『장자·전자방편(田子方篇)』의 "비유할 수 없는 만물은 없다.(萬物莫不比方.)"라는 언급에서는 성(城)과 연못(池), 집, 논밭, 차량, 공구 등 사람들이 만든 사물들은 대부분이 네모난 형태를 취하고 있으며, 이를 아름답다고 여겼다. 이러한 공간적인 지칭과 심미적인 기능 외에도, '네모[方]'는 한족의 사상적 관념에서 '준칙', '규범'이라는 의미를 가지고 있어, '정직하고 품행이 어질다'를 상징하기도 한다. 그래서 '반듯하다[方正]', '곧다[方直]', '마음이 곧다[方貞]', '정직하고 성실하다[方亮]', '엄하다[方峻]', '청렴하다[方廉]', '결백하다[方潔]', '엄하다[方嚴]', '공정하다[公方]', '강직하다[剛方]', '성실하다[敦方]' 등과 같이 도덕윤리와 품행을 평가하는 데 사용되는 어휘가 생겨났다. 네모꼴이라는 한자의 특징이 갈수록 강해진 것도 '방(方)'에 대해 사람들이 좋은 느낌을 가지고 있기 때문일 것이다.

2. 한자의 대칭적 배치에 대한 문화적 해석

한자는 초기에 객관사물의 모습에 영향을 받았기 때문에, 그 형태가 매우 일정한 게 아니었다. 한자가 성숙해지면서, 특히 네모꼴이 확립되고 나서, 전체적인 한자의 배치가 갈수록 일정해졌다. 그 중 기본적인 특징이 바로 대칭의 균형이다. 한 개의 구성성분으로 이루어진 글자가 필획의 선의 대칭적인 균형만을 중요시한다면, 몇 개의 구성성분을 포함한 글자는 구성성분 간의 대칭의 균형을 중요시한다. 대칭이라는 말은 서로 같다는 뜻이 아니며, 균형이라는 말도 평균이라는 뜻이 아니다. 대칭과 균형의 본질은 조화로운 안정감에 있다.

예를 들어, '양(羊)'자(羊羊羊羊)는 갑골문에서 해서까지 모두 중간의 축이 중심이고, 양변이 균형을 이루며 배치되어 있어, 대칭이 안정적으로 보인다. 또 '우(雨)'자(🌧🌧🌧🌧🌧雨雨)는 비를 나타내는 점이 많고 적고를 떠나 균형적으로 대칭을 이루며 배치되어 있는데다, 핵심을 찾을 수 있어서 매우 안정적으로 보인다. 구성성분이 여러 개인 한자들에서, 논리적 관계와 방위적 관계에 신경 쓸 필요가 없고, 각 구성성분의 필획의 선이 대체로 비슷하다면, 두 개의 구성성분은 일반적으로 '림(林)', '조(棗)', '회(回)'와 같이 좌우, 상하 혹은 안팎으로 배치가 된다. 세 개의 구성성분은 일반적으로 '뢰(磊)'나 '의(刪)'와 같이 '품(品)'자형이나 '섭(㑼)'자형으로 배치된다. 네 개의 구성성분은 보통 '망(茻)', '규(壵)'와 같이 '집(冊)'자형이나 '암(壘)'자형으로 배치된다. 이들은 대칭이 균형을 이루고 있어 매우 안정적으로 보이기 때문에, 한자의 형체를 배치하는 기본적인 유형이 되었다.

다른 배치형식도 있는데, 대칭이 균형적이지 않다 해도 안정적인 편이다. 배치의 전체적인 균형과 안정감을 위해, 경우에 따라서 동일한 구성성분이 서로 다른 위치에 배치될 때 형태가 바뀔 수 있다. 예를 들어, '수(手)'자는 '나(拿), 배(拜), 간(看), 타(打), 봉(奉), 승(承)' 등의 해서자에서 서법이 다르다. 만약 몇 개의 구성성분의 필획의 선이 서로 차이가 난다면, 그것도 변형을 통해 각 구성성분이 네모꼴에서 차지하는 공간적 위치가 조정될 수 있다. 구성성분을 대칭적으로 바꾸면 형체가 시각적으로 대칭을 이루게 되어, 그 형체의 전체 모습이 균형적이고 안정적으로 보이게 된다. 예를 들어, '경(頃)'은 '영(穎), 영(穎), 경(廎), 경(傾)' 등 해서자에서의 위치와 형태가 다르며, 또 '적(賊), 이(貳), 정(旌), 사(徙), 뢰(賴), 당(黨), 수(修)' 등, 글자의 구성성분도 통상적인 위치와 서법이 다르다. 그 밖에, 왼쪽, 위쪽, 바깥쪽에 있는 구성성분은 일반적으로 차지하는 공간이 작은 편이며, 오른쪽, 아래쪽, 안쪽에 있는 구성성분은 보통 차지하는 공간이 큰 편이다. 이러한 변화들은 배치의 대칭과 균형을 위해 생긴 것이다.

그렇다면 한자의 형태배치는 왜 대칭과 균형을 중요시하는 것일까? 이는 네모꼴의 공간에서 한자를 배치할 때, 편리할 뿐만 아니라, 주로 한족의 심미의식과 심리적 정서와 관련이 있는 것 같다. 대칭의 아름다움은 한족에게는 중요한 심미적 관념으로, '호사성쌍(好事成雙: 좋은 일은 쌍으로 온다)', '문당호대(門當戶對: 남녀 두 집안의 사회적 지위와 경제적 형편이 걸맞다)', '대련(對聯)', '대구(對偶)' 등 생활의 각 분야와 여러 가지 물질문명에서 대칭의 아름다움을 향한 낙인을 찍지 않은 곳이 없다. 한자형태의 전체적인 대칭과 균형이라는 특징은 이러한 심미의식에서 만들어진 것이다. 그러나 대칭과 균형은 형체공간에서 완벽하게 똑같다는 말이 아니라, 주로 심미에 관한 심리적 정서를 말한다.

예를 들어, 평면적인 구도에서, 중심에 위치한 인물이나 건축을 두 측면보다 크게 할 때, 비교적 중요한 형체가 아래쪽에 위치해 있어야 한다. 오른쪽 형체에 대한 느낌이 왼쪽보다 중요한데, 그렇지 않으면 균형을 잃은 듯한 느낌이 든다. 이것이 바로 시각적인 아름다움에 관한 심리적인 정서이다. 이를 통해, '원(圓)', '광(匡)', '형(衡)', '만(曼)' 등 중간에 위치한 구성성분이 왜 주변의 구성성분보다 커야 하는지, '치(置)', '욱(昱)', '수(需)', '창(倉)' 등 아래쪽에 있는 구성성분이 왜 위쪽의 구성성분보다 커야 하는지, '법(法)', '물(物)', '시(視)', '득(得)' 등 오른쪽의 구성성분이 왜 왼쪽의 구성성분보다 커야 하는지를 제대로 설명할 수 있다. 류찬애(劉贊愛)는 「한자구성의 시각적 아름다움[論漢字構成的視覺美]」[8]에서 "각각의 한자는 하나의 시각적 형식"이고, 균형, 대비, 리듬, 조화는 그 미학적 법칙으로서, 현대 심리학과 미학적 이론으로 한자를 연구하면, 더욱 심도 깊게 한자의 구성형식과 심리적 느낌을 알 수 있고, 한자서사의 예술적 이면을 밝힐 수 있다고 여겼다. 이것이 바로 문화적 관점에서 한자의 형태배치에 관한 특징을 설명한 것이다.

3. 한자의 서체 스타일에 대한 문화적 해석

고대와 현대의 한자의 외형적 특징을 '네모꼴'로 개괄할 수 있다 해도, 각각의 시기에 '네모꼴'에서 드러나는 서체의 스타일(글자체)은 같지 않다. 갑골문(甲骨文)에서 금문(金文), 금문에서 고문대전(古文大篆), 고문대전에서 소전(小篆)·예서(隸書), 진나라 예서[秦隸]에서 한나라 예서[漢

---

8) 劉贊愛, 「論漢字構成的視覺美」, 『江西師範大學學報』 第3期(1993).

隸], 한나라 예서에서 해서(楷書), 해서에서 행서(行書)·초서(草書)로, 한자는 서사체재와 전체적인 스타일에서 여러 번 큰 변화가 있었다. 이러한 글자체의 변화도 당연히 한자자체의 변화를 촉진시켰지만, 더 직접적인 원인은 문화적 요소의 영향이다.

예를 들어, 계공(啟功)은 「고대 서체에 대한 몇 가지 문제[關於古代字體的一些問題]」[9]에서 "다음에 열거한 조건에서, 각각 다른 글자체가 존재한다. 시대, 용도(鼎彝, 碑版, 書冊, 서신다발[信劄] 등), 공구(붓, 칼 등), 방법(필사, 칼로 새김, 주조 등), 쓰는 사람, 새기는 사람, 지역이 다르면 글자체도 다르다. 그리고 동일한 어떤 조건이라 해도 기타 조건을 더했을 때 글자체가 달라진다.[10]"라고 했다. 이를 통해, 문자의 서사양식과 서사스타일에 영향을 미친 요소가 여러 영역이고, 그 중에서 주된 문화적 요소는 아래의 네 가지로 귀납할 수 있음을 알 수 있다.

(1) 저장매체와 서사 공구의 영향
(2) 기능과 사용상황의 영향
(3) 사회규범과 서예가의 영향
(4) 개인의 소질과 습관의 영향

예를 들어, 갑골문과 금문의 글자체가 다른 것은 주로 서사재료와 서사공구의 차이에서 비롯된 것이다. 갑골문은 칼 같은 도구로 거북이 등껍질이나 동물의 뼈에 획을 새겨서 자형의 선을 단순하고 가늘게 하여, 직각으로 모서리가 꺾이게 된다. 금문은 주형으로 청동기에서 주조하여 자형의 선이 굵고 꺾어지는 정도가 유연하다.

또 소전과 예서는 주로 사용상황과 사회적 규범으로 인해 형성되었다. 소전은 진(秦)나라가 문자를 통일하기 위해서 전문가들이 규범으로 만든 것이다. 선은 균형을 이루고 있고, 세로로 길고 안으로 응축되어

---

9) 啟功, 「關於古代字體的一些問題」, 『文物』第6期(1962).
10) 예를 들어, 동일한 종류에 속하는 두 개의 鼎彝에 다른 관계를 더한다면 글자체는 같지 않다. 한 사람이 두 개의 필적으로 썼는데, 여기에다 다른 관계를 더한다면 이 역시 서로 같지 않다.

있으며, 장중하고 치밀하여 예술적 성향이 풍부하다. 그러나 글을 쓰고 응용을 할 때는 불편하였으므로 실제로는 통용이 되지 않았다. 예서는 주로 하급 관리들에 의해 만들어졌기에, 민간의 초서에 속하는데, 선은 점차 필획화 되었고, 편평하고 바깥으로 뻗은 형상을 하고 있다. 붓을 가지고 자기 생각대로 쓸 수 있고, 서사에 편리하였다. 그래서 진(秦)나라 예서가 한(漢)나라 예서로 발전하게 되었고, 규범이 되는 실용적인 글자체로 업그레이드되었다. 서예가의 서사 스타일은 자연히 개인의 소질과 습관으로 인해 형성되었으므로, 한자 글자체와의 관계는 크지 않다.

어떤 관점에서는 한자형체의 변화발전 특히 서체스타일의 차이는 주로 나라와 지역의 차이에서 비롯된다고 여겼다. 따라서 전국(戰國)시기의 문자를 나라별로 나누고, 각 문자들이 모두 자기만의 서사적 특징을 가지고 있다고 여겼다. 그런데 실제 전국시기의 여러 문자자료의 서사 스타일은 나라·지역과 규칙적이며 단일한 대응관계가 존재하지 않는다.11) 설사 있다 해도, 지역 혹은 나라에 의해서 결정되는 것이 아니라 서로 다른 지역 혹은 나라에서 글을 쓰고 사용하는 사람 및 서사와 관계된 문화적 요소에 의해 만들어졌다.

제3절 한자구조의 문화적 해석

한자구조는 주로 한자의 형체를 구성하는 이론적 근거를 말한다. 다시 말해, 한자의 형체와 파롤의 독음과 의미는 내재적인 관계에 있다. 이는 고대인들이 글자를 만든 의도를 가장 잘 드러낸 부분이기 때문에, 고대의 문화를 고찰할 수 있는 가장 훌륭한 자료이기도 하다. 한자의 구조를 통해, 고대인들의 사유방식, 도덕적 정서, 사회의식, 예법풍속, 생산을 위한 생활상을 엿볼 수 있다. 반대로 만약 이러한 문화적 내포를

---

11) 李運富, 「戰國文字"地域特點"質疑」, 『中國社會科學』 第5期(1997) 참조.

문헌에서 검증할 수 있다면, 그게 바로 한자구조의 이론적 근거인 문화에 대한 해석이 된다. 즉 문화의 관점에서 한자가 왜 이러한 구조인지를 설명할 수 있다. 한자구조의 기본 단위는 구성성분이다. 하나의 구성성분은 여러 가지의 기능을 가지고 있고, 각각의 구성성분은 서로 다른 조합관계를 가지고 있으며, 같거나 비슷한 구성성분은 집합관계를 형성할 수 있다. 구성성분의 조합관계와 집합관계 및 그 변천을 통해, 여러 가지 다른 문화적 내포를 분석할 수 있다. 역으로 각각의 문화적 내포로 구성성분의 조합과 집합의 원리를 해석할 수 있다.

1. 구성성분 조합의 문화적 해석

구성성분의 조합은 개체한자에서 드러난다. 어떤 한자가 왜 이런 구성성분으로 이렇게 조합되었는지, 왜 이러한 어휘를 나타낼 수 있는지는 항상 관련 역사의 문화적 배경과 연결해야만 분명하게 해석할 수 있다. 예를 보자.

'취(取)'자는 현대에서 상용의미가 '손에 들다'인데, 그 자형은 '귀[耳]'와 '손[又]'이라는 두 개의 구성성분으로 이루어져 있다. 고문자학에 대한 지식이 없는 사람이 '취(取)'의 의미를 구성성분인 '이(耳)'와 '우(又)'의 의미에서 해석한다는 것은 쉽지 않다. 그 이론적 근거가 비교적 모호하기 때문인데, 『설문해자·우(又)부수』에 다음과 같이 설명되어 있다. "취(取)는 '잡아서 얻다[捕取]'는 뜻이다. '우(又)'와 '이(耳)'로 구성되어 있다. 『주례』에 "잡은 자의 왼쪽 귀를 취했다."라고 되어 있고, 『사마법(司馬法)』에서는 "'載獻馘'에서 '괵(馘)'이라는 것은 '귀[耳]'를 말한다."라고 했다. (取, 捕取也. 從又從耳. 『周禮』'獲者取左耳', 『司馬法』曰: '載獻馘', 馘者, 耳也.)" '우(又)'는 손을 나타내는데, 손으로 귀를 잡고 있는 구성성분의 조합이 왜 '잡아서 얻다[捕取]'는 의미를 나타내게 된 것일까? 고대에 전쟁을 하면 적의 왼쪽 귀를 잘라서 전공을 매기는 제도가 있었기 때문이다. 이는 『주례』와 『사마법(司馬法)』에 기록되어 있기에, 매우 훌륭한 문화적 각주인 것이다.

'장(葬)'자의 소전의 자형은 '망(茻)'과 '사(死)'와 '가로획[一]'으로 구성되어 '장(鞷)'으로 썼다. 『설문해자·망(茻)부수』에는 다음과 같이 설명되어 있다. "장(葬)은 '숨기다[藏]'라는 뜻이다. 시신[死]이 숲[茻] 속에 놓여있고, 가로획[一]이 그 사이에 위치해 있어서 그것을 늘어놓을 수 있었다. 『역경』에 '옛날의 장례는 풀 섶으로 두껍게 씌웠다.'라고 했다.(葬, 藏也. 從死在茻中, 一其中, 所以薦之. 『易』曰'古之葬者厚衣之以薪'.)" '장(葬)'자의 형체를 구성하는 이론적 근거를 분명하게 해석하려면, 반드시 고대의 장례풍속과 연결해야 한다. 현대의 장례풍속으로는 합리적인 해석을 할 수 없다. 그러므로 『설문해자』에서는 『역경』을 인용하여 죽은 자를 풀로 깔거나 덮는 '섶[薪]'을 상징하고 있다고 자형에서의 '가로획[一]'의 작용에 대해 설명하였다. 그렇다면 왜 '망(茻)'으로 구성되어 있는 것일까?

우리는 이에 대해 어떤 문화를 가지고 보충해서 설명할 수 있다. 『맹자·등문공하(滕文公下)』에 "대개 옛날에는 부모를 장사지내지 않은 풍습이 있었다. 그 부모가 죽으면, 들어서 골짜기에 버렸다.(蓋上世嘗有不葬其親者, 其親死, 則舉而委之於壑.)"라는 구절이 있다. 이를 통해, 먼 고대의 장례법은 죽은 자를 땅에 묻지 않고 그 유해를 황야에 던졌다는 것을 알 수 있다. 이후에 인류문명의 의식이 진보하자, 죽은 자의 유해를 거적에 깔거나 장작으로 덮기 시작했다. 『역경·계사(系辭)』에는 "옛날의 장례는 풀 섶을 두껍게 씌우고 들 가운데 내버리고 나무도 세우지 않고 봉분도 만들지 않았으며 애도 기간에는 기한이 없었다.(古之葬者, 厚衣之以薪, 葬之中野, 不樹不封, 喪期無數.)"라고 설명하고 있다. 단옥재(段玉裁)는 『설문해자주(說文解字注)』에서 '조(吊)'자의 아래에다 "옛날 사람들은 순박하여 기근이 들면 새와 짐승을 먹었으며, 갈증이 나면 안개와 이슬을 먹었고, 사람이 죽으면 하얀 띠 풀에 싸서 들에 버렸다.(古者人民樸質, 饑食鳥獸, 渴飲霧露, 死則裹以白茅, 投之中野.)"라고 설명했다. 유해를 들판에 버릴 때, 자연히 풀숲에 있을 것이니, 이것이 '장(葬)'자가 '망(茻)'으로 구성된 이론적 근거가 된다. 분명히 '장(葬)'자의 형태는 '풀 섶으로 두껍게 씌우다', '하얀 띠 풀로 싸다', '들판에 버리다'는 고대의 장례 풍습과 일치한다. 이후에 죽은 자의 유해를 땅에 묻게 되었는데, 춘추(春秋)시기에 이르러서야 봉건시대의 봉분을 만들기 시작했다. 이러한 장례풍습은 이미 자형의 구조와는 무관하게 되었다.

그리고 '맹(孟)'자를 예로 들어보자. 이 글자의 형태는 원래부터 분명하게 설명되어 있는 부분이 없었다. 『설문해자·자(子)부수』에 "맹(孟)은 '맏이[長]'라는 뜻이다. '자(子)'가 의미부이고, '명(皿)'이 소리부이다.(孟, 長也. 從子皿聲.)"라는 구절이 있는데, 한자의 형태체계에서 '명(皿)'은 소리부가 될 수 없다. 게다가 허신이 "명(皿)은 '맹(猛)'과 같이 읽는다.(皿讀若猛.)"라고 했지만, 실제로 '명(皿)'과 '맹(孟)'이 순음성모인 거 말고도, 운모가 같았는지 증명할 필요가 있다(문헌에서 '孟'과 '猛'이 모두 '陽部'에 속한다는 것은 증명할 수 있지만, '皿'도 '陽部'에 속한다고 판정하기는 어렵다[12]). 그래서 많은 사람들이 '맹(孟)'자의 형태에 대해서 다른 해석을 내놓았는데, 그 중에 문화적 요소가 포함되어 있다.[13]

예컨대, 『좌전·은공 원년(隱公元年)』에 "혜공(惠公)의 원비(元妃)는 맹자(孟子)이다.(惠公元妃孟子.)"라는 구절이 있는데, 공영달(孔穎達)은 "맹(孟), 중(仲), 숙(叔), 계(季)는 형제자매에서 나이 차이에 따른 이름이다. '맹(孟)'과 '백(伯)'은 모두 '맏이[長]'라는 뜻이다.(孟, 仲, 叔, 季, 兄弟姊妹長幼之別字也. 孟, 伯俱長也.)"라고 주석했다. 이를 통해, '맹(孟)'과 '장(長)'은 같은 의미이고, '장자(長子)(남녀포함)', 즉 '첫째 아이'를 의미한다는 것을 알 수 있다. 그래서 '맹(孟)'은 형제자매에서 첫째를 지칭하는데 상용된다. 이는 자형에서의 '자(子)'와 그 의미가 꼭 들어맞는다.

그렇다면 자형에 왜 '명(皿)'이 들어갔던 것일까? 금문에서 '맹(孟)'자는 '𥁕𥁖盈'과 같이 그릇용기에 담겨져 있는 어린 아이의 형상을 하고 있다. 『설문해자』에는 "명(皿)은 '식사를 할 때 사용하는 용기'를 말하며, 상형자이다.(皿, 飯食之用器也, 象形.)"라고 설명했다. 장옥금(張玉金)은 『당대중국문자학(當代中國文字學)』[14]에서 "먼 옛날에 아이를 잡아먹는 풍속이 있었다. '맹(孟)'자의 금문 자형은 그릇용기에 아이를 담아 식용으로 준비한 모습이다."라고 했다. '맹(孟)'자에는 '자(子)'자 위에다 '팔(八)'을 더한 형태도 있다. '팔(八)'은 '절개해서 나누다'는 뜻을 나타내기에,

---

12) 顔之推는 『顔氏家訓·音辭』편에서 허신의 "皿讀若猛"의 주음에 대해서 의문을 제시했었다.

13) 張素鳳, 「'孟'字的文化意蘊」, 『文史知識』 第4期(2006); 『古漢字結構變化研究』(北京: 中華書局, 2008), 226~228쪽 참조.

14) 張玉金, 『當代中國文字學』(廣州: 廣東教育出版社, 2000), 163쪽 참조.

먹기 위해 '아이를 쪼개다'는 의미를 말한다. 그렇다면, 먼 옛날에 왜 아이를 먹는 풍속이 있었으며, '아이를 먹다'는 것에 왜 '장자'의 의미가 있는 것일까? 이는 자형을 가지고는 합리적인 해석을 할 수 없기 때문에, 문화학의 관점에서 근원을 파헤쳐야만 한다.

　　문헌의 기록에 따르면, 중국 고대의 일부 소수민족에 '첫째 아이를 죽인다[殺首子]', '첫째 아이를 먹는다[食首子]'는 풍속이 있었다.『묵자·노문(魯問)』에 "초(楚)나라의 남쪽에 사람을 잡아먹는 나라가 있습니다. 그나라에서는 맏아들[長子]을 낳으면 곧 잡아서 그를 먹으면서 아우에게 좋다[宜弟]고들 말합니다. 맛이 좋으면 그것을 임금에게 바치는데, 임금이 기뻐하면 곧 그 아비에게 상을 준답니다.(楚之南有啖人之國者橋, 其國之長子生則鮮(解)而食之, 謂之宜弟. 美, 則以遺其君, 君喜, 則賞其父.)"15)라고 하였다.『묵자·절장(節葬)』에서도 "옛날 월(越)나라 동쪽에 해목(駭沐)이라는 나라가 있었는데, 그들은 맏아들[長子]을 낳으면 곧 잡아먹었는데, 그것이 아우들에게 좋은 일이라[宜弟] 하였다.(昔者越之東有駭沐之國者, 其長子生, 則解而食之, 謂之宜弟.)"16)라고 했다.『한서·원후전(元後傳)』에는 "북쪽 지방의 강족은 일찍이 첫째 아이를 죽임으로써 마음을 씻어내고 세상을 바로 하고자 하였다.(羌胡尚殺首子, 以蕩腸正世.)"라는 구절이 있다. 또『후한서·남만전(南蠻傳)』에는 "교지(交趾)의 서쪽에 사람을 먹는 나라가 있었다. 첫째 아이(首子)가 태어나면 항상 잡아먹었는데, 이를 아우에게 좋은 일이다[宜弟]라고 했다.(交趾其西有啖人國, 生首子輒解而食之, 謂之宜弟.)"라는 구절도 있다. 또『태평환우기(太平寰宇記)』의 귀주(貴州)지역 풍속 항목에, 오호(烏滸)의 오랑캐들은 "남녀가 같이 목욕을 하고, 첫째 아이를 낳으면 먹는다.(男女同浴, 生首子則食之.)"라고 기록되어 있다. 이를 통해, 이러한 풍속에서 '죽이고' 먹는' 대상이 모두 '장자(長子)', '첫째 아이[首子]'임을 알 수 있다. 중원지역을 발굴하면서 도끼나 톱의 아래에 있는 두개골이 발견되었는데, 일부분일지라도 죽여서 먹는 '첫째 아이(首子)'일진대, 안타깝게도 문헌으로 명확하게 증명이 안 된다.

---

15) (역주) 김학주 역저,『묵자(하)』(서울: 명문당, 2003), 702쪽.
16) (역주) 김학주 역저,『묵자(상)』(서울: 명문당, 2003), 292쪽.

중원지역에서는 명문으로 '첫째 아이를 죽여[殺首子]', '잡아먹는[食首子]' 풍속이 기록되어 있지 않지만, 먼 옛날에 이와 유사한 '아이를 버리는[棄子]' 현상이 있었다. 이러한 현상은 갑골문의 '기(棄)'의 자형으로 증명할 수 있다. 갑골문에서 '기(棄)'의 자형은 '𠦏'로, '두 손으로 키 안에 담긴 작은 아이를 버리는 형상'을 나타내고 있다. 고대의 문헌에서는 영아를 버리는 현상이 많이 기록되어 있다. 중원지역과 소수민족에게도 이러한 현상이 있는데, 비교적 유명한 것으로는 다음과 같은 것들이 있다. 주(周)나라의 시조인 후직(後稷), 주(周)나라 유왕(幽王)의 황후인 포사(褒姒), 서언왕(徐偃王), 고구려(高句麗)의 왕인 주명(朱明), 제(齊)나라 경공(頃公) 무야(無野), 초(楚)나라 영윤(令尹) 자문(子文), 오(吳)나라 왕훈(王勳), 송(宋)나라 예사(芮司) 도녀(徒女), 오손왕(烏孫王) 곤막(昆莫), 사타돌궐(沙陀突厥)의 선조인 주야적심(朱耶赤心) 등, 그들은 모두 태어나서 버려졌다. 『사기·주본기(周本紀)』에는 주(周)나라의 시조인 후직(後稷)이 부모에게서 버려질 때 "후직은 태어난 뒤에 그의 어머니가 불길하다고 여겨, 그를 좁은 골목에 버렸는데, 말과 소가 그를 피해 지나가면서 밟지 않았다. 숲 속에 버리려 하니, 산속에 사람이 많아 아이를 옮겼다. 도랑의 얼음 위에 버렸더니, 날짐승들이 날개로 아이를 덮어주고 깔아주었다. 강원이 이를 진기하게 여겨 마침내 그를 거두어 길렀다. 처음에 그를 버리려고 했으므로 이름을 '기(棄)'라고 하였다."[17]라고 서술하고 있다. 『시경·대아·생민(生民)』에 이 일에 대한 기록이 있고, 『천문(天問)』에는 "직(稷)은 장자인데, 황제가 어찌 그를 쫓아내었는가? 얼음 위에 버렸는데, 새가 어찌 그를 덮어주었는가?(稷爲元子, 帝何竺(毒)之? 投之於冰上, 鳥何燠之?)"라고 하였다. 『시경·대아·생민(生民)』의 "첫 아기를 양처럼 쉽게 낳으셨으니.(先生如達)"[18]와 『천(天)』의 "후직은 장자였다.(稷爲元子)"에 근거하면, 후직도 '첫째 아이[首子]'였음을 쉽게 알 수 있다.

굴원(屈原)이 제일 먼저 후직이 버려진 원인에 대해 의문을 제시하

17) (역주) "稷生後, 母以爲不祥, 棄之隘巷, 馬牛過者皆避不踐; 徙置之林中, 適會山林多人, 遷之; 而棄渠中冰上, 飛鳥以其翼覆薦之. 姜嫄以爲神, 遂收養之. 初欲棄之, 因名棄."
18) (역주) 김학주 역저, 『시경』(서울: 동문선, 2010), 735쪽.

였으며, 그 이후 사람들은 먼 옛날 장자를 죽여서 먹거나 버리는 행위에 대해 여러 가지 해석을 내놓았다. 유반수(劉盼遂)는 고대에 일부일처라는 제도가 정착되지 않았을 때, "아내가 첫째 아이를 낳으면, 남편은 종종 다른 사람의 씨가 아닐까 의심을 하고 질투도 굉장히 심했기 때문에, 첫째 아이를 죽이는 풍속이 있었다."라고 제기했다.[19] 즉, 고대의 첫째 아이를 죽여서 먹거나 내다 버리는 풍속은 자녀의 혈통에 대한 의심과 관련이 있다는 말이다. 이는 더 나아가 인류사회의 발전과정에서 그 원인을 찾을 필요가 있다. 모계씨족사회에서 혼인의 형식은 '근친상간의 혈혼', '군혼', '대우혼(對偶婚)'[20] 등이 있으며, 군혼과 근친상간 및 어머니는 알아도 아버지는 알 수 없는 게 주된 특징이었다. 그런데 대우혼이 발전하게 되면서, 자녀들의 부계혈통이 갈수록 명확해졌다. 여기에다 사회의 생산력도 발전하게 되면서, 잉여생산물도 생기고 재산도 누적되어, 남자의 지위가 나날이 올라가게 되었다. 생산을 하는 과정에서 남자의 지위가 점차 통치하는 위치에 처하게 되자, 모계사회에서 부계사회로 넘어가는 과도기가 시작되었다. 남자는 재산을 자신의 혈통을 가진 자녀에게 넘겨주기 위해, 여자의 정조를 엄격하게 요구하기 시작하였으므로 군혼제는 점차 사라지게 되었다. 그러나 이렇게 발전하기까지 상당히 오랜 시간이 걸렸으므로, 그 사이 남자가 자기 자녀의 혈통을 중시하는 것과 군혼제의 풍속이라는 첨예한 모순이 필연적으로 존재할 수밖에 없었다. 이러한 모순으로 인해 혼인하기 전에 여자가 순결을 지켰는지에 대해 남자들이 의심을 하게 되면서, 첫째 자녀의 혈통을 의심하고 부정하게 되었다. 이는 남자들이 결혼하고 나서 처나 첩이 낳은 첫째 아이를 죽이거나 내다 버리는 현상을 야기했다.

한자현상의 문화적 해석은 유일한 것이 아닐 수도 있다. '맹(孟)'자의

---

19) 劉盼遂, 「天問校箋」, 『國學論叢』 第2卷 第1期(1929).

20) (역주) 對偶婚: 이는 對偶家庭이라고도 부른다. 원시사회시기에 씨족이 다른 성인 남녀는 길거나 짧은 시간 안에 남자 한 명 여자 한 명으로 짝을 이루어야 한다. 여자가 중심이 되는 혼인관계가 불안정한 혼인형식으로, 대우혼은 제약을 받지 않지만 약간은 고정적으로 짝을 이루는 쌍방이 모두 원하는 동거형식이다. 군혼제에서 일부일처제로 넘어가는 과도기적인 형식으로, 走婚, 望門居, 不落夫家 등의 형식이 존재한다.

형체를 구성하는 문화적 배경에 대해서, 구석규(裘錫圭)는 세계 각지에서 유행하는 헌신제사(獻新祭祀)21)와 중국 고대의 상제(嘗祭) 풍속에 따라, 또 다른 해석을 제시하였다. 그는 "고대 중국에서 첫째 아이를 죽이는 풍속은 분명히 첫째 아이를 귀신에게 바치는 것으로 해석해야 한다. 고서의 관련 기록에는 첫째 아이를 죽이는 제사의 성질에 대해 언급하지 않았다. 이는 기록하는 사람이 이러한 풍속에 대해 깊이 있는 이해가 부족했기 때문이다. 첫 번째로 수확한 것을 귀신에게 바치는 것은, 무사히 보관하여 수확한 다른 것들을 식용하기 위해서이며, 아울러 다가오는 해에 계속해서 새롭게 수확하기 위해서이다. 첫째 아이를 바치는 것도 물론 이후에 새로운 아이를 얻어, 그들이 안전하게 성장하기를 바랐기 때문이었다. 그러므로 『묵자』에서는 맏아들을 죽이는 것이 동생을 좋게[宜弟] 하기 위함이라고 말했으니, 매우 이치에 맞는 말이다."라고 했다. 또 "중국은 고대부터 제사에 바친 음식을 먹으면 복을 얻을 수 있다고 여겼기 때문에, 제사를 하고 난 뒤에는 '제사에 사용한 고기를 돌려받고[歸胙]', '복을 돌려받는[歸福]' 일을 하였다. 즉 제사에 사용한 술과 고기를 관련 사람들이 먹도록 선물했다." 그러므로 "고대 중국의 일부 지역에서는 첫째 아이를 죽이고 나서 '먹어야' 했다. 이는 헌신제사 이후의 성찬의 성질을 가지고 있으며, 복을 구하기 위함과 '의제(宜弟)'에 그 목적이 있다는 것은 의심의 여지가 없다."라고 했다.22) 구석규와 유반수의 해석은 실제 모순되는 게 아니다. 최초의 원인 혹은 그 안에 깊게 숨겨져 있는 심리는 혈연에 대한 의심과 시기질투였을 것이다. 그러나 이후의 풍속 혹은 표면적인 구실이 의례제사를 바꾸었기 때문에, '맹(孟)'자의 형체를 구성하는 이치를 이 두 현상이 같이 증명할 수 있다.

이를 통해, 문자의 창제는 당시의 객관적인 세계의 영향을 받을 뿐만 아니라, 또 대대로 내려오는 지식의 영향도 받는다는 것을 알 수 있다. '예전'의 의미를 나타내는 '석(昔)'자를 만들 때, 이전부터 있었던 홍

---

21) (역주) 이는 고대 중국의 제사 풍속으로, 보편적으로 유행하였다. 막 새로운 것을 수확하면, 그것을 신령에게 제사를 지내며 바치는 것을 말한다. 이 때, 제철마다 나는 신선한 식품을 제사에 바쳤다.
22) 裘錫圭, 「殺首子解」, 『中國文化』 第9期(1994).

수의 이미지를 사용하였다. '내다버리다'라는 의미의 '기(棄)'자를 만들 때, 역시 기존의 '아이를 버리는[棄子]' 이미지를 사용하였다. 마찬가지로 '형제자매에서 나이가 제일 많은 사람'이라는 의미를 나타낼 때, 구두로 전해지는 첫째 아이를 죽여서 먹는 이미지를 사용하였다. 즉 어린 아이 (첫째 아이)를 밥 먹는 용기인 '그릇[皿]'에 놓은 것이다. 이것이 바로 '맹(孟)'자를 만든 이론적 근거이다. '맹(孟)'자는 형제자매에서 '나이가 제일 많은'이라는 의미항목에서 기타 사물의 '제일'이나 '시작'이라는 의미로 파생되었다. 예를 들어, 사계절에서 첫 번째 달을 각각 '맹춘(孟春)', '맹하(孟夏)', '맹추(孟秋)', '맹동(孟冬)'이라고 부른다.

한자구조의 이론적 근거는 모두 문화적 현상의 반영이다. 그래서 문화적 현상을 가지고 한자구조를 해석하는 것은 옛날부터 지금까지 줄곧 사용하던 방법으로, 그 문화적 현상의 정확여부가 가장 중요했다. 대체로 한자구성성분의 기능 및 기능조합의 이론적 근거에 대해 분석이 잘못되었거나 견강부회한 것들은 문화를 말하지 않아서가 아니라, 핵심이 되는 문화현상이 자형을 근거로 한 것이 아니기 때문이다.

2. 구성성분 취합의 문화적 해석

구성성분의 취합을 어떤 한자의 구조에 초점을 맞춰 말한다면, 한자 구조체계의 문제에 속한다. 예를 들어, 한자는 왜 주로 '형성자(形聲字)'의 방법으로 글자를 구성하는 것일까? '형성자'일 때, 왜 대부분 의미부가 왼쪽에 있고 소리부가 오른쪽에 있는 것일까? 한자에서 상형을 나타내는 구성성분은 왜 점차 감소하여 거의 소멸하게 된 것일까? 한자에서 '재화'의 의미를 나타내는 글자는 왜 대다수가 '패(貝)'로 구성되어 있는 것일까? 심리활동을 나타내는 글자들은 왜 대부분 '심(心)', '혈(頁)'로 구성되는 것일까? 고문자에서 '초(艸)'와 '목(木)', '심(心)'과 '혈(頁)'은 의미를 나타내는 구성성분들로, 어째서 통용될 수 있는 걸까?『설문해자』에서는 '자(者)'를 소리부로 하던 글자들이 왜 현재에는 독음을 나타내지 않는 것일까? 이러한 질문에 관련글자들을 모아서 통일된 해석을 해야 하는데, 한자체계를 가지고 해석하는 방법 말고 때로 다른 문화적 현상에 기대야 할 필요가 있다. 지면의 제한으로, 여기에서는 집합할 수 있는 모든 구조적 현상에 대해 문화적 해석을 할 수 없으므로, 두 가지 예만 들어서 설명해보고자 한다.

예1: '패(貝)'가 의미부인 글자들

아래에 『설문해자·패(貝)부수』에서 일부 자료를 뽑아보았다.

① '회(賄)'는 '재물[財]'을 말한다. '패(貝)'가 의미부이고, '유(有)'가 소리부이다. (賄, 財也. 從貝有聲.)

② '재(財)'는 '사람이 보물로 여기는 바이다. '패(貝)'가 의미부이고, '재(才)'가 소리부이다.(財, 人所寶也. 從貝才聲.)

③ '화(貨)'는 '재물[財]'을 말한다. '패(貝)'가 의미부이고, '화(化)'가 소리부이다. (貨, 財也. 從貝化聲.)

④ '귀(賵)'는 '재물[資]'을 말한다. '패(貝)'가 의미부이고, '위(爲)'가 소리부이다. (賵, 資也. 從貝爲聲.)

⑤ '자(資)'는 '재화[貨]'를 말한다. '패(貝)'가 의미부이고, '차(次)'가 소리부이다. (資, 貨也. 從貝次聲.)

⑥ '만(購)'은 '재화[貨]'를 말한다. '패(貝)'가 의미부이고, '만(萬)'이 소리부이다. (購, 貨也. 從貝萬聲.)

⑦ '영(贏)'은 '장사를 해서 남은 이익이 있다'는 뜻이다. '패(貝)'가 의미부이고, '영(贏)'이 소리부이다.(贏, 有餘賈利也. 從貝贏聲.)

⑧ '사(賒)'는 '세내다[貰買]'는 뜻이다. '패(貝)'가 의미부이고, '여(余)'가 소리부이다.(賒, 貰買也. 從貝余聲.)

⑨ '세(貰)'는 '빌리다[貸]'는 뜻이다. '패(貝)'가 의미부이고, '세(世)'가 소리부이다.(貰, 貸也. 從貝世聲.)

⑩ '귀(貴)'는 '물건이 싸지 않다'는 뜻이다. '패(貝)'가 의미부이고, '유(臾)'가 소리부이다. '유(臾)'는 '유(蕢)'의 고문체이다.(貴, 物不賤也. 從貝臾聲. 臾, 古文蕢.)

⑪ '천(賤)'은 '값이 싸다'는 뜻이다. '패(貝)'가 의미부이고, '전(戔)'이 소리부이다.(賤, 賈少也. 從貝戔聲.)

⑫ '상(賞)'은 '공이 있는 사람에게 상을 주다'는 뜻이다. '패(貝)'가 의미부이고,

‘상(尚)’이 소리부이다.(賞, 賜有功也. 從貝尚聲.)

⑬ ‘무(貿)’는 ‘재화를 바꾸다는 뜻이다. ‘패(貝)’가 의미부이고, ‘묘(卯)’가 소리부이다.(貿, 易財也. 從貝卯聲.)

⑭ ‘비(費)’는 ‘재화를 사용하다는 뜻이다. ‘패(貝)’가 의미부이고, ‘불(弗)’이 소리부이다.(費, 財用也. 從貝弗聲.)

⑮ ‘빈(貧)’은 ‘재화를 나누어 적다는 뜻이다. ‘패(貝)’와 ‘분(分)’으로 구성되어 있으며, ‘분(分)’은 또한 소리부이다.(貧, 財分少也. 從貝從分分亦聲.)

⑯ ‘구(賕)’는 재물을 가지고 법을 능멸하고 서로 사례하는 것을 뜻한다. ‘패(貝)’가 의미부이고, ‘구(求)’가 소리부이다.(賕, 以財物枉法相謝也. 從貝求聲.)

⑰ ‘구(購)’는 ‘재물을 구한다는 뜻이다. ‘패(貝)’가 의미부이고, ‘구(冓)’가 소리부이다.(購, 以財有所求也. 從貝冓聲.)

이러한 글자들이 나타내는 단어의 의미는 모두 재물과 관련이 있는데, 그것들은 전부 ‘패(貝)’라는 의미부를 가지고 있다. ‘패(貝)’는 본래 뜻이 ‘조개’인데, 왜 재물을 나타내는 의미에 ‘패(貝)’를 구성성분으로 선택한 것일까? 이는 한자로만 봤을 때는 해석할 수 없다. 원래 상고시기부터 ‘패(貝)’를 사용하여 재물로 교환하였고 재산을 계산하는 등가물로 삼아서 현재의 지폐와 같았다. 『설문해자·패(貝)부수』에는 “패(貝)는 ‘조개’이다. 육지에 사는 것을 ‘표(猋)’라 부르고, 물에 사는 것을 ‘함(蜬)’이라 부른다. 상형자이다. 옛날에는 조개를 화폐로 삼았고 거북을 귀히 여겼다. 주(周)나라에서는 ‘천(泉)’이라 불렀는데, 진(秦)나라에 이르러 ‘패(貝)’를 없애고 ‘전(錢)’을 사용하였다.(貝, 海介蟲也. 居陸名猋, 在水名蜬. 象形. 古者貨貝而寶龜, 周而有泉, 至秦廢貝行錢.)”라고 설명되어 있다. 그러므로 재물과 관련 있는 글자에는 대부분 ‘패(貝)’가 들어가 있으며, 의미부의 역할을 한다. 이것은 고대의 화폐제도가 문자의 형체를 구성할 때 끼친 영향이다.

예2: ‘심(心)’과 ‘혈(頁)’이 의미부인 글자

한자의 형체를 구성하는 것 중에 매우 흥미로운 현상이 있다. 그것은 바로 심리적 정서와 사고영역의 의미를 나타내는 글자들은 ‘심(心)’이 의미부일 수도 있고, '혈(頁)'(首)이 의미부일 수 있는데, '심(心)'이 많이 사용된다는 점이다. 예를 보자(의미를 해석하고 형체를 분석한 것은 모두 『설문해자』에 근거했다).

① '지(志)'는 '뜻[意]'을 말한다. '심(心)'이 의미부이고, '지(之)'가 소리부이다.(志, 意也. 從心之聲.)
② '부(忕)'는 '생각하다[思]'는 뜻이다. '심(心)'이 의미부이고, '부(付)'가 소리부이다.(忕, 思也. 從心付聲.)
③ '충(忠)'은 '공경하다[敬]'는 뜻이다. '심(心)'이 의미부이고, '중(中)'이 소리부이다.(忠, 敬也. 從心中聲.)
④ '료(憭)'는 '총명하다[慧]'는 뜻이다. '심(心)'이 의미부이고, '료(尞)'가 소리부이다.(憭, 慧也. 從心尞聲.)
⑤ '의(顗)'는 '근엄한 모양을 말한다. '혈(頁)'이 의미부이고, '기(豈)'가 소리부이다.(顗, 謹莊皃. 從頁豈聲.)
⑥ '의(顨)'는 치(癡)와 같아 '총명하지 않다'는 뜻이다. '혈(頁)'이 의미부이고, '의(羛)'가 소리부이다.(顨, 癡, 不聰明也. 從頁羛聲.)

『설문해자』에 이와 같은 글자들이 매우 많아서, 상세히 인용하지 않았다.

동일한 단어를 나타내는 이구자(異構字)들은 때로 '심(心)'이 의미부이거나 '혈(頁)'이 의미부인데, '심(心)'과 '혈(頁)'은 통용된다. 예를 보자.

① 문(顐)(頤)-혼(惛)(忻): 『설문해자·혈(頁)부수』의 "문(顐)은 '머리를 매어 기절하다'라는 뜻이다.(顐, 系頭殟也.)", 『설문해자·혈(頁)부수』의 "혼(惛)은 '총명하지 않다'라는 뜻이다.(惛, 不憭也.)", 『옥편·혈(頁)부수』의 "문(顐)을 『장자』에서는 '물어도 이해하지 못하는 모양'이라고 하였으므로, '문(顐)'은 '이해하지 못하다'라는 뜻이다. '혼(惛)'으로도 쓴다.(顐, 『莊子』云: '問焉則顐然.' 顐, 不曉也. 亦作惛.)"에서 '문(顐)', '혼(惛)'은 이구(異構) 관계로서, 음과 뜻이 전부 같고, 둘 다 '어리석다'는 뜻을 나타내고 있다는 것을 알 수 있다. '문(顐)'자는 또 '민(頤)'자라고도 쓰고, '혼(惛)'자도 '민(忻)'자라고도 쓴다. 『옥편·심(心)부수』와 『용감수감(龍龕手鑒)·혈(頁)부수』를 보면, '민(頤)', '민(忻)'은 '심

(心)'과 '혈(頁)'이 서로 통용되는 이구자이다.

② 초췌(顦顇)－초췌(憔悴):『설문해자·혈(頁)부수』에 "초(顦)'는 '초췌하다'는 뜻이다.(顦, 顦顇也.)", "췌(顇)'는 '초췌하다'는 뜻이다.(顇, 顦顇也.)"라는 구절이 있는데, 단옥재는 "『초사·어부(漁父)』에 '안색이 초췌하다.'는 구절이 있다. 이 글자들은 각기 다르지만, 지금 사람들은 초췌(憔悴)라는 글자를 많이 사용한다.『설문해자』에는 '초(憔)'의 전서가 없고, '췌(悴)'는 '근심하다'라고 해석해 놓았다.(『楚辭·漁父』: '顏色憔悴.' 其字各不同, 今人多用憔悴字. 許書無憔篆. 悴則訓憂也.)"라고 주석했다. 당(唐)나라 혜림(慧琳)은『일체경음의(一切經音義)』3권에서『운영(韻英)』의 "초췌(顦顇)'는 '심(心)'을 의미부로 한 '초췌(憔悴)'라고도 쓴다.(顦顇, 或從心作憔悴.)"를 인용하였고, 또 62권에서『창힐편(蒼頡篇)』의 "초췌(顦顇)'는 '근심하다'는 뜻이다.(顦顇, 憂傷也.)"를 인용하였다.『옥편·혈(頁)부수』의 "초(顦), 초췌(顦顇)'는 '근심하는 모양'을 말한다. 또한 '초(憔)'라고도 쓴다.(顦, 顦顇, 憂貌. 亦作憔.)",『집운(集韻)·유운(宥韻)』의 "초(憔), 초췌(憔悴)'는 '근심하다'는 뜻이다.(憔, 憔悴, 憂患也.)",『초사·구탄(九嘆)·원사(怨思)』의 "몸이 초췌한 채 잠 못 이뤘고, 해지는 황혼녘이면 긴 비탄에 젖었도다.(身憔悴而考旦兮, 日黃昏而長悲.)"[23]에서 왕일(王逸)은 "초췌(憔悴)'는 '걱정하는 모양'을 말한다.(憔悴, 憂貌.)"라고 주석했다. 이를 통해, '초췌(顦顇)'와 '초췌(憔悴)'는 '심(心)'과 '혈(頁)'로 통용되는 이구자(異構字)라는 것을 알 수 있다.

③ 홍(頮)－몽(懞):『집운(集韻)·등운(登韻)』의 "맹(懞)은『이아』에서 "맹맹(懞懞)'은 '사리에 어둡다[惛]'라는 뜻이다."라고 설명되어 있으며, '홍(頮)'이라고도 쓴다.(懞,『爾雅』'懞懞, 惛也.' 或作頮)",『자휘(字彙)·혈(頁)부수』의 "홍(頮)'은 '사리에 어둡다[惛]', '미혹하다[迷]'는 뜻이다. 혹 '몽(懞)'이라고도 쓴다.(頮, 惛也, 迷也. 或作懞.)", 또『자휘보(字彙補)·심(心)부수』의 "몽(懞)과 맹(懞)은 같다.(懞與懞同.)",『설문해자·심(心)부수』의 "몽(懞)은 '흐리다'는 뜻이다.(懞, 不明也.)"라는 구절이 있다. 이를 통해, '홍(頮)', '맹(懞)', '몽(懞)'은 이구자(異構字)들로, 음과 뜻이 같고, 모두 심리활동을 나타내는 '혼(惛)'이 되었다는 것을 알 수 있다. 그 중에서 '몽(懞)', '홍(頮)'은 '혈(頁)'과 '심(心)'이 의미부로 통용되는 이구자(異構字)에 속한다.

④ 순(順)－순(﹖):『설문해자·혈(頁)부수』에 "순(順)은 '다스리다[理]'는 뜻이다.

---

23) (역주) 유성준 역해,『초사』(서울: 혜원출판사, 1999), 253쪽.

'혈(頁)'과 '천(川)'으로 구성되어 있다.(順, 理也. 從頁川.)"라는 구절이 있다. 단옥재는 "순(順)은 '다스리다[理]'는 뜻이다. '순(順)'이 '리(理)'가 되는 까닭은 여태껏 백성의 마음을 알지 못하고 능히 다스리는 자가 없었기 때문이다. 사람의 정수리에서부터 발꿈치까지 '순(順)'이 이른 것이며, 강[川]의 흐름도 '순(順)'이 이른 것이다. 그러므로 글자는 '혈(頁)'과 '천(川)'으로 구성된 회의 자이다.(順者, 理也. 順之所以理之, 未有不順民情而能理者. 人自頂以至於踵, 順之至也; 川之流, 順之至也. 故字從頁川會意.)"라고 주석했다. 서호(徐灝)의 『설문해자주전(說文解字注箋)·혈(頁)부수』에 "사람이 공손하게 순종하는 것 을 '순(順)'이라고 부른다.(人之恭謹愻愻曰順.)"라는 구절이 있다. '순(順)'은 '품성'과 관련이 있다. 그래서 『시경·대아·황의(皇矣)』에 "하늘의 뜻 따라 백 성들과 친화하였네.(克順克比)"24)라는 구절이 있고, 모형(毛亨)은 "자비롭고 온화하며 두루 복종시키는 것을 '순(順)'이라고 부른다.(慈和遍服曰順.)"라고 주석했다. 또 『이아·석언(釋言)』에 "혜(惠)는 '순(順)'이라는 뜻이다.(惠, 順 也.)"라고 했고, 『맹자』에서 조기(趙岐)는 "순(順)은 '사랑하다[愛]'는 뜻이다. (順, 愛也.)"라고 주석했다. 『금문편(金文編)』과 『한어대자전(漢語大字典)』의 '순(順)'자에는 '𐤀𐤀', '𐤀𐤀'와 같은 두 개의 금문형체가 수록되어 있다. 앞의 자 형은 '혈(頁)'과 '천(川)'으로 구성되어 있고, 뒤의 자형은 '심(心)'과 '천(川)'으 로 구성되어 있는데, 이는 '심(心)'과 '혈(頁)'로 통용되는 이구자(異構字)이다.

심지어 하나의 글자 안에 '심(心)'과 '혈(頁)'로 구성되어 있거나 혹은 '혈(頁)'과 기능이 같은 구성성분으로 이루어진 상황이 있다. 예를 보자.

① 우(憂): 이는 '우(憂)'의 고대 글자이다. 『설문해자·심(心)부수』에 "우(憂)는 '근심하다[愁]'는 뜻으로, '심(心)'과 '혈(頁)'로 구성되어 있다.(憂, 愁也. 從心 頁.)"라는 구절이 있다. 단옥재는 "이는 회의(會意)자이다. '사(思)'는 '심(心)' 과 '신(囟)'으로 구성되어 있는데, 마음[心]은 정수리[囟]에서 관통된다.(此會 意. 如思從心囟, 由心徹於囟也.)"라고 주석했다. 『이아·석고(釋詁)』에는 "우 (憂)는 '생각하다[思]'는 뜻이다.(憂, 思也.)"라고 기록되어 있다.
② 사(思): 『설문해자·사(思)부수』의 "사(思)는 '깊고 밝다[睿]'는 뜻이다. '심(心)'

---

24) (역주) 김학주 역저, 『시경』(서울: 동문선, 2010), 720쪽.

과 '신(囟)'으로 구성되어 있다.(思, 睿也. 從心從囟.)", 『집운(集韻)·지운(之韻)』에 "사(思)는 고대에 '恖'라고 썼다.(思, 古作恖.)"가 있고, 『초사·이소(離騷)』의 "구주(九州)가 넓고 큼을 생각하니(恖九州之博大兮)"라는 구절에, 왕일은 "恖는 고문에 '생각하다[思]'라고 써져 있다.(恖, 古文思.)"라고 주석했다. '신(囟)'은 두개골이 모이는 곳으로, 즉 '숫구멍'을 말한다. 단옥재는 『설문해자·사(思)부수』의 주석에서 다음과 같이 말했다. "『운회(韻會)』에서는 "정수리[囟]에서 심장[心]까지 실처럼 서로 연결되어 있어 끊어지지 않는다. 회의자이다.라고 했다.(『韻會』曰: 自囟至心如絲相貫不絕也. 會意.)" 주준성(朱駿聲)은 『설문통훈정성(說文通訓定聲)』에서 "사(思)의 아래에 '심(心)과 신(囟)으로 구성되어 있으며, 회의(會意)자이다. '사(思)'는 심장[心]이 머리[囟]까지 통하므로, '신(囟)'으로 구성된 것이다.(按從心從囟, 會意. 思者, 心通於囟, 故從囟.)"라고 했다. 서호는 『설문해자주전(說文解字注箋)』에서 "사람의 정수는 뇌(腦)에 있고, 뇌(腦)는 주로 기억을 담당한다. 그러므로 '사(思)'는 '신(囟)'으로 구성되어 있다.(人之精髓在腦, 腦主記識, 故思從囟.)"라고 했다. '신(囟)'은 '두뇌'를 대표하고, '혈(頁)'도 '수뇌'이므로, 같은 뜻이다. '심(心)'과 '신(囟)'으로 구성된 것은 '심(心)'과 '혈(頁)'로 구성되어 있는 것과 같다.

③ 뇌(嫐)(嬲): 『설문해자·여(女)부수』에 "뇌(嬲)는 '원망하는 바가 있다는 뜻이다. '여(女)'가 의미부이고, '뇌(㵎)'의 생략된 형태가 소리부이다. 지금의 여남(汝南) 사람들은 원망하는 바가 있다는 것을 '뇌(嬲)'라고 부른다.(嬲, 有所恨也. 從女㵎省聲. 今汝南人有所恨曰嬲.)"라는 구절이 있는데, 단옥재는 "한(恨)은 '원망하다[怨]'는 뜻이다. 형성(形聲)의 성분 속에 회의(會意)도 포함되어 있다. '뇌(嬲)'가 '뇌(㵎)'로 구성된 것은 '사(思)'가 '신(囟)'으로 구성된 것과 같은 뜻이다.(恨者, 怨也. 形聲中有會意也. 嬲之從㵎者, 與思之從囟同意.)"라고 주석했다. 『정자통(正字通)·여(女)부수』에는 "뇌(嬲)'는 지금 '뇌(惱)'라고 쓴다.(嬲, 今作惱.)"라고 기록되어 있다. '뇌(惱)'자는 '심(心)'과 '뇌(㵎, 腦)'로 구성되어 있는데, '심(心)'과 '혈(頁)'로 구성되어 있는 것과 같다.

그렇다면 상술한 '심(心)'과 '혈(頁)'로 구성된 글자가 모두 '품성'이라는 의미와 관련이 있는 현상을 어떻게 해석해야 할까? 원래 고대인들은 사람의 사유 활동이나 정신활동이 '두뇌'와도 관련이 있지만 '심장'과 더욱 관련 있다고 여겼다. 보통 사람들은 심장이 뛰는 것을 쉽게 감지할 수 있기 때문에, 심장을 사유기관으로 간주하는 것이 비교적 보편적이었으며, 이는 고대인들의 공통된 인식이었을 것이다. 『맹자·고자상(告子上)』의 "마음의 기관은 생각할 수 있다.(心之官則思.)", 『순자·해폐(解蔽)』의 "마음[心]이란 형체의 임금이며, 신명의 주인이다.(心者, 形之君也, 而神明之主也.)", 『이아·석고(釋詁)』의 "모(謀)는 '마음[心]'을 뜻한다.(謀, 心也.)"는 이러한 인식이 반영된 구절들이다. 이러한 인식은 또 한어에 영향을 끼쳐, 마음속으로 생각하다[心想], 생각[心思], 마음[心意], 사고력[心智], 조심하다[小心], 세심하지 못하다[粗心], 성가시게 하다[煩心], 참을성이 있다[耐心], 마음속의 말을 하다[說心裏話], 마음속에서 우러나오는 말을 하다[言爲心聲] 등, 의미체계에서 '심(心)'의 사유작용이 유입되어, 지금까지 이어져오고 있다. 그러나 이 때문에 "고대 중국인들은 '심(心)'이 사유기관이라는 것만을 알았지, '뇌(腦)'가 정신활동을 한다는 것을 전혀 몰랐고, '뇌(腦)'에 대한 인식은 근대 과학에서 발견되었다."고 말할 수는 없다. 실제로 고대에 의사와 술사들은 '머리'와 '뇌'에 정신을 주재하는 기능이 있다고 느끼고 있었다. 다시 말해, 선진(先秦)시기부터 근대까지 이렇게 오랜 시간 동안, 고대인들은 '심(心)'이 사유기관이라고 여겼으며, 그와 동시에 '뇌(腦)' 역시 사유능력을 가지고 있다고 여겼다. 그래서 '뇌(腦)'도 사유기관으로 삼았다. 예를 들어, 『소문(素問)·오장별론(五臟別論)』에 "어떤 의사는 '뇌(腦)'와 '수(髓)'를 '장(臟)'이라 한다.(方士或以腦髓爲臟.)"25)라는 구절이 있다. 의사들은 '뇌수'를 '오장(五臟)'의 '장(臟)'이라고 달리 생각했던 것이고, 이 '장(臟)'이 사유기능을 가진 기관을 포함한다는 것은 의심의 여지가 없다. 『소문(素問)·본병론(本病論)』에 "신명(神明)이 제 위치를 지키지 못하고 상단전(上丹田)에서 동떨어져서 이리저리 떠다니는 것이다.(神失守位, 即神遊上丹田, 在太乙帝君泥丸宮下.)"26)라는 구절이 있다. '니환궁(泥丸宮)'은 뇌가 있는 곳을 말하는데, 도가(道家)에서는 이를 '상단전(上丹田)'이라고 불렀다. '신명(神明)'이 상단전(上丹田)에

---

25) (역주) 鄭鍾漢 編譯, 『素問解釋』(상)(서울: 의성당, 2010), 292쪽. 鄭鍾漢은 여기에 나오는 方士에 대해 다음과 같이 설명하였다. "본래는 주로 仙道나 方術 등을 수련하고 不死之藥 등을 연구하고 만드는 사람을 말하는데, 여기서는 그냥 醫生, 醫者로 보는 것이 옳다고 본다."

26) (역주) 鄭鍾漢 編譯, 『素問解釋』(下)(서울: 의성당, 2010), 1008쪽.

서 동떨어져서(神遊上丹田)'라는 것은 의사들이 두뇌가 '정신의식[神]'의 활동영역이라고 인식했다는 것을 나타내고 있다. 『영추(靈樞)·대혹론(大惑論)』에 "이와 같이 상하 눈꺼풀이 근골혈기의 정기를 둘러싸며 맥(脈)과 합쳐져서 목계(目系)를 형성합니다. 목계는 위로 뇌에 이어져 속하고 뒤쪽의 목덜미로 나옵니다. 그러므로 사기가 뒷목으로 침입하여 인체가 허약한 틈을 타고 깊숙이 들어오면 목계를 따라 뇌로 들어갑니다. 사기가 뇌에 들어가면 뇌가 흔들려서 머리가 어지럽고 목계가 당기게 되어 눈앞이 아찔하면서 머리가 핑핑 도는 현상이 나타납니다.(裹擷筋骨血氣之精, 而與脈並於系, 上屬於腦, 後出於項中, 故邪中於項, 圖逢其身之虛, 其入深, 則隨眼系以入於腦. 入於腦則腦轉, 腦轉則引目系急, 目系急則目眩以轉矣.)"[27]라는 구절이 있다. 이는 의사들이 뇌와 정신활동 및 시각, 청각과의 관련을 주시하고 있었다는 것을 나타낸다. 『소문(素問)·맥요정미론(脈要精微論)』에 "머리[頭]는 정기(精氣)와 신명(神明)이 모여 있고, 그 상태가 반영되는 곳입니다.(頭者, 精明之府.)"[28]라는 구절이 있다. 현대의 중의학자들은 "정명(精明)은 정기(精氣)와 신명(神明)을 말한다. 즉 정기(精氣)와 신명(神明)이 모인 곳을 의미한다.(精明, 指精氣神明. 即精氣神明集聚之處.)"라고 했다.[29] 이를 통해, 선진(先秦)시기의 의학자들이 인체에서 뇌수(腦髓)의 역할에 대해 주시를 하고, 두뇌(頭腦)가 사유기관임을 인식하고 있었다는 것을 알 수 있다. 한(漢)나라의 위서(緯書)인 『춘추원명포(春秋元命苞)』에는 선진(先秦)시기 의학자들의 말을 계승하고 "사람의 정수는 뇌에 있다[人精在腦]", "머리는 신이 머무는 곳이다[頭者神所居]"라고 분명하게 말했다. 여기에서 말하는 '정(精)'과 '신(神)'은 실제로 지금 사람들이 말하는 사유의식이다. 위진(魏晉)시대 황보밀(皇甫謐)의 『황제갑을경(黃帝甲乙經)』에 "머리[頭]는 정기(精氣)와 신명(神明)이 있는 곳이다. 머리를 기울여 깊게 바라보면, 정신[神]을 빼앗길 것이다.(頭者, 精明之府, 頭傾視深, 神將奪矣.)"라는 구절이 있다. 여기에서 '신(神)'은 바

---

27) (역주) 주춘재 글·그림, 정창현; 백유상 옮김, 『황제내경-영추편』(서울: 청홍, 2004), 300~301쪽.

28) (역주) 鄭鍾漢 編譯, 『素問解釋』(상)(서울: 의성당, 2010), 391쪽.

29) 皮襲休 主編, 『古典醫著選』(南京: 江蘇科學技術出版社, 1988), 49쪽 참조.

로 '정신의식'을 말하는데, '정신[神]'이 '뇌(腦)'에 있고, "뇌를 움직이면 정신이 다칠 수 있다."고 분명하게 밝히고 있다. 이는 『소문(素問)·사객(邪客)』에서 "마음[心]을 다치면 정신[神]이 나가버린다. 정신[神]이 나가버리면 죽는다.(心傷則神去, 神去則死矣.)"라고 말한 의미와 같다. 이는 고대인들이 '심(心)'과 '뇌(腦)'를 사유기관으로 간주했다는 것을 설명하고 있다. '심(心)'에 대한 인식이 보편적이었다면, '뇌(腦)'에 대한 인식은 전문적이었다.[30]

이와 같았으므로, 한자의 구성은 '심(心)'이 주로 '사유와 감정'을 나타내는 것과 동시에 '혈(頁)', '신(囟)', '뇌(腦)' 등 심리사유를 나타내는 구성성분이 출현할 수 있었으며, '심(心)'과 '혈(頁)'이 매치되거나 혹은 통용되어 심리활동을 나타내는 자형이 생겨날 수 있었다. 이와 같지 않다면 상술한 한자의 형체를 구성하는 현상에 대해 해석할 방법이 없다.

제4절 한자기능의 문화적 해석

한자의 기본적인 기능은 한어를 기록하는 것이지만, 가끔은 파롤 이외에서도 기능할 수 있다. 이 두 측면은 기타 문화요소의 영향을 받을 수 있다.

1. 문화요소의 용자기사(用字記詞) 기능에 대한 영향

하나의 자부(字符)는 어떤 어휘들을 나타내는데 사용될 수 있고, 하나의 어휘는 어떤 글자들로 나타낼 수 있다. 서로 다른 시대, 지역, 사람에게는 차이점이 있을 수 있다. 이러한 차이점은 어떤 때는 문자 체계

---

30) 이상, '心'과 '腦'의 관계에 관한 인식은 劉敬林의 「古人有關人腦思維能力的認識及其在文字構形上的反映」, 『勵耘學刊』總第2輯(北京: 學苑出版社, 2005)을 참조했다.

자체로는 해석하기가 쉽지 않은데, 문화적 공감대를 통해서 문자와 파롤을 연결시켜야만 글자-단어관계의 변화를 명확하게 설명할 수 있다. 실제로 관점을 바꿔, 왜 그렇게 새로 만든, 혹은 구조를 바꾼 자부(字符)를 사용하려고 하는지는 기능영역의 용자(用字) 현상에 속한다. 예를 들어, '국(囻)'으로 '국(國)'을 대신하고, '조(曌)'로 '조(照)'를 대신하였으며, '배(弄)'로 '배(扒)'를 대신하고, '희(囍)'로 '희(喜)'를 대신하는 것 등, 이러한 글자의 사용이 바로 문화요소가 영향을 끼친 결과이다.

이상의 용자 현상은 원자(原字)의 구조를 바꿔 새로운 자부(字符)를 창조하는 것이 전제가 되어야 한다. 문화적 요소도 기존에 있던 자부(字符)의 선택사용에 직접적으로 영향을 줄 수 있다. 예를 보자.

『설문해자·망(網)부수』에 "죄(罪)는 '물고기를 대나무와 그물로 잡는 것'을 말한다. '망(网)'과 '비(非)'로 구성되어 있다. 진(秦)나라에서는 '죄(罪)'로 '죄(辠)'를 대신했다.(罪, 捕魚竹網. 從網, 非. 秦以罪爲辠字.)"라는 구절이 있고, 『신(辛)부수』에 "죄(辠)는 '법을 어기다'라는 뜻이다. '신(辛)'도 의미부이고 '자(自)'도 의미부인데, 죄인에게 코를 베는 형벌을 가해 스스로 괴롭고 쓰라림을 느끼게 한다는 뜻을 담았다. 진(秦)나라에서는 '죄(辠)'자가 '황(皇)'자와 비슷하다고 여겨, '죄(罪)'자로 고쳤다.(辠, 犯法也. 從辛從自, 言罪人蹙鼻苦辛之憂. 秦以辠似皇字, 改爲罪.)"라는 구절이 있다. '자(自)'는 '비(鼻)'의 고본자(古本字)이다. 허신은 우리들에게 다음과 같은 점을 알려주고 있다. 즉 진(秦)나라에서는 왜 선진(先秦)시기부터 있어왔던 '죄(辠)'자를 사용하지 않고 '죄(罪)'자로 고쳐 사용하려고 했을까? 진시황(秦始皇)이 원래의 '죄(辠)'자가 '황(皇)'자와 같아서, 황제로서 그의 권위가 손상된다고 여겼기 때문에, 명령을 내려 '죄(辠)'자를 없앴고, 본래 '그물로 물고기를 잡다'는 뜻을 가진 '죄(罪)'자를 사용하여 '죄(辠)'의 기능을 대신하게 하였고, '죄(罪)'자는 이로 인해 본용의 기능을 상실하게 되었다[31].

---

31) 만약 '网'이 의미부이고, '非'가 소리부인 형성자 '罪'를 새롭게 '법망으로 아닌 것을 다스린다[法網治非]'는 義義合體字로 해석하여, '죄와 벌'이라는 의미를 가진 또 다른 본자가 된다면, 그것이 바로 구조를 바꿔 새롭게 글자를 만든 문제가 된다. 즉 '죄와 벌'을 나타내는 '罪1'과 '고기그물'을 나타내는 '罪2'는 同形異構字 관계가 형성된다.

『설문해자·수(水)부수)』에 "락(洛)은 '물 이름'이다. 좌풍익(左馮翊)에서 발원하여 덕북이(德北夷)의 경계로 돌아가, 동남쪽으로 위수(渭水)로 흘러들어간다. '수(水)'가 의미부이고, '각(各)'이 소리부이다.(洛, 水. 出左馮翊歸德北夷界中, 東南入渭. 從水各聲.)", 『추(隹)부수)』에 "락(雒)은 '수리부엉이'를 뜻한다. '추(隹)'가 의미부이고, '각(各)'이 소리부이다.(雒, 鵂鶹也. 從隹各聲.)"라는 구절이 있다. '락(洛)'은 '물의 이름'이다. 고대에는 산의 남쪽, 물의 북쪽을 '양(陽)'이라고 불렀다. 낙양(洛陽)은 낙수(洛水)의 북쪽에 있었으므로, '낙양(洛陽)'이라고 부르고, 글자는 '락(洛)'을 써야 한다. 그러나 통치자가 미신을 믿어, 수도인 '낙양(洛陽)'의 '락(洛)'자를 한위(漢魏)시기에는 번갈아가면서 그 글자를 바꾸었다. 『한서·지리지(地理志)』에서 안사고(顏師古)는 어환(魚豢)이 『위략(魏略)』에서 "한(漢)은 오행에서 '불[火]'이므로 '물[水]'을 싫어하여, '락(洛)'에서 '수(水)'를 없애고 '추(隹)'를 더하였다.(漢火德, 忌水, 故去'洛'水'而加'隹'.)"라고 말한 것을 인용하여, "어환(魚豢)이 말한 것처럼, 광무(光武) 이후에 '락(雒)'자로 바꾸었다.(如魚氏說, 則光武以後改爲'雒'字也.)"라고 주석했다. '락(雒)'은 '새의 이름'이고, '양(陽)'은 의미를 취하는 바가 없었기 때문에 그대로 두었다. 위(魏)나라의 황초(黃初) 원년 때에 '낙양(雒陽)'은 또 '낙양(洛陽)'으로 바뀌었다. 『삼국지(三國志)·위서(魏書)·문제기(文帝紀)』에서 배송지(裴松之)는 『위략(魏略)』을 인용해서 "왕호인 '한(漢)'은 오행에서 '불[火]'이고, '불[火]'은 '물[水]'과 상극이므로, '락(洛)'에서 '수(水)'를 없애고 '추(隹)'를 더하였다. 위(魏)나라의 오행은 흙[土]이고, 흙[土]은 물[水]과 상생관계이다. 물[水]은 흙[土]을 얻으면 흐를 수 있고, 흙[土]은 물[水]을 얻으면 부드러워진다. 그러므로 '추(隹)'를 없애고 '수(水)'를 더하였기에, '락(雒)'이 '락(洛)'으로 바뀌었다."[32]라고 주석했다. 진(晉)나라 장화(張華)의 『박물지(博物志)·지리고(地理考)』에도 이와 유사한 "옛날에 '락(洛)'자는 '수(水)'변에 '각(各)'으로 되어 있어, 오행 중에 '불[火]'을 나타내며, '물[水]'과 상극이다. 그러므로 '수(水)'를 없애고 '추(隹)'를 더하였다. 또 위(魏)나라의 오행은 흙[土]으로, 물[水]은 흙[土]을 얻으면 흐를 수 있고, 흙[土]은 물[水]을

---

32) (역주) "詔以漢火行也, 火忌水, 故'洛'去'水'而加'隹'. 魏於行次爲土, 土, 水之牡也, 水得土而乃流, 土得水而乃柔, 故除'隹'加'水', 變'雒'爲'洛'."

얻으면 부드러워진다. 그러므로 다시 '추(隹)'를 없애고 '수(水)'를 더하였기에, '락(雒)'이 '락(洛)'으로 바뀌었다."[33]라는 구절이 있다. '락(洛)'과 '락(雒)'은 고대에 음이 같았고, 한(漢)나라와 위(魏)나라의 통치자들은 오행(五行)의 상생(相生)과 상극(相克)의 오덕시종론(五德終始論)을 믿었기 때문에, '락(洛)'자의 구조가 그 왕조의 운명과 관련이 있다고 여겼다. 따라서 수도를 나타내는 글자를 계속해서 바꾼 것이다.

『설문해자·패(貝)부수』에 "패(貝)는 '조개'이다. 육지에 사는 것을 '표(猋)'라 부르고, 물에 사는 것을 '함(蜬)'이라 부른다. 상형자이다. 옛날에는 조개를 화폐로 사용하였고, 거북이를 귀하게 여겼다. 주(周)나라에서는 '천(泉)'이라 불렸는데, 진(秦)나라에 이르러 '패(貝)'를 없애고 '전(錢)'을 사용하였다.(貝, 海介蟲也. 居陸名猋, 在水名蜬. 象形. 古者貨貝而寶龜, 周而有泉, 至秦廢貝行錢.)"이라는 구절이 있다. 다시 말해, 화폐를 주(周)나라에서는 '천(泉)'이라 불렸고, 진(秦)나라에서는 '전(錢)'이라 불렸다. 실제로 다른 글자를 사용하여 동일한 단어를 나타낸 것인데, 사용하는 글자를 바꾼 원인은 화폐의 형상과 관련이 있을 것이다. 한(漢)나라는 진(秦)나라를 이어, '전(錢)'자를 사용하였다. 그러나 왕망(王莽)시기에는 또 한동안 '천(泉)'자로 바꿔 썼다. 왜 그런 것일까? 『후한서(後漢書)·광무제기(光武帝紀)』에 다음과 같은 기록이 있다. 원래 왕망이 한(漢)을 찬탈하고 황제[帝]라고 칭한 이후에, 유씨(劉氏)를 미워하였다. 왜냐하면 '전(錢)'자에 '금(金)'과 '도(刀)'(戈는 刀와 같다)가 있는데, '류(劉)'자가 바로 '묘(卯), 금(金), 도(刀)'로 구성되어 있었으므로, 바로 명령을 내려 '전(錢)'을 '화천(貨泉)'으로 바꾸었다. 실제 '천(泉)'자로 '전(錢)'자를 대신한 것이다.

이렇게 사용하는 글자에 대한 변화는 한자체계에서 그 원인을 찾을 방법이 없다. 문헌의 기록을 통해, 자형에 대한 고대 제왕의 미신적인 심리와 결합시켜야만 내재적인 원인을 찾을 수 있다. 그러나 이렇게 제왕의 의지를 나타내는 용자(用字)의 변화는 한자가 발전하는 자연적인 규칙에 위배되기 때문에 한자를 사용하는 대다수의 사람들의 인정을 받지 못해, 대부분이 후대에서는 계승되지 못했다.

---

33) (역주) "舊洛字作水邊各, 火行也, 忌水, 故去水而加隹. 又魏於行次爲土, 水得土而流, 土得水而柔, 故複去隹加水, 變雒爲洛焉."

달리 더욱 많은 한자사용자들이 보편적으로 받아들이고 있는 용자 규칙에는 역시 고대인들의 문화적 심리가 반영되어 있다. 그 중에서 가장 전형적인 것은 우리들이 앞 절에서 한자의 통가(通假)를 분석할 때 말했던 것으로, 고대인들은 피휘 혹은 완곡하고 우아한 표현을 위해 일부러 음이 같거나 비슷한 글자를 차용하였다. 정상적으로 사용하고 있는 글자를 바꿔 다른 글자를 차용하거나 혹은 글자의 획을 빠뜨리고 심지어 글자를 비워두는 방법으로 어구를 나타낸 것은 확실히 문헌을 읽는데 불편함을 가져다주었다. 고대인들은 한자의 기능을 모호하게 만들더라도, '존자(尊者)의 휘를 피하고, 친자(親者)의 휘를 피하고, 현자(賢者)의 휘를 피하는' 봉건적인 예절 제도를 더 중요시하였다. 이것이 바로 문화적 요소가 한자사용에 영향을 끼친 외적인 힘이다.

2. 문화적 요소로 만들어진 한자의 특수한 표현 방식

한자의 기능은 때로 자부(字符)에 의지해서 직접적으로 언어를 기록하는 것이 아니라, 용자의 일부 형체가 특수한 방식을 통해 실현되는 것이다. 이렇게 사용하는 한자는 그것과 대응하는 언어 단위와 무관하거나, 혹은 언어를 기록하고 언어의 함의를 나타내는 것 외에, 그 밖의 내용을 나타낼 수 있다. 이러한 현상을 조성하는 원인에 종종 한자 이외의 문화적 요소가 포함된다.

(1) 글자 수수께끼──한자형체의 분리와 병합으로 뜻을 나타내다

글자 수수께끼는 한자형체를 나누고 합하여 의미를 나타내는 특수한 방식을 말한다. 일찍이 『세설신어·첩오(捷悟)』편에 삼국(三國)시기의 구성성분의 분리와 병합과 관련된 글자 수수께끼가 몇 개 기록되어 있다.

① 어떤 사람이 위(魏)나라 무제(武帝)에게 유즙[酪] 한 잔을 바쳤다. 무제는 조금 마신 다음 뚜껑 위에 '합(合)'자를 쓰더니 사람들에게 보여주었다. 사람들

은 풀 수가 없었다. 차례가 양수(楊修)에 이르자, 양수가 바로 마시면서 말했
다. "공께서는 사람들에게 한 모금 마시라고 한 것이니, 더 무엇을 의심하리
오?"(人餉魏武一杯酪, 魏武啖少許, 蓋頭上提合字以示衆, 衆莫能解. 次至楊
修, 修便啖, 曰: "公教人啖一口也, 復何疑?")

② 위(魏)나라 무제(武帝)가 조아비(曹娥碑) 아래를 지나갔는데, 양수(楊修)도
따랐다. 비석 뒷면에 '황견(黃絹), 유부(幼婦), 외손(外孫), 제구(齏臼)' 8자가
쓰여 있는 것을 보고, 무제가 양수에게 물었다. "알겠는가?" 양수가 대답했
다. "알겠습니다." 무제가 말했다. "그대는 아직 말해선 안 돼. 내가 생각해
낼 때까지 기다리라." 30리를 갔을 때 무제가 "나도 이미 알았네."라고 말하
고는, 양수더러 아는 바를 따로 쓰게 하였다. 양수가 말했다. "황견(黃絹)은
색깔이 있는 실[色絲]입니다. 글자로 만들면 '絶(끊을 절)'이 됩니다. 유부(幼
婦)는 소녀(少女)입니다. 글자로 만들면 '妙(묘할 묘)'가 됩니다. 외손(外孫)은
딸[女]의 아들[子]입니다. 글자로 만들면 '好(좋을 호)'가 됩니다. 제구(齏臼)는
매운[辛] 것을 받아들이는[受] 것이니, 글자로 만들면 '辤'가 됩니다. 이른바
'절묘호사(絶妙好辤(辭))'인 것입니다." 무제도 역시 써 놓은 것이 있었는데,
양수와 같았다. 이에 감탄하며 "나의 재능이 30리 정도 그대에게 미치지 못
하다는 것을 바로 알겠네."라고 했다.(魏武嘗過曹娥碑下, 楊修從. 碑背上見題
作'黃絹幼婦, 外孫齏臼'八字, 魏武謂修曰: "解不?" 答曰: "解." 魏武曰: "卿未
可言, 待我思之." 行三十里, 魏武乃曰: "吾已得." 令修別記所知. 修曰: "黃絹,
色絲也, 於字爲'絶'; 幼婦, 少女也, 於字爲'妙'; 外孫, 女子也, 於字爲'好'; 齏臼,
受辛也, 於字爲'辤'; 所謂'絶妙好辤(辭)'也." 魏武亦記之, 與修同, 乃歎曰: "我才
不及卿, 乃覺三十里.")

이상 열거한 두 가지 예는 한자의 구성성분을 분리하고 합해서 다시
편성하여 만든 수수께끼이다. 전자는 자형을 분리해서 의미를 나타낸
것으로, 즉 '합(合)'자를 분해하여 '인(人)', '일(一)' '구(口)'라는 의미를 나
타내었다. 후자는 자형을 조합하여 의미를 나타낸 것으로, 즉 '색사(色
絲)'를 조합하여 '절(絶)'이라는 의미를, '소녀(少女)'를 조합하여 '묘(妙)'라
는 의미를, '여자(女子)'를 조합하여 '호(好)'라는 의미를, '수신(受辛)'을 조
합하여 '辭(辭)'라는 의미를 나타내었다. 이렇게 의미를 표현하는 방식은
정상적인 자부(字符)의 기사표의법(記詞表意法)과 다르며, 기능구성성분

의 석자법(析字法: 파자법)과도 달라, 분명히 유희의 문화적 의미를 지닌다. 이는 선진(先秦)시기에 기존에 존재했던 '수수께끼'라는 문화적 현상이 한자사용에 미친 영향이다. 이상의 수수께끼는 실제로 교제의 목적을 가지고 있어, 이후의 수수께끼는 순수하게 유희를 즐기는 지능을 테스트하는 오락의 한 종목으로 발전하게 되었으며, 수수께끼의 답은 구절 속에 넣어져 있기 때문에 이해할 필요가 없어졌다. 예를 보자.

① 합성법: 진(真)이 반이고, 가(假)가 절반이다(=值). 피(彼)와 차(此)가 각각 절반씩 든 글자(=跛); 한 입[口]으로 많은 것[多]을 물어뜯으면 반이 남는 글자(=名).
合成謎底法: 半真半假(值); 彼此各有一半(跛); 一口咬掉多半截(名).

② 글자 첨가법: 마음[心]을 두면 선하지 않고(不善), 입[口]이 있어도 말하기 어려운 글자(=亞); 귀(耳)가 있어도 들을(聽) 수 없는 글자(=龍).
謎底加字法: 存心不善, 有口難言(亞); 有耳聽不見(龍).

③ 글자 삭제법: 부인(夫人)이 들어가지 못하는 것(=二); 일(一)이 끝나고 백(百)이 끝나는 글자(=白).
謎底減字法: 夫人莫入(二); 一了百了(白).

④ 필획 가감법: 상(上)자에서 직선 하나를 더하고, 소(少)자에서 점을 하나 뺀 글자(=步).
筆畫加減法: 加上一直減少一點(步).

⑤ 여러 글자 제시법: 하늘에는 없고 땅에는 있고, 나에게는 없고 다른 사람에게는 있고, 산 위에는 없고 못 안에는 있는 글자(=也).
多字提示法: 天沒有地有, 我沒有他有, 山上沒有池裏有.(也)

⑥ 자형 모방법: 왼쪽은 산, 오른쪽도 산, 위쪽도 산, 아래쪽도 산, 산과 산은 연결되어 있고, 산은 산을 의지하고, 산이 산을 먹지만 산이 아닌 글자(=田).
字形比況法: 左是山, 右是山, 上是山, 下是山, 山連山, 山靠山, 山咬山, 不是山(田).

수수께끼에는 많은 종류가 있다. 상술한 형체와 밀접한 관련이 있는 수수께끼여야만 '한자문화'를 말하는 범위에 포함시킬 수 있다. 그밖에 글자의 독음, 글자의 의미로 만든 수수께끼는 이러한 종류에 있지 않다.

'독음과 의미'는 언어에 자형을 부여한 것이기 때문에, 언어의 내용을 반영하고 있다. 즉 문화와 관련이 있다고 해도, 언어문화에 속한다.

(2) 대련(對聯)──한자형체의 배합으로 뜻을 나타내다

대련은 말은 간단하지만 그 속에 뜻이 모두 들어가 있는, 대구로 이루어진 문학이다. 의미의 개괄성, 엄격한 운율성, 독특한 문화민족성이 강하게 내포되어 있다. 만약 어의, 소리, 품사만 대립된다면, 거기에는 한자문화의 문제가 존재하지 않는다. 그러나 그 중에 일부 대련은 한자의 형체를 서로 배합하여 어떤 함축된 의미를 나타낸다. 함축된 의미를 상세히 설명하는 것은 문화에서 한자형체의 활용에 대해 반드시 필요한 부분이다. 대련에서의 '형체배합'은 한 글자가 아니라 글자군을 이루고 있으며, 이러한 글자군의 형체 혹은 구조는 반드시 유사한 특징을 가지고 있다. '함축된 의미'라는 것은 반드시 어의인 것은 아니며, 언어 이외의 의미나 유희적인 정서일 수 있다. 주로 아래의 두 가지 형식이 있다.

하나는 자형을 나누고 합하여 대련을 만드는 것이다. 예를 보자.

① 두 사람[二人]이 흙[土] 위에 있으면 '앉을 좌(坐)'이고, 하나의 달[月]과 해[日]가 옆에 있으면 '밝을 명(明)'이 된다.

二人土上坐; 一月日邊明.

② 차가운[凍] 비[雨]가 창[窗]에 떨어지네[灑]. 東이 2점, 西가 3점; 박[瓜]을 쪼개고[切] 손님[客]을 나눈다[分]. 가로[橫]로 7번, 세로[豎]로 8번.

凍雨灑窗, 東二點, 西三點; 切瓜分客, 橫七刀, 豎八刀.

③ 사람[人]이 늘어나면[曾] '중(僧)'이고, 사람[人]이 아니면[弗] '부처[佛]'가 될 수 있다. 여자[女]가 비천하면[卑] '하녀[婢]'가 되고, 여자[女]는 또[又] '노예[奴]'라고 부를 수 있다.

人曾是僧, 人弗能成佛; 女卑爲婢, 女又可稱奴.

④ 기이한[奇] 말[馬]을 타고[騎], 긴[長] 활[弓]을 펼치며[張], 거문고[琴瑟]와 비파(琵琶) 여덟[八] 대왕(大王), 왕(王)과 왕(王)이 위[上]에 있는데, 하나의[單] 창[戈]은 '전쟁[戰]'이 된다.

騎奇馬, 張長弓, 琴瑟琵琶八大王, 王王在上, 單戈成戰;

⑤ 되는[爲] 사람[人]을 속이고[僞], 용(龍)의 옷[衣]을 물려받고[襲], 이매망량(魑魅魍魎) 네[四]개의 작은 귀신[鬼], 귀신[鬼]과 귀신[鬼]이 옆[邊]을 침범하고, 손[手]을 합치며[合] '잡는다[拿]'.
僞爲人, 襲龍衣, 魑魅魍魎四小鬼, 鬼鬼犯邊, 合手即拿.

다른 하나는 똑같은 편방과 부수로 대련을 만드는 것이다. 예를 보자.

① 연쇄지당류(煙鎖池塘柳); 포진해성루(炮鎮海城樓). ('火金水土木' Vs '火金水土木')
② 담강항청파곤곤(湛江港清波滾滾); 발해만탁류도도(渤海灣濁流滔滔). (전부 '水'편방 Vs 전부 '水'편방)
③ 기우객가(寄寓客家), 뢰수한창공적막(牢守寒窗空寂寞); 미도서원(迷途逝遠), 반회달도유소요(返迴達道遊逍遙). (전부 'ㄇ' Vs 전부 'ㄴ')

(3) 자형시(字形詩)──형체에 함축 의미가 든 유희시(遊戲詩)

자형시를 이전에는 '신지체(神智體)'라고 불렀는데, 일종의 수수께끼에 가까운 시의 체제와 풍격을 말한다. 소동파(蘇東坡)가 처음으로 만들었다고 전해진다. 송(宋)나라 신종(神宗) 희녕(熙寧) 연간에, 요(遼)나라에서 파견한 사신이 송나라에 도착했다. 사신은 스스로 시에 재주가 뛰어나다 여겼기 때문에, 송나라의 문인들을 염두에 두지 않았다. 신종은 곧 다재다능한 소동파를 불러 그를 접대하게 하였다. 요나라 사신이 도발을 하자, 소동파는 붓을 들고 『만조(晚眺)』시를 한 수 지었다. 매 구절마다 세 개의 글자만 존재하지만, 자형의 변이는 일반적인 것과 달랐다. (그림_10.1)

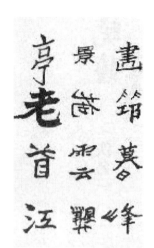

그림_10.1 신지체 자형시(神智體 字形詩)

　　요(遼)나라의 사신이 이 시를 보고도 소동파가 말하고자 하는 바를 알지 못했기에 결국 굴복할 수밖에 없었다. 소동파는 다음과 같이 해석하면서 말했다.

　　첫 번째 구절의 '정(亭)'자를 매우 길게 쓰고, '경(景)'자는 또 극히 짧게 썼다. '화(畵)'자의 아래쪽에 있는 '인(人)'³⁴)을 뺐으므로 '장정단경무인화(長亭短景無人畵)'라고 읽는다. 두 번째 구절의 '로(老)'자는 특히 크게 썼고, '타(拖)'자는 가로로 썼으며, '공(筇)'의 '죽(竹)'자는 극히 얇게 썼으니, '로대횡타수죽공(老大橫拖瘦竹筇)'이라고 읽는다. 세 번째 구절의 '수(首)'자는 거꾸로 썼고, '운(雲)'자는 중간을 끊어서 썼으며, '모(暮)'자의 아래에 '일(日)'을 비스듬히 썼으니, '회수단운사일모(回首斷雲斜日暮)'라고 읽는다. 네 번째 구절의 '강(江)'자의 '공(工)'을 구부러지게 썼고, '잠(蘸)'자는 거꾸로 썼으며, '봉(峰)'자의 '산(山)'방을 옆으로 기울어 썼으니, '곡강도잠측산봉(曲江倒蘸側山峰)'이라고 읽는다. 그러므로 전체의 시는 다음과 같이 읽어야 한다.

---

34) (역주) 당시의 '畵'자에는 '田'자 속에 '人'이 써져 있었다.

長亭短景無人畫, 老大橫拖瘦竹笻.

回首斷雲斜日暮, 曲江倒蘸側山峰.

긴 정자에 앉아, 짧은 햇살을 맞는데 아무도 그리는 사람이 없이, 늙은이는 옆
　에 가느다란 지팡이를 짚고 있구나.

고개를 돌리니 구름이 끊어지고 해가 비스듬히 기우는구나. 곡강이 쓰러져 기
　대니 산봉우리에 기우는구나.

　소동파의 '신지체(神智體)'시는 한자의 서사형태의 변화, 필획의 줄임,
구성성분의 분리와 병합, 측면과 거꾸로 놓은 방향 등의 방식을 충분히
이용하여 시의 의미를 일부 내포하여, 한자가 부호에 기대 파롤의 의미
를 나타낼 뿐만 아니라, 형체 자체에 내포된 의미로 더욱 내용을 풍부
하게 하였다.

　소동파가 이러한 시의 체제와 풍격을 만든 이후로, 문인들은 앞 다
투어 모방을 하였고 이와 유사한 신지체의 '시'들이 전해져 내려왔다. 이
는 또한 '괴자시(怪字詩)', '형의시(形意詩)', '미상시(謎象詩)'라고도 부르며,
한자의 정상적인 형체를 바꾸어 시의 의미를 비틀어 표현하였다. 이러
한 시는 뜻을 가지고 글자를 쓰고, 형체를 시에 넣으며, 구상이 절묘해
서, 사람들이 깊은 생각을 하게 만든다. 실제로 이는 이미 문자유희가
되어, 민간에도 전해지기에 이르렀다. 조주(潮州)에 사는 시에 능한 여자
였던 우맹낭(尤孟娘)은 남편이 외출을 하면 매우 오랫동안 돌아오지 않
고, 소식을 전하지도 않아, 늘 남편을 생각하는 마음으로 가득했다. 그래
서 『규원(閨怨)』시(그림_10.2)를 한 수 지었는데, 역시 한자의 형체를 가
지고 뜻을 나타내었다.

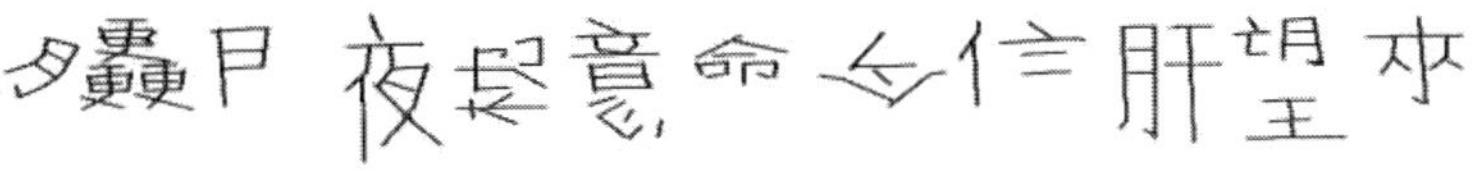

그림_10.2 민간의 자형시(字形詩)

자형에 근거하면, 다음과 같이 읽어야 한다.

斜月三更門半開, 夜長橫枕意心歪.

短命倒(到)今無口信, 肝長(腸)望斷沒人來.

기운 달, 삼경에 문이 반쯤 열려져 있고, 밤이 긴데 베개 속생각은 삐뚤어지는
구나.

오늘까지 남긴 말도 없어 명이 줄어드는 것 같고, 간장이 끊어질 듯한데, 사람
이 오지 않는구나.

　　이렇게 문자의 변형을 통해 특수한 의미를 나타내는 용법은 문자 자
체의 정상적인 기능이 아니라, 기교와 유희라는 문화적 요소가 자형에
부여된 것이다. 엄격히 말하면, 이렇게 특별하게 변형된 글자는 통용되
는 자부(字符)와 같은 게 아니다. 왜 관례를 무시하면서 한자의 형체에
변화를 주려고 하는 것일까? 시의 형식과 특수한 교제를 목적으로 하는
배경이 없고서는 합리적으로 해석하기 어렵다.

　　결론적으로, 한자 이외의 문화적 요소를 빌려 한자 자체에 대해 형
체, 구조, 기능 등 측면의 어떤 현상에서 해석과 논증을 하는 것은 필요
한 것이기도 하고 가능한 것이기도 하다. 이렇게 문화적으로 해석하는
작업에서 문화는 공구이자 수단일 뿐, 목표와 지향점은 문자에 있다. 그
러므로 한자학에 당연히 있어야 하는 내용이기 때문에, 달리 '한자문화
학(漢字文化學)'을 만들 필요는 없다.

후기

    2008년 초에 『한자한어논고(漢字漢語論稿)』를 출판할 때, 대학원생들의 한자학 강의를 하면서 원래 있던 일부 내용을 수정해서 출판할 것이라고 약속한 적이 있다. 3년이 지나서 그 동안 열심히 수정하였으나 늘 뜻대로 글이 써지지 않아 줄곧 손에 들고 있었다. 그러나 못난 며느리가 시부모님을 뵈어야 한다면, 뵙고 나서야 후일을 기약할 수 있듯이, 지금에서 인쇄를 하겠다고 결정을 내렸다.

    문자학에 대한 나의 기초, 특히 고문자에 대한 학식이 얕았으나 다행히 10년 넘게 왕녕(王寧) 교수님을 따라, 자연스레 많은 것을 보고 듣게 되었다. 그러면서 왕녕 교수님의 학술사상의 영향도 받고, 일부 관점도 받아들이게 되었는데, 그 중에 문자학에 관한 것도 포함되어 있었다. 예를 들어, 한자형태학[漢字構形學]의 이론에는 한자학의 기초적인 지식 체계에 대한 매우 많은 관점 등이 존재한다. 필자가 대학에서 한자학을 강의하고, 일부 문제에 대해 나의 의견을 내세울 수 있는 수준에 이르게 되자, 최종적으로 이렇게 책도 출판하게 되었다. 이는 왕녕 교수님의 지지와 협력, 그리고 관용이 있어 가능했다. 왕녕 교수님은 중국의 전통 학술이라면 스승에게서 전해지는 학술적 전통이 있어야 한다고 주장했으며, 그걸 계승하면서 더 새로운 이론을 창출해야 한다고 제창하셨다. 사실, 장태염(章太炎)과 황간(黃侃)의 학술적 계승은 대를 이어 학생들의 끊임없는 창의력을 수반했기 때문에, 지금도 강한 생명력을 지니고 있는 것이다. 그래서 왕녕 교수님은 학생들의 유치한 질문에도 인내심을 가지고 지도를 해 주시면서 늘 격려를 아끼지 않았기 때문에, 우리 학문이 늘 자유로운 학술적 분위기 속에 연구되었다. 이 책에서의 많은 관점이 왕녕 교수님과 일치하지 않고, 매우 미흡한 부분이 많은데도, 왕녕 교수님께서 여전히 필자의 의견을 지지해 구신 것은 후학에 대한 격려라고 생각한다.

필자는 오랫동안 교육에 종사해 오면서, 항상 학생들과 문제를 논의해 왔다. 그래서 이 책에 담긴 일부 생각도 학생들과의 논쟁과 관련이 있다. 또 장소봉(張素鳳), 유림(劉琳), 우결(于潔), 오길황(吳吉煌), 이옥평(李玉平), 소천운(蘇天運), 용림(龍琳), 장지원(蔣志遠), 이건청(李建清) 등은 강의내용을 정리하고, 자료를 찾고, 의견을 제시하고, 원고를 교정해 주었다. 이 자리를 빌려 감사의 마음을 전달하고 싶다. 또한 이 책의 출판에 많은 재촉과 독려를 해주신 출판사의 조월화(趙月華)님께도 감사의 말씀을 드린다.

이 책의 이름을 처음에는 '한자학고론(漢字學瞽論)'이라고 할 요량이었다. 그런데 '고(瞽)'자가 '눈이 밝지 않다'는 뜻으로 '맹인'을 나타내기 때문에, 단순하게 글자로만 봤을 때, '고론(瞽論)'은 '헛소리를 하다'는 뜻으로 이해될 수도 있었다. 그래서 출판사에서는 이 명칭이 지나치게 겸손하고, 단어도 생경하여 출판에 영향을 미칠 수 있다 판단해서 '신론(新論)'으로 하자고 제의하게 되었다. 사실, 한 번 더 깊이 생각해본다면, '고론'도 근거가 있는 말로, 필자가 새로 만든 말도 아니며 '헛소리를 하다'는 뜻은 더더구나 아니다. 『논어·계씨(季氏)』에 이런 말이 있다. "공자가 말씀하셨다. '군자를 모시고 있을 때 세 가지 잘못을 저지를 수가 있다. 상대가 말을 아직 마치지 않았는데 자기가 먼저 나서서 말하는 것, 이를 '조(躁)'라 한다. 자신이 말할 차례가 되었는데도 말을 하지 않는 것, 이를 '은(隱)'이라 한다. 상대의 안색은 살펴보지도 아니하고 말을 내뱉는 것, 이를 '고(瞽)'라 한다.'(孔子曰: 侍於君子有三愆. 言未及之而言謂之躁, 言及之而不言謂之隱, 未見顏色而言謂之瞽.)" '미견안색이언(未見顏色而言)'은 군자의 행동과 표정을 고려하지 않고 제멋대로 말하는 것을 뜻한다. 이 책도 대부분이 나의 견해를 밝힌 것으로, 다른 사람의 의견을 고려하지 않았으므로 '고론'이라고 하였던 것이다. '고(瞽)'라야만 다른 사람들이 모방하기 어렵고, 또 마음의 소리를 말로 표현할 수 있다고 여겼다. 관점을 달리 해서 본다면, '고론'에 이미 '신론'의 함의가 들어 있다. 이렇게 '고론'과 '신론'의 의미가 통일되면서 책 이름을 '신론'으로 바꾸었다.

그리고 이왕 책 이름을 '신론'이라고 한 김에, 좀 새로운 내용을 첨가해야 했다. 이 책의 '새로움[新]'은 주로 한자학을 세 가지 측면으로 나눈 것에 있다. 한자의 '형체, 구조, 기능'이라는 세 가지 차원에서 한자학의 체계를 건립하였고, 한자학의 여러 가지 구체적인 문제들을 상응하는 체계에 놓고, 각각 논의하게 되었다. 그렇게 됨으로써 서로 다른 성질의 문제들이 뒤섞이는 문제도 발생했다. 예를 들어, 한자의 성질은 형체 측면의 속성, 구조 측면의 속성, 기능 측면의 속성을 다 가지고 있어, 두루뭉술하게 말하면 설명도 모호해질 수밖에 없다. 마찬가지로, 한자의 실체에 대한 분석, 한자의 기원과 변화발전, 한자의 글자 간 관계, 한자의 문화적 해석 등도 이 세 가지 측면에서 각각 서술해야만 분명하게 설명할 수 있다. 한자 학계에서 논쟁이 그치지 않는 많은 문제점들은 실제로 각기 다른 성질의 개념들을 혼동하여, 서로 다른 단계에 속하는 것을 동일한 단계에서 한데 섞어 만든 결과이기도 하다.

이 책의 '새로움'은 또 넓어진 안목과 변증법적인 사유를 가지고 있다는 데 있다. 서로 다른 시대와 자료들의 여러 가지 현상들을 살펴볼 수 있으며, 또 통일된 이론과 방법으로 그것들을 하나로 엮어 서로 통하게 함으로써, 지리멸렬하고 전체를 아우를 수 없는 전개를 피하였다. 예를 들어, 역사 이전 시기와 이후 시기의 문자에 대한 서술, 형체의 근원과 구조에 대한 분석, 형체를 구성하는 관계와 글자의 운용[字用] 관계에 대한 서술, 한자변천에 대한 주요해석과 문화적 해석 등은 상호간에 차이점과 연결점을 가지고 있는 총체이다. 그 밖에, 필자는 일찍이 한자학에서 '한자 화용학[漢字語用學]'[1])이라는 하위 학문분야를 세워야 한다고 주장했었다. 이러한 사상의 영향을 받아, 이 책에서는 한자의 화용적 기능에 대해 특히 중시하였다. 거의 모든 문제에 대한 서술에서, 기능 체계를 독립적으로 분석하였다. 이는 익히 보아왔던 한자학 관련

---

1) 李運富, 「漢字語用學論綱」, 『勵耘學刊』 第1期(2005).

서적과는 다른 특징이라고 할 수 있을 것이다.

'새로운' 것을 몇 개 나열할 수는 있지만, '새롭다'는 것이 결코 '뛰어나다'는 말과 같은 것은 아니다. 황당한 견해는 당연히 새로운 것이지만, 꼭 뛰어나다고 할 수는 없다. 이런 이야기들은 대부분이 사실과 상식적인 이치에 위배되기 때문이다. 사실을 토대로 진리를 구하면서 낡은 것을 버리고 새로운 혁신을 구한다면, 이론적 근거가 있는 새로운 것이라면, 이러한 '새로움'은 '뛰어나다'가 아닌 '훌륭하다'라고 해야 할 것이다. 이 책에서는 주관적으로 후자를 추구하여, 한자의 사실에서 출발하여 새로운 생각을 제시하고 새로운 체계를 세우길 바랐다. 일부러 황당한 견해를 만들지 않으려고 했는데, 객관적으로 그렇게 되었는지는 독자의 판단에 맡긴다.

이 책은 원래 '순수 학술 서적'으로 쓰려고 하였다. 즉 문제만을 토론하고, 객관적인 자료의 소개와 일반적인 지식에 대해 설명하지 않으려고 했었다. 그런데 이 초고를 석사과정 대학원생들의 한자학 강의 교재로 사용하였고, 출판 후에도 계속해서 사용하게 되었다. 게다가 다른 사람들도 이를 학부과정의 한자학 교재로 사용하지 않을까 싶어, 원래 강의의 일반적인 지식에 관한 내용을 그대로 남겨두게 되었고, 그리하여 교재의 성격을 띠게 되었다. 전체적으로 봤을 때, 이 책은 필자의 창의적인 견해가 대다수 차지하고 있으므로 '전문 학술 서적'이라고 해도 별 문제가 없을 것이다. 다만 그렇게 '순수'한 것만은 아니라 하겠다. 예를 들어, 제4장의 '한자정리(漢字整理)'는 필자가 스스로 귀납하고 총괄하여 다소 새로운 의미가 있다 해도, 별로 토론할 게 없는 일반적인 방법의 소개일 뿐이다. 또 제3장의 '한자자료(漢字材料)'는 필자가 처음으로 밝혀낸 것이 아닌, 객관적으로 존재하는 여러 자료들을 종합적으로 소개한 것이다. 이러한 자료의 그림과 설명에 어떤 것은 근원을 알려 준 것도 있지만2), 어떤 것은 출처를 이미 잊은 것도 있고, 양이 많아 찾기

---

2) 일부 자료는 인터넷 홈페이지에서 기원하고 있다. 출판규범에 따라 웹사이트 주소는 문헌출처로 주석을 달지 않지만, 출처를 찾을 수 없는 인터넷 홈페이지의 자료에 대해서는 각주로 표시해 두었다. 출판규범을 위반한 책임은 저자에게 있음을 알리는 바이다.

어려운 것도 있어서, 비워둘 수밖에 없었다.

총괄하자면, '자료[材料]'는 모두 다른 사람의 것으로, 교육을 하면서 함께 수집해서 종합적으로 다시 써서 이를 조리 있게 배열한 것뿐이라, 내용과 관점에 새로운 점은 없다. 제1장의 '자료'의 대중화는 이 책의 개성적인 스타일과는 실제로 그렇게 맞는 게 아니지만, 교재로 사용될 것을 염두에 두어 배치해 두었다.

원래 강의록에는 한자교육, 한자규범 등의 내용이 들어 있었으나, 한자학 수업에서 반드시 강의해야 하는 것도 아니고 학술성도 상대적으로 약해서 삭제하였다. 일반적으로 강의해야 하는 '고대와 현재의 글자', '정자(正字)와 속자(俗字)', '번체자와 간체자' 등은 본서에서도 전문적으로 서술하지 않았다. 왜냐하면 '고대와 현재의 글자'가 본질적으로 '훈고학(訓詁學)'의 범주에 속하고3), '정자와 속자', '번체자와 간체자'('간화자표'의 의미에서)는 규범과 효용을 평가하는 것에 해당한다. 게다가 그것들은 모두 특정한 목적을 가지고 제시된 용어들로, 문자 본체의 속성 관계를 반영할 수 없기에, 원래의 면모로 한자학 체계에다 융합하기 매우 어렵기 때문이다.

"사리에 어두운 말이 이와 같으나, 이를 통해 옳고 바른 것을 구하고자 한다. 나의 어리석음을 깨우칠 일만 있다면, 진실로 듣기를 바라노니.(瞽論如是, 藉求是正. 如有以發我蒙, 固所願聞耳.)"라는 청(淸)나라 풍계분(馮桂芬)의 「장위생에게 다시 보내는 글[復莊衛生書]」에 있는 말로써, 본서의 결론을 대신하고자 한다.

이운부(李運富)
2010년 6월 12일

---

3) 李運富,「早期有關"古今字"的表述用語及材料辨析」,『勵耘學刊』 第6期(2007) 참조.

추기

이 책의 원고는 2009년에 기본적으로 완성되었고, 북경사범대학(北京師範大學)의 민속전적문자연구센터民俗典籍文字研究中心)의 연구지원을 받게 되어, 북경사범대학출판사(北京師範大學出版社)의 2010년도 출판 프로젝트에 포함되었다. 인쇄과정 중에, 이 책이 국가사회과학기금의 후반기 지원항목으로 채택되었다. 그 바람에 두 가지 지원을 연결하는 절차를 통해 다시 새롭게 출판을 해야 했고, 이 때문에 지금까지 시간을 끌게 되었다. 시간이 지체되었더라도, 이 기회에 과제 선정 시의 심사의견을 따라 수정을 하게 되어, 원고의 질적 수준을 크게 향상시킬 수 있었다. 북경사범대학의 민속전적문자연구센터에 특히 감사드리며, 국가사회과학원 기금(國家社科基金)과 관련 심사위원, 북경사범대학출판사(北京師範大學出版社)에도 감사를 드린다. 또한 이번 출판사에 원고를 넘기기 전에, 박사 후 과정에 있던 장도승(張道升) 박사가 교정을 해 주었기에 이 자리를 빌려 함께 감사 말씀을 전한다.

이운부(李運富)
2012년 2월 6일

찾아보기

(ㄱ)

●저자●

이운부(李運富)
북경사범대학 종신교수, 박사지도 교수. 정주대학
한자문명연구센터 주임, 장강(長江)학자.
『고대한어(古代漢語)』,『한자학신론(漢字學新論)』,
『훈고학(訓詁學)』,『한자한어신론(漢字漢語論稿)』등이 있다.

●역자●

하영삼(河永三)
경성대학교 중국학과 교수, 한국한자연구소 소장, 세계한자학회
상임이사.

김화영(金和英)
경성대학교 중국학과 조교수,『한자연구(漢字研究)』편집이사.